**說唱俑**(설창용, 唱하는 광대)
後漢시대 무덤 부장품. 四川박물관 소장.

〖明文 中國正史 大系〗

原文 譯註

# 後漢書(二)

(南朝)宋 范　曄 著
唐　李　賢 註
陶硯　陳起煥 譯註

明文堂

**洛陽 城外 제사 터 유적**

後漢 시대. 今 河南省 洛陽市.

**後漢 孝山堂郭氏石祠**(효자 郭鉅의 석실 사당)

今 山東省 濟南市 長淸區. 높이 264cm, 가로 414cm, 세로 250cm.

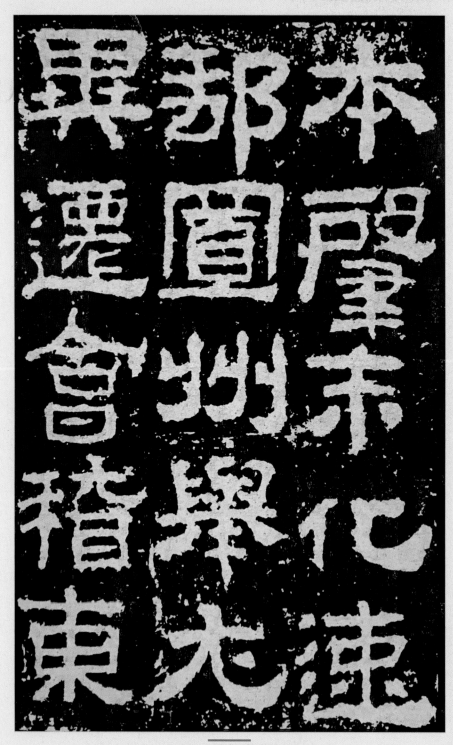

**衡方碑 탁본 (부분)**

後漢 靈帝 建寧 원년(서기 168). 今 山東省 泰安市 岱廟.

〖明文 中國正史 大系〗

原文 譯註

# 後漢書(二)

(南朝)宋 范　曄 著

唐　李　賢 註

陶硯　陳起煥 譯註

明文堂

# [차례]

●《後漢書(二)》

7. 孝桓帝紀(효환제기) • 10

8. 孝靈帝紀(효영제기) • 75

9. 孝獻帝紀(효헌제기) • 130

10. 皇后紀(황후기) (上) • 173

❶ 光武郭皇后(광무곽황후) • 185

❷ 光烈陰皇后(광렬음황후) • 194

❸ 明德馬皇后(명덕마황후) • 201

・附 賈貴人(부 가귀인) • 221

❹ 章德竇皇后(장덕두황후) • 222

❺ 和帝陰皇后(화제음황후) • 228

❻ 和熹鄧皇后(화희등황후) • 230

皇后紀(황후기) (下) • 267

❼ 安思閻皇后(안사염황후) • 267

❽ 順烈梁皇后(순렬량황후) • 275

❾ 孝崇匽皇后(효숭언황후) • 285

❿ 懿獻梁皇后(의헌량황후) • 288

⓫ 桓帝鄧皇后(환제등황후) • 291

⓬ 桓思竇皇后(환사두황후) • 294

⓭ 孝仁董皇后(효인동황후) • 296

⓮ 靈帝宋皇后(영제송황후) • 300

⓯ 靈思何皇后(영사하황후) • 304

⓰ 獻帝伏皇后(헌제복황후) • 313

⑰ 獻穆曹皇后(헌목조황후) • 319

• 附 公主(부 공주) • 324

11. 劉玄劉盆子列傳(유현,유분자열전) • 334

❶ 劉玄(유현) • 334

❷ 劉盆子(유분자) • 364

12. 王劉張李彭盧列傳(왕,유,장,이,팽,노열전) • 393

❶ 王昌(왕창) • 393

❷ 劉永(유영) • 401

❸ 龐萌(방맹) • 407

❹ 張步(장보) • 414

❺ 王閎(왕굉) • 419

❻ 李憲(이헌) • 421

❼ 彭寵(팽총) • 424

❽ 盧芳(노방) • 435

13. 隗囂公孫述列傳(외효,공손술열전) • 446

❶ 隗囂(외효) • 446

❷ 公孫述(공손술) • 492

14. 宗室四王三侯列傳(종실4왕,3후열전) • 524

❶ 齊武王 劉縯(제무왕 유연) • 524

❷ 北海靖王 劉興(북해정왕 유흥) • 541

❸ 趙孝王 劉良(조효왕 유량) • 550

❹ 城陽恭王 劉祉(성양공왕 유지) • 553

❺ 泗水王 劉歙(사수왕 유흡) • 560

❻ 安城孝侯 劉賜(안성효후 유사) • 563

❼ 成武孝侯 劉順(성무효후 유순) • 568

❽ 順陽懷侯 劉嘉(순양회후 유가) • 570

원문 역주
**후한서 (二)**

# 7 孝桓帝紀
## 〔효환제기〕

|原文|

孝桓皇帝諱志, 肅宗曾孫也. 祖父河間孝王開, 父蠡吾侯翼, 母匽氏. 翼卒, 帝襲爵爲侯. 本初元年, 梁太后徵帝到夏門亭, 將妻以女弟. 會質帝崩, 太后遂與兄大將軍冀定策禁中, 閏月庚寅, 使冀持節, 以王靑蓋車迎帝入南宮, 其日卽皇帝位, 時年十五. 太后猶臨朝政.

秋七月乙卯, 葬孝質皇帝於靜陵. 齊王喜薨.

|註釋| ○孝桓皇帝諱志 – 諡法에 '克敵服遠曰 桓.' 재위 146-167년, 延熹(연희) 2년(159)에 환관의 힘을 빌려 외척 梁氏 일당을 제거. 환관의 부패에 따른 太學生의 개혁 요구에 桓帝가 태학생을 배척한, '薰錮之禍(당고의 화)'를 야기. 死後 묘호가 '威宗(위종)'이었지만 獻帝 初平 원년에 '功德이 없다' 하여 章帝 이후 황제의 묘호를 삭제하였다. 桓은 푯말 환, 굳셀

환. ○肅宗曾孫 - 章帝의 증손. ○父蠡吾侯翼 - 蠡吾(여오)는 中山國의 현
명, 侯國名. 今 河北省 중부 保定市 관할 博野縣.  ○母匽氏 - 匽은 엎드릴
언. 姓氏.  ○本初元年 - 質帝 연호, 서기 146년.

[國譯]

孝桓皇帝(효환황제)의 諱(휘)는 志(지)이며, 肅宗(장제)의 증손이다.
祖父는 河間孝王 開(개, 章帝의 六子)이고, 부친은 蠡吾侯(여오후) 翼
(익)이며, 모친은 匽氏(언씨)이다. 부친 翼(익)이 죽자 작위를 세습하
여 侯가 되었다.

(質帝) 本初 원년, 梁太后는 황제를 徵召(징소)하여 夏門亭(하문정)
에 오게 하여 (태후의) 여동생과 결혼시키려고 하였다. 마침 質帝가
붕어하자 양태후는 오빠인 대장군 梁冀(양기)와 함께 궁중에서 방책
을 결정한 뒤에 (6월) 윤달 庚寅日에 梁冀에게 부절을 갖고 가서 皇
子가 사용하는 푸른 덮개의 수레로 맞이하여 南宮으로 모시게 하여
당일에 제위에 오르게 하니 그때 15세였다. 양태후는 여전히 臨朝,
청정하였다.

가을 7월 乙卯日, 孝質皇帝를 靜陵(정릉)에 장례했다. 齊王 喜(희)
가 죽었다.

原文

辛巳, 謁高廟, 光武廟.

丙戌, 詔曰, 「孝廉, 廉吏皆當典城牧民, 禁奸舉善, 興化之
本, 恒必由之. 詔書連下, 分明懇惻, 而在所玩習, 遂至怠慢,

選擧乖錯, 害及元元. 頃雖頗繩正, 猶未懲改. 方今淮夷未珍, 軍師屢出, 百姓疲悴, 困於徵發. 庶望群吏, 惠我勞民, 蠲滌貪穢, 以祈休祥. 其令秩滿百石, 十歲以上, 有殊才異行, 乃得參選. 臧吏子孫, 不得察舉. 杜絶邪僞請託之原. 令廉白守道者得信其操. 各明守所司, 將觀厥後.」

九月戊戌, 追尊皇祖河間孝王曰孝穆皇, 夫人趙氏曰孝穆皇后, 皇考蠡吾侯曰孝崇皇.

冬十月甲午, 尊皇母匽氏爲孝崇博園貴人.

| 註釋 | ○典城牧民 – 城은 縣. 牧民은 백성을 다스리다. ○分明懇惻 – 조서의 뜻이 분명하고 (백성을) 진정으로 측은히 여기다. ○翫習(완습) – 놀기가 습관화 되었다. 翫은 가지고 놀 완. ○選擧乖錯 – 乖錯(괴착)은 어긋나다. 잘못되다. ○頃雖頗繩正 – 頃은 짧은 시각. 頃刻(경각). 繩正(승정)은 먹줄을 그어 바로잡다. 繩은 줄 승. ○淮夷未珍 – 淮夷는 앞서 나온 廬江郡과 廣陵郡의 도적 무리, 두 군이 淮水 지역이라 淮夷라 표현. 珍은 다할 진. 죽다. 죽이다. ○蠲滌貪穢 – 蠲滌(견척)은 깨끗하게 씻어버리다. 貪穢(탐예)는 탐관오리. ○臧吏子孫 – 뇌물을 받은 관리의 자손. 臧은 뇌물 장. 贓과 同. ○得信其操 – 信은 펼 신(申, 伸과 통용). 操(잡을 조)는 志操(지조). ○貴人 – 皇后 다음 지위, 金印紫綬.

**[國譯]**

(7월) 辛巳日, 高祖廟와 光武廟를 배알하였다. 丙戌日, 조서를 내렸다.

「孝廉(효렴)과 청백리는 모두 현령이 되어 백성을 맡아 다스려야 하며, 간악한 자를 없애고 선인을 천거하는 일은 교화의 근본이기에 언제나 꼭 따라야 할 길이다. 조서가 연이어 내려가고 뜻이 분명하면서도 진심으로 백성을 측은히 여기지만, 백성을 직접 다스릴 관리는 놀기에 익숙하여 끝내 게으르고, 또 인재 천거가 잘못되니 결국 그 피해는 백성에게 미치게 된다. 짧은 기간에 이를 바로잡으려 해도 여전히 징계나 개선이 되지 않는다. 지금 淮水(회수) 지역 도적 무리가 섬멸되지 않아 군사가 자주 출동하여 백성은 지쳤으며 물자 징발에 고생을 하고 있다. 백성은 모든 관리가 위로와 혜택을 주거나 탐관오리의 부정을 깨끗이 씻어내 태평한 나날이 오기를 기대하고 있다. 질록이 1백석 이상, 그리고 10년 이상 근무했고 특별한 재능과 행실이 뛰어난 자를 천거하기 바란다. 뇌물을 받은 관리의 자손은 천거할 수 없다. 거짓과 청탁의 근원을 막고, 청렴결백하게 정도를 지키는 자가 그 지조를 펼 수 있어야 한다. 각자 자기 담당 업무를 처리하여 차후 모습을 보고자 한다.」

9월 戊戌일, 황제의 조부 河間孝王을 孝穆皇(효목황)으로, 夫人 趙氏를 孝穆皇后로, 皇考인 蠡吾侯(여오후)를 孝崇皇(효숭황)으로 추존하였다.

겨울 10월 甲午日, 황제 모친 匽氏(언씨)를 孝崇博園貴人으로 존칭케 하였다.


原文

建和元年春正月辛亥朔, 日有食之. 詔三公,九卿,校尉各言得失. 戊午, 大赦天下. 賜吏更勞一歲, 男子爵, 人二級,

爲父後及三老,孝悌,力田人三級, 鰥,寡,孤,獨,篤癃,貧不能
自存者粟, 人五斛, 貞婦帛, 人三匹. 災害所傷什四以上, 勿
收田租, 其不滿者, 以實除之.

二月, 荊,揚二州人多餓死, 遣四府掾分行賑給. 沛國言黃
龍見譙.

| 註釋 | ○建和 元年 - 환제의 첫 번째 연호. 서기 147-149년. ○賜吏
更勞一歲 - 관리에게 1년간의 更賦를 1년 치를 면제하다. 23~56세의 남자
에게 부과하는 순번에 의한 변방 防戍의 의무를 更(경)이라 하고, 이를 금
전으로 대신할 때 이를 更賦라고 하였다. 謝~ 勞는 위로의 뜻으로 하사하
다. ○沛國言黃龍見譙 - 沛國의 치소는 相縣, 今 安徽省 북부의 淮北市 濉
溪縣(수계현). 譙(초)는 沛郡(패군)의 현명. 今 安徽省 북쪽의 亳州市(박주시).

**[國譯]**

建和(건화) 원년 봄 정월 辛亥日 초하루, 日食이 있었다. 조서로
三公과 九卿, 校尉에게 각자 정사의 得失 원인을 진술해 보라고 하
였다. 戊午日, 천하의 죄수를 다 사면하였다. 관리에게는 1년간의
노역을 대체하게 하였고, 호주에게는 작위를 각 2급씩, 부친의 후사
이거나 三老와 孝悌와 力田에게는 각 3급씩 하사하였고, 鰥寡孤獨
(환과고독)과 폐질자와 극빈하여 살아가기 어려운 자에게는 곡식을
각각 5斛(곡)씩, 貞婦에게는 비단을 각 3필씩 하사하였다. 재해의 피
해가 10분의 4이상이면 전조를 징수하지 말 것과 그 보다 적은 경우
실제대로 감면하게 하였다.

2월, 荊州와 揚州 지역에서 백성이 많이 굶어죽었기에 四府의 掾

屬(연속)을 각지에 나눠 파견하여 구휼하게 하였다. 沛國에서는 黃龍이 譙縣(초현)에 나타났다고 보고하였다.

原文

夏四月庚寅, 京師地震. 詔大將軍,公,卿,校尉擧賢良方正,能直言極諫者各一人. 又命列侯,將,大夫,御史,謁者,千石,六百石,博士,議郎,郎官各上封事, 指陳得失. 又詔大將軍,公,卿,郡,國擧至孝篤行之士各一人.

壬辰, 詔州郡不得迫脅驅逐長吏. 長吏臧滿三十萬而不糾擧者, 刺史,二千石以縱避爲罪. 若有擅相假印綬者, 與殺人同棄市論. 丙午, 詔郡國繫囚減死罪一等, 勿笞. 唯謀反大逆, 不用此書.

又詔曰,「比起陵塋, 彌歷時歲, 力役旣廣, 徒隸尤勤. 頃雨澤不沾,密雲復散, 儻或在玆. 其令徒作陵者減刑各六月.」

是月, 立阜陵王代兄勃遒亭侯便爲阜陵王. 郡國六地裂, 水涌井溢. 芝草生中黃藏府. 六月, 太尉胡廣罷, 大司農杜喬爲太尉.

秋七月, 勃海王鴻薨, 立帝弟蠡吾侯悝爲勃海王.

|註釋| ○將 – 光祿勳의 속관인 五官中郎將(1人), 左, 右中郎將, 虎賁中郎將, 羽林中郎將을 지칭. 질록 比이천석. 大夫는 광록훈의 속관인 光祿大夫, 太中大夫, 中散大夫, 諫議大夫를 말함.  ○六百石 – 太常 소속의 太

史令 같은 令의 질록이 육백석이며 公車司馬令도 6백석 관리이다.   ○博士,議郎 − 比六百石, 郎官은 中郎將의 속관으로 中郎, 侍郎, 郎中을 지칭.   ○以縱避爲罪 − 縱避는 부정을 放縱하고 비호한 죄로 판정하다.   ○擅相假印綬者 − 擅은 멋대로, 마음대로. 相假印綬者는 남에게 인수를 잠깐 빌려주어 사용하게 한 자.   ○與殺人同棄市論 − 살인죄와 같이 棄市(기시)형으로 판결하겠다.   ○彌歷時歲 − 매우 오랜 시간에 걸쳐.   ○力役旣廣 − 많은 곳에서 노역을 담당하다.   ○徒隸 − 罪囚.   ○儻或在茲 − 儻或은 혹시 ~아닌가. 儻若과 같음. 儻은 빼어날 당, 갑자기. 在茲는 여기, 이것. 茲 곧 자. 즉, 말끝에 붙은 助字.   ○中黃藏府 − 창고 이름. 화폐, 비단, 금은을 보관하는 內庫.

[國譯]

여름 4월 庚寅日, 京師에 지진이 났다. 조서로 大將軍, 公과 卿, 校尉에게 賢良方正하고 直言極諫을 할 수 있는 인재를 각 1명씩 천거하게 하였다. 또 列侯와 중랑장, 大夫와 御史, 謁者나 千石이나 六百石 관리, 博士와 議郎과 郎官에게 각자 時政의 득실을 논한 封事를 올리게 하였다. 또 조서로 大將軍과 公과 卿, 각 郡國擧에서 효행이 돈독한 자나 행실이 돈독한 인재를 각 1인씩 천거하게 하였다.

壬辰日, 조서로 州郡에서는 縣令縣長이나 관리를 협박하여 몰아내지 못하게 했다. 관리가 뇌물을 30만 전이나 받았는데도 이를 적발하지 못하면 刺史나 태수를 방임과 비호한 죄로 판결하겠다고 하였다. 만약 멋대로 인수를 남에게 빌려주어 사용하게 했다면 살인죄와 같이 棄市(기시)형으로 판결하겠다고 하였다.

丙午日, 조서로 군국에 갇힌 죄수 중 사형 죄를 1등급 감하되 태형을 못하게 하였다. 다만 謀反大逆 죄는 이 조서가 적용되지 않는다고 하였다.

또 조서를 내렸다. 「연이어 황제의 능묘를 짓느라 오랜 세월 노역이 많았는데 특히 죄수들이 고생이 많았다. 요즈음 비가 내리지 않고 검은 구름이 끼었다가도 다시 개이니 혹 이때문은 아니겠는가? 능원을 만드는데 동원한 죄수의 형기를 각 6개월씩 감형하라.」

이 달에 阜陵王(부릉왕) 代(대)의 형인 勃遒亭侯(발주정후) 便(편)을 阜陵王(부릉왕)으로 책립하였다. 6개 郡國에서 땅이 갈라지고 물이 솟아나고 우물이 넘쳤다. 芝草(지초)가 中黃藏府(창고 이름)에서 자라났다.

6월, 太尉 胡廣(호광)이 파직되고, 大司農 杜喬(두교)가 태위가 되었다.

가을 7월, 勃海王 鴻(홍, 質帝의 부친)이 죽어, 황제의 아우 蠡吾侯(여오후) 悝(회)를 발해왕에 책립하였다.

<br>

原文

八月乙未, 立皇后梁氏. 九月丁卯, 京師地震. 太尉杜喬免.

冬十月, 司徒趙戒爲太尉, 司空袁湯爲司徒, 前太尉胡廣爲司空. 十一月, 濟陰言有五色大鳥見於己氏. 戊午, 減天下死罪一等, 戍邊. 淸河劉文反, 殺國相射暠, 欲立淸河王蒜爲天子, 事覺伏誅. 蒜坐貶爲尉氏侯, 徙桂陽, 自殺. 前太尉李固, 杜喬皆下獄死. 陳留盜賊李堅自稱皇帝, 伏誅.

| 註釋 | ○立皇后梁氏 - 梁女 瑩(양녀 영), 梁商(양상)의 딸, 梁太后와 대장군 梁冀(양기)의 여동생. 梁冀가 정권을 완전 장악한 상황에서 桓帝는 양황후를 어찌할 수 없었다. 양황후는 延熹 2년(159)에 병사했다. ○濟陰~見於己氏 - 濟陰은 郡名. 己氏(기씨)는 제음군의 현명. 今 山東省 서남부 菏澤市 관할 曹縣, 河南省에 연접. ○淸河王蒜~ - 蒜은 달래 산. 나물 이름. 작은 마늘. ○尉氏候(위씨후) - 陳留郡의 현명. 今 河南省 開封市 尉氏縣. ○桂陽 - 荊州의 군명. 治所는 郴縣(침현), 今 湖南省 남부의 郴州市.

**[國譯]**

8월 乙未日, 梁氏(양씨)를 황후로 책립했다. 9월 丁卯日, 京師에 지진이 났다. 太尉 杜喬(두교)가 면직되었다.

겨울 10월, 司徒 趙戒(조계)가 太尉가 되었고, 司空 袁湯(원탕)이 司徒가 되었으며, 전에 太尉였던 胡廣(호광)이 司空이 되었다.

11월, 濟陰郡에서 5색의 큰 새가 己氏縣(기씨현)에 나타났다고 보고하였다. 戊午日, 온 나라의 사형 죄수를 1등급 감형하여 변방을 지키게 하였다.

淸河國 劉文이 반역하면서 國相인 射暠(謝暠, 사호)를 죽이고 淸河王 蒜(산)을 천자로 세우려 했으나 일이 발각되어 주살되었다. 劉蒜(유산)도 연좌되어 尉氏候(위씨후)로 폄직되어 桂陽郡으로 옮겼는데 자살하였다. 前 太尉인 李固(이고)와 杜喬(두교)가 모두 하옥되었다가 죽었다. 陳留郡의 도적 李堅(이견)이 황제를 자칭하다가 잡혀 죽었다.

**■原文**

二年春正月甲子, 皇帝加元服. 庚午, 大赦天下. 賜<u>河間</u>, <u>勃海</u>二王黃金各百斤, <u>彭城</u>諸國王各五十斤, 公主,大將軍, 三公,特進,侯,中二千石,二千石,將,大夫,郎吏,從官,四姓及 <u>梁</u>,<u>鄧</u>小侯,諸夫人以下帛, 各有差. 年八十以上賜米,酒,肉, 九十以上加帛二匹, 綿三斤.

三月戊辰, 帝從皇太后幸大將軍<u>梁冀府</u>. <u>白馬羌</u>寇<u>廣漢屬 國</u>, 殺長吏, <u>益州</u>刺史率<u>板楯蠻</u>討破之.

| **註釋** | ○(建和) 二年 – 서기 148년. ○賜河間,勃海二王 – 황제의 사 촌형제와 친형제. ○四姓及梁,鄧小侯 – 후한 초기의 외척 樊氏(번씨), 郭 氏, 陰氏, 馬氏 등 4姓의 자제를 특별히 四姓小侯라 하였다. 아직 列侯(제 후)가 아니기에 小侯라 하였다. 여기에 외척 梁氏와 鄧氏가 추가되었다. ○廣漢屬國 – 廣漢은 益州의 군명. 治所는 雒縣(낙현). 今 四川省 成都市 북쪽 廣漢市. 廣漢屬國의 治所는 陰平道. 今 甘肅省 隴南市 관할 文縣. ○板楯蠻 – 일명 賨(뿔이 있는 암양 해). 중국 서남방의 종족 이름. 당시 巴郡 과 蜀郡에 걸쳐 분포.

**[國譯]**

(建和) 2년 봄 정월 甲子日, 皇帝가 관례를 치렀다(17세). 庚午日, 온 나라 죄수를 사면하였다. 河間王(劉建)과 勃海王(劉悝, 유회)에 게 황금 각 1백 근을, 彭城國의 여러 왕에게 각 황금 50근을, 公主와 大將軍, 三公, 特進, 侯와 中二千石, 二千石, 中郎將, 大夫, 郎吏, 從 官, 四姓小侯 및 梁氏, 鄧氏 小侯, 그리고 모든 夫人 이하에게 비단을

차등 있게 하사하였다. 또 나이 80이상 노인에게 쌀과 술과 고기를, 90이상에게는 비단 2필과 솜 3근을 더 하사하였다.

3월 戊辰日, 황제가 皇太后를 따라 大將軍 梁冀(양기)에 저택에 행차하였다. 白馬의 강족이 廣漢屬國에 침입하여 현령이나 관리를 죽이자 益州刺史가 板楯(판순)의 蠻族(만족)을 데리고 토벌하여 격파하였다.


### 原文

夏四月丙子, 封帝弟碩爲平原王, 奉孝崇皇祀. 尊孝崇皇夫人馬氏爲孝崇園貴人. 嘉禾生大司農帑藏. 五月癸丑, 北宮掖廷中德陽殿及左掖門火, 車駕移幸南宮.

六月, 改清河爲, 甘陵, 立安平王得子經侯理爲甘陵王.

秋七月, 京師大水. 河東言木連理.

冬十月, 長平陳景自號 '黃帝子', 署置官屬, 又南頓管伯亦稱 '眞人', 並圖擧兵, 悉伏誅.

### 註釋

○大司農帑藏 – 大司農은 국가 재정 운영을 담당, 질록 중이천석. 帑藏은 창고. 帑은 금고 탕. 처자 노. 藏 감출 장, 저장하다. ○掖廷 – 원래는 永巷(영항)이라 했는데 무제 때 掖庭(액정)으로 개칭, 비빈이 거처하는 궁궐을 의미. 少府의 산하, 황궁 중 비빈의 거처를 管理하는 기관. 우두머리는 掖庭令, 宦者로 充任. 질록 6백석. 궁중 婢女나 侍從에 관한 업무는 질록 4백석의 永巷長이 담당했다. ○安平 – 冀州에 속함, 治所는 信都縣. 今 河北省 衡水市 관할 冀州市. 前漢의 信都郡(國). ○經侯 – 經縣은 安平

國의 현명. 今 河北省 남부 邢台市 관할 廣宗縣. ○長平陳景 − 長平은 陳國의 縣名. 今 河南省 周口市 西華縣. ○南頓管伯亦稱‘眞人’ − 南頓(남돈)은 豫州刺史部 汝南郡의 縣名. 今 河南省 周口市 관할 項城市 서쪽. 管伯은 인명. 眞人은 神仙. 道教의 祖師 또는 道士, 때로는 佛僧을 지칭하기도 한다. 道教에서는 莊子를 ‘南華眞人’ 列子를 ‘沖虛眞人’이라 칭한다. 신선으로 유명한 鍾離權(종리권, 종리는 복성)을 ‘正陽眞人’ 呂洞賓(여동빈)을 ‘純陽眞人’, 劉海蟾(유해섬)을 ‘廣陽眞人’이라고 부른다.


## [國譯]

여름 4월 丙子日, 황제의 아우 碩(석)을 平原王에 봉하여 孝崇皇의 제사를 지내게 하였다. 孝崇皇夫人 馬氏(마씨)를 孝崇園貴人으로 존칭했다. 嘉禾(가화)가 大司農의 帑藏(탕장, 창고)에서 자랐다.

5월 癸丑日, 北宮 掖廷(액정)의 德陽殿과 左掖門(좌액문)에서 불이 나서 황제는 南宮으로 옮겨갔다.

6월, 清河國을 고쳐 甘陵國(감릉국)이라 하고, 安平王 得(득)의 아들 經侯(경후) 理(이)를 甘陵王에 봉했다.

가을 7월, 낙양에 홍수가 났다. 河東郡에서 連理木(연리목)이 자랐다고 보고하였다.

겨울 10월, (陳郡) 長平縣의 陳景(진경)이란 자가 ‘黃帝子’라고 자칭하면서 관서를 두고 관리를 임명하였고, 또 南頓縣의 管伯(관백)도 ‘眞人’을 자처하면서 擧兵하려 했으나 죄인으로 처형되었다.

三年春三月甲申, 彭城王定薨. 夏四月丁卯晦, 日有食之.

五月乙亥, 詔曰,「蓋聞天生蒸民, 不能相理, 爲之立君, 使司牧之. 君道得於下, 則休祥著乎上, 庶事失其序, 則咎徵見乎象. 間者, 日食毀缺, 陽光晦暗, 朕祇懼潛思, 匪遑啓處. 傳不云乎, '日食修德, 月食修刑.' 昔孝章帝愍前世禁徙, 故建初之元, 並蒙恩澤, 流徙者使還故郡, 沒入者免爲庶民. 先皇德政, 可不務乎! 其自永建元年迄乎今歲, 凡諸妖惡, 支親從坐, 及吏民減死徙邊者, 悉歸本郡, 唯沒入者不從此令.」

| 註釋 | ○(建和) 三年 – 서기 149년. ○蓋聞天生蒸民 – 成帝 建始 3년 (前 30년)의 조서를 일부 변경, 내용 유사. ○匪遑啓處 – '王事靡息 不遑啓處'《詩經 小雅 四牡(사모)》의 인용. 不遑啓居는 편히 지낼 겨를이 없다. 匪는 非, 不. 遑은 허둥거릴 황. 啓處는 啓居, 집에서 편안히 지내다. ○'日食修德, 月食修刑.' –《春秋公羊傳》의 구절. ○孝章帝 – 재위 76-88년. 愍 불쌍히 여길 민. ○建初之元 – 章帝의 첫 연호, 서기 76-83년. ○沒入者 – 죄를 지어 관노비가 된 자. ○永建元年 – 順帝의 첫 번째 연호, 서기 126-131년. ○迄乎今歲 – 迄은 이를 흘. 도달하다.

[國譯]

(建和) 3년 봄 3월 甲申日, 彭城王 定(정)이 죽었다.

여름 4월 丁卯日 그믐, 일식이 있었다. 5월 乙亥日 조서를 내렸다.

「보통 하는 말이 하늘이 뭇 백성을 내었지만 서로를 다스릴 수 없어 人君을 세워 다스리게 하였다. 人君의 正道가 백성까지 통한다면 祥瑞(상서)가 上天에도 나타나지만, 모든 정사가 질서를 잃는다면 재해의 징조가 天象에 나타난다고 하였다.

요즈음 일식이 일어나 陽光이 어두워지니, 朕(짐)이 두려워 깊이 생각하느라 편안히 지낼 겨를이 없었다. 《春秋》에서도 '日食에 덕치를 베풀고, 月食에 형벌을 바로잡는다.' 고 하지 않았는가? 예전에 孝章帝께서는 죄를 지어 이주한 백성을 불쌍히 여기시어 建初 원년에(서기 76) 모두에게 은택을 베푸시어 유배나 이주된 자를 본군으로 돌려보내게 하였고, 관노비가 되었던 백성을 사면하여 서민이 되게 하였다. 선대 황제의 덕정을 어찌 힘써 실천하지 않겠는가! (順帝) 永建 원년(서기 126)부터 지금까지 여러 죄인과 연좌된 친족, 그리고 관리나 백성으로 사형에서 감형되어 변군에 이주한 자를 모두 본 군으로 돌려보내되 단 관노비가 된 자는 이에 적용되지 않는다.」

## 原文

六月庚子, 詔大將軍, 三公, 特進, 侯, 其與卿, 校尉擧賢良方正, 能直言極諫之士各一人. 乙卯, 震憲陵寢屋. 秋七月庚申, 廉縣雨肉. 八月乙丑, 有星孛於天市. 京師大水.

九月己卯, 地震. 庚寅, 地又震. 詔死罪以下及亡命者贖, 各有差. 郡國五山崩.

冬十月, 太尉趙戒免. 司徒袁湯爲太尉, 大司農河內張歆爲司徒.

| 註釋 | ○侯 – 보통 侯王을 의미. 皇子는 王에 피봉되고 王子와 功臣은 侯로 봉해진다. 王은 郡 단위의 영역을 侯는 縣級의 영역을 받고 그 영역은 모두 國으로 불린다. 통치 권력은 없고 조세를 걷어 생활하는 특권만 누린다. ○憲陵 – 順帝의 능. ○廉縣雨肉 – 廉縣(염현)은 北地郡의 현명. 今 寧夏回族自治區 북부 銀川市의 서쪽. 雨肉은 '붉은 비가 내렸다'로 번역했다. 주석에 의하면, 羊의 肺(폐)와 같이 생겼는데 크기가 손바닥만한 것도 있었다고 하였다. 당시 梁太后와 梁冀(양기)의 전횡에 대한 하늘의 재앙이라 해석할 수 있다. 〈五行志〉에 災火나 草妖, 羽蟲孼(우충얼). 羊禍(양화)에 관한 기록이 있다. 羊은 가축 중에서 가장 멀리 보는 동물이라고 한다. ○天市 – 天市垣(천시원, 垣 담 원)은 19개 성좌로 구성, 平民百姓이 거주지를 상징. 上垣의 太微垣(태미원), 中垣의 紫微垣(자미원), 下垣의 天市垣(천시원)을 三垣이라 통칭.

**[國譯]**

6월 庚子日, 大將軍, 三公, 特進, 諸侯와 卿과 校尉 등에게 賢良方正하고 直言과 極諫을 할 수 있는 인재를 각 1인씩 천거하라 하였다. 乙卯日, 憲陵(헌릉)의 寢殿이 흔들렸다. 가을 7월 庚申日, (北地郡) 廉縣(염현)에 붉은 비가 내렸다.

8월 乙丑日, 天市垣(천시원)에 살 별(彗星)이 출현했다. 경사에 홍수가 났다.

9월 己卯日, 지진이 났다. 庚寅日, 땅이 또 흔들렸다. 조서로 死罪 이하 및 도망자의 속전에 각각 차등을 두어 시행케 하였다. 5개 군국에서 산사태가 났다.

겨울 10월, 太尉 趙戒(조계)가 면직되었다. 司徒 袁湯(원탕)이 太尉가 되었고, 大司農 河內인 張歆(장흠)이 司徒가 되었다.


■ 原文

十一月甲申, 詔曰, 「朕攝政失中, 災眚連仍, 三光不明, 陰陽錯序. 監寐寤歎, 疢如疾首. 今京師廝舍, 死者相枕, 郡縣阡陌, 處處有之, 甚違周文掩胔之義. 其有家屬而貧無以葬者, 給直, 人三千, 喪主布三匹, 若無親屬, 可於官壖地葬之, 表識姓名, 爲設祠祭. 又徒在作部, 疾病致醫藥, 死亡厚埋藏. 民有不能自振及流移者, 稟穀如科. 州郡檢察, 務崇恩施, 以康我民.」


| 註釋 | ○監寐寤歎 – 어렵게 잠들어도 깊이 자지 못하고 깨면 탄식하다. ○疢如疾首 – 머리가 깨질 듯 열병을 앓다. 疢 열병 진. ○廝舍 – 천역을 담당하는 자의 숙소. ○阡陌(천맥) – 논밭. 논밭 사이의 길. ○掩胔之義 – 해골을 다시 묻어주는 뜻. 掩는 가릴 엄. 胔는 썩은 살 자. 살이 붙은 뼈. ○給直 – 直은 값 치. 곧을 직. ○官壖地 – 관유지. 壖는 빈터 연. 성 가장자리의 땅. ○徒在作部 – 죄수들이 일하는 곳. ○稟穀如科 – 규정대로 곡식을 지급하다.


[國譯]

11월 甲申日, 조서를 내렸다.

「朕이 정치를 맡았으나 정도를 잃어 재해가 연이어 발생하고 日

月星도 빛을 잃었으며 음양이 어긋나기도 했다. 어렵게 잠들었다가도 탄식으로 깨어나고 가슴과 머리가 아프다. 지금 낙양 천민이 사는 곳에는 시신이 쌓여있고 지방 들판 곳곳에 시신이 널렸으니 周文王께서 백골도 다시 묻어준 뜻에 심히 어긋났도다. 가족이 있어도 가난하여 장례를 치를 수 없는 자에게 그 비용으로 1인 3천 전과 상주에게는 삼베 3필을 지급하고, 만약 친속도 없다면 관청 소유지에 묻어주되 성명을 표시하고 제사도 지내도록 하라. 또 죄수가 노역하는 곳에서는 질병을 치료해 주고, 사망하면 깊게 묻어주도록 하라. 自救할 수 없는 백성이나 유랑민들에게는 규정대로 곡식을 지급하라. 州郡에서는 이를 감독하며 백성에게 은혜를 베푸는 데 힘써 짐의 백성을 편안케 하라.」

■原文

和平元年春正月甲子, 大赦天下, 改元和平.

乙丑, 詔曰,「曩者遭家不造, 先帝早世. 永惟大宗之重, 深思嗣續之福, 詢謀臺輔, 稽之兆占. 旣建明哲, 克定統業, 天人協和, 萬國咸寧. 元服已加, 將卽委付, 而四方盜竊, 頗有未靜, 故假延臨政, 以須安謐. 幸賴股肱禦侮之助, 殘醜消蕩, 民和年稔, 普天率土, 遐邇洽同. 遠覽'復子明辟'之義, 近慕先姑歸授之法, 及今令辰, 皇帝稱制. 群公卿士, 虔恭爾位, 勠力一意, 勉同斷金. '展也大成', 則所望矣.」

| **註釋** | ○ 和平元年 – 桓帝의 두 번째 연호. 서기 150년. ○ 曩者遭家不造 – 曩者(낭자)는 종전에. 遭家不造는 국가가 불행을 당하다. 造는 성취. ○ 嗣續之福 – 후손의 복. ○ 詢謀臺輔 – 보좌 대신에게 묻다. 자문을 구하다. ○ 稽之兆占 – 길흉의 조짐을 상고하다. ○ 將卽委付 – 위탁한 바를 돌려받다. ○ 盜竊 – 도적이 소란을 피우다. ○ 假延臨政 – 임조청정을 연장하다. ○ 以須安謐 – 이로써 안정을 기대하다. 安謐(안밀)은 安穩(안온). 謐은 고요할 밀. ○ 幸賴股肱禦侮之助 – 다행히도 대신과 장군의 도움을 받아. 股肱(고굉)은 大臣. 禦侮(어모)는 외적을 막다. 武臣. ○ 普天率土 – 하늘 아래 모든 곳. ○ '復子明辟' – 復은 환원하다. 子는 周의 成王. 明辟은 明君. 周公의 오랜 섭정을 마치고 成王에게 명군의 정치를 할 수 있게 돌려준다는 뜻. ○ 先姑歸授之法 – 先姑는 安帝의 閻(염) 皇后, 환제의 祖母. 歸授는 政事를 돌려주다. ○ 及今令辰 – 지금의 良辰吉日을 맞이하여. ○ 皇帝稱制 – 황제의 권력을 장악하다. ○ 虔恭爾位 – 경건 공손하게 자신의 직위를 지키고 ○ 勠力一意 – 한마음으로 힘쓰다. 勠力(육력)은 戮力(육력). 勠은 같이 힘쓸 류(육). ○ 勉同斷金 – 金은 쇠붙이. 단단한 물질(剛之物也). 사람이 同心이 된다면 그 날카로움이 쇠를 자를 수도 있다는 뜻. '子曰, ∼, 二人同心 其利斷金이요, 同心之言은 其臭如蘭이다.'《易經 繫辭傳 上》, 天火同人卦(천화동인괘, ☰ ☲)의 九五 爻(효)에 대한 孔子의 해석임. ○ '展也大成' – 展은 誠也. 大成은 太平天下를 이룩하다. '允矣君子여 展也大成이로다.'《詩經 小雅 車功》

## [國譯]

和平 원년(서기 150) 봄 정월 甲子日, 온 나라 죄수를 사면하고 和平(화평)으로 개원하였다.

乙丑日, 조서를 내렸다.

「종전에 나라가 불행을 당해 先帝가 일찍 세상을 떠나셨다. 宗嗣(종사) 계승의 막중한 책임과 후대의 행복을 오래 깊이 생각하고, 보좌 대신에게 대책을 자문하며, 길흉의 징조도 詳考(상고)해 보았다. 이미 明哲한 大法이 있고 大統의 大業이 安定되었으며, 天人이 協和하고 萬國이 모두 평안하도다. (짐이) 이미 관례를 마쳤으니 위탁한 대권을 돌려받았어야 하나, 아직 사방에 도적떼가 들끓어 조용하지 않아서 (太后의) 臨朝聽政에 의지하여 안정을 이룩했었다. 다행히도 대신과 武臣의 도움으로 잔악한 무리를 소탕했고, 백성은 화목하고 풍년을 이뤄 하늘 아래 온 땅에 遠近이 모두 화합하였다. 먼 옛날 '(周公이) 성왕에게 정사를 되돌려준' 뜻을 살펴보고, 가까이로는 先姑(祖母)께서 大法을 환원하셨던 전례를 본받아 이제 오늘 길일을 택해 황제의 대권을 행사할 것이다. 여러 公卿과 신하는 각자 직무를 수행하며 함께 노력하고 同心으로 斷金하여 '진정한 태평천하의 성취'를 짐은 기대하노라.」

## 原文

二月, 扶風妖賊裴優自稱皇帝, 伏誅. 甲寅, 皇太后梁氏崩. 三月, 車駕徙幸北宮. 甲午, 葬順烈皇后.

夏五月庚辰, 尊博園匽貴人曰孝崇皇后. 秋七月, 梓潼山崩.

冬十一月辛巳, 減天下死罪一等, 徙邊戍.

| 註釋 | ○扶風妖賊裴優 – 司隷校尉部 소속 京兆尹(長安과 藍田縣 등 今 西安市 동남 지역), 右扶風(우부풍, 長安의 서쪽), 左馮翊(좌풍익, 장안의 북쪽지역) 을 특히 三輔라 칭했다. 右扶風의 치소는 槐里縣, 今 陝西省 咸陽市 관할 興平市. 裴優(배우)는 인명. 裴(옷 치렁치렁할 배)는 성씨.   ○梓潼(재동) – 廣 漢郡의 縣名, 今 四川省 중부 綿陽市 관할 梓潼縣.

## [國譯]

2월, 右扶風의 도적 裴優(배우)가 황제를 자칭하자 잡아 죽였다. 甲寅日, 皇太后 梁氏가 죽었다. 3월, 황제가 북궁으로 옮겨갔다. 甲 午日, 順烈皇后의 장례를 마쳤다.

여름 5월 庚辰, (황제 모친) 博園匽貴人을 孝崇皇后라 존칭했다.

가을 7월, 梓潼縣(재동현)에서 산사태가 났다.

겨울 11월 辛巳日, 온 나라 사형수를 1등급 감형하여 변방에서 防 戍(방수)하게 하였다.

## 原文

元嘉元年春正月, 京師疾疫, 使光祿大夫將醫藥案行. 癸 酉, 大赦天下, 改元元嘉. 二月, 九江,廬江大疫. 甲午, 河間 王建薨.

夏四月己丑, 安平王得薨. 京師旱. 任城,梁國饑, 民相食. 司徒張歆罷, 光祿勳吳雄爲司徒.

秋七月, 武陵蠻叛.

冬十月, 司空胡廣罷. 十一月辛巳, 京師地震. 閏月庚午, 任城王崇薨. 太常黃瓊爲司空.

| 註釋 |  ○元嘉元年 - 桓帝 3번째 연호, 서기 151-152년.  ○光祿大夫 - 光祿勳의 속관. 질록 比二千石.  ○任城,梁國 - 兗州 任城國 治所는 任城縣, 今 山東省 서남부의 濟寧市. 豫州 梁國 治所는 睢陽縣(수양현). 今 河南省 商丘市 睢陽區.  ○光祿勳 - 9卿의 하나. 질록 중이천석. 소속 속관이 많음.

**[國譯]**

元嘉(원가) 원년 봄 정월, 경사에 질병이 돌아 光祿大夫를 시켜 의원을 데리고 순시케 하였다. 癸酉日, 죄인을 대사하였고 元嘉(원가)로 개원하였다.

2월, 九江郡과 廬江郡(여강군)에 전염병이 크게 유행했다. 甲午日, 河間王 建(건)이 죽었다.

여름 4월 己丑日, 安平王 得(득)이 죽었다. 京師에 가뭄이 들었다. 任城國과 梁國에 흉년이 들어 사람이 사람을 먹었다. 司徒 張歆(장흠)이 파직되어 光祿勳 吳雄(오웅)이 司徒가 되었다.

가을 7월, 武陵郡의 만이가 반란을 일으켰다.

겨울 10월, 司空 胡廣(호광)이 파직되었다.

11월 辛巳日, 경사에 지진이 났다. 閏月 庚午日, 任城王 崇(숭)이 죽었다. 太常인 黃瓊(황경)이 司空이 되었다.

二年春正月, 西域長史王敬爲于寘國所殺. 丙辰, 京師地震.

夏四月甲寅, 孝崇皇后匽氏崩. 庚午, 常山王豹薨. 五月辛卯, 葬孝崇皇后於博陵.

秋七月庚辰, 日有食之. 八月, 濟陰言黃龍見句陽, 金城言黃龍見允街.

冬十月乙亥, 京師地震. 十一月, 司空黃瓊免. 十二月, 特進趙戒爲司空. 右北平太守和旻坐臧, 下獄死.

| 註釋 |　○(元嘉) 二年 - 서기 152년. ○西域長史王敬爲于寘國所殺 - 長史는 丞相, 太尉, 公, 將軍, 太守의 속관, 질록 6백석~1천석. 西域長史는 西域都護의 代稱. 于寘國(우전국)은 서역의 국명. 국도 西山城. 今 新疆省 남부 和田市 부근. 寘은 메울 전. 가득 차다. 서역장사가 우전국왕을 죽였기에 그 백성에게 피살되었다. 爲~所~는 被動文. 이 사건은 88권, 〈西域傳〉의 于寘國(우전국) 조항에 상세하게 기록되었다. ○博陵(박릉) - 桓帝의 생부 蠡吾侯 翼(익, 추존 孝崇皇)의 묘. ○句陽 - 濟陰郡의 현명. 今 山東省 서쪽 끝 菏澤市 북쪽. ○允街(윤가) - 金城郡의 현명. 今 甘肅省 省都(省會)인 蘭州市 관할 永登縣. ○右北平 - 幽州 右北平郡 治所는 土垠縣(토은현), 今 河北省 동부 唐山市 豊潤區. 天津市의 동쪽이 唐山市.

(元嘉) 2년 봄 정월, 西域長史인 王敬(왕경)이 于寘國(우전국)에서 살해되었다. 丙辰日, 京師에 지진이 났다.

여름 4월 甲寅日, 孝崇皇后인 匽氏(언씨, 桓帝의 生母)가 붕어했다. 庚午日, 常山王 豹(표)가 죽었다. 5월 辛卯日, 孝崇皇后를 博陵(박릉)에 장례했다.

가을 7월 庚辰日, 日食이 있었다. 8월, 濟陰郡에서 黃龍이 句陽縣에 출현했다고 보고했으며, 金城郡에서도 黃龍이 允街縣에 나타났다고 보고하였다.

겨울 10월 乙亥日, 京師에 지진이 있었다. 11월, 司空 黃瓊(황경)이 면직되었다.

12월, 特進인 趙戒(조계)가 司空이 되었다. 右北平 太守인 和旻(화민)이 뇌물죄로 하옥되었다가 죽었다.

■原文

永興元年春二月, 張抾言白鹿見. 三月丁亥, 幸鴻池.

夏五月丙申, 大赦天下, 改元永興. 丁酉, 濟南王廣薨, 無子, 國除.

秋七月, 郡國三十二蝗. 河水溢. 百姓饑窮, 流冗道路, 至有數十萬戶, 冀州尤甚. 詔在所賑給乏絶, 安慰居業.

冬十月, 太尉袁湯免, 太常胡廣爲太尉. 司徒吳雄罷, 司空趙戒免, 以太僕黃瓊爲司徒, 光祿勳房植爲司空. 十一月丁丑, 詔減天下死罪一等, 徙邊戍. 是歲, 武陵太守應奉招誘叛蠻, 降之.

| 註釋 | ○永興元年 – 환제의 4번째 연호 서기 153-154년. ○張掖 – 張掖郡(장액군), 治所는 觻得縣(역득현, 今 甘肅省 張掖市). 甘肅省 河西走廊(하서주랑)의 중부에 위치 前漢 河西 四郡의 하나. ○鴻池 – 호수 이름. 今 河南省 洛陽市 관할 偃師市(언사시) 서남. ○濟南王 – 濟南國 치소는 東平陵縣. 今 山東省 북부 河水 남안 濟南市 관할 章丘市.

[國譯]

永興(영흥) 원년 봄 2월, 張掖郡(장액군)에서 白鹿(백록)이 나타났다고 보고했다.

3월 丁亥日, (황제가) 鴻池(홍지)에 행차했다.

여름 5월 丙申日, 천하의 죄수를 사면하고 永興으로 개원하였다. 丁酉日, 濟南王 廣(광)이 죽었는데 아들이 없어 나라를 없앴다.

가을 7월, 32개 군국에서 황충 피해가 났다. 황하가 범람하였다. 백성이 기아와 곤궁으로 流民이 길을 메워 수십만 호에 가까웠는데 특히 冀州 지역이 심했다. 조서로 유민이 있는 군현에서 구제하면서 생업을 찾아 안정시키게 하였다.

겨울 10월, 太尉 袁湯(원탕)이 면직되어 太常인 胡廣(호광)이 태위가 되었다. 司徒 吳雄(오웅)은 파직되었고, 司空인 趙戒(조계)는 면직되었는데 太僕인 黃瓊을 司徒에, 光祿勳인 房植(방식)을 司空에 임용했다.

11월 丁丑日, 조서를 내려 온 나라의 사형 죄수를 1등급 감형하여 변방에 보내 防戍케 하였다. 이 해에 武陵太守 應奉(응봉)은 반역한 만이를 회유하여 투항케 하였다.

二年春正月甲午, 大赦天下.

二月辛丑, 初聽刺史,二千石行三年喪服. 癸卯, 京師地震, 詔公,卿,校尉擧賢良方正,能直言極諫者各一人. 詔曰, 「比者星辰謬越, 坤靈震動, 災異之降, 必不空發. 朕已修政, 庶望有補. 其輿服制度有逾侈長飾者, 皆宜損省. 郡縣務存儉約, 申明舊令, 如永平故事.」

六月, 彭城泗水增長逆流. 詔司隸校尉,部刺史曰, 「蝗災爲害, 水變仍至, 五穀不登, 人無宿儲. 其令所傷郡國種蕪菁以助人食.」京師蝗. 東海胊山崩.

| 註釋 | ○(永興) 二年 – 서기 154년. ○初聽~三年喪服 – 安帝 元初 3년(116)에 처음으로 허용했다가 安帝 建光 원년(121) 금지했었다. ○坤靈震動 – 坤靈(곤령)은 大地의 신령. 坤은 땅 곤. ○逾侈長飾 – 지나치게 사치하고 꾸미다. 逾는 넘을 유. 長飾은 많이 裝飾하다. 長은 남을 장, 많을 장. ○如永平故事 – 永平은 明帝의 연호. 서기 58-75년. ○彭城泗水 – 徐州 彭城國 치소는 彭城縣, 今 江蘇省 북부의 徐州市. 泗水(사수)는 一名 淸水, 山東省 중부에서 江蘇省 동북부를 지나 淮水에 합류. 隋代 이후 대운하의 일부분이 되어 山東省에서만 水名으로 통용. 洙泗(수사)란 말이 있는데, 이는 洙水와 泗水의 합칭으로 孔子와 孟子의 고향인 春秋시대의 魯國과 鄒國(추국)을 의미하며 轉하여 '孔子의 門下'란 뜻으로 쓰인다. ○蕪菁(무청) – 순무. 무(蔓菁, 蘿卜). ○東海胊山 – 東海郡 胊縣(구현)의 산. 今 江蘇省 북부 連雲港市 서남의 綿屛山.

[國譯]

　(永興) 2년 봄 정월 甲午日, 나라 안의 죄수를 사면하였다.

　2월 辛丑日, 처음으로 刺史(자사)와 태수의 3년 복상을 허용하였다. 癸卯日, 京師에 지진이 나자 조서로 公과 卿, 그리고 校尉에게 賢良方正하고 直言과 極諫을 할 수 있는 인재를 각 1인씩 천거하게 하였다. 이어 조서를 내렸다.

　「요즈음 星辰(성신)이 궤도를 벗어나고 地神이 진동하며 재해와 이변이 계속되는데 이는 결코 그냥 발생하는 것이 아니다. 관리는 각자 덕정을 실천하며 보완에 힘쓰기 바란다. (관원의) 수레나 복제에 지나치게 사치하거나 꾸민 것을 응당 모두 바꾸도록 하라. 군현에서도 검소와 절약에 힘쓰며 옛 법령의 뜻을 널리 알려 明帝 永平(영평) 연간의 전례를 따르도록 하라.」

　6월 彭城國 泗水(사수)가 범람 역류하였다. 조서로 司隷校尉(사예교위)와 12部 刺史(자사)에게 지시하였다.

　「황충의 재해에 이어 또 수재를 겪어 오곡이 여물지 않아 백성에게 비축한 식량이 없다. 재해를 입은 군국에서는 蕪菁(무청, 순무)를 심어 백성의 식량을 보충하게 하라.」

　京師 지역이 황충의 피해를 입었다. 東海郡 朐縣(구현)에서 산사태가 났다.


[原文]

　九月丁卯朔, 日有食之. 詔曰, 「朝政失中, 雲漢作旱, 川靈湧水, 蝗螽孳蔓, 殘我百穀, 太陽虧光, 飢饉薦臻. 其不被害郡縣, 當爲饑饉餒者儲. 天下一家, 趣不糜爛, 則爲國寶. 其禁郡,國不得賣酒,祠祀裁足.」

太尉胡廣免, 司徒黃瓊爲太尉. 閏月, 光祿勳尹頌爲司徒. 減天下死罪一等, 徙邊戍. 蜀郡李伯詐稱宗室, 當立爲 '太初皇帝', 伏誅.

冬十一月甲辰, 校獵上林苑, 遂至函谷關, 賜所過道傍年九十以上錢, 各有差. 太山,琅邪賊公孫擧等反叛, 殺長吏.

| 註釋 | ○雲漢作旱 – 雲漢은 天河, 天漢, 은하수.《詩經 大雅 雲漢》에서는 周 宣王이 大旱(대한)을 당해 비를 고대하는 심경을 묘사했다. ○蝗螽孼蔓 – 蝗螽(황종)은 메뚜기 과 곤충의 총칭. 우리나라에서는 蝗蟲의 피해가 없지만 중국은 그렇지 않았다. 螽은 누리 종, 방아깨비 종. 孼蔓(얼만)은 새끼가 급속히 늘어나다. 孼 첩의 자식 얼. 孽(서자 얼, 재앙 얼)의 俗字. 蔓은 덩굴 만. 뻗어나가다. ○飢饉薦臻 – 기근이 연이어 닥치다. 飢饉(기근)은 흉년으로 인한 굶주림. 薦은 드릴 천, 거듭 천. 臻은 이를 진. ○饑飢餒者 – 饑 주릴 기. 飢 주릴 기. 餒 주릴 뇌. ○趣不糜爛 – 趣은 재촉할 촉. 달릴 취. 糜爛(미란)은 피폐하다. 썩어 문드러지다. 남아돌다. ○祠祀裁足 – 제물도 절약하여 부족을 보완하다. 裁는 줄이다. 裁減. ○太山,琅邪 – 太山은 兗州 泰山郡, 治所는 奉高縣. 今 山東省 泰安市 岱嶽區. 徐州 琅邪國(낭야국) 치소는 開陽縣, 今 山東省 남부의 臨沂市(임기시). 公孫擧(공손거)는 永壽 2년(156)에 잡혀 처형당했다.

**[國譯]**

9월 丁卯日 초하루, 日食이 있었다. 조서를 내렸다.

「나라의 정사가 中正을 잃어 雲漢(天漢, 은하수)가 비를 내리지 않아 가뭄이 닥쳤고 하천의 신령은 물을 넘치게 했으며, 병충이 크게 늘어 내 백성의 백곡을 해치고, 일광도 빛을 잃었으며, 흉년이 연이었다. 피해가 적은 군국에서는 응당 기근을 대비하여 비축하여야 한다. 천하는 일가와 같으니, 재촉하지만 피폐하지 않는 것이 곧 나라를 위한 보배가 될 것이다. 군국에서는 술을 매매하지 못하게 하고, 제사도 절약하여 부족분을 보충토록 하라.」

太尉 胡廣(호광)이 면직되고 司徒 黃瓊(황경)이 태위가 되었다. 윤달에, 光祿勳 尹頌(윤석)이 사도가 되었다. 나라의 사형 죄수를 1등급 감형하여 변새에 보내 방수하게 하였다. 蜀郡의 李伯(이백)이 종실을 사칭하며 당연히 '太初皇帝'로 즉위해야 한다 하여 처형되었다.

겨울 11월 甲辰日, 上林苑(상림원)에서 우리에 가둔 짐승을 사냥하고서 函谷關(함곡관)에 도착하였는데, 지나온 군현의 90세 이상 노인에게 금전을 차등 있게 하사하였다. 太山郡과 琅邪國(낭아국) 일대의 도적인 公孫擧(공손거) 등이 반란을 일으켜 관리들을 살해했다.

| 原文 |

永壽元年春正月戊申, 大赦天下, 改元永壽.

二月, 司隸,冀州飢, 人相食. 勅州郡賑給貧弱. 若王侯吏民有積穀者, 一切貸十分之三, 以助稟貸, 其百姓吏民者, 以見錢雇直. 王侯須新租乃償.

夏四月, 白烏見齊國. 六月, 洛水溢, 壞鴻德苑. 南陽大水. 司空房植免, 太常韓縯爲司空.

詔太山,琅邪遇賊者, 勿收租,賦, 復更,筭三年. 又詔被水死流失屍骸者, 令郡縣鉤求收葬, 及所唐突壓溺物故, 七歲以上賜錢, 人二千. 壞敗廬舍, 亡失穀食, 尤貧者稟, 人二斛. 巴郡,益州郡山崩.

秋七月, 初置太山,琅邪都尉官. 南匈奴左薁鞬臺耆,且渠伯德等叛, 寇美稷, 安定屬國都尉張奐討除之.

| 註釋 | ○永壽元年 – 桓帝의 5번째 연호, 서기 155년-157년. ○一切貰十分之三 – 비축분 전체의 10분의 3을 빌려주다. 貰은 빌 특. 빌리다. 貸와 通. ○以見錢雇直 – 見錢은 현금. 雇 품살 고. 갚다. 直은 값 치(値와 通). 세, 품삯. ○王侯須新租乃償 – 王侯은 王(皇子)이나 縣侯(功臣 또는 王의 후손). 須는 기다리다.(需), 구하다. 新租는 가을에 거둬들이는 田租. 償은 상환하다. ○壞鴻德苑 – 壞 무너질 괴. 鴻德苑(홍덕원)은 苑囿(원유)의 이름. ○鉤求收葬 – 鉤 갈고랑이 구. ○唐突壓溺物故 – 唐突(당돌)은 느닷없이. 突然(돌연). 壓溺物故는 깔리거나 빠져 죽다. 壓死(압사)나 溺死(익사). 物故는 죽다. ○太山,琅邪都尉官 – 전한에서는 각 郡國에 군사 관련 업무를 총 지휘하는 都尉(질록 比二千石)을 두었으나 후한에서는 광무제 建武 6년(서기 30)에 邊境이 아닌 內郡에 도위를 폐지하고 태수가 도위 업무를 겸하게 하였으나 각 군에서 도적이나 병란이 일어나면 도위를 임명했다가 사안이 종료되면 폐지하였다. ○美稷 – 西河郡의 현명. 幷州(병주) 일대의 南匈奴를 관할, 보호하는 使匈奴中郎將의 주둔지. ○且渠(차거) – 남흉노의 관직명. ○安定屬國都尉 – 凉州刺史部의 安定郡의 속국. 前漢 安定郡의 治所는 高平縣(今 寧夏回族自治區 남부의 固原市). 後漢에서는 臨涇縣(今 甘肅省 동부 慶陽市 관할 鎭原縣)으로 이동. 屬國은 漢에 투항하여 부

족 고유의 습속이나 명칭을 유지하며 거주하는 이민족 집단. ㅇ左薁鞬(좌
욱건), 且渠(차거) − 흉노의 관직명. 薁은 까막머루 욱(오), 鞬은 동개 건. 활
과 화살을 보관하여 등에 지는 통. 《漢書》에서는 '奧鞬(오건)'으로 표기.

## 【國譯】

　永壽(영수) 원년 봄 정월 戊申日, 나라의 죄수를 사면하고 永壽로
개원하였다.

　2월, 司隷校尉部와 冀州刺史部에 흉년으로 사람이 사람을 먹었
다. 각 州郡에서 빈민을 구제하라고 지시하였다. 만약 王侯나 관리,
부자에게 비축한 곡식이 있다면 그 비축분의 10분의 3을 일률적으
로 내놓아 대출케 하였는데 백성이나 관리의 비축한 곡식은 현금으
로 구매하게 하였다. 제후 국왕이나 縣侯는 가을 田租를 기다렸다가
상환하게 하였다.

　여름 4월, 齊國에 白烏(흰 까마귀)가 나타났다. 6월, 洛水(낙수)가
범람하여 鴻德苑(홍덕원)을 휩쓸었다. 南陽郡에 홍수가 났다. 司空
房植(방식)이 면직되었다. 太常 韓縯(한연)이 司空이 되었다.

　조서로 太山郡과 琅邪國(낭야국)에서 도적의 피해를 당한 자에게
는 田租와 賦役을 걷지 말고, 또 更賦와 筭賦(산부)를 3년간 면제하
게 하였다. 또 조서로 수해를 당해 죽거나 급류에 죽어 유실된 시신
에 대해서는 관할 군현에서 갈고리 등을 이용하여 시신을 찾아 장례
할 것과 갑자기 압사나 익사한 자로 7세 이상에게는 1인당 각 2천
전을 지급하게 하였다. 집에 무너진 자나 곡식을 망실한 자, 또 극빈
자에게는 1인당 곡식을 2斛(곡)씩 지급하게 하였다. 巴郡(파군)과 益
州郡에서 산사태가 났다.

가을 7월, 太山郡과 琅邪國에 都尉官을 신설하였다. 南匈奴의 左
薁鞬(좌욱건) 臺耆(대기)와 且渠(차거)인 伯德(백덕) 등이 반역하며,
(西河郡) 美稷縣(미직현)을 침략하자, 安定屬國의 都尉인 張奐(장환)
이 토벌하여 죽여 버렸다.


原文

二年春正月, 初聽中官得行三年服.

二月甲申, 東海王臻薨. 三月, 蜀郡屬國夷叛.

秋七月, 鮮卑寇雲中. 太山賊公孫舉等寇青, 兗, 徐三州,
遣中郎將段熲討, 破斬之.

冬十一月, 置太官右監丞官. 十二月, 京師地震.

| 註釋 | ○(永壽) 二年 - 서기 156년. ○中官 - 中常侍(중상시, 환관, 질록
千石. 無定員. 뒤에 比二千石까지 증액) 이하의 모든 환관. 章帝와 和帝 이후 中
官(환관)의 직분과 숫자는 점점 늘어났다. 嘗藥監, 太官, 御者, 鉤盾(구순, 苑
囿 관리와 황제의 놀이 담당), 尙方, 考工, 別作監 등은 환관의 직책으로 모두
질록이 6백석이었는데 우리나라 공무원 직무와 비교하면 5급 공무원에 해
당한다. ○蜀郡屬國 - 蜀郡 西部都尉의 관할 지역 4개 縣(道) 곧 漢嘉, 嚴
道, 徙, 旄牛道를 통치. 靈帝 때 漢嘉郡(한가군)으로 개칭. 治所는 漢嘉縣,
今 四川省 중부 雅安市 蘆山縣. ○中郎將段熲 - 段熲(단경)은 인명. 段은
성씨. 熲은 빛날 경. 65권, 〈皇甫張段列傳〉에 입전. ○太官右監丞官 - 太
官令은 질록 6백석, 황제의 식사 담당. 右監丞(우감승, 질록 比六百石)은 태관
령의 보좌관. 그 외 속관으로 太官左丞은 飮食, 甘丞는 膳具(선구, 각종 식

기). 湯官은 酒類. 果丞은 과일을 담당하였다.

**[國譯]**

(永壽) 2년 봄 정월, 처음으로 환관의 3년 服喪을 허락하였다.

2월 甲申日, 東海王 臻(진)이 죽었다. 3월, 蜀郡屬國의 만이가 반역하였다.

가을 7월, 선비족이 雲中郡에 침입하였다. 太山郡(泰山郡)의 도적 무리 公孫擧(공손거) 등이 靑州, 兗州, 徐州 등 3주를 침략하자 中郎將 段熲(단경)을 보내 토벌 격파하여 죽였다.

겨울 11월, 太官의 右監丞의 官職을 신설하였다. 12월 경사(낙양)에 지진이 있었다.

**原文**

三年春正月己未, 大赦天下.

夏四月, 九眞蠻夷叛, 太守兒式討之, 戰歿, 遣九眞都尉魏朗擊破之. 復屯據日南. 閏月庚辰晦, 日有食之. 六月, 初以小黃門爲守宮令, 置冗從右僕射官. 京師蝗.

秋七月, 河東地裂. 冬十一月, 司徒尹頌薨. 長沙蠻叛, 寇益陽. 司空韓縯爲司徒, 太常北海孫朗爲司空.

| 註釋 |  ○(永壽) 三年 – 서기 157년.  ○兒式(예식) – 인명. 兒는 성씨 예(倪와 通用), 아이 아.  ○守宮令 – 질록 6백석.  ○冗從右僕射(용종우복

야) – 황제의 24시간 밀착 수행 환관, 無定員, 宿衛, 門戶 守備, 황제 행차에
는 말 타고 수행하기, 수레 陪乘(배승) 등등 질록 六百石. 冗은 쓸데없을 용.
○益陽 – 長沙郡의 현명. '益水之陽'의 뜻. 今 湖南省 북부 益陽市. ○北
海 – 靑州자사부 관할 北海國, 治所는 劇縣(극현). 今 山東省 중부 濰坊市
(유방시) 昌樂縣.

## [國譯]

(永壽) 3년 봄 정월 己未日, 나라의 죄수를 모두 사면하였다.

여름 4월, 九眞郡의 만이가 반역하여 太守 兒式(예식)이 토벌에 나
섰으나 전사하자, 九眞都尉인 魏朗(위랑)을 보내 반역자를 격파하였
다. 日南郡에 군사를 다시 주둔시켰다. 閏月 庚辰日 그믐, 日食이 있
었다. 6월, 처음으로 젊은 환관을 守宮令에 임명했고 冗從右僕射(용
종우복야) 관직을 신설했다. 경사 지역에 황충 피해가 났다.

가을 7월, 河東郡에서 땅이 갈라졌다.

겨울 11월, 司徒 尹頌(윤송)이 죽었다. 長沙郡의 만이가 반역하며
益陽縣을 침략했다. 司空 韓縯(한연)이 司徒가 되었고, 太常인 北海
國 출신 孫朗(손랑)이 司空이 되었다.

## 原文

延熹元年春三月己酉, 初置鴻德苑令. 夏五月己酉, 大會
公卿以下, 賞賜各有差. 甲戌晦, 日有食之. 京師蝗.

六月戊寅, 大赦天下, 改元延熹. 丙戌, 分中山置博陵郡,
以奉孝崇皇園陵. 大雩.

秋七月己巳, 雲陽地裂. 甲子, 太尉黃瓊免, 太常胡廣爲太尉.

冬十月, 校獵廣成, 遂幸上林苑. 十二月, 鮮卑寇邊, 使匈奴中郞將張奐率南單于擊破之.

|註釋| ○延熹元年 − 서기 158년. ○鴻德苑令 − 관리소장격인 鴻德苑令은 질록 6백석. ○分中山置博陵郡 − 박릉군 치소는 博陵縣, 今 河北省 保定市 蠡縣(여현, 려). ○雲陽地裂 − 左馮翊 雲陽縣. 今 陝西省 咸陽市 관할 淳化縣 서북. ○廣成 − 苑囿 名, 上林은 후한의 上林苑. 당시 낙양의 서교, 今 洛陽市 白馬寺 근처에 있었다. 囿는 동산 유. 廣成囿는 상림원의 일부 정원. ○張奐(장환) − 문무 겸비한 인재, 무관으로 입신출세. 환관에게 시달렸지만, 經學의 기초가 탄탄했기에 끝까지 정도를 지켰고 담담한 유언을 남기고 죽었다. 65권, 〈皇甫張段列傳〉에 立傳.

[國譯]

延熹(연희) 원년 봄 3월 己酉日, 鴻德苑令을 처음 임명하였다.

여름 5월 己酉日, 公卿 이하 모든 관원을 모아 차등을 두어 시상하였다. 甲戌日 그믐, 日食이 있었다. 경사에 황충 피해가 났다.

6월 戊寅日, 나라의 죄수를 다 사면하고 延熹(연희)로 개원하였다. 丙戌日, 中山國을 분할하여 博陵郡(박릉군)을 설치하여 孝崇皇園陵(환제생부의 능원)을 관리하게 하였다. 기우제를 크게 지냈다.

가을 7월 己巳日, (右扶風) 雲陽縣에서 땅이 갈라졌다. 甲子日, 太尉 黃瓊(황경)을 면직되고, 太常 胡廣(호광)이 太尉가 되었다.

겨울 10월, 廣成苑에서 우리 안에서 사냥을 하고 마침내 (洛陽)

上林苑에 행차하였다. 12월, 선비족이 변방을 침략하자, 使匈奴中郎將인 張奐(장환)이 남선우의 군사를 거느리고 격파하였다.

二年春二月, 鮮卑寇鴈門. 己亥, 阜陵王便薨. 蜀郡夷寇蠶陵, 殺縣令. 三月, 復斷刺史, 二千石行三年喪.

夏, 京師雨水. 六月, 鮮卑寇遼東.

秋七月, 初造顯陽苑, 置丞. 丙午, 皇后梁氏崩. 乙丑, 葬懿獻皇后於懿陵. 大將軍梁冀謀爲亂. 八月丁丑, 帝御前殿, 詔司隷校尉張彪將兵圍冀第, 收大將軍印綬, 冀與妻皆自殺. 衛尉梁淑, 河南尹梁胤, 屯騎校尉梁讓, 越騎校尉梁忠, 長水校尉梁戟等, 及中外宗親數十人, 皆伏誅. 太尉胡廣坐免. 司徒韓縯, 司空孫朗下獄.

| **註釋** | ○(延熹) 二年 − 서기 159년. ○鴈門 − 幷州 소속 鴈門郡 治所는 陰館縣, 今 山西省 忻州市 代縣. ○阜陵王 − 阜陵(부릉)은 九江郡의 현명. 侯國名. 今 安徽省 중동부 滁州市(저주시) 관할 全椒縣(전초현). ○蠶陵 − 蜀郡의 현명. 今 四川省 북부 阿壩藏族羌族自治州 茂縣. ○顯陽苑 − 낙양성 근처의 御苑(어원). ○大將軍梁冀謀爲亂 − 대장군 梁商의 아들 梁冀는 順帝 永和 6년(141)에 대장군이 되었다. 沖帝, 質帝, 桓帝를 옹립했고 그 가문에 侯 7명, 皇后 3명, 貴人 6명, 대장군 2명, 그 외 卿, 將, 尹, 校尉가 57명이었다고 하니 그 세력과 횡포를 짐작할 수 있다. 34권, 〈梁統列傳〉에 입전. ○屯騎, 越騎, 長水校尉 − 궁궐 외곽을 수비하는 北軍(常備軍)의

五校(屯騎校尉, 越騎校尉, 長水校尉, 射聲校尉, 步兵校尉). 校尉는 단위부대 지휘관으로 질록 비이천석. 長水校尉는 烏桓族(오환족) 기병으로 구성.

## [國譯]

(延熹) 2년(서기 159) 봄 2월, 선비족이 鴈門郡(안문군)을 노략질했다. 己亥日, 阜陵王 便(편)이 죽었다. 蜀郡의 만이들이 蠶陵縣(잠릉현)을 노략질하고 縣令을 살해했다.

3월, 자사와 태수의 3년 복상을 다시 중지시켰다.

여름 京師에 큰 비가 내렸다. 6월, 선비족이 遼東郡을 노략질했다.

가을 7월, 顯陽苑(현양원)을 새로 만들고 丞(승)을 임명하였다. 丙午日, 皇后 梁氏가 붕어했다. 乙丑日, 懿獻皇后(의헌황후, 梁氏)를 懿陵(의릉)에 장례했다. 대장군 梁冀(양기)가 반란을 모의하였다.

8월 丁丑日, 황제가 前殿에 와서 조서로 司隸校尉 張彪(장표)를 시켜 군사를 거느리고 양기의 저택을 포위하여 대장군의 인수를 회수하게 하자 양기와 그 처는 모두 자살하였다. 衛尉인 梁淑(양숙), 河南尹 梁胤(양윤), 屯騎校尉 梁讓(양양), 越騎校尉 梁忠(양충), 長水校尉 梁戟(양극) 등등과 중앙과 지방의 종친 수십 명이 모두 처형되었다. 太尉 胡廣(호광)도 연좌되어 면직되었다. 司徒인 韓縯(한연), 司空인 孫朗(손랑)은 하옥되었다.

## 原文

壬午, 立皇后鄧氏, 追廢懿陵爲貴人冢.

詔曰,「梁冀奸暴, 濁亂王室. 孝質皇帝聰敏早茂, 冀心懷忌畏, 私行殺毒. 永樂太后親尊莫二, 冀又遏絕, 禁還京師, 使朕離母子之愛, 隔顧復之恩. 禍害深大, 罪釁日滋. 賴宗廟之靈, 及中常侍單超,徐璜,具瑗,左悺,唐衡,尙書令尹勳等激憤建策, 內外協同, 漏刻之間, 桀逆梟夷. 斯誠社稷之佑, 臣下之力, 宜班慶賞, 以酬忠勳. 其封超等五人爲縣侯, 勳等七人爲亭侯.」

於是舊故恩私, 多受封爵. 大司農黃瓊爲太尉, 光祿大夫中山祝恬爲司徒, 大鴻臚梁國盛允爲司空. 初置秘書監官.

| 註釋 | ○皇后鄧氏 – 鄧猛女(? – 165년), 桓帝의 2번째 황후. 光武帝의 雲臺 28將의 한 사람인 太傅 鄧禹(등우)의 曾孫女, 和帝皇后 鄧綏(등수)의 從孫女. 부친은 鄧香. ○聰敏早茂 – 일찍부터 총명하였다. 茂는 왕성하다. 뛰어나다. ○永樂太后 – 桓帝의 생모 匽氏(언씨). 언씨와 관련되는 것은 永樂으로 호칭. 永樂은 태후가 거처하는 영락궁. 태후의 시호가 永樂이 아님. ○親尊莫二 – 친모로 존귀하기가 둘도 없다. 莫二는 無二. 없을 막(無와 同). ○禁還京師 – 낙양 도읍에 오지 못하게 하다. 中山國의 蠡吾(여오)에 머물렀다. ○隔顧復之恩 – 隔은 사이 뜰 격. 막다. 막히다. 顧復(고복)은 부모가 자식을 보살피며 기르다. ○罪釁日滋 – 罪釁은 허물. 죄악. 釁은 피 바를 흔. ○尙書令 – 少府의 속관, 尙書令 一人, 질록 千石. 前漢 武帝는 환관으로 임명, 中書謁者令으로 개칭, 成帝는 士人으로 등용했다가 다시 환관으로 임용. 황제에게 올라가는 모든 문서를 주관. 상서령 아래 尙書僕射(상서복야, 6백석). 尙書 6인(6백석)이 근무. ○漏刻(누각)之間 – 頃刻(경각)之間. ○桀逆梟夷 – 교활한 반역자를 효수하고 죽이다. 梟는 나

무에 목을 매달다. 夷는 죽이다. ○宜班慶賞 – 班은 나누어주다. ○單超
(선초) – 單은 성 선(音 常演切, 音 善). 참고 ; 지명으로는 單父(선보). 흉노
왕 칭호인 單于(선우). 78권, 〈宦者列傳〉 ○縣侯 – 현 단위를 식읍으로 받
은 제후. ○亭侯 – 縣侯보다 낮은 등급, 鄕이나 亭을 식읍으로 받은 공신.
본래 십 리에 1亭을 설치하니 사방 십 리 정도의 마을을 식읍으로 받은 것
임. 都亭侯와 亭侯, 都鄕侯, 鄕侯로 구분. ○秘書監 – 皇家의 經籍이나 圖
書를 관리. 태상의 속관, 질록 6백석. 곧 폐지되었다.


## [國譯]

壬午日, 황후 鄧氏(등씨)를 책립하고, 懿陵(의릉)을 폐위하여 貴人
冢(귀인총)이라 했다. 그리고 조서를 내렸다.

「梁冀(양기)는 간사, 잔악하고 황실을 크게 혼란케 하였다. 孝質皇
帝는 총명하여 일찍부터 재능이 뛰어났으나 양기가 꺼리고 두려워
몰래 독살하였다. 永樂太后(桓帝의 생모)는 짐의 둘도 없는 至親이
나 양기는 이것도 막아 단절하며 경사에 오지 못하게 하여 짐으로
하여금 母子의 정을 떠나게 하였고 자식을 돌보고자 하는 모정도 막
았다. 그 해악은 深大하고 죄과는 날로 커졌다. 종묘 신령의 도움과
中常侍인 單超(선초), 徐璜(서황), 具瑗(구원), 左悺(좌관), 唐衡(당형)과
尙書令인 尹勳(윤훈) 등이 격분하여 방책을 마련하였고, 內外가 협동
하여 짧은 시간에 패악한 무리를 목매달고 죽였다. 이는 진실로 社
稷(사직)이 보우하신 것이며 신하들의 힘이니 응당 큰 상을 내려 충
성스런 공적을 포상하여야 한다. 單超(선초) 등 5인을 縣侯(현후)에,
尹勳(윤훈) 등 7인을 亭侯(정후)에 봉한다.」

이에 (작위를 받은 환관과) 잘 아는 사람이나 사적인 은택을 베푼

많은 사람들이 작위를 받았다. 大司農 黃瓊(황경)은 太尉, 光祿大夫인 中山國 출신 祝恬(축념)은 司徒, 大鴻臚(대홍려)인 梁國 출신 盛允(성윤)은 司空이 되었다. 처음으로 秘書監을 설치하였다.

原文

冬十月壬申, 行幸長安. 乙酉, 幸未央宮. 甲午, 祠高廟. 十一月庚子, 遂有事十一陵. 壬寅, 中常侍單超爲車騎將軍.

十二月己巳, 至自長安, 賜長安民粟人十斛, 園陵人五斛, 行所過縣三斛. 燒當等八種羌叛, 寇隴右, 護羌校尉段熲追擊於羅亭, 破之. 天竺國來獻.

| 註釋 | ○未央宮(미앙궁) − 前漢의 正宮. 未央은 끝이 없다는 뜻. 央은 다할 앙, 가운데 앙. ○車騎將軍 − 무관직으로는 大將軍, 다음이 驃騎將軍(표기장군)이고, 그 다음이 車騎將軍, 거기장군 다음 지위가 衛將軍이며 그 다음에 일반 장군이다. 거기장군은 정치 상황에 따라 三公보다 높거나 낮았다. ○單超(선초) − 78권, 〈宦者列傳〉에 입전. ○護羌校尉段熲追擊於羅亭 − 護羌校尉는 西羌族을 통제하고 護烏桓校尉는 烏桓(오환, 흉노의 한 갈래)을 통제 장악, 질록은 比二千石. 段熲(단경)은 인명. 65권, 〈皇甫張段列傳〉에 입전. 羅亭(나정)은 今 靑海省 동남부의 지명. ○天竺國 − 印度에 대한 표기의 하나 《史記 大宛傳》에는 身毒(Shinduk)으로 표기. 《後漢書 西域傳》에는 '天竺國一名身毒, 在月氏之東南數千里' 라 기록. Sindhu(身毒), 天竺(천축), Hindu(賢豆), Indu(印度) 등으로 기록.

　겨울 10월 壬申日, 長安에 행차하였다. 乙酉日, 未中宮에 머물렀다. 甲午日, 高朝 廟堂에 제사했다. 11월 庚子日, 11릉에 제사를 지냈다. 壬寅日, 中常侍 單超(선초)가 車騎將軍이 되었다.

　12월 己巳日, 長安에서 돌아왔는데, 長安의 백성에게는 곡식을 1인 10斛(곡)씩, 園陵(원릉) 주변 백성에게는 각 5곡씩, 통과한 현의 백성에게는 1인 3곡씩 하사하였다. 燒當(소당) 등 강족 8종족이 반역하며 隴右(농우) 지역을 노략질하자, 護羌校尉인 段熲(단경)이 羅亭(나정)까지 추격 격파하였다. 天竺國(천축국)에서 사신이 와서 헌상하였다.

　三年春正月丙申, 大赦天下. 丙午, 車騎將軍單超薨.

　閏月, 燒何羌叛, 寇張掖, 護羌校尉段熲追擊於積石, 大破之. 白馬令李雲坐直諫, 下獄死.

　夏四月, 上郡言甘露降. 五月甲戌, 漢中山崩. 六月辛丑, 司徒祝恬薨.

　秋七月, 司空盛允爲司徒, 太常虞放爲司空. 長沙蠻寇郡界. 九月, 太山,琅邪賊勞丙等復叛, 寇掠百姓. 遣御史中丞趙某持節督州郡討之. 丁亥, 詔無事之官權絶奉, 豐年如故.

　冬十一月, 日南蠻賊率衆詣郡降. 勒姐羌圍允街, 段熲擊破之. 太山賊叔孫無忌攻殺都尉侯章.

十二月, 遣中郎將宗資討破之. 武陵蠻寇江陵, 車騎將軍
馮緄討, 皆降散. 荊州刺史度尙討長沙蠻, 平之.

| 註釋 | ○(延熹) 三年 – 160년. ○積石 – 靑海省 동남쪽, 甘肅省의 남
쪽 경계의 산 이름. ○白馬令李雲 – 白馬는 兗州 東郡의 현명. 今 河南省
동북 安陽市 관할 滑縣(활현). 李雲은 효렴으로 천거, 白馬縣令으로 있으면
서 中常侍 單超(선초) 등 5인의 비리를 상서했으나 환제의 노여움을 받아
옥중에서 죽었다. 57권, 〈杜欒劉李劉謝列傳〉 立傳. ○上郡 – 幷州 소속,
治所는 膚施縣(부시현). 今 陝西省 북부 楡林市(유림시). ○詔無事之官 權絶
奉 – 담당 직무가 없이 대기하는 신료의 급여 지급을 일시 중단하다. ○江
陵 – 荊州刺史部 소속 南郡의 治所인 江陵縣. 今 湖北省 荊州市 江陵縣.

**[國譯]**

(延熹) 3년(서기 160) 봄 정월 丙申日, 나라의 죄수를 모두 사면하
였다. 丙午日, 車騎將軍 單超(선초)가 죽었다. 閏月, 燒何(소하)의 강
족이 반역하며 張掖郡(장액군)을 노략질하자 護羌校尉인 段熲(단경)
이 積石山까지 추격하여 대파하였다. (東郡) 白馬 현령 李雲(이운)이
직간한 죄에 걸려 하옥되었다가 죽었다.

여름 4월, 上郡에서 감로가 내렸다고 보고하였다. 5월 甲戌日, 漢
中郡에서 산사태가 났다. 6월 辛丑日, 司徒 祝恬(축념)이 죽었다.

가을 7월, 司空인 盛允(성윤)이 司徒가, 太常인 虞放(우방)이 司空
이 되었다. 長沙郡(장사군)의 만이가 郡界를 노략질하였다. 9월, 太
山郡과 琅邪國 일대의 도적 勞丙(노병) 등이 다시 배반하여 백성을
약탈하였다. 御史中丞인 趙某(조모)를 보내 부절을 갖고 가서 州郡
의 군사를 동원하여 토벌하였다. 丁亥日, 조서로 보직이 없는 관료

의 급여 지급을 일시 중단하였으나 豐年에는 이전과 같이 지급하게 하였다.

겨울 11월, 日南郡 만이 도적들이 군에 찾아와 투항하였다. 勒姐 (늑저)의 강족이 (金城郡) 允街縣(윤가현)을 포위하자, 段頻(단경)이 격파하였다. 太山郡의 도적 叔孫無忌(숙손무기)가 태산군 도위 侯章 (후장)을 공격, 살해하였다.

12월, 中郞將 宗資(종자)를 파견하여 숙손무기를 토벌 격파하였 다. 武陵郡의 만이들이 (南郡) 江陵縣을 노략질하자 車騎將軍 馮緄 (풍곤)이 토벌하자 모두 투항하거나 해산하였다. 荊州刺史인 度尙(도 상)이 長沙郡의 만이들을 평정하였다.

## 原文

四年春正月辛酉, 南宮嘉德殿火. 戊子, 丙署火. 大疫.

二月壬辰, 武庫火. 司徒盛允免, 大司農種暠爲司徒. 三月, 省冗從右僕射官. 太尉黃瓊免.

夏四月, 太常劉矩爲太尉. 甲寅, 封河間王開子博爲任城王. 五月辛酉, 有星孛於心. 丁卯, 原陵長壽門火. 己卯, 京師雨雹.

六月, 京兆,扶風及涼州地震. 庚子, 岱山及博尤來山並頹裂. 己酉, 大赦天下. 司空虞放免, 前太尉黃瓊爲司空. 犍爲屬國夷寇鈔百姓, 益州刺史山昱擊破之. 零吾羌與先零諸種並叛, 寇三輔.

秋七月, 京師雩. 減公卿以下奉, 貸王侯半租. 占賣關內侯,虎賁,羽林,緹騎營士,五大夫錢各有差. 九月, 司空黃瓊免, 大鴻臚劉寵爲司空.

冬十月, 天竺國來獻. 南陽黃武與襄城惠得,昆陽樂季訞言相署, 皆伏誅. 先零沈氐羌與諸種羌寇幷,涼二州, 十一月, 中郎將皇甫規擊破之. 十二月, 夫餘王遣使來獻.

| 註釋 | ○(延熹) 四年 - 서기 161년. ○丙署 - 환관이 근무하는 부서 건물 중 甲乙 丙에 해당하는 건물. 丙署(병서)에는 질록 4백석의 환관 7명이 中宮(황후)의 別處를 관리하며 근무한다는 주석이 있다. ○冗從右僕射(용종우복야) - 冗은 冗(쓸데없을 용). 冗從은 고정된 직무가 없이 황제를 수행하는 환관. 僕射(복야)는 본래 秦의 관제로(僕, 主也), 본래 弓射 관련 업무 담당자였는데, 복야는 주 담당자 곧 우두머리란 뜻으로 각 분야별로 복야가 있었다. 射 벼슬 이름 야. ○有星孛於心 - 혜성 같은 星光이 恒星(항성)의 구역을 지나가는 것을 孛(살별 패)라 한다. 心은 二十八宿(수)의 하나. 별자리 이름. ○原陵長壽門 - 原陵은 光武帝의 능. 今 河南省 洛陽市 관할 孟津縣 소재. ○岱山及博尤來山 - 泰山과 博縣의 尤來山(우래산). 積는 무너질 퇴. ○犍爲屬國(건위속국) - 益州 소속, 治所는 朱提縣. 今 雲南省 동북부 昭通市. ○寇鈔百姓 - 寇鈔는 노략질하다. 寇 떼도둑 구, 鈔 약탈할 초. ○益州刺史山昱 - 山昱은 인명. 山이 성씨. 昱은 빛날 욱. ○占賣 - 지정하여 賣官하다. 占賣 이하의 내용에 대해서는 〈安帝紀〉 永初 3년 (109)의 주석 참고. ○南陽黃武 - 南陽郡의 黃武(人名). ○襄城 - 襄城(양성)은 潁川郡(영천군)의 현명. 今 河南省 許昌市 襄城縣. ○昆陽 - 潁川郡의 현명. 今 河南省 중앙에 위치한 漯河市(탑하시) 부근. ○皇甫規 - 전형적인 山西 출신 武將이었다. 그가 桓帝와 靈帝의 혼란기에 자신의 지위를

지키며 공을 세운 것은 그의 말과 행동이 진실했기 때문이었다. 65권, 〈皇甫張段列傳〉에 立傳.


## [國譯]

(연희) 4년, 봄 정월 辛酉日, 南宮에 있는 嘉德殿(가덕전)에서 불이 났다. 戊子日, 丙署(병서)에서 불이 났다. 전염병이 크게 돌았다.

2월 壬辰日, 武庫(무고)에서 불이 났다. 司徒 盛允(성윤)이 면직되었다. 大司農인 種暠(종호)가 司徒가 되었다. 3월, 冗從右僕射(용종우복야)의 관직을 폐지했다. 太尉 黃瓊(황경)이 면직되었다.

여름 4월, 太常 劉矩(유구)가 太尉가 되었다. 甲寅日, 河間王 開(개)의 아들 博(박)을 任城王에 봉했다. 5월 辛酉日, 心星 자리에 혜성이 나타났다. 丁卯日, (光武帝) 原陵의 長壽門에서 불이 났다. 己卯日, 경사지역에 우박이 내렸다.

6월, 京兆와 右扶風(우부풍)과 涼州(양주) 지역에 지진이 났다. 庚子日, 岱山(대산, 泰山)과 博縣(박현) 尤來山(우래산)이 무너지거나 땅이 갈라졌다. 己酉日 나라 안 죄수가 모두 사면하였다. 司空인 虞放(우방)이 면직되었고, 전에 太尉였던 黃瓊(황경)이 司空이 되었다. 犍爲屬國(건위속국)의 만이들이 백성을 노략질하자 益州刺史인 山昱(산욱)이 격파하였다. 零吾(영오)의 강족과 先零(선련) 여러 종족이 함께 반역하며 三輔(삼보) 지역을 노략질하였다.

가을 7월, 경사에서 기우제를 지냈다. 公卿 이하 모든 관리의 봉록을 감액하였고, 王侯의 반년 전조를 빌리게 하였다. 關內侯, 虎賁(호분), 羽林(우림), 緹騎營士(제기영사), 五大夫의 관직을 賣官하였는데 금액에 차등을 두었다.

9월, 司空인 黃瓊(황경)이 면직되고 大鴻臚인 劉寵(유총)이 司空이 되었다.

겨울 10월, 天竺國에서 낙양에 와서 토산물을 바쳤다. 南陽의 黃武(황무)와 襄城(양성)의 惠得(혜득), 또 昆陽(곤양)의 樂季(악계) 등이 서로 訞言(요언)을 퍼트렸다가 모두 처형되었다. 先零(선련)의 沈氐(침저) 강족과 여러 강족이 幷州와 涼州 지역을 노략질했는데 11월 中郎將인 皇甫規(황보규)가 격파하였다. 12월, 夫餘王이 사신을 보내 토산품을 헌상했다.

原文

五年春正月, 省太官右監丞. 壬午, 南宮丙署火.

三月, 沈氐羌寇張掖, 酒泉. 壬午, 濟北王次薨.

夏四月, 長沙賊起, 寇桂陽, 蒼梧. 驚馬逸象突入宮殿. 乙丑, 恭陵東闕火. 戊辰, 虎賁掖門火. 己巳. 太學西門自壞. 五月, 康陵園寢火. 長沙, 零陵賊起, 攻桂陽, 蒼梧, 南海, 交阯, 遣御史中丞盛脩督州郡討之, 不克. 乙亥, 京師地震. 詔公, 卿各上封事. 甲申, 中藏府承祿署火.

| 註釋 | ○(延熹) 五年 – 서기 162년. ○酒泉 – 涼州刺史部의 郡名. 治所는 祿福縣. 今 甘肅省 서북 酒泉市. ○桂陽 – 荊州의 군명. 治所는 郴縣(침현), 今 湖南省 남부의 郴州市. ○蒼梧 – 交州의 군명. 治所는 廣信縣, 今 廣西省 동부 梧州市.(廣東省과의 접경) ○驚馬逸象 – 놀란 말과 우리에서 탈출한 코끼리. ○恭陵 – 安帝의 능. ○虎賁掖門(호분액문) – 虎賁(호

분)은 천자를 숙위하고 시종하는 虎賁郎의 간칭. 지휘관은 虎賁中郞將(질록, 比二千石, 光祿勳의 속관). 虎賁中郞, 虎賁侍郞, 虎賁郞中을 통솔. 掖門 (액문)은 정문이 아닌 출입문. 호분랑이 지켰다. 掖은 곁문 액, 낄 액, 겨드랑이 액. ○康陵 – 殤帝의 능. ○零陵 – 荊州의 군명. 治所는 泉陵縣. 今 湖南省 서남부의 永州市. ○御史中丞 – 千石. 御史大夫의 丞(副職). 관리의 불법행위를 감찰 고발. 御史大夫가 司空이 된 뒤에는 少府의 속관으로 관리 감찰과 탄핵을 주관. 질록 6백석의 治書御史와 侍御史(정원 15명) 등 속관을 거느렸다. ○中藏府承祿署 – 中藏府는 황실 금전이나 재산을 보관하는 창고. 少府 소속 中藏府令이 우두머리(질록 6백석). 承祿署는 지출 담당 부서.

## [國譯]

(延熹) 5년 봄 정월, 太官右監丞을 폐지하였다. 壬午日, 南宮의 丙署(병서)에 불이 났다.

3월, 沈氐(침저)의 강족이 張掖郡과 酒泉郡에 침입하였다. 壬午日, 濟北王 次(차)가 죽었다.

여름 4월, 長沙郡에 도적떼가 일어나 桂陽郡, 蒼梧郡을 노략질하였다. 놀란 말과 우리를 탈출한 코끼리가 궁전에 돌입하였다. 乙丑 日, (安帝) 恭陵(공릉)의 東闕에서 불이 났다. 戊辰日, 虎賁(호분)의 掖門(액문)에서 불이 났다. 己巳日, 太學의 西門이 저절로 붕괴하였다.

5월, (殤帝) 康陵의 寢殿에서 불이 났다. 長沙郡과 零陵郡에서 도적떼가 일어나 桂陽, 蒼梧, 南海, 交阯郡을 습격하자 御史中丞인 盛脩(성수)를 보내 州郡의 군사를 동원하여 토벌하였으나 이기지 못했다. 乙亥日, 경사에 지진이 났다. 조서로 公卿은 각자 封事를 올리라고 하였다. 甲申日, 中藏府(중장부)의 承祿署(승록서)에서 불이 났다.

秋七月己未, 南宮承善闥火. 烏吾羌寇漢陽,隴西,金城,
諸郡兵討破之. 八月庚子, 詔減虎賁,羽林住寺不任事者半
奉, 勿與冬衣, 其公卿以下給冬衣之半. 艾縣賊焚燒長沙郡
縣, 寇益陽, 殺令. 又零陵蠻亦叛, 寇長沙. 己卯, 罷琅邪都
尉官.

冬十月, 武陵蠻叛, 寇江陵, 南郡太守李肅坐奔北棄市, 辛
丑, 以太常馮緄爲車騎將軍, 討之. 假公卿以下奉. 又換王
侯租以助軍糧, 出濯龍中藏錢還之.

十一月, 馮緄大破叛蠻於武陵. 京兆虎牙都尉宗謙坐臧,
下獄死. 滇那羌寇武威,張掖,酒泉. 太尉劉矩免, 太常楊秉
爲太尉.

| 註釋 | ○南宮承善闥 − 남궁 승선궁의 작은 문. 闥 문 달. 궁중 건물과
건물 사이의 소로에 만든 작은 출입문. ○減虎賁,羽林住寺不任事者半奉
− 住寺는 관청에 머물다. 신체 허약 등의 이유로 직무에 임하지 못하는
자. 虎賁과 羽林의 사졸은 賣官했기에 비적임자도 있었을 것이다. ○艾縣
− 揚州 豫章郡의 현명. 今 江西省 북쪽의 九江市 관할 修水縣 서쪽. 湖北
省과 경계. 艾는 쑥 애. ○罷琅邪都尉官 − 군국이 무사하면 도위를 임명
하지 않았다. ○坐奔北棄市 − 坐는 죄에 걸리다. 연좌되다. 대질하다. 奔
北(분배)는 달아나다. 奔은 달아날 분. 北는 달아날 배, 저버릴 배. ○假公
卿以下奉 − 假는 차용하다. ○出濯龍中藏錢還之 − 濯龍은 苑囿의 이름
겸 궁궐 이름. 前漢 상림원의 水衡都尉(수형도위)는 상림원 관리와 함께 鑄
錢을 담당했으며 황실의 재산을 운영하였다. 상림원에 보관 중인 황실 재

산처럼 後漢 황실의 재산으로 상환했다는 뜻. ○京兆虎牙都尉 – 京兆는 京兆尹. 安帝 때 강족의 침범이 잦자 三輔 지역의 陵園 수비를 위해 右扶風都尉와 京兆虎牙都尉를 다시 임명했었다. 경조호아도위는 長安縣에 주둔했다

## [國譯]

가을 7월 己未日, 낙양 남궁의 承善宮 액문에서 불이 났다. 烏吾(오오)의 강족이 漢陽郡, 隴西郡, 金城郡에 침입하자 여러 군의 군사가 토벌 격파하였다.

8월 庚子日, 조서로 虎賁(호분)과 羽林(우림)에서 관서에 머물며 업무를 하지 않는 자의 봉록을 절반 감액하고, 겨울옷을 지급하지 않도록 지시했고 공경 이하 관리의 겨울옷도 절반만 지급케 하였다. (豫章郡의) 艾縣(애현)의 도적이 長沙郡의 다른 縣을 불태우고, 益陽縣에 침입하여 현령을 살해하였다. 또 零陵郡의 만이들도 반란을 일으켜 長沙에 침입하였다. 己卯日, 琅邪國 都尉官을 폐지하였다.

겨울 10월, 武陵郡의 만이가 배반하면서 (南郡) 江陵縣을 노략질했는데, 南郡太守 李肅(이숙)을 싸우지 않고 달아난 죄로 棄市(기시)형에 처했다. 辛丑日, 太常 馮緄(풍곤)이 車騎將軍이 되어 토벌하였다. 公卿 이하의 질록을 임차하였다. 또 王侯國의 田租를 빌려 군량을 충당하였다가 濯龍宮(탁룡궁)의 금전을 내어 상환하였다.

11월, 馮緄(풍곤)이 무릉군에서 반역한 만이를 대파하였다. 京兆虎牙都尉인 宗謙(종겸)이 뇌물죄로 하옥되었다가 죽었다. 滇那(전나)의 강족이 武威郡, 張掖郡, 酒泉郡을 노략질하였다. 太尉 劉矩(유구)가 면직되고 太常인 楊秉(양병)이 太尉가 되었다.

六年春二月戊午, 司徒種暠薨. 三月戊戌, 大赦天下. 衛尉潁川許栩爲司徒.

夏四月辛亥, 康陵東署火. 五月, 鮮卑寇遼東屬國.

秋七月甲申, 平陵園寢火. 桂陽盜賊李研等寇郡界. 武陵蠻復叛, 太守陳奉與戰, 大破降之. 隴西太守孫羌討滇那羌, 破之. 八月, 車騎將軍馮緄免.

冬十月丙辰, 校獵廣成, 遂幸函谷關,上林苑. 十一月, 司空劉寵免. 南海賊寇郡界. 十二月, 衛尉周景爲司空.

| 註釋 | ○(延熹) 六年 – 서기 163년. ○衛尉(위위) – 九卿之一. 궁궐을 수비하는 군사 지휘관. 질록 中二千石. 속관으로 丞(1인, 比千石), 南宮南屯司馬 등 궁궐 각문에 司馬가 있고, 公車司馬令, 衛士令 外 속관이 많았다. 前漢의 長樂宮, 建章宮, 甘泉宮의 衛尉는 해당 궁궐의 수비를 담당하나 상설직은 아니었다. ○許栩(허후) – 인명. 栩 상수리나무 후. ○平陵 – 전한 昭帝의 능. 園寢은 陵廟. ○南海 – 交州의 군명. 治所는 番禺縣(반우현). 今 廣東省 廣州市.

**[國譯]**

(延熹) 6년 봄 2월 戊午日, 司徒인 種暠(종호)가 죽었다.

3월 戊戌日, 나라 안 죄수를 모두 사면했다. 衛尉(위위)인 潁川(영천) 출신 許栩(허후)가 사도가 되었다.

여름 4월 辛亥日, (殤帝) 康陵(강릉)의 東署(동서)에서 불이 났다. 5월, 선비족이 遼東屬國에 침입하였다.

가을 7월 甲申日, (昭帝) 平陵(평릉)의 침전에서 불이 났다. 桂陽郡의 도적 李研(이연) 등이 군내를 노략질했다. 武陵郡 만이가 다시 반역하자 태수 陳奉(진봉)이 싸워 대파하여 항복시켰다. 隴西郡 태수 孫羗(손강)이 滇那(전나)의 강족을 격파하였다. 8월, 車騎將軍 馮緄(풍곤)이 면직되었다.

겨울 10월 丙辰日, (洛陽) 廣成苑에서 사냥을 하고서 函谷關(함곡관)과 (長安) 上林苑에 행차하였다. 11월, 司空 劉寵(유총)이 면직되었다. 南海郡 도적들이 군내를 노략질하였다. 12월, 衛尉인 周景(주경)이 司空이 되었다.


原文

七年春正月庚寅, 沛王榮薨. 三月癸亥, 隕石於鄠.

夏四月丙寅, 梁王成薨. 五月己丑, 京師雨雹.

秋七月辛卯, 趙王乾薨. 野王山上有死龍. 荊州刺史度尙擊零陵, 桂陽盜賊及蠻夷, 大破平之.

冬十月壬寅, 南巡狩. 庚申, 幸章陵, 祠舊宅, 遂有事於園廟, 賜守令以下各有差. 戊辰, 幸雲夢, 臨漢水, 還, 幸新野, 祠湖陽, 新野公主, 魯哀王, 壽張敬侯廟. 護羌校尉段潁擊當煎羌, 破之. 十二月辛丑, 車駕還宮.

| 註釋 | ○(延熹) 七年 − 서기 164년. ○隕石於鄠 − 隕石(운석), 隕은 떨어질 운. 鄠 땅이름 호. 右扶風의 鄠縣, 今 陝西省 西安市 戶縣. ○野王 −

河內郡 野王縣, 今 河南省 焦作市(초작시) 관할 沁陽市. ○雲夢 - 和帝 永
元 15년의 주석 참고. ○新野 - 南陽郡의 縣名. 今 河南省 南陽市 관할 新
野縣. ○祠湖陽,新野公主,魯哀王,壽張敬侯 - 湖陽公主와 新野公主는 光
武帝의 누나. 魯哀王은 광무제의 형. 壽張敬侯는 樊重, 광무제의 외조부.
○車駕 - 황제가 타는 수레(天子乘車而行). 황제의 代稱으로 사용되었다.

## [國譯]

(延熹) 7년 봄 정월 庚寅日, 沛王 榮(영)이 죽었다. 3월 癸亥日, 隕
石(운석)이 (右扶風) 鄠縣(호현)에 떨어졌다.

여름 4월 丙寅日, 梁王 成(성)이 죽었다. 5월 己丑日, 京師에 우박
이 내렸다.

가을 7월 辛卯日, 趙王 乾(건)이 죽었다. (河內郡) 野王縣의 산 위
에 죽은 용이 있었다. 荊州刺史 度尙(도상)이 零陵郡과 桂陽郡의 도
적떼와 만이를 대파하여 평정하였다.

겨울 10월 壬寅日, 남쪽을 巡狩(순수)하였다. 庚申日(경신일), 章陵
(장릉)에 행차하여 (광무제의) 옛집에서 제사를 지내고 다른 조상 묘
에도 제사를 지냈으며 守令 이하 모두에게 차등을 두어 하사하였다.
戊辰日, 雲夢澤에 행차하면서 漢水(한수)를 둘러본 뒤에 돌아오면서
(南陽郡) 新野縣에 행차하여 湖陽長公主와 新野公主, 그리고 魯 哀
王과 (광무제 외조부) 壽張敬侯(樊重)의 묘당에 제사를 올렸다. 護
羌校尉인 段熲(단경)이 當煎(당전)의 강족을 격파하였다. 12월 辛丑
日, 황제가 환궁하였다.

八年春正月, 遣中常侍左悺之苦縣, 祠老子. 勃海王悝謀反, 降爲癭陶王. 丙申晦, 日有食之. 詔公,卿,校尉擧賢良方正.

二月己酉, 南宮嘉德署黃龍見. 千秋萬歲殿火. 太僕左稱有皐自殺. 癸亥, 皇后鄧氏廢. 河南尹鄧萬世,虎賁中郎將鄧會下獄死. 護羌校尉段熲擊罕姐羌, 破之. 三月辛巳, 大赦天下.

夏四月甲寅, 安陵園寢火. 丁巳, 壞郡國諸房祀. 濟陰,東郡,濟北河水清. 五月壬申, 罷太山都尉官. 丙戌, 太尉楊秉薨.

(六月)丙辰, 緱氏地裂. 桂陽胡蘭,朱蓋等復反, 攻沒郡縣, 轉寇零陵, 零陵太守陳球拒之, 遣中郎將度尚,長沙太守抗徐等擊蘭,蓋, 大破斬之. 蒼梧太守張敍爲賊所執, 又桂陽太守任胤背敵畏懦, 皆棄市. 閏月甲午, 南宮長秋和歡殿後鉤楯,掖庭,朔平署火.

六月, 段熲擊當煎羌於湟中, 大破之.

| 註釋 | ○(延熹) 8년 – 서기 165년. ○中常侍左悺之苦縣 – 左悺은 인명. 悺은 근심할 관.《史記 老子韓非列傳》에 老子는 '楚國 苦縣 厲鄉 曲仁里 사람'으로 기록. 苦縣은 楚國의 縣名. 今 河南省 직할 鹿邑縣. 河南省 周口市. 鹿邑縣 동쪽은 安徽省 북부 亳州市(박주시)와 접경. ○勃海王劉悝 – 劉悝(유회). 桓帝의 아우. 悝는 농할 회,사람 이름 회. 근심할 리. ○癭陶

王 - 慶陶(영도, 癭陶)는 현명. 鉅祿郡의 치소, 今 河北省 邢台市 부근 寧晋縣. 1개 縣을 녹읍으로 소유하게 했다. ○南宮嘉德署 - 궁전 건물 이름. ○千秋萬歲殿 - 광무제 때 지은 南宮의 前殿. ○左稱有皐 - 左稱은 인명. 左가 姓氏. 皐는 罪의 古字. ○皇后鄧氏廢 - 환제가 다른 후궁을 총애하자 질투하게 되고 결국 桓帝의 총애를 잃어 폐위 당했다. ○安陵 - 전한 惠帝의 陵. ○諸房祀 - 房祀는 사당. ○罷太山都尉官 - 太山郡 도위는 桓帝 永壽 원년(155)에 설치. ○緱氏 - 河南尹의 현명. 今 河南省 洛陽市 관할 偃師市(언사시)의 緱氏鎭(구씨진). 緱는 칼자루 감을 구. 성씨. ○背敵畏懦 - 背敵은 적을 피하다. 이때 背는 등질 배. 畏懦(외나)는 두려워서 氣가 죽다. 懦는 나약할 나. ○南宮長秋和歡殿後鉤楯,掖庭,朔平署 - 南宮 長秋殿은 황후의 거처. 신하들이 황후를 언급해야 할 때 '長秋'라 하였다. 鉤楯(구순, 鉤盾)은 궁중 주변 苑囿(원유)를 관리하는 관서, 少府 소속, 환관이 근무. 鉤楯令(질록 6백석)이 책임자, 종관 40명, 관리인 48명. ○朔平署(삭평서) - 南宮 掖庭 옆에 있는 北門을 지키는 軍吏의 숙소. ○湟中(황중) - 지역 이름, 今 靑海省 동부 湟水 유역. 今 靑海省 湟水(황수) 양안. 羌族, 漢人, 月氏族이 잡거하는 지역. 今 靑海省 동북부 西寧市 湟中縣. 湟水(河)는 一名 西寧河, 黃河 상류의 큰 지류. 靑海省 祁連산맥에서 발원하여 東流하여 西寧盆地 湟源, 西寧市, 樂都를 지나 代通河와 합류한 뒤 甘肅省 중부 蘭州市에서 황하에 합류한다. 이 일대에 거주하는 羌族을 湟中羌이라 통칭. 87권, 〈西羌傳〉 참고. ○段熲(단경) - 65권, 〈皇甫張段列傳〉에 立傳.

## [國譯]

(延熹) 8년 봄 정월, 中常侍 左悺(좌관)을 (陳國) 苦縣(고현)에 보내 老子를 제사하게 하였다. 勃海王 悝(회)가 모반하자 慶陶王(영도왕)으로 강등하였다. 丙申日 그믐, 日食이 있었다. 조서로 公과 卿, 교

위에게 賢良方正한 인재를 천거케 하였다.

2월 己酉日, 南宮의 嘉德署(가덕서)에 黃龍이 출현하였다. (남궁)의 千秋萬歲殿에 불이 났다. 太僕인 左稱(좌칭)이 죄를 짓고 자살했다. 癸亥日, 황후 鄧氏(등씨)를 폐위하였다. 河南尹인 鄧萬世(등만세), 虎賁中郎將인 鄧會(등회)가 하옥되어 죽었다. 護羌校尉인 段潁(단경)이 罕姐(한저)의 강족을 격파하였다. 3월 辛巳日, 나라의 죄수를 사면하였다.

여름 4월 甲寅日, (前漢, 惠帝) 安陵의 침전에서 불이 났다. 丁巳日, 각 군국의 모든 사당을 철거하였다. 濟陰郡, 東郡, 濟北國을 흐르는 황하가 맑아졌다.

5월 壬申日, 太山(泰山) 都尉를 폐지하였다. 丙戌日, 太尉 楊秉(양병)이 죽었다.

(六月) 丙辰日, (河南尹의) 緱氏縣(구씨현)에서는 땅이 갈라졌다. 桂陽郡의 胡蘭(호란)과 朱蓋(주개) 등이 모반하고서 군현을 공략하고 이어 零陵郡(영릉군)을 노략질하자, 영릉태수 陳球(진구)가 막아 싸우자, 中郎將 度尚(도상)과 長沙太守 抗徐(항서, 抗이 성씨) 등을 파견하여 호란과 주개 등을 공격 대파하고 참수하였다. 蒼梧郡(창오군) 태수 張敍(장서)는 적에게 사로 잡혔고, 또 桂陽郡 태수 任胤(임윤)은 적을 피하고 겁을 먹고 싸우지 않아 모두 기시형에 처했다. 윤달 甲午日, 南宮의 長秋殿과 和歡殿(화환전) 뒤쪽의 鉤楯署와 掖庭(액정)과 朔平署(삭평서)에 불이 났다.

6월, 段潁(단경)이 當煎(당전)의 강족을 湟中(황중)에서 공격하여 대파하였다.

■ 原文

秋七月, 太中大夫陳蕃爲太尉. 八月戊辰, 初令郡國有田者畝斂稅錢.

九月丁未, 京師地震. 冬十月, 司空周景免, 太常劉茂爲司空. 辛巳, 立貴人竇氏爲皇后. 勃海妖賊蓋登等稱 '太上皇帝', 有玉印,珪,璧,鐵券, 相署置, 皆伏誅.

十一月壬子, 德陽殿西閣,黃門北寺火, 延及廣義,神虎門, 燒殺人. 使中常侍管霸之苦縣, 祠老子.

| 註釋 | ○太中大夫陳蕃爲太尉 – 光祿勳(九卿之一, 中二千石) 아래 光祿大夫(秩 比二千石), 광록대부의 속관이 太中大夫. 太尉는 무신 최고위직. 三公 중 제1位. 한마디로 비정상적인 벼락출세. 陳蕃은 66권, 〈陳王列傳〉에 입전. ○初令郡國有田者畝斂稅錢 – 농지 보유세를 부과했다는 뜻. 1畝(무, 토지 면적 단위. 667㎡. 지금 우리나라 평수로 200평 정도, 논 200평을 '1 마지기'라고 한다.)에 10錢씩 부과하였다. ○立貴人竇氏 – 환제의 3번째 皇后. 竇武의 딸. 뒷날 靈帝를 옹립하고 臨朝聽政했다. ○玉印,珪,璧,鐵券, 相署置 – 玉印은 國璽, 珪는 신하들이 손에 쥐는 笏(홀), 圭의 古字. 璧은 둥근 玉, 鐵券은 서약 내용을 철판에 새긴 문서, 相署는 업무 부서. 새 왕조 개창을 준비.

[國譯]

가을 7월, 太中大夫인 陳蕃(진번)이 太尉가 되었다. 8월 戊辰日 처음으로 각 군국에 명령하여 토지 소유자에게 세금을 징수하게 하였다.

9월 丁未日, 京師에 지진이 났다.

겨울 10월, 司空 周景(주경)이 면직되고, 太常인 劉茂(유무)가 司空이 되었다. 辛巳日, 貴人 竇氏(두씨)를 皇后로 책립하였다. 勃海郡의 요사한 도적인 蓋登(개등) 등이 '太上皇帝'를 칭하면서 玉印, 珪(홀규), 璧(벽, 璧玉), 鐵券(철권)을 준비하고 부서를 배치했는데 모두 잡혀 처형되었다.

11월 壬子日, 德陽殿(덕양전) 서쪽 쪽문과 黃門의 북쪽 관청에서 불이 나서 廣義門가 神虎門에 번져 사람이 타 죽었다. 中常侍 管霸(관패)를 苦縣(고현)에 보내 老子를 제사했다.

原文

九年春正月辛卯朔, 日有食之. 詔公,卿,校尉,郡國擧至孝. 沛國戴異得黃金印, 無文字, 遂與廣陵人龍尙等共祭井, 作符書, 稱'太上皇.' 伏誅.

己酉, 詔曰,「比歲不登, 民多飢窮, 又有水旱疾疫之困. 盜賊徵發, 南州尤甚. 災異日食, 譴告累至. 政亂在予, 仍獲咎徵. 其令大司農絶今歲調度徵求, 及前年所調未畢者, 勿復收責. 其災旱盜賊之郡, 勿收租, 餘郡悉半入.」

三月癸巳, 京師有火光轉行, 人相驚譟. 司隸,豫州飢死者什四五, 至有滅戶者, 遣三府掾賑稟之. 陳留太守韋毅坐臧自殺.

| **註釋** | ○(延熹) 九年 - 서기 166년. ○沛國戴異 得黃金印 - 밭갈이하다가 얻었다. ○祭井 - 우물에 제사하다. 우물에 龍이 있다고 생각하여 제사할 수 있다. 井을 井宿(정수, 28宿의 하나, 보통 '쌍둥이자리'라고 한다)로 풀이할 수도 있다. 漢 元年 10월 겨울에, 五星이 東井의 자리에 모였고 沛公은 漢王이 되었다. ○南州尤甚 - 형주자사부 소속, 長沙郡, 桂陽郡, 零陵郡 등. ○仍獲咎徵 - 재해의 징조가 계속 나타난다. 仍 거듭할 잉. 獲 얻을 획. 咎 허물 구, 재앙. 徵 부를 징, 징계하다, 혼내다(懲과 通). ○人相驚譟 - 놀라 떠들다. 譟는 시끄러울 조. ○三府掾 - 三府(太尉, 司徒, 司空府)의 掾吏(연리). ○陳留太守 - 兗州의 군명. 治所는 陳留縣. 今 河南省 동부의 開封市.

## [國譯]

(延熹) 9년(서기 166) 봄 정월 辛卯日 초하루, 日食이 있었다. 조서로 三公과 九卿, 校尉와 郡國에서 지극한 효자를 천거하라고 했다. 沛國의 戴異(대이)란 사람이 글자가 없는 黃金印을 얻었는데, 廣陵人 龍尙(용상) 등과 함께 우물에 제사를 지내고, 符書(부서)를 짓고 '太上皇'이라고 칭하다가 잡혀 죽었다.

己酉日, 조서를 내렸다.

「해마다 흉년이 들어 많은 백성이 굶주리고 곤궁한데 또 수해와 가뭄에 전염병까지 돌았다. 도적들의 약탈이 남쪽 州郡에서 특히 심했다. 재해와 일식 등 하늘의 견책이 계속되었다. 정치적 혼란의 책임은 짐에게 있기에 재앙과 징계의 조짐이 연이어 나타나고 있다. 大司農에게 명하여 금년의 조세를 (郡에서) 징수하지 말 것이며 이전 연도의 조세 미납분도 독촉하거나 징수하지 않게 하라. 가뭄과 도적의 피해를 당한 군에서는 전조를 징수하지 말 것이며 다른 군에서는 절반만 징수토록 하라.」

　3월 癸巳日, 京師에 불빛이 이리저리 돌아다녀 백성이 모두 놀라 시끄러웠다. 司隷校尉部와 豫州刺史部 지역에 아사자가 10에 4, 5였는데 심지어 식구가 전부 죽어 없는 경우도 있어 三府의 掾吏(연리)를 보내 창고 곡식을 풀어 구제케 하였다. 陳留太守 韋毅(위의)가 뇌물죄를 짓고 자살하였다.

　夏四月, 濟陰,東郡,濟北,平原河水淸. 司徒許栩免. 五月, 太常胡廣爲司徒. 六月, 南匈奴及烏桓,鮮卑寇緣邊九郡.

　秋七月, 沈氐羌寇武威,張掖. 詔擧武猛, 三公各二人, 卿, 校尉各一人. 太尉陳蕃免. 庚午, 祠黃,老於濯龍宮. 遣使匈奴中郞將張奐擊南匈奴,烏桓,鮮卑.

　九月, 光祿勳周景爲太尉. 南陽太守成瑨,太原太守劉瓆, 並以譖棄市. 司空劉茂免. 大秦國王遣使奉獻.

　冬十二月, 洛城傍竹柏枯傷. 光祿勳汝南宣酆爲司空. 南匈奴,烏桓率衆詣張奐降. 司隷校尉李膺等二百餘人受誣爲黨人, 並坐下獄, 書名王府.

| 註釋 | ○武猛 – 무예가 뛰어나고 용맹한 인재. ○祠黃,老於濯龍宮 – 黃帝와 老子. 濯龍宮은 苑囿의 이름 겸 궁궐 이름. 前漢 上林苑의 水衡都尉(수형도위)처럼 후한 황실의 재물을 보관, 관리. ○南陽太守成瑨,太原太

守劉質 – 劉質이 趙律이라는 젊은 환관의 죄를 문책하여 처형하자 다른 환관이 원한을 품고 유질 등을 모함하여 기시형에 처했다. ○大秦國 – 유럽 Rome제국(羅馬 帝國). 로마의 동방 영토. 大秦國, 海西國으로도 표기. 和帝 永元 9년(97)에 서역도호 班超가 甘英을 파견했었다. 延熹 9년 기사의 주석에는 당시 대진국왕을 安敦(안돈, 安敦寧 畢尤, Antoninus Pius, 재위 138-161 재위)라 하였지만, 실제는 Marcus Aurelius(마르쿠스 아우렐리우스, 유명한 스토아 철학자, 哲人皇帝)가 재위 중이었다. ○司隷校尉 – 질록은 比二千石. 武帝 때 처음 설치, 持節하고 百官과 京師 近郡의 犯法者를 처리하였다. 전한 말에 폐지되었다가 후한 建武 연간에 다시 설치. 京畿 지역의 감찰 담당. 都官從事, 功曹從事, 別駕從事, 簿曹從事, 兵曹從事, 郡國從事를 속관으로 거느렸다. 司隷校尉部는 치소는 河南 洛陽縣이고 河南尹, 河內郡, 河東郡, 弘農郡, 京兆尹, 左馮翊, 右扶風을 감찰하여 다른 12자사부보다 막강하였다. ○受誣爲黨人 – 黨錮(당고)의 禍를 지칭. 67권, 〈黨錮列傳〉 참고. 당시 黨人으로 지목된 劉淑(유숙), 李膺(이응), 杜密(두밀), 劉佑(유우) 등등을 따로 입전하였다. 朋黨之人으로 지목된 사람의 門生, 故吏, 父子, 兄弟는 現職에서 배제하고(免官) 신규로 임용될 수 없는 禁錮(금고)에 처했다. ○書名王府 – 명단을 나라에서 작성하다. 書는 동사로 쓰였다. 이름을 쓰다. ○許栩 – 여러 고위직을 역임. 栩는 상수리나무 후.

## [國譯]

여름 4월, 濟陰郡, 東郡, 濟北郡, 平原郡을 흐르는 黃河의 물이 맑아졌다. 司徒 許栩(허후)가 면직되었다. 5월, 太常인 胡廣(호광)이 司徒가 되었다. 6월, 남흉노 및 오환, 선비족이 국경의 9군에 침입하였다.

가을 7월, 沈氏(침저)의 강족이 (幷州의) 武威郡과 張掖郡에 침입하였다. 조서로 무예가 뛰어나고 용맹한 인재를 三公은 각 2인씩

卿과 校尉는 각 1인씩 천거하게 하였다. 太尉인 陳蕃(진번)이 면직되었다. 庚午日, 黃帝와 老子를 濯龍宮(탁룡궁)에서 제사하였다. 使匈奴中郎將인 張奐(장환)을 보내 남흉노와 오환과 선비족을 공격하였다.

9월, 광록훈 周景(주경)이 太尉가 되었다. 南陽太守 成瑨(성진)과 太原太守인 劉質(유질)이 참소를 당해 棄市(기시)형을 받았다. 司空인 劉茂(유무)가 면직되었다. 大秦國(대진국) 王이 사신을 보내 토산물을 헌상했다.

겨울 12월, 낙양성 주변에 대나무와 측백나무가 말라 죽었다. 光祿勳인 汝南 출신 宣酆(선풍)이 司空이 되었다. 남흉노와 오환족이 무리가 (흉노 중랑장) 張奐(장환)에게 투항하였다. 司隸校尉인 李膺(이응) 등 200여 명이 (환관의) 誣告(무고)에 의해 黨人(당인)으로 지목되어 모두 하옥되었는데 그 명단은 王府(왕부)에 기록하였다.

## 原文

永康元年春正月, 先零羌寇三輔, 中郎將張奐破平之. 當煎羌寇武威, 護羌校尉段熲追擊於鸞鳥, 大破之. 西羌悉平. 夫餘王寇玄菟, 太守公孫域與戰, 破之.

夏四月, 先零羌寇三輔. 五月丙申, 京師及上黨地裂. 廬江賊起, 寇郡界. 壬子晦, 日有食之. 詔公,卿,校尉擧賢良方正.

六月庚申, 大赦天下, 悉除黨錮, 改元永康. 丙寅, 阜陵王統薨.

| 註釋 | ○永康元年春正月 - 서기 167년. ○鸞鳥(난조) - 武威郡의 현명. 今 甘肅省 중부의 武威市 남쪽. ○公孫域 - 公孫은 複姓. ○大赦天下, 悉除黨錮 - 당시에 李膺(이응) 등이 환관의 자제를 많이 등용하였는데, 이를 환관이 두려워하여 환제에게 黨錮를 해제해야 한다고 건의하였다.

## [國譯]

永康(영강) 원년(서기 167) 봄 정월, 先零(선련)의 강족이 三輔(삼보) 지역에 침입하자, 중랑장 張奐(장환)이 격파 평정하였다. 當煎(당전)의 강족이 武威郡(무위군)에 침입하자 護羌校尉인 段熲(단경)이 鸞鳥縣(난조현)까지 추격하여 대파하였다. 서쪽 강족이 모두 평정되었다. 夫餘王이 玄菟郡(현도군)에 침입하자 太守 公孫域(공손역)이 싸워 격파하였다.

여름 4월, 先零(선련)의 강족이 삼보 지역에 침입하였다. 5월 丙申日, 경사 및 上黨郡에서 땅이 갈라졌다. 廬江郡(여강군)에서 도적떼가 일어나 군 지역을 노략질하였다. 壬子日 그믐, 日食이 있었다. 조서로 公卿과 校尉가 賢良方正한 인재를 천거케 하였다.

6월 庚申日, 나라의 죄수를 사면하고 모든 당인의 禁錮(금고)도 사면하였으며 永康(영강)으로 개원하였다. 丙寅日, 阜陵王(부릉왕) 統(통)이 죽었다.

## 原文

秋八月, 魏郡言嘉禾生, 甘露降. 巴郡言黃龍見. 六州大水, 勃海海溢. 詔州郡賜溺死者七歲以上錢, 人二千, 一家皆被害者, 悉爲收斂, 其亡失穀食, 稟人三斛.

冬十月, 先零羌寇三輔, 使匈奴中郞將張奐擊破之. 十一月, 西河言白菟見.

十二月壬申, 復廮陶王悝爲勃海王. 丁丑, 帝崩於德陽前殿. 年三十六. 戊寅, 尊皇后曰皇太后, 太后臨朝. 是歲, 復博陵,河間二郡, 比豐,沛.

| 註釋 | ○嘉禾 – 周 成王 11年(公元 前 1032년)에 唐이란 곳에서 한 줄기에서 두 개의 이삭이 나온 벼(雙穗禾)가 자랐다. 이를 成王에게 헌상하였다. 이에 周公은 〈嘉禾〉 시를 지어 상서로운 일로 받아들였다. 《史記 魯周公世家》 참고. ○巴郡言黃龍見 – 파군의 어떤 백성이 沱水(타수)에서 목욕을 하려고 했는데 강물이 혼탁하였다. 그러자 사람들이 '강물에 黃龍이 있을 것이다'라고 말했다. 이를 행인이 듣고서는 郡에 알렸고 郡에서는 확인도 없이 '祥瑞의 징조'로 서둘러 보고했다는 것이다. 환제 때 정치가 극도로 어지러웠는데 祥瑞의 징조는 수시로 보고되었는데 거의 다 이런 식이었다는 주석이 있다. ○西河言白菟見 – 西河는 幷州의 군명. 治所 離石縣. 今 山西省 呂梁市 離石區. 白菟(백토)는 百兔(백토). 흰 토끼는 상서로 인식되었다. ○比豐,沛 – 한고조의 고향. 고조는 고향의 부세를 영원히 면제해주었다. 比는 같게 하다.

[國譯]

가을 8월, 魏郡(위군)에서 嘉禾(가화)가 자랐고 甘露(감로, 及時雨)가 내렸다고 보고하였다. 巴郡(파군)에서는 黃龍이 출현하였다고 보고하였다. 6개 州에서 홍수가 났고 勃海郡(발해군)에서는 海溢(해일)이 있었다. 조서로 각 군에서는 7세 이상의 익사자에게 1인당 2천 전을 지급하고 일가족이 모두 피해를 입었으면 모두 官에서 수습하여 장례를 치러주고 곡식을 망실한 자에게는 1인 당 3곡씩 지급하게 하였다.

겨울 10월, 선련의 강족이 삼보지역에 침입하자 使匈奴中郞將인 張奐(장환)이 격파하였다. 11월, 西河郡에서는 白菟(백토, 흰 토끼)가 출현했다고 보고하였다.

12월 壬申日, 慶陶王(영도왕) 悝(회)를 勃海王으로 복위하였다.

丁丑日, 황제가 德陽 前殿에서 붕어하였다. 時年 36세였다. 戊寅日, 皇后를 皇太后로 높였고 태후가 臨朝聽政하였다. 이 해에 博陵郡과 河間郡의 賦稅를 면제하여 豐縣이나 沛縣과 같게 하였다.


## 原文

論曰, 前史 稱桓帝好音樂, 善琴笙. 飾芳林而考濯龍之宮, 設華蓋以祠浮圖,老子, 斯將所謂'聽於神'乎! 及誅梁冀, 奮威怒, 天下猶企其休息. 而五邪嗣虐, 流衍四方. 自非忠賢力爭, 屢折姦鋒, 雖願依斟流彘, 亦不可得已.


| 註釋 |  ○前史 ‒《東觀漢記》. 東觀은 저술과 국가의 장서를 담당하는 南宮의 건물, 東觀郎이 근무.《東觀記》로 약칭, 총 143권, 후한의 역사를 기전체로 기록, 이는 국가의 공식 官纂(관찬) 當代史로 光武帝부터 靈帝까지의 기록이다. 劉珍(유진), 延篤(연독) 등이 지었는데 修史 장소가 東觀이

기에《東觀漢記》라 하였다. 三國時代 이후《史記》,《漢書》와 함께 '三史'라 일컬었으나 唐代 이후 范曄(범엽)의《後漢書》가《東觀漢記》를 대신하게 되자《東觀漢記》는 失傳되었다.  ○善琴笙 – 거문고와 笙簧(생황). 善은 잘하다. 뛰어나다.  ○飾芳林而考濯龍之宮 – 芳林은 양옆으로 목란을 시은 곳. 考는 이룩하다. 짓다(成也). 濯龍은 苑囿(원유) 이름.  ○祠浮圖,老子 – 浮圖(부도)는 부처. 佛祖.  ○ '聽於神' 乎 – 聽은 들어주다. 따르다. 나라가 흥하려면 충신의 말을 따르고, 나라가 망하려면 귀신의 뜻을 따른다고 했다. 부처나 노자를 섬기는 것은 귀신의 말을 따르는 것과 같을 것이라는 범엽의 말.  ○五邪嗣虐 – 五邪는 梁冀(양기)를 제거했던 單超(선초) 등 5명의 환관. 嗣虐(사학)은 虐政(학정)을 이어가다.  ○自非忠賢力爭 – 忠賢은 李膺(이응), 陳蕃(진번), 竇武(두무) 등등.  ○雖願依斟流彘 – 依斟(의짐)은 제후 斟氏(짐씨)에 의존하다. 夏帝 相은 羿(예, 名弓으로 유명한 사람)에 쫓겨 商丘에 도읍하고 짐씨 형제의 도움을 받았다. 周 厲王(여왕)은 학정을 일삼다가 백성들에 쫓겨 彘(체)란 곳으로 유배되었다. 이는 환관을 총애한 환제에게 충신들이 극간하여 황제가 쫓겨나거나 시해되는 화를 면할 수 있었다는 뜻. 또는 충신의 말을 듣지 않았으면 다른 데로 옮겨가거나 유배되지도 못하고 그냥 앉을 자리에서 망했을지도 모른다는 뜻으로 해석할 수도 있다.

## [國譯]

　　范曄(범엽)의 史論 : 前史(東觀記)에는 桓帝가 音樂을 좋아했고 거문고와 笙簧(생황) 연주에 뛰어났다고 칭송하였다. 아름다운 숲을 꾸미고 濯龍園(탁룡원)에 궁전을 지었으며, 화려한 휘장을 설치하고 부처나 노자에게 제사하였는데, 이를 두고 '신의 말씀을 따른다' 고 말할 수 있을 것이다! 梁冀(양기)를 주살하고 분노의 위엄을 보이자

온 천하는 백성도 함께 휴식할 수 있으리라고 기대했었다. 그러나 사악한 5명 환관은 학정을 계속했고 그 폐해는 사방에 넘쳐흘렀다. 忠賢의 신하가 힘써 간쟁하지 않았다면, (환관의) 간악한 처사에 여러 차례 휘말렸을 것이니, 현명한 제후에 의지하거나 아니면 유배를 갈 수도 없었을 것이다.

**┃原文**

贊曰, 桓自宗支, 越躋天祿. 政移五幸, 刑淫三獄. 傾宮雖積, 皇身靡續.

┃註釋┃ ㅇ桓自宗支 – 宗支는 宗孫의 갈래. ㅇ越躋天祿 – 越躋는 넘어서 뛰어 오르다. 躋는 오를 제(升也). 天祿은 天位, 帝位. ㅇ政移五幸 – 五幸은 5명의 幸臣(행신), 앞의 史論의 五邪와 같음. ㅇ刑淫三獄 – 淫은 넘치다(濫也) 三獄은 3차례의 옥사. 李固와 杜喬, 李雲과 杜衆, 成瑨과 劉質 등을 죽였다. ㅇ傾宮雖積 – 궁을 가득 채울 여인이 있더라도. 桓帝는 황후를 3명이나 맞이했다. ㅇ皇身靡續 – 靡續(미속)은 뒤를 이을 후사가 없다.

**[國譯]**

贊曰,

桓帝는 宗室 支孫으로 순차를 넘어 제위에 올랐다.

환관 5명이 정권을 쥐고 3차례나 큰 獄案이 있었다.

宮에 여인이 가득 찼어도 황제에게는 후사가 없었다.

# 8 孝靈帝紀
〔효영제기〕

**原文**

　孝靈皇帝諱宏, 肅宗玄孫也. 曾祖河間孝王開, 祖淑, 父
萇. 世封解瀆亭侯, 帝襲侯爵. 母董夫人. 桓帝崩, 無子, 皇
太后與父城門校尉竇武定策禁中, 使守光祿大夫劉儵持節,
將左右羽林至河間奉迎.

│註釋│　○孝靈皇帝諱宏 － 後漢 12대 皇帝(재위 168-189년, 22년), 章帝
(肅宗)의 玄孫, 桓帝의 堂姪. 황제의 주색 탐닉과 황음무도, 宦官과 외척의
세력 싸움과 부패 무능, 연속되는 천재지변, 張讓(장양) 등 十常侍의 발호,
결국 張角의 黃巾賊의 亂이 시작되고, 桓帝 靈帝의 재위 기간은 後漢의 암
흑기였으니, 諸葛亮(제갈량)도 그의 〈出師表〉에서 '嘆息痛恨於桓靈'이라
고 말했다. 諡法(시법)에 '亂而不損曰靈.' 宏은 크다. 연호는 建寧(168-172)
→ 熹平(173-178) → 光和(179-184) → 中平(185-189). 　○曾祖河間孝王開 －

劉開(재위 90-131년)는 정치를 잘해 백성의 존경을 받았다. 樂成國, 勃海郡, 涿郡(탁군)의 일부를 나눠 河間國을 설치, 領縣은 12개. 冀州 소속 河間國 治所는 樂成縣. 今 河北省 남동부의 滄州市 獻縣(헌현). ○父萇 ─ 萇(나무 이름 장)은 인명. 解瀆亭侯, 解瀆亭은 今 河北省 保定市 관할 安國市. 安國 市는 '藥都', '天下第一藥市'로 알려졌다.

## [國譯]

孝靈皇帝의 諱는 宏(굉)으로 肅宗(章帝)의 玄孫이다. 曾祖父는 河 間 孝王 開(개)이고, 조부는 淑(숙), 부친은 萇(장)이다. (祖父부터) 대 대로 解瀆亭侯(해독정후)로 (靈帝도) 亭侯의 작위를 이어받았다. 모 친은 董夫人(동부인)이었다. 桓帝가 붕어하고 아들이 없자 皇太后 (竇氏)와 (태후의) 부친 城門校尉 竇武(두무)는 궁중에서 방책을 결 정한 뒤, 光祿大夫 대행인 劉儵(유숙)에게 부절을 주어 좌우 羽林을 거느리고 河間國에 가서 (황제를) 맞이하게 시켰다.

## 原文

建寧元年春正月壬午, 城門校尉竇武爲大將軍. 己亥, 帝 到夏門亭, 使竇武持節, 以王靑蓋車迎入殿中. 庚子, 卽皇 帝位, 年十二. 改元建寧. 以前太尉陳蕃爲太傅, 與竇武及 司徒胡廣參錄尙書事. 使護羌校尉段熲討先零羌.

二月辛酉, 葬孝桓皇帝於宣陵, 廟曰威宗. 庚午, 謁高廟. 辛未, 謁世祖廟. 大赦天下. 賜民爵及帛各有差. 段熲大破 先零羌於逢義山. 閏月甲午, 追尊皇祖爲孝元皇, 夫人夏氏爲孝元皇后, 考爲孝仁皇, 夫人董氏爲愼園貴人.

| 註釋 | ○(靈帝)建寧元年 – 서기 168년. ○城門校尉 – 낙양성 12개 성문의 수비 군사를 지휘, 질록 比二千石. 속관으로는 城門司馬(1인, 千石), 門候(각 성문 1인 질록 6백석). 낙양 성문 중 正南門인 平城門과 北宮門은 衛尉의 소관. ○竇武爲大將軍 – 竇武(두무)는 69권, 〈竇何列傳〉에 입전. 大將軍의 다음이 驃騎將軍, 그 다음 車騎將軍, 그 다음 衛將軍은 정치 상황에 따라 조금씩 달라지지만 三公과 동급. 그 외 전쟁 수행에 따라 前, 後, 左, 右將軍도 있었다. ○逢義山 – 寧夏回族自治區 固原市 西吉縣 동북.

[國譯]

建寧(건영) 원년(서기 168) 봄 정월 壬午日, 城門校尉인 竇武(두무) 가 大將軍이 되었다. 己亥日, 황제가 夏門亭(하문정)에 도착하자, 竇武(두무)를 보내 부절을 갖고 가서 王이 타는 靑蓋車로 궁궐에 영입케 하였다. 庚子日, 皇帝로 즉위하니, 나이는 12세였다. 建寧으로 개원하였다. 전에 太尉이었던 陳蕃(진번)은 太傅(태부)가 되었고, 두무와 함께 司徒 胡廣(호광)이 錄尙書事를 겸하게 하였다. 護羌校尉인 段熲(단경)을 보내 선련의 강족을 토벌하였다.

2월 辛酉日, 孝桓皇帝를 宣陵(선릉)에 장례하고 묘호를 威宗(위종) 이라 했다. 庚午日, 高祖 묘당을 배알하였다. 辛未日, 世祖廟(光武帝 묘당)을 배알하였다. 나라의 죄수를 다 사면하였다. 民爵과 비단을 각각 차등을 두어 하사하였다. 段熲(단경)이 선련의 강족을 逢義山 에서 대파하였다. 閏月 甲午日, 皇祖를 孝元皇으로, 부인(황제의 조모) 夏氏(하씨)를 孝元皇后로, 황제의 先考를 孝仁皇으로 추존하였고, 母后 董氏(동씨)를 愼園貴人(신원귀인)으로 올려 봉하였다.

---

**原文**

　夏四月戊辰, 大尉周景薨. 司空宣酆免, 長樂衛尉王暢爲司空.

　五月丁未朔, 日有食之. 詔公卿以下各上封事, 及郡國守, 相擧有道之士各一人, 又故刺史,二千石淸高有遺惠,爲衆所歸者, 皆詣公車. 太中大夫劉矩爲太尉. 六月, 京師雨水.

　秋七月, 破羌將軍段熲復破先零羌於涇陽. 八月, 司空王暢免, 宗正劉寵爲司空. 九月辛亥, 中常侍曹節矯詔誅太傅陳蕃,大將軍竇武及尙書令尹勳,侍中劉瑜,屯騎校尉馮述, 皆夷其族. 皇太后遷於南宮. 司徒胡廣爲太傅, 錄尙書事. 司空劉寵爲司徒, 大鴻臚許栩爲司空.

　冬十月甲辰晦, 日有食之. 令天下繫囚罪未決入縑贖, 各有差. 十一月, 太尉劉矩免, 太僕沛國聞人襲爲太尉. 十二月, 鮮卑及濊貊寇幽,幷二州.

　| **註釋** | ○大尉周景薨 – 延熹(연희) 9年(166) 9월에 태위로 승진했었다. ○長樂衛尉王暢 – 長樂宮은 洛陽 北宮 건물 중 황태후의 거처. 長樂衛尉는 황태후의 속관. 長樂太僕, 長樂少府, 長樂衛尉 長樂謁者, 長樂太官丞, 長樂食監, 長樂廐丞(장락구승) 등 많은 속관이 있다. 衛尉는 九卿의 한 사람으로 궁문의 衛士를 지휘, 궁궐 순시의 총 책임자. 질록 中이천석. ○涇陽

(경양) – 涼州 安定郡의 치소인 臨涇縣. 今 甘肅省 慶陽市 관할 鎭原縣. ㅇ太中大夫劉矩爲太尉 – 太中大夫는 列卿의 하나인 郎中令(光祿勳)의 屬官, 大夫는 정사에 대한 의론을 담당. 황제의 근신, 총신, 귀척으로 충임. 정원 없음, 많을 때는 수십 명이나 되었다. ㅇ曹節 – 환관, 78권,〈宦者列傳〉에 입전. ㅇ矯詔 – 위조한 조서. 矯는 바로잡을 교. 여기서는 속이다. 칭탁하다. 나라의 太傅, 大將軍, 尙書令, 侍中, 屯騎校尉 등등을 죽였으니 이는 거의 쿠데타 수준이다. ㅇ司徒胡廣爲太傅 – 환관의 정변 뒤에 그들 힘에 의해 승진하는 사람이 있다는 것이 정치 현실이었다. ㅇ沛國聞人襲 – 聞人襲은 인명. 聞이 성씨.

## [國譯]

여름 4월 戊辰日, 大尉 周景(주경)이 죽었다. 司空인 宣酆(선풍)이 면직되고, 長樂衛尉인 王暢(왕창)이 司空이 되었다.

5월 丁未日 초하루, 日食이 있었다. 조서로 공경 이하 모두가 封事를 올리고 각 군국의 태수나 相은 治道에 밝은 인재를 각 1인씩 천거하게 하였으며, 또 옛 刺史나 태수로 청렴 고결한 인품으로 백성들의 신임을 받았던 사람을 모두 公車令에게 보내게 하였다. 太中大夫인 劉矩(유거)가 태위가 되었다.

6월, 경사에 홍수가 났다.

가을 7월, 破羌將軍인 段熲(단경)이 다시 선련의 강족을 涇陽(경양)에서 격파하였다.

8월, 司空인 王暢(왕창)이 면직되고, 宗正인 劉寵(유총)이 司空이 되었다.

9월 辛亥日, 中常侍인 曹節(조절)이 矯詔(교조)를 이용하여 太傅인 陳蕃(진번), 大將軍인 竇武(두무)와 尙書令 尹勳(윤훈), 侍中인 劉瑜(유

유), 屯騎校尉(둔기교위)인 馮述(풍술)을 주살하고 그들 일족을 모두 죽였다. 皇太后는 南宮으로 옮겨 살게 했다. 司徒인 胡廣(호광)이 太傅(태부)가 되어 尙書事를 겸했다. 司空인 劉寵(유총)이 사도가 되었고, 大鴻臚(대홍려)인 許栩(허후)가 司空이 되었다.

겨울 10월 甲辰日 그믐, 日食이 있었다. 온 나라에 갇혀 있는 죄수로 속죄할 비단의 액수가 결정되지 않은 자에게 차등을 두어 실행케 하였다.

11월, 太尉 劉矩(유거)가 면직되었고, 太僕(태복)인 沛國의 聞人襲(문인습)이 태위가 되었다. 12월 선비족과 濊貊族(예맥족)이 幽州와 幷州 지역을 침략하였다.


**原文**

二年春正月丁丑, 大赦天下. 三月乙巳, 尊愼園董貴人爲孝仁皇后.

夏四月癸巳, 大風, 雨雹. 詔公卿以下各上封事. 五月, 大尉聞人襲罷, 司空許栩免. 六月, 司徒劉寵爲太尉, 太常許訓爲司徒, 太僕長沙劉囂爲司空.

秋七月, 破羌將軍段熲大破先零羌於射虎塞外谷. 東羌悉平. 九月, 江夏蠻叛, 州郡討平之. 丹陽山越賊圍太守陳夤, 夤擊破之.

冬十月丁亥, 中常侍侯覽諷有司奏前司空虞放, 太僕杜密, 長樂少府李膺, 司隸校尉朱寓, 潁川太守巴肅, 沛相荀昱, 河內

太守魏朗,山陽太守翟超皆爲鈎黨, 下獄, 死者百餘人, 妻子
徙邊, 諸附從者錮及五屬. 制詔州郡大擧鈎黨, 於是天下豪
桀及儒學行義者, 一切結爲黨人. 戊戌晦, 日有食之.

十一月, 太尉劉寵免, 太僕郭禧爲太尉. 鮮卑寇幷州. 是
歲, 長樂太僕曹節爲車騎將軍, 百餘日罷.

| 註釋 | ○(建寧) 二年 – 서기 169년. ○愼園董貴人 – 靈帝의 생모 董
氏(동씨). 아들 靈帝가 中平 6년(서기 189)에 죽자, 그 뒤에 곧 죽었다. ○長
沙劉囂 – 囂는 들렐 효, 시끄럽게 떠들 효. ○射虎塞外谷 – 射虎塞는 협곡
의 요새 이름. 今 甘肅省 天水市 서쪽. ○丹陽山越 – 揚州 丹陽郡, 治所는
宛陵縣, 今 安徽省 동남부 宣城市. 山越賊 – 長江 일대의 월족의 한 갈래.
주로 산간에 거주. ○陳畜 – 인명. 畜은 조심할 인. ○中常侍侯覽諷~ –
侯覽(후람)은 78권, 〈宦者列傳〉에 입전. 諷은 慫慂(종용)하다. 부추겨 권하
다. 넌지시 아뢰다. 풍간하다. ○沛相荀昱 – 荀昱(순욱)은 《三國演義》에
등장하는 荀彧(순욱)과 다른 사람이다. ○鈎黨 – 서로서로를 끌어주는 黨
人. 鈎는 갈고리 구. ○李膺(이응, 110 – 169) – 陳蕃과 함께 환관을 제거하
려다가 실패. 영제 때 옥사. 67권, 〈黨錮列傳〉에 立傳. ○錮及五屬 – 錮는
가로막다. 임용을 제한하다. 禁錮. 五屬은 五服〔斬衰참최, 齊衰재최, 大功, 小
功, 緦麻(시마)〕에 해당되는 內親.


**[國譯]**

(靈帝 建寧) 2년 봄 정월 丁丑日, 나라의 죄수를 모두 사면하였다.
3월 乙巳日, (황제의 생모인) 愼園董貴人을 孝仁皇后라 높여 호칭하
였다.

여름 4월 癸巳日, 큰바람이 불고 우박이 내렸다. 조서로 공경 이하 각자가 封事를 올리게 하였다. 5월, 大尉인 聞人襲(문인습)이 파직되었고, 司空 許栩(허후)가 면직되었다. 6월, 司徒 劉寵(유총)이 太尉가 되었고, 太常 許訓(허훈)은 司徒가, 太僕인 長沙 출신 劉囂(유효)는 司空이 되었다.

가을 7월, 破羌將軍인 段熲(단경)이 선련의 강족을 射虎谷(사호곡) 요새 밖에서 대파하였다. 동쪽의 강족이 모두 평정되었다. 9월, 江夏郡의 만이들이 반란하자 州郡에서 토벌 평정하였다. 丹陽郡의 山越族(산월족) 도적 무리가 太守 陳夤(진인)을 포위 공격하자, 진인이 격파하였다.

겨울 10월 丁亥日, 中常侍인 侯覽(후람)이 업무를 상주하기 전에 司空인 虞放(우방), 太僕인 杜密(두밀), 長樂宮 少府인 李膺(이응), 司隷校尉 朱㝢(주우), 穎川(영천) 태수인 巴肅(파숙), 沛相인 荀昱(순욱), 河內 태수인 魏朗(위랑), 山陽 태수인 翟超(적초) 등이 모두 연결된 黨人(당인)이라고 넌지시 말하여 (이들은) 하옥되었고 죽은 자가 100여 명이었으며 그들의 처자를 변방에 강제 이주시켰으며 추종자나 五服 이내의 친족도 모두 금고에 처했다. 조서로 각 주군에서 이들과 연결된 당인을 구속케 하였는데 이로써 천하의 호걸이나 유학자, 바른길을 가는 자 모두를 黨人이 되어버렸다.

戊戌日 그믐, 日食이 있었다.

11월, 太尉 劉寵(유총)이 면직되었고, 太僕 郭禧(곽희)가 太尉가 되었다. 선비족이 幷州(병주) 지역에 침입하였다. 이 해에, 長樂太僕인 (환관) 曹節(조절)이 車騎將軍(거기장군)이 되었지만 100여 일에 파직되었다.

三年春正月, 河內人婦食夫, 河南人夫食婦. 三月丙寅晦, 日有食之.

夏四月, 太尉郭禧罷, 太中大夫聞人襲爲太尉.

秋七月, 司空劉囂罷. 八月, 大鴻臚橋玄爲司空. 九月, 執金吾董寵下獄死.

冬, 濟南賊起, 攻東平陵. 鬱林烏滸民相率內屬.

| 註釋 | ○(建寧) 三年 – 서기 170년. ○太中大夫聞人襲~ – 聞人襲은 건영 원년(168) 11월 태위가 되었다가 건영 2년(169) 5월에 면직, 이번에 다시 태위가 되었다. ○橋玄(교현) – 젊은 조조를 보고 미래에 천하를 안정시킬 사람이라고 예언했다. 51권, 〈李陳龐陳橋列傳〉에 입전. ○執金吾董寵 – 董寵은 영제 모후의 친정 형제. 영제의 외삼촌인데 영락후의 청탁을 사칭하여 하옥되었다가 죽었다. ○濟南 – 靑州 군명. 治所는 東平陵縣. 今 山東省 濟南市 관할 章丘市. 濟南國이었는데 桓帝 때(153년) 폐지, 郡이 되었다. ○鬱林烏滸 – 鬱林郡(울림군)은 交州의 군명. 治所는 布山縣, 今 廣西壯族自治區 중부 貴港市 관할 桂平市. 烏滸(오호)는 西南夷의 부족 이름.

**[國譯]**

(建寧) 3년 봄 정월, 河內郡에서는 아내가 남편을, 河南郡에서는 남편이 아내를 먹었다. 3월 丙寅日 그믐, 日食이 있었다.

여름 4월, 太尉 郭禧(곽희)가 파직되고, 太中大夫인 聞人襲(문인습) 이 太尉가 되었다.

가을 7월, 司空 劉囂(유효)가 파직되었다. 8월, 大鴻臚 橋玄(교현)이 司空이 되었다. 9월, 執金吾인 董寵(동총)이 하옥되었다가 죽었다.

겨울, 濟南郡에서 도적떼가 일어나 (치소인) 東平陵縣을 공격하였다. 鬱林郡 烏滸(오호)의 부족이 귀부하였다.

## 原文

四年春正月甲子, 帝加元服, 大赦天下. 賜公卿以下各有差, 唯黨人不赦. 二月癸卯, 地震, 海水溢, 河水清.

三月辛酉朔, 日有食之. 太尉聞人襲免, 太僕李咸爲太尉. 詔公卿至六百石各上封事. 大疫, 使中謁者巡行致醫藥. 司徒許訓免, 司空橋玄爲司徒. 夏四月, 太常來豔爲司空. 五月, 河東地裂, 雨雹, 山水暴出.

秋七月, 司空來豔免. 癸丑, 立貴人宋氏爲皇后. 司徒橋玄免. 太常宗俱爲司空, 前司空許栩爲司徒. 冬, 鮮卑寇幷州.

| 註釋 |  ○(建寧) 四年 - 서기 171년.  ○中謁者 - 中書謁者. 광록훈의 속관인 謁者僕射(알자복야, 1인)는 질록 比千石. 常侍謁者(5人)는 比六百石. 謁者(30人)의 질록 四百石. 灌謁者郞中은 比三百石. 大長秋의 속관인 中宮謁者令(1人, 六百石, 환관). 中宮謁者(3인)은 질록 四百石.  ○立貴人宋氏爲皇后 - 漢靈帝의 첫 번째 황후(서기 171-178年 재위). 宋酆(송풍)의 딸.

**[國譯]**

(建寧) 4년 봄 정월 甲子日, 황제가 관례를 치루고 나라의 죄수를 사면하였다. 公卿 이하 관리에게 차등을 두어 하사하였지만 黨人은 사면하지 않았다. 2월 癸卯日, 지진이 났고, 海水가 넘쳤으며 황하가 맑아졌다.

3월 辛酉日 초하루, 日食이 있었다. 太尉인 聞人襲(문인습)이 면직되었고, 太僕 李咸(이함)이 太尉가 되었다. 조서로 公卿 이하 6백석 관리에게 각각 封事를 올리게 하였다. 전염병이 크게 돌아 中謁者를 보내 각지를 순행하며 치료케 하였다. 司徒 許訓(허훈)을 면직되고, 司空 橋玄(교현)이 司徒가 되었다.

여름 4월, 太常 來豔(내염, 豔 고울 염)이 司空이 되었다. 5월, 河東에서 땅이 갈라지고 우박이 쏟아졌으며 계곡물이 솟구쳐 올랐다.

가을 7월, 司空 來豔(내염)이 면직되었다. 癸丑日, 貴人宋氏를 皇后로 책립하였다. 司徒 橋玄(교현)이 면직되었다. 太常인 宗俱(종구)가 司空이, 前에 司空이던 許栩(허후)가 司徒가 되었다. 겨울에 선비족이 幷州(병주) 지역에 침입하였다.

**原文**

熹平元年春三月壬戌, 太傅胡廣薨.

夏五月己巳, 大赦天下, 改元熹平. 長樂太僕侯覽有罪, 自殺. 六月, 京師雨水. 癸巳, 皇太后竇氏崩.

秋七月甲寅, 葬桓思皇后. 宦官諷司隸校尉段熲捕繫太學諸生千餘人.

冬十月, 渤海王悝被誣謀反, 丁亥, 悝及妻子皆自殺. 十一月, 會稽人許生自稱'越王', 寇郡縣, 遣楊州刺史臧旻,丹陽太守陳夤討破之. 十二月, 司徒許栩罷, 大鴻臚袁隗爲司徒. 鮮卑寇幷州. 是歲, 甘陵王恢薨.

| 註釋 | ○熹平(희평) - 靈帝의 2번째 연호. 서기 172-177년. ○司隸校尉 - 질록은 比二千石. 武帝 때 처음 설치, 持節하고 百官과 京師 近郡의 犯法者를 처리하였다. 전한 말에 폐지되었다가 후한 建武 연간에 다시 설치. 京畿 지역의 감찰 담당. 都官從事, 功曹從事, 別駕從事, 簿曹從事, 兵曹從事, 郡國從事를 속관으로 거느렸다. 사예교위부 치소는 河南 洛陽縣이고 河南尹, 河內郡, 河東郡, 弘農郡, 京兆尹, 左馮翊, 右扶風을 감찰하여 다른 12자사부보다 막강하였다. ○渤海王悝 - 劉悝(유회), 桓帝의 아우.

## [國譯]

熹平(희평) 원년(서기 172) 봄 3월 壬戌日, 太傅인 胡廣(호광)이 죽었다.

여름 5월 己巳日, 나라의 죄수를 사면하고 熹平(희평)으로 개원하였다. 長樂 太僕인 侯覽(후람)이 죄를 짓고 자살하였다. 6월, 京師에 홍수가 났다. 癸巳日, 皇太后 竇氏(두씨)가 붕어했다.

가을 7월 甲寅日, 桓思皇后(竇氏)를 장례했다. 宦官이 司隸校尉인 段潁(단경)을 종용하여 太學의 학생 1천여 명을 체포케 하였다.

겨울 10월, 渤海王 悝(회)가 모함을 받자 모반했으나, 丁亥日에 劉悝(유회)와 처와 아들 모두가 자살하였다. 11월, 會稽郡의 許生(허생)이란 사람이 '越王(월왕)'을 자칭하며 郡縣을 노략질하자, 楊州刺史

臧旻(장민)과 丹陽 太守 陳夤(진인)을 보내 토벌 격파하였다.

12월, 司徒인 許栩(허후)가 파직되어 대홍려인 袁隗(원외)가 司徒가 되었다. 鮮卑族이 幷州(병주) 지역에 침입하였다. 이 해에, 甘陵王 恢(회)가 죽었다.

原文

二年春正月, 大疫, 使使者巡行致醫藥. 丁丑, 司空宗俱薨. 二月壬午, 大赦天下. 以光祿勳楊賜爲司空. 三月, 太尉李咸免.

夏五月, 以司隸校尉段熲爲太尉. 沛相師遷坐誣罔國王, 下獄死. 六月, 北海地震. 東萊,北海海水溢.

秋七月, 司空楊賜免, 太常潁川唐珍爲司空.

冬十二月, 日南徼外國重譯貢獻. 太尉段熲罷. 鮮卑寇幽, 幷二州. 癸酉晦, 日有食之.

| 註釋 | ○(熹平) 二年 – 서기 173년. ○沛相師遷 – 제후국의 相은 漢 조정에서 임명하였다. 師가 성씨. ○東萊,北海 – 靑州 소속 東萊郡 治所는 黃縣, 今 山東省 烟台市 관할 龍口市. 靑州 北海國의 치소는 治所는 劇縣, 今 山東省 중부 濰坊市(유방시) 昌樂縣.

[國譯]

(熹平) 2년 봄 정월, 전염병이 크게 유행하여 使者를 보내 순행하

며 치료케 하였다. 丁丑日, 司空인 宗俱(종구)가 죽었다. 2월 壬午日, 나라의 죄수를 사면하였다. 光祿勳인 楊賜(양사)를 司空에 임명하였다. 3월, 太尉 李咸(이감)이 면직되었다.

여름 5월, 司隷校尉 段潁(단경)을 太尉에 임용했다. 沛國의 相인 師遷(사천)이 국왕을 무고하여 하옥되었다가 죽었다. 六月, 北海國에 지진이 났다. 東萊郡과 北海國에 海溢(해일)이 있었다.

가을 7월, 司空 楊賜(양사)가 면직되었고, 太常인 潁川(영천) 출신 唐珍(당진)이 司空이 되었다.

겨울 12월, 日南郡 국경 밖 나라가 2중 통역을 거쳐 토산물을 헌상하였다. 太尉인 段潁(단경)이 파직되었다. 선비족이 幽州와 幷州 지역을 침략하였다. 癸酉日 그믐, 日食이 있었다.

## 原文

三年春正月, 夫餘國遣使貢獻. 二月己巳, 大赦天下. 太常陳耽爲太尉. 三月, 中山王暢薨, 無子, 國除.

夏六月, 封河間王利子康爲濟南王, 奉孝仁皇祀.

秋, 洛水溢.

冬十月癸丑, 令天下繫囚罪未決, 入縑贖. 十一月, 楊州刺史臧旻率丹陽太守陳夤, 大破許生於會稽, 斬之. 任城王博薨. 十二月, 鮮卑寇北地, 北地太守夏育追擊破之. 鮮卑又寇幷州. 司空唐珍罷, 永樂少府許訓爲司空.

| 註釋 | ○(熹平) 三年 – 서기 175년. ○夫餘國 – 夫餘族, 今 黑龍江省 松花江 中流 지역에서 遼寧省, 吉林省 일대를 차지한 半農半牧 국가.

## [國譯]

(熹平) 3년 봄 정월, 夫餘國에서 사신을 보내 공물을 헌상했다. 2월 己巳日, 온 나라 죄수를 사면하였다. 太常인 陳耽(진탐)이 太尉가 되었다. 3월, 中山王 暢(창)이 죽었는데 아들이 없어 나라를 없앴다.

여름 6월, 河間王 利(리)의 아들 康(강)을 濟南王으로 봉하여 孝仁皇의 제사를 지내게 하였다.

가을, 洛水(낙수)가 범람했다.

겨울 10월 癸丑日, 온 나라에 판결이 나지 않은 죄수에게 비단으로 속죄하게 하였다. 11월, 양주자사 臧旻(장민)이 丹陽太守 陳夤(진인)의 군사를 거느리고 許生을 會稽郡에서 대파하여 참수했다. 任城王 博(박)이 죽었다.

12월, 선비족이 北地郡에 침입하자 北地太守 夏育(하육)이 추격, 격파하였다. 선비족이 幷州지역에 침입하였다. 司空 唐珍(당진)이 파직되고, 永樂少府 許訓(허훈)이 司空이 되었다.

## 原文

四年春三月, 詔諸儒正《五經》文字, 刻石立於太學門外. 封河間王建子佗爲任城王.

夏四月, 郡國七大水. 五月丁卯, 大赦天下. 延陵園災, 遣使者持節告祠延陵. 鮮卑寇幽州.

六月, 弘農,三輔螟. 遣守宮令之鹽監, 穿渠爲民興利. 令郡國遇災者, 減田租之半, 其傷害十四以上, 勿收責.

冬十月丁巳, 令天下繫囚罪未決, 入縑贖. 拜沖帝母虞美人爲憲園貴人, 質帝母陳夫人爲渤海孝王妃. 改平準爲中準, 使宦者爲令, 列於內署. 自是諸署悉以閹人爲丞,令.

| 註釋 | ○(熹平) 四年 – 서기 175년. ○正《五經》文字 – 이를 '熹平石經'이라 칭한다. ○河間王建 – 桓帝의 아우. ○延陵 – 전한 成帝의 능. ○弘農 – 司隷校尉部 소속, 治所 弘農縣, 今 河南省 서쪽 三門峽市 관할 靈寶市. ○守宮令 – 少府의 속관, 질록, 6百石. 황실에서 사용하는 종이와 筆墨, 尙書들이 사용하는 각종 물품이나 封泥(봉니) 등을 공급. ○鹽監 – 본래 각 郡國의 鹽官과 鐵官은 본래 大司農 소속이었는데, 후한에서는 모두 郡縣의 소속으로 바꾸었다. 鹽官(염세 징수), 鐵官(철기 제조), 工官(工匠 管理 및 收稅), 都水官(水路 관장, 漁稅 징수)이 있었는데 그 규모에 따라 令이나 長 또는 丞을 두었다. ○改平準爲中準 – 국가 재정을 운영하는 大司農의 속관으로 太倉令(六百石, 郡國에서 보내는 穀物의 조운 담당), 平準令(六百石. 物價 관리), 導官令(六百石. 궁중에서 소비하는 곡물 관리) 등이 있었다. 이외에도 廩犧令(늠희령, 六百石)은 국가 각종 제사의 犧牲物을 조달하였다. 전한에 설치했던 均輸令은 폐지했다. 雒陽의 市長과 滎陽 敖倉官은 후한에서는 河南尹 소속이었다. ○列於內署 – 9경의 하나인 少府. 少府 소속의 관서를 內署라 칭한다. ○閹人 – 환관. 閹은 내시 엄.

**[國譯]**

(熹平) 4년 봄 3월, 조서로 유생에게 《五經》의 文字를 교정하여, 이를 돌에 새겨 太學의 정문 앞에 세우게 하였다. 河間王 建(건)의

아들 佗(타)를 任城王에 봉했다.

여름 4月, 7개 郡國에 홍수가 났다. 5月 丁卯日, 나라 안 죄수를 사면하였다. 延陵(연릉, 成帝의 능)의 능원에서 불이 나자 부절을 가진 사자를 보내 연릉에 가서 제사를 올리게 하였다. 선비족이 幽州에 침입하였다.

6月, 弘農郡과 三輔 지역에 황충 피해가 났다. 守宮令을 鹽監(염관)에게 보내 백성에게 도움이 될 수로를 뚫거나 이익 사업을 하게 했다. 郡國에서 재해를 당한 백성에게는 田租의 절반을 감면케 하고 손해 정도가 10분의 4 이상이면 부채를 징수하지 못하게 하였다.

겨울 10月 丁巳日, 나라의 미결 죄수로 하여금 비단을 납부하여 속죄케 하였다. 沖帝의 母親인 虞美人(順帝의 美人)에게 憲園貴人(헌원귀인)의 칭호를, 質帝의 母親인 陳夫人에게는 渤海孝王妃(劉鴻의 妃)라는 칭호를 올렸다. 平準令을 中準令이라 개칭하고 宦者을 令(部署長)으로 임용하고 內署(내서) 소속으로 바꾸었다. 이로부터 모든 內署는 閹人(엄인, 환관)이 丞과 令을 담당하였다.

原文

五年夏四月癸亥, 大赦天下. 益州郡夷叛, 太守李顒討平之. 復崇高山名爲嵩高山. 大雩. 使侍御史行詔獄亭部, 理冤枉, 原輕繫, 休囚徒.

五月, 太尉陳耽罷, 司空許訓爲太尉. 閏月, 永昌太守曹鸞坐訟黨人, 棄市. 詔黨人門生,故吏,父兄,子弟在位者, 皆免官禁錮. 六月壬戌, 太常南陽劉逸爲司空.

秋七月, 太尉許訓罷, 光祿勳劉寬爲太尉.

冬十月壬午, 御殿後槐樹自拔倒豎. 司徒袁隗罷. 十一月丙戌, 光祿大夫楊賜爲司徒.

十二月, 甘陵王定薨. 試太學生年六十以上百餘人, 除郎中,太子舍人至王家郎,郡國文學吏. 是歲, 鮮卑寇幽州. 沛國言黃龍見譙.

| 註釋 | ○(熹平) 五年 – 서기 176년. ○益州郡 – 益州刺史部 소속 益州郡의 治所는 滇池縣(전지현), 今 雲南省 昆明市 관할 晋寧縣. 益州刺史部 치소는 廣漢郡 雒縣(낙현)으로 今 四川省 德陽市 관할 廣漢市이다. ○崇高山名爲嵩高山 – 본명은 嵩高山, 무제 때부터 中嶽이라 호칭하고 崇高山이라 개칭. 다시 嵩高山으로 환원. 嵩은 높을 숭. 우뚝 솟다. 崇은 높을 숭. 존중하다. ○行詔獄亭部 – 詔獄은 황제 명에 의한 체포와 재판, 집행 담당 기관. 최고의 사법관은 廷尉(정위), 전한에서는 長安에 각 中都官(중앙의 관서)의 獄이 26개소나 있었다. 후한에서는 모두 폐지하고 廷尉의 詔獄과 雒陽의 詔獄만 있었다. 亭部는 감옥. 亭은 공평할 정, 머무를 정. ○理冤枉 – 理는 바로잡다. 재판하다. 冤枉(원왕)은 무고한 죄를 뒤집어쓰다. 누명을 쓰다. ○原輕繫 – 原은 용서하다. 풀어주다. 原宥(원유). 輕繫(경계)는 허물이 가벼운 죄, 경범죄. ○休囚徒 – 休는 용서하다. 형 집행정지나 가석방과 같은 조치. 囚徒(수도)는 갇힌 죄수. ○永昌 – 益州의 군명. 治所는 不韋縣. 今 雲南省 중서부 保山市. 益州郡 서부. ○御殿後槐樹自拔倒豎 – 槐樹(괴수)는 홰나무. 周에서 홰나무 3그루를 심어 三公의 자리를 표시. 槐는 삼공을 상징. 倒豎(도수)는 거꾸로 서다. 倒는 넘어질 도. 豎는 더벅머리 수. 서다. 세우다. 곧게. ○譙(초) – 沛郡(패군)의 현명. 今 安徽省 북쪽의

亳州市(박주시).

## [國譯]

(熹平) 5년 여름 4월 癸亥日, 나라의 죄수를 모두 사면하였다. 益州郡의 만이들이 반역하자 太守 李顒(이옹)이 토벌 평정하였다. 崇高山(숭고산)의 이름은 嵩高山(숭고산)으로 되돌렸다. 기우제를 크게 지냈다. 侍御史를 시켜 詔獄亭部에 가서 억울한 누명을 다시 심리하고 경범 죄수를 풀어주고 죄수를 용서하게 하였다.

5월, 太尉 陳耽(진탐)이 파직되고, 司空 許訓(허훈)이 태위가 되었다. 閏月에, 永昌郡 太守 曹鸞(조란)이 黨人을 변호한 죄로 棄市(기시)형을 받았다. 조서로 黨人의 門生이나 옛 관리, 父兄이나 子弟로 관직에 있는 자는 모두 면직시키고 禁錮에 처하게 하였다. 6월 壬戌日, 太常인 南陽 출신 劉逸(유일)이 사공이 되었다.

가을 7월, 太尉 許訓(허훈)이 파직되었고, 光祿勳 劉寬(유관)이 太尉가 되었다.

겨울 10월 壬午日, 御殿(어전) 뒤뜰의 槐樹(괴수, 홰나무)가 저절로 뽑혀 거꾸로 박혔다. 司徒인 袁隗(원외)가 파직되었다. 11월 丙戌日, 光祿大夫 楊賜(양사)가 司徒가 되었다.

12월, 甘陵王 定(정)이 죽었다. 처음으로 太學生 중 나이 60세 이상 1백여 명을 郎中이나 太子舍人부터 王家의 郎官이나 郡國의 文學吏를 제수하였다. 이 해에 선비족이 유주에 침입하였다. 沛國에서 黃龍이 譙縣(초현)에 출현했다고 보고하였다.

六年春正月辛丑, 大赦天下. 二月, 南宮平城門及武庫東垣屋自壞.

夏四月, 大旱, 七州蝗. 鮮卑寇三邊. 市賈民爲宣陵孝子者數十人, 皆除太子舍人.

秋七月, 司空劉逸免, 衛尉陳球爲司空. 八月, 遣破鮮卑中郎將田晏出雲中, 使匈奴中郎將臧旻與南單于出鴈門, 護烏桓校尉夏育出高柳, 並伐鮮卑, 晏等大敗.

冬十月癸丑朔, 日有食之. 太尉劉寬免. 帝臨辟雍. 辛丑, 京師地震. 辛亥, 令天下繫囚罪未決, 入縑贖. 十一月, 司空陳球免.

十二月甲寅, 太常河南孟彧爲太尉. 庚辰, 司徒楊賜免. 太常陳耽爲司空. 鮮卑寇遼西. 永安太僕王旻下獄死.

| 註釋 | ○(熹平) 六年 – 서기 177년. ○南宮平城門 – 낙양성의 정 남문(正陽之門) 겸 남궁의 정문과 연결, 교사 지낼 때 황제 출입문. ○武庫 – 무기고. 낙양성 동북 모서리에 위치, 남으로 永安宮에 연접. 북으로 大倉(큰 창고)가 있었다. 장안성에도 본래 武庫가 있었다. 東垣(동원)은 外障. ○宣陵孝子 – 宣陵은 孝桓皇帝 능원. 선릉 공사에 금전을 출연한 상인. ○太子舍人 – 舍人은 왕공이나 귀인의 시종 겸 손님 접대 담당. 太子舍人의 경우 질록은 二百石. ○雲中 – 幷州의 군명. 治所는 雲中縣, 今 內蒙古 呼和浩特市(內蒙古自治區의 首府) 관할 托克托縣(黃河 북안). ○高柳 – 현명. 幽州刺史部 代郡의 治所. 代郡은 戰國시대부터 趙國이 북방 유목민족을 격파하고 설립한 郡으로 지금의 山西省 大同市 일대. 後漢 代郡의 치

소는 高柳縣, 今 山西省 大同市 관할 陽高縣. ○辟雍 – 辟雍(벽옹)은 周代의 중앙교육기관. 太學이 소재한 곳. 전체적으로 둥근 모양(하늘을 상징)을 물(敎化가 물처럼 흘러 널리 퍼지라는 뜻)이 두르고 있는 형상. 辟廱(벽옹, 廱은 화락할 옹)으로도 표기. ○永安太僕 – 北宮 내 태후가 거처하는 永安宮의 太僕. 太后는 永樂宮에도 거처.

**[國譯]**

(熹平) 6년 봄 정월 辛丑日, 온 나라의 죄수를 사면했다. 2월, 南宮의 平城門과 武庫의 동쪽 담장이 저절로 붕괴했다.

여름 4월, 크게 가물었고 7개 州에서 황충 폐해가 났다. 선비족이 동, 서, 북방에서 침입하였다. 상인 중에서 宣陵孝子가 된 수십 명 모두에게 太子舍人 직책을 제수하였다.

가을 7월, 司空인 劉逸(유일)이 면직되고, 衛尉인 陳球(진구)가 司空이 되었다.

8월, 破鮮卑中郞將인 田晏(전안)을 파견하여 雲中郡에서, 使匈奴中郞將인 臧旻(장민)과 南單于는 鴈門郡(안문군)에서, 護烏桓校尉인 夏育(하육)은 (代郡의) 高柳縣에 출동하여 鮮卑族 정벌에 나섰지만 田晏(전안) 등은 大敗하였다.

겨울 10월 癸丑日 초하루, 日食이 있었다. 太尉 劉寬(유관)이 면직되었다. 황제가 辟雍(벽옹)에 행차하였다. 辛丑日, 京師에 지진이 있었다. 辛亥日, 나라의 미결 죄수에게 비단을 바쳐 속죄하게 하였다. 11월 司空인 陳球(진구)가 면직되었다.

12월 甲寅日, 太常인 河南 사람 孟彧(맹욱)이 太尉가 되었다. 庚辰日, 司徒인 楊賜(양사)가 면직되었다. 太常인 陳耽(진탐)이 司空이 되었다. 선비족이 遼西郡을 노략질하였다. 永安宮 太僕인 王旻(왕민)이 하옥되었다가 죽었다.

光和元年春正月, 合浦, 交阯烏滸蠻叛, 招引九眞, 日南民攻沒郡縣. 太尉孟彧罷.

二月辛亥朔, 日有食之. 癸丑, 光祿勳陳國袁滂爲司徒. 己未, 地震. 始置鴻都門學生. 三月辛丑, 大赦天下, 改元光和. 太常常山張顥爲太尉.

夏四月丙辰, 地震. 侍中寺雌雞化爲雄. 司空陳耽免, 太常來豔爲司空. 五月壬午, 有白衣人入德陽殿門, 亡去不獲. 六月丁丑, 有黑氣墮所御溫德殿庭中.

秋七月壬子, 靑虹見御坐玉堂後殿庭中. 八月, 有星孛於天市. 九月, 太尉張顥罷, 太常陳球爲太尉. 司空來豔薨.

冬十月, 屯騎校尉袁逢爲司空. 皇后宋氏廢, 后父執金吾酆下獄死. 丙子晦, 日有食之. 十一月, 太尉陳球免. 十二月丁巳, 光祿大夫橋玄爲太尉.

是歲, 鮮卑寇酒泉. 京師馬生人. 初開西邸賣官, 自關內侯, 虎賁, 羽林, 入錢各有差. 私令左右賣公卿, 公千萬, 卿五百萬.

| 註釋 |  ○光和元年 – 靈帝의 3번째 연호. 서기 178 – 183년.  ○交阯
(교지) – 교주자사부의 交阯郡, 治所는 龍編縣, 今 越南國 河內市(하노이
시)부근.  ○鴻都門學生 – 鴻都宮(鴻都門) 內 學堂의 門生. 鴻都宮은 본래
後漢 宮中 藏書 시설. 州郡에서 천거되었거나 三公의 추천으로 입학한 자
가 1천여 명이었다. 공문서 작성을 잘하거나, 辭賦에 능하거나, 篆書(전서)
를 잘 쓰는 학생을 천거하였다.  ○侍中寺雌雞化爲雄 – 侍中寺는 시중이
근무하는 건물. 雌雞는 암탉.  ○靑虹見御坐玉堂～ – 靑虹은 푸른 무지개?
虹은 무지개 홍. 무지개는 邪氣의 집합으로 인식되었다. 玉堂은 南宮의 궁
전 이름.  ○京師馬生人 – 馬가 사람을 낳았다는 등 합리적으로 이해할 수
없는 일이 자주 일어나는 것은 망국의 징조로 인식되었다.  ○西邸賣官 –
西邸(서저)는 낙양 중앙 관서의 하나(西園으로 표기도 한다). 賣官이 주 업
무. 또 다른 기록에 의하면 질록 2천석, 관직은 2천만 전, 4백석 관직은 4
백만 전에 매관하였는데 西苑(西園)에 큰 창고를 짓고 돈을 쌓아두었다.

## [國譯]

光和(광화) 원년 봄 정월, 合浦郡과 交阯郡(교지군) 내 烏滸(오호)의
만이들이 반란을 일으키고서 九眞郡과 日南郡의 백성을 끌어들여
군현을 공격 함락하였다. 太尉 孟彧(맹욱)이 파직되었다.

2월 辛亥日 초하루, 日食이 있었다. 癸丑日, 光祿勳인 陳國 출신
袁滂(원방)이 司徒가 되었다. 己未日, 지진이 났다. 처음으로 鴻都門
안에 학교를 세우고 學生을 받았다.

3월 辛丑日, 온 나라의 죄수를 다 사면하고 光和로 개원하였다.
太常인 常山國 張顥(장호)가 太尉가 되었다.

여름 4월 丙辰日, 지진이 났다. 侍中 관청의 암탉이 수탉이 되었
다. 司空 陳耽(진탐)이 면직되고, 太常인 來豔(내염)이 司空이 되었다.

5월 壬午日, 흰 옷을 입은 자가 德陽殿 문으로 들어왔는데 도망친 곳을 몰라 잡지 못했다.

6월 丁丑日, 검은 연기가 황제가 머무는 溫德殿의 뜰에 모여 있었다.

가을 7월 壬子日, 푸른색 무지개가 御坐인 玉堂의 뒤편 건물 마당에 나타나 보였다.

8월, 天市 성좌에 孛星(패성, 살별)이 나타났다. 9월, 太尉 張顥(장호)가 파직되었고, 太常인 陳球(진구)가 太尉가 되었다. 司空인 來豔(내염)이 죽었다.

겨울 10월, 屯騎校尉인 袁逢(원봉)이 司空이 되었다. 皇后 宋氏(송씨)가 폐위되었고 황후의 부친인 執金吾 宋酆(송풍)은 하옥되었다가 죽었다. 丙子日 그믐, 日食이 있었다. 11월, 太尉 陳球(진구)가 면직되었다. 12월 丁巳日, 光祿大夫 橋玄(교현)이 太尉가 되었다.

이 해에, 선비족이 酒泉郡을 침략했다. 京師에서 말(馬)이 사람을 낳았다. 처음으로 西邸(서저, 西園)에서 賣官(매관)을 시작하였는데 關內侯로부터 虎賁과 羽林까지 금액이 각각 차이가 있었다. (황제도) 비밀리에 左右의 측근을 통하여 公卿의 직위를 매관하였는데, 公은 1천만 전, 卿의 직위는 5백만 전이었다.


**原文**

二年春, 大疫, 使常侍,中謁者巡行致醫藥.

三月, 司徒袁滂免, 大鴻臚劉郃爲司徒. 乙丑, 太尉橋玄罷, 太中大夫段熲爲太尉. 京兆地震. 司空袁逢罷, 太常張濟爲司空.

夏四月甲戌朔, 日有食之. 辛巳, 中常侍王甫及太尉段熲
並下獄死. 丁酉, 大赦天下, 諸黨人禁錮小功以下皆除之.
東平王端薨. 五月, 衛尉劉寬爲太尉.

秋七月, 使匈奴中郎將張脩有罪, 下獄死.

冬十月甲申, 司徒劉郃,永樂少府陳球,衛尉陽球,步兵校
尉劉納謀誅宦者, 事泄, 皆下獄死. 巴郡板楯蠻叛, 遣御史
中丞蕭瑗督益州刺史討之, 不克.

十二月, 光祿勳楊賜爲司徒. 鮮卑寇幽,并二州. 是歲, 河
間王利薨. 洛陽女子生兒, 兩頭四臂.


| 註釋 |　○(光和) 二年 – 서기 179년.　○王甫 – 환관으로 十常侍는 아
니지만 그 폐해가 많았다. 유명한 酷吏 陽球(양구)가 司隷校尉가 되자 왕보
를 잡아 하옥했고 왕보는 혹독한 고문을 받아 옥사하였다. 王甫의 養子 王
吉(왕길)은 정말 가혹한 혹리였는데, 沛國相으로 5년간 재직하며 약 1만 명
을 죽였다. 양구가 왕보를 죽일 때 왕길도 같이 죽었다.　○小功 – 五服의
하나. 小功親. 5개월 동안 상복을 입어야 하는 친족. 소공보다 먼 관계는
緦麻(시마), 8촌 이내, 3개월 복상.


[國譯]

(光和) 2년 봄, 질병이 크게 돌아 常侍와 中謁者(중알자) 등을 보내
순행하며 치료를 베풀게 하였다.

3월, 司徒 袁滂(원방)이 면직되고, 大鴻臚인 劉郃(유합)이 司徒가
되었다. 乙丑日, 太尉 橋玄(교현)이 파직되고, 太中大夫 段熲(단경)이

太尉가 되었다. 京兆에 지진이 났다. 司空인 袁逢(원봉)이 파직되고, 太常인 張濟(장제)가 司空이 되었다.

여름 4월 甲戌日 초하루, 日食이 있었다. 辛巳日, 中常侍인 王甫(왕보)와 太尉 段熲(단경)이 함께 하옥되었다가 죽었다.

丁酉日, 나라의 죄수를 사면했으나 당인으로 금고에 처한 사람 중 그 관계가 小功의 상복을 입는 관계 이하는 모두 면제하였다.

東平王 端(단)이 죽었다. 5월, 衛尉인 劉寬(유관)이 太尉가 되었다.

가을 7월, 使匈奴中郎將인 張脩(장수)가 죄를 지어 하옥되었다가 죽었다.

겨울 10월 甲申日, 司徒 劉郃(유합), 永樂宮 少府인 陳球(진구), 衛尉인 陽球(양구), 步兵校尉인 劉納(유납) 등이 환관을 죽일 모의를 했으나 일이 누설되어 모두 하옥되었다가 죽었다. 巴郡(파군) 板楯(판순)의 만이들이 반란을 일으키자 御史中丞인 蕭瑗(소원)이 益州刺史를 독려하여 토벌했으나 이기지 못했다.

12월, 光祿勳 楊賜(양사)가 司徒가 되었다. 선비족이 幽州와 幷州에 침입하였다. 이 해에 河間王 利(리)가 죽었다. 洛陽의 어떤 여자가 출산하였는데 머리가 둘에 팔이 4개였다.


**原文**

三年春正月癸酉, 大赦天下. 二月, 公府駐駕廡自壞. 三月, 梁王元薨.

夏四月, 江夏蠻叛. 六月, 詔公卿擧能通《古文尙書》,《毛詩》,《左氏》,《穀梁春秋》各一人, 悉除議郎.

秋, 表是地震, 湧水出. 八月, 令繫囚罪未決, 入縑贖, 各有差.

冬閏月, 有星孛於狼,弧. 鮮卑寇幽,幷二州. 十二月己巳, 立貴人何氏爲皇后. 是歲, 作罼圭,靈昆苑.

| 註釋 |　○(光和) 三年 – 서기 180년.　○公府駐駕廡 – 公府는 三公府. 駐駕는 수레를 두는 곳, 주차장. 廡는 처마 무, 집 무. 廊屋.　○《毛詩》,《左氏》–《毛詩》는 현존 《詩經》, 《左氏》는 《左氏春秋傳》. 左傳으로 약칭. 보통 《춘추》하면 《左氏春秋》로 통한다.　○悉除議郎 – 모두 의랑을 제수하다. 議郎은 光祿大夫의 속관으로 정원이 없다. 황제의 顧問에 應對하며 일정한 직역이 없고 명을 받아 사자로 나가 일을 처리한다. 질록은 6백석.　○表是 – 酒泉郡의 縣名. 後漢에서는 表氏縣으로 개칭. 今 甘肅省 張掖市 高臺縣.　○貴人何氏爲皇后 – 靈思何皇后. 車騎將軍 何眞(하진)의 딸. 何眞은 본래 남양의 屠戶 출신. 황후된 된 다음 해에 황후의 부친 何眞(하진)을 車騎將軍을 贈職하고 舞陽宣德侯로 추증하였다. 何進(하진,?-189)은 何進의 아들.　○罼圭,靈昆苑 – 낙양 성밖의 御苑. 罼은 그물 필.

**[國譯]**

(光和) 3년(서기 180) 봄 정월 癸酉日, 온 나라의 죄수를 사면하였다. 2월, 三公府의 수레를 세워두는 건물이 저절로 붕괴하였다. 3월, 梁王 元(원)이 죽었다.

여름 4월, (荊州) 江夏郡의 만이들이 반란을 일으켰다. 6월, 조서로 각 公卿이 《古文尙書》나 《毛詩》, 그리고 《左氏春秋》와 《穀梁春秋》에 능통한 인재를 각 1인씩 천거케 하였는데 (천거된) 모두에게

議郎을 제수하였다.

가을, (酒泉郡의) 表是縣에 지진이 났고, 물이 갑자기 솟았다. 8월, 아직 판결이 나지 않은 죄수가 비단을 바쳐 속죄케 하였는데 각각 차등을 두었다.

겨울 閏月, 狼星(낭성)과 弧星(호성)에 살별이 나타났다. 선비족이 幽州와 并州에 침입하였다. 12월 己巳日, 貴人 何氏(하씨)를 皇后로 책립하였다. 이 해에, 罼圭苑(필규원)과 靈昆苑(영곤원)을 준공했다.

## 原文

四年春正月, 初置騄驥廐丞, 領受郡國調馬. 豪右辜搉, 馬一匹至二百萬. 二月, 郡國上芝英草.

夏四月庚子, 大赦天下. 交阯刺史朱儁討交阯, 合浦烏滸蠻, 破之. 六月庚辰, 雨雹.

秋七月, 河南言鳳皇見新城, 群鳥隨之, 賜新城令及三老, 力田帛, 各有差. 九月庚寅朔, 日有食之. 太尉劉寬免, 衛尉許彧爲太尉. 閏月辛酉, 北宮東掖庭永巷署災. 司徒楊賜罷.

冬十月, 太常陳耽爲司徒. 鮮卑寇幽, 并二州.

是歲, 帝作列肆於後宮, 使諸采女販賣, 更相盜竊爭鬪. 帝著商估服, 飲宴爲樂. 又於西園弄狗, 著進賢冠, 帶綬. 又駕四驢, 帝躬自操轡, 驅馳周旋, 京師轉相放效.

| 註釋 | ○(光和) 四年 – 서기 181년. ○騄驥廐丞 – 騄驥(녹기)는 좋은

말. 騄은 말(馬) 이름 녹(록). 驥는 천리마 기. 廐는 마구간 구. ㅇ豪右辜榷
- 豪右는 세력가. 권세가. 辜榷(고각)은 남의 장사를 방해하며 이익을 독차
지하는 짓. 辜 허물 고, 이익을 독점하다. 榷은 도리할 각, 칠 각. ㅇ掖庭永
巷署 - 掖庭(액정)은 궁궐을 의미. 永巷은 궁녀 감독 부서. 永巷令(掖庭令)
은 질록 6백석. 환관이 담당. ㅇ列肆 - 한 줄로 늘어선 점포. ㅇ采女販賣
- 采女는 宮女. ㅇ商估 - 商人. 估는 값 고, 상인. ㅇ著進賢冠, 帶綬 - 進
賢冠은 文官이 쓰는 관. 앞은 높고 뒤는 낮은 모양. 帶綬은 인수를 허리에
매다. ㅇ又駕四驢 - 駕는 몰다. 몰 가. 驢는 나귀 려. 무거운 짐을 싣고 멀
리갈 수 있다. 황제나 군자가 가까이 할 필요가 없는 가축. ㅇ躬自操轡 -
操는 잡을 조. 轡는 고삐 비. 驅馳周旋 - 驅는 몰 구. 馳 달릴 치. 周旋(주선)
은 돌다. 두루 돌아다니다.


## [國譯]

(光和) 4년 봄 정월, (명마를 관리하는) 騄驥廐丞(녹기구승)을 처음
설치하고 군국에서 징발해오는 馬匹을 관리하였다. 세력자들이 말
거래를 독점하여 말 1필이 2백만 전이나 되었다. 2월에 군국에서 芝
英草(지영초)을 헌상하였다.

여름 4월 庚子日, 나라의 죄수를 사면하였다. 交阯(교지)의 자사
인 朱儁(주준)이 交阯郡과 合浦郡의 烏滸(오호)의 만이를 격파하였
다. 6월 庚辰日, 우박이 쏟아졌다.

가을 7월, 河南尹이 (낙양의) 新城縣에 봉황이 출현했는데 많은
새들이 봉황을 따라갔다고 보고하자 新城 縣令과 三老, 力田에게 비
단을 차등 있게 나누어 주었다. 9월 庚寅日 초하루, 日食이 있었다.
太尉 劉寬(유관)이 면직되었고, 衛尉인 許彧(허욱)이 太尉가 되었다.
윤달 辛酉日, 北宮 東 掖庭(액정) 永巷署(영항서)에 불이 났다. 司徒인

楊賜(양사)가 파직되었다.

겨울 10월, 太常 陳耽(진탐)이 司徒가 되었다. 선비족이 幽州와 幷州에 침입하였다.

이 해에, 황제는 後宮에 긴 점포를 짓고 여러 궁녀를 시켜 물건을 팔게 시켰는데 서로 물건을 훔치고 싸우기도 했다. 황제도 상인 옷을 입었고 술을 마시며 즐기었다. 또 서쪽 정원에서 개를 데리고 놀면서 개에게 進賢冠(진현관)을 씌우고 인수를 개 허리에 매어 끌고 다녔다. 또 나귀 4마리를 몰면서 황제가 친히 고삐를 잡고 달리거나 이리저리 돌아다녔는데 낙양 사람들도 이런 놀이를 본받았다.

## 原文

五年春正月辛未, 大赦天下. 二月, 大疫. 三月, 司徒陳耽免.

夏四月, 旱. 太常袁隗爲司徒. 五月庚申, 永樂宮署災.

秋七月, 有星孛於太微. 巴郡板楯蠻詣太守曹謙降. 癸酉, 令繫囚罪未決, 入縑贖. 八月, 起四百尺觀於阿亭道.

冬十月, 太尉許彧罷, 太常楊賜爲太尉. 校獵上林苑, 歷函谷關, 遂巡狩於廣成苑. 十二月, 還, 幸太學.

| 註釋 |  ㅇ(光和) 五年 – 서기 182년.  ㅇ永樂宮 – 永樂太后宮.  ㅇ太微 – 上垣의 太微垣(태미원), 中垣의 紫微垣(자미원), 下垣의 天市垣(천시원)을 三垣이라 통칭.  ㅇ阿亭道 – 낙양 성내의 거리 이름.  ㅇ廣成苑 – 낙양의

서쪽 교외에 소재.

**[國譯]**

(光和) 5년 봄 정월 辛未日, 나라 안 죄수를 모두 사면하였다. 2월, 전염병이 크게 돌았다. 3월, 司徒 陳耽(진탐)이 면직되었다.

여름 4월, 旱魃(한발). 太常 袁隗(원외)가 司徒가 되었다. 5월 庚申日, 永樂宮 관서에 불이 났다.

가을 7월, 太微垣(태미원)에 혜성이 출현했다. 巴郡의 板楯(판순) 만이들이 태수 曹謙(조겸)을 찾아와 투항했다. 癸酉日, 미결인 채 갇혀있는 죄수에게 비단으로 속죄케 하였다. 8월, 阿亭道(아정도)에 높이 4백 척의 臺觀을 건축했다.

겨울 10월 太尉 許彧(허욱)이 파직되었고, 太常인 楊賜(양사)가 太尉가 되었다. 上林苑에서 울타리 안 사냥을 하고 函谷關(함곡관)을 거쳐 廣成苑(광성원)에 와서 사냥을 하였다. 12월 돌아오는 길에 太學에 행차하였다.

**原文**

六年春正月, 日南徼外國重譯貢獻. 二月, 復長陵縣, 比豐, 沛. 三月辛未, 大赦天下.

夏, 大旱.

秋, 金城河水溢. 五原山岸崩. 始置圃囿署, 以宦者爲令.

冬, 東海, 東萊, 琅邪井中冰厚尺餘. 大有年.

|註釋| ○(光和) 六年 - 서기 183년. ○長陵縣 - 長陵은 高祖의 陵. 縣名, 今 陝西省 咸陽市 渭城區. ○金城 - 涼州의 군명. 治所는 允吾縣, 今 甘肅省 臨夏回族自治州 永靖縣. 蘭州市 서남쪽. ○五原 - 幷州의 군명. 治所는 九原縣. 今 內蒙古 包頭市(黃河 북안). ○圃囿署 - 황실의 御苑(어원)을 관리하는 부서. 圃囿(포유)는 궁중의 동산. 채소밭, 圃 밭 포, 囿 동산 유. ○東海,東萊,琅邪 - 東海郡, 琅邪國은 徐州, 東萊郡은 靑州 소속. ○大有年 - 大豐年.

## [國譯]

　(光和) 6년(서기 183) 봄 정월, 日南郡 국경 밖 나라에서 2중 통역을 거쳐 토산물을 바쳤다.

　2월, 長陵縣의 부세를 면제하여 豐,沛(풍, 패)과 같게 하였다. 3월 辛未日 온 나라 죄인을 사면하였다.

　여름, 크게 가물었다.

　가을, 金城郡의 황화가 범람하였다. 五原郡의 강가 산이 산사태가 났다. 圃囿署(포유서)를 처음 신설하고 환관을 책임자로 정했다.

　겨울, 東海郡, 東萊郡, 琅邪國(낭아군)의 우물 속 얼음 두께가 1자 이상이었다. 대풍년이었다.

## 原文

　中平元年春二月, 鉅鹿人張角自稱‘黃天’, 其部帥有三十六方, 皆著黃巾, 同日反叛. 安平,甘陵人各執其王以應之.

　三月戊申, 以河南尹何進爲大將軍, 將兵屯都亭. 置八關都尉官. 壬子, 大赦天下黨人, 還諸徙者, 唯張角不赦. 詔公卿出馬,弩, 擧列將子孫及吏民有明戰陣之略者, 詣公車. 遣北中郞將盧植討張角, 左中郞將皇甫嵩,右中郞將朱儁討潁川黃巾. 庚子, 南陽黃巾張曼成攻殺郡守褚貢.

| 註釋 | ○中平元年 - 靈帝의 4번째, 마지막 연호. 서기 184 - 188년. 서기 184년은 새로운 六十甲子의 시작, 甲子년이었다.   ○春二月 - 봄철, 정월에 瘟疫(온역, 염병, 장질부사, 장티푸스)이 유행, 거기에 춘궁기와 겹쳐 언제든 불만이 쌓이기 쉬운 계절이었다.   ○鉅鹿 - 冀州의 군명. 治所는 廮陶縣(영도현), 今 河北省 邢台市 부근 寧晋縣.   ○張角自稱 '黃天' - 張角(장각, ?-184년), 太平道의 종교 지도자. 張角은 본래 낙방한 秀才였는데 入山採藥다가 南華老仙이라는 老人을 만나 동굴 안에 들어가 天書 3권을 받았고 그를 읽어 도통했다고 하였다. 장각은 '蒼天已死, 黃天當立. 歲在甲子, 天下大吉' 할 것이라 선동하였다. 中平 원년(서기 184)에 張角은 그 동생 張寶(장보), 張梁(장량)과 함께 신도를 거느리고 봉기하니, 이를 역사에서는 '黃巾之亂' 이라 하였다.   ○其部帥有三十六方 - 部帥는 部의 우두머리(帥). 大方은 1만여 명, 小方은 6, 7천 명이었고, 각 우두머리(渠帥, 거수)를 장군이라 불렀다. 三十六方을 '三十六萬'으로 표기한 판본도 있다.   ○皆著黃巾 - 黃巾賊, '黃巾賊의 亂' 또는 '黃巾起義'로 기록.   ○安平,甘陵人各執其王~ - 安平國王 續(속), 甘陵國王 忠(충)을 포로로 잡았다.   ○河南尹何進 - 何進(하진. ?-189), 南陽 宛縣 출신, 본래 가축을 잡는 屠戶 출신, 이복 여동생이 입궁하여 靈帝의 황후가 되었다. 大將軍으로 錄尙書事 겸임. 환관 세력을 꺾겠다고 董卓(동탁)을 불러들인 장본인. 十常侍에게 피살. 河南尹은 국도 낙양의 행정을 담당. 69권, 〈竇何列傳〉에 입전.   ○都亭 - 洛陽 소재 亭名.   ○置八關都尉官 - 八關은 函谷關, 廣城關. 孟津關 등 8

개의 주요 관문. ○大赦天下黨人 - 黨錮를 당한 인재가 황건적과의 결탁을 두려워했다. ○遺北中郞將盧植 - 盧植(노식, ?-192), 涿郡(탁군) 涿縣 사람. 後漢 末 政治家, 장군, 經學者. 公孫瓚, 劉備 등이 노식의 문하생이었다. 64권, 〈吳延史盧趙列傳〉에 입전. ○左中郞將皇甫嵩 - 皇甫嵩(황보숭)은 71권, 〈皇甫嵩朱儁列傳〉에 입전. 皇甫는 복성. ○朱儁(주준) - 71권, 〈皇甫嵩朱儁列傳〉에 입전.

## [國譯]

(靈帝) 中平 원년(서기 184) 봄 2월, 鉅鹿郡(거록군)의 張角(장각)은 '黃天'이라 자칭하며, 그 무리 36방을 거느렸는데 모두 黃巾을 머리에 쓰고 같은 날에 반역하며 반란을 일으켰다. 安平國과 甘陵國 사람들은 각각 그 왕을 잡고 장각에 호응하였다.

3월 戊申日, 河南尹인 何進(하진)이 大將軍이 되어 군사를 거느리고 (洛陽의) 都亭(도정)에 주둔하였다. (函谷關 등) 8關의 都尉官을 설치하였다. 壬子日, 온 나라의 모든 黨人을 사면하고 강제 이주한 모든 사람을 돌아가게 하였으나 張角만은 사면하지 않았다. 조서로 公卿은 말(馬)이나 쇠뇌(弩)를 바치게 했고 여러 장수의 자손이나 吏民중에서 戰陣의 戰略에 밝은 자를 천거하여 公車令에게 보내라 하였다. 北中郞將 盧植(노식)을 파견해 張角을 토벌케 하였고, 左中郞將 皇甫嵩(황보숭), 右中郞將 朱儁(주준)에게 潁川郡(영천군)의 황건적을 토벌케 하였다. 庚子日, 南陽郡의 黃巾賊인 張曼成(장만성)이 郡守(太守)인 褚貢(저공)을 공격 살해했다.

## 原文

夏四月, 太尉楊賜免, 太僕弘農鄧盛爲太尉. 司空張濟罷, 大司農張溫爲司空. 朱儁爲黃巾波才所敗. 侍中向栩,張鈞坐言宦者, 下獄死. 汝南黃巾敗太守趙謙於邵陵. 廣陽黃巾殺幽州刺史郭勳及太守劉衛. 五月, 皇甫嵩,朱儁復與波才等戰於長社, 大破之.

六月, 南陽太守秦頡擊張曼成, 斬之. 交阯屯兵執刺史及合浦太守來達, 自稱'柱天將軍', 遣交阯刺史賈琮討平之. 皇甫嵩,朱儁大破汝南黃巾於西華. 詔嵩討東郡, 朱儁討南陽. 盧植破黃巾, 圍張角於廣宗. 宦官誣奏植, 抵罪. 遣中郎將董卓攻張角, 不克. 洛陽女子生兒, 兩頭共身.

| 註釋 | ○黃巾波才 – 波才는 인명. ○侍中向栩 – 向栩(상후), 向은 성씨 상. ○張鈞坐言宦者 – 환관을 죽여 천하에 공시하면 황건 무리가 진정될 것이라고 상주하였는데 영제가 이를 환관에게 보여주었다고 한다. ○邵陵(소릉) – 汝南郡의 현명. 今 河南省 중부 漯河市(답하시) 郾城區(언성구). ○長社 – 潁川郡의 현명. 今 河南省 중부 許昌市 관할 長葛市. ○圍張角於廣宗 – 廣宗은 冀州 鉅鹿郡의 현명. 今 河北省 邢台市 관할 威縣. ○宦官誣奏植 – 어떤 환관이 盧植은 보루를 지키기만 하면서 장각에게 하늘의 벌이 내리기기만 기다린다고 말했다. 영제가 화가 나서 함거를 보내 노식을 체포했으나 사형에서 1등을 감했다. ○中郎將董卓 – 董卓(동탁. 141 – 192년), 涼州 隴西 臨洮人. 後漢 말 涼州 軍閥(군벌)이며 權臣, 포악한 행위로 역사상 가장 부정적 평가를 받는 인물. 72권, 〈董卓列傳〉에 입전.

여름 4월, 太尉 楊賜(양사)가 면직되고, 太僕인 弘農郡 출신 鄧盛 (등성)이 太尉가 되었다. 司空인 張濟(장제)가 파직되고, 大司農인 張 溫(장온)이 司空이 되었다. 朱儁(주준)이 황건적 波才(파재)에게 패배 하였다. 侍中인 向栩(상후)와 張鈞(장균)이 환관에 관한 건의에 연좌 되어 하옥되었다가 죽었다. 汝南郡의 황건적이 태수 趙謙(조겸)을 邵陵(소릉)에서 패퇴케 하였다. 廣陽郡의 황건적이 幽州(유주) 자사 郭勳(곽훈)과 광양 태수 劉衛(유위)를 살해하였다.

5월, 皇甫嵩(황보숭)과 朱儁(주준)이 다시 (황건적) 波才(파재) 등과 長社縣에서 싸워 대파하였다.

6월, 南陽 태수 秦頡(진힐)이 張曼成(장만성)을 격파하고 참수하였 다. 交阯(교지)의 屯兵(둔병)이 자사와 合浦 태수 來達(내달)을 사로잡 고 '柱天將軍'이라 자칭하자, (신임) 교지자사 賈琮(가종)을 보내 토 벌 평정하였다. 皇甫嵩(황보숭)과 朱儁(주준)이 汝南郡의 황건 무리 를 西華(서화)에서 대파하였다. 조서로 황보숭에게 東郡의 황건적 을, 주준에게 南陽郡의 황건적을 토벌케 하였다. 盧植이 황건 무리 를 격파하고 張角을 廣宗(광종)에서 포위하였다. 환관이 노식을 무 고하여 죄로 얽어매었다. 中郎將 董卓(동탁)을 보내 張角을 공격케 하였으나 이기지 못했다. 洛陽의 어떤 여자가 아이를 낳았는데 몸뚱 이 하나에 머리가 둘이었다.

秋七月, 巴郡妖巫張脩反, 寇郡縣. 河南尹徐灌下獄死.

八月, 皇甫嵩與黃巾戰於倉亭, 獲其帥. 乙巳, 詔皇甫嵩北討張角. 九月, 安平王續有罪誅, 國除.

冬十月, 皇甫嵩與黃巾賊戰於廣宗, 獲張角弟梁. 角先死, 乃戮其屍. 以皇甫嵩爲左車騎將軍.

十一月, 皇甫嵩又破黃巾於下曲陽, 斬張角弟寶. 湟中義從胡北宮伯玉與先零羌叛, 以金城人邊章,韓遂爲軍帥, 攻殺護羌校尉伶徵,金城太守陳懿. 癸巳, 朱儁拔宛城, 斬黃巾別帥孫夏. 詔減太官珍羞, 御食一肉, 廐馬非郊祭之用, 悉出給軍.

十二月己巳, 大赦天下, 改元中平. 是歲, 下邳王意薨, 無子, 國除. 郡國生異草, 備龍蛇鳥獸之形.

| 註釋 | ○妖巫張脩 － 張脩(장수)는 환자의 병을 고쳐주고 쌀 5斗를 받았기에 '五斗米師'라고 불렀다. ○戰於倉亭, 獲其帥 － 倉亭은 東郡의 지명. 其帥는 卜已(복이)란 사람. ○詔皇甫嵩北討張角 － 北은 북으로 가다. 동사로 쓰였다. ○安平王續有罪誅 － 冀州 安平國 治所는 信都縣. 今 河北省 衡水市 관할 冀州市. ○戰於廣宗 － 廣宗은 鉅鹿郡의 현명. 今 河北省 남부 邢台市 관할 威縣. ○角先死, 乃戮其屍 － 장각은 서기 184년에 병사했다. 그 시신을 꺼내 목을 잘랐다. ○下曲陽 － 鉅鹿郡의 현명. ○湟中義從 － 湟中(황중)은 지명, 今 青海省 동북부 西寧市 湟中縣. 湟水 유역, 이 일대에 거주하는 강족의 한 부족 이름. 義從은 自願한 군사. 鄧訓의 善政에 등훈을 따르겠다고 자원한 강족, 또는 月氏族(월지족)으로 군사를 편입하였다. 16권, 〈鄧寇列傳〉 중 〈鄧訓傳〉 참고. ○胡北宮伯玉 － 여기 胡는 月氏族(월지족). 北宮伯玉(북궁백옥, ?-186년)은 인명. 義從胡의 우두머리. 나

중에 韓遂(한수)에게 피살. ○邊章,韓遂 – 모두 인명. ○伶徵(영징) – 인명.
伶이 성씨. ○備龍蛇鳥獸之形 – 妖物의 출현을 망국의 전조라 생각하여
기록했다.


## [國譯]

가을 7월, 巴郡(파군)의 무당인 張脩(장수)가 반역하며 군현을 노
략질하였다. 河南尹인 徐灌(서권)이 하옥되었다가 죽었다.

8월, 皇甫嵩(황보숭)이 황건적과 (東郡의) 倉亭(창정)에서 싸워 그
우두머리〔卜已(복이)〕를 생포하였다. 乙巳日, 조서로 황보숭에게 북
으로 진격하여 장각을 토벌하라고 하였다.

9월, 安平王 續(속)이 죄를 짓고 처형되자 나라를 없앴다.

겨울 10월, 황보숭이 황건적과 (거록군의) 廣宗縣에서 싸워 장각
의 동생 張梁(장량)을 생포하였다. 장각이 그전에 병사했는데 그 시
신의 목을 잘랐다. 皇甫嵩을 左車騎將軍에 임명했다.

11월, 황보숭이 또 황건적을 (거록군의) 下曲陽縣에서 격파하고 장
각의 동생 張寶(장보)를 생포하였다. 湟中(황중) 강족의 자원한 군사와
월지족인 北宮伯玉(북궁백옥) 등이 선련의 강족을 따라 함께 반기를
들고, 金城郡 사람 邊章(변장)과 韓遂(한수)를 軍帥(군사)로 삼아서 護
羌校尉 伶徵(영징)과 금성군 태수 陳懿(진의)를 공격 살해하였다.

癸巳日, 朱儁(주준)이 (南陽郡) 宛城(완성)을 수복하면서 황건적의
별장인 孫夏(손하)를 참수하였다. 조서로 太官에게 황제의 식사를
줄여 고기는 한 가지만 올리게 하였고 교제를 지낼 때 필요한 말이
아니면 모두 군사용으로 내주게 하였다.

12월 己巳日, 온 나라 죄수를 사면하면서 中平(중평)으로 개원하

였다. 이 해에, 下邳王(하비왕) 意(의)가 죽고 아들이 없어 나라를 폐지했다. 여러 군국에서 뱀이나 새나 짐승 모양의 이상한 풀이 자랐다.

二年春正月, 大疫. 琅邪王據薨. 二月己酉, 南宮大災, 火半月乃滅. 癸亥, 廣陽門外屋自壞. 稅天下田, 畝十錢. 黑山賊張牛角等十餘輩並起, 所在寇鈔. 司徒袁隗免.

三月, 廷尉崔烈爲司徒. 北宮伯玉等寇三輔, 遣左車騎將軍皇甫嵩討之, 不克.

夏四月庚戌, 大風, 雨雹. 五月, 太尉鄧盛罷, 太僕河內張延爲太尉.

秋七月, 三輔螟. 左車騎將軍皇甫嵩免. 八月, 以司空張溫爲車騎將軍, 討北宮伯玉. 九月, 特進楊賜爲司空.

冬十月庚寅, 司空楊賜薨, 光祿大夫許相爲司空. 前司徒陳耽, 諫議大夫劉陶坐直言, 下獄死.

十一月, 張溫破北宮伯玉於美陽, 因遣蕩寇將軍周愼追擊之, 圍楡中, 又遣中郎將董卓討先零羌. 愼,卓並不克. 鮮卑寇幽,幷二州. 是歲, 造萬金堂於西園. 洛陽民生兒, 兩頭四臂.

| 註釋 | ○(中平) 二年 – 서기 185년. 春正月, 大疫. 琅邪王據薨. 二月己酉, 南宮大災, 火半月乃滅. 癸亥, ○廣陽門 – 낙양성 서남쪽 출입문. ○稅天下田, 畝十錢 – 화재로 불탄 궁궐 건축 비용 충당. ○黑山賊 – 黑山은 황건 무리의 이름. 우두머리는 張牛角. 장우각이 죽은 뒤에도 다른 지도자가 장씨 성을 이어받으며 싸웠다. ○所在寇鈔 – 所在地에서 노략질을 하다. 鈔는 약탈할 초. ○美陽 – 右扶風의 현명. 今 陝西省 咸陽市 武功縣. ○楡中 – 金城郡의 현명. 今 甘肅省 남부 蘭州市 동쪽.

**[國譯]**

(中平) 2년 봄 정월, 돌림병이 크게 돌았다. 琅邪王(낭야왕) 劉據(유거)가 죽었다. 2월 己酉日, 南宮에 큰 불이 났는데 불길은 반달이 지나서야 꺼졌다. 癸亥日, (洛陽城) 廣陽門 밖 건물이 저절로 붕괴되었다. 온 나라의 경작지 1畝(무)에 10전 씩 새 세금을 징수케 하였다. 黑山의 도적인 張牛角(장우각) 등 10여 무리가 한꺼번에 일어나 각 소재지에서 노략질을 하였다. 司徒 袁隗(원외)가 면직되었다.

3월, 廷尉인 崔烈(최열)이 司徒가 되었다. 北宮伯玉(북궁백옥) 등이 三輔(삼보) 지역을 노략질하자 左車騎將軍인 황보숭을 보내 토벌케 하였으나 이기지 못했다.

여름 4월 庚戌日(경술일), 큰 바람이 불고 우박이 쏟아졌다.

5월, 太尉인 鄧盛(등성)이 파직되고, 太僕인 河內郡 출신 張延(장연)이 太尉가 되었다.

가을 7월, 삼보 지역에 황충 피해가 났다. 좌거기장군 황보숭이 면직되었다. 8월, 司空인 張溫(장온)을 車騎將軍에 임명하여 北宮伯玉을 토벌케 하였다. 9월, 特進인 楊賜(양사)가 司空이 되었다.

겨울 10월 庚寅日, 司空인 楊賜(양사)가 죽고, 光祿大夫인 許相(허상)이 司空이 되었다. 전에 司徒였던 陳耽(진탐)과 諫議大夫인 劉陶(유도)가 직언에 연좌하여 하옥되었다가 죽었다.

11월, 장온이 북궁백옥을 (우부풍의) 美陽縣(미양현)에서 격파하였고 이어 蕩寇將軍(탕구장군) 周愼(주신)을 보내 추격케 하여 (金城郡의) 楡中에서 포위했고, 또 中郎將 董卓(동탁)을 보내 선련의 강족을 토벌케 하였다. 그러나 주신과 동탁 둘 다 이기지 못했다. 선비족이 幽州와 幷州 지역에 침입하였다.

이 해, 西園에 萬金堂(만금당)을 조성하였다. 낙양 여인이 머리 둘에 어깨가 넷인 아이를 출산했다.

三年春二月, 江夏兵趙慈反, 殺南陽太守秦頡. 庚戌, 大赦天下. 大尉張延罷. 車騎將軍張溫爲太尉, 中常侍趙忠爲車騎將軍. 復修玉堂殿, 鑄銅人四, 黃鐘四, 及天祿, 蝦蟆, 又鑄四出文錢.

五月壬辰晦, 日有食之. 六月, 荊州刺史王敏討趙慈, 斬之. 車騎將軍趙忠罷.

秋八月, 懷陵上有雀萬數, 悲鳴, 因鬪相殺.

冬十月, 武陵蠻叛, 寇郡界, 郡兵討破之. 前太尉張延爲宦人所譖, 下獄死. 十二月, 鮮卑寇幽, 幷二州.

| 註釋 | ○(中平) 三年 - 서기 186년. ○江夏 - 荊州 군명. 治所는 西陵縣. 今 湖北省 武漢市 新洲區. ○黃鐘 - 銅鐘. ○天祿,蝦蟇 - 天祿(천록)은 짐승 이름. 辟邪(벽사)의 뜻을 갖고 있다. 우리나라 궁궐 문에 세운 瑞獸 해치와 같은 의미. 蝦蟇(하마)는 두꺼비, 물을 토한다는 주석이 있다. ○懷陵(회릉) - 孝沖皇帝의 능. 재위 서기 145년. 順帝-沖帝-質帝-桓帝.

## [國譯]

(中平) 3년 봄 2월, 江夏郡의 병졸인 趙慈(조자)가 반역하며 南陽太守 秦頡(진힐)을 살해했다. 庚戌日, 나라의 죄수를 사면하였다. 大尉 張延(장연)이 파직되었다. 거기장군 張溫(장온)이 太尉가 되었고, 중상시 趙忠(조충)이 거기장군이 되었다. 玉堂殿(옥당전)을 중수했는데 銅人 4개, 黃鐘 4개와 天祿(천록)과 蝦蟇(하마, 두꺼비)를 주조했으며 또 4개의 出文錢을 주조했다.

5월 壬辰일 그믐, 日食이 있었다. 6월, 형주자사인 王敏(왕민)이 趙慈(조자)를 토벌하여 참수했다. 거기장군 趙忠(조충)이 파직되었다.

가을 8월, (沖帝의) 懷陵(회릉)에 수만 마리 참새가 모여 크게 울고 서로 싸우며 죽였다.

겨울 10월, 武陵郡의 만이들이 반란을 일으켜 군내를 노략질하자 군사가 토벌하여 격파하였다. 전 太尉였던 張延(장연)이 환관의 참소로 하옥되었다가 죽었다.

12월, 선비족이 幽州와 幷州에 침입하였다.

**原文**

四年春正月己卯, 大赦天下. 二月, 滎陽賊殺中牟令. 己亥, 南宮內殿罘罳自壞. 三月, 河南尹何苗討滎陽賊, 破之, 拜苗爲車騎將軍.

夏四月, 涼州刺史耿鄙討金城賊韓遂, 鄙兵大敗, 遂寇漢陽, 漢陽太守傅燮戰沒. 扶風人馬騰,漢陽人王國並叛, 寇三輔. 太尉張溫免, 司徒崔烈爲太尉.

五月, 司空許相爲司徒, 光祿勳沛國丁宮爲司空. 六月, 洛陽民生男, 兩頭共身. 漁陽人張純與同郡張舉舉兵叛, 攻殺右北平太守劉政,遼東太守楊終,護烏桓校尉公綦稠等. 舉自稱天子,寇幽,冀二州.

秋九月丁酉, 令天下繫囚罪未決, 入縑贖.

冬十月, 零陵人觀鵠自稱 '平天將軍', 寇桂陽, 長沙太守孫堅擊斬之. 十一月, 太尉崔烈罷, 大司農曹嵩爲太尉. 十二月, 休屠各胡叛. 是歲, 賣關內侯, 假金印紫綬, 傳世, 入錢五百萬.

| 註釋 | ○(中平) 四年 – 서기 187년. ○滎陽賊殺中牟令 – 滎陽과 中牟(중모) 모두 河南尹의 현명. 滎陽은 옛 漢 고조와 항우의 격전지. 교통과 군사의 요지. 今 河南省 鄭州市 관할 滎陽市. 中牟는 今 河南省 중부 鄭州市 관할 中牟縣. ○罘罳 – 罘罳(부시)는 건물 앞에 세우는 그물 모양으로 만든 나무 가림막이나 울타리. 罘는 그물 부. 罳는 面牆(면장) 시. ○右北平 – 幽州의 군명. 治所는 土垠縣(토은현), 今 河北省 북부 唐山市 豊潤區. ○長

沙太守孫堅 — 孫堅(손견, 155-191). 吳郡 富春縣(今 浙江省 杭州市) 출신. 容貌가 비범했고 활달한 성품에 지조가 있었다. 아들 孫權이 稱帝한 뒤에 武烈皇帝로 추존.  ㅇ大司農曹嵩 — 曹嵩(조숭, ?-194년), 沛國 譙縣(今 安徽省 亳州市) 출신. 宦官 中常侍 大長秋인 曹騰(조등)의 양자. 曹操(조조, 155-220)의 父親. 中平 4년(서기 187)에 太尉가 되었다. 서주자사 陶謙(도겸)에게 피살(194년).  ㅇ休屠各胡叛 — 休屠各(휴저각)은 흉노의 부족 이름. 〈匈奴傳〉에는 休著屠各(휴저도각)으로 기록. 今 內蒙古 일대에서 활동. 屠 잡을 도. 흉노왕의 칭호 저.

## [國譯]

(中平) 4년 봄 정월 己卯日, 나라의 죄수를 모두 사면하였다. 2월, 滎陽(형양)의 도적 무리가 (河南尹의) 中牟(중모) 현령을 살해하였다. 己亥日, 南宮 내전의 나무 울타리가 저절로 붕괴했다. 3월, 河南尹 何苗(하묘)가 형양의 도적 무리를 격파하자 하묘에게 車騎將軍을 제수하였다.

여름 4월, 涼州(양주) 자사인 耿鄙(경비)가 金城郡의 도적 무리인 韓遂(한수)를 토벌했지만 경비의 군사가 대패했고, 한수는 漢陽郡을 노략질하였으며 漢陽太守 傅燮(부섭)이 전사했다. 右扶風 사람 馬騰(마등), 漢陽郡 사람 王國(왕국)이 함께 반역하며 三輔 지역을 노략질하였다. 太尉 張溫(장온)이 면직되고, 司徒 崔烈(최열)이 太尉가 되었다.

5월, 司空 許相(허상)이 사도가 되었고, 광록훈인 沛國 출신 丁宮(정궁)이 司空이 되었다.

6월, 洛陽 백성이 아들을 낳았는데, 머리는 둘인데 몸은 하나였다. 漁陽郡 사람 張純(장순)과 같은 군의 張擧(장거)가 거병하고 반역하여 右北平 태수인 劉政(유정)과 遼東 태수인 楊終(양종), 護烏桓校尉인 公綦稠(공기조) 등을 공격 살해하였다. 장거는 天子라 자칭하면서 幽州와 冀州 지역을 노략질하였다.

가을 9월 丁酉日, 온 나라의 미결 죄수가 비단으로 속죄케 하였다.

겨울 10월, 零陵郡(영릉군) 사람 觀鵠(관곡)이 '平天將軍'이라 자칭하며 桂陽郡을 노략질하자 長沙 태수인 孫堅(손견)이 공격 참수하였다.

11월, 太尉 崔烈(최열)이 파직되고, 大司農 曹嵩(조숭)이 태위가 되었다.

12월, 休屠各(휴저각)의 흉노들이 반역했다. 이 해에 關內侯 작위를 매작했는데, 金印紫綬까지 후세에 전할 수 있는데 금전 5백만이었다.

**原文**

五年春正月, 休屠各胡寇西河, 殺郡守邢紀. 丁酉, 大赦天下. 二月, 有星孛於紫宮. 黃巾餘賊郭太等起於西河白波谷, 寇太原,河東. 三月, 休屠各胡攻殺幷州刺史張懿, 遂與南匈奴左部胡合, 殺其單于.

夏四月,汝南葛陂黃巾攻沒郡縣. 太尉曹嵩罷. 五月, 永樂少府樊陵爲太尉. 六月丙寅, 大風. 太尉樊陵罷. 益州黃巾馬相攻殺刺史郗儉, 自稱天子, 又寇巴郡, 殺郡守趙部, 益州從事賈龍擊相, 斬之. 郡國七大水.

| 註釋 |  ○(中平) 五年 - 서기 188년.  ○紫宮 - 紫微宮. 하늘의 별자리 중에서 황제를 상징하는 자리.  ○汝南葛陂 - 豫州 汝南郡, 治所는 平輿縣. 今 河南省 중남부 駐馬店市 관할 平輿縣. 葛陂는 汝南郡 新蔡縣의 지명.  ○益州從事 - 從事는 속관. 主事級 공무원에 해당. 각 부서에 從事中郎, 從事史, 功曹從事, 都官從事, 兵曹從事 등 여러 종사가 있었다.

[國譯]

(中平) 5년 봄 정월, 休屠各(휴저각)의 흉노족이 西河郡을 침략하여 군수(태수) 邢紀(형기)를 살해했다. 丁酉日, 나라의 죄수를 모두 사면하였다.

2월, 紫微宮(자미궁)에 살별이 출현했다. 黃巾의 잔당인 郭太(곽태) 등이 西河郡 白波谷에서 일어나, 太原郡과 河東郡을 노략질했다.

3월, 休屠各(휴저각)의 흉노가 幷州 자사 張懿(장의)를 공격 살해하고 마침내, 南匈奴의 左部 여러 흉노와 함께 연합하여 그 單于(선우)를 살해했다.

여름 4월, 汝南郡 葛陂(갈파)의 황건적이 郡縣을 공격 점령했다. 太尉 曹嵩(조숭)이 파직되었다. 5월, 永樂宮 少府인 樊陵(번릉)이 太尉가 되었다. 6월 丙寅日, 강풍이 불었다. 太尉 樊陵(번릉)이 파직되었다. 益州의 황건적 馬相(마상)이 익주자사 郗儉(치검)을 공격 살해하고 천자를 자칭하였으며, 巴郡(파군)을 노략질하고 郡守 趙部(조부)를 살해했는데, 益州의 從事인 賈龍(가룡)이 마상을 공격하여 참수했다. 7개 郡國에서 홍수가 났다.

## 原文

　秋七月, 射聲校尉馬日磾爲太尉. 八月, 初置西園八校尉. 司徒許相罷, 司空丁宮爲司徒. 光祿勳南陽劉弘爲司空. 衛尉董重爲票騎將軍.

　九月, 南單于叛, 與白波賊寇河東. 遣中郎將孟益率騎都尉公孫瓚討漁陽賊張純等.

　冬十月, 青, 徐黃巾復起, 寇郡縣. 甲子, 帝自稱'無上將軍', 燿兵於平樂觀.

　十一月, 涼州賊王國圍陳倉, 右將軍皇甫嵩救之. 遣下軍校尉鮑鴻討葛陂黃巾. 巴郡板楯蠻叛, 遣上軍別部司馬趙瑾討平之. 公孫瓚與張純戰於石門, 大破之. 是歲, 改刺史, 新置牧.

| 註釋 |　○射聲校尉馬日磾 - 射聲은 활솜씨가 뛰어나 야간에 소리를 듣고서 그 방향으로 화살을 쏘아 맞힌다는 뜻. 校尉는 장군 아래 직위, 단위 부대를 校라 하고 一校의 지휘관이 교위이다. 질록 比二千石. 교위 아래에 丞과 司馬 등 속관을 두었다. 수도 방위를 담당하는 상비군인 北軍에 5校尉(屯騎, 越騎, 步兵, 長水, 射聲校尉)를 설치했다. 馬日磾는 인명. 磾는 검은 돌 제. ○西園八校尉 - 기존 군영을 증원하거나 보충하여 재편한 군영, 靈帝(영제) 中平 5년(서기 188)에 처음 설치. 上軍校尉, 中軍校尉, 下軍校尉, 典軍校尉, 助軍左校尉, 助軍右校尉, 左校尉, 右校尉. 총지휘는 上軍校尉인 小黃門 蹇碩(건석)이었다. ○票騎將軍 - 驃騎將軍. 정치 상황에 따라 三公과 같거나 비슷한 장군 직위 중 최고위는 大將軍이다. 다음 서열은 驃騎將軍, 그 다음 車騎將軍, 그 아래 衛將軍 또는 前, 後, 左, 右將軍이 있

었다. 非 常設職. ○白波賊 - 농민 반군의 이름. 白波谷은 西河郡의 지명.
今 山西省 남부 臨汾市 관할 襄汾縣. ○騎都尉公孫瓚(공손찬, ?-199년) -
字 伯珪. 劉備와 함께 盧植에게 사사. 袁紹와 北方 패권을 놓고 交戰. 建安
4년(서기 199)에 원소에 패배, 여동생과 처자를 먼저 목매어 죽이고 스스
로 불타 죽었다. 73권, 〈劉虞公孫瓚陶謙列傳〉에 입전. ○帝自稱 '無上將
軍' - 군 최고 통수권자로서의 칭호. ○燿兵於平樂觀 - 燿는 빛날 요. 녹
일 삭. 燿兵은 병기를 제조하다. 平樂觀은 낙양성 서쪽의 큰 樓臺. ○涼州
賊王國圍陳倉 - 王國은 인명. 陳倉은 右扶風의 縣名. 今 陝西省 서부의 寶
鷄市 동쪽, 渭水 북안. ○葛陂黃巾 - 葛陂(갈파)는 今 河南省의 駐馬店市
平輿縣의 지명. ○戰於石門 - 石門은 산 이름. 今 遼寧省 서부 朝陽市 소
재, 내몽고와 접경. ○改刺史, 新置牧 - 刺史를 牧(목)으로 개칭. 후한에서
는 광무제 건무 18년에 13주 자사를 설치했다가 靈帝 中平 5년(서기 188
년)에 卿級 관리 중에서 선임하여 州牧을 설치. 牧은 간칭. 주의 軍과 政의
대권을 장악, 州의 최고 통치자.

### [國譯]

가을 7월, 射聲校尉 馬日磾(마일제)가 太尉가 되었다. 8월, 西園(서
원)의 八校尉를 신설하였다. 司徒인 許相(허상)이 파직되고, 司空인
丁宮(정궁)이 司徒가 되었다. 光祿勳인 南陽의 劉弘(유홍)이 司空이
되었다. 衛尉인 董重(동중)이 票騎(驃騎)將軍이 되었다.

9월, 南單于(남선우)가 반역하면서 白波(백파)의 도적 무리와 함께
河東郡을 노략질하였다. 中郎將 孟益(맹익)을 보내 騎都尉인 公孫瓚
(공손찬)과 함께 漁陽(어양)의 도적 張純(장순) 등을 토벌하였다.

겨울 10월, 青州와 徐州 일대의 황건적이 다시 일어나 여러 군현
을 노략질하였다. 甲子日, 황제는 '無上將軍'을 자칭했고 平樂觀에

서 병기를 제조했다.

11월, 凉州의 도적 무리인 王國(왕국)이 우부풍의 陳倉縣(진창현)을 포위하자 右將軍 皇甫嵩(황보숭)이 구원하였다. (西園 8교위의 하나인) 下軍校尉 鮑鴻(포홍)이 葛陂(갈파)의 황건적을 격파하였다. 巴郡의 板楯(판순) 만이들이 반역하자 上軍校尉의 別部司馬인 趙瑾(조근)을 보내 토벌 평정하였다. 公孫瓚이 張純(장순)의 무리와 石門山에서 싸워 적을 大破하였다. 이 해에, 처음으로 (12部) 刺史를 牧(목)이라 개칭했다.

## 原文

六年春二月, 左將軍皇甫嵩大破王國於陳倉. 三月, <u>幽州牧劉虞</u>購斬漁陽賊張純. 下軍校尉<u>鮑鴻</u>下獄死.

夏四月丙午朔, 日有食之. 太尉<u>馬日磾</u>免, <u>幽州牧劉虞</u>爲太尉.

丙辰, 帝崩於<u>南宮嘉德殿</u>, 年三十四. 戊午, 皇子<u>辯</u>卽皇帝位, 年十七. 尊皇后曰皇太后, 太后臨朝. 大赦天下, 改元爲<u>光熹</u>. 封皇弟<u>協</u>爲渤海王. 後將軍袁隗爲太傅, 與大將軍<u>何進</u>參錄尙書事. 上軍校尉蹇碩下獄死.

五月辛巳, 票騎將軍董重下獄死. 六月辛亥, <u>孝仁皇后董氏</u>崩. 辛酉, 葬孝靈皇帝於<u>文陵</u>. 雨水.

| 註釋 | ○(中平) 六年 - 서기 189년. 光熹(광희) 원년. ○皇子辯 - 辨

(변)은 靈帝 劉宏과 皇后 何氏의 嫡長子. 少帝라 통칭, 董卓(동탁)에 의해 弘
農 懷王(회왕)으로 강등. ○改元爲光熹 - 光熹는 홍농왕의 연호. 서기 189
년. ○封皇弟協 - 協(협)이 漢의 마지막 황제 獻帝. ○孝仁皇后董氏崩 -
靈帝의 생모, 愼園董貴人. 그간 孝仁皇后로 존칭되었다.


## [國譯]

(中平) 6년 봄 2월, 좌장군 황보숭이 王國(왕국) 무리를 陳倉縣에
서 대파하였다.

3월, 幽州牧 劉虞(유우)가 漁陽의 도적 무리인 張純(장순)에 현상
금을 내걸었다가 잡아 죽였다. 下軍校尉 鮑鴻(포홍)이 하옥되었다가
죽었다.

여름 4월 丙午日 초하루, 日食이 있었다. 太尉 馬日磾(마일제)가
면직되었고, 幽州牧인 劉虞(유우)가 太尉가 되었다.

丙辰日, 황제가 南宮의 嘉德殿(가덕전)에서 붕어하였는데, 나이는
34세였다. 戊午日, 皇子인 辯(변)이 황제로 즉위했는데, 나이는 17세
였다. 皇后를 皇太后로 올렸고 太后가 臨朝하였다. 나라 안 죄수를
사면하고 光熹(광희)로 改元하였다. 皇弟인 協(협)을 渤海王(발해왕)
으로 책봉하였다.

後將軍 袁隗(원외)가 太傅가 되어 大將軍 何進(하진)과 함께 錄尙
書事에 참여하였다. 上軍校尉 蹇碩(건석)이 하옥되어 죽었다.

5월 辛巳日, 표기장군 董重(동중)이 하옥되었다가 죽었다. 6월 辛
亥日, 孝仁皇后인 董氏(동씨)가 붕어했다. 辛酉日, 孝靈皇帝를 文陵
에 장례했다. 홍수가 났다.

秋七月, 甘陵王忠薨. 庚寅, 孝仁皇后歸葬河間愼陵. 徙渤海王協爲陳留王. 司徒丁宮罷.

八月戊辰, 中常侍張讓,段珪殺大將軍何進, 於是虎賁中郞將袁術燒東西宮, 攻諸宦者. 庚午, 張讓,段珪等劫少帝及陳留王幸北宮德陽殿. 何進部曲將吳匡與車騎將軍何苗戰於朱雀闕下, 苗敗, 斬之. 辛未, 司隸校尉袁紹勒兵收僞司隸校尉樊陵,河南尹許相及諸閹人, 無少長皆斬之. 讓,珪等復劫少帝,陳留王走小平津. 尙書盧植追讓,珪等, 斬數人, 其餘投河而死. 帝與陳留王協夜步逐熒光行數里, 得民家露車, 共乘之.

辛未, 還宮. 大赦天下, 改光熹爲昭寧. 幷州牧董卓殺執金吾丁原. 司空劉弘免, 董卓自爲司空.

九月甲戌,董卓廢帝爲弘農王. 自六月雨, 至於是月.

| 註釋 |  ○渤海王協爲陳留王 – 陳留는 兗州(연주)의 郡國 이름, 治所는 陳留縣, 今 河南省 동부의 開封市.  ○中常侍張讓,段珪 – 明帝 때 중상시는 정원 4명으로 士人이나 宦官을 임용했고, 질록은 千石이었는데 말기에 2천석으로 증액했다. 和帝 때 10인으로 증원되었다가 다시 12명으로 증원되었고 이들은 국정 전반을 관여했다. 靈帝는 '張常侍(張讓)는 나의 爸爸(파파, 아버지)이고, 趙常侍(趙忠)은 나의 媽媽(마마, 어머니)'라고 말할 정도로 환관을 존중, 총애하였다. 《三國演義》에 등장하는 '十常侍'는 張讓, 段珪, 趙忠, 封諝, 曹節, 侯覽(후람), 蹇碩(건석), 程曠, 夏惲(하운), 郭勝이다.  ○虎

賁中郞將袁術 - 袁術(원술, ?-199), 字 公路, 後漢末, 三國 初期의 軍閥. 袁紹(원소)의 사촌 아우. 亂世에 稱帝했다가 반년을 못 견디고 피를 토하고 죽었다. 흉포하기가 董卓(동탁) 못지않았다. 75권, 〈劉焉袁術呂布列傳〉에 立傳.  ○部曲將吳匡 - 部曲將은 예하부대의 장수. 部曲은 군대의 편제, 대장군은 5部(각부의 지휘관은 校尉, 속관 軍司馬)를 거느림. 部 아래 曲(지휘관은 軍候). 曲 아래 屯(屯長).  ○司隸校尉袁紹 - 袁紹(원소, 153-202), 字 本初, 後漢末 割據勢力의 하나. 전성기에 冀州, 幽州, 并州, 青州 등을 장악. 한때 가장 강성했으나 官渡之戰에서 曹操(조조)에게 패배 후 곧 울분으로 사망. 사람이 優柔寡斷하고 外寬內忌한 작은 그릇이었다. 74권, 〈袁紹劉表列傳〉立傳.  ○小平津 - 황하의 유명한 나루터 겸 관문, 今 河南省 洛陽市 관할 孟津縣 동북.  ○露車 - 휘장이 없는 수레.  ○改光熹爲昭寧 - 少帝의 연호, 光熹(189년 4월) - 昭寧(189년 8월).  ○并州牧董卓殺執金吾丁原 - 丁原(?-189), 董卓의 꾐에 빠진 呂布가 살해.  ○董卓廢帝爲弘農王 - 弘農王은 劉辯. 皇子 辯(변), 少帝, 弘農王 등으로 표기. 재위가 中平 6년(서기 189년 4월~8월). 在位가 해를 넘기지 못했기에 정통 황제로 인정하지 않음. 재위 중 정권은 母親 何太后와 大將軍 何進의 수중에 있었지만, 외척세력이 환관 집단 十常侍와의 세력 경쟁에서 밀렸다. 결국 少帝는 서북 軍閥인 董卓에 의해 폐위되어 弘農王이 되었다가 동탁의 협박을 받아 자살했다.

## [國譯]

가을 7월, 甘陵王 忠(충)이 죽었다. 庚寅日, 孝仁皇后를 河間國 愼陵(신릉)에 합장하였다. 渤海王 協(협)을 옮겨 陳留王으로 봉했다. 司徒 丁宮(정궁)이 파직되었다.

8월 戊辰日, 中常侍 張讓(장양)과 段珪(단규) 등이 大將軍 何進(하진)을 살해하자, 이에 虎賁中郞將인 袁術(원술)이 낙양의 궁궐을 불사르며 환관을 공격하였다.

庚午日, 장양과 단규 등은 少帝와 陳留王(劉協)을 협박하여 北宮 德陽殿으로 피신하였다. 何進의 부하 장수였던 吳匡(오광)과 車騎將 軍인 何苗(하묘)는 朱雀闕 근처에서 싸웠는데 하묘가 패배하면서 처형되었다. 辛未日, 司隷校尉인 袁紹(원소)가 군사를 동원하여 司隷 校尉라 행세하는 樊陵(번릉)과 河南尹인 許相(허상) 등 여러 환관을 직위를 막론하고 모두 죽여 버렸다. 이에 장양과 단규 등은 다시 少 帝와 陳留王을 겁박하여 小平津(소평진)이란 곳으로 도주하였는데, 尙書 盧植(노식)은 장양과 단규 등을 추격하여 여러 사람을 죽였으 며 나머지는 황하에 던져 죽였다.

황제와 陳留王 協(협)은 밤중에 반딧불을 따라 몇 리를 걸어갔다 가 民家의 휘장 없는 수레를 얻어 함께 타고 왔다. 辛未日에 환궁했 다. 황제는 나라의 죄수를 사면하고 光熹(광희)를 昭寧(소령)으로 개 원하였다. 幷州牧인 董卓(동탁)이 執金吾인 丁原(정원)을 살해했다. 司空 劉弘(유홍)이 면직되자, 董卓은 스스로 司空이 되었다.

9월 甲戌日, 董卓은 황제를 폐위하여 弘農王으로 봉했다. 6월부 터 시작된 장마는 이달(9월)까지 계속되었다.

論曰, 〈秦本紀〉說趙高謫二世, 指鹿爲馬, 而趙忠,張讓亦 結靈帝不得登高臨觀, 故知亡敵者同其致矣. 然則靈帝之爲 靈也優哉!

| 註釋 |　○〈秦本紀〉 – 司馬遷의《史記 秦本紀》　○趙高譎二世 – 환관 趙高, 譎은 속일 휼.　○指鹿爲馬 – 사슴을 말이라고 하다. 秦 二世에게 충성하려는 뜻을 가진 대신을 색출하려는 의도였다.　○紿靈帝不得登高臨觀 – 紿 속일 태. 登高臨觀은 높은 곳에서 내려다 보다. 당시 환관들은 대 저택을 짓고 살았다. 靈帝가 이를 보지 못하도록 趙忠은 "人君은 높은 곳에 올라가지 않나니 높은 곳에 올라가면 백성이 離散합니다."라고 말하여 영제가 누각에 못 오르게 했다.　○靈帝之爲靈也 – 諡法에 '亂而不損曰 靈'이라고 했다. '도토리 키 재기' 이지만 二世보다 좀 더 나을 것도 없다는 뜻.

## [國譯]

　　范曄(범엽)의 史論 : 〈秦本紀〉에는 趙高가 2세를 속이며 사슴을 말이라 했다고 했는데, (환관) 趙忠과 張讓(장양) 역시 靈帝에게 거짓말을 하여 높은 곳에 올라 내려다보지 못하게 하였으니, 이를 본다면 나라를 망하게 하는 자는 하는 짓이 같다는 것을 알 수 있다. 그렇다고 靈帝의 판단이 그래도 좀 더 낫다고 하겠는가!

## 原文

　　贊曰, 靈帝負乘, 委體宦孼. 徵亡備兆, 〈小雅〉盡缺. 麋鹿霜露, 遂棲宮衛.

| 註釋 |　○靈帝負乘 – 負乘은 자질이 감당하지 못하다. 소인이 군자의 자리에 오르다.　○委體宦孼 – 宦孼(환얼)은 재앙을 초래하는 환관. 孼은

서자 얼, 재앙 얼.  ㅇ徵亡備兆 – 亡兆(망조)가 나타나다.  ㅇ〈小雅〉盡缺 –
〈小雅〉는《詩經》의 편명. 雅는 正의 뜻. 正聲. 雅는 夏를 지칭한다는 주장
도 있다. 곧 중국의 정악. 盡缺은 모두 없어지다. 缺은 廢也.  ㅇ麋鹿霜露
– 麋鹿은 망한 나라의 궁궐터에 들짐승이 뛰놀다. 霜露는 궁궐터 잡초에
서리와 이슬이 내리다. 멸망한 나라를 슬퍼하다.  ㅇ遂棲宮衛 – 궁궐, 관
아의 터에 서식하다.


## 【國譯】

贊曰,

靈帝는 그릇이 작아 정사를 나쁜 환관에 넘겨주었다.

나라에 亡兆가 고루 나타나며 正道는 모두 없어졌다.

관아의 옛터에 들짐승이 놀고 서리와 이슬도 내렸다.

# 9 孝獻帝紀
〔효헌제기〕

**原文**

孝獻皇帝諱協, 靈帝中子也. 母王美人, 爲何皇后所害. 中平六年四月, 少帝卽位, 封帝爲勃海王, 徙封陳留王.

九月甲戌, 卽皇帝位, 年九歲. 遷皇太后於永安宮. 大赦天下. 改昭寧爲永漢. 丙子, 董卓殺皇太后何氏. 初令侍中, 給事黃門侍郎員各六人. 賜公卿以下至黃門侍郎家一人爲郎, 以補宦官所領諸署, 侍於殿上.

乙酉, 以太尉劉虞爲大司馬. 董卓自爲太尉, 加鈇鉞, 虎賁. 丙戌, 太中大夫楊彪爲司空. 甲午, 豫州牧黃琬爲司徒. 遣使弔祠故太傅陳蕃, 大將軍竇武等.

冬十月乙巳, 葬靈思皇后. 白波賊寇河東, 董卓遣其將牛輔擊之. 十一月癸酉, 董卓自爲相國.

十二月戊戌, 司徒黃琬爲太尉, 司空楊彪爲司徒, 光祿勳荀爽爲司空. 省扶風都尉, 置漢安都護. 詔除光熹, 昭寧, 永漢三號, 還復中平六年.

| 註釋 | ○孝獻皇帝諱協 – 名 協(협), 後漢 최후 황제. 재위 189–220년. 諡法에 '聰明叡智曰獻' 이라 했다. 220년 魏 曹丕(조비, 曹操의 아들)에게 선양. 劉協은 山陽公에 봉해졌다. 선양한 다음 해 헌제가 피살되었다는 소문에 劉備는 獻帝에게 孝愍(효민)皇帝라는 시호를 올리고 漢室의 계승을 자처하여 蜀漢을 건립. 유협은 魏 靑龍 2년(234)에 향년 54세로 죽었고, 孝獻皇帝라는 시호는 魏에서 올린 시호이다. ○昭寧爲永漢 – 昭寧은 少帝(弘農王)가 개원하여 사용. ○殺皇太后何氏 – 홍농왕의 생모, 何太后의 오빠인 何進(하진)도 피살. ○侍中 – 본래 秦 승상의 속관, 어전에서 여러 가지 집무용 기물을 관리하며 근무. 무제 때 孔安國도 시중 역임, 유생으로 영광이라 생각했었다. 후한에서 侍中은 황제의 近侍官, 前漢에서 侍中은 정식 관직이 아니고 加官의 직명이었다. 시중은 궁중에 출입할 수 있고 황제의 측근으로 정사에 관여할 수 있었다. 後漢에서는 지위가 크게 상승하여 질록 比二千石의 實職으로 황제의 심복이었다. 소부의 속관. 無定員. 어가가 궁궐 밖으로 나갈 때는 시랑 1인이 傳國 옥새를 가지고 수행. ○給事黃門侍郎 – 질록 6백석, 無定員, 황제 侍從, 中外의 각종 업무 처리. ○鈇鉞, 虎賁 – 鈇鉞(부월)은 의식용 도끼. 제후가 부월을 받아야만 생살권을 행사할 수 있다. 鈇는 큰 도끼 부(斧也). 虎賁(호분)은 천자를 宿衛하는 虎賁郎의 간칭. 호위병. ○靈思皇后 – 靈帝의 황후 何氏. ○扶風都尉 – 무제 때 처음 설치, 우부풍의 군사 담당. 질록 比二千石. ○漢安都護 – 長安 일원, 三輔지역의 군사 업무 총괄. ○改光熹爲昭寧 – 少帝의 연호, 光熹(189년 4월) – 昭寧(189년 8월). ○中平六年 – 中平 6년은 영제가 죽던

해의 연호. 서기 189년.

## [國譯]

孝獻皇帝의 諱(휘)는 協(협)으로 靈帝의 작은아들이다. 모친은 王美人인데 何皇后에게 살해되었다. 中平 6년 4월, 少帝가 즉위하면서 황제(獻帝)를 勃海王에 봉했다가 陳留王(진류왕)으로 옮겨 봉했다.

9월 甲戌日, 황제로 즉위하였는데, 나이는 9세이었다. 皇太后(何氏)를 永安宮에 옮겨 거주케 하였다. 나라의 죄수를 사면하였다. 昭寧(소령)을 永漢(영한)으로 개원하였다. 丙子日, 董卓(동탁)이 皇太后何氏(하씨)를 살해했다. 처음으로 侍中과 給事黃門侍郎을 각 6인씩 임명하였다. 公卿 이하 黃門侍郎까지 모든 집안에서 1명을 낭관으로 임명하여 환관이 맡았던 (少府의) 여러 부서를 담당케 하였고 大殿에서 시중들며 업무를 처리토록 하였다.

乙酉日, 太尉 劉虞(유우)를 大司馬에 임명하였다. 董卓이 스스로 太尉가 되자, 鈇鉞(부월)과 虎賁(호분)을 내려주었다. 丙戌日, 太中大夫인 楊彪(양표)가 司空이 되었다. 甲午日, 豫州牧인 黃琬(황완)이 司徒가 되었다. 사자를 보내 옛 太傅인 陳蕃(진번)과 대장군 竇武(두무) 등을 弔慰(조위)하는 제사를 지내게 하였다.

겨울 10월 乙巳日, 靈思皇后(영사황후, 何氏)를 장례했다. (西河郡) 白波(백파)의 도적 무리가 河東郡을 노략질하자 동탁은 그 부장 牛輔(우보)를 보내 토벌하게 했다.

11월 癸酉日, 董卓은 스스로 相國이 되었다.

12월 戊戌日, 司徒 黃琬(황완)이 太尉가 되었고, 司空 楊彪(양표)는

司徒가, 光祿勳 荀爽(순상)은 司空이 되었다. 右扶風 都尉를 폐지하고 漢安都護를 설치하였다. 조서로 光熹(광희), 昭寧(소령), 永漢(영한)의 연호 3개를 모두 폐지하고 中平 6년으로 환원하였다.

原文

初平元年春正月, 山東州郡起兵以討董卓. 辛亥, 大赦天下. 癸酉, 董卓殺弘農王. 白波賊寇東郡.

二月乙亥, 太尉黃琬, 司徒楊彪免. 庚辰, 董卓殺城門校尉伍瓊, 督軍校尉周珌. 以光祿勳趙謙爲太尉, 太僕王允爲司徒. 丁亥, 遷都長安. 董卓驅徙京師百姓悉西入關, 自留屯畢圭苑. 壬辰, 白虹貫日.

三月乙巳, 車駕入長安, 幸未央宮. 己酉, 董卓焚洛陽宮廟及人家. 戊午, 董卓殺太傅袁隗, 太僕袁基, 夷其族. 夏五月, 司空荀爽薨. 六月辛丑, 光祿大夫种拂爲司空. 大鴻臚韓融, 少府陰脩, 執金吾胡母班, 將作大匠吳脩, 越騎校尉王瓌安集關東, 後將軍袁術, 河內太守王匡各執而殺之, 唯韓融獲免. 董卓壞五銖錢, 更鑄小錢.

冬十一月庚戌, 鎭星, 熒惑, 太白合於尾. 是歲, 有司奏, 和, 安, 順, 桓四帝無功德, 不宜稱宗, 又恭懷, 敬隱, 恭愍三皇后並非正嫡, 不合稱后, 皆請除尊號. 制曰, "可." 孫堅殺荊州刺史王叡, 又殺南陽太守張咨.

│**註釋**│ ○初平 - 獻帝의 첫 번째 연호. 서기 190-193년. ○山東州郡
- 서악인 華山, 또는 崤山(효산)의 동쪽, 關東과 동의어로 사용. 秦을 제외
한 六國의 영역을 지칭. 今 山東省을 지칭하는 말이 아님. ○東郡 - 兗州
소속 군명. 治所는 濮陽縣, 今 河南省 동북 濮陽市(복양시). ○督軍校尉 -
將軍과 中郎將의 하위직이 校尉, 督軍校尉는 다른 곳에 나타나지 않음. 周
珌(주필)은 동탁의 장안 천도를 반대해서 피살되었다. ○王允爲司徒 - 司
徒는 전한의 승상. 王允은 董卓을 刺殺하였지만 名士 蔡邕(채옹)도 죽여 민
심을 잃었다. 동탁 잔당에게 왕윤은 피살, 關中이 대 혼란에 빠짐. 66권, 〈陳
王列傳〉에 입전. 《三國演義》에서 王尹은 貂蟬(초선)의 義父, 貂蟬은 呂布
와 董卓의 反目을 유발, 呂布가 董卓을 살해. 초선은 소설 속의 가공 인물,
그러나 36計 중 美人計와 連環計의 대표적 사례. ○畢圭苑 - 낙양 근처의
御苑. ○車駕入長安 - 일단은 천도가 이루어진 것임. ○太傅袁隗,太僕袁
基 - 袁隗(원외)는 袁紹의 숙부, 關東의 反董卓軍의 중심이 袁紹, 袁術이었
다. ○种拂(충불) - 人名, 种은 어릴 충, 성씨 충. 뒷날 李傕(이각), 郭汜(곽
사) 軍에 피살. ○執金吾胡母班 - 胡母는 복성. ○董卓壞五銖錢 - 후한
건국 이후 王莽 시대의 舊錢을 모두 폐지하고 五銖錢을 계속 사용하였다.
○不宜稱宗 - 和帝는 穆宗, 安帝는 恭宗, 順帝는 敬宗, 桓帝는 威宗이었다.
○恭懷,敬隱,恭愍三皇后 - 恭懷皇后는 和帝의 생모 梁貴人. 敬隱皇后는
安帝의 祖母 宋貴人. 恭愍皇后는 順帝의 생모 李氏.


**[國譯]**

初平(초평) 원년 봄 정월, 華山 동쪽(山東) 州郡에서 董卓(동탁)을
토벌하겠다는 군사가 일어났다. 辛亥日 나라의 죄수를 사면하였다.
癸酉日, 동탁이 弘農王을 살해했다. 白波의 도적 무리가 東郡을 노
략질하였다.

2월 乙亥日, 太尉 黃琬(황완), 司徒 楊彪(양표)가 면직되었다. 庚辰日, 董卓이 城門校尉인 伍瓊(오경), 督軍校尉인 周珌(주필)을 죽였다. 光祿勳 趙謙(조겸)을 太尉에 임명했고, 太僕인 王允(왕윤)이 司徒가 되었다. 丁亥日, 長安으로 遷都하였다. 董卓은 京師(洛陽)의 백성을 모두 서쪽 關中으로 내몰았고 자신은 (낙양 근처) 畢圭苑(필규원)에 주둔하였다. 壬辰日, 흰 무지개가 태양 가까이 나타났다.

3월 乙巳日, 황제가 長安에 입성하여 未央宮에 머물렀다. 己酉日, 동탁은 洛陽의 宮廟와 민가를 불태웠다. 戊午日, 동탁은 太傅 袁隗(원외)와 太僕(태복)인 袁基(원기)를 살해하고 일족을 모두 죽였다.

여름 5월, 司空 荀爽(순상)이 죽었다. 6월 辛丑日, 光祿大夫 种拂(충불)이 司空이 되었다. 大鴻臚인 韓融(한융), 少府 陰脩(음수), 執金吾 胡母班(호모반), 將作大匠인 吳脩(오수), 越騎校尉인 王瓌(왕괴) 등이 關東 지역을 진압하려 했지만, 後將軍인 袁術(원술), 河內太守인 王匡(왕광) 등은 이들을 잡아 죽였는데 오직 韓融(한융)만 잡히지 않았다. 동탁은 五銖錢(오수전)을 없애면서 다시 소단위 錢幣(전폐)를 주조케 했다.

겨울 11월 庚戌日, 鎭星과 熒惑城(형혹성), 그리고 太白星이 尾(미) 星座에 함께 나타났다. 이 해에, 담당자가 상주하여 和帝, 安帝, 順帝, 桓帝의 4황제는 功德이 없으므로 宗이라는 묘호가 부적합하며, 또 恭懷皇后, 敬隱皇后, 恭愍皇后의 3황후는 모두 正室嫡妻가 아니므로 황후라 부를 수 없으므로 모두 尊號를 폐지해야 한다고 하였다. 황제는 수락하였다. 孫堅(손견)이 荊州刺史 王叡(왕예)를 살해했고 또 南陽太守 張咨(장자)를 죽였다.

**原文**

二年春正月辛丑, 大赦天下. 二月丁丑, 董卓自爲太師.
袁術遣將孫堅與董卓將胡軫戰於陽人, 軫軍大敗. 董卓遂發
掘洛陽諸帝陵.

夏四月, 董卓入長安. 六月丙戌, 地震.

秋七月, 司空种拂免, 光祿大夫濟南淳于嘉爲司空. 太尉
趙謙罷, 太常馬日磾爲太尉. 九月, 蚩尤旗見于角, 亢.

冬十月壬戌, 董卓殺衛尉張溫. 十一月, 靑州黃巾寇太山,
太山太守應劭擊破之. 黃巾轉寇勃海, 公孫瓚與戰於東光,
復大破之. 是歲, 長沙有人死經月復活.

| 註釋 | ○(初平) 二年 – 서기 191년. ○董卓自爲太師 – 太師. 太傅, 太
保를 上公이라 한다. 三公보다 상위직이나 상설직은 아니다. 後漢에서는
三公 위에 太傅만 있었다. 동탁이 처음으로 太師란 칭호 사용. ○陽人 –
河南尹 梁縣(양현)의 마을 이름. 陽人聚, 今 河南省 중부 平頂山市 관할 汝
州市의 臨汝鎭. ○蚩尤旗(치우기) – 혜성의 한 종류, 꼬리 부분이 구부러져
깃발처럼 보인다는 주석이 있다. ○東光 – 渤海郡의 현명. 今 河北省 동
남부 滄州市 東光縣,

**[國譯]**

(初平) 2년(서기 191) 봄 정월 辛丑日, 나라의 죄수를 사면하였다.
2월 丁丑日, 董卓(동탁)은 스스로 太師가 되었다. 袁術(원술)이 보낸
장수 孫堅(손견)은 동탁의 부장인 胡軫(호진)과 (河南의) 陽人(양인)이
란 곳에서 싸웠는데 호진의 군사가 대패하였다. 동탁은 낙양 여러

황제의 능원을 모두 발굴하였다.

여름 4월, 동탁은 長安에 들어갔다. 6월 丙戌日, 지진이 났다.

가을 7월, 司空인 种拂(충불)이 면직되었고, 光祿大夫인 濟南 출신 淳于嘉(순우가)가 司空이 되었다. 太尉 趙謙(조겸)이 파직되었고, 太常인 馬日磾(마일제)가 太尉가 되었다. 9월, 혜성 蚩尤旗(치우기)가 角(각)과 亢(항) 자리에 보였다.

겨울 10월 壬戌日, 동탁은 衛尉(위위)인 張溫(장온)을 살해했다. 11월, 青州의 황건 무리가 太山郡(泰山郡)을 노략질하자, 태산 태수인 應劭(응소)가 격파하였다. 黃巾賊이 방향을 돌려 勃海郡(渤海郡)을 노략질하자, 公孫瓚(공손찬)이 황건적과 (발해군) 東光縣에서 싸워 적을 또 대파하였다. 이 해에, 長沙郡에서 어떤 사람이 죽었는데 다음 달에 다시 살아났다.

**原文**

三年春正月丁丑, 大赦天下. 袁術遣將孫堅攻劉表於襄陽, 堅戰歿. 袁紹及公孫瓚戰於界橋, 瓚軍大敗.

夏四月辛巳, 誅董卓, 夷三族. 司徒王允錄尙書事, 總朝政, 遣使者張种撫慰山東. 青州黃巾擊殺兗州刺史劉岱於東平. 東郡太守曹操大破黃巾於壽張, 降之.

五月丁酉, 大赦天下. 丁未, 征西將軍皇甫嵩爲車騎將軍. 董卓部曲將李傕,郭汜,樊稠,張濟等反, 攻京師. 六月戊午, 陷長安城, 太常种拂,太僕魯旭,大鴻臚周奐,城門校尉崔烈,越

騎校尉王頎並戰歿, 吏民死者萬餘人. 李傕等並自爲將軍. 己
未, 大赦天下. 李傕殺司隷校尉黃琬, 甲子, 殺司徒王允, 皆
滅其族. 丙子, 前將軍趙謙爲司徒.


| 註釋 | ○(初平) 三年 - 서기 192년. ○劉表於襄陽 - 劉表(142-208),
字 景升, 前漢 魯 恭王 劉餘의 후손, 劉表 신장 八尺餘, 온후 장대한 儒者의
풍모였으나 우유부단했다. 荊楚 지역을 웅유한 군벌로 荊州刺史이며, 鎭
南將軍의 직함을 갖고 있었으며 黨錮 名士의 한 사람이었다. 74권, 〈袁紹
劉表列傳〉立傳. 襄陽(양양)은 荊州의 治所. 南郡의 縣名. 今 湖北省 북부
의 襄樊市. 襄 옷 벗고 밭을 갈 양, 오를 양, 땅이름 양. ○堅戰歿 - 孫堅은
劉表의 部將 黃祖와 싸웠고 황조는 敗走하여 峴山(현산)에 숨었다. 손견은
황조의 패잔병을 추격하다가 황조의 부하 복병에게 피살되는데, 당시 37
세였다. ○界橋 - 界城橋, 今 河北省 남부 邢台市 관할 威縣 북쪽. 袁紹와
公孫瓚이 冀州의 패권을 다툰 전투. ○東郡太守曹操 - 曹操(조조, 155-220
년)의 字는 孟德, 小名 吉利, 小字 阿瞞, 沛國 譙縣(今 安徽省 亳州市) 출신.
조조는 《三國演義》에서 사실상의 主人公이다. 劉備나 諸葛亮, 孫權의 행
적은 거의 曹操와 관련이 있다고 볼 수 있다. 小說에서 뿐만 아니라 歷史
에서도 曹操는 劉備나 孫權보다 훨씬 큰 비중을 차지한다. 政治, 軍事的으
로 중요한 인물일 뿐만 아니라 뛰어난 詩人이었기에 中國文學史에도 등장
한다. 曹操 직위는 漢 丞相, 작위는 魏王, 사후에 시호 武王. 曹丕가 稱帝
후 武皇帝, 廟號 (魏)太祖로 추존. 조조는 身長 七尺에 細眼長髥인데《삼국
연의》에 처음 등장할 때는 騎都尉였다. 당시 橋玄(교현)은 靈帝 때 三公과
太尉를 역임한 사람(51권, 〈李陳龐陳橋列傳〉에 立傳)인데, 曹操에게 "天
下가 크게 어지러울 텐데 命世之才가 아니면 不能濟인데, 천하를 안정시
킬 사람은 바로 당신이요."라고 말했다. 汝南의 許劭 (허소)란 사람은 관상

을 잘 보기로 유명했는데 조조를 처음 보고서는 아무 말도 하지 않았다. 이에 조조가 채근하자 허소는 "당신은 治世에는 能臣이나 亂世에는 奸雄(간웅)이다."라고 말했다. 그 말에 조조는 크게 기뻐했다고 한다. ○壽張 – 兗州 東平國의 현명. 今 山東省 泰安市 東平縣. ○李催,郭氾,樊稠,張濟等反 – 李催(이각), 郭氾(곽사), 樊稠(번조), 張濟(장제) 모두 동탁의 부장. 李催(이각)은 동탁이 피살된 뒤, 謀士 賈詡(가후, 147-223)의 방책에 따라 동료 郭氾(곽사), 張濟(장제) 등과 합작, 長安에 진출하여 獻帝를 협박하여 4년간 정치를 독단했다. 이각 일당은 내분으로 약해진 뒤에 조조에게 패망했다. 뒤에 가후는 曹操의 참모로 활약했다.

## [國譯]

(初平) 3년(서기 192) 봄 정월 丁丑日, 나라의 죄수를 다 사면하였다. 袁術(원술)은 장수 孫堅(손견)을 보내 劉表(유표)를 襄陽(양양)에서 공격했는데, 손견은 전사했다. 袁紹와 公孫瓚(공손찬)은 界橋(계교)란 곳에서 싸웠는데 공손찬의 군사가 대패했다.

여름 4월 辛巳日, 董卓(동탁)을 주살하고 그 삼족을 다 죽였다. 司徒 王允(왕윤)이 錄尙書事가 되어 조정의 정치를 총괄하면서 使者 張种(장충)을 보내 山東 지역을 慰撫(위무)했다. 青州 일대의 황건적이 兗州(연주)자사 劉岱(유대)를 東平國에서 공격 살해하였다. 東郡 太守인 曹操(조조)가 황건적을 동평국 壽張縣에서 大破하여 투항케 했다.

5월 丁酉일, 나라의 죄수를 모두 사면했다. 丁未日, 征西將軍 皇甫嵩(황보숭)이 車騎將軍이 되었다. 동탁의 부장인 李催(이각), 郭氾(곽사), 樊稠(번조), 張濟(장제) 등이 반역하며 京師(장안)을 공격하였다.

6월 戊午日, 長安城이 함락되면서 太常인 种拂(충불), 太僕인 魯旭(노욱), 大鴻臚인 周奐(주환), 城門校尉 崔烈(최열), 越騎校尉 王頎(왕기) 등이 모두 전사했고 관리와 백성 1만여 명이 죽었다. 李傕(이각) 등은 모두 스스로 장군이 되었다. 己未日, 온 나라 죄수를 사면하였다. 이각은 司隸校尉 黃琬(황완)을 죽였고, 甲子日에는 司徒 왕윤을 살해하고 그 일족을 모두 죽였다. 丙子日, 前將軍 趙謙(조겸)이 司徒가 되었다.

<br>

## 原文

秋七月庚子, 太尉馬日磾爲太傅, 錄尙書事. 八月, 遣日磾及太僕趙岐, 持節慰撫天下. 車騎將軍皇甫嵩爲太尉. 司徒趙謙罷.

九月, 李傕自爲車騎將軍, 郭汜後將軍, 樊稠右將軍, 張濟鎭東將軍. 濟出屯弘農. 甲申, 司空淳于嘉爲司徒, 光祿大夫楊彪爲司空, 並錄尙書事.

冬十二月, 太尉皇甫嵩免. 光祿大夫周忠爲太尉, 參錄尙書事.

| 註釋 | ○太僕趙岐 − 趙岐(조기, 108-201)는 後漢의 知名한 經學家,《孟子》의 주해서로 지금껏 잘 알려졌다. 조기는 〈孟子題辭〉에서 맹자를 '直而不倨, 曲而不屈, 命世亞聖之大才者也'라고 말하여 맹자를 '亞聖'으로 불리게 했다. 64권, 〈吳延史盧趙列傳〉에 입전.

[國譯]

　가을 7월 庚子日, 太尉 馬日磾(마일제)가 太傅(태부)가 되어 尙書事
를 감독하였다. 8月, 마일제와 太僕인 趙岐(조기)를 보내 부절을 가
지고 천하를 돌며 慰撫(위무)하게 하였다. 車騎將軍 皇甫嵩(황보숭)
이 太尉가 되었다. 司徒인 趙謙(조겸)이 파직되었다.

　9月, 李傕(이각)은 스스로 車騎將軍이 되었고, 郭汜(곽사)는 後將
軍, 樊稠(번조)는 右將軍, 張濟(장제)는 鎭東將軍이 되었다. 장제는 장
안을 떠나 弘農郡에 주둔하였다. 甲申日, 司空인 淳于嘉(순우가)가
司徒, 光祿大夫인 楊彪(양표)가 司空이 되어 錄尙書事를 겸했다.

　겨울 12월 太尉 皇甫嵩(황보숭)이 면직되었다. 光祿大夫 周忠(주
충)이 太尉가 되어 錄尙書事에 참여했다.

[原文]

　四年春正月甲寅朔, 日有食之. 丁卯, 大赦天下. 三月, 袁
術殺楊州刺史陳溫, 據淮南.

　長安宣平城門外屋自壞.

　夏五月癸酉, 無雲而雷. 六月, 扶風大風, 雨雹. 華山崩
裂. 太尉周忠免, 太僕朱儁爲太尉, 錄尙書事. 下邳賊闕宣
自稱天子. 雨水. 遣侍御史裴茂訊詔獄, 原輕繫. 六月辛丑,
天狗西北行.

　九月甲午, 試儒生四十餘人, 上第賜位郎中, 次太子舍人,
下第者罷之.

詔曰,「孔子歎'學之不講', 不講則所識日忘. 今耆儒年踰六十, 去離本土, 營求糧資, 不得專業. 結童入學, 白首空歸, 長委農野, 永絕榮望, 朕甚愍焉. 其依科罷者, 聽爲太子舍人.」

冬十月, 太學行禮, 車駕幸永福城門, 臨觀其儀, 賜博士以下各有差. 辛丑, 京師地震. 有星孛於天市. 司空楊彪免, 太常趙溫爲司空. 公孫瓚殺大司馬劉虞.

十二月辛丑, 地震. 司空趙溫免, 乙巳, 衛尉張喜爲司空. 是歲, 琅邪王容薨.

| 註釋 | ○(初平) 四年 – 서기 193년. ○淮南 – 淮水의 남쪽이라는 일반적 지칭. 행정구역으로서 淮南은 본래 九江郡, 漢 高祖 때 淮南國, 武帝 때 九江郡으로 환원. 揚州 九江郡 治所는 陰陵縣 今 安徽省 중동부 滁州市 (저주시) 定遠縣 서북. 揚州刺史部 치소는 九江郡 歷陽縣. 今 安徽省 馬鞍山市 관할 和縣. ○長安宣平城門 – 宣平城門은 장안성 동북의 정문. ○華山崩裂 – 華山은 西嶽. 今 陝西省 渭南市 관할 華陰市의 남쪽에 위치. 최고봉, 2,155m. ○太僕朱儁 – 朱儁(주준)은 71권, 〈皇甫嵩朱儁列傳〉에 입전. ○下邳賊闕宣 – 闕宣(궐선)은 인명. 闕은 성씨. 縱橫家에 '闕子'가 있다. ○訊詔獄 – 訊 물을 신. 訊問하다. ○天狗西北行 – 天狗는 땅에 떨어지는 流星, 재앙을 불러오는 별. ○孔子歎'學之不講' – 講은 習也.「子曰, "德之不脩, 學之不講, 聞義不能徙, 不善不能改, 是吾憂也."」《論語 述而》. ○結童入學 – 머리를 묶은 아동일 때 입학하다. ○長委農野 – 나이 들어 농촌에 몸을 맡기다. 늙어 고향에 돌아가다. ○永絕榮望 – 영광을 누릴 희망을 영원히 잃어버리다. ○其依科罷者 – 등급(科)에 의거 임명되지 못

한 유생. ○聽爲太子舍人 - 太子舍人 임명을 수락하다. ○有星孛於天市 - 天市垣(천시원, 垣 담 원)은 19개 성좌로 구성, 平民百姓이 거주지를 상징. 上垣 太微垣(태미원), 中垣 紫微垣(자미원), 下垣의 天市垣(천시원)을 三垣이 라 통칭.

**[國譯]**

(初平) 4년 봄 정월 甲寅日 초하루, 日食이 있었다. 丁卯日, 나라 안 죄수를 다 사면하였다. 3월, 袁術(원술)이 楊州刺史 陳溫(진온)을 살해하고 淮南을 차지하였다. 長安의 宣平城門 바깥 건물이 저절로 붕괴되었다.

여름 5월 癸酉日, 구름도 없는데 천둥이 쳤다. 6월, 右扶風 지역 에 큰 바람이 불고 우박이 쏟아졌다. 華山(화산)이 무너지고 갈라졌 다. 太尉 周忠(주충)이 면직되고, 太僕인 朱儁(주준)이 太尉가 되어 尙 書事를 감독하였다. 下邳(하비)의 도적인 闕宣(궐선)이 천자를 자칭 했다. 홍수가 났다. 시어사 裴茂(배무)를 보내 詔獄(조옥)을 다시 訊 問(신문)하고, 경범죄자를 풀어주었다. 6월 辛丑日, 天狗星(천구성)이 서북 하늘을 지나갔다.

9월 甲午日, 儒生 40여 명을 시험하여 상등급자에게 郞中을, 다음 등급은 太子舍人을 제수하고, 하등급자는 그냥 내보냈다.

조서를 내렸다. 「孔子께서도 '배운 것을 익히지 못함'을 걱정하 셨으니 익히지 않는다면 알던 것도 날마다 잊어버리게 된다. 지금 늙어서 나이가 60이 지난 유생은 본 고향을 떠나 식량과 학자금을 얻어야 하며 생업에 종사할 수도 없다. 어려서 학문을 시작했으나 白首에 빈손으로 돌아가 농촌에 늙은 몸을 맡기고 영광을 아예 버려야만 하니 짐은 이를 매우 안타깝게 여기노라. 등급 시험을 거친 자에게 太子舍人을 제수하라.」

겨울 10월, 太學에서 典禮를 거행했는데 황제가 永福城門에 행차하여 그 의식 절차를 친히 관람하고 博士 이하 모두에게 차등을 두어 하사하였다. 辛丑日, 京師에 지진이 났다. 天市 성좌에 살별이 나타났다. 司空 楊彪(영표)가 면직되고 太常인 趙溫(조온)이 司空이 되었다. 公孫瓚이 大司馬 劉虞(유우)를 살해하였다.

12월 辛丑日, 地震이 났다. 司空 趙溫(조온)이 면직되었고, 乙巳日에, 衛尉 張喜(장희)가 司空이 되었다. 이 해에, 琅邪王 容(용)이 죽었다.

## 原文

興平元年春正月辛酉, 大赦天下, 改元興平. 甲子, 帝加元服.

二月壬午, 追尊諡皇妣王氏爲靈懷皇后, 甲申, 改葬於文昭陵. 丁亥, 帝耕於藉田.

三月, 韓遂,馬騰與郭汜,樊稠戰於長平觀, 遂,騰敗績, 左中郎將劉範,前益州刺史种劭戰歿.

夏六月丙子, 分涼州河西四郡爲雍州. 丁丑, 地震, 戊寅, 又震. 乙巳晦, 日有食之, 帝避正殿, 寢兵, 不聽事五日. 大蝗.

秋七月壬子, 太尉朱儁免. 戊午, 太常楊彪爲太尉, 錄尙

書事. 三輔大旱, 自四月至于是月. 帝避正殿請雨, 遣使者
洗囚徒, 原輕繫. 是時穀一斛五十萬, 豆麥一斛二十萬, 人
相食啖, 白骨委積. 帝使侍御史侯汶出太倉米豆, 爲飢人作
糜粥, 經日而死者無降. 帝疑賦恤有虛, 乃親於御坐前量試
作糜, 乃知非實, 使侍中劉艾出讓有司. 於是尚書令以下皆
詣省閣謝, 奏收侯汶考實. 詔曰, "未忍致汶於理, 可杖五
十." 自是之後, 多得全濟.

| 註釋 | ○興平 – 獻帝의 2번째 연호, 194-195년. ○追尊謐皇妣王氏
– 妣는 죽은 어미 비. ○文昭陵 – 靈帝 靈懷皇后 王氏의 능묘, 낙양성 동
북. ○藉田 – 天地의 신과 종묘에 올릴 粢盛(자성)을 친히 경작한다는 의
미, 여기 藉는 '밟다(蹈也)'의 뜻. 황제가 친히 땅을 밟다(농사짓다). ○韓
邃,馬騰 – 反 董卓 軍. 馬騰은 後漢 초 명장 馬援(마원)의 후손, 漢室의 충
신, 蜀漢 五虎將軍의 1人인 馬超(마초)의 父親. ○長平觀 – 長平은 장안 부
근 지명(阪名也, 비탈 판). ○雝州(옹주, 雍州) – 涼州刺史部 소속의 金城
郡, 酒泉郡, 燉煌郡(돈황군), 張掖郡의 河西 四郡. 雝 화락할 옹, 벽옹 옹. 雍
과 通. ○洗囚徒 – 갇힌 죄수의 죄를 다시 심리하다. 洗는 씻어내다. 蕩滌
(탕척). ○原輕繫 – 原은 너그럽게 용서하다. ○爲飢人作糜粥 – 饑民(기
민)을 위한 죽을 끓이다. ○經日而死者無降 – 날짜가 지나도 아사자 숫자
가 줄지 않다. ○乃知非實 – 사실이 아닌 것을 알았다. 당시 황제 앞에서
米豆 5升으로 죽 3그릇을 끓였는데 그것이 백성에게 공급된 것이 아니라
는 것을 알았다는 뜻. ○尚書令 – 황제에게 올라가는 문서를 주관하는 尚
書臺의 우두머리, 국가 업무 전반을 통제하였다. 尚書令(1인, 질록 천석),
尚書僕射 1인(질록 6백석), 尚書 6인, 尚書丞 2인, 尚書郞 34인으로 구성.
상서 업무의 총감독이 錄尚書事, 前漢의 領尚書事. ○奏收侯汶考實 – 侯

汝(후문, 관리 이름)을 잡아다가(收捕) 사실을 밝혀야(考實) 한다고 상주하다
(奏).

## [國譯]

興平(흥평) 원년(서기 194) 봄 정월 辛酉日, 나라의 죄수를 모두
사면하고 興平으로 개원하였다. 甲子日, 황제의 冠禮를 거행했다.

2월 壬午日, 황제의 돌아가신 모친에게 靈懷皇后(영회황후)라는
시호를 追尊하고 甲申日에 文昭陵(문소릉)에 改葬했다. 丁亥日, 황제
가 藉田(적전)을 親耕했다.

3월, 韓遂(한수), 馬騰(마등)이 郭汜(곽사), 樊稠(번조)의 군사와 長平
觀에서 싸웠는데 한수와 마등의 군사가 패배하고 左中郞將 劉範(유
범)과 前 益州刺史 种劭(충소)가 전사했다.

여름 6월 丙子日, 涼州자사부의 河西郡 四郡을 분리하여 雝州(옹
주, 雍州)를 설치하였다. 丁丑日, 지진이 났고, 戊寅日에도 지진이 났
다. 乙巳日 그믐에 日食이 일어나자, 황제는 正殿을 떠났고 군사 훈
련을 중지시키고 5일간 업무를 쉬었다. 황충 피해가 났다.

가을 7월 壬子日, 太尉 朱儁(주준)이 면직되었다. 戊午日, 太常 楊
彪(양표)가 太尉가 되어 尙書事를 감독하였다. 三輔(삼보) 지역이 크
게 가물었는데 4월부터 이 달까지 계속되었다. 황제는 정전을 떠나
비를 내려달라 빌었고, 使者를 보내 죄수를 다시 심리하고 경범죄자
를 풀어주었다. 이때에 곡식 1斛이 50만 전, 콩이나 보리는 1곡에
20만 전이나 나갔고 사람이 사람을 먹었으며 백골이 쌓였다. 황제
는 侍御史 侯汶(후문)을 보내 太倉의 쌀과 콩을 풀어 굶는 백성에게
죽을 쑤어 공급하게 하였으나 날짜가 지나도 아사자의 숫자가 줄어

들지 않았다. 황제는 백성 구휼에 허점이 있다고 의심하며, 곧 어좌 앞에서 죽을 쑤어 시험케 하여 사실이 아님을 알고서 侍中인 劉艾 (유애)를 보내 담당자를 문책하였다. 이에 尚書令 이하 모든 관료가 사죄하며 侯汶(후문)을 체포해 사실을 밝혀야 한다고 상주하였다. 그러나 황제는 "차마 후문을 법대로 처리할 수 없으니 50대를 때리 라."고 하였다. 이후로 구휼을 받아 생존하는 백성이 많아졌다.

八月, 馮翊羌叛, 寇屬縣, 郭汜, 樊稠擊破之. 九月, 桑復生椹, 人得以食. 司徒淳于嘉罷.

冬十月, 長安市門自壞. 以衛尉趙溫爲司徒, 錄尚書事. 十二月, 分安定, 扶風爲新平郡.

是歲, 揚州刺史劉繇與袁術將孫策戰於曲阿, 繇軍敗績, 孫策遂據江東. 太傅馬日磾薨於壽春.

| 註釋 | ○桑復生椹 - 뽕나무에 오디가 다시 열리다. 椹 오디 심, 버섯 심. 모탕 침. ○新平郡 - 安定郡과 右扶風을 분할하여 설치한 군. 치소는 漆縣, 今 陝西省 咸陽市 관할 彬縣(빈현). ○曲阿 - 吳郡의 현명. 今 江蘇省 長江 남안 鎭江市 관할 丹陽市. ○江東 - 江左. 옛날에는 南面하는 황제가 볼 때 동쪽은 좌측이었다. 長江은 서에서 동쪽으로 흐르지만 일반적으로 南京 이후의 하류지역, 손권 吳의 통치 지역을 江東이라 통칭했다. ○壽春 - 九江郡의 縣名. 今 安徽省 중부 淮南市 관할 壽縣.

## [國譯]

8월, 左馮翊(좌풍익)의 강족이 반란을 일으키며 군내 현을 노략질하자 郭汜(곽사)와 樊稠(번조)가 격파하였다. 9월, 뽕나무에 다시 오디가 열려 백성들이 따먹었다. 司徒 淳于嘉(순우가)를 파직했다.

겨울 10월, 長安 市場의 門이 저절로 붕괴했다. 衛尉인 趙溫(조온)을 司徒에 임명하여 尙書事를 총괄케 했다. 12월, 安定郡과 右扶風을 나누어 新平郡을 신설했다.

이 해에, 楊州(揚州)刺史 劉繇(유요)와 袁術의 부장 孫策이 (吳郡) 曲阿縣에서 싸웠는데 유요의 군사가 패배했고 손책은 마침내 江東을 차지하였다. 太傅인 馬日磾(마일제)가 (九江郡) 壽春縣에서 죽었다.

## 原文

二年春正月癸丑, 大赦天下. 二月乙亥, 李傕殺樊稠而與郭汜相攻. 三月丙寅, 李傕脅帝幸其營, 焚宮室.

夏四月甲午, 立貴人伏氏爲皇后. 丁酉, 郭汜攻李傕, 矢及御前. 是日, 李傕移帝幸北塢. 大旱. 五月壬午, 李傕自爲大司馬. 六月庚午, 張濟自陝來和傕, 汜.

秋七月甲子, 車駕東歸. 郭汜自爲車騎將軍, 楊定爲後將軍, 楊奉爲興義將軍, 董承爲安集將軍, 並侍送乘輿. 張濟爲票騎將軍, 還屯陝. 八月甲辰, 幸新豐.

○(興平) 二年 – 서기 195년.   ○貴人伏氏爲皇后 – 名 伏壽(복수, ?-214), 獻帝 皇后. 光武帝의 大司徒 伏湛(복침, ?-37)의 후손, 父親은 學者인 伏完(복완). 26권, 〈伏侯宋蔡馮趙牟韋列傳〉에 입전.   ○李催移帝幸北塢 – 北塢(북오)는 長安(西安市) 부근의 군영. 塢는 둑 오. 성채. 屯軍地. 營居日 塢.   ○自陜來~ – 陜은 弘農郡 陜縣(섬현). 今 河南省 서부 三門峽市 陜州區.

**[國譯]**

(興平) 2년 봄 정월 癸丑日, 나라의 죄수를 다 사면했다. 2월 乙亥日, 李催(이각)이 樊稠(번조)를 죽이고 郭汜(곽사)와 서로 싸웠다.

3월 丙寅日, 이각이 황제를 협박하여 軍營(南塢)로 데려간 뒤 궁궐을 불태웠다.

여름 4월 甲午日, 貴人 伏氏를 皇后로 책립하였다. 丁酉日, 郭汜(곽사)가 이각을 공격했는데 화살이 어전까지 날아왔다 이 날 이각은 황제를 北塢(북오)로 데려갔다. 날이 크게 가물었다. 5월 壬午日, 이각은 스스로 大司馬가 되었다. 6월 庚午日, 張濟(장제)가 (弘農郡) 陜縣(섬현)에서 장안으로 와서 이각과 곽사를 화해시켰다.

가을 7월 甲子日, 황제가 동쪽을 향해 출발했다. 郭汜(곽사)는 스스로 거기장군이 되었고, 楊定(양정)은 後將軍, 楊奉(양봉)은 興義將軍, 董承(동승)은 安集將軍이 되어 모두 황제의 수레를 호송하였다. 張濟는 票騎將軍이 되어 陜縣(섬현)에 돌아가 주둔했다. 8월 甲辰日, 황제는 新豐縣에 머물렀다.

冬十月戊戌, 郭汜使其將伍習夜燒所幸學舍, 逼脅乘輿.
楊定,楊奉與郭汜戰, 破之. 壬寅, 幸華陰, 露次道南. 是夜,
有赤氣貫紫宮. 張濟復反, 與李傕,郭汜合.

十一月庚午, 李傕,郭汜等追乘輿, 戰於東澗, 王師敗績,
殺光祿勳鄧泉,衛尉士孫瑞,廷尉宣播,大長秋苗祀,步兵校尉
魏桀,侍中朱展,射聲校尉沮儁. 壬申, 幸曹陽, 露次田中. 楊
奉,董承引白波帥胡才,李樂,韓暹及匈奴左賢王去卑, 率師
奉迎, 與李傕等戰, 破之.

十二月庚辰, 車駕乃進. 李傕等復來追戰, 王師大敗, 殺
略宮人, 少府田芬,大司農張義等皆戰歿. 進幸陝, 夜度河.
乙亥, 幸安邑. 是歲, 袁紹遣將麴義與公孫瓚戰於鮑丘, 瓚
軍大敗.

| 註釋 | ○露次道南 – 露次는 군대가 露宿하다. 次는 머무를 차(군사가
이틀 이상 머무름). 宿舍. ○曹陽 – 지명. 속칭 七里洞. 今 河南省 三門峽
市. ○東澗(동간) – 弘農郡의 地名. 今 河南省 三門峽市 靈寶市 근처. ○安
邑 – 河東郡의 치소, 현명. 今 山西省 남부 運城市 관할 夏縣.

[國譯]

겨울 10월 戊戌日, 곽사는 그의 부장 伍習(오습)을 시켜 밤에 황제
가 머무르는 學舍를 습격케 하여 황제 일행을 잡으려 했다. 楊定(양
정), 楊奉(양봉) 등이 곽사의 군사와 싸워 격파하였다. 壬寅日, 황제

는 華陰縣(화음현)에 도착하여 길 남쪽에서 노숙했다. 이 밤에 붉은 기운이 하늘의 紫微宮을 꿰뚫었다. 張濟(장제)가 다시 배반하여 이각, 곽사와 합세하였다.

11월 庚午日, 이각, 곽사 등이 어가를 추격하여 (弘農郡의) 東澗(동간)에서 싸웠으나 황제의 군사가 패배하여 光祿勳 鄧泉(등천), 衛尉 士孫瑞(사손서), 廷尉 宣播(선파), 大長秋 苗祀(묘사), 步兵校尉 魏桀(위걸), 侍中 朱展(주전), 射聲校尉 沮儁(저준) 등이 살해당했다. 壬申日, 曹陽(조양)이란 곳에 도착하여 밭에서 노숙하였다. 楊奉(양봉)과 董承(동승)이 白波賊의 우두머리인 胡才(호재), 李樂(이악), 韓暹(한섬) 및 匈奴 左賢王인 去卑(거비) 등의 군사를 거느리고 황제를 영입하며 이각 등과 싸워 격파하였다.

12월 庚辰日, 황제의 거가가 겨우 움직일 수 있었다. 이각 등이 다시 좇아와 싸워 황제 군사가 大敗했고 宮人을 죽이고 약탈하였으며, 少府 田芬(전분), 大司農 張義(장의) 등이 모두 전사하였다. 황제 일행이 陝縣(섬현)에 도착했다가 밤에 황하를 건넜다. 乙亥日, (河東郡) 安邑縣에 도착하였다. 이 해에 袁紹(원소)는 부장 麴義(국의)를 보내 공손찬 군사와 鮑丘(포구, 渤海郡의 지명)에서 싸웠는데 공손찬의 군사가 대패했다.

建安元年春正月癸酉, 郊祀上帝於安邑, 大赦天下, 改元建安. 二月, 韓暹攻衛將軍董承. 夏六月乙未, 幸聞喜.

秋七月甲子, 車駕至洛陽, 幸故中常侍趙忠宅. 丁丑, 郊祀上帝, 大赦天下. 己卯, 謁太廟.

八月辛丑, 幸南宮楊安殿. 癸卯, 安國將軍張楊爲大司馬, 韓暹爲大將軍, 楊奉爲車騎將軍. 是時, 宮室燒盡, 百官披荊棘, 依牆壁間. 州郡各擁彊兵, 而委輸不至, 群僚飢乏, 尙書郎以下自出采稆, 或飢死牆壁間, 或爲兵士所殺. 辛亥, 鎭東將軍曹操自領司隷校尉, 錄尙書事. 曹操殺侍中臺崇, 尙書馮碩等. 封衛將軍董承爲輔國將軍, 伏完等十三人爲列侯, 贈沮儁爲弘農太守. 庚申, 遷都許. 己巳, 幸曹操營.

九月, 太尉楊彪, 司空張喜罷. 冬十一月丙戌, 曹操自爲司空, 行車騎將軍事, 百官總己以聽.

| 註釋 | ○建安元年 – 헌제의 3번째, 마지막 연호. 서기 196-219년. 220년 3월에 建康으로 개원하고 10월에 망했다. ○安邑 – 河東郡의 치소, 현명. 今 山西省 남부 運城市 관할 夏縣. ○聞喜 – 河東郡의 읍(현)명. 今 山西省 運城市 관할 聞喜縣. ○太廟 – 大廟, 天子나 諸侯 始祖의 廟堂. ○委輸不至 – 수송 물자도 오지 않다. ○采稆 – 야생 벼를 채취하다. 稆는 돌 벼 려. ○曹操自領司隷校尉 – 스스로 사예교위가 되다. ○司隷校尉는 질록 비이천석, 京師와 三輔의 百官, 외척, 제후, 太守를 규찰하고 1州(三輔 등 7郡)를 직접 감찰하여 그 권세가 당당했다. 司隷校尉, 御史中丞, 尙書令을 三獨坐라 호칭한다. 建武 元年, 광무제는 御史中丞(어사중승, 최고 감찰관), 司隷校尉(백관 규찰), 尙書令 三官을 '三獨坐'라 호칭했는데, 이는 조회 시에 전용석에 혼자 앉는다는 뜻이다. ○伏完 – 伏皇后의 생부. ○遷都許 – 許都로 천도하다. 許는 潁川郡(영천군)의 현명. 今 河南省 중앙부 許昌市. 조조가 헌제를 영입하면서 許都로 개칭.

[國譯]

建安 원년(서기 196) 봄 정월 癸酉日, 황제는 (河東郡) 安邑縣에서 上帝에게 郊祀를 올리고 온 나라의 죄수를 사면하고 建安(건안)으로 개원하였다. 2월, 韓暹(한섬)이 衛將軍 董承(동승)을 공격하였다.

여름 6월 乙未日, 황제는 (河東郡) 聞喜縣에 행차하였다. 가을 7월 甲子日, 어가가 洛陽에 도착하여 옛 中常侍인 趙忠(조충)의 저택에 머물렀다. 丁丑日, 上帝에게 郊祀를 지내고 나라의 죄수를 사면했다. 己卯日, 太廟를 참배하였다.

8월 辛丑日, 南宮의 楊安殿에 머물렀다. 癸卯日, 安國將軍 張楊(장양)이 大司馬가 되었고, 韓暹(한섬)은 大將軍이, 楊奉(양봉)은 車騎將軍이 되었다. 이때에, 궁궐은 모두 불탔고 百官은 가시덤불을 헤치며 담장 사이에 기거하였다. 각 州郡에서는 강병을 보유하면서도 물자를 보내지 않아서 많은 신하들이 굶주리고 궁핍하였으니 尙書郞 이하 관리들은 들에 나가 돌 벼를 채집했으며, 어떤 자는 담장 사이에서 굶어죽거나 병사들에게 살해된 자도 있었다. 辛亥日, 鎭東將軍인 曹操(조조)는 스스로 司隷校尉가 되어 尙書事를 총괄하였다. 조조는 侍中인 臺崇(대숭)과 尙書 馮碩(풍석) 등을 죽였다. (조조는, 헌제에게) 衛將軍 董承(동승)을 輔國將軍에, 伏完(복완) 등 13인을 列侯에 봉하게 했으며, 沮儁(저준)에게 弘農太守를 제수했다. 庚申日에 (潁川郡) 許縣(허현)으로 천도했다. 乙巳日, (헌제는) 조조의 군영에 머물렀다. 9월, 太尉 楊彪(양표)와 司空 張喜(장희)가 파직되었다.

겨울 11월 丙戌日, 曹操는 스스로 司空이 되었고 車騎將軍의 업무를 대행하였는데 이로써 백관을 총괄하며 보고를 받았다.

## ▌原文

二年春, 袁術自稱天子. 三月, 袁紹自爲大將軍.

夏五月, 蝗.

秋九月, 漢水溢. 是歲飢, 江淮間民相食. 袁術殺陳王寵. 孫策遣使奉貢.

三年夏四月, 遣謁者裴茂率中郎將段熲討李傕, 夷三族. 呂布叛.

冬十一月, 盜殺大司馬張楊. 十二月癸酉, 曹操擊呂布於徐州, 斬之.

四年春三月, 袁紹攻公孫瓚於易京, 獲之. 衛將軍董承爲車騎將軍.

夏六月, 袁術死. 是歲, 初置尙書左右僕射. 武陵女子死十四日復活.

▌註釋 ▌ ○(建安) 二年 – 서기 197년. ○袁術自稱天子 – 袁術(원술)은 가문을 긍지로 여겼지만 백성에게 아무런 은덕이 없었다. 날조된 符命을 바탕으로 삼은 것도 어리석지만 백성과 부하를 돌보지도 않고 황제를 참칭하면서 자신을 황제라고 생각한 원술은 그저 어리석을 뿐이다. 75권, 〈劉焉袁術呂布列傳〉에 입전. ○江淮 – 長江과 淮水 유역. ○(建安) 三年 – 서기 198년. ○呂布 – 75권, 〈劉焉袁術呂布列傳〉에 입전. 中國人의 俗談에 '人中呂布 馬中赤兎'(사람은 呂布, 말은 적토마)라는 말이 있다. 呂布는 그만큼 잘난 美男子였다. 董卓은 丁原의 義子인 呂布에게 大敗한다. 董卓의 참모 李肅(이숙)은 呂布와 同鄕人이었다. 李肅은 呂布가 '勇而無謀하고 見利忘義하니' 金珠와 赤兎馬(적토마)로 회유할 수 있다고 말했다. 적토마

를 묘사한 시구를 읽어보면 여포와 적토마를 상상할 수 있다.〔奔騰千里蕩
塵埃 渡水登山紫霧開. 掣斷絲繮搖玉轡 火龍飛下九天來. 千里를 치달리며
흙먼지를 쓸어가고, 물과 산을 건너고 오르며 짙은 안개도 걷힌다. 고삐를
끊어내고 옥 재갈을 흔들어대니, 火龍이 저 먼 하늘에서 날아 내려왔도
다.〕○(建安) 四年 - 서기 199년. ○易京 - 공손찬의 성채. '易水(역수)의
언덕'이란 뜻. 京에는 '인력으로 쌓아 올린 언덕'이란 뜻이 있다. 人工이
아닌 언덕은 丘이다. ○袁術死 - 袁紹는 公孫瓚을 죽이고 세력을 더 키웠
다. 한편 쇠약해진 袁術은 袁紹에게 옥새를 넘기고 의탁하려 했으나 유비
의 공격을 받아 패주하다가 피를 토하고 죽었다.

## [國譯]

(建安) 2년(서기 197) 봄, 袁術(원술)이 천자를 자칭했다. 3월, 袁
紹(원소)는 스스로 대장군이 되었다. 여름 5월 황충 피해. 가을 9월,
漢水가 범람하였다. 이 해에, 큰 흉년이 들어 장강과 회수 일대에 사
람이 사람을 먹었다. 원술이 陳王 寵(총)을 살해했다. 孫策(손책)이
사자를 보내 공물을 바쳤다.

(建安) 3년 여름 4월, 謁者(알자) 裴茂(배무)를 보내 中郎將 段煨(단
외)를 거느리고 이각을 토벌하고 그 삼족을 멸했다. 呂布가 반기를
들었다. 겨울 10월, 도적 무리가 大司馬 張楊(장양)을 살해했다. 12
월 癸酉日, 조조가 徐州에서 여포를 공격하여 여포를 참수하였다.

(建安) 4년 봄 3월, 袁紹는 공손찬을 易京(역경)에서 공격하여 생
포하였다. 衛將軍인 董承(동승)이 거기장군이 되었다. 여름 6월 袁術
(원술)이 죽었다. 이 해에, 처음으로 尙書左右僕射(상서좌, 우복야)를
신설하였다. 武陵郡의 여인이 죽은 지 14일 만에 다시 살아났다.

五年春正月, 車騎將軍董承,偏將軍王服,越騎校尉种輯受
密詔誅曹操, 事泄. 壬午, 曹操殺董承等, 夷三族.

秋七月, 立皇子馮爲南陽王. 壬午, 南陽王馮薨.

九月庚午朔, 日有食之. 詔三公擧至孝二人, 九卿,校尉,
郡國守,相各一人. 皆上封事, 靡有所諱. 曹操與袁紹戰於官
度, 紹敗走.

冬十月辛亥, 有星孛於大梁. 東海王祗薨. 是歲, 孫策死,
弟權襲其餘業.

| 註釋 | ○(建安) 五年 – 서기 200년. ○偏將軍 – 後漢의 武官은 將軍 –
中郎將 – 校尉의 三級이 있는데 編將軍은 將軍 中 지위가 낮은 직명. 질록
二千石, 郡 太守에 상응. ○夷三族 – 夷는 멸하다. 죽여 없애다. ○官度
(官渡) – 今 河南省 중부 鄭州市 仲牟縣의 황하의 작은 지류. 조조와 원소
의 河北 패권을 결정지은 싸움. ○孫策死 – 孫堅의 기반을 이어받은 孫策
(손책)은 豫章太守 華歆(화흠)의 항복을 받으며 세력을 키웠고, 자신을 曹操
에게 모함한다고 吳郡太守 許貢을 죽였다. 그러나 사냥하던 중에 許貢(허
공)의 家客에게 습격당해 큰 부상을 당한다. 치료 과정에서 도사 于吉(우길)
을 죽이나 손책은 그 虛像에 시달리다가 26세에 죽었다. ○孫權(손권, 182
–252년, 222년 건국, 229년 칭제) – 孫策의 동생. 字 仲謀. 方頤(방이, 네모진 턱)
에 大口(큰 입), 그리고 碧眼(벽안)에 紫髥(자염)의 大貴之相을 타고났었다.
周瑜(주유)의 보필을 받았다.

[國譯]

　(建安) 5년(서기 200) 봄 정월, 거기장군 董承(동승)과 偏將軍 王服
(왕복), 越騎校尉 种輯(충집)이 曹操(조조)를 주살하라는 헌제의 密詔
(밀조)를 받았으나 계획이 누설되었다. 壬午日, 曹操는 동승 등을 죽
이고 그 삼족도 모두 죽였다.

　가을 7월 皇子 馮(풍)을 南陽王에 봉했다. 壬午日, 南陽王 馮(풍)이
죽었다.

　9월 庚午日 그믐, 日食이 있었다. 조서로 三公은 뛰어난 효자를 2
인씩, 九卿과 校尉, 郡國의 태수나 相은 각 1인씩 천거하게 하였다.
모든 관원이 封事를 상주하되 숨기지 말라고 하였다. 조조와 袁紹가
官度(관도, 官渡)에서 싸웠는데 원소가 패주하였다.

　겨울 10월 辛亥日, 살별이 大梁 성좌에 나타났다. 東海王 祗(지)가
죽었다. 이 해에, 孫策(손책)이 죽고 그 동생 孫權(손권)이 遺業을 계
승하였다.

原文

　六年春二月丁卯朔, 日有食之.

　七年夏五月庚戌, 袁紹薨. 于寘國獻馴象. 是歲, 越嶲男
子化爲女子.

　八年冬十月己巳, 公卿初迎冬於北郊, 總章始復備八佾
舞. 初置司直官, 督中都官.

　九年秋八月戊寅, 曹操大破袁尙, 平冀州, 自領冀州牧.

冬十月, 有星孛於東井. 十二月, 賜三公已下金, 帛, 各有
差. 自是三年一賜, 以爲常制.

十年春正月, 曹操破袁譚於青州, 斬之. 夏四月, 黑山賊
張燕率衆降. 秋九月, 賜百官尤貧者金, 帛, 各有差.

| 註釋 | ○(建安) 六年 – 서기 201년. ○于寘國(우전국) – 서역 36국의
하나. 국명. ○越嶲(월수) – 益州刺史部의 군명. 治所는 邛都縣(공도현). 今
四川省 남부 西昌市. ○初迎冬於北郊 – 冬氣를 北郊에 나가서 영입해오
다. 이런 의례가 오래전에 폐지되었기에 初라 하였다. ○總章始復備八佾
舞 – 總章은 樂官의 명칭. 八佾舞는 8人×8列의 춤. ○初置司直官, 督中
都官 – 司直은 丞相司直으로 관리의 비행을 적발하는 보좌관, 秩 比二千
石. 전한 武帝 때 신설, 光武帝 때 폐지되었다가 이제 복원. 中都官은 중앙
의 관서와 관원. ○袁尙 – 袁紹의 막내아들, 원소의 후계자. ○(建安) 十
年 – 서기 25년. ○袁譚於青州 – 袁譚(원담)은 원소의 長子. ○黑山賊張
燕 – 黑山賊 장우각의 후계자, 常山國 眞定人, 용맹하여 그 별호가 張飛燕,
한때 무리가 백만에 달했었다.


**[國譯]**

(建安) 6년(서기 201) 봄 2월 丁卯日 초하루, 日食이 있었다.

7년 여름 5월 庚戌日, 袁紹(원소)가 죽었다. 于寘國(우전국)에서 길
들인 코끼리를 보내왔다. 이 해에, 越嶲郡(월수군)의 남자가 여자로
바뀌었다.

8년 겨울 10월 己巳日, 처음으로 公卿이 北郊에 나가 冬節의 氣를
영입하는 의식을 행하면서 總章(樂官)이 八佾舞(팔일무)의 舞樂을

처음으로 시연했다. 처음으로 司直의 관직을 신설하여 中都官을 감독케 하였다.

9년 가을 8월 戊寅日, 曹操(조조)는 袁尙(원상)을 대파하고 冀州(기주)를 평정한 뒤 자신이 冀州牧(기주목, 冀州刺史)을 겸직했다.

겨울 10월, 東井의 성좌에 살별이 출현하였다. 12月, 三公 이하에 금전과 비단을 각각 차등을 두어 하사하였다. 이로부터 3년에 한 번씩 하사하는 제도가 시행하였다.

10년 봄 정월, 조조가 (원소의 장남) 袁譚(원담)을 靑州에 격파하고 참수했다. 여름 4월, 黑山(흑산) 黃巾賊인 張燕(장연)이 무리를 거느리고 투항하였다. 가을 9월 百官 중에서도 특히 가난한 자에게 금전과 비단을 각각 차등을 두어 하사하였다.


原文

十一年春正月, 有星孛於北斗. 三月, 曹操破高幹於幷州, 獲之.

秋七月, 武威太守張猛殺雍州刺史邯鄲商. 是歲, 立故琅邪王容子熙爲琅邪王. 齊,北海,阜陵,下邳,常山,甘陵,濟北, 平原八國皆除.

十二年秋八月, 曹操大破烏桓於柳城, 斬其蹋頓.

冬十月辛卯, 有星孛於鶉尾. 乙巳, 黃巾賊殺濟南王贇. 十一月, 遼東太守公孫康殺袁尙,袁熙.

| **註釋** | ○(建安) 十一年 − 서기 206년. ○幷州 − 幷州刺史部 治所는 太原郡 晋陽縣. 今 山西省 중부 太原市. ○武威太守 − 무위군은 涼州刺史部 관할. ○雍州刺史 − 앞서 興平元年에 金城郡, 酒泉郡, 燉煌郡(돈황군), 張掖郡의 河西 四郡을 분리하여 雍州를 설치했었다. ○邯鄲商(한단상) − 人名. 邯鄲(한단)의 商人이 아님. ○柳城 − 遼西郡의 현명. ○蹋頓(답돈) − 흉노의 한 갈래인 烏孫의 왕 칭호. ○鶉尾(순미) − 성좌 이름. 鶉는 메추라기 순, 별이름 순. ○袁尙,袁熙 − 원소의 아들. 원소는 長子가 아닌 막내 袁尙을 후사로 삼았기에 형제 분란이 있었다. 袁熙는 둘째 아들. 조조가 冀州城을 함락시킬 때, 조조의 장남 曹丕(조비)는 당시 18세였다. 조비는 원소의 궁에 들어가 원소의 차남 袁熙(원희)의 처 甄氏(견씨)를 보고 미모에 반해 바로 차지한다. 조조도 견씨의 경국지색에 놀라 "정말 내 아들의 아내로다(眞吾兒婦也)."라고 감탄했다. 뒷날 조비의 甄皇后.

## [國譯]

(建安) 11년(서기 206) 봄 정월, 北斗 성좌에 살별이 출현하였다. 3월, 曹操(조조)는 高幹(고간)을 幷州에서 격파하고 생포하였다. 가을 7월, 武威太守 張猛(장맹)이 雍州刺史인 邯鄲商(한단상)을 살해했다. 이 해에, 옛 琅邪王(낭야왕) 容(용)의 아들 熙(희)를 琅邪王에 봉했다. 齊, 北海, 阜陵(부릉), 下邳(하비), 常山, 甘陵, 濟北, 平原의 8國이 모두 폐지되었다.

(建安) 12년 가을 8월, 조조는 烏桓(오환)을 (遼西郡) 柳城縣에서 격파하고, 蹋頓(답돈, 王)을 참수하였다.

겨울 10월 辛卯日, 鶉尾(순미) 성좌에 살별이 출현하였다. 乙巳日, 황건적이 濟南王 贇(빈)을 살해했다. 11월, 遼東太守 公孫康(공손강)이 (袁紹의 아들) 袁尙(원상)과 袁熙(원희)를 죽였다.

十三年春正月, 司徒趙溫免. 夏六月, 罷三公官, 置丞相,
御史大夫. 癸巳, 曹操自爲丞相.

秋七月, 曹操南征劉表. 八月丁未, 光祿勳郗慮爲御史大
夫. 壬子, 曹操殺太中大夫孔融, 夷其族. 是月, 劉表卒, 少
子琮立, 琮以荊州降操.

冬十月癸未朔, 日有食之. 曹操以舟師伐孫權, 權將周瑜
敗之於烏林,赤壁.

| 註釋 |　○(建安) 十三年 – 서기 208년.　○太中大夫 孔融(공융, 153 –
208) – '建安七子'의 한 사람. 건안 13년, 조조는 50만 대군을 동원해 강남
원정에 나선다. 이때 공자의 20代孫인 태중대부 孔融은 이번 원정이 부당
하다고 반대했고 결국 조조의 명을 받은 廷尉(정위)에게 끌려가 죽음을 당
한다. 나이가 어린 공융의 두 아들은 바둑을 두다가 참변 소식을 듣는다.
빨리 피신하라는 말에 두 형제는 전혀 놀라지 않고 말한다. "부서지는 둥
지에 알인들 온전하겠는가!(破巢之下 安有完卵!)" 공융 일가는 모두 죽음
을 당했다. 70권, 〈鄭孔荀列傳〉에 입전.　○少子琮立 – 유표에게는 長子
劉琦, 小子 劉琮이 있었는데 유종이 후사가 되었다. 유비가 劉琮과 蔡瑁(채
모)의 살해 음모를 피해 的盧馬(적로마)를 타고 檀溪(단계)를 뛰어넘었다는
이야기는《三國演義》에 나온다.　○舟師 – 水軍. 조조가 荊州를 차지했기
에 이런 작전이 가능했다.　○周瑜(주유) – 미남자, 音律에 밝았다.　○烏林,
赤壁 – 赤壁大戰은 魏와 吳의 싸움이었다. 형세가 약한 유비가 吳를 끌어
들였다. 諸葛亮(孔明)이 孫權을 격분케 한 논쟁이나 孔明이 智激周瑜했다
든지, 孔明借箭, 曹操賦詩, 諸葛祭風, 雲長義釋曹操 등 수많은 얘깃거리를
제공했다.

## [國譯]

(建安) 13년(서기 208) 봄 정월, 司徒 趙溫(조온)이 면직되었다. 여름 6월, 三公(太尉, 司徒, 司空)의 관제를 폐지하고 丞相과 御史大夫를 설치하였다. 癸巳日, 曹操는 스스로 승상이 되었다.

가을 7월, 조조는 南으로 (荊州의) 劉表(유표)를 원정했다. 8월 丁未日, 光祿勳 郗慮(치려)가 御史大夫가 되었다. 壬子日, 曹操는 太中大夫인 孔融(공융)을 죽이고 그 일족을 멸했다. 이 달에 劉表가 죽고, 少子인 劉琮이 대를 이었으나 유종은 荊州를 들어 조조에게 투항하였다.

겨울 10월 癸未日 초하루, 日食이 있었다. 조조는 舟師(水軍)을 동원하여 孫權(손권)을 원정했으나 손권의 장수 周瑜(주유)는 조조의 군사를 烏林(오림)과 赤壁(적벽)에서 물리쳤다.

## 原文

十四年冬十月, 荊州地震.

十五年春二月乙巳朔, 日有食之.

十六年秋九月庚戌, 曹操與韓遂, 馬超戰於渭南, 遂等大敗, 關西平. 是歲, 趙王赦薨.

十七年夏五月癸未, 誅衛尉馬騰, 夷三族. 六月庚寅晦, 日有食之.

秋七月, 洧水,潁水溢. 螟. 八月, 馬超破涼州, 殺刺史韋康. 九月庚戌, 立皇子熙爲濟陰王, 懿爲山陽王, 邈爲濟北王, 敦爲東海王.

冬十二月, 星孛於五諸侯.

| **註釋** | ○(建安) 十四年 – 서기 209년.   ○馬超(마초, 176-222) – 字 孟
起, 馬騰(마등)의 아들. 蜀漢 五虎將軍의 1人. 陳壽(진수)는《三國志》에서 馬
超를 關羽, 張飛, 黃忠, 趙雲과 合傳하였다.《삼국연의》에서 조조는 "저 마
씨 애송이가 죽지 않으면 내 묻힐 자리가 없을 것이다.(馬兒不死 吾無葬地
矣)"라고 말할 정도로 마초를 두려워했다.   ○渭南 – 今 陝西省 中部 渭河
남쪽 秦嶺山脈 이북의 땅. 今 西安市와 華山 중간에 渭南市가 있다.   ○馬
騰(마등) – 馬超의 부친.   ○洧水,潁水溢 – 洧水(유수)는 今 河南省의 하천
이름. 潁水(영수)는 河南省에서 발원하여 淮水로 흐르는 강. 溢는 넘칠 일.
범람하다.   ○五諸侯 – 성좌 이름.

**[國譯]**

(建安) 14년(서기 209) 겨울 10월, 荊州(형주)에 지진이 났다.

(建安) 15년 봄 2월 乙巳日 초하루, 日食이 있었다.

(建安) 16년 가을 9월 庚戌日, 조조는 韓遂(한수), 馬超(마초)와 渭
南(위남)에서 싸웠는데, 韓遂(한수) 등이 대패하면서 關西(관서) 지방
이 평정되었다. 이 해에, 趙王 赦(사)가 죽었다.

(建安) 17년 여름 5월 癸未日, 衛尉인 馬騰(마등)을 주살하고 그
삼족을 모두 죽였다. 6월 庚寅日 그믐, 日食이 있었다.

가을 7월, 洧水(유수)와 潁水(영수)가 범람하였다. 황충이 피해가
났다. 8월, 馬超(마초)가 涼州(양주)지역을 격파하면서 양주자사 韋康
(위강)을 죽였다. 9월 庚戌(경술), 皇子 熙(희)는 濟陰王이 되었고, 懿

(의)는 山陽王, 邈(막)은 濟北王, 敦(돈)은 東海王이 되었다.

겨울 12월 五諸侯 성좌에 살별이 출현하였다.

十八年春正月庚寅, 復〈禹貢〉九州.

夏五月丙申, 曹操自立爲魏公, 加九錫. 大雨水. 徙趙王珪爲博陵王. 是歲, 歲星, 鎭星, 熒惑俱入太微. 彭城王和薨.

十九年夏四月, 旱. 五月, 雨水. 劉備破劉璋, 據益州.

冬十月, 曹操遣將夏侯淵討宋建於枹罕, 獲之. 十一月丁卯, 曹操殺皇后伏氏, 滅其族及二皇子.

| 註釋 |   ○(建安) 十八年 - 서기 213년.   ○復〈禹貢〉九州 - 〈禹貢〉은 《尙書》의 篇名. 中國의 地理와 方物, 賦稅에 관한 내용. 夏王朝 禹王이 지은 것으로 되어있지만 周朝 전국시대의 저작이라 알려졌다. 〈禹貢〉에서는 중국을 冀州, 兗州, 靑州, 徐州, 揚州, 荊州, 豫州, 梁州, 雍州로 구분하였다. 후한 13자사부 중, 幽州와 幷州를 없애어 그 군국을 冀州에 소속시키고, 司隸校尉와 涼州를 없애고 그 군국을 雍州(옹주)에, 交州를 없애고 형주와 익주에 나눠 소속시켰다. 〈우공〉의 梁州가 없는 대신 後漢에서는 益州가 있다.   ○九錫 - 국가에 아주 큰 공적을 쌓은 원로대신의 공덕을 표창하기 위해 내리는 9가지 물건. 車馬(말 여덟 필이 끄는 큰 수레 2종류), 衣服(王者의 옷과 신발), 樂絃(王者之樂), 朱戶(붉은 칠을 한 집), 納陛(납승, 거처에 계단 설치), 虎賁(호분, 수문 군사), 斧鉞(부월, 도끼), 弓矢(붉은색과 검은색의 활과 화살), 秬鬯圭瓚(거창규찬, 각종 제기) 등을 말한다.   ○劉備(유비, 161-223년) - 字 玄

德, 涿郡 涿縣〔今 河北省 중부 涿州市(탁주시), 北京市 서남 연접〕출신. 蜀
漢 개국 皇帝, 시호 昭烈皇帝, 보통 先主로 지칭, 아들 劉禪(유선)은 '後主'.
본래 讀書를 좋아하지 않았고 評馬論犬, 音樂, 華美한 衣服 등을 좋아하였
다. 신장 七尺五寸(약 173cm, 한 대 1척은 23.1cm), 팔이 무릎에 닿을 정
도였다니 약간 기형에 大耳하여 '大耳兒'로 조롱당했다. 다른 사람을 잘
대우했고 喜怒의 감정을 안색에 나타나지 않았으며 豪俠義士와 잘 사귀었
다. ○劉璋(유장) - 부친 劉焉(유언)의 뒤를 이어 益州牧이 되었다. 振威將
軍, 劉備에 패배, 투항. ○夏侯淵(하후연) - 沛國 譙縣(초현, 今 安徽省 亳州市)
출신. 曹操를 따라 袁紹, 韓遂 등을 격파. 征西將軍으로 漢中을 지키다가
劉備 부장 黃忠에게 피살. ○枹罕(포한) - 隴西郡의 현명.


## [國譯]

(建安) 18년(서기 213) 봄 정월 庚寅日, 〈禹貢(우공)〉의 九州를 복
원하였다.

여름 5월 丙申日, 조조는 자립하여 魏公(위공)이 되어, 九錫(구석)
을 받았다. 큰 홍수가 났다. 趙王 珪(규)를 옮겨 博陵王(박릉왕)으로
봉했다. 이 해에 歲星, 鎭星, 熒惑星(형혹성)이 모두 太微垣(태미원)에
모였다. 彭城王 和(화)가 죽었다.

(건안) 19년 여름 4월, 가뭄. 5월, 홍수. 劉備(유비)는 劉璋(유장)을
격파하고 益州(익주)에 웅거하였다.

겨울 10월, 조조는 부장 夏侯淵(하후연)을 보내 宋建(송건)을 (隴西
郡의) 枹罕縣(포한현)에서 격파, 생포하였다. 11월 丁卯日, 조조는 皇
后 伏氏를 죽이고 그 일족과 2명의 皇子도 죽였다.

■原文

　二十年春正月甲子, 立貴人曹氏爲皇后. 賜天下男子爵,
人一級, 孝悌,力田二級. 賜諸王侯公卿以下穀, 各有差. 秋
七月,曹操破漢中,張魯降.

　二十一年夏四月甲午, 曹操自進號魏王. 五月己亥朔, 日
有食之.

　秋七月,匈奴南單于來朝. 是歲, 曹操殺琅邪王熙, 國除.

| 註釋 |　○(建安) 二十年 - 서기 215년. ○貴人曹氏爲皇后 - 名 曹節,
헌제의 2번째 황후, 시호는 獻穆曹皇后, 曹操의 딸. ○漢中 - 益州 소속
郡名. 治所는 南鄭縣, 今 陝西省 서남부 漢中市.

[國譯]

　(建安) 20년(서기 215) 봄 정월 甲子日, 貴人 曹氏를 皇后로 책립
했다. 온 나라의 男子(호주)에게 작위를 각 1급씩, 孝悌와 力田에게
는 2級씩 하사하였다. 모든 王侯와 公卿 이하 관리에게는 곡식을 각
각 차등을 두어 하사했다. 가을 7월, 曹操가 漢中郡을 격파하자, 張
魯(장로)는 투항했다.

　(建安) 21년 여름 4월 甲午日, 조조는 스스로 魏王이 되었다. 5월
己亥日 초하루, 日食이 있었다. 가을 7월, 흉노 南單于가 입조하였
다. 이 해에, 조조는 琅邪王 熙(희)를 죽였고 나라를 없앴다.

二十二年夏六月, 丞相軍師華歆爲御史大夫. 冬, 有星孛
於東北. 是歲大疫.

二十三年春正月甲子, 少府耿紀,丞相司直韋晃起兵誅曹
操, 不克, 夷三族. 三月, 有星孛於東方.

二十四年春二月壬子晦, 日有食之. 夏五月, 劉備取漢中.

秋七月庚子, 劉備自稱漢中王. 八月, 漢水溢.

冬十一月, 孫權取荊州.

| 註釋 | ○(建安) 二十二年 – 서기 217년. ○丞相軍師華歆 – 華歆(화흠,
157-232)은 獻帝가 제위를 曹丕에게 禪讓하는 과정에서 중요 역할을 했고
魏의 司徒, 太尉를 역임했다. 《삼국연의》에서는 권세에 추종하는 악인으
로 묘사되었다.  ○漢水 – 漢江, 襄河, 長江의 최대 지류, 陝西省 秦嶺에서
발원,武漢市에서 長江에 합류. 漢族, 漢王, 국호 漢도 모두 漢水와 연관.

[國譯]

(建安) 22년(서기 217) 여름 6월, 丞相의 軍師인 華歆(화흠)이 御
史大夫가 되었다. 겨울 동북 하늘에 살별이 출현했다. 이 해에 전염
병이 크게 돌았다.

(建安) 23년 봄 정월 甲子日, 少府인 耿紀(경기), 丞相司直인 韋晃
(위황)이 군사를 일으켜 조조를 주살하려 했으나 성공하지 못하고
삼족이 멸족되었다. 3월에 살별이 동방 하늘에 출현했다.

(建安) 24년 봄 2월 壬子日 그믐, 日食이 있었다. 여름 5월, 劉備
(유비)가 漢中을 차지했다.

가을 7월 庚子日, 유비가 漢中王을 자칭했다. 8월, 漢水가 범람하였다.

겨울 11월, 孫權(손권)이 荊州(형주)를 차지하였다.

二十五年春正月庚子, 魏王曹操薨. 子丕襲位. 二月丁未朔, 日有食之. 三月, 改元延康.

冬十月乙卯, 皇帝遜位, 魏王丕稱天子. 奉帝爲山陽公, 邑一萬戶, 位在諸侯王上, 奏事不稱臣, 受詔不拜, 以天子車服郊祀天地, 宗廟, 祖, 臘皆如漢制, 都山陽之濁鹿城. 四皇子封王者, 皆降爲列侯.

明年, 劉備稱帝於蜀, 孫權亦自王於吳, 於是天下遂三分矣.

| 註釋 | ○(建安) 二十五年 – 서기 220년. ○魏王曹操薨 – 時年 66세. 《三國演義》에는 72개의 疑塚(의총)을 만들어 자신이 묻힌 곳을 알지 못하게 하라고 유언하였다. ○子曹丕襲位 – 曹丕(조비, 187-226년, 재위, 220-226). 丕는 클 비. 조비의 魏를 曹魏라 통칭. 조비는 어려서부터 문학을 좋아했고 시인으로 유명, 《典論》을 저술. 그중에 〈論文〉은 문학비평을 체계화한 글로 유명. '蓋文章, 經國之大業, 不朽之盛事(文章의 經國의 大業이며 不朽의 큰일이다.)'라 하여 文學의 역사적 價値와 중요성을 인정하였다. ○遜位 – 讓位, 禪讓(선양)의 형식을 취함. ○奉帝爲山陽公 – 山陽은 현명. 今 河南省 북부 焦作市(초작시) 동남. ○宗廟, 祖, 臘 – 종묘 제사, 午

日에 조상신에게 올리는 제사(祖)와 연말에 모든 신에게 올리는 제사〔臘(랍)〕을 합하여 祖臘(조랍).  ○濁鹿城 – 일명 濁城. 獻帝의 능(禪陵)도 이곳에 있다.  ○明年, 劉備稱帝於蜀 – 서기 221년, 漢中王 劉備가 漢을 계승, 蜀漢이라 구분. 연호 章武.  ○孫權亦自王於吳 – 손권은 229년에 공식적으로 칭제하였다.

**[國譯]**

(建安) 25년 봄 정월 庚子日, 魏王 曹操(조조)가 죽었다. 아들 조(비)가 작위를 세습하였다. 2월 丁未日 초하루, 日食이 있었다. 3월, 延康(연강)으로 개원하였다.

겨울 10월 乙卯日, 皇帝가 양위하였고 魏王 曹丕(조비)는 天子라 칭했다. 헌제를 山陽公(산양공)으로 받들었는데 식읍은 1만 호에, 지위는 모든 제후 왕보다 높았으며 업무를 상주할 때 稱臣하지 않고, 조서를 받을 때 拜禮를 하지 않아도 되었으며, 天子의 車服에 천지에 郊祠를 지낼 수 있으며, 宗廟 제사와 祖祭(조제), 臘祭(납제)를 모두 漢의 법제대로 행하게 하였으며 山陽縣의 濁鹿城(탁록성)에 도읍케 하였다. 王에 봉해졌던 4명의 皇子는 모두 列侯로 강등되었다.

明年(서기 221년), 劉備는 蜀에서 칭제하였고, 孫權(손권)도 吳에서 스스로 왕이 되어서 이에 천하는 결국 三分되었다.

**原文**

魏靑龍二年三月庚寅, 山陽公薨. 自遜位至薨, 十有四年, 年五十四, 諡孝獻皇帝. 八月壬申, 以漢天子禮儀葬於禪陵,置園邑令丞.

太子早卒, 孫康立五十一年, 晉太康六年薨. 子瑾立四年, 太康十年薨. 子秋立二十年, 永嘉中爲胡賊所殺, 國除.

| 註釋 | ○魏靑龍二年 – 서기 234년. 靑龍(233-237년)은 魏 明帝(曹叡 조예, 在位 226-239)의 연호. ○晉太康六年薨 – 서기 285년, 太康은 晉 武帝(在位 266-290年)의 연호(280-289). 太康十年은 서기 289년. ○永嘉 – 晉 懷帝(회제)의 연호 307-313년.

[國譯]

魏 (明帝) 靑龍 2년(서기 234) 3월 庚寅日, 山陽公(獻帝, 劉協)이 죽었다. 선양 이후 죽을 때까지 14년이었고 나이는 54세였는데, 시호는 孝獻皇帝였다. 8월 壬申日, 漢 天子의 의례대로 禪陵(선릉)에 장례했으며 園邑과 관원으로 令과 丞을 두었다. (헌제의) 太子가 일찍 죽어서 손자인 康(강)이 재위 51년인, 晉 太康 6년(285)에 죽었다. 아들 瑾(근)이 재위 4년, 太康 10년(289)에 죽었다. 그 아들 秋(추)가 재위 20년, (晉 懷帝) 永嘉(영가) 연간에 흉노에게 피살되어 나라가 없어졌다.

原文

論曰, 傳稱鼎之爲器, 雖小而重, 故神之所寶, 不可奪移. 至令負而趨者, 此亦窮運之歸乎! 天厭漢德久矣, 山陽其何誅焉!

| 註釋 | ○傳稱鼎之爲器 - 傳稱은 전해오기로는. 鼎은 취사 기구에서 제물을 준비하는 禮器로 사용되다가 國家政權의 君主나 大臣의 권력을 상징하였다. 夏-殷-周로 전해지는 神器로 크기는 작지만 함부로 빼앗을 수 없다. 곧 천명은 아무나 받을 수 있는 것이 아니다. ○故神之所寶 - 천신도 이를 보배로 여긴다. ○不可奪移 - 탈취나 멋대로 이동할 수 없다. ○至令負而趨者 - 짊어지고 달린다는 뜻은 국가를 계승하다. ○此亦窮運之歸乎! - 국운이 다할 때가 있다는 뜻. ○天厭漢德久矣 - 厭은 질리다. 倦也. 전 후한 400년 漢朝의 역사에 하늘도 질린 지 오래되었다. ○山陽其何誅焉 - 山陽公(獻帝)만 비난받아야 하겠나! 獻帝 이전에 (和帝 때부터) 이미 국운이 크게 기울었다. 誅는 책망하다.

## [國譯]

范曄(범엽)의 史論 : 전해오기로는 鼎(정)은 神器이기에 작더라도 소중한 것이며 天神에게도 보물이기에 함부로 빼앗거나 옮길 수 없다. 그런 鼎을 등에 지고 달릴지라도(천명을 받은 국가일지라도) 天運이 다한다면 돌려주어야 할 것이다. 하늘도 쇠퇴한 漢의 德에 싫증난 지 오래거늘 어찌 山陽公(獻帝)만 비난할 수 있겠나!

## 原文

贊曰, 獻生不辰, 身播國屯. 終我四百, 永作虞賓

| 註釋 | ○獻生不辰 - 때가 아니다. 때를 잘못 타고 났다. 辰은 時也. ○身播國屯 - 황제는 이리저리 쫓겨 다녔고 국운도 막혔다. 播는 옮겨가다(遷也). 뿌릴 파. 屯은 어려울 준, 屯困(준곤). 진칠 둔. ○終我四百 - 한

조가 4백 년에 끝나다.　○永作虞賓 − 虞賓은 虞(舜)의 손님. 舜은 堯의 선양을 받았는데 舜은 堯의 못난 아들 丹朱(단주)를 손님으로 대우했다. 헌제는 魏에 양위하여 魏의 손님이 되었다는 뜻.

**[國譯]**

　　贊曰,

　　獻帝는 때를 못 만나서 쫓겨 다녔고 국운도 막혔다.

　　漢朝가 4백 년 끝나며 魏의 영원한 손님이 되었다.

# 10 皇后紀(上)
## 〔황후기(상)〕

夏,殷以上, 后妃之制, 其文略矣.《周禮》王者立后, 三夫
人, 九嬪, 二十七世婦, 八十一女御, 以備內職焉. 后正位宮
闈, 同體天王. 夫人坐論婦禮, 九嬪掌敎四德, 世婦主喪,祭,
賓客, 女御序於王之燕寢. 頒官分務, 各有典司. 女史彤管,
記功書過. 居有保阿之訓, 動有環佩之響. 進賢才以輔佐君
子, 哀窈窕而不淫其色. 所以能述宣陰化, 修成內則, 閨房
肅雍, 險謁不行也. 故康王晚朝,〈關雎〉作諷, 宣后晏起, 姜
氏請愆. 及周室東遷, 禮序凋缺. 諸侯僭縱, 軌制無章. 齊桓
有如夫人者六人, 晉獻升戎女爲元妃, 終於五子作亂, 豕嗣
遘屯. 爰逮戰國, 風憲逾薄, 適情任欲, 顚倒衣裳, 以至破國
亡身, 不可勝數. 斯固輕禮弛防, 先色後德者也.

|註釋| ○皇后紀 - 황후를 본기에 입전한 것은 二十四史 중 유일하다. 이는 황후의 영향력이 政事에서 至大하다는 현실을 그대로 반영한 것이다. ○后妃 - 正室 황후나 왕후. 妃는 짝 비, 배필 비. ○《周禮》 - 書名. 十三經의 하나. 《周官》 또는 《周官經》이라고도 함. 周代의 여러 제도를 기록. 《周禮》, 《儀禮》, 《禮記》를 보통 三禮라 칭함. ○王者立后 - 后는 後의 뜻. 夫의 뒤에 있다는 뜻. ○內職 - 內朝(황제가 퇴근 후 거처하는 곳)의 직분. ○后正位宮闈 - 宮闈는 궁궐. 闈는 궁궐 위, 작은 문 위. ○同體天王 - 천왕과 한 몸이다. ○夫人坐論婦禮 - 三夫人의 后에 대한 역할은 三公의 天子에 대한 역할과 같다. 婦禮를 논하다. ○九嬪掌敎四德 - 九嬪은 九卿과 同級. 九御(구어, 천자의 시중을 담당하는 女官)에 대한 교육을 담당. 9嬪이 각각 九御씩 분담(총 81人). 四德은 婦德, 婦言, 婦容, 婦功. ○世婦主喪,祭,賓客 - 27世婦는 27大夫와 同. 실무 당자. 喪禮, 祭祀, 賓客 접대를 담당. ○女御序於王之燕寢 - 81 女御는 81元士. 序는 敍, 안배하다. 燕寢은 궁궐, 궐내의 일상생활. ○頒官分務 - 職官에 따라 업무를 구분하다. ○女史彤管 - 女史는 女官, 궁녀 중 문필 담당. 彤管(동관, 赤管)은 붉은색의 붓. 궁 안에서 사용되었다. 彤은 붉은 칠 동, 管은 筆과 通, 記功書過는 공과를 기록하다. ○居有保阿之訓 - 居는 실내, 또는 옥내의 생활. 保阿는 傅母保阿, 곧 保姆. ○動有環佩之響 - 動은 행동, 동작, 외출. 環佩(환패)는 패옥. ○哀窈窕而不淫其色 - 哀는 哀傷해 하다. 同情하다. 《詩經 關雎》는 窈窕淑女(요조숙녀)가 군자의 좋은 짝이 된다고 하였다. 窈窕는 얌전, 정숙한 모양. 幽閒(유한). 不淫其色은 미색을 濫用하지 않다. ○所以能述宣陰化 - 전통을 널리 펴고 서술하여 여인을 교화하다. ○修成內則 - 부녀의 법도를 지켜나가다. 군자를 내조함. ○閨房肅雍 - 규방이 和順恭敬하다. 肅은 敬也. ○險謁不行也 - 險謁(험알)은 사사로운 친분으로 고관에게 청탁하다. 謁은 請也. ○故康王晩朝,〈關雎〉作諷 - 周 康王의 왕후가 늦게 일어나는 것을 〈關雎〉 시로 풍자하다. ○宣后晏起, 姜氏請愆 - 周 宣王의

왕후는 齊侯의 동생(姜氏)이었는데 宣王이 침소에 와 늦게 일어나기에 일찍 나갈 수가 없었던 왕후는 자신의 죄를 말하며 벌을 청했다. 이에 선왕은 자신의 잘못을 인정하며 더욱 정사에 힘써 周의 중흥을 이룩했다.  ○及 周室東遷 – 幽王(유왕) 때 西夷인 犬戎(견융)의 침입을 받아 유왕이 驪山(여산)에서 피살되자 태자 宜臼(의구)는 洛邑(洛陽)으로 東遷하였다. 東周의 시작(기원전 770년).  ○禮序凋缺 – 의례나 질서가 무너지다. 凋는 시들 조. 缺 일그러질 결.  ○軌制無章 – 軌制는 법도, 본보기. 無章은 드러나지 않다. 없어지다.  ○齊桓有如夫人者六人 – 齊 桓公(재위 前 685-643년)은 6부인에게서 6子를 얻었는데 환공 사후에 내분이 일어났다.  ○晉獻升戎女爲 元妃 – 晉獻公(재위 前 676-651년). 戎女는 西戎(서융)의 여인(驪姬). 元妃는 嫡夫人. 여희 소생(奚齊)을 즉위시키려 했다.  ○終於五子作亂 – 제 환공의 五子가 분란을 일으켰다.  ○家嗣遘屯 – 家嗣는 大祠, 계승. 遘屯은 난관에 부딪치다. 遘는 만날 구. 遇也. 屯은 難也. 獻公의 太子 申生은 자결했고, 혼란을 거친 뒤 나중에 공자 重耳가 나중에 즉위하니, 이가 五霸의 한 사람인 晉 文公(재위 前 636-628년)이다.  ○爰逮戰國 – 爰은 발어사. 이에 원. 逮는 到也. 미칠 체.  ○風憲逾薄 – 風憲은 풍기를 단속하는 법규.  ○適情任欲 – (국왕은) 마음 내키는 대로 방종하다.  ○顚倒衣裳 – 의상이 뒤바뀌다. 본래 衣는 상의, 裳은 하의. 법도가 무너지다.  ○斯固輕禮弛防 先色後德者也 – 이런 상황은, 진실로 禮敎를 업신여기고 훈계하지 않았으며 여색만을 중히 여기고 婦德을 뒷전으로 밀어냈기 때문이다.


## [國譯]

夏(하)와 殷(은) 왕조 이전 后妃의 제도에 관한 문헌은 매우 소략하다. 《周禮》에 의하면 王者는 황후를 책립하고 3명의 부인, 9명의 嬪(빈), 27명의 世婦(세부)와 81명의 女御(여어)를 두어 內朝의 직책을 갖추었다.

后는 궁궐의 正位이니 天子와 같다. (3명의) 夫人은 女人이 갖춰야할 예법을 강론하고, 9명의 嬪(빈)은 四德(婦德, 婦言, 婦容, 婦功)에 관한 교육을 전담하며, (27명) 世婦는 상례와 제사와 빈객 접대를 담당하였고, (81명의) 女御(여어)는 王者의 일상에 관한 일을 맡았다.

이처럼 직책에 따라 업무를 분담하며 각자 전담 업무가 있었다. 女史(여사)는 붉은 대롱의 붓으로 공과를 기록했다. 일상 거처에 保阿의 가르침을 따르고 거동에 둥근 패옥 소리를 울렸다. 賢才를 천거하여 君子를 보좌하며 요조숙녀를 흠모하되 미색을 자랑하지 않았다. 이렇게 해서 부덕을 널리 펴고 여인에 대한 교화를 시행하며 여인의 법도를 갖추었기에 閨房(규방)은 공경 온화하며 사사로운 청탁을 하지 않았다.

그러했기에 周 康王이 조례의 늦는 것을 〈關雎(관저)〉의 시를 통해 풍자했으며, 周 宣王의 后妃는 왕이 늦게 일어나자 후비(姜氏) 자신이 징벌을 자청했었다.

그러나 周室이 東遷한 뒤로는 禮序가 쇠락하여 갖춰지지 않았다. 제후는 분수를 모르고 방종했으며 禮法도 없어졌다. 齊 桓公(환공)은 夫人 6명이 6명의 아들을 두었고, 晉 獻公은 戎女(융녀, 驪姬)를 元妃로 맞이하였는데, 그 끝에 가서 (桓公의) 5명의 아들이 분란을 일으켰으며, (獻公의) 후사는 곤란을 겪어야만 했다. 戰國시대에 이르러서는 風紀를 단속하는 법규가 더욱 무너져서 (국왕은) 마음 내키는 대로 방종했으며, 상하의 법도가 무너져 끝내는 破國이나 亡身에 이른 자를 이루 다 셀 수가 없었다. 이런 상황은, 진실로, 禮敎를 업신여기고 훈계하지 않았으며 여색만을 중히 여기고 婦德을 뒷전으로 밀어냈기 때문이었다.

秦幷天下, 多自驕大, 宮備七國, 爵列八品. 漢興, 因循其號, 而婦制莫釐. 高祖帷薄不修, 孝文袵席無辯. 然而選納尙簡, 飾玩少華. 自武,元之後, 世增淫費, 至乃掖庭三千, 增級十四. 妖倖毀政之符, 外姻亂邦之跡, 前史載之詳矣.

| 註釋 |  ○宮備七國 – 秦 始皇은 6국을 멸한 뒤에 그 궁실을 그림으로 그려 함양의 북쪽에 새로 궁궐을 짓고 六國의 미인을 데려다 채웠다. 秦을 포함 7국의 미녀를 완비했었다.  ○爵列八品 – 후궁의 작위를 8급으로 구분하다.  ○婦制莫釐 – 후궁의 제도를 새롭게 정리하지 않았다. 釐는 다스릴 리(理 同). 漢初에는 황후 외에 后妾은 모두 夫人, 또는 美人이라 했고 女官으로 良人, 八子, 七子, 長使, 少使의 등급 구분이 있었다.  ○高祖帷薄不修 – 帷薄不修는 '휘장이 얇아도 바꾸지 않았다.'는 말이나 곧 남녀 간 內外가 엄격하지 않았다. 周昌(주창)이 업무를 보고하려 들어갔을 때 고조는 戚(척)부인을 껴안고 있었다. 주창이 돌아서 나오자 고조가 따라 나와 주창의 목에 올라타고 물었다. "나는 어떤 主君인가?" 주창은 고조를 올려다보며 말했다. "폐하는 꼭 桀紂(걸주)와 같은 主君입니다." 그러자 고조는 웃고 말았지만 속으로는 주창을 더욱 어려워하였다.《漢書 張周趙任申屠傳》참고.  ○孝文袵席無辯 – 袵席은 잠자리(臥席). 文帝가 愼夫人을 寵幸할 때도 황후는 피하지 않았다. 이를 無辯이라 표현했다.  ○選納尙簡 – 후궁을 고르고 간택하는 일은 오히려 간단했다.  ○飾玩少華 – 장식이나

노리개도 화려하지 않다.  ○世增淫費 - 대를 거듭할수록 음락의 비용은
증가했다.  ○掖庭三千 - 掖庭(액정)은 후궁의 거처.  ○增級十四 - 漢初에
는 황후 외에 后妾은 모두 夫人, 또는 美人이라 했고 女官의 등급 구분이
있었다. 그러나 차츰 세분화되었는데,《漢書 外戚傳》에 의하면 황후 아래
로 昭儀(소의, 승상 격) - 倢伃(첩여, 上卿 대우, 제후) - 娙娥(형아, 중이천석 대우, 關
內侯와 동급) - 傛華(용화, 眞二千石) - 美人(2천석 대우) - 八子(千石 대우) - 充依(충
의 천석 대우) - 七子(8백석 대우) - 良人(八百石 대우) - 長使(6백석 대우) - 少使(4
백석 대우) - 五官(3백석) - 順常(순상, 2백석) - 無涓(무연), 共和(공화), 娛靈(오
령), 保林(보림), 良使(양사), 夜者(야자)는 모두 1백석 대우로 총 14등급으로
구분하였다.  ○妖倖毀政之符 - 요염으로 총행을 받아 국정을 훼손하는
일이 있었다.  ○外姻亂邦之跡 - 외척으로 국가 혼란을 초래한 사례.


## [國譯]

　　秦(진)이 천하를 병탄한 이후 교만하고 自大하여 궁궐에 七國 미
녀를 두었으며, 女官의 관작을 八品으로 정했다. 漢 건국 이후 秦의
칭호를 따랐으며 후궁의 제도를 손보지 않았다. 고조 때는 남녀 간
의 내외를 따지지 않았고 孝文帝는 잠자리 구분도 없었다. 그렇지만
후궁의 선임은 오히려 간단하였고 장식이나 노리개도 화려하지 않
았다. 武帝와 元帝 이후 해마다 음탕한 쾌락에 들어가는 비용이 늘
어났으니 掖庭(액정)에는 3천 명의 여인이 있었고 등급도 14등급으
로 늘어났다. 요염으로 총애를 받아 정사를 그르친 사례나 외척으로
나라를 어지럽힌 자취는 前史(漢書)에 상세히 기록되었다.

## 原文

及光武中興, 斲彫爲朴, 六宮稱號, 唯皇后,貴人. 貴人金印紫綬, 奉不過粟數十斛. 又置美人,宮人,采女三等, 並無爵秩, 歲時賞賜充給而已. 漢法常因八月筭人, 遣中大夫與掖庭丞及相工, 於洛陽鄉中閱視良家童女, 年十三以上, 二十已下, 姿色端麗, 合法相者, 載還後宮, 擇視可否, 乃用登御. 所以明愼聘納, 詳求淑哲. 明帝聿遵先旨, 宮敎頗修, 登建嬪后, 必先令德, 內無出閫之言, 權無私溺之授, 可謂矯其敝矣. 向使因設外戚之禁, 編著〈甲令〉, 改正后妃之制, 貽厥方來, 豈不休哉! 雖御已有度, 而防閑未篤, 故孝章以下, 漸用色授, 恩隆好合, 遂忘淄蠹.

| 註釋 | ○光武中興 - 後漢 건국, 서기 25년. ○斲彫爲朴 - 斲彫은 조각한 것을 깎아내다. 斲은 깎을 착. 彫는 새길 조, 아름답게 만들다. ○六宮稱號 - 六宮은 皇后의 正寢(정침) 1개소와 妃嬪의 거처 5곳. 후궁에 대한 총칭. ○金印紫綬 - 金印紫綬는 相國(丞相)이나 太尉, 前, 後, 左, 右將軍의 印綬. ○美人,宮人,采女 - 采女는 宮女. ○漢法常因八月筭人 - 筭人은 人頭에 따라 징세하다. 인구조사를 하다. 筭은 算. 算賦. ○相工 - 관상을 잘 보는 사람. 관상가. ○合法相者 - 표준이나 인상이 적합하다. ○明愼聘納 - 明察하고 신중하게 살펴보고 예를 갖춰 맞이하다. ○詳求淑哲 - 賢淑明哲한 가를 상세히 살펴 맞이하다. ○聿遵先旨 - 선대의 뜻을 그대로 따르다. 聿遵은 따르다. 준수하다. 聿은 붓 율(筆), 따를 율, 이에 율. 발어사. ○宮敎頗修 - 궁내 예교가 자못 잘 시행되다. ○內無出閫之言 - 안에서 하는 말이 밖으로 나가지 않다. 閫은 문지방 곤. ○權無私溺之授 -

권한을 사적인 총애에 의거해 주지는 않았다. ㅇ可謂矯其敝矣 - 폐습을 바로잡았다고 할 수 있다. ㅇ向使因設外戚之禁 - 이런 뜻으로 외척에 대한 금령을 마련하다. ㅇ編著〈甲令〉 - 甲令으로 제정하다. 이전 황제(前帝)들의 第一篇 詔令, 甲令, 乙令, 丙令, 丁令…으로 구분. ㅇ貽厥方來 - 후손에게 전해 오다. ㅇ雖御己有度 - 황제 자신이 그런 節度의 뜻이 있었어도. ㅇ防閑未篤 - (후궁 외척의 발호에 대한) 방어 조치에 힘쓰지 않았다. 防閑은 막다. 閑은 막을 한. ㅇ孝章以下 - 肅宗 章帝(재위 76-88년). ㅇ漸用色授 - 점차 미색으로 직책을 수여하다. ㅇ恩隆好合 - (미모가 뛰어난 후궁에게) 특별한 은총을 내리다. ㅇ遂忘淄蠹 - 드디어 잊히고 사라지다. 淄蠹는 빛이 검어지고(퇴색) 조금씩 없어지다. 淄는 검을 치. 黑色. 蠹는 좀 두.


**[國譯]**

光武帝의 中興 이후로 조각을 깎아버리듯 질박하여 六宮의 호칭은 오직 皇后와 貴人뿐이었다. 貴人은 金印에 紫綬(자수)를 차더라도 봉록은 곡식 수십 斛(곡)을 넘지 않았다. 또 美人, 宮人, 采女의 3등급을 두었지만 결코 다른 작위나 질록이 없이 歲時에 하사품을 내려줄 뿐이었다. 漢法에 매년 8월에 인구에 따를 算賦(산부)를 징수하였는데, 그때 中大夫와 掖庭丞(액정승)과 관상 보는 사람을 보내 낙양 근처 마을을 돌며 良家의 童女로 나이 13세 이상 20세 이하로 자태가 단정하고 미려한 동녀로 기준과 관상에 적합한 자를 골라 수레에 태워 후궁으로 데려왔고 可否를 심사하여 합격한 경우에 황제를 모실 수 있게 하였다.

이렇듯 분명하고 신중한 예를 갖춰 맞이하되 현숙하고 총명한 여인을 찾고자 하였다. 明帝는 先帝의 뜻을 준수하였기에 궁내 禮敎가 자못 잘 시행되었으며 비빈을 책립하면서 먼저 婦德을 필히 앞세웠기에 궁내에서 밖으로 나가는 말이 없었고 사적으로 편애하여 수여하는 권한이 없었으니 가히 그간의 폐단을 바로잡았다고 말할 수 있었다.

만약 외척에 대한 금령을 설정하고, 이를 〈甲令〉으로 엮어 后妃에 관한 법제를 제정하여 후손에게 내려가게 하였다면 어찌 아름답지 않았겠나! 그러나 황제에게 그런 節度가 있었지만 (후궁의) 폐단을 예방하려 힘쓰지 않았기에 章帝 이후로는 점차 미색에 따라 직책을 수여하고 특별한 은총을 내리게 되자 (선대의 법도는) 드디어 잊히고 사라졌다.

<br>

### 原文

自古雖主幼時艱, 王家多釁, 必委成冢宰, 簡求忠賢, 未有專任婦人, 斷割重器. 唯秦羋太后始攝政事, 故穰侯權重於昭王, 家富於嬴國. 漢仍其謬, 知患莫改. 東京皇統屢絶, 權歸女主, 外立者四帝, 臨朝者六后, 莫不定策帷帟, 委事父兄, 貪孩童以久其政, 抑明賢以專其威. 任重道悠, 利深禍速. 身犯霧露於雲臺之上, 家嬰縲絏於圄犴之下. 湮滅連踵, 傾輈繼路. 而赴蹈不息, 燋爛爲期, 終於陵夷大運, 淪亡神寶. 《詩》,《書》所歎, 略同一揆. 故考列行跡, 以爲〈皇后本紀〉. 雖成敗事異, 而同居正號者, 並列於篇. 其以私恩追尊, 非當時所奉者, 則隨它事附出. 親屬別事, 各依列傳. 其餘

無所見, 則係之此紀, 以纘西京〈外戚〉云爾

| 註釋 | ○多釁 – 약점(결점)이 많다. 釁은 피 바를 흔. 허물, 틈. ○必
委成冢宰 – 冢宰는 재상, 冢은 크다. 맏이. 正室, 무덤 총. 총재에게 성취를
위임해야 한다. ○簡求忠賢 – 충성하며 현명한 인재를 구해야 한다. 簡은
선발하다. 견주어 세다. 대쪽 간. ○斷割重器 – 斷割은 절단하다. 통째로
처리하다. 重器는 나라의 중요한 보배. 國政. ○秦羋太后始攝政事 – 羋는
양이 우는 소리 미. 太后는 昭王의 생모인 宣太后. 태후 섭정의 시작. 攝은
당길 섭, 손에 쥐다. ○故穰侯權重於昭王 – 穰侯(양후)는 宣太后 同母弟인
魏冉(위염). 昭王(昭襄王, 재위 전 307-251년). ○家富於嬴國 – 嬴氏의 秦國.
嬴(찰 영)은 秦의 國姓. ○漢仍其謬 – 漢은 그 잘못을 답습하다. 仍 인할
잉, 거듭하다. ○東京皇統屢絶 – 東京은 낙양. 곧 後漢을 의미. ○外立者
四帝 – 安帝, 質帝, 桓帝, 靈帝. ○臨朝者六后 – 六后는 章帝의 竇太后, 和
熹鄧太后, 安思閻太后(염태후), 順烈梁太后, 桓思竇太后, 靈思何太后. ○莫
不定策帷帟 – 莫不은 ~하지 않은 이가 없었다. 문장 끝까지 해당. ○委
事父兄 – 국사를 황후의 친부나 오빠에게 맡기다. 帷帟(유역)은 휘장, 휘장
을 두른 내실. 帷은 휘장 유. 帟은 장막 역. 帷幕, 帷帳. ○貪孩童~ – 孩童
은 어린아이. 安帝는 13살, 質帝는 8세, 桓帝는 15세, 靈帝는 12살에 즉위
했다. 獻帝는 8살에 즉위하였다. ○任重道悠 – 悠는 멀 유. 任重道遠,「曾
子曰, "士不可以不弘毅, 任重而道遠. 仁以爲己任, 不亦重乎? 死而後已, 不
亦遠乎?"」《論語 泰伯》. ○利深禍速 – 이득이 크면 災禍도 빨리 닥친다.
○身犯霧露於雲臺之上 – 霧露는 질병, 바로 대놓고 死를 말할 수 없어 병
에 걸렸다는 완곡한 표현을 사용. 靈帝 建寧 元年 中常侍 曹節(조절)은 矯
詔(교조)로 대신들을 죽이고 竇太后를 南宮 雲臺(운대)로 移居케 하고 나쁜
병에 걸렸다고 상주하였다. ○家嬰縲絏於圄狴之下 – 家嬰(가영)은 家屬.
縲絏(누설)은 검은 밧줄에 묶이다. 옥에 갇히다. 縲는 포승 루. 밧줄. 絏은

맬 설. 圄犴(어안)은 감옥. 圄는 감옥 어. 가두다. 犴은 마을에 있는 옥 안. 들개(野犬) 안. ㅇ 湮滅連踵 - 湮滅(인멸)은 자취도 없이 사라지다. 湮沒. 湮은 잠길 인. 망하다. 連踵(연종)은 이어지다. 踵은 발꿈치 종. 따라가다. 계승하다. ㅇ 傾軸繼路 - 傾軸(경주)는 엎어진 수레. 軸는 끌채 주. 작은 수레. 繼路는 길에 이어지다. 賈誼(가의)는 文帝에게 올린 그의 〈治安策〉에서 '前車覆 後車誡'라고 하였다. ㅇ 赴蹈不息 - 赴蹈(부도)는 달려가다. 따라가다. 赴 나아갈 부. 蹈는 밟을 도. ㅇ 燋爛爲期 - 燋爛(초란)은 불에 타서 살이 문드러지다. 燋는 횃불 초. 불에 그슬리다. 爛은 문드러질 란. 불에 데다. 爲期는 기한으로 생각하다. ~할 때까지. ㅇ 終於陵夷大運 - 陵夷(능이)는 완전히 없어지다. 평평해지다. 頹替(퇴체). 大運은 國運. ㅇ 淪亡神寶 - 淪亡(윤망)은 몰락하다. 淪은 잠길 윤(륜), 말하다. 神寶는 帝位. ㅇ 略同一揆 - 대략 상동하다. 略同一揆는 같은 경우. 하나의 법칙. 揆는 헤아릴 규. ㅇ 考列行跡 - 그러한 행적을 고찰하고 열거하다. ㅇ 居正號者 - 정식 칭호를 누린 자. ㅇ 私恩追尊 - 개인적 은혜로 추존하다. ㅇ 隨它事附出 - 다른 기록에 부수하여 기록했다는 뜻. ㅇ 係之此紀 - 이 本紀에 기록하다. 貴人이지만 여기에 입전한 경우가 있다. ㅇ 以纘西京〈外戚〉云爾 - 纘은 잇다(續也), 이을 찬. 西京은 장안, 곧 前漢. 〈外戚〉은 班固의《漢書 外戚傳》. 〈外戚傳〉上, 下에는 모두 15명의 황후를 입전했고, 元帝의 王皇后는 〈元后傳〉에 단독 입전하여 王氏 세력이 어떻게 성장하여 前漢을 멸망에 이르게 했는가에 대한 그 전말을 기록하였다. 또 〈王莽傳〉上, 中, 下卷에도 그런 뜻이 들어있다. 云爾(운이)는 云云. 글이나 말을 끝내거나 생략할 때의 표현.

## [國譯]

예로부터 주군이 어리어 나라가 난관에 처하고 王家가 어려운 일이 많더라도, 꼭 재상에게 국사를 맡기고 충성 현명한 인재를 구해도록 했으며, 여인에게 전적으로 일임하여 국사를 전담케 하지는 않았다. 그러다가 秦의 羋太后(미태후, 昭公의 생모)가 처음 섭정을 하였는데 穰侯(양후)의 권력은 昭王보다 더 강했고 그 가문은 秦國보다도 부유했다.

漢은 그런 오류를 답습하여 폐단을 알면서도 고치지 않았다. 後漢의 皇統은 자주 단절되었고 국권이 女主에게 돌아가 4명의 황제를 외부에서 옹립했고, 6명의 황후가 조정에 나와 정사를 처리했는데, 유장 안에서 방책을 결정짓고 국사를 황후의 부친이나 형제에 일임하였으며, 어린 황제를 세워 오랫동안 정권을 쥐고 현명한 인재를 억제하면서 마음껏 위세를 부리지 않은 사람이 없었다.

그러나 짐은 무겁고 갈 길은 멀었으며, 이득이 많다면 재앙도 빨리 닥치는 것이다. 몸은 雲臺에 갇혔다가 죽었고, 친속들은 밧줄에 묶이고 옥에 갇혔다. 죽음이 꼬리를 물었고 엎어진 수레는 연달아 길을 메웠다. 그런데도 달려가 불에 타 없어지고, 국운이 다하며 帝位가 사라질 때까지도 멈추지 않았다.

《詩經》이나 《書經》에도 대개 비슷한 탄식을 볼 수 있다. 그래서 그런 행적을 詳考하고 열거하여 〈皇后本紀〉를 엮었다. 비록 (각 황후마다) 성패나 사적이 다르지만 정식 칭호를 누린 자를 본편에 수록하였다. 황제가 사적 은혜로 추존하거나 당시 사람들에게 받들어지지 않은 경우는 다른 사건에 따라 기록하였다. 황후 친족의 다른 사안들은 각 그 열전에 기록했다. 그 외에 다른 기록이 없을 경우에는 이 〈皇后紀〉에 연계 기록하여 전한 《漢書》〈外戚傳〉을 계승하였다. (여기까지는 〈皇后紀〉上, 下의 서론이라 할 수 있다.)

# ❶ 光武郭皇后

原文

光武郭皇后諱聖通, 眞定藁人也. 爲郡著姓. 父昌, 讓田
宅財産數百萬與異母弟, 國人義之. 仕郡功曹. 娶眞定恭王
女, 號郭主, 生后及子況. 昌早卒. 郭主雖王家女, 而好禮節
儉, 有母儀之德. 更始二年春, 光武擊王郎, 至眞定, 因納后,
有寵. 及卽位, 以爲貴人.

| 註釋 |  ○光武郭皇后諱聖通 – 郭聖通(?-52년, 재위 26-41년), 光武帝 光
武의 2번째 아내이자 첫 번째 황후.  ○眞定藁人 – 眞定은 建武 2年(서기
26), 前漢 眞定王 劉楊(유양)의 아들 劉得을 眞定王에 봉했다. 건무 13년 眞
定侯로 강등하며 常山郡에 소속. 眞定은 國名, 縣名. 今 河北省 중부 石家
莊市 관할 正定縣. 藁는 현명. 今 石家莊市 관할 藁城市(고성시). 마를 고.
○郡功曹 – 군 태수나 현령의 보좌관. 지방 현지 관원 중 최고위직. 功曹
掾, 功曹史라 통칭. 유고 시 태수나 현령을 대행.  ○更始二年 – 서기 24년.

[國譯]

光武帝 郭皇后의 諱(휘)는 聖通(성통)인데, 眞定國 藁縣(고현) 사람
이었다. 郡內의 大姓이었다. 부친 郭昌(곽창)은 전택과 재산 수백만
전을 異腹 동생에게 주었는데 사람들이 그를 의인으로 생각했다.
(곽창은) 郡의 功曹(공조)였는데, 眞定 恭王(劉普)의 딸을 아내로 맞
이하였는데 郭主(곽씨에게 시집 온 공주란 뜻)라 불렸고, 황후(聖通)와
아들 郭況(곽황)을 낳았다. 곽창은 일찍 죽었다. 郭主는 비록 王家의

딸이었지만 예의를 지켰고 절약 검소하였으며 母儀의 德이 있었다. 更始(경시) 2년 봄, 光武가 王郎(왕랑)을 공격하면서 眞定에 와서는 아내로 맞이했고 총애하였다. 광무제가 즉위하며 貴人이 되었다.

原文

建武元年, 生皇子彊. 帝善況小心謹愼, 年始十六, 拜黃門侍郎. 二年, 貴人立爲皇后, 彊爲皇太子, 封況綰蠻侯. 以后弟貴重, 賓客輻湊. 況恭謙下士, 頗得聲譽. 十四年, 遷城門校尉. 其後, 后以寵稍衰, 數懷怨懟. 十七年, 遂廢爲中山王太后, 進后中子右翊公輔爲中山王, 以常山郡益中山國. 徙封況大國, 爲陽安侯. 后從兄竟, 以騎都尉從征伐有功, 封爲新郪侯, 官至東海相. 竟弟匡爲發干侯, 官至太中大夫. 后叔父梁, 早終, 無子. 其壻南陽陳茂, 以恩澤封南䜌侯.

| 註釋 | ○建武元年 – 서기 25년. ○生皇子彊 – 劉彊(유강)은 뒷날 東海 恭王으로 明帝 永平 원년 病死. 郭皇后는 沛 獻王 劉輔, 濟南 安王 劉康, 阜陵 質王 劉延, 中山 簡王 劉焉(유언) 등을 낳았다. ○黃門侍郎 – 환관의 업무. 질록 6백석, 無 定員, 황제 侍從, 中外의 각종 업무 처리. ○數懷怨懟 – 자주 원한을 품다. 懟는 원망할 대. ○(建武) 十七年 – 서기 41년. ○陽安侯 – 陽安은 汝南郡의 현명. 今 河南省 駐馬店市 汝南縣. ○東海相 – 東海(郡)國 치소는 郯縣(담현), 今 山東省 臨沂市 관할 郯城縣(담성현). ○發干侯 – 發干(발간)은 東郡의 현명. 今 山東省 서북부 聊城市(요성시) 冠縣 동남.

建武 원년, 皇子 彊(강)을 출산했다. 광무제는 (처남인) 郭況(곽황)은 나이 16세이나 조심하고 처신이 신중하였는데 광무제는 이를 칭찬하며 黃門侍郞에 임명했다. (建武) 2년, 郭貴人을 皇后로 책립하고 彊(강)을 皇太子로, 곽황을 縣蠻侯(면만후)로 봉했다. (곽황은) 황후의 동생으로 고귀한 사람이라 사방에서 빈객이 모여들었다. 곽황은 공손 겸양으로 선비를 대우하여 자못 명성이 높았다. (곽황은) (建武) 14년, 城門校尉로 승진했다. 그 이후로, 황후에 대한 총애가 식자 (황후는) 자주 원한을 품었다. 17년, 결국 황후를 폐위하여 中山王의 太后로 삼으면서 곽황후 소생의 둘째 아들 右翊公(우익공) 輔(보)를 中山王으로 봉했고, 常山郡을 中山國에 보태주었다. 곽황을 大國으로 옮겨 陽安侯에 봉했다. 곽황후의 4촌 오빠인 郭竟(곽경)은 騎都尉로 광무제를 따라 정벌에 공을 세워 新郪侯(신처후)에 봉했고 관직은 東海國 相을 지냈다. 곽경의 동생인 郭匡(곽광)은 發干侯(발간후)가 되었고 관직은 太中大夫에 이르렀다. 곽황후의 숙부인 郭梁(곽량)은 일찍 죽고 아들이 없었다. 그래서 곽량의 사위(壻, 婿)인 南陽의 陳茂(진무)는 황제의 특별한 은택으로 南䜌侯(남련후)가 되었다.

## 原文

二十年, 中山王輔復徙封沛王, 后爲沛太后. 況遷大鴻臚. 帝數幸其第, 會公卿諸侯親家飮燕, 賞賜金錢縑帛, 豐盛莫比, 京師號況家爲金穴. 二十六年, 后母郭主薨, 帝親臨喪送葬, 百官大會, 遣使者迎昌喪柩, 與主合葬, 追贈昌陽安侯印綬, 諡曰思侯, 二十八年, 后薨, 葬於北芒.

| 註釋 | ○(建武) 二十年 – 서기44년. ○金穴 – 황금 구덩이. 金穴銀窟. ○二十八年 – 서기 52년. ○葬於北芒 – 北芒(북망)은 北邙山(해발 300여 m 내외). 邙山, 今 河南省 洛陽市 북. 黃河의 南岸, 鄭州市 까지 100여 km 이어진 산. 後漢 및 魏, 晋의 王侯公卿의 무덤이 많아 묘지의 대명사로 널리 통용. 秦相 呂不韋, 光武帝 劉秀의 原陵, 西晉 司馬氏, 南朝 陳後主, 唐 杜甫, 서예가 顔眞卿(안진경)의 능묘가 있음. 洛陽古墓博物館이 있으며 '生在蘇杭, 葬在北邙'이라는 속언도 있다.


[國譯]

　(建武) 20년, 中山王 輔(보)를 다시 옮겨 沛王(패왕)에 봉하자 곽황후는 沛太后가 되었다. 곽황은 大鴻臚(대홍려)로 승진했다. 광무제는 자주 곽황의 집에 행차하여 공경과 친척을 모아놓고 잔치를 즐겼고 금전과 비단을 하사하여 풍성하기가 비할 데 없이 많았기에 그때 낙양에서는 곽황의 집을 '金穴(금혈)'이라고 불렀다.

　(建武) 26년 곽황후 모친 郭主(곽주)가 죽었는데 광무제는 친히 상가에 나아가 장례를 마쳤는데 백관이 모두 모였고 (황제는) 사자를 보내 郭昌(곽황후 先考)의 운구를 옮겨와 郭主와 함께 장례했으며, 곽창에게 陽安侯의 인수를 추증하였고 시호를 思侯(사후)라 하였다. (建武) 28년, 곽황후가 죽자 北芒山(北邙山)에 장례했다.

帝憐郭氏, 詔況子璜尙淯陽公主, 除璜爲郞. 顯宗卽位,
況與帝舅陰識,陰就並爲特進, 數授賞賜, 恩寵俱渥. 禮待
陰,郭, 每事必均. 永平二年, 況卒, 贈賜甚厚, 帝親自臨喪,
諡曰節侯, 子璜嗣.

| 註釋 | ㅇ淯陽公主 – 광무제의 4女, 皇后 陰麗華 所生. 육양은 南陽郡
의 읍명. 今 河南省 南陽市 관할 新野縣. ㅇ顯宗卽位 – 明帝 즉위, 서기 58
년. ㅇ恩寵俱渥 – 俱渥(구악)은 매우 두텁다. 渥은 두터울 악. ㅇ永平二年
– 明帝, 서기 59년.

[國譯]

광무제는 郭氏가 안쓰러워 조서로 郭況(곽황)의 아들 郭璜(곽황)에
게 淯陽公主(육양공주)와 결혼케 하였으며 郭璜에게 낭관을 제수하
였다. 顯宗(明帝)가 즉위하자 郭況과 명제의 외숙인 陰識(음식), 陰
就(음취)와 함께 特進이 되었고 자주 하사품을 내려주었으며 은총이
매우 두터웠다. 명제는 陰氏와 郭氏 예우에 매사가 균등하였다, 永
平 2년에 郭況이 죽자 증여와 하사품이 매우 많았고 明帝가 친히 조
문하였으며, 시호를 節侯라 하였고 아들 璜(황)이 뒤를 이었다.

原文

元和三年, 肅宗北巡狩, 過眞定, 會諸郭, 朝見上壽, 引入

倡飮甚歡. 以太牢具上郭主冢, 賜粟萬斛, 錢五十萬. 永元初, 璜爲長樂少府, 子舉爲侍中, 兼射聲校尉. 及大將軍竇憲被誅, 舉以憲女壻謀逆, 故父子俱下獄死, 家屬徙合浦, 宗族爲郞吏者, 悉免官.

　新郪侯竟初爲騎將, 從征伐有功, 拜東海相. 永平中卒, 子嵩嗣, 嵩卒, 追坐染楚王英事, 國廢. 建初二年, 章帝紹封嵩子勤爲伊亭侯, 勤無子, 國除. 發干侯匡, 官至太中大夫, 建武三十年卒, 子勳嗣, 勳卒, 子駿嗣, 永平十三年, 亦坐楚王英事, 失國. 建初三年, 復封駿爲觀都侯, 卒, 無子, 國除. 郭氏侯者凡三人, 皆絶國.


| 註釋 |　○元和三年 – 章帝, 서기 86년.　○朝見上壽 – 황제를 뵙고 축수하다.　○倡飮 – 즐겁게 잔치하다.　○永元初 – 和帝 서기 89년.　○合浦 – 交州 郡名. 治所는 合浦縣. 今 廣西壯族自治區 동남부 北海市 관할 合浦縣.　○楚王英事 – 楚王 劉英은 광무제의 아들, 생모 許氏가 총애를 못 받아 작은 貧國에 봉해졌다. 젊어서부터 유협 기질이 있어 빈객과 널리 교제했다. 명제 永平 10년(70년) 圖書를 위작하며 帝位를 계획한다는 상주가 있어 永平 14년에 자살하였다.　○建初二年 – 章帝의 연호, 서기 77년.　○紹封 – 끊어진 代를 이어 봉하다.


[國譯]

　元和 3년, 肅宗(章帝)는 북쪽을 巡狩(순수)하면서 眞定縣에 들리자 여러 郭氏가 모여 (황제를) 알현하며 축수하자 황제는 곽씨 일족과 함께 즐겨 마시며 매우 기뻐하였다. 장제는 太牢(태뢰)를 郭主의 무덤에 올리고, 곡식 1萬 斛(곡)과 금전 50만 전을 하사하였다. (和帝) 永元 초년에 郭璜은 長樂少府가 되었고, 아들 郭擧(곽거)는 侍中으로 射聲校尉를 겸직했다. 大將軍 竇憲(두헌)이 역모로 주살되자 곽거는 두헌의 사위로 역모에 관련이 되어 부자가 함께 옥사하였고, 가속은 모두 合浦郡에 강제 이주하였으며, 일족으로 낭관이 된 자들은 모두 면직되었다.

新郪侯(신처후) 郭竟(곽경, 곽황후의 4촌 오빠)은 처음에 騎將으로 (광무제를 따라) 정벌에 공을 세워 東海國 相이 제수 받았다. (明帝) 永平 연간에 죽어 아들 郭嵩(곽숭)이 이었고, 곽숭이 죽자 楚王 劉英(유영)의 모반에 추가로 연좌되어 나라가 없어졌다. (章帝) 建初 2년, 章帝는 곽숭의 아들 郭勤(곽근)을 伊亭侯(이정후)에 이어 봉했으나 곽근이 無子하여 나라가 없어졌다.

發干侯(발간후) 郭匡(곽광, 郭竟의 동생)은 관직이 太中大夫에 이르렀고 建武 30년(서기 54)에 죽어 아들 郭勳(곽훈)이 뒤를 이었고, 곽훈이 죽자 아들 郭駿(곽준)이 이었으나 永平 13년, 역시 楚王 英(영)의 모반에 연좌되어 나라를 잃었다. (章帝) 建初 3년에 다시 곽준을 觀都侯(관도후)에 봉했고 죽은 뒤 아들이 없어 나라가 없어졌다. 郭氏로 제후가 된 자는 모두 3인이었으나 다 나라가 끊겼다.

論曰, 物之興衰, 情之起伏, 理有固然矣. 而崇替去來之甚者, 必唯寵惑乎? 當其接床第, 承恩色, 雖險情贅行, 莫不德焉. 及至移意愛, 析嬾私, 雖惠心妍狀, 愈獻醜焉. 愛升, 則天下不足容其高, 歡隊, 故九服無所逃其命. 斯誠志士之所沈溺, 君人之所抑揚, 未或違之者也. 郭后以衰離見貶, 恚怨成尤, 而猶恩加別館, 增寵黨戚. 至乎東海逡巡, 去就以禮, 使後世不見隆薄進退之隙, 不亦光於古乎!

| 註釋 |  ○崇替(숭체) – 성쇠, 隆替(융체). 替는 버리다. 없어지다.  ○寵惑(총혹) – 총애하거나 惑愛(혹애)하다. 푹 빠지다.  ○床第(상자) – 침상. 第는 평상 자. 대자리.  ○險情贅行 – 險情은 일시적 감정. 贅行(췌행)은 쓸데없는 짓. 贅는 군더더기 췌, 이을 췌.  ○析嬾私 – 析은 나눠지다. 갈라지다. 嬾私는 아름다워 몰래 사랑하다. 嬾은 아름다울 연.  ○惠心妍狀 – 妍狀(연상)은 아름다운 모습. 모습을 아름답게 꾸밈.  ○歡隊(환추) – 歡心이 없어지다. 사랑을 빼앗기다. 隊는 떨어질 추(墜 通). 잃다. 무리 대.  ○九服 – 九畿. 도성에서부터 500리를 단위로 一畿(일기)로 하여 가장 가까운 侯服에서부터 9등급 떨어진 蕃服까지. 이 땅 위의 모든 곳. 服은 천자에 복종한다는 뜻.  ○沈溺(침닉) – 어떤 일에 몹시 빠짐. 관습에 사로잡혀 헤어나지 못함. 耽溺(탐닉).  ○君人之所抑揚 – 君人은 人君. 抑揚(억양)은 비난과 칭찬. 고의로 억누르거나 격려하는 일.  ○衰離見貶 – 미모의 쇠퇴에 따른 폄하. 貶은 떨어트릴 폄. 깎아내리다. 곽황후가 아들을 다섯이나 출산하였으니 미모의 쇠퇴는 자연스러운 현상이었다.  ○恚怨成尤 – 성내고 원망하여 더 허물을 짓는다. 恚는 성날 에. 怨은 원망할 원. 尤는 허물 우, 더욱 우, 나무랄 우.  ○別館 – 곽황후를 中山國 태후로 삼아 아들과 같이 지내게 하였다.  ○增寵黨戚 – 黨戚(당척)은 戚黨(척당). 외척과 처족. 여기서는 곽태후의 일족. 黨은 일가, 친척. 戚은 겨레 척. 외척.  ○東海逡巡 – 東

海王 彊(강), 곽태후 소생. 逡巡(준순)은 조금씩 뒤로 물러나다. 나아가지 못하다. 태자에서 폐위하여 동해왕에 봉했다. 逡 뒷걸음질 칠 준. 巡은 돌 순.

## [國譯]

　范曄(범엽)의 史論 : 사물의 흥성과 쇠퇴, 人情의 오르내림은 다 그럴만한 이유가 있다. 성쇠와 거래가 극심한 것이 꼭 총애나 미혹 때문이겠는가? (천자를) 잠자리에서 모시며 은총을 받는 것이 일시적 감정이나 우연한 행위라고 하여도 이는 (천자의) 은덕이 아닌 것이 없다. 나중에 애정의 마음이 바뀌고 다른 미인에게 정을 나누어 주었다 하여 비록 고마워하던 마음이나 고운 모습이 더욱 추한 모습으로 나타날 수 있다. 한창 총애를 받을 때는 온 천하도 그 높이를 다 포용하지 못하지만, 환심이 추락한다면 아무리 먼 구석진 곳에서라도 그 목숨을 부지할 수가 없다. 이는 진실로 志士의 耽溺(탐닉)일 수도 있고 人君의 고의적인 억제나 격려일 수도 있으나 그 누구도 (황제의) 뜻을 거스를 자가 있을 수 없었다. 郭황후는 미색이 쇠퇴하면서 멀어졌는데 성내고 원망하면서 새로운 허물을 만들었지만 그래도 광무제의 은총으로 별관에 거처케 하였고 곽황후 일족에 대한 총애는 더욱 많았다. (곽황후 소생인) 東海王이 황태자에서 물러났어도 그 거취에 예를 갖추게 하였으니, 이는 후세에 융성과 쇠퇴, 또는 진퇴에 관하여 큰 차이가 없었으니, 이 또한 예전보다 더한 광채가 아니겠는가!

## ❷ 光烈陰皇后

光烈陰皇后諱麗華, 南陽新野人. 初, 光武適新野, 聞后美, 心悅之. 後至長安, 見執金吾車騎甚盛, 因歎曰, "仕宦當作執金吾, 娶妻當得陰麗華." 更始元年六月, 遂納后於宛當成里, 時年十九. 及光武爲司隷校尉, 方西之洛陽, 令后歸新野. 及鄧奉起兵, 后兄識爲之將, 后隨家屬徙淯陰, 止於奉舍.

| 註釋 |  ○光烈陰皇后 – 시법에 '執德遵業曰 烈'이라 하였다. 陰麗華(음려화, 서기 5-64년, 재위 41-57년)는 明帝 등 아들 5명 출산. 중국 역사에서 미모로 칭송을 듣는 여인이다. 陰陸(음륙)의 딸. ○南陽新野 – 縣名. 今 河南省 서남 南陽市 관할 新野縣. ○更始元年 – 서기 23년. ○宛當成里 – 宛縣은 남양군의 치소, 今 河南省 南陽市 宛城區. 當成里는 마을 이름. ○司隷校尉 – 更始帝가 장차 북쪽으로 진출하여 洛陽에 도읍하려고, 光武를 임시 司隷校尉에 임명하여 먼저 가서 궁궐과 관청을 정리하게 하였다. ○鄧奉起兵 – 破虜將軍. 건무 2년에 鄧奉(등봉)은 淯陽(육양)을 근거로 반란, 다음 해 광무제가 親征, 평정했다. 淯陽은 南陽郡의 읍명. 漢江의 지류인 淯水(육수, 唐白河)의 북쪽.

[國譯]

光烈陰皇后의 諱(휘)는 麗華(여화)로 南陽郡 新野縣 사람이다. 그전에, 光武帝(劉秀)가 新野縣에 갔을 때 陰麗華의 미모를 알고 마음으로 좋아했었다. 나중에 장안에 가서는 執金吾(집금오) 車騎兵의 멋진 모습을 보고서는 감탄하였다. "벼슬을 한다면 꼭 집금오가 되어야 하고, 아내를 얻는다면 응당 음려화를 얻어야 한다."

更始 원년 6월, 마침내 음려화를 宛縣 當成里에서 맞이하였는데 그때 음려화는 19세였다. 光武가 (更始帝의) 司隷校尉가 되어 서쪽으로 낙양에 가야할 때에 음씨를 신야현에 돌아가 있게 하였다. 나중에 鄧奉(등봉)이 기병했을 때 음려화의 오빠인 陰識(음직)은 등봉의 장수가 되었는데, 음씨는 가족을 따라 淯陽의 남쪽으로 가서 등봉의 집에 머물고 있었다.

## 原文

光武卽位, 令侍中傅俊迎后, 與湖陽,寧平主諸宮人俱到洛陽, 以后爲貴人. 帝以后雅性寬仁, 欲崇以尊位, 后固辭, 以郭氏有子, 終不肯當, 故遂立郭皇后. 建武四年, 從征彭寵, 生顯宗於元氏. 九年, 有盜劫殺后母鄧氏及弟訢, 帝甚傷之, 乃詔大司空曰.

「吾微賤之時, 娶於陰氏, 因將兵征伐, 遂各別離. 幸得安全, 俱脫虎口. 以貴人有母儀之美, 宜立爲后, 而固辭弗敢當, 列於媵妾. 朕嘉其義讓, 許封諸弟. 未及爵土, 而遭患逢禍, 母子同命, 愍傷於懷. 〈小雅〉曰, '將恐將懼, 惟予與汝. 將安將樂. 汝轉棄予.' 風人之戒, 可不愼乎? 其追爵謚貴人父陸爲宣恩哀侯, 弟訢爲宣義恭侯, 以弟就嗣哀侯後. 及屍枢在堂, 使太中大夫拜授印綬, 如在國列侯禮. 魂而有靈, 嘉其寵榮!」

**[國譯]**

光武帝는 즉위하고서, 侍中인 傅俊(부준)을 보내 음씨를 데려오게 하였는데 음씨는 湖陽長公主(호양장공주), 寧平公主(영평공주) 및 여러 궁인들과 함께 낙양에 도착하였고 음씨는 귀인이 되었다. 광무제는 음귀인의 품성이 우아하고 寬大仁慈하기에 황후의 존위로 높이려 하였으나 음귀인은 郭貴人(곽귀인)이 아들을 낳았기에 나중에 감당할 수 없다고 완강히 사양해서 결국 곽귀인이 皇后가 되었다. 建武 4년(서기 28년)에 음귀인은 광무제의 彭寵(팽총) 원정에 따라갔다가 顯宗(明帝)를 元氏縣(원씨현)에서 출산하였다. 건무 9년, 도적이 닥쳐 음귀인의 모친 鄧氏(등씨)와 동생 陰訢(음흔)을 살해하자 광무제는 몹시 마음 아파하면서 大司空에게 조서를 내렸다.

「짐이 미천할 때 陰氏을 아내로 맞이했으나 군사를 거느리고 정벌에 나서야 했기에 각자 떨어져 지내야 했다. 다행히도 몸을 지켜 호구를 벗어날 수 있었다. 음귀인은 어미의 훌륭한 품성을 다 갖추었기에 의당 황후가 되어야 했지만 감당할 수 없다며 굳이 사양하여 짐을 시중들기만 하였다. 짐은 그런 양보의 의리를 가상히 여기며 여러 형제들을 봉하려 했었다. 그러나 작위와 식읍을 내리기도 전에 환난과 재해를 당하여 모자가 함께 죽었으니 내 가슴에 연민의 정만 가득하도다. 〈小雅〉에서도 '겁나고 두려울 때 나와 너 함께 하자더니, 편안하고 즐거울 때 그대는 돌아서며 나를 버리도다.' 라는 시인의 훈계를 생각하지 않을 수 있겠는가? 음귀인의 父親(陰陸)에게 宣恩 哀侯를, 동생 訢(흔)에게 宣義 恭侯의 작위를 하사하고, 동생 就(취)가 哀侯의 후업을 계승토록 하라. 또 운구가 아직 內堂에 있으니 太中大夫를 보내 印綬(인수)를 제수하고 나라를 가진 列侯의 禮로 장례토록 하라. 死者의 魂靈이 있다면 이 은총과 영광으로 위로가 되리라!」

<br>

**原文**

十七年, 廢皇后郭氏而立貴人. 制詔三公曰,

「皇后懷執怨懟, 數違敎令, 不能撫循他子, 訓長異室. 宮闈之內, 若見鷹鸇. 旣無〈關雎〉之德, 而有呂,霍之風, 豈可託以幼孤, 恭承明祀. 今遣大司徒涉,宗正吉持節, 其上皇后

璽綬. <u>陰貴人</u>鄕里良家, 歸自微賤. '自我不見, 於今三年'. 宜
奉宗廟, 爲天下母. 主者詳案舊典, 時上尊號. 異常之事, 非
國休福, 不得上壽稱慶.」

后在位恭儉, 少嗜玩, 不喜笑謔. 性仁孝, 多矜慈. 七歲失
父, 雖已數十年, 言及未曾不流涕. 帝見, 常歎息.


| 註釋 |  ○(建武) 十七年 - 서기 41년.  ○宮闈之內 - 궁궐 내. 闈는 대
궐 작은 문 위.  ○若見鷹鸇 - 매. 鷹 매 응, 鸇 새매 전.  ○旣無〈關雎〉之德
- 요조숙녀의 덕이 없다.  ○呂,霍之風 - 고조의 呂后, 질투로 戚夫人을 잔
혹하게 살해했다. 霍은 宣帝의 곽황후, 霍光(곽광)의 처는 宣帝의 許황후를
독살하고 자신의 딸을 황후로 책봉케 했다.  ○歸自微賤 - 여인이 시집가
는 것을 歸라 했다.  ○'自我不見, 於今三年' -《詩經 豳風빈풍 東山》의 구
절.  ○嗜玩 - 嗜好品(기호품)이나 보석이나 패물 같은 玩賞物(완상물).


**[國譯]**

　(建武) 17년(서기 41), 황후 郭氏를 폐하고 陰 귀인을 황후로 책립
하였다. 三公에게 조서를 내렸다.

　「(郭) 황후는 마음에 원한을 품고 敎令(명령)을 자주 위반하여 다
른 皇子를 어우르지 못하고 다른 비빈 소생을 교육하지도 못하였다.
황후는 궁궐 안에 있는 사나운 매와 같았도다. 이미 窈窕(요조)한 后
妃의 미덕도 없고, 고조의 呂后나 선제 때 霍后와 같은 풍모이니 어
찌 어린 황자들을 부탁하고 공경으로 국가의 제사를 받들 수 있겠는
가? 이제 大司徒 戴涉(대섭)과 宗正 劉吉(유길)을 보내 부절을 갖고
가서 황후에게 印璽(인새)와 印綬(인수)를 올리도록 하라. 陰 귀인은

鄕里의 좋은 가문에서 짐이 미천할 때 시집을 왔었다. 그리고 '내가 떠나온 지가 벌써 3년'이라는 구절과 같았었다. (음황후는) 종묘를 바로 받들고 만백성의 어미가 되어야 한다. 주무 관리는 옛 제도를 상세히 살펴 좋은 일시에 존호를 올리도록 하라. 나라의 상서로운 큰 복이 아니라면 축수나 경하를 받을 수 없으리라.」

황후는 재위하며 공순 검소하며 기호나 놀이도 많지 않았으며 웃고 즐기지도 않았다. 인자 효순하면서도 연민이 많고 자애로운 성품이었다. 7세에 부친을 잃고 수십 년이 지났어도 부친을 회상할 때마다 눈물을 흘리지 않은 적이 없었다. 광무제는 그 효심에 늘 감탄했다.

## 原文

顯宗卽位, 尊后爲皇太后. 永平三年冬, 帝從太后幸章陵, 置酒舊宅, 會陰, 鄧故人諸家子孫, 並受賞賜. 七年, 崩, 在位二十四年, 年六十, 合葬原陵.

| 註釋 |  ○顯宗卽位 – 明帝 즉위, 서기 57년.  ○永平三年 – 서기 60년. ○章陵 – 南陽郡의 37개 國,縣의 하나. 今 湖北省 襄陽市(양양시) 관할 棗陽市(조양시)에 해당. 옛 春陵(용릉) 孝侯 劉仁(광무제의 큰할아버지)이 이주해온 白水鄕을 春陵縣이라 했었다. 광무제는 조부와 부친의 묘를 昌陵이라 했다가 다시 章陵으로 개명하면서 용릉현을 장릉현으로 개명했다.  ○會陰, 鄧故人~ – 음씨는 음황후의 본가. 鄧氏는 음황후의 외가.  ○七年 – 永平 7년(서기 64년).  ○原陵 – 광무제의 능. 낙양 소재.

**[國譯]**

顯宗(명제)가 즉위하자, 황후를 황태후로 높였다. 永平 3년 겨울, 명제는 태후를 모시고 章陵縣에 행차하여 옛집에서 잔치를 하며 陰氏와 鄧氏의 친지와 여러 자손들을 만났고 모두에게 하사품을 내렸다. (永平) 7년에 붕어했으니 재위 24년이었고, 나이 60세였고 原陵(원릉)에 합장하였다.

**原文**

明帝性孝愛, 追慕無已. 十七年正月, 當謁原陵, 夜夢先帝,太后如平生歡. 旣寤, 悲不能寐, 卽案歷, 明旦日吉, 遂率百官及故客上陵. 其日, 降甘露於陵樹, 帝令百官採取以薦. 會畢, 帝從席前伏御床, 視太后鏡奩中物, 感動悲涕, 令易脂澤裝具. 左右皆泣, 莫能仰視焉.

| 註釋 | ○(永平) 十七年 – 서기 74년. ○卽案歷 – 즉시 역서를 살펴보다. 歷은 曆 通. ○鏡奩中物 – 鏡은 거울. 奩 화장도구상자 렴(염). ○感動悲涕 – 마음으로 느껴 슬퍼 눈물을 흘리다. ○脂澤裝具 – 脂澤(지택)은 화장에 쓰는 기름. 裝具(장구)는 화장 도구.

**[國譯]**

明帝는 천성이 효성스럽고 그리는 정이 끝이 없었다. (永平) 17년 정월, 原陵(원릉)을 참배해야 하는데, 어느 날 밤 先帝와 太后가 살아서처럼 즐거워하는 꿈을 꾸었다. 잠에서 깨어나 슬픔에 다시 잠들지 못하고 바로 曆書를 따져 보아 다음 날이 길일인 것을 확인하고서 백관과 빈객을 거느리고 원릉을 참배하였다.

그날 原陵의 나무에 감로가 내렸는데 명제는 백관에게 명해 감로를 모아 종묘에 올리게 하였다. 행사를 마친 뒤 명제는 자리 앞의 침상에 엎드려 태후의 거울과 화장용 문갑의 물건을 응시하다가 슬픔에 눈물을 흘리며 화장용 기름병이나 화장 도구 등을 옮기라고 하였다. 좌우 모두가 눈물을 흘리며 바로 우러러보질 못했다.

## ❸ 明德馬皇后

明德馬皇后諱某, 伏波將軍援之小女也. 少喪父母. 兄客卿敏惠早夭, 母藺夫人悲傷發疾慌惚. 后時年十歲, 幹理家事, 勑制僮御, 內外諮稟, 事同成人. 初, 諸家莫知者, 後聞之, 咸歎異焉. 后嘗久疾, 太夫人令筮之, 筮者曰, "此女雖有患狀而當大貴, 兆不可言也." 後又呼相者使占諸女, 見后, 大驚曰, "我必爲此女稱臣. 然貴而少子, 若養它子者得力, 乃當踰於所生."

| 註釋 |  ○明德馬皇后諱某 – 謚法에 '忠和純淑曰 德'이라 하였다. 明帝의 황후 馬氏(재위 60-75년). 서기 79년 붕어. 이름이 전해지지 않았다. ○伏波將軍馬援(마원, 前 14-서기 49년) – 伏波將軍, 세칭 '馬伏波'. 고사성

어 '畵虎不成反類犬', '老當益壯'의 주인공.  ○母藺夫人 – 藺 골풀 인
(린). 성씨. '完璧歸趙'로 유명한 藺相如(인상여)가 있었다. 司馬相如는 인
상여의 이름을 그대로 따왔다.  ○諮稟 – 묻고 여쭙다.


## [國譯]

明德馬皇后의 이름은 알려지지 않았는데, 伏波將軍 馬援(마원)의
막내딸이다. 어려서 부모를 여의었다. 오빠인 客卿(객경, 마원의 막내
아들)은 영특했으나 일찍 죽자 (마황후의) 모친 藺(인) 부인은 슬픔이
병이 되어 정신이 어지러웠다〔慌惚(황홀)〕. 馬황후는 그때 나이 10
세에 집안일을 처리하고 하인을 거느리면서 집안 안팎의 일을 묻고
아뢰는 것이 어른과도 같았다. 처음에 다른 이도 이런 일을 몰랐으
나 뒤에 듣고서는 감탄하며 기특하게 여겼다. 어린 날의 마황후는
오래된 병이 있어 모친이 이를 두고 점을 쳤는데, 점쟁이가 말했다.

"이 여아는 비록 병을 타고났지만 아주 귀할 것이니 그 귀한 정도
는 말할 수 없습니다."

뒷날 관상가를 불러 여러 딸 관상을 보게 했더니 마황후를 보고
는 크게 놀라며 말했다.

"나는 필히 이분 앞에서 稱臣(칭신)해야 합니다. 그러나 고귀하지
만 자식이 적을 것이니 만약 남의 자식을 키워도 친자식보다 나을
것입니다."


## 原文

初, 援征五溪蠻, 卒於師, 虎賁中郎將梁松, 黃門侍郎竇固

等因譖之, 由是家益失勢, 又數爲權貴所侵侮. 后從兄嚴不
勝憂憤, 白太夫人絶竇氏婚, 求進女掖庭.

乃上書曰, 「臣叔父援孤恩不報, 而妻子特獲恩全, 戴仰陛
下, 爲天爲父. 人情旣得不死, 便欲求福. 竊聞太子, 諸王妃
匹未備, 援有三女, 大者十五, 次者十四, 小者十三, 儀狀髮
膚, 上中以上. 皆孝順小心, 婉靜有禮. 願下相工, 簡其可
否. 如有萬一, 援不朽於黃泉矣. 又援姑姊妹並爲成帝婕妤,
葬於延陵. 臣嚴幸得蒙恩更生, 冀因緣先姑, 當充后宮.」

由是選后入太子宮. 時年十三. 奉承陰后, 傍接同列, 禮
則脩備, 上下安之. 遂見寵異, 常居后堂.

| 註釋 | ○援征五溪蠻 – 五溪蠻(五谿蠻, 오계만)은 오계의 羌族(강족). 五
溪는 巴郡, 蜀郡 일대 강족의 한 갈래로 武陵郡의 五溪 일대에 거주. ○竇
固(두고, ?-88년) – 蠻夷 정벌에 공이 많았다. ○數爲權貴所侵侮 – 자주 권
귀들에게 무시당하다. 侮는 업신여길 모. ○儀狀髮膚 – 자태와 용모. ○太
夫人 – 제후의 모친. 여기서는 마원의 모친, 곧 마황후의 조모. ○臣叔父
援 – 신하가 황제에게 올리는 글에는 姓을 쓸 수가 없었다. 우리말 번역에
서는 편의상 성씨를 표기한다. ○成帝婕妤 – 전한 成帝(재위 前 32-前 7).
婕妤(첩여)는 倢伃(첩여). 황후 이외의 비빈 14등급 중 2등급. 外朝의 上卿
에 해당, 작위로는 列侯에 해당하는 女官. 班固와 班昭의 왕고모도 成帝의
婕妤였다. ○延陵 – 전한 成帝의 능.

[國譯]
그전에 馬援은 군사를 거느리고 五溪의 蠻夷(만이)를 정벌하다가

陣中에서 죽었는데, 虎賁中郎將인 梁松(양송)과 黃門侍郎 竇固(두고) 등은 이를 계기로 상관인 마원을 참소하였고, 이 때문에 가문은 더욱 세력을 잃었으며, 거기에 여러 차례 權貴들에게 침탈당했다. 뒷날 마황후의 사촌 오빠인 馬嚴(마엄)은 울분을 이기지 못하고 太夫人(馬황후의 조모)에게 아뢰어 竇氏(두씨) 집안과의 혼약을 파하고 (마원의) 딸을 궁중에 보내고자 하였다. 그래서 상서하였다.

"臣의 叔父인 馬援(마원)은 먼저 죽어 皇恩에 보답하지도 못했으나 처자는 목숨을 보전하여 폐하를 하늘처럼 우러러보며 선친을 모시고 있습니다. 보통 사람의 情이 있어 죽지도 못하면서 복을 바라고 있습니다. 지금 太子나 여러 왕의 배필이 아직은 다 정해지지 않았다고 알고 있습니다만, 馬援에 딸 셋이 있는데 큰 아이가 15살, 다음이 14살, 막내 아이가 13살로 몸매나 용모가 中上 이상은 됩니다. 모두 효도하고 온순하며 언행을 조심하면서 곱고도 정숙하며 예를 따르고 있습니다. 우선 관상가를 보내어 그 가부를 가름해주기 바랍니다. 만에 하나 뽑히게 된다면 마원은 황천에서라도 안심할 것입니다. 그리고 마원의 할머니 자매들도 모두 成帝의 婕妤(첩여)였기에 延陵(연릉)에 배장 되었습니다. 臣 嚴(엄)이 다행히 성은을 받을 수 있다면 선대 조모의 인연이 이어져 사촌 자매의 입궁만을 바랍니다."

이렇게 해서 마황후는 태자궁에 뽑혀 들어갔다. 그때 13살이었다. 陰 황후를 받들면서 비빈들의 주위에서 예법을 잘 따라 아래 위 사람 모두의 인정을 받았다. 마침내 특별한 총애를 받으면서 늘 後堂에서 생활하였다.

## 原文

顯宗卽位, 以后爲貴人. 時后前母姊女賈氏亦以選入, 生肅宗. 帝以后無子, 命令養之. 謂曰, "人未必當自生子, 但患愛養不至耳." 后於是盡心撫育, 勞悴過於所生. 肅宗亦孝性淳篤, 恩性天至, 母子慈愛, 始終無纖介之閒. 后常以皇嗣未廣, 每懷憂歎, 薦達左右, 若恐不及. 后宮有進見者, 每加慰納. 若數所寵引, 輒增隆遇. 永平三年春, 有司奏立長秋宮, 帝未有所言. 皇太后曰, "馬貴人德冠後宮, 卽其人也." 遂立爲皇后.

| 註釋 | ○前母姊女賈氏 – 아버지 前妻 언니의 딸. 마황후에게는 이복형제의 이종사촌. ○生肅宗 – 肅宗은 章帝. ○但患愛養不至耳 – 患은 걱정하다. 愛養이 至極精誠이 아닌 것을 걱정해야 한다. 곧 親生子인가 아닌가는 걱정하지 않아도 된다는 뜻. ○勞悴 – 수고하며 걱정으로 초췌하다. 悴는 마음 아파하다. 걱정하다. ○纖介之閒 – 조그마한 틈새. 纖 가늘 섬. 介는 작을 개(芥), 낄 개. 閒은 틈 한(隔也). ○輒增隆遇 – 輒은 문득 첩. 갑자기, 그 때마다. 隆遇(융우)는 융성한 대우. ○長秋宮 – 황후가 거처하는 궁. 가을은 결실의 계절. 결국 황후는 아들을 많이 낳아야 한다는 뜻이 포함되어있다. ○卽其人也 – 바로 그 사람입니다. 딱 적임자라는 뜻.

## [國譯]

顯宗(明帝)이 즉위하자 (馬氏는) 귀인이 되었다. 이 무렵 馬氏 前母 언니의 딸 賈氏(가씨)도 역시 궁에 뽑혀 들어와 肅宗(章帝)를 출산하였다. 명제는 馬貴人에게 아들이 없으니 대신 양육하라며 명제가 말했다.

"사람이 꼭 직접 출산하지 않았어도, 다만 정성으로 양육하지 못할까를 걱정해야 한다."

馬貴人은 이에 온 정성으로 (章帝를) 양육하였는데 애쓰고 걱정하는 것이 친생자보다 더 했다. 肅宗(章帝) 또한 천성이 孝順敦厚하였고 感恩의 본성을 타고났기에 모자가 자애하여 시종 작은 틈새도 없었다. 그러면서 마귀인은 황제의 후사가 많지 않을까 매번 걱정하며 측근 후궁이 황제를 모실 수 있도록 조치하면서 혹시라도 마음에 안 들까를 걱정하였다. (馬貴人의) 추천으로 황제를 모신 후궁은 매번 (馬貴人을) 위로하였다. 여러 번 불려가 총애를 받은 후궁에 대해서 (馬貴人은) 그때마다 융성한 대우를 해 주었다.

永平 3년 봄, 담당 관리가 황후를 책봉해야 한다고 주청하였지만 명제는 아무 말도 하지 않았다. 이에 皇太后(陰氏)가 말했다. "馬貴人의 品德은 후궁에서 제일이니, 바로 이 사람입니다." 마침내 馬貴人은 황후로 책립되었다.

<br>

**原文**

先是數日, 夢有小飛蟲無數赴著身, 又入皮膚中而復飛出. 旣正位宮闈, 愈自謙肅. 身長七尺二寸, 方口, 美髮. 能誦《易》, 好讀《春秋》,《楚辭》, 尤善《周官》,《董仲舒書》. 常衣大練, 裙不加緣. 朔望諸姬主朝請, 望見后袍衣疏麤, 反以爲綺縠, 就視, 乃笑. 后辭曰, "此繪特宜染色, 故用之耳."

六宮莫不歎息. 帝嘗幸宛圃離宮, 后輒以風邪露霧爲戒, 辭
意款備, 多見詳擇. 帝幸濯龍中, 並召諸才人, 下邳王已下
皆在側, 請呼皇后. 帝笑曰, "是家志不好樂, 雖來無歡." 是
以遊娛之事希嘗從焉.

| 註釋 | ○夢有小飛蟲～ – 이런 꿈이 무엇을 뜻하는지 알 수 없다. ○尤
善《周官》,《董仲舒書》 –《周官》은《周禮》,《董仲舒書》는 〈玉杯〉, 〈春秋蕃露〉,
〈淸明〉 같은 글이었다. ○常衣大練 – 大練은 두터운 비단. 얇고 가벼울수
록 좋은 비단이다. ○裙不加緣 – 裙은 하의, 치마. 緣(연)은 치마 끝에 다
른 비단을 덧대어 장식하는 것. ○朔望諸姬主朝請 – 초하루와 보름에 모
든 후궁을 데리고 황제가 알현을 주관하다. ○袍衣疏麤 – 거친 옷감으로
만든 겉 옷. 疏는 트일 소, 거칠 소. 麤는 거칠 추. ○反以爲綺縠 – 오히려
고운 비단으로 생각하다. 綺는 비단 기. 縠은 주름 비단 곡. ○六宮莫不歎
息 – 六宮에 탄식하지 않는 이가 없다. 六宮은 황후의 正宮을 포함한 후궁
의 총칭. ○后輒以風邪露霧爲戒 – 황후는 그때마다 풍운과 일기 변화에
조심하라고 당부하다. ○辭意款備 – 사양하는 뜻에 정성이 들어있다. ○帝
幸濯龍中 – 濯龍(탁룡)은 北宮에 가까운 御苑의 이름. ○是家志不好樂 –
是家는 집사람. 이 사람. 황후를 지칭. 家는 妻. 남에게 자기를 지칭하는
말.

[國譯]

   이보다 며칠 전, 마황후는 작은 날벌레들이 무수히 날아와 몸에
붙었고 또 살 속으로 들어갔다가 다시 날아가는 꿈을 꾸었다. 궁 안
의 최고 자리에 올랐지만 더욱 겸손하며 엄숙하였다.
   (마황후는) 7尺2寸의 키에 반듯한 입과 윤기나는 머리였다. 《易

經》을 외우고, 《春秋》와 《楚辭》를 즐겨 읽었으며, 《周官》과 《董仲舒書》에도 밝았다. 옷은 늘 두터운 비단으로 지었고 치마 아래는 덧장식을 하지 않았다. 초하루와 보름에 여러 후궁을 데리고 황제 알현을 주관했는데, 멀리서 보아도 황후의 옷은 거친 비단이나 오히려 고운 비단이라며 가까이 와서 보면 황후는 웃기만 하였다. 황후는 겸손하게 "이 비단은 물들이기가 쉬워서 입을 뿐이다."라고 말했고, 六宮에 감탄하지 않는 이가 없었다.

황제가 일찍이 宛囿(원유)나 離宮(이궁)에 행차할 때마다 황후는 언제나 풍운과 일기 변화에 조심하라고 당부하였는데 사양하는 뜻에 정성이 들어있어 황제가 대부분 그대로 받아들였다. 명제가 濯龍園(탁룡원)에 행차하며 여러 才人도 불러놓았으며, 下邳王(하비왕) 이하 여러 왕이 좌우에 착석하고 황후께서도 같이 즐겨야 한다며 모시고자 하였다.

그러자 明帝가 웃으며 말했다. "이 사람은 놀이를 좋아하지 않는 성격이라 오더라도 즐거워하지 않을 것이다."

이렇듯 황후가 놀이에 따라가는 일이 드물었다.

---

**│原文**

十五年, 帝案地圖, 將封皇子, 悉半諸國. 后見而言曰, "諸子裁食數縣, 於制不已儉乎?" 帝曰, "我子豈宜與先帝子等乎? 歲給二千萬足矣." 時楚獄連年不斷, 囚相證引, 坐繫者甚衆. 后慮其多濫, 乘間言及, 惻然. 帝感悟之, 夜起仿

偟, 爲思所納, 卒多有所降宥. 時諸將奏事及公卿較議難平
者, 帝數以試后. 后輒分解趣理, 各得其情. 每於侍執之際,
輒言及政事, 多所毗補, 而未嘗以家私干. 故寵敬日隆, 始
終無衰.

[國譯]

　(永平) 15년, 明帝는 지도를 살펴보며 皇子를 분봉하는데 모두가
(광무제 아들) 후국의 절반 정도였다. 이를 마황후가 보고 말했다.
"여러 황자들 식읍이 겨우 몇 개 현이니 법제에 비해 너무 절약한 것
아닙니까?" 그러자 명제는 "내 아들이 어찌 先帝의 아들과 같은 대
우를 받을 수 있겠는가? 1년에 2천만 전을 거둘 수 있다면 넉넉할
것이다."

　그때는 楚王의 옥사가 해마다 이어지며 죄수들이 서로 증거를 대

었고 사건과 연좌하여 갇힌 자들이 매우 많았다. 馬황후는 이 사건에 너무 많은 사람이 관련되는 것을 걱정하여 틈을 보아 황제에게 말하며 매우 측은히.생각하였다. 황제는 밤에 일어나 배회하며 건의를 받아들이려 생각했고 결국 많은 사람을 용서하였다.

그때 여러 장수가 상주하는 것이나 公卿이 토의한 것이라도 평결하기 어려운 것이 많아 황제는 자주 황후의 의견을 물었다. 황후는 그때마다 사건 해결 방안을 분석하였는데 모두가 실정에 맞았다. (馬황후가) 곁에서 시중을 들며 가끔 정사를 말한 것은 부족을 보완하는 일이었으나 황후 私家를 위한 일은 없었다. 그래서 황후에 대한 총애와 공경은 날로 더하여 시종일관 쇠퇴하지 않았다.


## 原文

及帝崩, 肅宗卽位, 尊后曰皇太后. 諸貴人當徙居南宮, 太后感析別之懷, 各賜王赤綬, 加安車駟馬, 白越三千端, 雜帛二千匹, 黃金十斤. 自撰《顯宗起居注》, 削去兄防參醫藥事. 帝請曰, "黃門舅旦夕供養且一年, 旣無褒異, 又不錄勤勞, 無乃過乎!" 太后曰, "吾不欲令後世聞先帝數親后宮之家, 故不著也."

| 註釋 | ○肅宗卽位 - 章帝 즉위, 서기 75년. 건초 원년은 서기 76년. ○析別之懷 - 離別之情. ○王赤綬 - 諸侯王의 붉은색 ○白越三千端 - 白越布. 端은 포백의 길이, 18척 또는 20척을 1端이라 했다. 다음의 匹(疋)도 길이 단위. ○自撰《顯宗起居注》 - 書名만 전함. 오래 전에 失傳. ○黃門

– 黃門侍郎. 황제 좌우에서 시종, 無 定員, 질록 6백석.

## [國譯]

명제가 붕어하고 肅宗(章帝)가 즉위하면서 尊后하여 皇太后라 하였다. 여러 귀인들은 으레 南宮에 이거해야 했는데 馬太后는 석별의 정이 많아 각 귀인에게 侯王의 붉은 인수를 하사하고, 또 安車와 4마리의 말, 그리고 白越布 3천 단, 雜帛 2천 필, 황금 10근을 더 주었다. (馬 태후가) 《顯宗起居注》를 편찬하였는데 친정 오빠인 馬防(마방)이 의원으로 근무한 내용은 기록치 않았다. 이에 章帝가 요청하였다.

"黃門侍郎인 외숙이 아침저녁으로 1년 가까이 先帝를 봉양하였는데 다른 포상도 없고 또 애쓴 것조차 기록하지 않은 것은 너무 과합니다!"

그러자 태후가 말했다. "나는 후세 사람들이 先帝께서 后宮의 친가를 가까이했다는 말을 듣게 할 수 없어 수록하지 않았습니다."

## 原文

建初元年, 帝欲封爵諸舅, 太后不聽. 明年夏, 大旱, 言事者以爲不封外戚之故, 有司因此上奏, 宜依舊典.

太后詔曰, 「凡言事者皆欲媚朕以要福耳. 昔王氏五侯同日俱封, 其時黃霧四塞, 不聞澍雨之應. 又田蚡, 竇嬰, 寵貴橫恣, 傾覆之禍, 爲世所傳. 故先帝防愼舅氏, 不令在樞機

之位. 諸子之封, 裁令半楚,淮陽諸國, 常謂'我子不當與先
帝子等'. 今有司奈何欲以馬氏比陰氏乎! 吾爲天下母, 而身
服大練, 食不求甘, 左右但著帛布, 無香薰之飾者, 欲身率下
也. 以爲外親見之, 當傷心自敕, 但笑言太后素好儉. 前過
濯龍門上, 見外家問起居者, 車如流水, 馬如遊龍, 倉頭衣綠
褠, 領袖正白, 顧視御者, 不及遠矣. 故不加譴怒, 但絶歲用
而已, 冀以黙愧其心, 而猶懈怠, 無憂國忘家之慮. 知臣莫
若君, 況親屬乎? 吾豈可上負先帝之旨, 下虧先人之德, 重
襲西京敗亡之禍哉!」

固不許.

|註釋| ○建初元年 – 章帝의 첫 연호, 서기 76년. ○宜依舊典 – 옛 법
제에 따르는 것이 마땅하다. 외척은 황제의 은택을 입어 제후에 봉해졌다.
○昔王氏五侯同日俱封 – 전한 成帝 때 성제 모친(王太后, 元帝의 황후 王
政君)의 형제인 王譚, 王商, 王立, 王根, 王逢時 5형제가 같은 날 모두 關内
侯에 봉해졌기에 사람들은 이를 五侯라 하며 부러워했다. ○田蚡,竇嬰 –
田蚡(전분, ?–前 131)은 武帝의 외삼촌. 무제 王美人의 생모인 臧兒(장아)가
王仲과 결혼하여 王미인을 낳고 田氏에게 개가하여 전분을 낳았다. 아주
못생겼으나 文辭가 뛰어났다. 전분은 太尉와 승상을 역임하였고 儒學을
존중하며 五經博士 제도를 마련. 蚡 두더지 분. 竇嬰(두영, ?–前 131)은 경제
때 吳楚 7국의 난을 평정한 군공으로 魏其侯(위기후)에 봉해졌다. 나중에
武安侯 田蚡과 불화하여 결국 詔書를 위조했다는 죄로 처형되었다. 竇嬰
과 田蚡 모두《漢書》52권, 〈竇田灌韓傳〉에 立傳. ○樞機之位 – 국가기밀
을 다루는 요직, 樞와 機는 본래 북두의 1星과 3星을 지칭. ○陰氏 – 광무

제 陰皇后의 가문. ○倉頭衣綠褠 – 倉頭는 하인, 노비. 褠 옷소매 구, 팔토시 구. ○而猶懈怠 – 懈怠(해태)는 게으르다. 나태하다. ○重襲西京敗亡之禍哉 – 重襲은 거듭 답습하다. 西京은 장안, 전한.

## [國譯]

建初 원년, 章帝가 여러 외숙에 작위를 봉하려 했으나 태후가 허락지 않았다. 다음 해 여름날이 크게 가물자 국사를 논하는 사람들 중에 외척을 봉하지 않아 그렇다고 하자 有司가 옛 법제를 따라야 한다고 상주하였다. 그러자 태후가 조서를 내렸다.

「국사를 논하는 자들은 모두 짐에게 잘 보여 상을 받고 싶어 한다. 옛날 (成帝 때) 王氏의 五侯는 같은 날 모두 작위를 받았지만 그때 누런 안개(黃砂)가 온 사방에 가득했지 甘雨가 내렸다는 보답은 없었다. 또 (황제의 외숙인) 田蚡(전분)과 竇嬰(두영)은 총애를 받아 높은 자리에서 멋대로 행동하다가 벌을 받아 망한 것은 세상 사람들에게 다 알려졌었다. 그래서 先帝(明帝)께서는 예방책으로 외숙을 근신케 하여 요직에는 오르지 않게 하셨다. 또 여러 황자를 분봉하면서 楚나 淮陽國 등 여러 나라의 절반만큼 식읍을 주면서 '내 아들이 先帝(光武帝)의 아들만큼 땅을 갖는 것은 옳지 않다.'고 하셨다. 지금 유사들은 어찌하여 馬氏를 가지고 陰氏와 비교하려 하는가! 내가 만 백성의 모친이어야 하기에 거친 비단 옷을 입고 식사에 좋은 음식을 찾지 않았으며, 나의 시종도 보통 무명옷을 입었으며 香이나 장식을 사용하지 않았으니 내가 몸소 시범을 보이고자 했다. 외척들이 나의 이런 것을 보고 마음을 조이며 본받기를 바랐지만 외척들은 웃으면서 태후가 지나치게 검소하다고만 말했다. 그전에 濯龍園(탁룡원)에 들렸을 때, 문안을 하는 외가 사람들을 만나보니, 수레는 물 흐르듯 떼를 지었고 말들은 꿈틀대는 용과 같았으며, 하인들은 푸른 토시를 끼었고 옷 깃은 모두 흰색이었는데, 나의 시종을 돌아보니 크게 차이가 나지 않았었다. 그렇지만 화내며 꾸짖는 대신에 다만 1년간의 비용을 줄이게 하여 말없이 그들 마음속으로 반성하기를 희망했으나 아직도 여전히 나태하고 나라와 가문을 걱정하는 마음이 없는 것 같다. 본래 신하를 잘 알기로는 主君만한 사람이 없다는데, 하물며 친정의 일은 누가 잘 알겠는가? 내가 어찌 위로는 선제의 유지를 저버리고 낮게는 조상의 은덕을 허물며 西京(長安)이 패망했던 재앙을 거듭 따라가야 하겠는가!」

태후는 끝내 허락하지 않았다.


**│原文│**

　帝省詔悲歎, 復重請曰, “漢興, 舅氏之封侯, 猶皇子之爲王也. 太后誠存謙虛, 奈何令臣獨不加恩三舅乎? 且衛尉年尊, 兩校尉有大病, 如令不諱, 使臣長抱刻骨之恨. 宜及吉時, 不可稽留.”


│註釋│ ○衛尉～ - 衛尉는 태후의 오빠인 馬廖(마요). ○兩校尉～ - 태후의 오빠인 馬防, 馬光. ○稽留 - 머물게 하다. 묵히다. 滯留(체류) 稽는 머물 계. 헤아리다.

　장제를 조서를 읽고 비탄에 빠져 다시 거듭 요청하였다.

　"漢 건국 이후 외숙을 봉하는 것은 황자가 제후가 되는 것과 같습니다. 太后께서는 진정 겸허한 마음으로 그러하시지만, 저만 어찌 홀로 세 분 외숙에게 은택을 내리지 못합니까? 더군다나 衛尉는 고령이시고 교위 두 분은 큰 병환이 있으니 말씀대로라면 저는 내내 뼈를 깎는 회한을 안고 살아야 합니다. 좋은 날을 골라 시행해야지 더 미룰 수 없습니다."

## 原文

　太后報曰,「吾反覆念之, 思令兩善. 豈徒欲獲謙讓之名, 而使帝受不外施之嫌哉! 昔竇太后欲封王皇后之兄, 丞相條侯言受高祖約, 無軍功, 非劉氏不侯. 今馬氏無功於國, 豈得與陰,郭中興之后等邪? 常觀富貴之家, 祿位重疊, 猶再實之木, 其根必傷. 且人所以願封侯者, 欲上奉祭祀, 下求溫飽耳. 今祭祀則受四方之珍, 衣食則蒙御府餘資, 斯豈不足, 而必當得一縣乎? 吾計之孰矣, 勿有疑也. 夫至孝之行, 安親爲上. 今數遭變異, 穀價數倍, 憂惶晝夜, 不安坐臥, 而欲先營外封, 違慈母之拳拳乎! 吾素剛急, 有匈中氣, 不可不順也. 若陰陽調和, 邊境淸靜, 然後行子之志. 吾但當含飴弄孫, 不能復關政矣.」

| 註釋 | ○外施之嫌 – 황제의 은택으로 황제의 외가에 작위를 하사하는 일. ○竇太后欲封王皇后之兄 – 景帝의 두태후(文帝의 竇皇后)는 자신의 경험을 토대로 경제 王황후의 친정 오빠인 王信을 봉해야 한다고 말했다. ○丞相條侯～ – 條侯는 周亞夫. 高祖는 살아생전에 공신과 함께 無軍功이면 不侯하고, 非劉氏면 不王이라고 약속했었다. 주아부는 이를 근거로 王信의 봉후를 반대했다. 경제의 미움을 받은 주아부는 뒷날 옥중에서 굶어죽었다. ○猶再實之木 – 1년에 두 번 열매를 맺는 나무. ○拳拳 – 근심하는 모양. 勤勤也. 주먹 권, 정성껏 지킬 권. ○含飴弄孫 – 엿이나 우물거리고 손자를 데리고 놀다. 귀찮은 일은 하지 않겠다는 의미. 飴는 엿이. 단 음식. 含飴는 노년에 치아가 없기 때문임.

## [國譯]

馬太后가 답서를 올렸다.

「나는 거듭 이 일을 생각하여 둘 다 좋은 길을 생각했다. 내가 어찌 겸양이라는 명분을 얻겠다고 황제가 외가를 봉하지 않았다는 허물을 쓰게 하겠는가! 옛날 (景帝의) 竇太后(두태후)가 (景帝) 王皇后의 오빠를 봉하려 할 때, 승상인 條侯(조후, 周亞夫)는 高祖의 맹약을 근거로 軍功이 없거나 劉氏가 아니라면 제후가 될 수 없다고 말하였다. 지금 馬氏는 나라에 아무런 공도 없으면서 어찌 陰氏와 郭氏처럼 中興을 이룩한 황후의 가문과 같은 대우를 받을 수 있겠는가? 언제나 그렇지만 부귀한 집안에 관록과 작위까지 겹치는 것은 마치 1년에 두 번 열매를 맺는 나무가 필히 뿌리가 상하는 이치와 같을 것이요. 그리고 사람들이 제후가 되려 하는 것은 위로는 조상의 제사를 받들고 아래로는 등이 따뜻하고 배부르기를 구하려는 것이요. 지금 제사를 지내려 한다면 四方의 珍品이 헌상되고 衣食으로 말하면

황실의 창고를 열어 보내주는데, 무엇이 부족하여 현 하나를 받아야
되겠는가? 나도 깊이 생각한 것이니 걱정하지 마시요. 지극한 효성
이란 부모를 편안케 하는 것이 우선이요. 지금 이변과 재해가 겹쳐
서 穀價가 몇 배로 뛰어 밤낮으로 걱정과 두려움에 편히 앉아 있을
수가 없는데 먼저 외가를 봉하는 일을 하겠다고 이 어미의 걱정하는
마음을 어길 수 있겠소! 내 평소에도 마음이 굳게 먹고 급하여 가슴
이 답답하여 불가분 유순하지 않을 수 없으니, 만약 음양이 조화를
이루고 변경이 조용해진 뒤라면 아들의 뜻을 실천토록 하시오. 나는
다만 엿이나 우물거리고 손자나 데리고 놀면서 다시는 정사에 관여
하지 않을 것이요.」

原文

時, 新平主家御者失火, 延及北閣後殿. 太后以爲己過,
起居不歡. 時當謁原陵, 自引守備不愼, 慙見陵園, 遂不行.
初, 太夫人葬, 起墳微高, 太后以爲言, 兄廖等卽時減削. 其
外親有謙素義行者, 輒假借溫言, 賞以財位. 如有纖介, 則
先見嚴恪之色, 然后加譴. 其美車服不軌法度者, 便絶屬籍,
遣歸田里. 廣平,鉅鹿,樂成王車騎樸素, 無金銀之飾, 帝以
白太后, 太后卽賜錢各五百萬. 於是內外從化, 被服如一,
諸家惶恐, 倍於永平時. 乃置織室, 蠶於濯龍中, 數往觀視,
以爲娛樂. 常與帝旦夕言道政事, 乃敎授諸小王, 論議經書,
述敍平生, 雍和終日.

| **註釋** | ○新平主 – 章帝 때 公主. 성명 미상. 御者는 일하는 사람. 御는
부릴 어. ○太夫人葬 – 馬태후의 친정어머니 장례. ○輒假借溫言 – 바로
따뜻한 말을 건네주다. ○蠶於濯龍中 – 濯龍園에 뽕나무를 심고 누에를
치다.

## [國譯]

언젠가는 新平公主의 집에서 일하는 자가 실화하여 불길이 北閤
의 後殿까지 번졌다. 태후는 자신의 과오라 생각하며 起居에 웃고
즐기지 않았다. 그때 (광무제의) 原陵(원릉)을 배알해야 하는데 능원
에서 선조를 뵙기가 부끄럽다고 끝내 행차하지 않았다.

그전에 太夫人의 장례에 봉분이 약간 높았는데 태후가 이를 언급
하자 친정 오빠인 馬廖(마요) 등은 즉시 높이를 낮추었다. 태후의 친
척 중에 겸손 소박하거나 행실이 바른 자가 있으면 바로 칭찬을 하
고 재물이나 관직을 하사하였다. 조금이라도 잘못이 있다면 먼저 엄
격한 안색을 보인 다음에 꾸짖었다. 멋진 수레나 복장이 법도를 벗
어났다면 바로 본적을 단절케 한 뒤에 고향으로 돌아가게 하였다.
때문에 廣平, 鉅鹿(거록), 樂成王 등의 수레나 말이 질박하였으며 금
은 장식도 없었다. 章帝가 이를 태후에게 말씀드리자 태후는 즉시
금전을 각 5백만 전씩 하사하였다. 이에 내외가 이를 따라 교화되어
똑같은 옷을 입은 것 같았으며 모든 황족이 두려워 조심하였는데 永
平(明帝 재위) 시절보다 더 했다. 또 織室(직실)을 설치하였고 濯龍
園(탁룡원)에서도 누에를 쳤는데 태후는 자주 가서 보는 것을 오락으
로 삼았다. 장제와 아침저녁으로 정사에 관한 이야기를 나누었고,
여러 젊은 王을 가르치며 경서를 논하고 지난 평생을 이야기하며 온

종일 화락하였다.


原文

四年, 天下豐稔, 方垂無事, 帝遂封三舅廖, 防, 光爲列侯.
並辭讓, 願就關內侯. 太后聞之, 曰, "聖人設敎, 各有其方,
知人情性莫能齊也. 吾少壯時, 但慕竹帛, 志不顧命. 今雖
已老, 而復'戒之在得', 故日夜惕厲, 思自降損. 居不求安,
食不念飽. 冀乘此道, 不負先帝. 所以化導兄弟, 共同斯志,
欲令瞑目之日, 無所復恨. 何意老志復不從哉? 萬年之日長
恨矣!" 廖等不得已, 受封爵而退位歸第焉.

太后其年寢疾, 不信巫祝小醫, 數勅絶禱祀. 至六月, 崩.
在位二十三年, 年四十餘. 合葬顯節陵.

| 註釋 | ○(建初) 四年 – 서기 79년. ○豐稔 – 풍년. 稔은 여물 임, 해
임. (俗音 념). ○方垂 – 변방. 垂는 변방 수(陲 同). ○各有其方 – 각각 不
同의 방법이 있다. ○知人情性莫能齊也 – 성정은 하나로 똑같이 처리하
지 못한다는 것을 알다. 사람마다 개성이 다르니 방법도 달리해야 한다는
뜻. ○但慕竹帛 – 竹帛(청사)에 이름이나 남기기를 바랐을 뿐이다. ○志
不顧命 – 수명의 장단을 돌보지 않았다. ○'戒之在得' – 孔子曰, "君子有
三戒, 少之時, 血氣未定, 戒之在色, 及其壯也, 血氣方剛, 戒之在鬪, 及其老
也, 血氣旣衰, 戒之在得."《論語 季氏》. ○惕厲 – 두렵고 근심하다. 惕 두
려워할 척. 厲 갈 여. 괴롭다. 걱정하다. 危也. ○萬年之日長恨矣! – 죽는
날까지 나의 오랜 恨이 될 것이다. 내 아들의 뜻을 거스른 것이 죽는 나에

게는 영원한 한이 될 것이다. 그러니 너무 사양하지 말고 받으라는 완곡한, 정말 진심에서 우러나오는 완곡한 표현이다.  ○顯節陵 – 明帝의 능.

## [國譯]

(建初) 4년, 온 나라에 풍년이 들었고 변방도 無事하자 장제는 외숙인 馬廖(마요), 防(방), 光(광)을 列侯에 봉했다. 3인이 모두 사양하며 關內侯(관내후)가 되기를 바랐다. 태후가 이를 듣고서 (혼자) 말했다.

"聖人께서도 가르침을 펴면서 각각 다른 방법을 쓴 것은 사람의 性情은 똑같지 않다는 것을 아셨기 때문이다. 나도 젊었을 적에는 靑史에 이름이나 남기기를 바랐을 뿐 수명의 장단을 돌보지 않았다. 지금 비록 늙었지만 여전히 '이득을 조심해야' 하는 교훈을 따르며 내 뜻을 낮추고 있도다. 또 편안한 거처를 구하지 않고 배불리 먹기를 원하지도 않는다. 이런 도리를 지켜나가는 것이 바로 先帝의 뜻을 저버리지 않는 것이다. 내가 형제를 함께 이끌며 뜻을 같이 하려는 것은 내가 눈을 감는 날 다시는 어떤 悔恨(회한)이 없기를 바라기 때문이다. 이미 늙은 나의 뜻이 어찌 형제의 뜻을 따르고 싶지 않겠는가? (작위를 받지 않으면) 죽는 날까지 나의 오랜 恨이 될 것이다!"

馬廖 등은 부득이 작위를 받고 관직에서 물러나 고향 집으로 돌아갔다.

태후는 그 해에 병이 들었는데 무당의 축원이나 의원을 믿으려 하지 않았으며 수명을 비는 기도를 올리지 말라고 여러 번 당부하였다. 6월에 들어서 붕어하였다. 재위 23년에, 나이는 40여 세였다. (明帝의) 顯節陵(현절릉)에 합장하였다.

## 🌐 附 賈貴人

原文

賈貴人, 南陽人. 建武末選入太子宮, 中元二年生肅宗, 而顯宗以爲貴人. 帝旣爲太后所養, 專以馬氏爲外家, 故貴人不登極位, 賈氏親族無受寵榮者. 及太后崩, 乃策書加貴人王赤綬, 安車一駟, 永巷宮人二百, 御府雜帛二萬匹, 大司農黃金千斤, 錢二千萬. 諸史並闕後事, 故不知所終.

| 註釋 | ○賈貴人 – 馬황후의 前母(馬황후 아버지의 첫 번째 아내, 이런 경우 우리나라에서는 속칭 큰어머니라 했다.)의 언니의 딸. 이런 경우 마황후의 아버지 馬援(마원)은 賈귀인에게는 이모부이다. ○建武末選入太子宮 – 마황후보다 먼저 입궁했고 明帝의 사랑도 먼저 받은 셈이다. ○中元二年 – 광무제가 붕어하는 해. 서기 57년. ○生肅宗 – 章帝 劉炟(유달). ○永巷宮人 – 宮中 下人. ○御府 – 국가의 창고.

[國譯]

賈貴人(가귀인)은 南陽人이었다. 建武 말년에 뽑혀 태자궁에 들어가서 中元 2년에 肅宗(장제)를 출산하자 顯宗(明帝)가 貴人에 봉했다. 章帝가 이미 馬太后에 양육되면서 전적으로 馬氏를 外家로 생각하였기에 賈貴人은 황후의 자리에 오르지 못했으며 賈氏의 친족으로 총애를 받거나 영화를 누린 자도 없었다. 馬太后가 붕어한 뒤에야 策書를 내려 賈貴人에게 제후왕의 赤綬와 安車에 말 4마리, 그리고 궁궐 노비 2백인을 하사하였으며, 나라의 창고에서는 비단이나 옷감 2만 필, 大司農이 황금 1천 근과 금전 2천만 전을 내주었다. 모든 기록에서 賈貴人의 후일에 대한 기록이 없기에 어떻게 죽었는지 알 수 없다.

## ❹ 章德竇皇后

### 原文

章德竇皇后諱某, 扶風平陵人, 大司空融之曾孫也. 祖穆, 父勳, 坐事死, 事在〈竇融傳〉. 勳尙東海恭王彊女泚陽公主, 后其長女也. 家旣廢壞, 數呼相工問息耗, 見后者皆言當大尊貴, 非臣妾容貌. 年六歲能書, 親家皆奇之. 建初二年, 后與女弟俱以選例入見長樂宮, 進止有序, 風容甚盛. 肅宗先聞后有才色, 數以訊諸姬傅. 及見, 雅以爲美, 馬太后亦異焉, 因入掖庭, 見於北宮章德殿. 后性敏給, 傾心承接, 稱譽日聞. 明年, 遂立爲皇后, 妹爲貴人. 七年, 追爵諡后父勳爲安成思侯. 后寵幸殊特, 專固後宮.

**│註釋│** ○章德竇皇后(?-97年, 황후 재위 78-88년) - 章帝의 皇后, 大司空 竇融(두융)의 증손녀. ○平陵 - 昭帝 劉弗陵(유불능, 武帝의 아들)의 능 이름, 겸 縣名. 今 陝西省 咸陽市. ○皆坐事死 - 竇勳은 교만 방자하였는데, 명제 永平 2년(59)에 從兄子 竇林(두림)의 죄에 연좌되어 처형되었다. ○東海恭王劉彊之女 - 劉彊은 광무제의 첫 태자였다. 곧 광무제의 손녀(泚陽

公主). ㅇ〈竇融傳〉 – 23권, 〈竇融列傳〉에 입전. 竇氏 一門의 영화는 '一
公, 兩侯, 三公主, 四二千石'이라고 하였다.   ㅇ數呼相工問息耗 – 相工은
관상가. 息耗는 선악, 운명의 좋고 나쁨.  ㅇ建初二年 – 章帝의 첫 연호, 서
기 76-83년.  ㅇ數以訊諸姬傅 – 訊은 물을 신(問也). 傅는 傅母(무모).  ㅇ(建
初) 七年 – 서기 82년.   ㅇ安成思侯 – 安成은 汝南郡의 현명(侯國名). 今
山東省 동부 濰坊市 관할 安丘市.  ㅇ專固後宮 – 後宮 내에서 확고한 지위
를 확보하다.

## [國譯]

　　章德竇皇后(장덕두황후)의 諱(휘, 이름)는 전하지 않지만 右扶風 平
陵縣 사람으로 大司空(御史大夫) 竇融(두융)의 曾孫이다. 조부 竇穆
(두목), 부친 竇勳(두훈)이 모두 사안에 연루되어 죽었는데, 이는 〈竇
融傳〉에 기록되었다. 두훈은 東海 恭王 劉彊(유강)의 딸인 沘陽公主
(비양공주)를 맞이했는데 두황후는 그 장녀이었다. 집안이 이미 망했
기에 자주 관상가를 불러 운명이 좋을까 나쁠까를 물었는데 황후를
보는 사람마다 모두 아주 존귀한 자리에 오르지 결코 臣妾의 얼굴이
아니라고 하였다. 나의 여섯에 글씨를 잘 쓰자 친가에서 모두 기특
히 여겼다. (章帝) 建初 2년, 황후는 여동생과 함께 뽑혀 長樂宮에
들어갔는데 행동에 법도가 있고 기풍과 용모가 매우 훌륭했다. 肅宗
(章帝)도 일찍부터 두씨가 재색이 뛰어나다는 것을 알고 있으며 자
주 여러 傅母(부모, 保姆)에게 (두씨에 대하여) 물었다. 두씨를 보자
우아한 아름다움이 있다 생각하였고 馬太后 역시 특별하게 여겼다.
이로써 掖庭(액정)에 불려 들어갔고 北宮 章德殿(장덕전)에서 알현하
였다. 등씨는 천성이 영명하여 마음을 다해 章帝를 모셨기에 매일

칭찬을 들었다. 다음 해 마침내 황후가 되었고 동생은 貴人이 되었다. (建初) 7년, 先考인 竇勳(두훈)에게 安成 思侯라는 爵位와 시호가 추서되었다. 두황후는 특별한 총애를 받으면서 후궁 내에 지위가 확고하였다.

原文

初, 宋貴人生皇太子慶, 梁貴人生和帝. 后旣無子, 並疾忌之, 數間於帝, 漸致疏嫌. 因誣宋貴人挾邪媚道, 遂自殺, 廢慶爲淸河王, 語在〈慶傳〉.

梁貴人者, 褒親愍侯梁竦之女也. 少失母, 爲伯母舞陰長公主所養. 年十六, 亦以建初二年與中姉俱選入掖庭爲貴人. 四年, 生和帝. 后養爲己子. 欲專名外家而忌梁氏. 八年, 乃作飛書以陷竦, 竦坐誅, 貴人姉妹以憂卒. 自是宮房慴息, 后愛日隆.

|註釋| ○宋貴人生皇太子慶 – 皇太子 劉慶의 아들이 뒷날 安帝로 즉위한다. ○梁貴人生和帝 – 和帝. 이름 肇(조). 재위, 서기 88-105년. ○媚道 – 사랑을 받을 수 있게 해준다는 비책이나 미신행위. 媚는 아첨할 미, 귀여워할 미. ○〈慶傳〉 – 55권, 〈章帝八王列傳〉. ○褒親愍侯梁竦 – 褒親愍侯(포친민후) 梁竦(양송)은 34권, 〈梁統列傳〉에 立傳. ○伯母舞陰長公主 – 광무제의 딸. 梁松에게 출가. ○飛書 – 匿名(익명)의 투서. ○宮房慴息 – 慴息(접식)은 두려워 숨을 죽이다. 慴 두려워할 접.

그전에 宋貴人은 皇太子 慶(경)을 출산했고, 梁貴人은 (뒷날의) 和
帝를 출산했다. 竇황후는 아들이 없어 두 사람을 질투하여 장제를
자주 이간하여 점차 멀어지게 하였다. 그러면서 宋貴人이 무당을 끼
고 황제의 귀여움을 받으려는 邪術(사술)을 쓴다고 무고하자 宋貴人
은 결국 자살하였고, 황태자 慶(경)은 폐위되어 淸河王이 되었는데,
이는 〈劉慶傳〉에 기록했다.

梁貴人(양귀인)은 褒親愍侯(포친민후) 梁竦(양송)의 딸이다. 어려서
모친을 잃어 큰어머니인 舞陰長公主가 양육하였다. 나이 16세에
(章帝) 建初 2년에 작은언니와 함께 궁에 뽑혀 들어와 귀인이 되었
다. (建初) 4년에 (뒷날의) 和帝를 출산했다. 竇황후는 화제를 양육
하며 자신의 아들로 만들었다. (竇황후는) 외가의 지위를 독점하려
고 양귀인을 미워하였다. (건초) 8년에 투서하여 梁竦(양송)을 모함
하였고, 양송이 주살되자 양귀인 자매는 걱정 끝에 죽었다. 이후로
는 후궁이 모두 숨을 죽였고 두황후에 대한 총애는 날로 융성하였
다.

及帝崩, 和帝卽位, 尊后爲皇太后. 皇太后臨朝, 尊母泚
陽公主爲長公主, 益湯沐邑三千戶. 兄憲, 弟篤, 景, 並顯貴,
擅威權, 後遂密謀不軌, 永元四年, 發覺被誅.

九年, 太后崩, 未及葬, 而梁貴人姊嫕上書陳貴人枉歿之

狀. 太尉張酺,司徒劉方,司空張奮上奏, 依光武黜呂太后故
事,貶太后尊號, 不宜合葬先帝. 百官亦多上言者.

帝手詔曰,「竇氏雖不遵法度, 而太后常自減損. 朕奉事十
年,深惟大義, 禮, 臣子無貶尊上之文. 恩不忍離, 義不忍虧.
案前世上官太后亦無降黜, 其勿復議.」於是合葬敬陵. 在
位十八年.

帝以貴人酷歿, 斂葬禮闕, 乃改殯於承光宮, 上尊諡曰恭
懷皇后,追服喪制, 百官縞素, 與姊大貴人俱葬西陵,儀比敬
園.

| 註釋 | ○及帝崩, 和帝卽位 – 즉위는 서기 88년. 永元 원년은 89년. 화
제는 나이 10살에 즉위하였다.  ○後遂密謀不軌 – 두융의 증손, 두태후의
오빠인 竇憲(?-92, 字 伯度)은 외척이며 權臣으로, 유명한 장군이었지만 뒷
날 모반을 시도하여 賜死되었다. 不軌(불궤)는 逆謀.  ○永元四年 – 和帝,
서기 92년.  ○梁貴人姊嫕 – 梁貴人의 언니 嫕(예), 인명. 유순할 예.  ○依
光武黜呂太后 – 光武帝 中元 원년 10월 기사 참고.  ○前世上官太后 – 上
官太后는 昭帝의 황후, 上官安(상관안, 上官은 복성)의 딸, 霍光(곽광)의 외손
녀. 上官安과 그때 燕王이 역모를 꾸몄지만 황후는 어리다 하여 폐위되지
는 않았다. 昭帝 다음 宣帝 때, 선제의 두 번째 황후로 들어온 곽광의 딸은
곽광이 죽은 뒤에 곽광의 처가 許皇后를 독살한 것이 탄로 나자 폐위되었
다.  ○敬陵 – 章帝와 두황후의 합장릉.  ○在位十八年 – 황후와 황태후의
재위 기간.  ○酷歿 – 잔혹하게 죽다.  ○縞素(호소) – 흰 비단의 素服. 喪
服.  ○西陵 – (추존한) 恭懷梁皇后의 능.  ○儀比敬園 – 이런 儀禮는 敬園
(경원)의 선례가 되었다. 比는 前例, 先例. 敬園은 安帝의 祖母 宋貴人(폐위

된 章帝의 皇太子인 劉慶의 생모). 뒷날 安帝 建光 원년(서기 121년)의 일.

## [國譯]

章帝가 붕어하고 和帝가 즉위하며 황후를 높여 황태후가 되었다. 竇皇太后는 臨朝 聽政하면서 생모 沘陽公主(비양공주)를 長公主로 높이고 湯沐邑 3천 호를 늘려주었으며, 오빠인 竇憲(두헌), 동생인 篤 (독)과 景(경) 모두 높은 자리에 올라 권위를 마음대로 부렸으며, 마침 내 역모를 꾀하다가 (和帝) 永元 4년에 발각되어 모두 주살되었다.

(永元) 9년(서기 97), 竇太后가 붕어하여 아직 장례를 치르기 전, (和帝의 생모인) 梁귀인의 언니인 梁嬺(양예)가 글을 올려 양귀인의 억울한 죽음을 말하였다. 太尉 張酺(장포)와 司徒 劉方(유방), 司空인 張奮(장분)도 상주하여 光武帝가 呂太后를 黜陟(출척)한 전례에 따라 두태후의 존호를 폄하하고 先帝(章帝)와 합장이 불가하다고 상주하 였다. 또 百官 중에도 이런 상소를 하는 자가 많았다.

이에 화제가 직접 조서를 내려 말했다.

「竇氏(두씨) 일족이 비록 법도를 준수하지는 않았지만, 태후로서 절약을 솔선하시었다. 짐도 태후로 모시기 10년에 대의를 깊이 생 각하였는데, 禮에 아들로 윗사람을 받드는 글을 폄하할 수 없다고 생각한다. 차마 은덕을 버리기 어렵고 대의를 훼손할 수 없도다. 前 代에 (前漢 昭帝의) 上官太后도 강등 출척당하지 않았으니 이를 다 시 논의하지 말라.」

이에 敬陵(경릉)에 합장하였다. 재위는 18년이었다.

和帝는 생모 梁귀인이 잔혹하게 죽었고 예법도 없이 검소하게 묻 혔다 하여 承光宮에 빈구를 모셨다가 改葬하고 恭懷皇后라는 시호를 올렸으며 喪制에 따라 服喪하여 百官이 흰 상복을 입었고 언니인 貴人과 함께 西陵(서릉)에 장례하였는데 (章帝 宋貴人의) 敬園의 선례가 되었다.


## ❺ 和帝陰皇后

|原文|

和帝陰皇后諱某, 光烈皇后兄執金吾識之曾孫也. 后少聰慧, 善書藝. 永元四年, 選入掖庭, 以先后近屬, 故得爲貴人. 有殊寵. 八年, 遂立爲皇后.

自和熹鄧后入宮, 愛寵稍衰, 數有恚恨. 后外祖母鄧朱出入宮掖. 十四年夏, 有言后與朱共挾巫蠱道, 事發覺, 帝遂使中常侍張愼與尙書陳褒於掖庭獄雜考案之. 朱及二子奉, 毅與后弟軼,輔,敞辭語相連及, 以爲祠祭祝詛, 大逆無道. 奉,毅,輔考死獄中. 帝使司徒魯恭持節賜后策, 上璽綬, 遷於桐宮, 以憂死. 立七年, 葬臨平亭部. 父特進綱自殺. 軼,敞及朱家屬徙日南比景縣, 宗親外內昆弟皆免官還田里. 永初四年, 鄧太后詔赦陰氏諸徙者悉歸故郡, 還其資財五百餘萬.

|註釋| ㅇ和帝陰皇后諱某 – 황후 재위 96-102년. ㅇ光烈皇后 – 光武帝의 황후 陰麗華(음려화). ㅇ善書藝 – 書藝에 뛰어나다. ㅇ永元四年 – 和

帝, 서기 92년. ○和熹鄧后 − 和帝의 2번째 황후 鄧綏(등수). ○數有恚恨
− 자주 성을 내고 한을 품다. ○十四年夏 − 永元 14년, 서기 102년. ○巫
蠱(무고) − 蠱는 독 고, 벌레 고. 惡氣. 巫蠱(무고)는 邪術로 남에게 위해를
가하는 행위. 그런 행위가 효과가 있다고 믿었다. 전한 武帝 말기, 巫蠱의
禍는 형식상으로는 衛太子(위태자)가 군사를 동원하여 무고행위라고 덮어
씌우는 江充(강충, ?−前 91)을 제거하려고 했지만, 사건은 衛太子가 군사를
일으켜 승상의 군사와 싸운 것이 되었고 그 때문에 衛太子는 반역자로 쫓
기고 결국 자살했다. 그 衛太子의 손자가 宣帝이다. ○雜考案之 − 합동으
로 조사하다. ○日南比景縣 − 日南郡은 지금 월남의 중부지역. 漢 영역의
최남단. 比景縣(비경현, 비영현)은 日南郡에서는 북부지역, 베트남 다낭市
북쪽 동호이市 근처. ○永初四年 − 安帝의 연호, 서기 104년.

**[國譯]**

　和帝陰皇后(화제음황후)의 이름은 전하지 않는데, 光烈陰皇后(光武
帝의 음황후)의 오빠인 執金吾 陰識(음식)의 증손이다. 황후는 어려서
총명하였고 글씨를 잘 썼다. (和帝) 永元 4년에 뽑혀 궁중에 들어왔
고 먼저 황후의 가까운 친척이라 하여 貴人이 되었다. 특별한 총애
를 받았다. (永元) 8년, 마침내 皇后에 책립되었다.

　和熹鄧后(화희등후)가 입궁하면서 총애가 점차 식어지자 음황후
는 성질을 부리며 원한을 품었다. 뒷날, 외조모인 鄧朱(등주)가 궁중
에 출입하였다. (永元) 14년 여름, 음황후와 등주가 함께 巫蠱(무고)
를 한다는 말이 돌았고 사안이 발각되자 和帝는 中常侍 張愼(장신)
과 尙書 陳褒(진포)를 시켜 궁중에서 합동으로 조사케 하였다. (황후
의 외조모) 鄧朱와 그 두 아들인 鄧奉(등봉), 鄧毅(등의)와 음황후 동
생인 陰軼(음질), 陰輔(음보), 陰敞(음창)의 말이 서로 관련이 있었으며

제사도 지내며 저주를 하여 大逆無道 죄에 해당하였다. 등봉, 등의
및 음보는 고문으로 옥중에서 죽었다. 和帝는 司徒 魯恭(노공)에게
지절을 갖고 가서 (음황후에게) 책서를 내려 (황후의) 印璽(인새)와
綬(인수)을 반환하고 桐宮(동궁)으로 옮겨가게 하자 음황후는 근심하
다가 죽었다. 황후 책립 7년에 臨平亭(임평정) 근처에 장례했다.

　황후의 부친인 特進 陰綱(음강)은 자살하였다. 陰軼(음질), 陰敞(음
창)과 鄧朱(등주)의 가속은 日南郡 比景縣으로 옮겨가게 했으며 宗親
이나 내외 형제는 모두 사직하고 고향에 돌아가게 하였다. (安帝)
永初 4년, 鄧太后는 조서로 강제 이주된 陰氏들을 모두 고향 군으로
돌아오게 했으며 그 재산 5백만 전을 돌려주었다.


## ❻ 和熹鄧皇后

原文

　和熹鄧皇后諱綏, 太傅禹之孫也. 父訓, 護羌校尉, 母陰
氏, 光烈皇后從弟女也. 后年五歲, 太傅夫人愛之, 自爲剪
髮. 夫人年高目冥, 誤傷后額, 忍痛不言. 左右見者怪而問
之, 后曰, "非不痛也, 太夫人哀憐爲斷髮, 難傷老人意, 故
忍之耳." 六歲能《史書》, 十二通《詩》,《論語》. 諸兄每讀經
傳, 輒下意難問. 志在典籍, 不問居家之事. 母常非之, 曰,
"汝不習女工以供衣服, 乃更務學, 寧當舉博士邪?" 后重違
母言, 晝修婦業, 暮誦經典, 家人號曰'諸生'. 父訓異之, 事

無大小, 輒與詳議.

| 註釋 | ○和熹鄧皇后諱綏 – 和帝의 2번째 황후 鄧綏(등수), 황후로 재
위 102-106년, 121년 붕어. 漢光武帝 太傅인 鄧禹(등우)의 孫女, 등우는
南陽郡의 豪族으로 광무제를 따라 거병하였으며 後漢 초의 大功臣이었다.
父 鄧訓(등훈)은 護羌校尉(호강교위) 역임. 서기 92년에 관직에 있으면서 죽
었다. 등황후는 등훈의 둘째 딸. 언니는 鄧燕(등연), 동생은 鄧容(등용). ○太
傅夫人愛之 – 太傅 鄧禹의 夫人 곧 할머니. 할머니가 손녀를 귀여워하다.
○剪髮 – 머리를 다듬다. ○六歲能《史書》– 周 宣王의 太史인 籀(주)가 지
었다는 책으로, 學童을 위한 책이라는 주석이 있다. 先代 明帝의 馬황후도
'能誦《易》, 好讀《春秋》,《楚辭》, 尤善《周官》,《董仲舒書》'라고 했다. ○輒
下意難問 – 그때마다 겸손하게 궁금했던 것을 묻다. ○寧當擧博士邪? –
너는 박사로 천거되고 싶으냐? 여자의 학문은 제도적 장치가 없었지만 後
漢시대에 家學을 중시하는 名門 大族에서는 있을 수 있는 일이었다.《漢
書》를 저술한 반고의 女弟 班昭(반소)가 和帝의 명을 받아《漢書 天文志》를
완성할 수 있었던 것도 이런 家學의 전통이었다. 和熹鄧皇后가 이런 학문
적 바탕이 있었기에 女主로서 安帝를 대신하여 聽政할 수 있었다. ○諸生
– 太學의 학생, 前漢에서는 博士弟子, 後漢에서는 諸生, 또는 太學生이라
불렀다.

[國譯]

　　和熹鄧皇后(화희등황후)의 諱(휘)는 綏(수)로 太傅 鄧禹(등우)의 손
녀였다. 부친 訓(훈)은 호강교위였고, 모친은 陰氏(음씨)로 光烈皇后
從弟의 딸이었다. 등수가 다섯 살 때 太傅 夫人인 할머니는 손녀가
귀엽다가 손수 머리를 다듬어주었다. 할머니는 나이가 많아 눈이 어

두워서 잘못하여 등수의 이마를 찔렀는데도 등수는 참으며 말하지 않았다. 옆에서 본 사람들이 이상히 여겨 묻자, 등수가 말했다. "아팠지만 할머니가 나를 귀여워하며 머리를 다듬어 주시는데 할머니 마음을 상하게 할 수 없어서 참았습니다."

6세에 《史書》를 읽었고, 12살에 《詩經》과 《論語》에 능통하였다. 여러 오빠들이 경전을 공부할 때마다 겸손하게 궁금했던 것을 묻곤 했다. (등수는) 경전 공부에만 뜻이 있어 가사에 관한 일은 묻지 않았다. 모친은 늘 책망하며 말했다.

"너는 여자 할 일을 배워 의복을 지으려 하지 않고 공부에 더 힘쓰니, 너는 박사로 천거 받으려 하느냐?"

등수는 모친의 말씀을 거듭 어길 수 없어 낮에는 여자의 일을 배우고 저녁에는 경전을 외웠는데 집안사람들이 '諸生(제생, 太學生)'이라고 불렀다. 부친 등훈은 딸을 기특히 여겨 집안의 크고 작은 일 모두 등수와 상세히 이야기하였다.


## 原文

永元四年, 當以選入, 會訓卒, 后晝夜號泣, 終三年不食鹽菜, 憔悴毀容, 親人不識之. 后嘗夢捫天, 蕩蕩正靑, 若有鐘乳狀, 乃仰嗽飮之. 以訊諸占夢, 言堯夢攀天而上, 湯夢及天而咶之, 斯皆聖王之前占, 吉不可言. 又相者見后驚曰, "此成湯之法也." 家人竊喜而不敢宣. 后叔父陔言, "常聞活千人者, 子孫有封. 兄訓爲謁者, 使修石臼河, 歲活數千

人. 天道可信, 家必蒙福." 初, 太傅<u>禹</u>嘆曰, "吾將百萬之衆,
未嘗妄殺一人, 其後世必有興者."

| 註釋 |  ○永元四年 – 서기 92년.  ○終三年不食鹽菜 – 3年喪(만 2년,
햇수로 3년) 동안 素食을 했다는 뜻. 鹽菜(염채)는 소금 간이 된 음식. 여기
서 菜는 채소란 뜻이 아닌 반찬, 요리.  ○憔悴毀容 – 憔悴(초췌)하여 얼굴
이 많이 상했다.  ○捫天 – 捫은 어루만질 문. 쓰다듬다.  ○仰嗽飮之 – 얼
굴을 들고 무엇인가를 빨아 마시다. 嗽는 빨아 마실 수, 양치질할 수.  ○늠
堯夢攀天而上 – 堯帝는 하늘을 올라가는 꿈을 꾸었다. 攀은 더위잡을 반.
무엇을 잡고 올라가다. 登攀(등반).  ○湯夢及天而咶之 – 湯王은 꿈에 하늘
우물을 길어서 핥아먹는. 及은 汲(물 길을 급). 咶는 핥을 지. 빨다(舐也).
○此成湯之法也 – 이는 成湯(탕왕, 殷 건국자)의 骨相이다.  ○叔父陔言 – 陔
은 층층대 해. 계단.  ○使修石臼河 – 등황후의 부친 鄧訓이 謁者가 되어
常山國의 虖沱河(호타하), 石臼河(석구하) 인공수로 공사 감독을 맡았는데,
등훈은 이 공사가 불가능하다는 것을 상주 건의하였다. 결국 章帝가 중단
했는데 이 공사 중단으로 해마다 수많은 익사자를 살려냈다는 뜻이다. 이
는 16권, 〈鄧寇列傳〉 중 鄧訓傳에 기록되었다.

## [國譯]

永元 4년(서기 92), 궁중에 뽑혀 들어갈 나이가 되었는데 부친 鄧
訓(등훈)이 죽자 鄧綏(등수)는 밤낮으로 통곡했고, 3년 상 내내 절인
음식도 먹지 않아 초췌하여 얼굴이 많이 상하여 친척들도 등수를 알
아보지 못했다. 등수는 어느 날 꿈에 하늘을 어루만졌는데 끝없이
푸른 하늘에 마치 鐘乳(종유) 같은 것이 있어 얼굴을 들고 빨아 마시
었다. 이런 꿈을 해몽하는 사람한테 물어보니, 堯帝는 꿈에 잡고 매

달려 하늘에 올라갔으며, 湯王은 하늘에서 물을 길어 마시는 꿈을
꾸었으니 이는 모두가 聖王이 되는 점괘로 그 길함을 이루 말할 수
없다고 대답하였다. 또 관상가는 등수를 보고 놀라며 "이는 成湯의
骨法입니다."라고 말했다. 집안 식구들은 속으로 기뻤지만 밖으로
내색하지 않았다.

등수의 숙부인 鄧陔(등해)는 "예부터 사람 1천 명을 살린 자는 그
자손이 제후가 된다는 말이 있다. 사촌 형인 訓(훈)이 謁者(알자)가
되어 石臼河(석구하)를 수리하여 해마다 수천 명을 살렸다. 天道는
믿을 만하니 우리 집안은 필히 복을 받을 것이다."라고 말했다.

예전에 太傅 鄧禹(등우, 등황후 祖父)가 감탄하며 말했었다.

"내가 백만 군사를 거느렸지만 단 한 사람도 함부로 죽이지 않았
으니 아마 후세에 크게 흥성할 자손이 있으리라."


## 原文

七年, 后復與諸家子俱選入宮. 后長七尺二寸, 姿顔姝麗,
絕異於衆, 左右皆驚. 八年冬, 入掖庭爲貴人, 時年十六. 恭
肅小心, 動有法度. 承事陰后, 夙夜戰兢. 接撫同列, 常克己
以下之, 雖宮人隸役, 皆加恩借. 帝深嘉愛焉. 及后有疾, 特
令后母兄弟入視醫藥, 不限以日數. 后言於帝曰, "宮禁至
重, 而使外舍久在內省, 上令陛下有幸私之譏, 下使賤妾獲
不知足之謗. 上下交損, 誠不願也." 帝曰, "人皆以數入爲
榮, 貴人反以爲憂, 深自抑損, 誠難及也."

每有讌會, 諸姬貴人競自修整, 簪珥光采, 袿裳鮮明, 而后獨著素, 裝服無飾. 其衣有與陰后同色者, 即時解易. 若並時進見, 則不敢正坐離立, 行則僂身自卑. 帝每有所問, 常逡巡後對, 不敢先陰后言. 帝知后勞心曲體, 歎曰, "修德之勞, 乃如是乎!" 後陰后漸疏, 每當御見, 輒辭以疾. 時帝數失皇子, 后憂繼嗣不廣, 恆垂涕歎息, 數選進才人, 以博帝意.

| 註釋 | ○(永元) 七年 – 서기 95년. ○后復與諸家子俱選入宮. 后長七尺二寸 – 明帝 馬황후의 키도 이와 같았다.(약 166cm 내외) 당시 여자로서는 큰 키라고 볼 수 있다. ○姿顔姝麗 – 姿色이 미려하다. 姝는 예쁠 주. ○夙夜戰兢 – 밤낮으로 전전긍긍한다. 戰兢(전긍)은 몹시 두려워하고 조심하는 모양. 戰戰兢兢. ○接撫同列 – 같은 비빈들을 상대하다. ○使外舍久在內省 – 外舍는 외가, 곧 陰귀인의 본가. ○讌會 – 宴會. 讌은 잔치 연. ○簪珥 – 비녀와 귀걸이. 簪는 비녀 잠. 珥는 귀고리 이 ○袿裳 – 저고리와 치마. 袿 여자 웃옷 규. ○正坐離立 – 허리를 반듯하게 펴고 앉거나 나란히 서다. 離는 나란히 줄서다(羅也). ○僂身 – 몸을 구부리다. 僂는 구부릴 루. 곱사등이. ○逡巡後對 – 좀 머뭇거리다가 대답하다. 겸양의 뜻. 逡는 뒷걸음질 칠 준. 머뭇거리다. ○以博帝意 – 황제가 다른 여인들에게 많은 관심을 갖게 하다.

[國譯]

(永元) 7년(서기 95)에 鄧綏(등수)는 다른 집 딸들과 함께 뽑혀 입궁하였다. 등수는 키가 7척2寸이었고 자색이 미려하여 또래 중에서

도 크게 달라 좌우의 모두가 놀랬다.

8년 겨울, 掖庭(액정)에 들어가 貴人이 되었는데 그때 나이 16세 였다. 鄧貴人은 공경 엄숙하고 조심하며 행실에 법도가 있었다. 陰황후를 모실 때는 밤낮으로 두려워하며 조심하였다. 동료들을 상대 하면서는 늘 자신을 억제하며 낮추었으며 비록 궁 안의 하인일지라 도 은덕을 베풀었다. 황제는 이러한 등 귀인을 매우 가상히 생각하 며 아껴주었다. 나중에 鄧귀인이 병이 나자, 황제는 특별히 명을 내 려 친정 식구들이 약을 준비하고 간병하면서 궁 안에 머무는 날 수 에 제한받지 않게 하였다. 그러자 鄧귀인이 황제에게 말했다.

"궁궐은 지엄한 곳인데 친정 식구들이 궁 안에 오래 머문다면 위 로는 폐하께서 편애하신다는 말을 듣게 되고, 아래로는 제가 知足을 모른다는 비방을 듣게 됩니다. 이처럼 상하 모두가 손해이오니 정말 바랄 수 없는 바입니다." 그러자 황제가 말했다.

"모든 사람들은 자주 들어올 수 있는 것을 영광으로 아는데 귀인 은 오히려 걱정으로 자신을 철저히 억제하나니, 이는 정말 따라가기 어려울 것이다."

매번 연회를 할 때면, 여러 비빈이나 귀인들은 경쟁적으로 치장 을 하고 비녀나 귀고리가 광채를 내며 웃옷과 치마도 선명하였지만, 鄧귀인만은 평범한 옷에 꾸밈이나 장식도 없었다. 혹시 자신의 옷이 陰황후와 같은 색이면 즉시 바꿔 입었다. 만약 (음황후와) 같이 황 제를 뵐 때면 똑바로 앉거나 나란히 서지 않았으며 걸을 때는 허리 를 구부려 자신을 낮추었다. 황제가 물어보시면 늘 멈칫거리다가 늦 게 대답하며 감히 陰황후보다 먼저 대답하지 않았다. 황제는 鄧귀인 의 이런 마음 씀씀이와 몸 낮춤을 알고 감탄하였다.

"덕행의 실천이라면 늘 이와 같아야 할 것이다!"

뒷날 음황후는 황제와 점점 소원해졌으며 황제를 뵈올 일이 있어도 그때마다 병을 핑계 대었다. 그때 황제는 자주 皇子를 잃었기에 鄧귀인은 후사가 많지 않은 것을 걱정하며 늘 눈물을 흘리며 탄식하였고, 자주 재색이 있는 궁인을 골라 보내 황제가 才人에게 관심을 더 갖게 하였다.

陰后見后德稱日盛, 不知所爲, 遂造祝詛, 欲以爲害. 帝嘗寢病危甚, 陰后密言, "我得意, 不令鄧氏復有遺類!" 后聞, 乃對左右流涕言曰, "我竭誠盡心以事皇后, 竟不爲所祐, 而當獲罪於天. 婦人雖無從死之義, 然周公身請武王之命, 越姬心誓必死之分, 上以報帝之恩, 中以解宗族之禍, 下不令陰氏有人豕之譏." 卽欲飮藥, 宮人趙玉者固禁之, 因詐言屬有使來, 上疾已愈. 后信以爲然, 乃止. 明日, 帝果瘳.

│註釋│ ○婦人雖無從死之義 – 여인에게는 지아비를 따라 죽어야 할 의무가 없다고 하나~.  ○周公身請武王之命 – 武王이 병에 걸리자, 周公旦(단)은 자신의 목숨으로 대신하겠다고 조상들에게 서약하였다.  ○越姬心誓必死之分 – 越姬는 楚昭王의 姬妾인 越王 句踐(구천)의 딸. 소왕이 병이 들고 하늘에 불길한 징조가 나타나자 소왕이 태사에게 묻자, 태사는 이는 왕에게 불길한 징조니 다른 將相에게 액운을 떠넘길 수 있다고 말했다 초왕은 장상은 나의 팔다리와 같으니, 나를 대신하여 죽기를 바랄 수 없다

고 하였다. 이 말을 전해들은 越姬는 왕의 덕행이 바른 것을 알고 昭王에게 마음으로 서약한대로 스스로 죽어 왕의 병을 대신하였다. 《烈女傳》에 있는 내용이다.  ㅇ不令陰氏有人豕之譏 - 음황후가 人豕(인시, 人 돼지, 呂后가 팔다리를 자른 戚夫人)를 키운다는 비난을 듣지 않게 하겠다. 즉 음황후를 악독한 여인으로 만들지는 않겠다는 관용의 뜻을 표시한 말.  ㅇ帝果瘳 - 瘳는 병 나을 추.

## [國譯]

陰皇后는 鄧귀인의 덕행과 칭송이 날로 융성한 것을 보고 어찌할 바를 몰랐다가 결국 저주하며 해악을 하려고 했다. 마침 황제가 병석에서 매우 위중했는데 음황후는 몰래 측근에게 말했다. "만약 내가 득의한다면 등씨의 씨를 없애겠다."

鄧귀인이 듣고서는 측근에게 눈물을 흘리며 말했다.

"나는 성심으로 황후를 모시었으나 끝내 도움을 받지도 못하고 도리어 하늘의 벌만 받게 되었다. 여자야 본디 따라 죽어야 할 大義야 없다지만, 周公께서는 자신의 몸으로 武王의 병을 대신하겠다고 하늘에 빌었으며, (楚 昭王의) 越姬는 왕을 위해 죽을 때는 꼭 죽겠다고 마음속 서약을 했었으니, (내가 죽어) 위로는 황제의 은혜에 보답하고, 다음으로는 문중에 미칠 재앙을 예방하며, 끝으로는 음황후가 인돼지를 길렀다는 비난을 받지 않게 하겠다."

그리고서는 즉시 약을 마시려 했지만 趙玉이라는 宮人이 한사코 말리면서 금방 사자가 와서 황제의 병이 나았다는 소식을 전했다고 거짓말을 하였다. 등귀인은 그러했을 것이라 믿고 자살을 그만두었다. 다음 날 황제는 정말 병이 다 나았다.

十四年夏, 陰后以巫蠱事廢, 后請救不能得, 帝便屬意焉. 后愈稱疾篤, 深自閉絶. 會有司奏建長秋宮, 帝曰, "皇后之尊, 與朕同體, 承宗廟, 母天下, 豈易哉! 唯鄧貴人德冠后庭, 乃可當之." 至冬, 立爲皇后. 辭讓者三, 然后卽位. 手書表謝, 深陳德薄, 不足以充小君之選. 是時, 方國貢獻, 競求珍麗之物, 自后卽位, 悉令禁絶, 歲時但供紙墨而已. 帝每欲官爵鄧氏, 后輒哀請謙讓, 故兄騭終帝世不過虎賁中郎將.

| 註釋 | ○(永元) 十四年 – 서기 102년. ○帝便屬意焉. 后愈稱疾篤, 深自閉絶. 會有司奏 ○建長秋宮 – 황후를 책립하다. 장추궁은 황후가 거처하는 궁궐. ○小君之選 – 小君은 제후의 신하가 제후의 처를 지칭하는 말. 제왕의 처, 여기서는 황후의 자리.

[國譯]

(永元) 14년 여름, 陰皇后가 巫蠱(무고) 사건으로 폐위되자 鄧귀인은 황후를 위해 간청했지만 받아들여지지 않았으며 황제는 그럴수록 음황후에게 마음이 쏠렸다. 등귀인은 병이 심하다면서 더 스스로 궁궐 깊이 거처하며 황제를 피했다. 마침 담당 신하들이 황후를 책립해야 한다고 주청하자 황제가 말했다.

"皇后의 존엄은 짐과 한 몸으로 종묘를 받들고 천하 백성의 慈母가 되어야 하니, 어찌 쉬운 자리이겠는가! 오직 鄧貴人의 덕행이 후궁에 제일이니 황후의 적임자이다."

겨울이 되자 황후로 책립되었다. (鄧皇后는) 3번을 사양한 뒤에야 즉위하였다. 등황후는 직접 사양하는 표문을 올려 덕행이 부족하여 황후의 직분을 감당할 수 없다는 간절한 뜻을 표하였다. 이때 사방의 군국에서는 특산물을 올리며 경쟁적으로 진기 화려한 물건을 구하려 애썼는데 황후 즉위 이후로는 일체를 금지시켰으며, 다만 歲時에 맞춰 紙墨을 헌상하는 일은 허용하였다. 황제가 매번 등씨 일족의 관직이나 작위를 올려주려 했으나 그럴 때마다 겸양으로 사양하였기에 황후의 친정 오빠인 鄧騭(등즐)은 황제가 붕어할 때까지 虎賁中郎將에 불과했다.

## 原文

元興元年, 帝崩, 長子平原王有疾, 而諸皇子夭沒, 前後十數, 後生者輒隱秘養於人間. 殤帝生始百日, 后乃迎立之. 尊后爲皇太后, 太后臨朝. 和帝葬後, 宮人並歸園, 太后賜周,馮貴人策曰,

「朕與貴人託配後庭, 共歡等列, 十有餘年. 不獲福祐, 先帝早棄天下, 孤心熒熒, 靡所瞻仰, 夙夜永懷, 感愴發中. 今當以舊典分歸外園, 慘結增歎, 燕燕之詩, 曷能喻焉? 其賜貴人王靑蓋車, 采飾輅, 驂馬各一駟, 黃金三十斤, 雜帛三千匹, 白越四千端.」

又賜馮貴人王赤綬, 以未有頭上步搖,環珮, 加賜各一具.

| 註釋 | ○元興元年 – 和帝의 마지막 연호, 서기 105년. ○帝崩 – 나이

27세에 죽었다.  ○長子平原王有疾 – 平原王은 和帝의 장자 劉勝. 불치병
이 있다 하여 제위에 오르지 못했다.  ○殤帝生始百日 – 孝殤皇帝(105-106
년 8월, 재위 8개월), 和帝에게 많은 아들이 태어났으나 대부분 요절하였다.
和帝는 환관과 외척이 皇子를 해친다고 생각하여 민간에 보내 양육케 하
였다. 元興 元年 12월(陰)에 화제가 붕어하자, 鄧皇后는 민간에서 양육 중
인 劉隆(유륭, 출생 후 겨우 100일)을 궁으로 데려와 즉위시켰다. 殤帝(상제, 短
折不成曰 殤. 殤은 일찍 죽을 상)는 중국 역사상 가장 어린 황제에, 가장 단명한
황제로 기록되었다.  ○太后臨朝 – 臨朝는 '臨前殿하여 朝君臣'의 뜻, 황
후는 동향으로 어린 주군은 서향으로 앉고 신하가 올리는 문서는 2부를 작
성하여 양쪽에 올린다.  ○孤心煢煢 – 煢煢(경경)은 외롭고 의지할 데 없는
모양.  ○燕燕之詩, 曷能喩焉? – 燕燕之詩는 《詩經 邶風패풍 燕燕》. 그 시
에 '제비는 훨훨 이러저리 나는데, 시집가는 누이를 멀리 들에서 전송하고
바라보아도 아니 되니 눈물이 비 오듯 한다.'고 하였다. 曷은 어찌 갈. 어
찌 ~하랴?

## [國譯]

　元興(원홍) 원년(서기 105), 和帝가 붕어했는데 長子 平原王은 질병
이 있었고, 일찍 죽은 다른 황자들이 전후 10여 명이나 되었기에, 그
후에 태어나는 황자는 민가에 보내 비밀리에 양육케 하였다. 殤帝
(상제)는 태어난 지 겨우 100일이었는데 등황후가 황제로 영입하였
다. 皇后를 皇太后로 올리고, 황태후가 臨朝하였다. 和帝의 장례를
마친 뒤 궁인들을 모두 능원으로 보내야만 했는데 등태후는 周貴人
과 馮貴人에게 책서를 내렸다.
　「朕은 貴人과 함께 후궁으로 들어와 같은 반열에서 함께 즐기기
10여 년이었다. 우리가 복을 받지 못해 先帝께서 천하를 너무 일찍

버리셨으니 외로운 마음 의지할 데 없고, 우러러볼 데도 없으며, 밤
낮으로 그리움만 안고 살아야 하니, 슬픔만이 가슴에 가득 찼도다.
이제 옛 법도에 의거 궁궐 밖 능원으로 나가야 하니 참담한 설움 맺
혀 한숨만 나오나니, 〈燕燕〉의 송별 詩인들 어찌 이 마음과 같겠는
가? 貴人에게 제후왕의 푸른 덮개 수레와 채색으로 장식한 끌채 수
레(輅), 4마리의 말과 黃金 30근, 雜帛(잡백) 3천 필과 白越布(백월포)
4천 단(端)을 하사토록 하라.」

또 풍귀인에게도 제후왕의 赤綬(적수)를 하사하였고, 머리 장식인
步搖(보요)와 둥근 패옥이 없기에 보요와 패옥을 각 한 짝을 더 하사
하였다.


## 原文

是時新遭大憂, 法禁未設. 宮中亡大珠一篋, 太后念, 欲
考問, 必有不辜. 乃親閱宮人, 觀察顔色, 卽時首服. 又和帝
幸人吉成, 御者共枉吉成以巫蠱事, 遂下掖庭考訊, 辭證明
白. 太后以先帝左右, 待之有恩, 平日尙無惡言, 今反若此,
不合人情, 更自呼見實覈, 果御者所爲. 莫不歎服, 以爲聖
明. 常以鬼神難徵, 淫祀無福. 乃詔有司罷諸祠官不合典禮
者. 又詔赦除建武以來諸犯妖惡, 及馬,竇家屬所被禁錮者,
皆復之爲平人. 減太官,導官,尙方,內者服御珍膳靡麗難成
之物, 自非供陵廟, 稻粱米不得導擇, 朝夕一肉飯而已. 舊
太官湯官經用歲且二萬萬, 太后勅止, 日殺省珍費, 自是裁

數千萬. 及郡國所貢, 皆減其過半. 悉斥賣上林鷹犬. 其蜀, 漢釦器九帶佩刀, 並不復調. 止畫工三十九種. 又御府,尚方,織室錦繡,冰紈,綺縠,金銀,珠玉,犀象,瑇瑁,彫鏤翫弄之物, 皆絕不作. 離宮別館儲峙米糒薪炭, 悉令省之. 又詔諸園貴人, 其宮人有宗室同族若羸老不任使者, 令園監實覈上名, 自御北宮增喜觀閱問之, 恣其去留, 即日免遣者五六百人.

| 註釋 | ○新遭大憂－大憂는 國喪. ○首服－자백하다. ○皆復之爲平人－모두 사면하여 평민이 되게 하다. ○減大官,導官,尚方,內者－太官은 황제의 식사 담당, 太官令. 導官은 음식 재료 공급 담당관. 導는 擇也. 尚方(상방)은 궁중에 필요한 각종 생활용구 공급 담당관. 內者는 內署(내서), 부서 이름. 궁내부의 침구, 휘장(커튼) 담당관. 모두 질록 6백석. ○稻粱米不得導擇－일반 식용의 벼나 기장의 곡물을 곱게 방아 찧지 못하게 하다. 가령 벼의 껍질만 벗긴 것은 쌀눈이 그대로 붙어있는 현미이나 밥을 하면 식감이 거칠다. 우리가 먹는 보통 쌀은 껍질을 벗긴 다음 약 30% 정도를 더 搗精(도정)한다. 이를 보통 7분도 쌀이라고 한다. ○湯官(탕관)－太官令 아래에 左丞(식사 담당), 甘丞(음식기기 담당), 湯官丞(酒類 담당), 果丞(과일, 간식 담당) 등의 속관이 있었다. ○其蜀,漢釦器九帶佩刀－蜀郡과 廣漢郡에서 생산되는 釦器(구기) 九帶佩刀. 釦는 금테 두를 구. 금은으로 기구를 장식하다. 象嵌(상감)하다. 佩刀(패도)는 허리에 차는 칼. ○止畫工三十九種－궁중 벽화나 능원의 그림 장식에 동원되는 畫工. 少府의 속관으로 畫室署長(질록 4백석)이 있어 이들을 감독했다. ○儲峙(저치)－저축, 비축. 儲는 쌀을 저. 峙는 우뚝 솟을 치. 골고루 비치하다. ○羸老－병들거나 늙다. 羸 여월 이(리). 병들다.

이때에 국상을 당한 혼란 속에 禁法이 제대로 지켜지지 않았다. 宮中에서 큰 구슬(大珠) 한 상자가 없어졌는데 태후는 궁인을 불러 고문을 하면 무고한 사람이 다칠 수 있다고 생각했다. 그래서 친히 궁인들을 둘러보며 안색을 관찰하자 즉시 자백하였다. 또 和帝의 총애를 받던 吉成(길성)이란 자가 있었는데, 여러 御者(어자, 馬夫)들이 길성이 巫蠱(무고)를 하였다고 말하여 액정에서 길성을 조사케 하였더니 자백과 증거가 명백하다고 하였다. 태후는 길성이 先帝의 좌우에서 시중을 들며 은총을 입었고 평소에도 길성에 대한 惡言이 없었는데, 지금서 그러하다면 이는 보통 人情과 다르다고 생각하여 태후가 다시 불러 사실을 따져보았더니 예상대로 御者(어자)가 꾸며낸 일이었다. 그러자 태후의 聖明에 탄복하지 않는 자가 없었다.

태후는 늘 귀신이란 徵驗(징험)할 수도 없으며 淫祀(음사)로는 복을 받지 못한다고 생각하였다. 이에 담당자에게 조서를 내려 典禮에 합치하지 않는 모든 제사관을 없애도록 하였다. 또 조서를 내려 建武 이래로 요사한 악행을 저지른 자들을 모두 사면하게 하였으며 馬황후와 竇황후 일가로 금고를 당한 자들도 모두 사면하여 평민으로 돌아가게 하였다.

또 太官(태관), 導官, 尙方, 內者(內署)에서 제조하거나 올리는 물건으로 지나치게 화려하거나 만들기 어려운 물건의 진상을 줄이게 하였으며, 陵廟에 올리는 음식이 아니라면 일상 식용의 각종 곡물을 곱게 방아 찧지 않게 하였으며 (태후의 식사라도) 조석으로 육류는 한 가지만 올리게 하였다. 그리하여 전에는 太官과 湯官(탕관)이 일년에 통상 2萬萬錢(2억 전)을 지출했는데 태후가 금지시킨 이후로 일용 경비가 크게 줄어 이후로는 겨우 수천만 전을 지출하였다. 그리고 郡國에서 헌상하는 공물도 모두 그 절반으로 줄이게 하였다.

또 상림원에 키우는 사냥매나 사냥개도 모두 팔아버리게 했다. 그 외 蜀郡과 廣漢郡에서 생산되는 금은으로 象嵌(상감)한 九帶佩刀(구대패도) 같은 것도 다시는 징발하지 않게 하였다. 39개 영역에 종사하는 화공들의 동원도 폐지시켰다. 또 御府, 尙方, 織室에서 생산하는 刺繡(자수)한 비단, 冰紈(빙환, 비단의 한 종류), 綺縠(기곡, 주름을 넣은 비단), 金銀이나 珠玉, 犀象(서상, 무소나 코끼리 상아 조각), 玳瑁(대모, 바다거북 장식)나 여러 모양을 새긴 완상용 기물도 일체 생산하지 못하게 하였다.

또 離宮(이궁)이나 別館(별관)에 곡식이나 숯 같은 땔감의 비축도 모두 하지 못하게 하였다. 그리고 조서를 내려 각 능원의 貴人이나 宮人으로 宗室同族으로 쇠약하거나 늙어 일을 하지 못하는 자들은 능원의 監令이 사실대로 조사하여 명단을 올리게 하였으며, 北宮의 增喜觀(증희관)에서 직접 확인하여 머물거나 귀가를 결정케 하였는데 그날에 임무를 면제받아 돌아간 자가 5, 6백 명이나 되었다.

及殤帝崩, 太后定策立安帝, 猶臨朝政. 以連遭大憂, 百姓苦役, 殤帝康陵方中秘藏, 及諸工作, 事事減約, 十分居一.

詔告司隷校尉,河南尹,南陽太守曰,

「每覽前代外戚賓客, 假借威權, 輕薄諂諂, 至有濁亂奉

公, 爲人患苦. 咎在執法怠懈, 不輒行其罰故也. 今車騎將
軍騭等雖懷敬順之志, 而宗門廣大, 姻戚不少, 賓客姦猾, 多
干禁憲. 其明加檢勅, 勿相容護.」

自是親屬犯罪, 無所假貸. 太后愍陰氏之罪廢, 赦其徙者
歸鄕, 勅還資財五百餘萬. 永初元年, 爵號太夫人爲新野君,
萬戶供湯沐邑.

| 註釋 | ○太后定策立安帝 – 殤帝가 죽자 章帝의 손자이며 淸河孝王 慶
(경, 장제의 최초 황태자)의 아들인 劉祜(유호, 당시 13세)를 和帝의 후사로 삼아
즉위시키니, 이가 安帝이다. 13세에 즉위. 安帝 즉위 후, 鄧太后는 16년간
정사를 직접 처리하였다.   ○外戚賓客 – 賓客은 문객, 王公家에 출입하는
식객.   ○假借威權 – 권위를 차용하다. 위세를 이용하다.   ○輕薄謥詞 – 행
실이 輕薄(경박)하고 언사도 불량하다. 謥은 급히 말할 총. 詞는 큰소리칠
동. 급박하게 말하다.   ○車騎將軍騭等 – 車騎將軍 鄧騭(등즐)은 등태후의
친오빠.   ○多干禁憲 – 법금을 자주 어기다. 干은 犯也.   ○檢勅 – 억제하
고 단속하다. 勅은 다스릴 칙, 조서 칙(敕과 同).   ○假貸 – 용서하다. 물건
을 빌려주다.   ○永初元年 – 안제의 첫 번째 연호. 서기 107-113년.   ○爵
號太夫人 – 태후의 모친, 陰氏.

[國譯]

殤帝(상제)가 붕어하자, 鄧太后는 安帝를 옹립하기로 방책을 정
했고 여전히 臨朝 聽政하였다. 나라가 연속 큰 국상을 당하여 백성
은 노역으로 고생했는데, 殤帝는 康陵의 冢中(총중)에 깊이 안장하
면서 장례의 모든 절차와 사물을 절약하여 다른 國喪의 10분의 1정

도였다.

황태후가 司隸校尉와 河南尹, 그리고 南陽太守에게 조서를 내렸다.

「매번 볼 때마다, 前代의 외척이나 그 賓客들은 권위를 빌려 행세하면서 행실이 경박하고 언사도 불량하며 公事를 어지럽혀 다른 사람에게 폐해를 끼치고 있다. 이는 법 집행을 게을리하고 불법을 즉시 처벌하지 않았기 때문이다. 이번에 車騎將軍 鄧騭(등즐) 등은 비록 敬順의 뜻을 갖고 있었다지만 문중 사람들이 많고 姻戚(인척) 또한 적지 않아서 나라의 금범을 어기는 자가 많았다. 이런 불법행위 단속을 강화하여 서로 포용하거나 비호하지 않도록 하라.」

이로부터 태후 친족의 범죄 행위에 대해서 관용이 없었다. 太后는 (전임 황후) 陰氏 일족의 죄와 폐위를 가엾게 여겨 변방에 이주시킨 자를 사면하여 귀향케 하였고 (압수했던) 재산 5백만 전을 반환케 하였다. (安帝) 永初 원년, 太夫人(태후의 모친)의 爵號(작호)를 新野君이라 하고 湯沐邑(탕목읍)으로 1만 호를 제공하였다.


## 原文

二年夏, 京師旱, 親幸洛陽寺錄冤獄. 有囚實不殺人而被考自誣, 羸困輿見, 畏吏不敢言, 將去, 擧頭若欲自訴. 太后察視覺之, 卽呼還問狀, 具得枉實, 卽時收洛陽令下獄抵罪. 行未還宮, 澍雨大降.

| 註釋 |  ○親幸洛陽寺錄冤獄 – 洛陽寺는 낙양 현령의 관청. 錄冤獄은 원통한 옥안이 있는가를 심사하다.  ○被考自誣 – 고문에 의해 없는 죄를

인정하다. 誣는 사실을 굽혀 말하다. 없는 죄를 인정하다. 거짓말을 하다.
○贏困輿見 – 贏는 여윌 이(리). 困은 지쳐 쓰러지다. 輿見은 들 것에 실려
와 (태후를) 뵙다. ○澍雨大降 – 큰 비가 내리다. 澍는 단비 주.

## [國譯]

　(永初) 2년(서기 108) 여름, 京師에 가뭄이 심했는데 (등태후가)
친히 낙양현 현청에 행차하여 억울한 옥살이가 있는 지 심사하였다.
어떤 죄수가 살인을 하지 않고도 고문을 받아 죄를 인정했는데, 쇠
약해진 몸이라 들 것에 실려와 황태후를 뵈었으나 관리가 두려워 말
을 하지 못하다가 떠나려 하자 고개를 들어 하소연을 하려 했다. 태
후가 이런 기미를 알아 즉시 불러 사실을 묻자, 억울한 사정을 모두
말하였으며 낙양 현령을 즉시 하옥시켜 죄를 다스리게 하였다. 태후
가 궁에 도착하기도 전에 단비가 크게 내렸다.

## 原文

　三年秋, 太后體不安, 左右憂惶, 禱請祝辭, 願得代命. 太
后聞之, 卽譴怒, 切勅掖庭令以下, 但使謝過祈福, 不得妄生
不祥之言. 舊事, 歲終當饗遣衛士, 大儺逐疫. 太后以陰陽
不和, 軍旅數興, 詔饗會勿設戲作樂, 減逐疫侲子之半, 悉罷
象橐駝之屬. 豐年復故.

　太后自入宮掖, 從曹大家受經書, 兼天文,算數. 晝省王
政, 夜則誦讀, 而患其謬誤, 懼乖典章, 乃博選諸儒劉珍等及

博士,議郎,四府掾史五十餘人, 詣東觀讎校傳記. 事畢奏御, 賜葛布各有差. 又詔中官近臣於東觀受讀經傳, 以教授宮人, 左右習誦, 朝夕濟濟.

及新野君薨, 太后自侍疾病, 至乎終盡, 憂哀毀損, 事加於常. 贈以長公主赤綬,東園秘器,玉衣繡衾, 又賜布三萬匹,錢三千萬. 騭等遂固讓錢,布不受. 使司空持節護喪事, 儀比東海恭王, 諡曰敬君. 太后諒闇既終, 久旱, 太后比三日幸洛陽, 錄囚徒, 理出死罪三十六人, 耐罪八十人, 其餘減罪死右趾已下至司寇.

| 註釋 | ○(永初) 三年 – 서기 109년. ○譴怒 – 화를 내며 견책하다. 譴은 꾸짖을 견. ○舊事 – 지방에서 동원되어 낙양에서 1년간 위사로 근무하고 연말에 귀향할 때 위로 잔치를 벌였다. 또 연말이기에 마귀를 쫓는 의식을 거행했다. ○大儺逐疫 – 大儺(대나)는 儺禮(나례), 儺는 역귀 쫓을 나. 陰氣. 疫은 疫神(역신), 질병을 퍼트리는 악신. ○逐疫侲子 – 逐疫(축역)은 역신을 驅逐(구축, 몰아냄)하다. 侲子는 어린아이. 逐疫之人. 侲은 동자 진. 10세에서 12살까지 말 잘하는 아이 120명을 동원했고 검은 옷에 붉은 모자를 쓰고 큰 북을 쳤다. ○象橐駝之屬 – 象은 코끼리. 橐駝(탁타)는 낙타. ○從曹大家受經書 – 曹大家는 班昭(반소, ?-120?), 班彪(반표)의 딸, 班固와 班超의 여동생, 曹氏(曹世叔)에게 出家하였으나 조세숙은 일찍 죽었다. 和帝는 班昭에게《漢書》의 완성을 명했었다. 등황후 및 여러 귀인들이 사사하면서 大家(大姑의 뜻)라 호칭.《漢書》의 내용이 알려지면서 유명한 경학자 馬融(마융)도 반소에게《漢書》를 배웠다.《女誡(여계)》7편을 저술하여 부녀의 행위규범으로 삼았다. 84권,〈烈女傳〉에 입전. ○諸儒劉珍

等 - 謁者인 劉珍(유진, ?-126?)은 一名 劉寶, 字 秋孫. 安帝 永初年間(107-113)에 東觀校書로 근무. 〈建武以來名臣傳〉와 《東觀漢記》22편을 편찬. 侍中, 越騎校尉 역임, 延光 4년(125)에 宗正을 역임했다. 그의 《釋名》30편은 文字學의 중요 저술. 본서 1부의 '《후한서》의 成書 과정'의 주석 참고. 80권, 〈文苑列傳〉(上)에 입전. ○詣東觀讎校傳記 - 東觀은 洛陽 南宮의 장서각. 觀은 누각 관, 道敎의 사원(○○觀). 동관에서 대를 이어 편찬한 後漢代 역사를 《東觀記》라고 불렀는데, 모두 143권이다. 기전체로 후한 光武帝에서 靈帝까지 역사를 서술한 官撰(관찬)의 當代史이다. 이는 후한 明帝 때 처음 편찬된 이후 章帝, 安帝, 桓帝, 靈帝, 獻帝까지 계속되었는데 本紀, 列傳, 表, 載記 등으로 구분 편찬하였고 각각의 기전에 서문이 있다. 이는 각 황제 代의 起居注(황제의 언행에 관한 기록), 국가 문서나 檔案(당안, 이민족과 왕래한 문서), 공신의 업적, 前人의 舊聞舊事, 私人의 저작물 등을 망라한 후한 사료의 叢集이라 할 수 있다. ○東園秘器 - 少府 소속 東園에서 만든 능묘 내의 기물이나 葬具(이를 凶器라고도 한다). 東園은 능묘 내 기물이나 葬具를 만드는 부서 이름. ○東海恭王 - 光武帝의 아들 劉彊(유강), 폐위된 전임 郭황후 소생. 建武 2년에 황태자에 책립되었다가 建武 19년에 황태자에서 물러나 동해왕이 되었다. ○諒闇(양암) - 황제나 제후왕의 居喪. 제후 왕이 부모의 상 중에 거처하는 방. 거상 기간 중 신중하며 말을 하지 않는다는 뜻. 諒陰(양음). ○耐罪(내죄) - 경범죄. 1년 형을 罰作, 2년 형벌은 耐(견딜 내)라 하여 수염을 깎고 수형했다. 이보다 무거운 형벌은 髡鉗城旦(곤겸성단)으로 머리를 깎고 칼을 쓰고 노역에 종사하였다. ○右趾 - 右趾는 오른쪽 발을 자르다. 趾는 발지, 복사뼈 아래 부분. 司寇(사구)는 변방의 초소에서 감시하는 일.

## [國譯]

(永初) 3년(서기 109) 가을, 太后는 건강이 좋지 않자 측근들은

우려와 두려움 속에 모두 기도하면서 자신의 목숨으로 태후를 대신하겠다고 빌었다. 이런 말을 전해들은 태후는 즉시 질책하면서 掖庭令(액정령) 이하 관원에게 잘못을 말하고 복을 달라는 기원을 할 수 있지만 함부로 상서롭지 못한 말을 꺼내지 말라고 엄격히 신칙하였다.

옛 관례에 의하면 연말에 궁궐을 수비한 衛士(위사)들이 임무를 마치고 돌아갈 때 위로 잔치를 하면서 악귀를 쫓는 대규모 儺禮(나례)를 거행했었다. 태후는 지금 음양이 조화롭지 못하고 군사를 자주 동원하기 때문에 조서를 내려 연회에 놀이와 풍악을 생략하고 악귀를 몰아내는 의식에 참여하는 인원도 절반으로 감소하고 코끼리나 낙타 같은 동물도 데려오지 않게 하였다. 물론 풍년이 들면 예전과 같이 하겠다고 하였다.

太后는 궁궐에 들어온 이후로 曹大家(班昭)로부터 경서와 함께 天文과 筭數(算數)를 배웠다. 낮에는 정사를 살피고 밤에는 경서를 외웠는데 경서의 오류와 여러 법제와의 乖離(괴리)를 걱정하여 劉珍(유진) 등 유생과 博士, 議郎, 그리고 四府의 掾史(연리) 등 50여 명을 널리 선발하여 東觀(동관)에 모여 傳記나 문헌을 맞춰 대조케 하였다. 대조가 끝나면 황제에게 보고하게 하였고 종사한 사람들에게 葛布(갈포)를 차등 있게 하사하였다.

또 中官(宦官)과 近臣을 東觀에 나아가 경전을 배우게 하여 궁인들을 교습하게 하니 태후의 측근들이 학습하며 경전을 외워 아침저녁으로 모두가 노력하였다.

新野君(등태후의 모친)이 죽기 전에 태후는 몸소 모친의 병 수발을 하다가 세상을 뜨자 심히 애통하여 건강이 크게 나빠졌으며 장례

는 정상 법도를 초과하였다. 新野君에게 長公主의 붉은 인수와 東園
秘器와 옥으로 만든 수의와 비단 이불, 거기다가 布 3만 필, 금전 3천
만 전을 하사하였다. 鄧騭(등즐) 등은 굳이 사양하여 금전과 포는 받
지 않았다. 司空에게 부절을 갖고 가서 喪事를 처리하게 하였는데 장
례의식은 東海 恭王과 비슷하였고, 시호는 敬君(경군)이라고 하였다.

太后의 거상이 끝나고도 오랫동안 가물었는데 태후는 3일 연속
洛陽의 관청에 나가 죄수의 옥안을 다시 심리하여 사형 죄수 36인
과 耐罪(내죄, 경범죄)의 죄수 80인을 심리하여 출옥케 하였으며, 그
외 사형이나 오른발 절단형의 죄수를 감형하여 변방 초소의 감시병
으로 보냈다.


■原文

七年正月, 初入太廟, 齋七日, 賜公卿百僚各有差. 庚戌,
謁宗廟, 率命婦群妾相禮儀, 與皇帝交獻親薦, 成禮而還.

因下詔曰,「凡供薦新味, 多非其節, 或鬱養强孰, 或穿掘
萌牙, 味無所至而夭折生長, 豈所以順時育物乎! 傳曰, '非
其時不食'. 自今當奉祠陵廟及給御者, 皆須時乃上..」

凡所省二十三種. 自太后臨朝, 水旱十載, 四夷外侵, 盜
賊內起. 每聞人飢, 或達旦不寐, 而躬自減徹, 以救災厄, 故
天下復平, 歲還豐穰.

| 註釋 | ○(永初)七年 − 서기 113년. ○太廟 − 大廟, 天子나 諸侯 始祖

의 廟堂.  ○率命婦群妾相禮儀 – 命婦는 命夫의 아내. 大夫의 처. 작위를
받은 부인의 총칭. 內命婦와 外命婦의 합칭. 相은 돕다. 보조하다.  ○與皇
帝交獻親薦 – 황제와 태후가 차례로 친히 獻爵(헌작)하다. 당당한 女帝로
종묘에 신고한다는 정치적 의미를 생각할 수 있다. 이어 조서를 내리고,
어느 황제 못지 않은 당당한 통치 행위를 보여주었다.  ○或鬱養强孰 – 거
름을 많이 주거나 억지로 익히다.  ○或穿掘萌牙 – 어린 싹을 파내거나 채
취하다.  ○'非其時不食' – 제철 음식이 아니면 먹지 않다.「~色惡, 不食.
臭惡, 不食. 失飪, 不食. 不時, 不食. 割不正, 不食. ~」《論語 鄕黨》.  ○凡
所省二十三種 – 제물로 올리는 23종을 생략하다.  ○或達旦不寐 – 때로는
새벽이 되도록 잠을 자지 않다.  ○歲還豐穰 – 豐穰은 豊年.


**[國譯]**

  (永初) 7년 정월, 처음으로 太廟에 가서 7일간 齋(재)를 올렸다. 公
卿과 百僚에게 각각 차등을 두어 하사하였다. 庚戌日 宗廟에 배알하
면서 命婦와 모든 嬪妾을 데리고 가서 의례를 보조케 하면서 皇帝와
교대로 獻爵하며 친히 祭物을 진헌했으며 예를 마치고 돌아왔다. 그
러면서 조서를 내렸다.

  「제사에 올리는 모든 祭品은 신선해야 하는데 제철 음식이 아닌
것이 많았으며, 어떤 것은 거름을 많이 주어 억지로 익게 하거나 어
린 싹을 캐오거나 또는 맛이 덜 들었거나 제대로 성장한 것이 아니
니 이 어찌 제철에 따라 생육한 것이라 하겠는가! 經典(《論語》)에서
는 '제철이 아니면 먹지 않는다' 고 하였다. 지금부터라도 능묘나 제
사에 올리는 제품은 모두 제철을 기다려 올리도록 하라.」

  이에 총 23종의 제품을 생략케 하였다.

  등태후가 임조 청정한 이후 10년간 수해나 旱害(한해)가 있었으며

사방의 외적이 침입했고 내부에서는 도적떼가 일어났었다. 백성들이 굶주린다는 말을 들을 때마다 날이 새도록 잠을 자지 않았으며, 몸소 반찬의 수를 줄이거나 재해를 구제케 하여 천하는 다시 평온하였으며 다시 풍년이 들었다.

**原文**

元初五年, 平望侯劉毅以太后多德政, 欲令早有注記, 上書安帝曰,「臣聞《易》載羲, 農而皇德著,《書》述唐, 虞而帝道崇, 故雖聖明, 必書功於竹帛, 流音於管弦. 伏惟皇太后膺大聖之姿, 體乾坤之德, 齊蹤虞妃, 比跡任, 姒. 孝悌慈仁, 允恭節約, 杜絶奢盈之源, 防抑逸欲之兆. 正位內朝, 流化四海. 及元興, 延平之際, 國無儲副, 仰觀乾象, 參之人譽, 援立陛下爲天下主, 永安漢室, 綏靜四海. 又遭水潦, 東州飢荒. 垂恩元元, 冠蓋交路, 菲薄衣食, 躬率群下, 損膳解驂, 以贍黎苗. 惻隱之恩, 猶視赤子. 克己引愆, 顯揚仄陋. 崇晏晏之政, 敷在寬之敎. 興滅國, 繼絶世, 錄功臣, 復宗室. 追還徙人, 蠲除禁錮. 政非惠和, 不圖於心, 制非舊典, 不訪於朝. 弘德洋溢, 充塞宇宙, 洪澤豐沛, 漫衍八方. 華夏樂化, 戎狄混幷. 丕功著於大漢, 碩惠加於生人. 巍巍之業, 可聞而不可及, 蕩蕩之勳, 可誦而不可名. 古之帝王, 左右置史, 漢之舊典, 世有注記. 夫道有夷崇, 治有進退. 若善政不述, 細異

輒書, 是爲堯, 湯負洪水大旱之責, 而無咸熙假天之美, 高宗,
成王有雉雛迅風之變, 而無中興康寧之功也. 上考《詩》,
《書》, 有虞二妃, 周室三母, 修行佐德, 思不逾閾. 未有內遭
家難, 外遇灾害, 覽總大麓, 經營天物, 功德巍巍若茲者也.
宜令史官著〈長樂宮注〉,〈聖德頌〉, 以敷宣景燿, 勒勳金石,
縣之日月, 攄之罔極, 以崇陛下烝烝之孝.」

　帝從之.


| 註釋 | ○(安帝) 元初 五年 ─ 서기 118년. ○平望侯劉毅 ─ 平望은 北
海郡의 현명. 今 山東省 濰坊市 관할 壽光市. 壽光市는 渤海 萊州灣의 서
남부. 劉毅(유의)는 東觀에서 劉珍 등과 함께 편찬사업에도 종사. ○早有
注記 ─ 일찍부터 여러 기록을 남겼다. 注記는 기록. ○《易》載義, 農而皇德
著 ─《易經》, 義는 伏羲(복희), 처음으로 八卦를 작성. 農은 神農氏. 쟁기를
만들어 인간에게 농사를 처음 가르쳤다는 전설상의 인물. 三皇에는 이 두
사람 외에 燧人(수인), 또는 女媧(여왜)가 들어간다. ○《書》述唐, 虞~ ─ 唐
과 虞는 (五帝의) 堯와 舜. ○流音於管弦 ─ 악곡으로 만들어져 연주되다.
○齊蹤虞妃 ─ 그 자취는 舜의 아내 虞妃(우비)와 나란하다. 虞舜은 堯帝의
두 딸 娥皇과 女英을 아내로 맞이하였다. ○比跡任, 姒 ─ 任(太任)은 (周)
文王의 모친, 姒(太姒, 태사)는 武王의 모친. ○元興, 延平之際 ─ 元興은 和
帝의 말년(서기 105년), 延平은 殤帝의 연호(서기 106년). ○東州飢荒 ─
東州는 關東의 여러 주(兗, 豫, 靑, 徐, 冀, 幷州 등). 飢荒(기황)은 큰 흉년.
飢는 굶주릴 기. ○菲薄衣食 ─ 衣食을 크게 절약하다. 菲薄(비박)은 변변
하지도 않고 모자라다. ○以贍黎苗 ─ 백성에게 공급하다. 黎苗는 백성.
苗는 衆也. ○崇晏晏之政 ─ 온화한 정치를 실현하다. 晏晏(안안)은 화락한
모양. ○敷在寬之教 ─ 敷는 펼 부, 널리 펴다. 在寬之教는 寬容의 教化.

○洪澤豐沛 – 弘大한 은택은 甘雨처럼 풍요롭고 넉넉하다.  ○華夏樂化 –
華夏는 중국.  ○戎狄混幷 – 混幷(혼병)은 하나로 융화되다. 중국의 교화를
받아 중국처럼 되어간다는 뜻.  ○左右置史 – 황제의 좌우에 사관을 두다.
左史는 제왕의 행동을, 右史는 言辭를 기록했다.  ○高宗,成王有雉雊迅風
之變 – (殷) 高宗(名 武丁)이 成湯의 제사를 지낼 때 꿩이 날아와 鼎(정)의
모서리에 앉아 울었다. 그래서 고종은 더욱 修德하여 殷의 중흥을 이룩했
다. (周) 成王이 周公을 의심하자 하늘이 역풍을 불게 하여 쓰러졌던 나무
들을 모두 일으켜 세웠다.  ○周室三母 – 后稷(후직)의 모친 姜嫄(강원), 文
王의 모친 太任, 武王의 모친 太姒(태사).  ○思不逾閾 – 敎化를 돕는 영역
을 벗어나지 않다. 逾는 넘을 유, 閾 문지방 역.  ○覽總大麓 – 覽總은 국가
樞機(추기)의 政事를 총괄하다. 麓(산기슭 록)은 記錄.  ○勒勳金石 – 공훈을
金石에 새겨두다.  ○縣之日月 – 해와 달처럼 높이 빛나게 하다.  ○攄之
罔極 – 攄는 펴다(舒也). 펼 터. 罔極(망극)은 끝이 없음.  ○以崇陛下烝烝
之孝 – 烝烝(증증)은 왕성하게 일어나는 모양, 점차 앞으로 나아가는 모양.
進進.


**[國譯]**

　元初 5년, 平望侯인 劉毅(유의)는 太后의 德政이 훌륭하기에 그 기
록을 일찍 남겨야 한다고 생각하여 安帝에게 상서하였다.

　「臣이 알기로,《易經》에 伏羲氏(복희씨)와 神農氏(신농씨)의 공적
이 기록되었기에 고대 제왕의 덕업이 뚜렷해졌고,《書經》에 唐(堯)
와 虞(舜)이 기록되었기에 帝王의 治道가 더욱 높아졌다고 하니, 비
록 聖明한 덕이 있더라도 반드시 그 공적이 竹帛(靑史)에 기록되거
나 음악으로 연주되어야만 공덕이 빛이 납니다. 지금 臣이 생각건
대, 皇太后는 가슴에 大聖의 바탕을 품었고, 乾坤(건곤, 天地)의 공덕

을 몸소 구현하였으니, 그 치적은 虞妃(우비, 舜의 아내)와 같고, 그 자취는 (周) 文王의 모친이나 武王의 모친과 나란합니다. (황태후께서는) 孝順謙遜하시고 인자하시며, 誠信恭敬하시고 節約하시어 사치의 근원을 막았으며 淫佚多慾의 조짐을 억제하셨습니다. 內朝의 正位에 오르시어 四海에 교화를 이룩하셨습니다. 元興과 延平(연평) 연간에 나라에 계승자가 없을 때 乾象(天象)을 우러러보시고, 백성의 칭송을 참고하시어 폐하를 천하의 기둥으로 맞이하여 漢室을 평안케 하셨고 四海를 안정시키셨습니다. 그 후에 수해를 당하고 동쪽 여러 州에 큰 흉년이 들었습니다. 그러자 태후께서는 백성에게 은덕을 내리시어 파견한 관리들이 길에 줄을 지었으며 의복과 음식을 낮춰 모든 신하에 솔선하시어 신하들도 음식과 말(馬)을 줄이게 하여 백성을 구휼하셨습니다. 惻隱(측은)의 은택으로 백성을 어린아이처럼 돌봐주셨습니다. 克己하시며 자책하셨으며, 미천한 인재를 뽑아 올리시었고 온화한 정치를 실현하셨으며, 관용에 바탕을 둔 교화를 널리 실천하셨습니다. 없어진 제후국을 다시 세우고 끊어진 세대를 이어주었으며, 공신을 기록하였고 宗室을 부흥하셨습니다. 강제 이주된 백성을 고향에 돌아가게 하셨으며 禁錮(금고)의 죄인도 사면하셨습니다. 은혜와 和順의 정치가 아니라면 마음에 두지 않았으며, 반포한 법제가 옛 典章에 일치하지 않으면 조정에서 의견을 묻지도 않으셨습니다. 크신 은덕은 넘쳐흘렀고 우주를 꽉 채웠으며, 弘大한 은택은 甘雨처럼 풍요롭고 넉넉하여 사방팔방에 널리 퍼져나갔습니다. 중국은 기쁜 마음으로 교화되었고, 戎狄(융적)의 만이들도 하나가 되어 귀화하였습니다. 태후의 위대한 공덕은 大漢에 뚜렷하며, 큰 혜택은 백성에게 돌아갔습니다. 巍巍(위위, 높음)의 功業은 말할 수는 있지만 우리가 따라갈 수가 없으며 蕩蕩(탕탕, 끝없이 넓음)한 功勳은 칭송은 할 수 있지만 이름을 붙일 수가 없습니다. 古代의 帝王은 좌우에 사관을 두었는데 우리 漢의 옛 제도에도 재위한 황제마다 起居注를 남겼습니다. 길에도 평탄한 길과 높은 언덕이 있고 정사에 전진과 후퇴가 있는 것입니다. 만약 태후의 이러한 善政이 저술되지 않고 다른 기이한 일만 기록된다면, 이는 마치 堯帝와 湯王에게 홍수와 大旱(대한, 큰 가뭄)의 책임만 기록하고 광대 숭고한 치적을 하나도 기록하지 않는 것과 같을 것입니다. 또 (殷) 高宗과 (周) 成王에게 꿩이 울고 강풍이 불어온 이변만 기록하고, (殷의) 中興과 (周의) 태평성대를 이룩한 공을 기록하지 않은 것과 같습니다. 《詩經》과 《書經》의 기록을 상고해보면, 虞(舜)의 二妃와 周室의 三母가 행실을 닦고 덕치를 도왔어도 禮敎의 한계를 벗어나지 않았습니다. 안으로 황실에 어려운 난관이 만나고 밖으로 재해의 이변을 당한 가운데 國政을 수행한 大要를 기록하고 국가의 모든 체제를 운영하면서 그 功德이 이처럼 훌륭했던 분이 있지 않았습니다. 응당 사관에게 명하여 〈長樂宮注〉과 〈聖德頌〉을 저술케 하여 빛나는 공적을 널리 알려야 하며, 공적을 金石에 새겨야 하며, 日月처럼 높이 내걸고 끝없이 널리 퍼져나가게 하여 폐하의 끝없는 효심을 높이 드러내셔야 합니다.」

安帝는 상주를 허락하였다.


**原文**

六年, 太后詔徵和帝弟濟北,河間王子男女年五歲以上四十餘人, 又鄧氏近親子孫三十餘人, 並爲開邸第, 敎學經書, 躬自監試. 尙幼者, 使置師保, 朝夕入宮, 撫循詔導, 恩愛甚渥. 乃詔從兄河南尹豹,越騎校尉康等曰,

「吾所以引納群子, 置之學官者, 實以方今承百王之敝, 時俗淺薄, 巧僞滋生,《五經》衰缺, 不有化導, 將遂陵遲, 故欲褒崇聖道, 以匡失俗. 傳不云乎, '飽食終日, 無所用心, 難矣哉!' 今末世貴戚食祿之家, 溫衣美飯, 乘堅驅良, 而面牆術學, 不識臧否, 斯故禍敗所從來也. 永平中, 四姓小侯皆令入學, 所以矯俗厲薄, 反之忠孝. 先公旣以武功書之竹帛, 兼以文德敎化子孫, 故能束脩, 不觸羅網. 誠令兒曹上述祖考休烈, 下念詔書本意, 則足矣. 其勉之哉!」

| 註釋 | ○(元初) 六年 - 서기 119년. ○並爲開邸第 - (궁궐 내) 건물을 모두 개방하다. 邸는 집 저. ○恩愛甚渥 - 은애가 아주 각별하였다. 渥은 두터울 악, 적실 악. ○將遂陵遲 - 곧 쇠락하여 없어지다. 陵遲(능지)는 陵夷(능이), 점차 쇠퇴하여 없어지다. ○傳不云乎 -「'飽食終日, 無所用心, 難矣哉! 不有博奕者乎? 爲之猶賢乎已.'」《論語 陽貨》. ○面牆術學 - 面牆은 벽을 맞보다. 不學無術. ○不識臧否 - 臧否(장부)는 선악. ○四姓小侯 - 明帝 永平 연간은 유학을 크게 장려했고 유학 또한 융성했었다. 황제의 외척인 樊氏(번씨), 郭氏, 陰氏, 馬氏 등 4姓의 자제를 특별히 四姓小侯라 하였다. 아직 列侯(제후)가 아니기에 小侯라 하였고 그들을 위해 五經博士를 두었다. ○束脩 - 말린 고기 한 묶음. 입학하며 스승에게 올리는 예물.「"自行束脩以上, 吾未嘗無誨焉."」《論語 述而》. ○不觸羅網 - 법망에 저촉되지 않다. 법에 걸려 멸문의 화를 당하지 않다.

## [國譯]

(安帝 元初) 6년(서기 119), 太后는 조서로 和帝의 동생인 濟北王과 河間王의 자식 5세 이상 남녀 40여 명을 불렀고, 또 鄧氏(등씨)의 근친 자손 30여 명을 불러 궁궐 건물을 개방하여 경서를 교육하게 하면서 친히 감독을 하였다. 아직 어린아이에게는 敎育保姆도 붙여 조석으로 입궁케 하여 아이들을 돌보며 교육케 하니 이들에 대한 태후의 恩情이 아주 각별하였다. 그리고 從兄인 河南尹 鄧豹(등표), 越騎校尉 鄧康(등강) 등에게 조서를 내렸다.

「내가 여러 아이들을 불러 모아 學官을 두어 가르치게 한 것은, 사실 지금 역대 왕들의 폐습이 쌓여 시속은 천박하고 거짓이 판을 치며《五經》敎義도 쇠퇴 미약하여 교화가 이뤄지지 않아 곧 멸망에 이를 것 같기에 聖人의 도덕을 포상하고 장려하여 나빠진 세속을 바로잡기 위한 뜻이다. 傳(論語)에서도 '종일 배불리 먹고 마음 씀씀이도 없다면 아무것도 이룰 수 없다.'고 하지 않았는가! 지금 末世의 貴戚(귀척)이나 국록을 먹는 가문에서는 따뜻한 옷에 맛있는 음식, 멋진 수레와 좋은 말을 타지만 마치 벽을 맞보고 서 있는 것처럼 학문을 안 하면 방법이 없고 선악도 구별 못하니, 이야말로 禍亂이나 패망의 시작이라 할 수 있다. (明帝) 永平(영평) 연간에 (외척) 四姓小侯를 모두 입학케 하여 나빠진 습속을 바로잡아 충효로 나아가게 했었다. 先公께서는 본래 武功으로 竹帛에 이름을 올렸지만 겸해서 文德으로 자손을 교화해야만 학문을 할 수 있고 법망에 저촉되지 않을 것이다. 정성을 다하여 아이들에게 선조의 빛나는 공훈을 따르게 하고 아래로 이 조서의 본뜻에 유념한다면 나는 족할 것이다. 힘써 실천토록 하라!」

康以太后久臨朝政, 心懷畏懼, 託病不朝. 太后使內人問之. 時宮婢出入, 多能有所毀譽, 其耆宿者皆稱中大人, 所使者乃康家先婢, 亦自通中大人. 康聞, 詬之曰, "汝我家出, 爾敢爾邪!" 婢怒, 還說康詐疾而言不遜. 太后遂免康官, 遣歸國, 絶屬籍.

| 註釋 | ○鄧康(등강) - 등태후의 사촌 오빠. 등태후에게 宗室의 권위를 높여줘야 한다는 건의를 하였으나 태후가 따르지 않자 병을 핑계로 입조하지 않았다. 등태후에 의해 밀려났지만(120년) 등태후가 붕어하자 安帝에 의해 다시 발탁되었고 順帝 때 特進을 역임했다. ○中大人 - 나이도 많고 신임을 받는 궁내 하인을 지칭하는 말. ○爾敢爾邪! - 네가(爾) 감히 이럴 수 있는가!(爾邪). 邪는 그러한가 야. 의문사.

[國譯]

鄧康(등강)은 鄧太后가 정사를 오랫동안 이끄는 것을 보고 마음으로 두려워서 병을 핑계로 입조하지 않았다. 太后가 궁녀를 보내 위문케 하였다. 그때 宮婢들은 궁궐을 출입하면서 다른 사람에 대한 칭송이나 헐뜯는 말을 많이 하였는데, 宮婢 중 나이가 많은 사람을 보통 中大人이라고 불렀는데 (태후의 명을 받아) 鄧康의 집에 간 궁비는 전에 등강의 집 婢女이었는데 역시 中大人이라고 행세하였다. 등강이 이를 알고서는 중대인을 꾸짖어 말했다. "네가 내 집에서 나갔는데 네가 감히 이럴 수 있느냐!"

그러자 궁비는 화가 나서 돌아와 등태후에게 등강의 병은 거짓이며 불손한 말을 했다고 아뢰었다. 태후는 곧 등강을 면직시키고 후국으로 돌려보내며 친족 관계를 끊어버렸다.


原文

永寧二年二月, 寢病漸篤, 乃乘輦於前殿, 見侍中, 尙書, 因北至太子新所繕宮. 還, 大赦天下, 賜諸園貴人, 王, 主, 群僚錢, 布各有差. 詔曰,「朕以無德, 託母天下, 而薄祐不天, 早離大憂. 延平之際, 海內無主, 元元厄運, 危於累卵. 勤勤苦心, 不敢以萬乘爲樂, 上欲不欺天愧先帝, 下不違人負宿心, 誠在濟度百姓, 以安劉氏. 自謂感徹天地, 當蒙福祚, 而喪禍內外, 傷痛不絶. 頃以癈病沈滯, 久不得侍祠, 自力上原陵, 加欬逆唾血, 遂至不解. 存亡大分, 無可奈何. 公卿百官, 其勉盡忠恪, 以輔朝廷.」

三月崩. 在位二十年, 年四十一. 合葬順陵.


| 註釋 | ○(安帝) 永寧 二年二月 – 서기 121년. 秋七月己卯, 建光으로 개원한다. ○太子新所繕宮 – 이때 태자는 安帝와 궁인 李氏 소생의 保(보)이었다. 모친은 李氏이나 閻皇后(염황후)에 의해 독살 당했다. 태자도 모함을 받아 폐위, 濟陰王(제음왕)이 되었다. 다음 해(125년) 3월 안제가 붕어하고 少帝가 즉위하였는데(125년), 保는 환관의 정변에 의거 황제로 즉위하였으니 이가 바로 順帝이다. ○薄祐不天 早離大憂 – 하늘의 도움을 많이 받지 못하여 일찍이 上皇(和帝)가 붕어하셨다. 離는 입다. 받다. 당하다.

大憂는 큰 우환(질병). ○喪禍內外 – 和帝와 殤帝의 죽음, 그리고 모친(新野郡)의 죽음. ○自力上原陵 – 原陵은 光武帝의 능원. ○加欬逆唾血 – 기침을 하면서 피를 토하다. 欬는 기침 해. 唾는 침 타. 뱉다. 遂至不解 – 고칠 수 없는 지경이 되었다. ○合葬順陵 – 정식 명칭은 愼陵(신릉). 和帝와 황후 鄧綏(등수)의 합장릉. 今 河南省 洛陽市 孟津縣 平樂鄕 소재.

## [國譯]

永寧(영녕) 2년(서기 121) 2월, (鄧太后의) 병환은 점점 위독해졌는데 輦(연)을 타고 前殿(전전)에 나가 侍中과 尙書를 만나본 뒤 이어 북쪽으로 가서 새로 수선한 太子宮을 둘러보았다. 돌아와서는 온 나라 죄수를 사면하고 각 능원의 貴人과 제후 왕과 공주, 그리고 모든 신료들에게 금전과 포백을 각각 차등을 두어 하사하였다. 그리고 조서를 내렸다.

「朕(짐)은 덕이 없으면서도 온 나라 백성의 어머니가 되었지만 복이 없어 上天의 도움을 받지 못하고 일찍이 上皇(和帝)가 돌아가시는 큰일을 당했었다. 延平 연간에(殤帝 재위) 나라에 주군이 없어 백성들이 액운을 당하는 累卵(누란)의 위기를 겪었다. (그때 짐은) 부지런히 애쓰며 고심했기에 萬乘(만승)의 자리를 즐기지 못하면서 위로는 上天에 진심을 보여 先帝에 부끄럽지 않아야 했고, 아래로는 백성이 원하는 오랜 숙원을 저버릴 수 없었기에 진심으로 백성을 제도하면서 劉氏의 황실을 안정시키려 하였다. 내 스스로도 천지를 감동시켰기에 나 자신은 복을 받았지만(황후의 자리에 올랐지만) 안팎으로 喪을 당하는 아픔이 그치질 않았었다. 근래에 질병이 낫지를 않아 장시간 제사를 모실 수도 없어 내 힘으로 (光武帝의) 原陵(원릉)에 가려 했으나 기침을 하면서 피를 토했고 결국 고칠 수 없는 지경이 되었다. 생사의 큰 갈림길은 어찌할 수 없도다. 公卿과 百官 모두는 힘써 각자의 충성과 성심으로 조정을 보필하기 바라노라.」

3월에 붕어하였다. 재위 20년에 나이는 41세였다. 順陵에 합장하였다.


**原文**

論曰, 鄧后稱制終身, 號令自出, 術謝前政之良, 身闕明辟之義, 至使嗣主側目, 斂衽於虛器, 直生懷憤, 懸書於象魏. 借之儀者, 殆其惑哉! 然而建光之後, 王柄有歸, 遂乃名賢戮辱, 便孽黨進, 衰敗之來, 茲焉有徵. 故知持權引謗, 所幸者非己, 焦心恤患, 自强者唯國. 是以班母一說, 閨門辭事, 愛姪微愆, 髡剔謝罪. 將杜根逢誅, 未值其誠乎! 但蹊田之牛, 奪之已甚.

| 註釋 | ○術謝前政之良 - 術은 정치 技術, 謝는 받아들이다. 前政之良은 周公이 섭정을 한 좋은 점. ○身闕明辟之義 - 明辟之義은 明君에게 還政하는 大義. 辟은 君. 주공은 成王에게 還政했다. ○斂衽於虛器 - 斂衽(염임)은 옷깃을 여미다. 虛器는 실권 없는 帝位. 器는 神器, 곧 帝位. ○直生懷憤 - 直生은 올곧은 유생. 懷憤(회분)은 분개하다. 憤은 분개할 만. 杜根(두근) 같은 유생은 태후에게 환정을 요구했었다. ○懸書於象魏 - 懸書은 글을 내걸다. 상주하다. 象魏(상위)는 높다란 궁궐 문(闕也). 象은 궐문. 魏는 높다. 高也. ○借之儀者, 殆其惑哉! - 殆(위태로울 태)는 가깝다. 거

의. 등태후는 안제에게 내내 환정하지 않았다.   ○然而建光之後 - 安帝의
建光(서기 121년) 이후에, 등태후가 죽은 뒤에.   ○遂乃名賢戮辱 - 戮辱
(육욕)은 처형당하다. 戮은 죽일 륙.   ○便孼黨進 - 孼黨(얼당)은 소인, 환관
들의 세력. 孼 첩의 자식 얼. 孽의 俗字. 안제는 유모 王聖과 그 딸에게 현
혹되었고 이들이 궁중에 출입하면서 결국 대장군 楊震(양진)과 등태후의
오빠 鄧騭(등즐) 등은 무고에 의해 주살되었다.   ○衰斁之來 - 衰는 기울
쇠. 쇠약해지다. 斁은 싫어할 역. 敗也. 盛한 모양.   ○茲焉有徵 - (安帝의
親政) 여기서부터 패망 징조가 나타났다. 안제의 정치는 문란하고 한심했
다.   ○故知持權引謗 - 사실 등태후의 임조청정은 어리고 무능한 황제에
게 국정을 맡길 수 없다는 권력의지의 표현으로 볼 수도 있다. ○焦心恤
患 - 恤患(훌환)은 환난을 당한 백성을 구휼하다.   ○是以班母一說 - 班母
는 班昭. 등태후는 반소로부터 경학을 배웠고 또 반소의 의견을 정사에
채용하였다. 등즐이 모친 병환을 이유로 사직하려 했으나 등태후는 허락
지 않다가 반소의 의견을 듣고 수락했다. 〈烈女傳〉의 〈班昭傳〉에 보인
다.   ○闔門辭事 - 闔門은 문을 닫다. 辭事는 사임하다.   ○愛姪微愆 - 姪
은 조카 질. 鄧騭(등즐)의 아들. 微愆(미건)은 작은 잘못.   ○髡剔謝罪 - 髡
剔(군척)은 머리를 깎다. 髡은 머리 깎을 곤. 剔은 뼈를 발라낼 척. 풀을 베
다. 등즐의 아들(鄧鳳)이 죄를 짓자 등즐은 자신의 아내와 아들의 머리를
깎아 사죄하였다. 16권, 〈鄧寇列傳〉 참고.   ○將杜根逢誅 - 杜根은 안제
가 장성하였으니 등태후는 聽政을 그만두어야 한다고 直諫하였다. 등태
후의 압제를 피해 숨었다가 등태후가 죽은 뒤 돌아와 侍御使가 되었다. 順
帝 때 濟陰 太守 역임 후에 致仕했다.   ○但蹊田之牛, 奪之已甚 - 蹊는 지
름길 혜. 질러가다. 밟다. 농부가 소를 끌고 밭을 가로질러가는 것은 분명
잘못이지만 그렇더라도 소를 빼앗은 것은 죄에 비하여 벌이 과중하다는
뜻.

  范曄의 史論 : 鄧后는 終身토록 稱制했고 모든 명령은 태후에게서
나왔다. 등태후의 정사가 周公 섭정과 비슷하다지만, 등태후는 還政
의 대의를 실천하지 않고 주군을 곁눈질로 바라보며 무시하였으며,
실권 없는 帝位에 옷깃을 여미었지만, 올곧은 유생은 분개하며 환정
하라는 상서를 궁궐에 올렸다. 이처럼 등태후의 명분에 의혹을 가질
만하였다. 그러다가 安帝의 建光(서기 121년) 이후에야 권력은 황
제에게 돌아왔지만 名賢은 도륙되었고 곧바로 소인의 무리가 대두
하였으니 나라가 기우는 징조가 여기서부터 나타났다.

  그러나 등태후가 권력을 쥐고 있어 衆人의 비방을 받았지만 자신
을 위한 권력이 아니었음을 알 수 있다. (등태후는) 노심초사하며
환난을 구휼하고 나라를 부강케 하려고 애썼다. 그리고 班昭의 말을
따랐기에 鄧騭(등즐)은 문을 닫고 사임할 수 있었다. (등태후에게)
가까운 조카의 작은 잘못에 (등즐은 자신의 아내와 아들의) 머리를
깎아 사죄하였다. 杜根(두근)의 직간에 대하여 주살하라는 지시는
그 직간의 진정성이 결여되었다고 생각했기 때문이다. 소를 끌고 밭
을 가로질러 지나갔다고 (잘못은 잘못이지만) 소를 빼앗는다면 너무
심하지 않은가?

# 10 皇后紀(下)
## 〔황후기(하)〕

## ❼ 安思閣皇后

### 原文

　安思閣皇后諱姬, 河南滎陽人也. 祖父章, 永平中爲尙書, 以二妹爲貴人. 章精力曉舊典, 久次, 當遷以重職, 顯宗爲後宮親屬, 竟不用, 出爲步兵校尉. 章生暢, 暢生后.

　后有才色. 元初元年, 以選入掖庭, 甚見寵愛, 爲貴人. 二年, 立爲皇后. 后專房妒忌, 帝幸宮人李氏, 生皇子保, 遂鴆殺李氏. 三年, 以后父侍中暢爲長水校尉, 封北宜春侯, 食邑五千戶. 四年, 暢卒, 諡曰文侯, 子顯嗣.

| 註釋 |　○安思閣皇后諱姬 – 諡法 謀慮不愆曰 思. 安帝(재위 107-125)의 황후, 황후 재임 115-125.　○精力曉舊典 – 精心全力하여 옛 경전을

공부하다. ○久次 - 오래 머물다. 승진하지 못하다. ○步兵校尉 - 北軍 소속, 宿衛兵 지휘, 질록 비이천석. ○元初元年 - 安帝의 연호. 서기 114년. ○(元初) 二年 立爲皇后 - 서기 115. ○鴆殺 - 鴆은 毒鳥, 중국 남방에 사는 올빼미와 비슷한 생김새로 살무사(蝮)를 잡아먹는 새. 잡새의 깃털을 술에 넣고 저으면 毒酒가 된다. ○北宜春侯 - 北宜春은 汝南郡의 현명. 今 河南省 남부 駐馬店市 관할 正陽縣. 豫章郡 宜春縣은 今 江西省 서부 宜春市.

## [國譯]

安思閻皇后(안사염황후)의 諱(휘)는 姬(희)로 河南 滎陽(형양) 사람이다. 조부인 閻章(염장)은 永平 연간에 尙書가 되었는데 그 여동생 2명이 貴人이 되었다. 염장은 정심 전력하여 옛 경전을 전공하였고, 오랫동안 승진하지 못하였기에 당연히 요직으로 승진해야 했으나 顯宗(明帝)는 후궁의 親屬이라며 끝내 등용하지 않고 步兵校尉로 내보냈다. 염장은 閻暢(염창)을 낳았고, 염창은 閻姬(염희)를 낳았다.

閻姬는 재색이 있었다. 安帝 元初 원년에 뽑혀 궁에 들어갔는데 많은 총애를 받아 貴人이 되었다가 (元初) 2년(115년)에 황후로 책립되었다. 염황후는 총애를 독점하려고 妬忌(투기)를 하였는데 安帝가 궁인 李氏를 총애하여 아들 保(보, 뒷날 順帝)를 출산하자, 이씨를 짐독으로 살해하였다. (元初) 3년, 황후의 부친인 侍中 閻暢(염창)은 長水校尉가 되어 北宜春侯에 봉해졌는데 食邑은 5천 호였다. (元初) 4년, 염창이 죽자 시호는 文侯(문후)였고 아들 閻顯(염현)이 계승하였다.

建光元年, 鄧太后崩, 帝始親政事. 顯及弟景,耀,晏並爲卿校, 典禁兵. 延光元年, 更封顯長社候, 食邑萬三千五百戶, 追尊后母宗爲榮陽君. 顯,景諸子年皆童齔, 並爲黃門侍郎. 后寵旣盛, 而兄弟頗與朝權, 后遂與大長秋江京,中常侍樊豐等共譖皇太子保, 廢爲濟陰王.

| 註釋 | ○建光元年 – 서기 121년. ○卿校 – 九卿이나 校尉, 典禁兵은 禁衛(宿衛)의 군사를 통솔하다. ○延光元年 – 122년. ○榮陽君 – 君은 大夫人에 대한 봉호. 君에 대한 대우는 公主와 같았다. ○童齔(동츤) – 젖니를 가는 어린아이, 7, 8세. 齔은 이를 갈 츤. 젖니가 빠지고 영구치가 나온다. ○黃門侍郎 – 給事黃門侍郎, 황제 좌우에서 시종, 無 定員, 질록 6백석. ○大長秋江京 – 大長秋는 태후나 황후를 시중드는 관리. 후한에서는 환관으로 임용. 질록 이천석의 환관. 종친이 태후나 황후를 알현할 때 대장추를 경유. 종친에게 賞賜하는 일도 담당. 江京은 인명, 환관.

[國譯]

建光(건강) 원년, 鄧(등)태후가 붕어하자 安帝는 정사를 親覽(친람)하였다. 閻顯(염현)과 동생 閻景(염경), 閻耀(염요), 閻晏(염안)은 모두 9경이나 교위가 되었고 禁衛兵(금위병)을 통솔하였다. 延光(연광) 원년(서기 122)에 閻顯(염현)을 長社候에 다시 봉했는데 식읍이 13,500호였고, 황후 모친 宗(종)을 榮陽君(형양군)으로 추존하였다. 염현, 염경의 여러 아들은 젖니를 가는 나이였는데 모두 黃門侍郎(황문시랑)이 되었다. 황후에 대한 총애가 한창이었고 형제가 모두 조정의 실권을 쥐고 있어 황후는 大長秋인 江京(강경)과 中常侍인 樊豐(번풍) 등과 함께 황태자 保(보)를 모함하였고, 황태자를 폐위하여 濟陰王(제음왕)에 봉했다.

四年春, 后從帝幸章陵, 帝道疾, 崩於葉縣. 后,顯兄弟及 江京,樊豐等謀曰, "今晏駕道次, 濟陰王在內, 邂逅公卿立 之, 還爲大害." 乃僞云帝疾甚, 徙御臥車. 行四日, 驅馳還 宮. 明日, 詐遣司徒劉熹詣郊廟社稷, 告天請命. 其夕, 乃發 喪. 尊后曰皇太后. 皇太后臨朝, 以顯爲車騎將軍儀同三司.

| 註釋 | ○(延光) 四年 - 서기 125년. ○幸章陵 - 南陽郡 章陵縣, 광무제의 본 고향. ○葉縣 - 南陽郡의 현명. 今 河南省 중부 平頂山市 관할 葉縣(섭현). 葉 音 攝(섭). ○晏駕道次 - 晏駕(안가)는 황제의 죽음, 완곡한 표현, 晏은 늦을 안. 안제는 32세에 죽었다. ○邂逅公卿立之 - 公卿이 (황제의 죽음을 알고) 濟陰王을 만나 옹립한다면. 邂逅(해후)는 우연히 만나다. ○皇太后臨朝 - 臨朝는 '臨前殿하여 朝君臣'의 뜻, 황후는 동향으로 어린 주군은 서향으로 앉고 신하가 올리는 문서는 2부를 작성하여 양쪽에 올린다. ○爲車騎將軍儀同三司 - 儀同三司는 加官(加號)의 한 가지, 儀制同於 三司의 뜻. 儀同으로도 간칭. 大將軍보다는 낮은 車騎將軍이지만 三公(司徒, 太尉, 司空)과 같이 開府하고 三公과 같은 儀衛(의위, 儀仗 겸 수위)와 대우를 받는다는 뜻. 殤帝 延平 원년(106년)에 鄧騭(등즐)이 이 加官을 처음 받았다.

　(延光) 4년 봄, 염황후는 安帝를 따라 章陵(장릉)에 행차했는데 안
제는 도중에 병이 나서 葉縣(섭현)에서 붕어하였다. 황후와 閻顯(염
현)의 형제와 江京(강경)과 樊豐(번풍) 등이 모의하기를 "지금 황제가
붕어하여 길에서 지체하고, 濟陰王은 궁궐에 남아있는데 공경들이
이를 알고 제음왕을 만나 옹립하면 도리어 큰 위험이 될 것이다." 라
고 하였다. 이에 거짓으로 황제의 병환이 심하여 臥車(와거)에 옮겼
다고 하였다. 4일을 달려 궁궐로 돌아왔다. 다음 날 거짓으로 司徒
劉熹(유희)를 郊廟(교묘)와 社稷壇(사직단)에 보내 하늘의 황제의 수
명을 하늘에 빌게 하였다. 그날 저녁 바로 發喪하였다. 염황후는 皇
太后가 되었다. 황태후가 臨朝하며, 閻顯(염현)은 車騎將軍儀同三司
(거기장군의동삼사)가 되었다.

　太后欲久專國政, 貪立幼年, 與顯等定策禁中, 迎濟北惠
王子北鄕侯懿, 立爲皇帝. 顯忌大將軍耿寶位尊權重, 威行
前朝, 乃風有司奏寶及其黨與中常侍樊豐,虎賁中郞將謝惲,
惲弟侍中篤,篤弟大將軍長史宓,侍中周廣,阿母野王君王聖,
聖女永,永壻黃門侍郞樊嚴等, 更相阿黨, 互作威福, 探刺禁
省, 更爲唱和, 皆大不道. 豐,惲,廣皆下獄死, 家屬徙比景,
宓,嚴減死, 髡鉗, 貶寶爲則亭侯, 遣就國, 自殺, 王聖母子徙
雁門. 於是景爲衛尉, 耀城門校尉, 晏執金吾, 兄弟權要, 威

福自由.

| 註釋 | ㅇ貪立幼年 - 어린 황제를 세우려 했다. ㅇ濟北惠王子北鄕侯
懿, 立爲皇帝 - 章帝의 손자인 濟北 惠王 劉壽(유수, ?-120)의 아들인 北鄕
侯 懿(의)를 옹립하였다. 少帝로 기록. ㅇ大將軍耿寶 - 耿寶(경보)는 안제
延光 3년(124년) 8월에 대장군이 되었다. ㅇ探刺禁省 - 궁중 정황을 정탐
하다. ㅇ大不道 - 不道는 大逆不道, 또는 大逆無道의 반역행위. 중앙집권
의 강화과정에서 不道 罪의 범위는 계속 확대되어 大不敬, 誣罔主上(무망주
상), 誹謗政治(나라의 정치를 비방하다), 非議詔書(조서의 내용을 비난하
다), 妖言惑衆(요언혹중), 漏泄省中語(관부에서의 업무 내용을 누설하다) 등
도 부도 죄에 포함되는 경우가 많았다. 부도 죄는 夷三族(삼족을 죽여 없
앰)의 重刑에 처했다. ㅇ家屬徙比景 - 比景은 日南郡 比景縣, 지금 베트
남 중부 지역에 해당.

[國譯]

閻太后(염태후)는 오랫동안 국정을 맡고자 어린 황제를 옹립하려
고 閻顯(염현) 등과 함께 궁중에서 방책을 정한 뒤 濟北 惠王의 아들
인 北鄕侯 劉懿(유의)를 황제로 옹립하였다. 염현은 대장군 耿寶(경
보)가 지위도 높고 권한이 강대하여 안제 때 위세를 부린 것을 꺼리
어 담당자에게 넌지시 일러 경보 및 그 무리인 中常侍 樊豐(번풍), 虎
賁中郎將 謝惲(사운), 사운의 동생인 侍中 謝篤(사독), 사독의 동생인
大將軍長史인 謝宓(사복), 侍中 周廣(주광), (安帝의) 보모이었던 野
王君 王聖(왕성), 왕성의 아들 永(영), 永(영)의 사위인 黃門侍郞 樊嚴
(번엄) 등이 서로 가까운 무리가 되어 서로 위세를 부리며 궁중의 일
을 정탐하며 서로 어울리면서 대역무도한 짓을 하고 있다고 상주하

게 하였다. 그래서 번풍, 사운, 주광 등은 모두 하옥되었다가 죽었고 그 친속은 日南郡 比景縣으로 이주시켰고, 사복과 번엄들은 사형에서 감형하여 머리를 깎고 칼을 쓴 채 노역에 종사하게 했으며, 耿寶 (경보)는 則亭侯로 강동시켜 식읍에 가게 하였는데 바로 자살하였으며, 王聖 모자는 雁門郡(안문군)으로 이주시켰다. 이에 閻景(염경)은 衛尉(위위)가, 閻耀(염요)는 城門校尉가, 염안은 執金吾가 되어 형제 모두가 요직을 차지하고 멋대로 위세를 부리고 재물을 차지하였다.

原文

少帝立二百餘日而疾篤, 顯兄弟及江京等皆在左右. 京引顯屛語曰, "北鄉侯病不解, 國嗣宜時有定. 前不用濟陰王, 今若立之, 後必當怨, 又何不早徵諸王子, 簡所置乎?" 顯以爲然. 及少帝薨, 京白太后, 徵濟北,河間王子. 未至, 而中黃門孫程合謀殺江京等, 立濟陰王, 是爲順帝. 顯,景,晏及黨與皆伏誅, 遷太后於離宮, 家屬徙比景. 明年, 太后崩. 在位十二年, 合葬恭陵.

| 註釋 | ○少帝立二百餘日 – 少帝 劉懿(유의)는 재위 7개월. 少帝 劉辨 (유변, 서기 189년 4월~8월 재위)은 다른 사람. ○簡所置乎 – 간택해 두지 않겠습니까? ○中黃門孫程~ – 中黃門은 中黃門冗從僕射 아래에서 궁중의 잡일을 담당. 질록 3백석. 孫程은 78권, 〈宦者列傳〉에 입전. 順帝를 옹립하는데 참여한 19명이 모두 제후에 피봉 되었다. ○明年 – 順帝 永建 원년(126년).

少帝(劉懿)가 재위 2백여 일에 병이 들어 위독하자 염현의 형제와 江京(강경) 등은 모두 그 곁에 대기하였다. 강경이 염현을 불러 작은 소리로 말했다.

"北鄕侯의 병이 낫지 않을 경우 그 후사를 바로 정해야 합니다. 앞서 濟陰王(劉保)을 옹립하지 않았는데 이번에 즉위하게 되면 뒷날 틀림없이 당신을 원망할 것이며, 그리고 서둘러 다른 왕의 아들을 불러다가 간택해 두는 것이 좋지 않겠습니까?"

염현은 옳다고 생각하였다. 소제가 죽자 경강은 태후에게 말해 濟北王과 河間王의 아들을 부르게 하였다. 아직 도착하지 않았을 때 中黃門인 孫程(손정) 등 여럿이 모의하여 江京 등을 죽이고 濟陰王을 옹립하니, 이가 順帝이다. 閻顯(염현), 閻景(염경), 閻晏(염안) 및 그 무리들은 모두 처형되었고 閻太后는 離宮(이궁)으로 옮겨 살게 하였으며, 염씨 가속은 日南郡 比景縣으로 이주시켰다. 다음 해 염태후가 붕어하였다. 재위 12년이었고 恭陵(공릉)에 합장하였다.

## 原文

帝母李氏瘞在洛陽城北, 帝初不知, 莫敢以聞. 及太后崩, 左右白之, 帝感悟發哀, 親至瘞所, 更以禮殯, 上尊謚曰恭愍皇后, 葬恭北陵, 爲策書金匱, 藏於世祖廟.

| 註釋 | ○帝母李氏瘞 – 順帝의 생모 貴人 李氏, 瘞 묻을 예. 무덤. ○莫敢以聞 – 감히 이를 알려 주는 사람이 없었다. 순제는 12살에 즉위하였다.

○葬恭北陵 – 恭陵의 북쪽에 있는 능원. 능원에는 陵園令과 食監을 배치하였다. 모두 질록 6백석. ○爲策書金匱 – 책서를 지어 금궤에 넣다. ○世祖廟 – 世祖는 光武帝.

## [國譯]

順帝의 모친 이씨 무덤은 낙양성 북쪽에 있었는데 순제는 처음부터 몰랐고 이를 감히 알려주는 사람도 없었다. 閻太后(염태후)가 죽은 뒤에 측근들이 이를 아뢰자, 순제는 느끼고 깨달은 바 있어 친히 묻힌 곳에 가서 다시 예를 갖춰 殮(염)을 한 뒤에 恭愍皇后(공민황후)라는 시호를 추존하고 恭北陵(공북릉)에 장례했으며 策書를 지어 金匱(금궤)에 넣어 世祖(광무제)의 묘당에 안치하였다.

## ❽ 順烈梁皇后

### 原文

順烈梁皇后諱妠, 大將軍商之女, 恭懷皇后弟之孫也. 后生, 有光景之祥. 少善女工. 好《史書》, 九歲能誦《論語》, 治《韓詩》, 大義略擧. 常以列女圖畫置於左右, 以自監戒. 父商深異之, 竊謂諸弟曰, "我先人全濟河西, 所活者不可勝數. 雖大位不究, 而積德必報. 若慶流子孫者, 儻興此女乎?"

| 註釋 |　○順烈梁皇后諱妠 – 順帝의 황후 梁妠(양납, 106-150년), 諡法,

'執德尊業曰 烈'. 妠은 장가들 납. ㅇ大將軍商之女 – 梁商은 34권, 〈梁統列傳〉에 입전. 梁統의 증손. 梁太后 부친 梁商은 대장군이 되었고, 양상이 죽자 아들 梁冀(양기)가 順帝 永和 6년(141)에 대장군이 되었다. 沖帝, 質帝, 桓帝를 옹립했고 그 가문에 侯 7명, 皇后 3명, 貴人 6명, 대장군 2명, 그외 卿, 將, 尹, 校尉가 57명이었다고 하니 그 세력과 횡포를 짐작할 수 있다. ㅇ恭懷皇后 – 皇帝(和帝)의 생모인 梁貴人, 사후에 皇后로 추존하였다. ㅇ治《韓詩》–《詩經》은 魯人 申培가 전한 魯詩, 齊人 轅固(원고)가 전승한 齊詩, 燕人 韓嬰(한영)이 전한 韓詩가 있었는데 지금은 모두 전하지 않는다. 지금 통용되는《詩經》은《毛詩》로 漢의 毛亨(모형)과 毛萇(모장)이 전수한 시이다. ㅇ列女圖畫 – 열녀의 인물화. 前漢 유학자 劉向(유향)의 《列女傳》이 아님. ㅇ儻興此女乎 – 만약 가문이 흥성한다면 이 여아 때문일 것이다. 儻은 만일, 혹시. 빼어날 당.

## [國譯]

順烈梁皇后(순열양황후)의 諱(휘)는 妠(납)으로 대장군 梁商(양상)의 딸이며 恭懷皇后(공회황후, 章帝의 梁貴人을 추존) 동생의 손녀이다. 梁妠(양납)이 출생할 때 빛이 비치는 祥瑞(상서)가 있었다. 양납은 어려서부터 여인의 일을 잘했다.《史書》를 즐겨 읽었고, 9세에《論語》를 외웠으며,《韓詩》를 공부하여 그 대의를 파악했다. 일상에서 列女의 그림을 좌우에 걸어두고 귀감으로 삼았다. 아버지 梁商은 특별히 기특해하며 여러 아우들에게 은밀히 말했다. "내 아버님께서 河西(하서)에 계시면서 많은 사람을 구제하여 살린 사람을 이루 다 셀 수 없었다. 비록 大位를 얻지 못하더라도 덕을 쌓으면 필히 보답이 있다고 하였다. 만약 후손이 복을 받는다면 아마도 이 여아부터 흥성하지 않겠는가?"

永建三年, 與姑俱選入掖庭, 時年十三, 相工茅通見后, 驚, 再拜賀曰, "此所謂日角偃月, 相之極貴, 臣所未嘗見也." 太史卜兆得壽房, 又筮得〈坤〉之〈比〉, 遂以爲貴人. 常特被引御, 從容辭於帝曰, "夫陽以博施爲德, 陰以不專爲義, 螽斯則百, 福之所由興也. 願陛下思雲雨之均澤, 識貫魚之次序, 使小妾得免罪謗之累." 由是帝加敬焉.

| 註釋 | ○(順帝) 永建 三年 – 서기 128년. ○日角偃月 – 日角은 이마 중앙이 태양처럼 솟아난 형상, 귀인의 표상. 偃月(언월)은 활모양의 초승달. 이마에 나타난 富貴像. ○太史卜兆得壽房 – 太史는 太常의 속관인 太史令, 天時, 星曆, 국가 행사의 擇日, 계절의 금기, 吉凶 예언 및 災異에 관한 판단과 기록, 修史 담당. 卜兆(복조)는 길흉 여부. 壽房은 星名. 壽星과 房星. ○筮得〈坤〉之〈比〉 – 筮는 점대 서. 주역 점을 치다. 〈坤〉과 〈比〉는 周易 64괘의 이름. 〈坤〉은 '坤爲地', 上下 모두 ☷☷. 〈比〉는 '水(☵)地(☷)比'. 比는 比鄰, 親近 友好의 뜻. ○陰以不專爲義 – 陰(女人)은 독점하지 않는 것이 大義이다. ○螽斯則百 – 螽斯(종사)는 여치과(메뚜기과)의 곤충. 방아깨비. 암컷은 99개의 알을 낳는다고 한다. 곧 부부의 화합과 후손의 번창을 의미. 螽은 메뚜기 종. 여치.《詩 周南》의 篇名. ○識貫魚之次序 – 고기를 엮는 순서를 알다. 貫魚는 周易 '山(☶)地(☷)剝'의 剝卦(박괘)를 풀이한 것으로 여러 陰爻(--)를 陽爻(一)가 통솔하는 형상. 貫魚는 皇后의 異稱으로 쓰인다.

[國譯]

(順帝) 永建(영건) 3년(서기 128), 梁妠(양납)은 고모와 함께 뽑혀

나이 13살에 입궐했는데, 관상가 茅通(모통)이 양납을 보고서는 놀라 再拜하고 축하하며 말했다. "이 분은 소위 日角偃月(일각언월)의 상으로 최고로 귀한 相인데, 저는 이런 貴相을 아직 본 적이 없었습니다."

太史令은 점을 쳐서 壽星과 房星을 얻었고, 주역 점을 쳐서는 〈坤〉卦와 〈比〉卦를 얻었기에 곧 貴人으로 봉했다. 梁貴人은 늘 특별히 불려가서 황제를 모셨는데 조용히 황제에게 말하였다.

"대저 陽은 널리 베푸는 것이 德이며 陰은 독차지 않는 것이 大義이오니, 부부가 화합하면 여치처럼 자손이 번성하고 모든 복이 여기서 시작됩니다. 폐하께서는 구름과 비(雨)처럼 만물에게 고루 은택을 주시고 물고기를 순서대로 엮듯(貫魚) 여러 후궁에 고루 은총을 베풀어 주시어 저로 하여금 여러 사람의 비방을 듣지 않게 해 주십시오."

이후로 황제는 양귀인을 더욱 존중하였다.


▌原文

陽嘉元年春, 有司奏立長秋宮, 以乘氏侯商先帝外戚,《春秋》之義, 娶先大國, 梁小貴人宜配天祚, 正位坤極. 帝從之, 乃於壽安殿立貴人爲皇后. 后旣少聰惠, 深覽前世得失, 雖以德進, 不敢有驕專之心, 每日月見謫, 輒降服求愆.

|註釋| ○(順帝) 陽嘉元年 - 서기 132년. ○乘氏侯商先帝外戚 - 乘氏(승씨)는 侯國 이름, 今 山東省 서남부 菏澤市 관할 鉅野縣. 梁商의 대고모

2명이 章帝의 梁貴人으로 和帝의 생모. ○梁小貴人 – 양귀인은 고모와 함께 입궁했기에 梁妠(양납)을 지칭. ○正位坤極 – 正其位內 居陰德之極也. 正位는 정식 지위, 坤極은 황후. ○每日月見譴 – 譴은 귀양 갈 적. 견책. 日食은 황제에 대한 하늘의 견책이고, 月食은 황후에 대한 하늘의 견책이라고 생각했다. ○輒降服求愆 – 그때마다 소복으로 갈아입고, 자신의 잘못을 빌다. 愆 허물 건.

## [國譯]

(順帝) 陽嘉(양가) 원년(서기 132) 봄, 有司가 황후를 책립해야 한다고 상주하면서 乘氏侯 梁商은 先帝(和帝)의 외척이고, 《春秋》의 大義로도 황후는 대국에서 맞이해야 한다고 하였으니 梁小貴人(梁妠)을 황제의 배필로 황후에 자리에 정식으로 올라가야 한다고 말했다. 황제는 그에 따랐다. 이에 壽安殿에서 梁貴人을 皇后로 책립하였다. 양황후는 어려서부터 총명하여 前世의 得失에 대해서 널리 읽었고, 덕행이 뛰어나 황후에 올랐어도 교만하거나 독점하려는 마음이 없었으며 일식이나 월식이 있을 때마다 옷을 갈아입고 잘못을 빌었다.

## 原文

建康元年, 帝崩. 后無子, 美人虞氏子炳立, 是爲沖帝. 尊后爲皇太后, 太后臨朝. 沖帝尋崩, 復立質帝, 猶秉朝政.

時, 楊,徐劇賊寇擾州郡, 西羌,鮮卑及日南蠻夷攻城暴掠, 賦斂煩數, 官民困竭. 太后夙夜勤勞, 推心杖賢, 委任太尉

李固等, 拔用忠良, 務崇節儉. 其貪叨罪慝, 多見誅廢. 分兵
討伐, 群寇消夷. 故海內肅然, 宗廟以寧. 而兄大將軍冀鴆
殺質帝, 專權暴濫, 忌害忠良, 數以邪說疑誤太后, 遂立桓帝
而誅李固. 太后又溺於宦官, 多所封寵, 以此天下失望.

**[國譯]**

(順帝) 建康(건강) 원년에 황제가 붕어했다. 황후에 아들이 없어
美人 虞氏(우씨)의 아들 炳(병)을 옹립하니, 이가 沖帝(충제)이다. 황
후를 높여 皇太后라 하였고 태후가 臨朝하였다. 沖帝가 곧 붕어하자
다시 質帝(질제)를 옹립하고 여전히 정권을 장악하였다.

그 무렵, 楊州와 徐州 일대의 큰 도적 무리가 州郡을 소란케 하였고, 西羌(서강), 鮮卑(선비)와 日南郡의 만이들도 성곽을 공격하거나 약탈하여 부세 징수가 많아서 관민이 모두 지치고 고갈되었다. 梁太后는 밤낮으로 애쓰며 성심으로 賢才에 의지하며 太尉 李固(이고) 등에 정사를 위임하면서 忠良한 인재를 등용하고 검소한 생활을 하였다. 또 재물을 탐하거나 사악한 관리를 보는 대로 주살하였다. 군사를 보내 토벌하자 도적 무리도 차츰 평정되었다. 그래서 나라 안이 조용하고 종묘사직도 평온하였다. 그러나 오빠인 대장군 梁冀(양기)는 質帝를 독살하였고 권력을 휘두르고 포악했으며, 충량한 인재를 기피하고 죽였으며, 자주 사악한 말로 태후를 오도하였고, 桓帝(환제)를 옹립한 뒤에 태위 李固(이고)를 주살하였다. 태후도 환관을 편애하며 많은 환관을 제후로 봉했는데, 이 때문에 천하 백성의 기대를 잃었다.

**原文**

和平元年春, 歸政於帝, 太后寢疾遂篤, 乃御輦幸宣德殿, 見宮省官屬及諸梁兄弟.

詔曰,「朕素有心下結氣, 從間以來, 加以浮腫, 逆害飲食, 寖以沈困, 比使內外勞心請禱. 私自忖度, 日夜虛劣, 不能復與群公卿士共相終竟. 援立聖嗣, 恨不久育養, 見其終始. 今以皇帝,將軍兄弟委付股肱, 其各自勉焉.」

後二日而崩. 在位十九年, 年四十五. 合葬憲陵.

| 註釋 | ○(桓帝) 和平 元年 – 서기 150년. ○加以浮腫 – 거기다가 腫氣(종기)까지 생겼다. 腫은 부스럼 종. ○寖以沈困 – 점점 더 힘없고 노곤하다. 寖 잠길 침. 점점. ○憲陵 – 順帝의 능.

## [國譯]

(桓帝) 和平 원년(서기 150) 봄, 황제에게 정사를 환원하였는데 太后의 병환이 점차 위독하자 輦(연)을 타고 宣德殿(선덕전)에 행차하여 궁내와 조정의 관속과 梁氏 형제들을 알현하였다. 이에 조서를 내렸다.

「짐은 평소에 심장 아래 숨이 막히는 병이 있는데다 얼마 전부터는 종기까지 앓게 되어 음식을 넘기지 못하여 점점 지치고 몹시 고단한데, 요즈음 궁 내외 사람을 시켜 정성을 대해 기도를 올리게 하였다. 짐이 혼자 헤아려 보면 날마다 밤낮으로 기운이 점차 허약해져지니 다시는 여러 공경이나 문사들과 함께 하기가 어려울 것이다. 새 황제가 뒤를 이었지만 어린 황제를 오래 돌봐주지도 그 끝을 보지 못하는 것이 한이로다. 지금 황제와 대장군의 형제를 여러 대신들에 부탁하나니 각자 힘써 주기를 바라노라.」

그 2일 뒤에 붕어하였다. 재위 19년에 나이는 45세였다. (順帝의) 憲陵에 합장했다.

## 附 虞美人,陳夫人

**原文**

虞美人者, 以良家子年十三選入掖庭, 又生女舞陽長公主. 自漢興, 母氏莫不尊寵. 順帝旣未加美人爵號, 而沖帝早夭, 大將軍梁冀秉政, 忌惡佗族, 故虞氏抑而不登, 但稱‘大家’而已.

陳夫人者, 家本魏郡, 少以聲伎入孝王宮, 得幸, 生質帝. 亦以梁氏故, 榮寵不及焉.

熹平四年, 小黃門趙祐,議郎卑整上言, "《春秋》之義, 母以子貴. 隆漢盛典, 尊崇母氏, 凡在外戚, 莫不加寵. 今沖帝母虞大家, 質帝母陳夫人, 皆誕生聖皇, 而未有稱號. 夫臣子雖賤, 尙有追贈之典, 況二母見在, 不蒙崇顯之次, 無以述遵先世, 垂示後世也."

帝感其言, 乃拜虞大家爲憲陵貴人, 陳夫人爲渤海孝王妃, 使中常侍持節授印綬, 遣太常以三牲告憲陵,懷陵,靜陵焉.

---

**註釋** ○虞美人 – 郞中 虞詩(우시)의 딸, 順帝의 美人, 沖帝의 생모. ○沖帝早夭 – 早夭(조요)는 어려서 일찍 죽다. 夭는 어릴 요. ○陳夫人者 – 渤海 孝王(劉鴻, 章帝의 증손)의 후궁. 質帝의 생모. 질제가 재위할 때도 생존했었다. ○熹平四年 – 靈帝의 두 번째 연호(서기 172–177년). ○小黃門趙祐 – 小黃門은 질록 6백석, 환관의 직책. 무 정원. ○議郞 卑整 –

卑整(비정)은 인명. 卑(낮을 비)가 성씨. ○況二母見在 — 하물며 두 생모가
현재 살아있다. 見(音 현)은 現. 지금. ○三牲告憲陵,懷陵,靜陵 — 三牲(삼
생)은 소, 양, 돼지. 太牢(태뢰). 憲陵은 順帝의 능, 懷陵은 沖帝의 능, 靜陵은
質帝의 능.


**[國譯]**

　　虞美人(우미인, 沖帝의 생모)은 良家의 딸로 13세에 뽑혀 궁궐에 들
어와 (沖帝와) 딸 舞陽長公主를 출산하였다. 漢의 건국 이래 황제의
생모가 존귀한 자리에 오르지 않은 이가 없었다. 順帝는 우미인에게
다른 작호를 수여하지 않았고 沖帝는 어려서 죽었으며, 대장군 梁冀
(양기)가 정권을 쥐면서 다른 일족을 기피하고 미워하였기에 虞氏(우
씨)들은 눌려 존귀한 자리에 오르지는 못하고 다만 '大家'라고 불렸
다.

　　陳夫人(진부인)은 본가가 魏郡(위군)이었는데 어려서 歌妓로 (渤
海) 孝王의 궁에 들어왔다가 총애를 받아 質帝를 출산하였다. 마찬
가지로 梁氏 때문에 영광이나 총애를 누리지 못하였다.

　　(靈帝) 熹平(희평) 4년(서기 175)에 小黃門 趙祐(조우), 議郎인 卑
整(비정)이 상서하였다.

　　《春秋》의 大義에 어머니는 아들 때문에 귀하다고 하였습니다.
漢의 융성한 제도로 (황제의) 모친을 높였기에 모든 외척이 총애를
받지 않은 이가 없었습니다. 지금 沖帝의 모친 虞大家(우대가)와 質
帝의 모친 陳夫人(진부인)은 모두 황제를 출산하였지만 (알맞은) 칭
호를 받지 못했습니다. 신하가 비록 낮은 지위에 있더라도 오히려
추존을 받는 典禮가 있지만, 하물며 두 생모가 지금 살아있으면서도

崇高顯貴한 칭호를 못 받았는데, 이러하다면 先代의 법도를 준수한다거나 후세에 모범을 보인다고 할 수 없습니다."

(靈帝는) 그 말에 동감하며 바로 虞大家를 憲陵貴人을, 陳夫人을 渤海孝王妃를 제수하여 中常侍를 시켜 부절을 가지고 가서 印綬(인수)를 수여케 하였으며, 太常을 보내 三牲(삼생)의 제물로 憲陵(헌릉), 懷陵(회릉), 靜陵(정릉)에 고하게 하였다.


### ❾ 孝崇匽皇后

## 原文

孝崇匽皇后諱明, 爲蠡吾侯翼媵妾, 生桓帝. 桓帝卽位, 明年, 追尊翼爲孝崇皇, 陵曰博陵, 以后爲博園貴人. 和平元年, 梁太后崩, 乃就博陵尊后爲孝崇皇后. 遣司徒持節奉策授璽綬, 齎乘輿器服, 備法物. 宮曰永樂. 置太僕,少府以下, 皆如長樂宮故事. 又置虎賁,羽林衛士, 起宮室, 分鉅鹿九縣爲后湯沐邑. 在位三年, 元嘉二年崩.

以帝弟平原王石爲喪主, 斂以東園畫梓壽器,玉匣,飯含之具, 禮儀制度比恭懷皇后. 使司徒持節, 大長秋奉弔祠, 賵錢四千萬, 布四萬匹, 中謁者僕射典護喪事, 侍御史護大駕鹵簿. 詔安平王豹,河間王建,勃海王悝, 長社,益陽二長公主, 與諸國侯三百里內者, 及中二千石,二千石,令,長,相, 皆會葬. 將作大匠復土, 繕廟, 合葬博陵.

| 註釋 | ○孝崇匽皇后諱明 - 匽은 엎드릴 언. 偃(쓰러질 언) 同. 성씨. 桓帝의 생모. ○蠡吾侯翼媵妾, - 蠡吾侯 翼(여오후 익)은 河間王 劉開(유개)의 아들, 和帝의 손자. 媵妾(잉첩)은 시집보낼 때 딸려 보낸 몸종. 천한 신분. 桓帝(환제, 재위 147-167년). ○(桓帝) 和平元年 - 서기 150년. ○齎乘輿器服 - 齎 가져올 재. 가져가다. 乘輿는 수레. 예나 지금이나 탈 것은 소중한 재산이었다. 器服은 기물이나 복식. 法物은 신분과 의식에 걸맞은 물건. ○皆如長樂宮故事 - 皆如는 같게 하다. 長樂宮은 황제 모친이 거처하는 궁궐, 황제의 조모가 거처하는 궁궐은 長信宮이라 불렀다. 故事는 전례. 규정. ○分鉅鹿九縣爲后湯沐邑 - 鉅鹿郡 治所는 廮陶縣(영도현). 今 河北省 邢台市 부근 寧晋縣. ○元嘉二年 - 서기 152년. ○東園畫梓壽器,玉匣, 飯含 - 東園은 少府의 관청 이름. 황제의 장례에 필요한 각종 장치나 기구를 제조했다. 畫梓는 색칠을 한 가래나무로 만든 관. 壽器는 무덤 속에 들어가는 여러 기구. 壽衣, 壽宮, 壽陵 등 壽는 長久, 永遠을 의미. 玉匣은 허리 아래를 덮은 구슬로 만든 옷. 발(足) 아래를 금실로 묶었다. 飯含(반함)은 시신의 입에 채우는 여러 가지 구슬(珠玉). 지금 우리나라에서는 시신을 염할 때 입안에 쌀알을 넣고 염한다. ○恭懷皇后 - 和帝의 생모인 梁貴人, 사후에 皇后로 추존하였다. ○大長秋奉弔祠 - 長秋宮은 황후가 거처하는 궁궐, 大長秋는 태후나 황후를 시중드는 관원. 후한에서는 질록 이천석의 환관으로 임용. 종친이 태후나 황후를 알현할 때 대장추를 경유. 종친에게 賞賜하는 일도 담당. ○賻錢四千萬 - 賻錢은 장례를 돕는 財貨나 금전. ○護大駕鹵簿 - 護는 호위하다. 大駕는 公卿이 인도하고 대장군이 驂乘하고 太僕이 운전을 담당 屬車가 81乘이다. 鹵簿(노부)는 천자가 거둥할 때의 행렬(天子車駕次第), 大駕, 法家, 小駕로 구분. ○勃海王悝 - 悝는 농담할 회, 사람 이름 회. 근심 리. ○將作大匠復土 - 將作大匠은 궁궐과 능묘 건축을 책임지는 질록 2천석의 고급 관리이다. 復土(부토)는 흙을 쌓아 무덤의 봉분을 만들다. ○長社,益陽二長公主 - 桓帝의 누나와 여동생.

孝崇匽皇后(효숭언황후)의 諱(휘)는 明(명)으로 蠡吾侯(여오후) 翼
(익)의 媵妾(잉첩)이었는데 桓帝(환제)를 출산했다. 桓帝가 즉위하고
다음 해, 여오후 翼(익)을 孝崇皇으로 추존하고 그 능을 博陵(박릉)이
라 했고, 왕후를 博園貴人이라 불렀다. 和平 원년에 梁太后가 붕어
하자 바로 博園貴人을 황후로 높여 孝崇皇后라 하였다. 司徒를 보내
부절을 갖고 가서 策命으로 璽綬(새수)를 올리고, 乘輿(승여)와 器物
服飾 등을 가져가 法物을 갖추게 하였다. 거처를 永樂宮이라 하였
다. 太僕과 少府 이하 관원을 두었는데 모두 長樂宮의 전례를 따랐
다. 또 虎賁(호분)과 羽林의 衛士를 배치하고, 宮室을 짓고, 鉅鹿郡
(거록군)의 9개 縣을 효숭황후의 湯沐邑(탕목읍)으로 지정했다. (효숭
황후는) 재위 3년인 元嘉(원가) 2년에 붕어했다.

이에 황제(桓帝)의 아우인 平原王 石(석)을 喪主로 하고, 東園에서
제조한 색칠한 梓宮(재궁)과 여러 壽器, 玉匣(옥갑), 飯含(반함)의 기구
를 써서 殮(염)을 하였는데, 儀禮 제도는 恭懷皇后(공회황후)와 같게
하였다. 司徒를 보내 부절을 갖고 가서 장례를 총괄케 했는데, 大長
秋가 제사 절차를 주관케 하고 부의로 금전 4천만 전, 布 4만 필을
보냈으며, 中謁者僕射(중알자복야)가 장례를 주관하고, 侍御史가 大
駕 등 鹵簿(노부)를 담당했다. 조서로 安平王 豹(표), 河間王 建(건),
勃海王(발해왕) 悝(회), 長社長公主(장사장공주)와 益陽長公主(익양장
공주), 그리고 3백 리 이내 여러 왕과 제후와 中二千石(卿)과 二千石
(太守), 縣令, 縣長, 相 등이 모두 장례에 참가했다. 將作大匠이 復土
(부토)를 하고 묘당을 지었으며 博陵(박릉)에 합장하였다.

## ❿ 懿獻梁皇后

### 原文

桓帝懿獻梁皇后諱女瑩, 順烈皇后之女弟也. 帝初爲蠡吾侯, 梁太后徵, 欲與后爲婚, 未及嘉禮, 會質帝崩, 因以立帝.

明年, 有司奏太后曰, "《春秋》迎王后於紀, 在塗則稱后. 今大將軍冀女弟, 膺紹聖善. 結婚之際, 有命旣集, 宜備禮章, 時進徵幣. 請下三公, 太常案禮儀." 奏可. 於是悉依孝惠皇帝納后故事, 聘黃金二萬斤, 納采鴈, 璧, 乘馬, 束帛, 一如舊典. 建和元年六月始入掖庭, 八月立爲皇后.

時, 太后秉政而梁冀專朝, 故后獨得寵幸, 自下莫得進見. 后藉姊兄廕勢, 恣極奢靡, 宮幄彫麗, 服御珍華, 巧飾制度, 兼倍前世. 及皇太后崩, 恩愛稍衰. 后旣無子, 潛懷怨忌, 每宮人孕育, 鮮得全者. 帝雖迫畏梁冀, 不敢譴怒, 然見御轉稀. 至延熹二年, 后以憂恚崩, 在位十三年, 葬懿陵. 其歲, 誅梁冀, 廢懿陵爲貴人冢焉.

| 註釋 |  ○桓帝懿獻梁皇后(환제의헌양황후) – 환제의 첫째 황후.  ○順烈皇后 – 順帝의 황후 梁妠(양납, 106-150년), 大將軍 梁商의 딸, 沖帝, 質帝, 桓帝를 옹립.  ○會質帝崩 – 황후의 오빠 梁冀(양기)가 독살. 서기 146년. ○《春秋》迎王后於紀 – 《春秋公羊傳》에 祭公(채공)이 紀國(기국)에서 왕비를 맞이했다.  ○在塗則稱后 – 塗는 道, 道路.  ○膺紹聖善 – 아내로 맞이하여 국모가 되어야 한다. 膺(가슴 응)은 應當. 가슴에 안다. 받아들이다. 紹

는 뒤를 잇다(嗣也). 聖善은 지혜롭고 선량하다. 그러한 母親. 國母.《詩經 邶風(패풍) 凱風(개풍)》에 '母氏聖善 我無令人'이라 하였다. ㅇ有命旣集 – 이미 명을 내렸다.《詩經 大雅 大明》에 '天監在下 有命旣集'이라 하였다. ㅇ時進徵幣 – 때맞추어 납폐를 드려야 한다. 徵(부를 징)은 成也. 행하다. 납폐를 해야 성혼이 된다. 梁太后는 신랑 측 혼주이고, 梁冀는 신부 측 혼주이니 황실에서 먼저 납폐해야 한다는 뜻. ㅇ孝惠皇帝納后故事 – 高祖와 呂后의 딸인 魯元公主는 趙王 張耳의 아들 張傲(장오)에게 출가하였다, 여후는 노원공주와 장오의 딸을 혜제와 결혼시켰다. 노원공주는 혜제의 누나이며 장모가 된다. ㅇ納采鴈,璧,乘馬,束帛 – 納采(납채)는 鴈(기러기 안), 璧(玉璧, 둥근 玉), 乘馬(승마, 말 4마리), 束帛(옷감, 비단). 기러기(雁)를 보내는 뜻은 기러기가 陰과 陽의 땅을 왕래하기 때문이라는 주석이 있다. ㅇ建和元年 – 桓帝의 첫 연호. 서기 147-149년. ㅇ后藉姊兄廕勢- 后는 桓帝의 梁황후. 藉는 깔개 자. 의존하다. 깔개 적. 姊兄은 언니와 오빠. 廕勢는 庇護勢力(비호세력). 廕은 덮을 음. ㅇ孕育 – 孕育은 아이를 배고 낳다. 임신과 출산. 育은 낳다. 낳아 기르다. ㅇ鮮得全者 – 온전하게 자란 자식이 드물다. ㅇ然見御轉稀 – 그러나 불려 가는 일이 드물어지다. ㅇ延熹二年 – 서기 159년.


**[國譯]**

　桓帝(환제) 懿獻梁皇后(의헌양황후)의 諱(휘)는 女瑩(여영)으로, 順烈梁皇后(順帝의 梁皇后)의 여동생이었다. 그전에 황제(桓帝)가 蠡吾侯(여오후)일 때, 梁太后가 불러다가 여동생 여영과 혼인시키려 했는데 嘉禮(혼례)를 치르기 전에 質帝가 붕어하자 그대로 제위에 올랐다.

　다음 해 有司가 太后에게 상주하였다.

"《春秋》에도 王后를 紀國에서 맞이한 전례가 있는데 길을 오갈 때도 황후라 칭하였습니다. 지금 대장군 梁冀(양기)의 女弟는 응당 모후의 뒤를 이어야 합니다. 結婚하려고 이미 명을 내렸었으니 응당 예법에 따라 때맞춰 납폐를 행해야 합니다. 三公과 太常을 불러 의례를 갖추라고 명해야 합니다."

상주는 그대로 可하다 하였다. 이에 모든 것을 孝惠皇帝가 황후를 맞이하는 전례에 따라 黃金 2만 근과 납채로 鴈(기러기), 玉璧(옥벽), 말 4필, 비단 등을 옛 법도에 따라 보냈다. 建和 원년 6월에 궁중에 들어와서는 8월에 皇后가 되었다.

그때, 太后가 政令을 잡았고 梁冀(양기)가 조정을 마음대로 할 때라서 양황후만이 홀로 총애를 독점하였고 그 누구도 불려 들어가는 자가 없었다. 양황후는 언니와 오빠의 비호를 받고 있어 마음대로 사치를 다하였고 미려하게 꾸민 궁실과 휘장, 珍奇하고 華麗한 의복, 여러 기묘한 장식이나 가구가 이전보다 몇 배나 되었다. 그러다가 皇太后가 붕어하면서 총애가 점차 식었다. 황후에게 아들이 없었고 그 때문에 원한과 투기심을 품었는데 다른 후궁이 잉태하고 출산하였지만 온전히 자라는 아이가 없었다. 황제는 梁冀(양기)의 협박이 두려워 감히 화를 내거나 꾸짖지 못했지만 점차 황후가 황제를 모실 기회는 드물게 되었다. 延熹(연희) 2년에 양황후는 근심과 분노 속에 죽었는데 재위는 13년이었고 懿陵(의릉)에 장례하였다. 그 해에 梁冀(양기)를 주살하였고, 懿陵(의릉)을 폐하여 貴人의 무덤이라 했다.

# ⓫ 桓帝鄧皇后

原文

桓帝鄧皇后諱猛女, 和熹皇后從兄子鄧香之女也. 母宣, 初適香, 生后. 改嫁梁紀, 紀者, 大將軍梁冀妻孫壽之舅也. 后少孤, 隨母爲居, 因冒姓梁氏. 冀妻見后貌美, 永興中進入掖庭, 爲采女, 絶幸. 明年, 封兄鄧演爲南頓侯, 位特進. 演卒, 子康嗣. 及懿獻后崩, 梁冀誅, 立后爲皇后. 帝惡梁氏, 改姓爲薄, 封后母宣爲長安君. 四年, 有司奏后本郎中鄧香之女, 不宜改易它姓, 於是復爲鄧氏. 追封贈香車騎將軍安陽侯印綬, 更封宣,康大縣, 宣爲昆陽君, 康爲沘陽侯, 賞賜巨萬計. 宣卒, 賵贈葬禮, 皆依后母舊儀. 以康弟統襲封昆陽侯, 位侍中, 統從兄會襲安陽侯, 爲虎賁中郎將, 又封統弟秉爲淯陽侯. 宗族皆列校,郎將.

| 註釋 | ○桓帝鄧皇后 − 鄧猛女(등맹녀, ?-165년), 桓帝 劉志의 2번째 황후. 光武帝 雲臺 二十八將의 한 사람인 太傅 鄧禹의 증손 鄧香의 딸. 和帝의 鄧皇后(鄧綏)가 등맹녀의 堂祖姑母. 鄧猛女는 美色이 絶倫했다. ○永興 − 桓帝의 4번째 연호. 서기 153-154년. ○采女 − 女官의 직명. 작호 없음, 歲時에 주는 賞賜가 급여. ○懿獻后崩 − 懿獻梁皇后, 延熹 2년(서기 159)에 죽었다.

## [國譯]

桓帝鄧皇后(환제등황후)의 諱(휘)는 猛女(맹녀)인데, (和帝) 和熹鄧

皇后 사촌 오빠의 아들인 鄧香(등향)의 딸이다. 母親은 宣氏(선씨)로
처음에 鄧香(등향)에게 시집가서 맹녀를 낳았다. 모친 선씨가 梁紀
(양기)에게 개가하였는데, 梁紀(양기)란 사람은 대장군 梁冀(양기)의
처 孫壽(손수)의 외숙이었다. 등맹녀는 어려 부친을 잃고 어머니를
따라가 살았기에 성을 그냥 梁氏라 하였다. 梁冀(양기)의 처는 등맹
녀의 미모를 보고 永興(영흥) 연간에 입궁시켜 采女(채녀)가 되었는
데 황제의 특별한 총애를 받았다. 다음 해 鄧香의 형인 鄧演(등연)은
南頓侯(남돈후)에 책봉되었고 관직은 특진이었다. 등연이 죽자 그 아
들 鄧康(등강)이 계승하였다. 懿獻梁皇后(의헌양황후, 환제의 첫 번째 황
후)가 죽자, 梁冀(양기)도 주살되었고 등맹녀는 皇后가 되었다.

皇帝(桓帝)가 梁氏를 싫어했기에 황후는 薄氏(박씨)로 바꾸었고
황후의 생모인 宣氏는 長安君이 되었다. (延熹) 4년(서기 161)에 有
司가 황후가 본래 郎中인 鄧香(등향)의 딸이었기에 다른 성씨로 바
꾸는 것은 옳지 않다 하여 본래대로 등황후라 칭했다. 鄧香을 추봉
하여 車騎將軍 安陽侯의 印綬를 내렸으며, 모친 宣氏와 鄧康을 큰
縣에 봉하고 선씨를 昆陽君(곤양군)이라 했고, 鄧康(등강)은 沘陽侯
(비양후)가 되었는데, 하사품은 만 단위로 세어야만 했다. (모친) 宣
氏가 죽자 車馬를 보내 장례를 치르게 하였는데 황후 모친의 옛 예
절에 의거하였다. 등강의 동생 鄧統(등통)은 (宣氏의 작위를 계승하
여) 昆陽侯(곤양후)가 되었고 직위는 侍中이었으며, 鄧統의 從兄인
鄧會(등회)는 (鄧香의 작위를) 세습하여 安陽侯(안양후)가 되었고 虎
賁中郎將이 되었으며, 또 鄧統의 동생 鄧秉(등병)은 淯陽侯(육양후)가
되었다. 그 일족이 모두 교위나 낭장이 되었다.

帝多內幸, 博採宮女至五六千人, 及驅役從使, 復兼倍於
此. 而后恃尊驕忌, 與帝所幸郭貴人更相譖訴.

八年, 詔廢后, 送暴室, 以憂死. 立七年. 葬於北邙. 從父
河南尹萬世及會皆下獄死. 統等亦繫暴室, 免官爵, 歸本郡,
財物沒入縣官.

| 註釋 |  ○帝多內幸 – 황제의 여인 총애가 많다. 여색을 많이 밝히다.
○驅役從使 – 궁 안에서 잡일을 하는 사람. ○送暴室 – 暴室은 병든 궁인
이나 죄를 지은 황후나 귀인을 가둬두는 곳. 掖庭令 아래 暴室丞(폭실승)을
두어 관리했다. ○財物沒入縣官 – 縣官은 나라, 때로는 황제를 지칭.

[國譯]

여색을 많이 밝혀 널리 데려온 궁녀가 5, 6천 명이나 되었고 궁 안
에서 잡일을 하는 사람도 다시 그 배에 달하였다. 등황후는 황제의
총애를 믿고 교만하고 투기가 심했는데 황제가 총애하는 郭貴人(곽
귀인)과 서로 譖訴(참소)를 하였다.

(桓帝 延熹) 8년(서기 165)에 조서로 등황후를 폐위하여 暴室(폭
실)에 보내자 등황후는 울분으로 죽었다. 재위는 7년이었다. 北邙山
(북망산)에 장례하였다. (등황후의) 숙부인 河南尹 鄧萬世와 鄧會는
모두 하옥되었다가 죽었다. 鄧統 등도 역시 暴室에 가두었다가 관작
을 빼앗은 뒤 본군으로 돌려보냈고 그 재물은 나라에 몰수되었다.

## ⑫ 桓思竇皇后

原文

桓思竇皇后諱妙, 章德皇后從祖弟之孫女也. 父武. 延熹
八年, 鄧皇后廢, 后以選入掖庭爲貴人, 其冬, 立爲皇后, 而
御見甚稀, 帝所寵唯采女田聖等. 永康元年冬, 帝寢疾, 遂
以聖等九女皆爲貴人. 及崩, 無嗣, 后爲皇太后. 太后臨朝
定策, 立解瀆亭侯宏, 是爲靈帝.

太后素忌忍, 積怒田聖等, 桓帝梓宮尙在前殿, 遂殺田聖.
又欲盡誅諸貴人, 中常侍管霸, 蘇康苦諫, 乃止. 時太后父大
將軍武謀誅宦官, 而中常侍曹節等矯詔殺武, 遷太后於南宮
雲臺, 家屬徙比景.

竇氏雖誅, 帝猶以太后有援立之功, 建寧四年十月朔, 率
群臣朝於南宮, 親饋上壽. 黃門令董萌因此數爲太后訴怨,
帝深納之, 供養資奉有加於前. 中常侍曹節, 王甫疾萌附助
太后, 誣以謗訕永樂宮, 萌坐下獄死. 熹平元年, 太后母卒
於比景, 太后感疾而崩. 立七年. 合葬宣陵.

| 註釋 | ㅇ桓思竇皇后 - 桓帝의 3번째 황후. 章帝 竇皇后 6촌 동생의
孫女. 父 竇武, 환제의 총애는 못 받았지만 환제가 죽는 永康 원년(167)년
에 解瀆亭侯 劉宏(유굉)을 옹립하니, 곧 靈帝(재위 168-189년)이다. ㅇ忌忍
- 투기하고 잔인하다. ㅇ梓宮 - 천자의 棺. 가래나무(梓)로 만들었다. 죽
은 황제. ㅇ中常侍 曹節 - 十常侍의 한 사람. 환관. 78권, 〈宦者列傳〉에

입전. ○建寧四年 – 建寧은 靈帝의 첫 번째 연호, 서기 168-171년. ○熹平元年 – 靈帝의 두 번째 연호, 서기 172 -177년.

## [國譯]

桓思竇皇后(환사두황후)의 諱(휘)는 妙(묘)이며, 章德竇皇后(장덕두황후)의 6촌 동생의 손녀이다. 부친은 竇武(두무)이다. 延熹(연희) 8년 (165), (환제의) 鄧(등) 황후가 폐위되었을 때 뽑혀 궁에 들어가 貴人이 되었다가 그 겨울에 皇后가 되었으나 황제를 시중들 기회가 아주 드물었으며 황제는 오직 采女인 田聖(전성) 등을 총애하였다. 永康 원년(167) 겨울 황제는 병석에 누워 있으면서 田聖 등 여인 9명을 모두 貴人으로 봉했다. 황제가 붕어하였으나 후사가 없이 두황후는 皇太后가 되었다. 竇太后는 臨朝하여 定策하며 解犢亭侯(해독정후) 宏(굉)을 옹립하니, 이가 靈帝(영제)이다.

두태후는 평소에 남을 미워하고 잔인하였는데 田聖 등에 대한 원한이 쌓여 桓帝의 梓宮(재궁)이 아직 前殿에 있는데도 田聖을 죽였다. 이어 나머지 귀인들을 다 죽이려 하였지만 中常侍 管霸(관패), 蘇康(소강) 등이 극력 諫言(간언)하여 겨우 그만두었다. 그 무렵 두태후의 부친 대장군 竇武(두무)는 환관을 주살할 계획을 세웠으나 中常侍 曹節(조절) 등이 위조한 조서로 두무를 살해하고서 太后를 南宮 雲臺로 옮겨 거처하게 하였고 일족은 모두 日南郡 比景縣(비경현)에 이주시켰다.

竇氏 일족이 주살되었지만 靈帝는 그래도 두태후가 자신을 영입하여 즉위케 한 공덕이 있기에 建寧 4年 10월 초하루에 群臣을 인솔하여 南宮으로 가서 태후를 알현하고 친히 잔을 올려 축수하였다.

黃門令인 董萌(동맹)은 이후로 태후의 억울함을 여러 번 영제에게 상소하여 영제가 건의를 많이 받아들이며 태후를 공양하는 비용도 이전보다 2배로 늘리게 하였다. 中常侍 曹節(조절)과 王甫(왕보) 등은 董萌(동맹)이 태후를 돕는 것을 질시하여 董萌(동맹)을 모함하며 永樂宮(靈帝의 母后)에 비방하였고 결국 동맹은 하옥되었다가 죽었다. (靈帝) 熹平 원년에 두태후의 모친이 比景縣(비경현)에서 죽었는데 두태후도 병에 걸려 죽었다. 황후가 된 이후 7년이었다. (桓帝의) 宣陵(선릉)에 합장하였다.

## ❸ 孝仁董皇后

**原文**

孝仁董皇后諱某, 河間人. 爲解犢亭侯萇夫人, 生靈帝. 建寧元年, 帝卽位, 追尊萇爲孝仁皇, 陵曰愼陵, 以后爲愼園貴人. 及竇氏誅, 明年, 帝使中常侍迎貴人, 並徵貴人兄寵到京師, 上尊號曰孝仁皇后, 居南宮嘉德殿, 宮稱永樂. 拜寵執金吾. 後坐矯稱永樂后屬請, 下獄死.

| 註釋 | ○孝仁董皇后 – 孝仁董皇后는 靈帝의 母后. ○河間 – 冀州 河間國의 治所는 樂成縣. 今 河北省 남동부의 滄州市 獻縣(헌현). ○建寧元年 – 서기 168년. ○矯稱永樂后屬請 – 영락태후를 핑계로 청탁한 죄. 屬은 이을 촉, 돌볼 촉, 권할 촉.

## [國譯]

　　孝仁董皇后(효인동황후)의 諱(휘)는 전하지 않는데 河間國 사람이다. 解犢亭侯 劉萇(유장)의 夫人으로 靈帝를 출산하였다. 建寧 원년에 영제가 즉위하면서 萇(장)을 孝仁皇으로, 그 능을 愼陵(신릉)으로 추존하면서 황후를 愼園貴人이라 하였다. (桓帝의) 竇皇后 일족이 주살되자 그 다음 해 황제는 中常侍를 보내 (모친) 愼園貴人을 모셔오면서 貴人의 오빠인 董寵(동총)도 京師에 오게 하였는데, (모후에게) 孝仁皇后라는 존호를 올리고 南宮 嘉德殿(가덕전)에 거처하게 하였고 궁을 永樂宮이라 하였다. 董寵(동총)에게는 執金吾를 제수하였다. 동총은 뒷날 永樂太后를 칭하며 청탁을 한 죄로 하옥되었다가 죽었다.

## 原文

　　及竇太后崩, 始與朝政, 使帝賣官求貨, 自納金錢, 盈滿堂室. 中平五年, 以后兄子衛尉脩侯重爲驃騎將軍, 領兵千餘人. 初, 后自養皇子協, 數勸帝立爲太子, 而何皇后恨之, 議未及定而帝崩. 何太后臨朝, 重與太后兄大將軍進權勢相害, 后每欲參幹政事, 太后輒相禁塞. 后忿恚詈言曰, "汝今輈張, 怙汝兄耶? 當勑驃騎斷何進頭來." 何太后聞, 以告進. 進與三公及弟車騎將軍苗等奏, "孝仁皇后使故中常侍夏惲, 永樂太僕封諝等交通州郡, 辜榷在所珍寶貨賂, 悉入西省. 蕃后故事不得留京師, 輿服有章, 膳羞有品. 請永樂后遷宮本國." 奏可.

何進遂擧兵圍驃騎府, 收重, 重免官自殺. 后憂怖, 疾病暴崩, 在位二十二年. 民間歸咎何氏. 喪還河間, 合葬愼陵.

ㅣ註釋ㅣ ○竇太后崩 - 桓帝의 3번째 황후 桓思竇皇后(환사두황후)의 諱(휘)는 妙(묘). ○脩侯重 - 脩侯인 董重(동중). 脩는 渤海郡의 縣名. 今 河北省 동남부 衡水市 관할 景縣. ○帝賣官求貨 - 처음으로 西邸(서저)에서 賣官(매관)을 시작하였는데 關內侯로부터 虎賁과 羽林까지 금액이 각각 차이가 있었다. (황제도) 비밀리에 左右의 측근을 통하여 公卿의 직위를 매관하였는데, 公은 1천만 전, 卿의 직위는 5백만 전이었다. 〈靈帝紀〉光和 원년(178) 기사 참고. ○中平五年 - 서기 188년. 中平은 靈帝의 마지막 연호. ○而何皇后恨之 - 何皇后는 靈帝의 두 번째 황후. 靈思何皇后, 何眞의 딸, 何進의 여동생. ○帝崩 - 靈帝는 中平 6년(189)에 4월에 죽었다. 영제의 아들 辨(변, 少帝)이 즉위. 6월에 효인황후 董氏도 죽는다. ○何太后臨朝 - 少帝는 17세였지만 태후가 臨朝하였다. ○太后兄大將軍進 - 何進(?-189), 南陽 宛縣 출신, 본래 가축을 잡는 屠戶 출신 何眞의 아들. 이복의 여동생이 입궁하여 靈帝의 두 번째 황후가 되었다. 하진은 大將軍으로 錄尙書事 겸임. 환관 세력을 꺾겠다고 董卓(동탁)을 불러들인 장본인. 十常侍에게 피살. 69권, 〈竇何列傳〉에 입전. ○后忿恚詈言 - 忿恚(분에)는 화를 내다. 恚는 성날 에. 詈는 꾸짖을 이(리), 욕하다. ○汝今輈張, 怙汝兄耶? - 輈張(주장)은 힘이 센 모양. 輈는 끌채 주, 굳셀 주. 수레를 앞에서 당기다. 怙汝兄耶? - 네 오빠 힘을 믿고 그러느냐? ○當勑票騎斷何進頭來 - 당장이라도 票騎(驃騎) 장군을 시켜 何進의 목을 잘라오게 하겠다. ○辜推在所珍寶貨賂 - 辜推(고각)은 壟斷(농단)하다. 독점하며 남의 장사를 방해하다. 貨賂(화뢰)는 재물, 뇌물. ○西省 - 태후의 거처인 영락궁의 관서

이름.  ○蕃后故事不得留京師 – 제후의 부인이었다가 아들이 황제가 된 경우 모후이지만 蕃后(번후)라 지칭. 王莽이 섭정을 할 때 前漢 平帝의 생모는 장안에 들어오지 못하게 했다. 그런 전례가 있다는 뜻.  ○輿服有章 – 수레나 복식에 일정한 법도가 있다.  ○膳羞有品 – 膳羞는 음식 반찬. 膳은 제사 음식 선. 生肉. 羞는 드릴 수.  ○民間歸咎何氏 – 民間은 일반 백성. 間은 사이 간. 歸咎는 허물을 돌리다. 탓하다.

## [國譯]

竇太后(桓帝의 황후 竇妙)가 붕어하자 孝仁董太后는 조정의 정사에 간여하면서 황제에게 賣官하여 돈을 모으게 하여 금전을 거두어 집안을 가득 채웠다. 中平 5년(서기 188), 董太后 오빠의 아들로 衛尉인 脩侯(수후) 董重(동중)은 驃騎將軍이 되어 군사 1천여 명을 거느렸다. 그전에 董太后는 靈帝의 皇子인 協(협)을 양육하였는데 靈帝에게 協(협)을 태자로 세우라고 자주 권유하였는데, (靈帝의 두 번째 황후인) 何皇后(하황후)는 이에 원한을 품게 되었고, 이런 의논이 결정되기 전에 영제가 붕어하였다.

(少帝 辨이 즉위하여) 何太后가 臨朝하자, 董重(동중)과 何太后의 오빠인 대장군 何進(하진)의 권세가 서로 시기하였는데, 董太后는 늘 정사에 참견하려고 했고 何太后는 그때마다 가로막으려 하였다. 그러자 董太后는 분노에 화를 내며 욕을 해댔다.

"네가 지금 힘을 쓴다고 하는데 네 오빠를 믿고 그러느냐? 당장이라도 驃騎將軍을 시켜 何進의 목을 잘라오게 하겠다."

何太后는 이를 전해 듣고 오빠인 何進에게 알렸다. 何進은 三公 및 동생인 車騎將軍 何苗(하묘) 등과 함께 상주하였다. "孝仁皇后는 옛 中常侍인 夏惲(하운)과 永樂宮 太僕인 封諝(봉서) 등과 함께 각 州郡과 내통하면서 현지의 珍寶와 물자를 농단하여 모두 영락궁의 창고로 들어갔습니다. 제후의 母后는 옛 전례에 의하면 京師에 머물 수 없으며, 수레나 의복에 일정한 법도가 있으며 음식이나 식사도 품격이 있습니다. 영락궁 태후가 본국에 돌려보내기를 주청합니다."

상주는 可하다고 하였다. 何進은 군사를 동원하여 驃騎將軍府를 포위한 뒤 董重(동중)을 체포하였는데, 동중은 면관된 뒤에 자살하였다. 董太后는 걱정과 두려움으로 병이 나서 갑자기 죽었는데 재위는 22년이었다. 백성들은 이를 何氏의 탓이라고 하였다. 상여는 河間國(하간국)에 가서 愼陵(신릉)에 합장하였다.


# ⓮ 靈帝宋皇后

原文

靈帝宋皇后諱某, 扶風平陵人也, 肅宗宋貴人之從曾孫也. 建寧三年, 選入掖庭爲貴人. 明年, 立爲皇后. 父酆, 執金吾, 封不其鄕侯.

后無寵而居正位, 后宮幸姬衆, 共譖毀. 初, 中常侍王甫枉誅勃海王悝及妃宋氏, 妃卽后之姑也. 甫恐后怨之, 乃與太中大夫程阿共構言皇后挾左道祝詛, 帝信之. 光和元年, 遂策收璽綬. 后自致暴室, 以憂死. 在位八年. 父及兄弟並被誅. 諸常侍,小黃門在省闥者, 皆憐宋氏無辜, 共合錢物, 收葬廢后及酆父子, 歸宋氏舊塋皐門亭.

| 註釋 | ○靈帝宋皇后 – 靈帝의 첫 번째 황후. ○扶風平陵 – 右扶風의 平陵縣. 平陵은 昭帝 劉弗陵(유불능, 武帝의 아들)의 능 이름 겸 縣名. 今 陝西省 咸陽市 부근. ○肅宗宋貴人 – 廢皇太子인 慶(경)의 생모. 建初 4년에 황태자에 책봉되었는데, 竇皇后가 황태자 모친 宋貴人을 참소하여 결국 建初 7년에 폐위되어 淸河王이 되었다. 이후 서기 106년에 청하왕 劉慶이 죽었고 그 아들 祜(호)가 황제에 오르니, 곧 安帝(재위 107-125년)이다. 곧 安帝의 祖母이다. ○建寧三年 – 靈帝의 첫 번째 연호. 서기 170년. ○封不其鄕侯 – 不其는 琅邪郡의 현명. 今 山東省 중부 해안의 靑島市 관할 卽墨市. 不其鄕은 그 현의 鄕. ○挾左道祝詛 – 挾 낄 협. 믿고 의지하다. 左道는 巫蠱(무고). 祝詛(축저)는 저주하다. 저주가 내리기를 빌다. ○光和元年 – 서기 178년. ○在省闥者 – 省闥은 궁궐 매 官署. 闥은 대궐 내 작은 문. ○皐門亭 – 皐는 언덕 고, 皐門(고문)은 성곽 출입문. 낙양성 각 성문 부근에 亭이 있었다.

[國譯]

靈帝 宋皇后의 이름은 전하지 않는데 右扶風 平陵縣 사람으로, 肅宗(章帝) 宋貴人 從兄弟의 曾孫이다. 建寧(건녕) 3년에 뽑혀 궁궐에 들어가 貴人이 되었다. 다음 해(서기 171년)에 황후로 책립되었다. 부친 宋酆(송풍)은 執金吾로 不其鄕侯(불기향후)에 봉해졌다.

송황후는 총애를 받지 못하고 황후의 자리에 있었기에 황제의 총애를 받는 여러 여인들이 모두 황후를 참소하고 헐뜯었다. 그전에 中常侍 王甫(왕보)는 勃海王 悝(회)와 그 왕비 宋氏를 억울하게 죽게 만들었는데, 그 왕비가 곧 송황후의 고모였다. 왕보는 송황후가 자신에게 원한을 갖고 있으리라 두려워하며, 곧 太中大夫 程阿(정아)와 함께 송황후가 巫蠱(무고)를 믿으며 저주한다고 거짓말로 참소하여 영제가 그대로 믿게 하였다. 결국 光和 원년(서기 178)에 책명으로 황후의 印綬(인수)를 회수하였다. 송황후는 스스로 暴室(폭실)에 들어갔고 이어 울분으로 죽었다. 재위는 8년이었다. 황후의 부친과 형제는 모두 처형되었다. 궁궐의 여러 常侍(상시)와 小黃門들은 모두 무고한 송씨를 불쌍히 여겨 금전을 함께 모아 廢后와 宋酆(송풍) 부자의 시신을 거두어 宋氏의 선영이 있는 皐門亭(고문정)에 묻어주었다.

<br>

### 原文

帝後夢見桓帝怒曰, "宋皇后有何罪過, 而聽用邪孽, 使絶其命? 勃海王悝旣已自貶, 又受誅斃. 今宋氏及悝自訴於天, 上帝震怒, 罪在難救." 夢殊明察. 帝旣覺而恐, 以事問於羽林左監許永曰, "此何祥? 其可禳乎?" 永對曰, "宋皇后親與陛下共承宗廟, 母臨萬國, 歷年已久, 海內蒙化, 過惡無聞. 而虛聽讒妒之說, 以致無辜之罪, 身嬰極誅, 禍及家族, 天下臣妾, 咸爲怨痛. 勃海王悝, 桓帝母弟也. 處國奉藩, 未嘗有過. 陛下曾不證審, 遂伏其辜. 昔晉侯失刑, 亦夢大厲被髮屬地. 天道明察, 鬼神難誣. 宜並改葬, 以安冤魂. 反宋后之徙家, 復勃海之先封, 以消厥咎." 帝弗能用, 尋亦崩焉.

| **註釋** | ○邪孽(사악) – 간사하고 요망한 말. 사악하고 미천한 사람. 孽은 서자 얼, 재앙 얼. 천민.  ○上帝震怒 – 上帝는 天也. 震怒의 震은 動也.  ○羽林左監 – 질록 6백석 武官.  ○以致無辜之罪 – 무고한 죄를 덮어쓰다.  ○身嬰極誅 – 嬰은 갓난아이 영. 걸려들다, 닿다, 목에 걸다. 極誅는 처형.  ○昔晉侯失刑 – 옛날 晉侯가 趙同(조동)과 趙括(조괄)을 억울하게 처형하였다.(前 260년)  ○大厲 – 惡鬼. 厲는 갈 려, 사나울 려. 악귀.  ○被髮屬地 – 풀어진 머리가 땅에 닿다.  ○尋亦崩焉 – 靈帝는 中平 6년(189)에 죽었다.

## [國譯]

영제는 뒷날 꿈에 桓帝가 나타나 화를 내며 말했다. "宋皇后가 무슨 죄가 있어 간악하고 천한 자의 말을 믿어 죽게 하였느냐? 勃海王 悝(회)는 자신의 잘못으로 이미 강등되었거늘 이번에 벌을 받아 또 죽게 만들었다. 지금 송씨와 발해왕이 天帝에 하소연하여 上帝께서 진노하였으니 네 죄는 이제 용서받기 어려울 것이다."

꿈은 너무나 생생하였다. 영제는 꿈에서 깨어나 두려워하며 이 일을 羽林左監인 許永(허영)에게 물었다. "이는 무슨 징조인가? 어떻게 하면 이 불길한 일을 막을 수 있겠는가?"

그러자 허영이 말했다.

"宋皇后는 몸소 폐하와 함께 宗廟를 받들며 만 백성의 어머니가 되어 오랜 세월이 지나다보니 나라 백성이 그 은덕을 입었고 잘못한 일도 없었습니다. 그런데도 폐하께서는 참소하고 질투하는 말을 믿어 송황후는 무고한 죄를 덮어썼고 육신은 비참하게 죽었으며 그 재앙은 가족에까지 미쳤으니 온 나라 백성들도 모두 원통하게 생각하고 있습니다. 勃海王 悝(회)는 桓帝의 同母弟입니다. 나라를 다스리는 藩臣으로서 아무런 잘못도 없었습니다. 그렇지만 폐하께서는 상세한 조사도 하시지 않았기에 발해왕은 죄를 덮어썼습니다. 옛날 晉侯(趙 孝成王)가 趙同(조동)과 趙括(조괄)을 억울하게 처형하였는데 (前 260年), 역시 꿈에 (趙氏 先祖) 귀신이 땅에 닿도록 머리를 풀어 헤치고 나타났습니다. 이처럼 天道가 明察하기에 鬼神이라도 속일 수 없습니다. 마땅히 송황후를 개장하여 원혼을 안정시켜줘야 합니다. 송황후의 이주된 가족을 고향으로 돌려내고 勃海王의 옛 작위를 회복시켜서 (황제의) 지난 잘못을 바로잡아야 합니다."

그러나 靈帝는 건의를 받아들이지 않았고 얼마 안 되어 영제도 붕어하였다.

### ⓭ 靈思何皇后

原文

靈思何皇后諱某, 南陽宛人. 家本屠者, 以選入掖庭. 長七尺一寸. 生皇子辯, 養於史道人家, 號曰史侯. 拜后爲貴人, 甚有寵幸. 性彊忌, 后宮莫不震懾.

光和三年, 立爲皇后. 明年, 追號后父眞爲車騎將軍, 舞陽宣德侯, 因封后母興爲舞陽君. 時王美人任娠, 畏后, 乃服藥欲除之, 而胎安不動, 又數夢負日而行. 四年, 生皇子協, 后遂鴆殺美人. 帝大怒, 欲廢后, 諸宦官固請得止. 董太后自養協, 號曰董侯.

| 註釋 | ○靈思何皇后(?-189) - 靈帝의 두 번째 황후. ○家本屠者 - 屠
는 잡은 도. 屠戶로 부유했기에 환관에 뇌물을 주어 입궁케 했다. ○生皇
子辯 - 뒷날 少帝, 董卓에 의해 강제 퇴위, 弘農王. ○養於史道人家 - 궁
궐에서 嬰兒나 幼兒가 너무 많이 죽었기에 태어나면서 민가에 보내 양육
했다고 한다. ○震懾(진섭) - 두려워 떨다. 懾은 두려워할 섭. ○(靈帝) 光
和三年 - 서기 180년. ○王美人任娠 - 황자 協(협, 獻帝)의 생모. ○董太后
自養協 - 董太后는 靈帝의 母后.

## [國譯]

靈思何皇后(영사하황후)의 諱(휘, 이름)는 전하지 않는데 南陽郡 宛
縣(완현) 사람이었다. 본래 가업이 屠戶(도호)이었지만 뽑혀 입궁하
였다. 신장이 7尺1寸이었다. 皇子 辯(변)을 출산하여 史氏 道人의 집
에서 양육케 하여 史侯(사후)라고 불렀다. 하씨는 貴人이 되었고 영
제의 대단한 총애가 있었다. 성격이 억세고 질투가 심했기에 두려워
떨지 않는 후궁이 없었다.

(靈帝) 光和 3년(서기 180)에 황후로 책립되었다. 다음 해 황후의
부친 何眞(하진)을 車騎將軍을 贈職하고 舞陽宣德侯로 추증하였고
겸해서 황후 모친 興(흥)을 舞陽君에 봉하였다. 이때 王美人은 임신
중이었으나 황후가 두려워 약을 먹고 낙태하려 했으나 태아가 안정
되어 떨어지지 않았으며, 또 (王美人은) 해를 지고 가는 꿈을 자주
꾸었다. (왕미인이 光和) 4년 皇子 協(협)을 출산하자 하황후는 왕미
인을 鴆毒(짐독)으로 살해했다. 황제가 대노하며 황후를 폐위하려
하자 여러 환관이 간청하여 그만두었다. 董(동)태후가 자원하여 協
(협)을 양육하였기에 (協을) 董侯(동후)라 호칭했다.

王美人, 趙國人也. 祖父苞, 五官中郎將. 美人豐姿色, 聰
敏有才明, 能書會計, 以良家子應法相選入掖庭. 帝愍協早
失母, 又思美人, 作〈追德賦〉,〈令儀頌〉.

中平六年, 帝崩, 皇子辯卽位, 尊后爲皇太后. 太后臨朝.
后兄大將軍進欲誅宦官, 反爲所害, 舞陽君亦爲亂兵所殺.
幷州牧董卓被徵, 將兵入洛陽, 陵虐朝廷, 遂廢少帝爲弘農
王而立協, 是爲獻帝. 扶弘農王下殿, 北面稱臣. 太后鯁涕,
群臣含悲, 莫敢言. 董卓又議太后蹴迫永樂宮, 至令憂死,
逆婦姑之禮, 乃遷於永安宮, 因進酖, 弑而崩. 在位十年. 董
卓令帝出奉常亭擧哀, 公卿皆白衣會, 不成喪也. 合葬文昭
陵.

| 註釋 | ○趙國 － 冀州 治所는 邯鄲縣. 今 河北省 남단의 邯鄲市(한단
시). ○能書會計 － 會計는 숫자 계산. ○〈追德賦〉,〈令儀頌〉 － 靈帝 作.
失傳. ○中平六年 － 서기 189년. ○幷州牧 － 幷州刺史. 치소는 太原郡 晉
陽縣. 今 山西省 太原市 서남. 上黨郡, 太原郡, 上郡, 西河郡, 五原郡, 雲中
郡, 定襄郡, 雁(鴈)門郡, 朔方郡을 감독. 후한의 서북 지역의 군사를 지휘.
董卓(동탁, 141-192년), 涼州 隴西 臨洮人. 後漢 말 涼州 軍閥(군벌)이며 權臣,
포악한 행위로 역사상 가장 부정적 평가를 받는 인물. 72권,〈董卓列傳〉에
입전. ○陵虐朝廷 － 陵虐은 능멸하고 학대하다. ○太后鯁涕 － 鯁涕는 흐
느껴 울다. 鯁은 생선 뼈 경. 막히다. 걸리다. ○蹴迫永樂宮 － 蹴迫은 핍박
하다. 永樂宮은 董太后. ○至令憂死 － 董태후로 하여금 울분 속에 죽게
하다. ○逆婦姑之禮 － 며느리와 시어머니의 예법을 거스르다. ○公卿皆

白衣會 不成喪也 - 公卿이 모두 흰 상복으로 장례에 참여하였으나 태후의 喪葬 儀禮에는 벗어나다.  ㅇ文昭陵 - 靈帝의 능.

## [國譯]

王美人(왕미인, 王榮)은 趙國 사람이었다. 祖父 王苞(왕포)는 五官 中郎將이었다. 王美人은 몸이 풍만하고 자색이 뛰어났으며 총명하고 재주가 많았으며, 글씨와 계산에 능했으며 良家의 여인으로 용모와 관상의 표준에 적합하여 입궐하였다. 영제는 (왕미인 소생의) 協(협)이 일찍 어미를 잃은 것을 불쌍히 여겼고 또 왕미인을 그리며 〈追德賦〉와 〈令儀頌〉을 지었다.

中平 6년에 영제가 붕어하자, 皇子 辯(변)이 즉위하였고 何황후는 황태후가 되었다. 황태후가 臨朝 聽政하였다. 황태후의 오빠인 大將軍 何進(하진)은 환관을 주살하려 했으나 도리어 해를 당했고 舞陽君(何태후 생모)도 亂兵에게 피살되었다. 幷州牧(병주목, 병주자사)인 董卓(동탁)이 부름을 받아 군사를 거느리고 낙양에 들어와서는 조정의 대신을 능멸하고 학대하였으며 少帝(辯)을 강제로 퇴위시켜 弘農王이라 하고 (동생인) 協(협)을 옹립하니, 이가 獻帝(헌제)이다. (동탁은) 弘農王을 데려다가 전각 아래에서 北面하여 稱臣(칭신)케 하였다. 이에 何太后는 흐느껴 울었고 群臣은 슬픔을 참으며 감히 말하는 자가 없었다.

동탁은 何太后가 永樂宮 董태후를 핍박케 하여 (동태후를) 울분으로 죽게 하였으며, 姑婦(고부)의 예법을 어기었고, 이어 (何태후를) 永安宮으로 옮겨 거처케 했다가 틈을 보아 鴆毒(짐독)이 든 술을 주어 시해하였다고 죄를 논하였다. 하황후 재위는 10년이었다. 董卓

은 皇帝(獻帝)로 하여금 奉常亭(봉상정)에 거동하여 상복을 입고 治
喪케 했고 公卿이 모두 白衣로 장례에 참여했으나 태후의 喪葬 儀禮
에는 맞지 않았다. 하태후를 文昭陵에 합장하였다.

初, 太后新立, 當謁二祖廟, 欲齋, 輒有變故, 如此者數,
竟不克. 時有識之士心獨怪之, 後遂因何氏傾沒漢祚焉.

明年, 山東義兵大起, 討董卓之亂. 卓乃置弘農王於閣上,
使郎中令李儒進酖, 曰, "服此藥, 可以辟惡." 王曰, "我無
疾, 是欲殺我耳!" 不肯飮. 強飮之, 不得已, 乃與妻唐姬及
宮人飮宴別.

酒行, 王悲歌曰,

「天道易兮我何艱! 棄萬乘兮退守蕃.

逆臣見迫兮命不延, 逝將去汝兮適幽玄!」

因令唐姬起舞, 姬抗袖而歌曰,

「皇天崩兮后土穨, 身爲帝兮命夭摧.

死生路異兮從此乖, 奈我煢獨兮心中哀!」

因泣下嗚咽, 坐者皆歔欷. 王謂姬曰, "卿王者妃, 勢不復
爲吏民妻. 自愛, 從此長辭!" 遂飮藥而死. 時年十八.

|註釋| ○當謁二祖廟－二祖廟는 高祖와 世祖(光武帝) 묘당. ○明年
－初平(獻帝의 첫 번째 연호) 원년(190). ○萬乘－兵車 一萬乘. 天子의

지위.  ○抗袖而歌 – 소매를 높이 들어 춤을 추며 노래하다.  ○奈我煢獨
兮心中哀! – 煢獨(경독)은 형제, 아내, 남편이 없어 외로운 사람. 煢은 외로
울 경, 근심하다.  ○泣下嗚咽 – 눈물을 흘리며 오열하다. 목이 메어 울다.
嗚는 탄식 소리 오. 咽는 목멜 열. 목구멍 인. 삼킬 연.  ○歔欷(허희) – 흑흑
흐느껴 울다. 歔는 흐느낄 허. 欷 흐느낄 희. 한숨 쉬다.  ○卿王者妃 – 卿
은 敬稱.  ○從此長辭! – 여기서 영원히 이별하노라. 辭는 물러가다. 그만
두다. 떠나가다.


## [國譯]

그전에 何太后를 새로 책립하고서 고조와 광무제의 묘당을 참배
해야 했는데 재를 올리려 출발하려면 그때마다 여러 차례 변고가 있
어 끝내 참배하지 못했다. 그 당시 이를 아는 사람들은 마음속으로
괴이하게 여겼는데 뒷날 결국은 何氏 때문에 漢朝의 사직이 무너질
조짐이라 생각했다.

다음 해(서기 190), 崤山(효산) 동쪽(山東, 關東) 지역에서 동탁의
난을 토벌하려는 의병이 크게 일어났다. 동탁은 이에 弘農王을 전각
위에 데려다 놓고 郎中令인 李儒(이유)를 시켜 독주를 올리며 말했
다. "이 약을 복용하면 나쁜 병을 피할 수 있습니다." 그러자 홍농왕
이 말했다. "나는 아프지도 않거늘 이는 나를 죽이려는 것이다."

그러면서 마시려 하지 않았다. 강제로 마시게 하자 홍농왕은 마
지못해 아내인 唐姬(당희)와 궁인을 불러 이별의 잔치를 시작했다.
술이 돌아가자, 홍농왕은 슬픔에 노래를 불렀다.

「天道가 바뀌니 나는 왜 이리 힘드나!

天子를 버리고 藩王(번왕)으로 물러났네.

逆臣(역신)이 협박하여 천명도 다했으니

너희를 떠나서 冥府(명부)를 찾아가노라.」

그리고 唐姬에게 일어나 춤을 추게 하니, 당희는 소매를 높이들고 춤추며 노래했다.

「皇天이 붕괴하고 后土도 무너지니,

몸은 황제이나 명은 일찍 끊기도다.

생사의 길이 달라 여기서 갈라지니

내 마음 홀로 어찌 이리 슬픈가!」

그리고 울면서 오열하니 주위 모두가 흑흑 흐느꼈다. 홍농왕이 당희에게 말했다.

"그대는 王者의 아내가 되었지만 신세는 관리의 아내만도 못하구나. 너희 모두 잘 지내고! 나는 여기서 떠나노라!"

마침내 독주를 마시고 죽으니, 나이는 18세였다.


## 原文

唐姬, 潁川人也. 王薨, 歸鄕里. 父會稽太守瑁欲嫁之, 姬誓不許. 及李催破長安, 遣兵鈔關東, 略得姬. 催因欲妻之, 固不聽, 而終不自名. 尙書賈詡知之, 以狀白獻帝. 帝聞感愴, 乃下詔迎姬, 置園中, 使侍中持節拜爲弘農王妃.

| 註釋 | ○潁川(영천) − 豫州 군명, 治所는 陽翟縣(양책현), 今 河南省 許昌市 관할 禹州市. 戰國시대 韓國의 舊地, 오늘날 河南省 許昌市, 平頂山市, 漯河市(탑하시), 登封市 일대에 해당. ○李催(이각) − 동탁의 부장. 동탁

이 주살된 뒤, (獻帝) 初平 3년(192) 장안을 유린했다. ㅇ尙書賈詡 – 賈詡
(가후, 147-223)는 이각의 참모. 이각은 郭汜(곽사), 張濟(장제) 등과 합작, 長
安에 진출하여 獻帝를 협박하여 4년간 정치를 독단했다. 이각 일당은 내
분으로 약해진 뒤에 조조에게 패망했다. 뒷날 가후는 張良, 陳平(진평)만한
재능을 발휘하며 曹操 제일의 참모로 활약했다.


[國譯]

　唐姬(당희)는 潁川郡(영천군) 사람이었다. 弘農王이 죽은 뒤 鄕里
로 돌아왔다. 부친 會稽太守 唐瑁(당모)는 딸을 개가시키려 하였지
만 당희는 맹세코 응하지 않았다. 李催(이각)의 일당이 長安을 차지
한 뒤에 別將을 보내 關東을 공략케 했는데 당희가 생포되었다. 이
각은 당희를 아내로 삼으려 했으나 당희는 응락하지 않으면서 끝내
이름조차도 말하지 않았다. 尙書 賈詡(가후)는 당희를 알아보고 그
상황을 獻帝에게 보고했다. 헌제는 슬퍼하면서 곧 조서를 내려 당희
를 영입케 하여 별궁에 거처하게 하고 시중에게 부절을 갖고 가서
弘農王妃를 제수케 하였다.


[原文]

　初平元年二月, 葬弘農王於故中常侍趙忠成壙中, 諡曰懷
王. 帝求母王美人兄斌, 斌將妻子詣長安, 賜第宅田業, 拜
奉車都尉. 興平元年, 帝加元服. 有司奏立長秋宮.

　詔曰, 「朕稟受不弘, 遭値禍亂, 未能紹先, 以光故典. 皇
母前薨, 未卜宅兆, 禮章有闕, 中心如結. 三歲之感, 蓋不言

吉, 且須其後.」

於是有司乃奏追尊王美人爲靈懷皇后, 改葬文昭陵, 儀比敬, 恭二陵, 使光祿大夫持節行司空事奉璽綬, 斌與河南尹駱業復土. 斌還, 遷執金吾, 封都亭侯, 食邑五百戶. 病卒, 贈前將軍印綬, 謁者監護喪事. 長子端襲爵.

| 註釋 | ○初平元年 – 헌제의 첫 번째 연호. 서기 190-193년. ○故中常侍趙忠成壙中 – 趙忠은 환관. 십상시 중 한 사람. 靈帝는 '張常侍(張讓)는 나의 爸爸(파파, 아버지)이고 趙常侍(趙忠)은 나의 媽媽(마마, 어머니)'라고 말할 정도로 환관을 존중, 총애하였다. 成壙은 이미 조성된 무덤. 壙(광)은 무덤에서 棺槨이 들어갈 자리, 壙中, 壙穴. ○奉車都尉 – 武帝 때 처음 설치. 無 定員. 황제의 거마를 관리. 光祿勳 소속. 질록은 比二千石. ○興平元年 – 헌제의 두 번째 연호, 서기 194-195년. ○未卜宅兆 – 卜은 점 복. 점쳐 고르다. 宅兆는 무덤. 宅은 광중, 兆는 무덤의 영역. ○三歲之慼 – 三年 喪. 慼은 근심할 척, 慽 同. ○儀比敬, 恭二陵 – 敬陵은 章帝와 竇황후의 합장릉. 恭陵은 安帝와 閻皇后(염황후)의 합장릉.

[國譯]

初平(초평) 원년(서기 190) 2월, 弘農王을 전에 中常侍였던 趙忠(조충)이 조성한 壙中(광중)에 장례하고, 시호를 懷王이라 했다.

황제는 모친 王美人의 오빠인 王斌(왕빈)을 찾아서, 처자를 데리고 長安에 오게 하여 큰 집과 농토를 하사하였고 奉車都尉에 임명하였다.

興平(흥평) 원년, 황제가 관례를 치렀다. 有司가 황후를 맞이해야 한다고 상주하였다. 이에 조서를 내렸다.

「짐의 품성이 弘大하지 못하고 뜻밖의 화란을 당하여 선조의 뒤를 이어 옛 문물제도를 빛내지도 못하고 있다. 앞서 돌아가신 모친의 무덤을 마련하여 예법에 따라 장례를 치루지 못한 것도 마음에 맺혀 있다. 삼년상을 마치는 동안 혼례를 치룰 수 없다고도 하였으니 일단 그 후의 일이다.」

이에 有司가 바로 상주하여 王美人을 靈懷皇后(영회황후)로 추존하고 文昭陵에 개장하되 의례는 敬陵과 恭陵과 같게 하였고, 光祿大夫를 시켜 부절을 가지고 가서 司空을 대신하여 璽綬를 올리게 하였으며, 王斌(왕빈)과 河南尹인 駱業(낙업)이 復土(부토) 공사를 마쳤다. 왕빈은 일을 마치고 돌아와 執金吾로 승진하고 都亭侯(도정후)에 봉해졌으며 5백 호의 食邑을 받았다. 왕빈이 죽자 前將軍의 印綬를 추증하였고, 謁者를 보내 喪事를 감독케 하였다. 長子 王端(왕단)이 작위를 세습했다.


## ⑯ 獻帝伏皇后

原文

獻帝伏皇后諱壽, 瑯邪東武人, 大司徒湛之八世孫也. 父完, 沈深有大度, 襲爵不其侯, 尙桓帝女陽安公主, 爲侍中.

初平元年, 從大駕西遷長安, 后時入掖庭爲貴人. 興平二年, 立爲皇后, 完遷執金吾. 帝尋而東歸, 李傕,郭汜等追敗乘輿於曹陽, 帝乃潛夜度河走, 六宮皆步行出營. 后手持縑數匹, 董承使符節令孫徽以刃脅奪之, 殺傍侍者, 血濺后衣. 既至安邑, 禦服穿敝, 唯以棗栗爲糧.

建安元年, 拜完輔國將軍, 儀比三司. 完以政在曹操, 自嫌尊戚, 乃上印綬, 拜中散大夫, 尋遷屯騎校尉. 十四年卒, 子典嗣.

| 註釋 | ○獻帝伏皇后 − 獻帝의 첫 번째 皇后. 재위 195-214년. ○瑯邪東武 − 徐州 瑯邪國(琅邪國) 東武縣. 今 山東省 동부 濰坊市 관할 諸城市. ○大司徒湛 − 건무 3년에 大司徒(승상)가 되었다. 伏湛(복침, 伏沈)은 26권, 〈伏侯宋蔡馮趙牟韋列傳〉에 입전. ○尙桓帝女陽安公主 − 陽安은 汝南郡의 현명. 今 河南省 駐馬店市 汝南縣. ○侍中 − 侍中은 황제의 近侍官, 질록 比二千石의 實職으로 황제의 심복이었다. ○曹陽 − 지명. 속칭 七里洞, 今 河南省 서쪽 三門峽市. ○董承(동승) − 원래 董卓(동탁)의 사위 牛輔(우보)의 部將. 靈帝의 생모 董太后의 조카, 獻帝 董貴人의 父親. 뒷날 曹操가 獻帝를 許昌에 데려다 놓고 정권을 장악했을 때 동승은 헌제 편에 선다. ○血濺后衣 − 濺은 흩뿌릴 천. 튀다. ○安邑 − 河東郡의 치소, 현명. 今 山西省 남부 運城市 관할 夏縣. ○建安元年 − 헌제의 3번째 연호, 196-219년. ○儀比三司 − 儀同三司. 加官(加號)의 한 가지, 儀制同於三司의 뜻. 儀同으로도 간칭. 大將軍보다는 낮은 輔國將軍이지만 三司(太尉, 司徒, 司馬, 司空)과 같이 開府하고 三公과 같은 儀衛(의위, 儀仗 겸 수위)와 대우를 받는다는 뜻. ○拜中散大夫 − 大夫의 하나. 光祿勳의 속관인 光祿大夫, 太中大夫, 中散大夫, 諫議大夫가 있다. 中散大夫는 질록 비이천석이었고 정원은 30명이었고 황제의 고문 응대가 주임무나 고관을 역임한 자가 은퇴할 때 이 직함을 수여하는 경우가 많았다. ○十四年卒 − 건안 14년,

209년.

## [國譯]

　獻帝伏皇后(헌제복황후)의 諱(휘)는 壽(수)인데, 琅邪國(琅邪國) 東武縣 사람으로, 大司徒 伏湛(복침, 伏沈)의 8世孫이다. 부친 伏完(복완)은 사람됨이 침착 중후하면서 큰 뜻을 품고 있으며, 不其侯(불기후)의 작위를 세습했고 桓帝의 陽安公主와 결혼하여 관직은 侍中이었다.

　初平(초평) 원년, 황제의 大駕(대가)를 수행하여 서쪽 長安으로 옮겨갔을 때, 伏壽(복수)는 掖庭(액정)에 들어가 貴人이 되었다. 興平 2년(195년), 皇后가 되었고, 복완은 執金吾로 승진하였다. 곧 황제가 낙양으로 돌아가려 장안을 떠나자 (동탁의 부장이었던) 李傕(이각)과 郭汜(곽사) 등이 추격하며 황제의 일행을 曹陽(조양)이란 곳에서 공격했는데, 황제는 한밤에 황하를 건너 도주해야만 했으며 六宮의 비빈들도 모두 걸어서 군영을 피해야만 했다. 그때 복황후는 비단 몇 필을 지니고 있었는데 董承(동승)은 符節令(부절령)을 孫徽(손휘)를 시켜 칼로 황후를 협박하며 비단을 빼앗으려고 황후를 모시는 시녀를 죽여 그 피가 황후의 옷에도 튀었다. 겨우 (河東郡) 安邑縣에 도착해서는 의복도 낡았고 대추와 밤(栗)으로 끼니를 때워야 했다. 建安 원년에 伏完(복완)에게 輔國將軍을 제수하였는데, 이는 三司와 같은 대우였다. 그러나 伏完은 정치 실권이 모두 曹操(조조)에게 있기에 외척으로 대우를 사양하면서 印綬을 받지 않고, 中散大夫가 되었다가 곧 屯騎校尉로 옮겼다. (伏完이 建安) 14년에 죽자, 아들 伏典(복전)이 승계했다.

**原文**

自帝都許, 守位而已, 宿衛兵侍, 莫非曹氏黨舊姻戚. 議郎趙彥嘗爲帝陳言時策, 曹操惡而殺之. 其餘內外, 多見誅戮. 操後以事入見殿中, 帝不任其憤, 因曰, "君若能相輔, 則厚, 不爾, 幸垂恩相舍." 操失色, 俯仰求出. 舊儀, 三公領兵朝見, 令虎賁執刃挾之. 操出, 顧左右, 汗流浹背, 自後不敢復朝請.

董承女爲貴人, 操誅承而求貴人殺之. 帝以貴人有姙, 累爲請, 不能得. 后自是懷懼, 乃與父完書, 言曹操殘逼之狀, 令密圖之. 完不敢發, 至十九年, 事乃露泄. 操追大怒, 遂逼帝廢后, 假爲策曰,

「皇后壽, 得由卑賤, 登顯尊極, 自處椒房, 二紀於茲. 既無任姒徽音之美, 又乏謹身養己之福, 而陰懷妒害, 苞藏禍心, 弗可以承天命, 奉祖宗. 今使御史大夫郗慮持節策詔, 其上皇后璽綬, 退避中宮, 遷於它館. 嗚呼傷哉! 自壽取之, 未致於理, 爲幸多焉.」

又以尙書令華歆爲郗慮副, 勒兵入宮收后. 閉戶藏壁中, 歆就牽后出. 時帝在外殿, 引慮於坐. 后被髮徒跣行泣過訣曰, "不能復相活邪?" 帝曰, "我亦不知命在何時!" 顧謂慮曰, "郗公, 天下寧有是邪?" 遂將后下暴室, 以幽崩. 所生二皇子, 皆鴆殺之. 后在位二十年, 兄弟及宗族死者百餘人, 母盈等十九人徙涿郡.

| 註釋 | ○自帝都許 – 曹操는 '奉天子以令諸侯'하며 실권을 쥐었다. 許는 潁川郡의 현명. 許縣에 도읍하다. 曹조는 '漢은 許에서 亡했으나, 魏 는 許에서 昌盛한다(漢因許而亡, 魏因許而昌)하여 許都를 許昌으로 개칭 하여 지금까지 사용. 今 河南省 중앙부 許昌市. ○守位而已 – 자리만 지 킬 뿐이다. ○多見誅戮 – 많은 사람이 誅戮(주륙)을 당했다. 見은 당할 견. 피동의 뜻. ○君若能相輔, 則厚, 不爾, 幸垂恩相舍 – 君은 曹操. 厚는 후하 게 대하다. 不爾은 그러하지 않다면 幸垂恩相舍 짐의 은덕으로 (승상직을) 그만두게 하겠다. ○令虎賁執刃挾之 – 虎賁의 衛士가 칼을 차고 양쪽에 서 껴 붙잡다. ○汗流浹背 – 땀이 등을 적시다. 浹은 적실 협. ○董承女爲 貴人 – 동승은 조조를 죽이라는 獻帝의 衣帶 속에 든 密詔(밀조)를 伏完과 劉備에게 전달했으나 이들은 아무런 조치도 취하지 못했다. ○至十九年 – 건안 19년, 서기 214년. ○自處椒房 – 椒房(초방)은 산초가루를 벽에 바 른 방. 后妃의 처소. 산초나무는 열매가 많이 달린다. 온기를 유지하며 자 식을 많이 생산하라는 뜻. ○二紀於茲 – 지금까지 20년이다. 紀는 해 기. ○旣無任, 姒徽音之美 – 任은 文王의 太任, 姒는 武王의 모친 太姒(태사). 徽 는 아름다울 휘. 美也. ○御史大夫郗慮 – 郗慮(치려)는 인명. 건안 13년, 光 祿勳 郗慮(치려)는 御史大夫가 되었다. ○未致於理, 爲幸多焉 – 법으로 다 스리지는 않을 것이니 그래도 행운이 많은 것이다. ○被髮徒跣 – 머리를 풀어 헤친 채 맨발로. ○不能復相活邪? – 나를 다시 살려주실 수 없나요?

## [國譯]

황제가 許縣에 도읍한 이후는 그저 자리만 지킬 뿐이었으니 황제 의 숙위병이나 시종까지도 曹氏의 黨人이거나 고향 사람, 인척이 아 닌 자가 없었다. 議郎인 趙彦(조언)은 황제에게 시무책을 건의한 적 이 있었는데 조조는 이를 미워하여 죽여버렸다. 나머지 많은 사람들이 안팎에서 주륙을 당하였다.

그 뒤 어느 날 업무로 大殿에서 황제를 알현했는데 황제는 그간의 분을 견디지 못하고 말했다. "君이 만약 짐을 보필하겠다면 더 짐에게 더 공손해야 하고, 그러하지 않다면 짐은 은덕을 베풀어 승상직을 그만두게 하겠다."

이에 조조는 대경실색하며 엎드려 물러나가겠다고 말했다. 옛 법도에 三公이라도 병기를 지니고 황제를 알현할 때는 虎賁의 衛士가 칼을 잡고 양쪽에서 삼공을 붙잡아 끼고 있어야 했다. 밖으로 나온 조조는 좌우를 둘러보았고 땀이 등을 적셨는데 이후로 다시는 황제를 알현하려고 하지 않았다.

董承(동승)의 딸이 貴人이었는데 조조가 동승을 죽인 뒤, 董귀인을 끌어내 죽이려 하였다. 황제는 동귀인이 임신 중이라서 조조가 여러 번 요청해도 허용하지 않았다.

伏皇后(복황후)는 이로부터 두려워하며 부친 伏完(복완)에게 글을 보내 조조의 잔악한 행위를 말하면서 은밀히 조조를 제거하라 하였다. 복완이 아무런 조치도 취하지 못했는데 建安 19년에 이 일이 누설되었다. 조조는 크게 화를 내면서 마침내 황제에게 황후를 폐위하라고 압박하면서 책서를 위조하였다.

「皇后인 伏壽(복수)는 미천한 자리에서 가장 지엄한 자리에 올라 황후의 처소에 머물기 지금까지 20년이다. 황후는 太任이나 太姒(태사) 같은 미덕의 칭송도 없었고, 또 행실을 조심하며 복을 받으려 하지 않고 몰래 남을 질투하고 해치려는 마음을 속에 품고 있어 天命을 받들고 조종에 대한 제사를 모실 수도 없다. 지금 御史大夫 郗慮(치려)에게 부절을 갖고 책서를 보내니 황후의 璽綬(새수)를 반환하고 中宮에서 물러나 별채로 물러나도록 하라. 嗚呼(오호)라, 마음이 아프도다! 황후(壽)가 스스로 취한 일이나 법으로 다스리지는 않을 것이니 그래도 행운이라 생각하라.」

또 尙書令인 華歆(화흠)을 어사대부 郗慮(치려)의 副職이라 하여 궁에 들어가 복황후를 데려오게 하였다. 복황후는 문을 닫고 벽 속에 숨었지만 화흠에게 끌려나왔다. 그때 황제는 外殿에 있었는데 치려를 데리고 나와 정좌하였다. 복황후는 산발한 머리 그대로 맨발로 통곡하고 나가면서 작별인사를 하였다. "나를 다시 살려줄 수도 없나요?" 황제가 말했다. "나 역시 내 목숨이 언제 끝날지 모른다오!" 그리고 치려를 돌아보며 말했다.

"郗公(치공), 천하에 어찌 이런 일이 있을 수 있는가?"

결국 황후는 暴室(폭실)에 갇혔다가 죽었다. 복황후 소생 2명의 皇子도 모두 짐독으로 살해되었다. 복황후는 재위 20년이었고 兄弟 및 宗族 1백여 명이 죽었으며, 모친 등 19명을 涿郡(탁군)으로 이주시켰다.

## ⑰ 獻穆曹皇后

◼原文

獻穆曹皇后諱節, 魏公曹操之中女也. 建安十八年, 操進三女憲,節,華爲夫人, 聘以束帛玄纁五萬匹, 小者待年於國. 十九年, 並拜爲貴人. 及伏皇后被弑, 明年, 立節爲皇后. 魏受禪, 遣使求璽綬, 后怒不與. 如此數輩, 后乃呼使者入, 親

數讓之, 以璽抵軒下, 因涕泣橫流曰, "天不祚爾!" 左右皆莫
能仰視. 后在位七年. 魏氏旣立, 以后爲山陽公夫人. 自後
四十一年, 魏景元元年薨, 合葬禪陵, 車服禮儀皆依漢制.

| 註釋 |  ○獻穆曹皇后諱節 – 獻帝의 두 번째 황후. 曹操의 딸, 曹丕의
여동생. 시법에 '布德執義曰 穆'이라 했다.  ○建安十八年 – 서기 213년.
○玄纁 – 검은 비단과 분홍색 비단. 纁 분홍빛 훈.  ○小者待年於國 – 가장
어린 막내딸은 魏公(조조)의 집에서 나이 차기를 기다리다. 아마 나이가 13
～15세도 안 되어 나이가 찰 때까지 집에서 기다리게 했다는 뜻.  ○十九年
– 서기 214년. 복황후가 시해되었다(11월).  ○明年 – 建安 二十年, 서기
215년. 220년에 헌제가 선양하였으니 황후 재위는 6년이다. 다음의 '在位
七年'은 착오일 것임.  ○親數讓之 – 친히 여러 번 꾸짖다. 讓은 꾸짖다.
책망하다.  ○天不祚爾 – 하늘은 너희에게 복을 주지 않을 것이다! ○以后
爲山陽公夫人 – 獻帝는 山陽公으로 강등되었고 234년에 죽었다.  ○魏景
元元年 – 景元은 魏 元帝 曹奐의 연호, 서기 260년.  ○禪陵 – 獻帝의 능.

## 【國譯】

獻穆曹皇后(헌목조황후)의 諱(휘)는 節(절)인데, 魏公 曹操의 둘째
딸이다. 建安 18년, 조조는 자신의 세 딸 曹憲, 曹節, 曹華를 헌제의
부인으로 보냈고 정혼의 예로 검은색, 분홍색 비단 5만 필을 예물로
받았는데 어린 딸은 집에서 나이가 찰 때까지 기다리게 하였다. 건
안 19년 모두 貴人이 되었다. 伏皇后가 시해 당하였고 明年(건안 20
년)에 曹節(조절)을 황후로 책립했다. 魏가 漢의 선양을 받은 뒤 사
자를 보내 황후의 璽綬(새수)를 돌려받으려 하자 曹皇后는 화를 내
며 내주지 않았다. 이러하길 여러 번에 황후는 사자를 불러 들어오

게 한 뒤에 친히 여러 번 꾸짖고 나서 황후의 印璽(인새)를 처마 아래로 집어던지고 울면서 눈물을 줄줄 흘리며 말했다.

"하늘도 너희를 돕지 않을 것이다!"

그 좌우 모두가 바로 바라보는 사람이 없었다. 황후 재위 7년(6년)이었다. 魏나라가 건국된 뒤에 曹황후는 山陽公夫人이 되었다. 그 이후 41년 되는 魏 元帝 景元 원년에 죽어 禪陵(선릉)에 합장하였는데, 車服이나 의례가 모두 漢의 제도에 따랐다.

## 原文

論曰, 漢世皇后無諡, 皆因帝諡以爲稱. 雖呂氏專政, 上官臨制, 亦無殊號. 中興, 明帝始建光烈之稱, 其後並以德爲配, 至於賢愚優劣, 混同一貫, 故馬, 竇二后俱稱德焉. 其餘唯帝之庶母及蕃王承統, 以追尊之重, 特爲其號, 如恭懷, 孝崇之比是也. 初平中, 蔡邕始追正和熹之諡, 其安思, 順烈以下, 皆依而加焉.

| 註釋 | ○上官臨制 - 上官皇后(昭帝 황후)가 조정에 나오다. ○光烈 - 光烈陰皇后 陰麗華(서기 5-64년), 光武帝의 2任 皇后. ○馬,竇二后 - 明德馬皇后, 章德竇皇后. ○恭懷,孝崇之比是也 - 恭懷皇后는 和帝의 생모 梁貴人. 孝崇은 孝崇㸒皇后, 桓帝의 생모. 모두 추존한 시호이다. ○初平 - 헌제의 연호. ○蔡邕(채옹) - 60권(下), 〈馬融列傳〉에 입전. ○和熹之諡 - 和熹는 和帝의 2번째 황후 鄧綏(등수), 황후로 재위 102-106년, 安帝를 대신하여 정치를 이끌었다.

## [國譯]

范曄의 史論 : 漢代에 皇后는 시호가 없었고 모두 황제의 시호를 따라 호칭하였다. 비록 呂氏(여후)가 정치를 전담했고 上官(상관)황후가 잠시 임조했지만 별다른 시호가 없었다. 中興(後漢 建國) 이후에 明帝가 처음으로 光烈황후의 칭호를 올린 이후에 황후의 덕행에 근거하여 시호를 정하였으나 나중에는 賢愚와 優劣(우열)이 내내 뒤섞였으니, 明德馬皇后와 章德竇皇后의 德이 호칭에 걸맞았을 뿐이다. 나머지는 다만 황제의 庶母이거나 蕃王(번왕)에서 황제 자리를 이었기에 추존으로 높여 호칭했으니 恭懷皇后나 孝崇皇后 같은 예가 그러하였다. (獻帝) 初平 연간에, 蔡邕(채옹)이 (諡法에 의거) (和帝의) 和熹皇后(화희황후)의 시호를 바로 세웠으나 安思皇后나 順烈皇后 이후로는 예전 그대로 시행되었다.

## ▌原文

贊曰, 坤惟厚載, 陰正乎內. 《詩》美好逑, 《易》稱歸妹. 祁祁皇孃, 言觀貞淑. 媚茲良哲, 承我天祿. 班政蘭闈, 宣禮椒屋. 旣云德升, 亦曰幸進. 身當隆極, 族漸河潤. 視景爭暉, 方山並峻. 乘剛多阻, 行地必順. 咎集驕滿, 福協貞信. 慶延自己, 禍成誰釁.

| 註釋 | ○坤惟厚載 – 坤은 땅(地). 하늘은 乾(건)이다. 陰正乎內하고 陽正乎外라 하였다. ○《詩》美好逑 – 《詩經 關雎》는 窈窕淑女(요조숙녀)가 군

자의 好逑(호구, 좋은 짝)라 하였다. 逑는 짝 구.《易經》에는 歸妹(귀매)괘가 있다. 雷(☳)澤(☱)歸妹. 이 괘는 '女子出嫁'를 의미. ○祁祁皇孋 — 祁祁(기기)는 많은 모양(衆多), 祁는 성할 기. 皇孋(황리)는 황후, 孋(여자 이름 이)는 儷와 通. 짝. 황제의 짝, 곧 황후. 觀은 보여주다(示也). ○媚茲良哲 — 媚는 아름다운 모양. 良哲은 현량하고 聖哲한 제왕. 承我天祿의 我는 大漢. ○班政蘭閨 — 班政은 정사를 펴다. 蘭閨는 향기 나는 침실, 황후의 거처. 椒屋(초옥)은 椒房, 황후의 거처. ○旣云德升 — 德升은 明德馬皇后, 章德竇皇后같이 덕으로 이름을 남겼다. 幸進은 미모로 총애를 받아 황후가 되다. ○身當隆極 — 隆極(융극)은 끝까지 올라가다. 황후에서는 더 오를 데가 없다. 族漸河潤은 그 일족에게 황하처럼 많은 은택을 주었다는 뜻. 漸은 물 스며들 점. 河는 黃河. ○視景爭暉 — 높은 자리에 올라보니 눈앞의 景物이 다투어 빛을 낸다는 뜻. 方山並峻은 사방의 산은 모두 험준한 모습이다. ○乘剛多阻 — 乘剛은《易》屯卦〔준괘, 水(☵) 雷(☳) 屯준〕의 해설인데, 황후가 황제처럼 권한을 행사하기 때문에 많은 난관에 봉착한다는 뜻. 行地必順은 坤卦의 해설인데 암말이 평탄한 길을 순리대로 가듯, 황후는 婦道를 지키고 따라가는 것이 순리라는 뜻. ○咎集驕滿 — 교만한데서 모든 허물이 생겨난다. 福協貞信은 곧은 신의(貞信)를 지켜 가면 복을 받는다는 뜻. ○慶延自己 — 경사를 이어가는 것은 자신이다. ○禍成誰釁(화성수흔) — 재앙을 받는 것이 누구의 허물이겠는가? 바로 자신이 불러온 것이라는 뜻.


[國譯]

贊曰,

두터운 땅은 만물을 생육하고 여자 正位는 안(內)에 있다.

《詩》는 君子의 짝을 노래했고《易》도 出嫁를 말했다.

역대의 황후들은 그 정숙한 아름다움을 보여주었다.

훌륭한 황제의 착한 황후는 漢朝에 내린 하늘의 복이로다.

정사를 황후가 담당했고 황후 처소에서 바른 예를 행했다.

덕행을 베푼 황후가 있고 미모로 황후가 된 이도 있었다.

몸이 황후에 오르면서 一門도 큰 은택을 입었도다.

보이나니 아름다운 경물이고 사방에는 험준한 산도 있도다.

험난한 땅을 넘어갈지라도 순리를 따라 걸어야 한다.

驕滿하니 모든 허물이 생기고 貞信을 지키면 福을 받는다.

기쁜 일도 자신이 만드나니 재앙인들 누구의 허물이겠는가.


## 附 公主

**|原文|**

漢制, 皇女皆封縣公主, 儀服同列侯. 其尊崇者, 加號長
公主, 儀服同蕃王. 諸王女皆封鄕,亭公主, 儀服同鄕,亭侯.
肅宗唯特封東平憲王蒼,瑯邪孝王京女爲縣公主. 其後安帝,
桓帝妹亦封長公主, 同之皇女. 其皇女封公主者, 所生之子
襲母封爲列侯, 皆傳國於後. 鄕,亭之封, 則不傳襲. 其職僚
品秩, 事在〈百官志〉. 不足別載, 故附於后紀末.

**|註釋|** ○漢制 – 漢의 法制. ○皇女皆封縣公主 – 황제의 공주는 縣을

식읍으로 봉했다. ○儀服同列侯 - 儀禮와 복식은 列侯와 같았다. 列侯(大縣侯)의 지위는 三公과 동급이었다. 제후 왕이나 공주의 복식에 관한 기록은 〈輿服志〉에 있다. ○鄕,亭侯 - 중앙정부의 中二千石(九卿의 봉록) 관리와 동급이었다. ○長公主 - 황제의 여자 형제. 본래 황후 소생의 공주 중 연장자를 지칭하였으나, 황제의 자매 모두를 長公主라 통칭하며 맏이인 경우 大長公主라 칭했다. ○諸王女 - 藩王의 공주. ○東平憲王蒼,瑯邪孝王京 - 東平憲王 蒼(창), 瑯邪孝王 京(경)은 광무제의 아들. 모두 42권, 〈光武十王列傳〉에 입전. ○安帝,桓帝 - 번왕에서 황제로 옹립되었다. 이들 황제의 여자 형제도 長公主 대우를 받았다. ○事在〈百官志〉 - 황제의 公主에게는 家令(一人, 질록 6百石) 丞(一人, 3百石)을 두었다. 그 외 관원의 질록은 일정치 않았다. 제후왕의 公主家에는 丞(秩 比百石)을 두었다.

## [國譯]

漢의 法制에, 황제의 딸은 모두 縣을 식읍으로 받는 公主였고 그 의례와 복식은 列侯와 같았다. 그중에서도 특별히 존중할 경우 長公主의 칭호를 내리기도 했으며, (長公主의) 의례와 복식은 蕃王(번왕)과 동급이었다. 諸侯王의 딸은 모두 鄕이나 亭 단위의 식읍을 받는 公主였는데, 의례와 복식은 鄕侯, 亭侯와 같았다. 肅宗(章帝)는 특별히 東平憲王 蒼(창), 瑯邪 孝王 京(경)의 딸을 縣公主에 봉하였다. 그 이후로 安帝와 桓帝의 여자 형제 역시 長公主에 봉해져서 皇女와 동급대우를 받았다.

황제의 딸로 공주에 봉해진 자가 낳은 아들은 모친의 작위를 세습하여 列侯가 되었고 그 나라를 후손에게 세습시킬 수 있었다. 鄕과 亭에 봉해진 경우는 세습시킬 수 없었다. 公主 封地의 행정을 담당하는 臣僚의 품위와 질록은 〈百官志〉에 있다. 별도로 기재할 수 없어 이를 本 〈皇后紀〉 말에 기록했다.

原文

世祖五女

皇女義王, 建武十五年封舞陽長公主, 適陵鄕侯太僕梁松. 松坐誹謗誅.

皇女中禮, 十五年封涅陽公主, 適顯親侯大鴻臚竇固, 肅宗尊爲長公主.

皇女紅夫, 十五年封館陶公主, 適駙馬都尉韓光, 光坐與淮陽王延謀反誅.

皇女禮劉, 十七年封淯陽公主, 適陽安侯長樂少府郭璜. 璜坐與竇憲謀反誅.

皇女綬, 二十一年封酈邑公主, 適新陽侯世子陰豐. 豐害主, 誅死.

| 註釋 | ○義王 – 皇女의 이름. ○建武十五年 – 서기 39년. ○封舞陽長公主 – 舞陽은 潁川郡의 현명. 南陽郡 舞陰縣(邑)의 착오라는 주석에 따름. ○適陵鄕侯太僕梁松 – 適은 시집갈 적. 太僕은 양송의 후임 관직일 것임. 결혼할 때 황제의 거마와 나라의 馬政을 총괄하는 太僕(태복)이었다고 보기 어렵다. 梁松은 梁統의 아들. 34권, 〈梁統列傳〉에 입전. ○涅陽公主 – 涅陽(열양)은 南陽郡의 현명. 今 河南省 서남부 鄧州市. 南陽市 남부, 湖北省과 접경. ○竇固(두고) – 23권, 〈竇融列傳〉에 입전. 竇融의 조카.

○館陶公主 - 魏郡의 현명. 今 河北省 동남부 邯鄲市 관할 館陶縣. ○駙馬都尉 - 무제 때 처음 설치. 질록 比二千石. 皇帝 副車의 馬匹을 관리, 宗室이나 외척으로 充任. 魏晉 이래로 황제 사위에 대한 별칭으로 사용. ○淮陽王延謀反誅 - 劉延(유연)은 光武帝의 七子, 明帝 永平 16년(73년) 모반 사실이 발각. 阜陵侯로 강등. ○淯陽公主 - 광무제의 4女, 皇后 陰麗華 所生. 육양은 南陽郡의 읍명. ○郭璜(곽황) - 광무제 첫째 황후 郭皇后의 동생(곧 광무제의 처남)인 郭況(곽황)의 아들. ○竇憲謀反誅 - 竇憲(두헌, ?-92)의 字 伯度, 司空을 역임한 竇融(두융)의 증손. 23권, 〈竇融列傳〉에 立傳. 두헌은 외척이며 權臣, 흉노 정벌에 공을 세움. 和帝 永元 4年(92) 모반을 시도. 賜死. 이 사건에 班固(반고)도 연좌되어 獄死했다. ○皇女綬 - 皇女 綬(완)으로도 표기. ○酈邑公主 - 酈(역, 력)은 남양군의 현명.

## [國譯]

世祖(光武帝) 5女

皇女인 義王(의왕)은 建武 15년에 舞陽長公主에 봉해졌는데 陵鄕侯인 太僕 梁松(양송)에게 출가했다. 양송은 (明帝 때) 비방 죄를 지어 주살되었다.

皇女 中禮는 (建武) 15년에 涅陽(열양) 公主에 봉해졌고, 顯親侯인 大鴻臚 竇固(두고)에게 출가하였는데, 肅宗(장제)이 長公主로 높여주었다.

皇女 紅夫는 (建武) 15년에 館陶公主에 봉해졌고, 駙馬都尉 韓光에게 출가하였다. 한광은 淮陽王 劉延(유연)의 모반에 연좌되어 주살되었다.

皇女 禮劉(예유)는 (建武) 17년에 淯陽(육양) 公主에 봉해졌고, 陽安侯인 長樂少府 郭璜(곽황)에게 출가하였다. 곽황은 竇憲(두헌)의

모반에 관여하여 주살되었다.

皇女 綏(수)는 (建武) 21년에 酈邑(여읍) 公主에 봉해졌고, 新陽侯의 世子인 陰豐(음풍)에게 출가하였다. 음풍은 공주를 살해했기에 처형되었다.

顯宗十一女

皇女姬, 永平二年封獲嘉長公主, 適楊邑侯將作大匠馮柱.

皇女奴, 三年封平陽公主, 適大鴻臚馮順.

皇女迎, 三年封隆慮公主, 適牟平侯耿襲.

皇女次, 三年封平氏公主.

皇女致, 三年封沁水公主. 適高密侯鄧乾.

皇女小姬, 十二年封平皐公主, 適昌安侯侍中鄧蕃.

皇女仲, 十七年封浚儀公主, 適 軑侯黃門侍郎王度.

皇女惠, 十七年封武安公主, 適征羌侯世子黃門侍郎來棱, 安帝尊爲長公主.

皇女臣, 建初元年封魯陽公主.

皇女小迎, 元年封樂平公主.

皇女小民, 元年封成安公主.

| 註釋 |   ○永平二年 – 서기 59년. 獲嘉(획가)는 河內郡의 縣名.  ○牟平侯 – 牟平은 東萊郡의 현명.  ○平氏 – 南陽郡의 현명. 今 河南省 서남부 南陽市 관할 桐柏縣. 湖北省과 접경.  ○沁水公主 – 河內郡의 縣名.  ○平皐 – 河內郡의 縣名.  ○軑侯(앙후) – 軑은 江夏郡의 현명.  ○征羌 – 汝南郡의 현명.  ○建初元年 – 章帝의 첫 연호 서기 76년.  ○魯陽 – 南陽郡의 현명.  ○樂平 – 太淸縣을 章帝가 개명. 東郡의 현명.  ○成安 – 潁川郡의 현명.

## 【國譯】

顯宗(明帝) 11女.

皇女 姬(희)는 永平 2년 獲嘉長公主에 봉해졌는데, 楊邑侯인 將作大匠 馮柱(풍주)에게 출가하였다.

皇女 奴(노)는 (永平) 3년 平陽公主에 봉해졌는데, 大鴻臚인 馮順(풍순)에게 출가하였다.

皇女 迎(영)은 (永平) 3년 隆慮公主에 봉해졌는데, 牟平侯 耿襲(경습)에게 출가하였다.

皇女 次(차)는 (永平) 3년 平氏公主에 봉해졌다.

皇女 致(치)는 (永平) 3년 沁水公主에 봉해졌는데, 高密侯 鄧乾(등건)에게 출가하였다.

皇女 小姬(소희)는 (永平) 12년 平皐(평고)公主에 봉해졌는데, 昌安侯 侍中 鄧蕃(등번)에게 출가하였다.

皇女 仲(중)은 (永平) 17년 浚儀公主에 봉해졌는데, 軑侯(앙후)인 黃門侍郞 王度(왕도)에게 출가하였다.

皇女 惠(혜)는 (永平) 17년 武安公主에 봉해졌는데, 征羌侯인 世

子黃門侍郎 來棱(내릉)에게 출가하였다. 安帝가 長公主로 높였다.

皇女 臣(신)은 (章帝) 建初 원년에 魯陽公主에 봉해졌다.

皇女 小迎(소영)은 (建初) 원년에 樂平公主에 봉해졌다.

皇女 小民(소민)은 (建初) 원년에 成安公主에 봉해졌다.


## 原文

肅宗三女

皇女男, 建初四年封武德長公主.

皇女王, 四年封平邑公主, 適黃門侍郎馮由.

皇女吉, 永元五年封陰安公主.


| 註釋 |  ○建初四年 – 서기 79년.  ○平邑 – 代郡의 현명.  ○永元五年 – 和帝의 연호, 서기 93년. 陰安은 魏郡의 현명.


## [國譯]

肅宗(章帝) 3女

皇女 男(남)은 建初 4년 武德長公主에 봉해졌다.

皇女 王(왕)은 4년 平邑公主에 봉해졌는데 黃門侍郎 馮由(풍유)에 출가하였다.

皇女 吉(길)은 永元 5년 陰安公主에 봉해졌다.

和帝四女

皇女保, 延平元年封脩武長公主.

皇女成, 元年封共邑公主.

皇女利, 元年封臨潁公主, 適卽墨侯侍中賈建.

皇女興, 元年封聞喜公主.

|註釋| ○延平元年 - 殤帝의 연호, 서기 106년. 脩武는 河內郡의 현명.
今 河南省 북부 新鄕市 獲嘉縣. ○共 - 河內郡의 현명. ○臨潁 - 潁川郡
의 현명. ○卽墨 - 膠東國의 현명. ○聞喜 - 河東郡의 현명.

[國譯]

和帝 4女

皇女 保(보)는 (殤帝) 延平 원년에 脩武長公主에 봉해졌다.

皇女 成(성)은 (延平) 원년 共邑公主에 봉해졌다.

皇女 利(리)는 (延平) 원년 臨潁公主에 봉해졌고, 卽墨侯인 侍中
賈建(가건)에 출가하였다.

皇女 興(흥)은 (延平) 원년 聞喜公主에 봉해졌다.

|原文|

順帝三女

皇女生, 永和三年封舞陽長公主.

皇女成男, 三年封冠軍長公主.

皇女廣, 永和六年封汝陽長公主.

| 註釋 |   ○順帝永和三年 − 서기138년.   ○冠軍 − 南陽郡의 현명. 今 河
南省 南陽市 남쪽 鄧州市.   ○汝陽 − 汝南郡 현명. 今 河南省 동부 周口市
관할의 商水縣.

[國譯]

順帝 3女

皇女 生(생)은 永和 3년 舞陽長公主에 봉해졌다.

皇女 成男(성남)은 (永和) 3년에 冠軍長公主에 봉해졌다.

皇女 廣(광)은 永和 6年 汝陽長公主에 봉해졌다.

原文

桓帝三女

皇女華, 延熹元年封陽安長公主, 適不其侯輔國將軍伏
完.

皇女堅, 七年封潁陰長公主.

皇女脩, 七年封陽翟長公主.

| 註釋 |   ○(桓帝) 延熹元年 − 서기 158년.   ○伏完 − 獻帝 伏황후의 생
부.   ○潁陰 − 潁川郡의 현명. 今 河南省 중부 許昌市.

桓帝 3女

皇女 華(화)는 延熹(연희) 원년, 陽安長公主에 봉해졌는데 不其侯
인 輔國將軍 伏完(복완)에게 출가하였다.

皇女 堅(견)은 (延熹) 7년에 潁陰長公主에 봉해졌다.

皇女 脩(수)는 (延熹) 7년에 陽翟(양책) 長公主에 봉해졌다.


## 原文

靈帝一女

皇女某, 光和三年封萬年公主.


| 註釋 | ○(靈帝) 光和 三年 – 서기 180년.


[國譯]

靈帝 1女

皇女 某(名 不傳), 光和 3년에 萬年公主에 봉해졌다.

# 11 劉玄劉盆子列傳
〔유현, 유분자열전〕

## ❶ 劉玄

原文

劉玄字聖公, 光武族兄也. 弟爲人所殺, 聖公結客欲報之. 客犯法, 聖公避吏於平林. 吏繫聖公父子張. 聖公詐死, 使人持喪歸舂陵, 吏乃出子張, 聖公因自逃匿.

王莽末, 南方饑饉, 人庶群入野澤, 掘鳧芘而食之, 更相侵奪. 新市人王匡, 王鳳爲平理諍訟, 遂推爲渠帥, 衆數百人. 於是諸亡命馬武, 王常, 成丹等往從之, 共攻離鄕聚, 臧於綠林中, 數月間至七八千人.

地皇二年, 荊州牧某發奔命二萬人攻之, 匡等相率迎擊於雲杜, 大破牧軍, 殺數千人, 盡獲輜重, 遂攻拔竟陵. 轉擊雲

杜,安陸, 多略婦女, 還入綠林中, 至有五萬餘口, 州郡不能
制.

| 註釋 | ○劉玄 - 劉玄은 황제에 올라 연호를 更始(경시)라 했기에 보통
更始帝라 칭하며 서기 23-25년 재위했다. 이를 역사에서는 玄漢(현한)이
라 통칭한다.  ○光武族兄也 - 景帝 아들로 長沙王이었던 劉發의 아들이
春陵(용릉) 節侯 劉買(유매)이다. 이 劉買의 玄孫이 劉秀(光武帝)이다. 이 劉
買의 또 다른 현손이 更始帝인 劉玄(유현, 字 聖公, ?-서기 25, 南陽郡 蔡陽縣人)
이다. 劉秀와 劉玄은 같은 항렬로 三從兄弟(삼종형제, 8촌)이다.  ○平林 -
平林은 마을 이름. 今 湖北省의 동북부 隨州市 관할 隨縣(수현)에 해당. 왕
망의 地皇 3년(서기 22)에 여기서 농민 봉기. 마을 이름을 무리 이름으로
정했다.  ○春陵(용릉) - 長沙定王 劉發의 아들 劉買(유매, 光武帝의 高祖. ?-
前 121)는 전한 武帝 때 元朔 5년(前 124년)에 春陵侯(용릉후)에 봉해졌다.
처음 봉지는 春陵鄉(용릉향), 今 湖南省 남부 永州市 寧遠縣 북쪽. 유매는
그  4년 뒤(前 121년)에 죽었다. 劉買를 계승한 아들은 劉熊居(유웅거, 春陵
戴侯, 前 120-65). 광무제의 증조부인 劉外는 유웅거의 아우. 유웅거의 아들
春陵孝侯인 劉仁(前 65년 계위, 광무제의 큰할아버지)은 侯國 지대가 낮고
습하다 하여 옮겨줄 것을 청원하여 南陽郡 白水鄉〔今 湖北省 襄陽市 관할
棗陽市(조양시)〕으로 옮겨 왔고 春陵侯의 명칭을 그대로 사용했다. 春陵 戴
侯 雄渠(융거)가 蒼梧태수 劉利를 낳고, 劉利가 子張을 낳았으며, 子張의 아
들이 劉玄이다.  ○掘鳧茈而食之 - 鳧茈(부자, 물풀 이름) 뿌리를 캐서 먹다.
鳧 물오리 부. 茈 지치 자. 풀이름.  ○新市人王匡,王鳳 - 新市는 江夏郡(치
소는 西陵縣, 今 湖北省 武漢市 관할 新洲縣)의 지명. 今 湖北省 荊門市 관
할 京山縣에 해당. 王匡(왕광)은 농민군의 우두머리. 경시제와 함께 왕망을
타파, 뒤에 광무제에 투항했으나 곧 피살. 王鳳(왕봉)은 新市兵의 우두머리
로 왕망군의 주력을 격파했다.  ○平理諍訟 - 재판으로 시비곡직을 따지

다.  ㅇ離鄕聚 – 본 고향을 떠난 사람들이 모여 형성된 마을.  ㅇ臧於綠林
– 綠林은 산 이름. 녹림산 속에 숨다.  ㅇ地皇二年 – 王莽의 연호. 서기 21
년.  ㅇ荊州牧某發奔命~ – 荊州牧은 荊州刺史. 某는 성명을 모를 때 쓰는
말. 發은 동원하다. 奔命은 郡國의 材官(步兵)이나 騎士 중 용맹한 자를 골
라 편성한 군대. 유사시 우선 동원되는 군사.  ㅇ雲杜 – 江夏郡의 현명. 今
湖北省 荊門市 관할 京山縣.  ㅇ竟陵 – 江夏郡의 현명, 今 湖北省 중남부
직할 潛江市(잠강시). 荊州市의 동쪽.  ㅇ安陸 – 江夏郡의 현명. 今 湖北省
동남부 孝感市 관할의 安陸市.


**[國譯]**

劉玄(유현)의 字는 聖公(성공)으로 光武帝의 8촌 형이다. 유현의
동생이 남에게 살해당하자 聖公은 빈객과 함께 복수하려고 했다. 결
탁한 그 빈객이 법을 어기자 성공은 관리를 피해 平林이란 곳으로
도주하였다. 이에 관리가 성공의 부친인 子張(자장)을 잡아가두었
다. 성공은 거짓으로 죽었다고 소문을 내면서 사람들이 舂陵縣(용릉
현)으로 상여를 메고 가자 관리는 子張을 풀어주었고 성공은 아버지
자장과 함께 도망가 숨었다.

王莽(왕망) 말기에 남방에 흉년이 들었고 서민들은 무리를 지어
들이나 늪에서 鳧茈(부자)의 풀뿌리를 캐먹었는데 서로 침탈하며 싸
웠다. 新市 사람인 王匡(왕광)과 王鳳(왕봉) 등은 관가에 집단 소송을
벌릴 때 사람들이 그를 우두머리로 삼았는데 그 무리가 수백 명이었
다. 이에 馬武(마무), 王常(왕상), 成丹(성단) 같은 도망자들이 新市의
무리에 들어와 (王匡 등과) 함께 離鄕聚(이향취)를 공격했다가 綠林
山 속에 숨어들었는데 몇 달 만에 무리가 7, 8천 명이나 되었다.

地皇(지황) 2년(서기 21), 荊州牧(형주목, 형주자사)이 奔命(분명) 병력 2만 명을 동원하여 공격하자, 왕광 등은 무리와 함께 (江夏郡의) 雲杜縣(운두현)에 맞아 싸워 형주목의 군사를 대파하면서 수천 명을 죽였으며, 輜重(치중, 중장비)를 다 빼앗고 마침내 竟陵縣(경릉현)을 점령하였다. 이어 방향을 돌려 雲杜縣과 安陸縣를 차지하며 많은 부녀자를 강제로 데리고 녹림산에 들어갔는데 그 숫자가 5만여 명이나 되어 州郡에서 통제할 수가 없었다.


▌原文

三年, 大疾疫, 死者且半, 乃各分散引去. 王常,成丹西入南郡, 號下江兵. 王匡,王鳳,馬武及其支黨朱鮪,張卬等北入南陽, 號新市兵, 皆自稱將軍. 七月, 匡等進攻隨, 未能下. 平林人陳牧,廖湛復聚衆千餘人, 號平林兵, 以應之. 聖公因往從牧等,爲其軍安集掾.


| 註釋 | ○(地皇) 三年 - 서기 22년. ○南郡 - 형주 관할, 郡名. 治所는 江陵縣, 今 湖北省 荊州市 江陵縣. ○號下江兵 - 下江의 군사라 불렸다. 下江은 今 湖北省 江陵 이하의 長江을 지칭. 예부터 下江은 江蘇省의 별칭으로 통했고, 上江은 安徽省의 별칭으로도 쓰였다. ○朱鮪(주유) - 新市兵의 장수, 뒷날 更始帝의 大司馬, 光武帝에 투항, 제후로 少府 역임. 鮪 다랑어 유. ○南陽 - 荊州刺史部 관할 군명. 治所 宛縣. 今 河南省 서남부 南陽市. ○隨(수) - 남양군의 현명. 今 湖北省 북부의 隨州市. 隋(수) 文帝 楊堅(양견)은 20세 이전에 이곳 隨州刺史를 역임했었다. 서기 581년, 건국하고

국명을 隋로 정했는데 隨의 '辶'이 물을 따라 흘러가버린다는 뜻이 있다 하여 隨를 隋(수)로 바꿔 불렀다. ○陳牧,廖湛 — 陳牧(진목)은 뒷날 경시제의 大司空이 되었으나 경시제에게 피살. 廖湛(요담)은 平林兵의 우두머리, 뒷날 경시제의 의심을 받자 무리를 거느리고 赤眉軍에 투항. 建武 2년에 漢中王 劉嘉(유가)에 패해 피살. ○爲其軍安集掾 — 安集掾은 軍의 직책 이름. 군사 모집책.

**[國譯]**

(地皇) 3년(서기 22), 질병이 크게 유행하여 죽은 자가 거의 절반이나 되자 각자 무리를 거느리고 흩어졌다. 王常과 成丹(성단)은 서쪽으로 南郡 지역에 들어가 下江兵이라 칭했다. 王匡(왕광)과 王鳳, 그리고 馬武 및 그 갈래인 朱鮪(주유)와 張卬(장앙) 등은 북쪽으로 南陽郡에 들어가 新市兵이라 하였는데 모두 將軍이라 자칭하였다.

7월에 王匡 등은 隨縣(수현)을 공격했으나 차지하지 못했다. 平林人 陳牧(진목)과 廖湛(요담)은 다시 무리 1천여 명을 모아 平林兵이라 하면서 왕광에 호응하였다. 성공은 진목 등을 따라다니며 그 군대의 安集掾(안집연, 일종의 모집책)이 되었다.

**原文**

是時, 光武及兄伯升亦起舂陵, 與諸部合兵而進.

四年正月, 破王莽前隊大夫甄阜, 屬正梁丘賜, 斬之, 號聖公爲更始將軍. 衆雖多而無所統一, 諸將遂共議立更始爲天子. 二月辛巳, 設壇場於淯水上沙中, 陳兵大會. 更始卽帝位, 南面立, 朝群臣. 素儒弱, 羞愧流汗, 擧手不能言. 於是大赦天下, 建元曰更始元年. 悉拜置諸將, 以族父良爲國三老, 王匡爲定國上公, 王鳳成國上公, 朱鮪大司馬, 伯升大司徒, 陳牧大司空, 餘皆九卿,將軍. 五月, 伯升拔宛. 六月, 更始入都宛城, 盡封宗室及諸將, 爲列侯者百餘人.

| 註釋 | ○伯升 - 光武帝의 長兄, 劉縯(유연), 뒷날 齊 武王으로 추존. 광무제의 둘째 형 劉仲(유중)은 魯 哀王으로 추존했다. ○四年正月 - 왕망의 地皇 4년(서기 23년)은 更始 원년. ○前隊大夫甄阜 - 王莽은 수도 방어를 목적으로 주요 6개 郡에 六隊를 설치하고 그 군마다 大夫 1인을 임명했는데 太守와 동일한 임무였다. 대부 아래에는 屬正 1인을 두었는데 郡의 都尉와 임무가 동일했다. 당시 南陽郡은 前隊라 했고, 河內郡은 後隊라 하였다. 甄阜(견부)는 인명. 甄은 질그릇 견. ○淯水 - 長江의 가장 큰 지류가 漢水(漢江)이고, 淯水(육수,唐白河)는 漢江의 지류이다. ○素儒弱 - 평소에 나약했다. 儒 나약할 나. 겁쟁이 유. ○羞愧流汗 - 羞愧는 부끄러워하다. ○更始元年 - 서기 23년. ○伯升拔宛 - 宛은 宛縣, 南陽郡의 치소. 今 河南省 서남부 南陽市.


**[國譯]**

이 무렵, 光武(劉秀)와 형 伯升(백승, 劉縯)도 春陵(용릉)에서 기병하여 다른 무리와 함께 군사를 모아 진격하였다.

(地皇) 4년 정월, 王莽의 前隊大夫인 甄阜(견부)와 그 屬正인 梁丘賜(양구사)의 군사를 격파하여 죽였는데, 聖公을 更始將軍이라 불렀다. 그 무리가 많았지만 통일된 체제가 없어서 여러 장수들이 함께

의논하여 更始를 천자로 옹립키로 하였다.

2월 辛巳日, 淯水(육수)의 강 언덕 모래밭에 단을 쌓고 병기를 진열하고 모두 모였다. 경시장군이 제위에 올라 남면하고 서서 여러 신하의 賀禮를 받았다. 경시제는 평소에도 나약했는데 부끄러워 등에 땀이 흐를 정도였고, 손을 들고도 말을 하지 못했다. 이어 온 나라에 죄수를 사면하고 建元하여 更始 元年이라 하였다. 여러 장군을 배정하였으며 族父인 劉良(유량)을 國三老라 하였고, 王匡(왕광)을 定國上公, 王鳳(왕봉)을 成國上公, 朱鮪(주유)를 大司馬, 劉伯升을 大司徒, 陳牧(진목)을 大司空이라 하고 나머지 九卿과 將軍을 다 배정하였다. (更始 元年) 5월에 유백승은 宛縣(완현)을 점령했다. 6월에 更始帝는 완현에 와서 도읍하며, 宗室과 여러 장수를 제후에 봉했는데 모두 100여 명이 列侯가 되었다.

<br>

### 原文

更始忌伯升威名, 遂誅之, 以光祿勳劉賜爲大司徒. 前鐘武侯劉望起兵, 略有汝南. 時王莽納言將軍嚴尤,秩宗將軍陳茂旣敗於昆陽, 往歸之. 八月, 望遂自立爲天子, 以尤爲大司馬, 茂爲丞相. 王莽使太師王匡, 國將哀章守洛陽.

更始遣定國上公王匡攻洛陽, 西屛大將軍申屠建, 丞相司直李松攻武關, 三輔震動. 是時海內豪桀翕然響應, 皆殺其牧守, 自稱將軍, 用漢年號, 以待詔命, 旬月之間, 遍於天下.

| **註釋** | ㅇ略有汝南 – 汝南은 豫州의 군명. 治所는 平輿縣, 今 河南省 駐馬店市 관할 平輿縣. ㅇ王莽納言將軍嚴尤 – 왕망은 大司農을 納言으로 개칭했다. 본래 納言은 王命 出納을 담당하는 관직이었다. 嚴尤(엄우, ?-서기 23)는 王莽 新朝의 장군. 本名 莊尤(장우). 후한 明帝 劉莊을 避諱(피휘)하여 엄우로 표기. ㅇ秩宗將軍陳茂 – 秩宗(질종)은 郊廟之事를 관장. 王莽은 漢의 太常(종묘제사 담당)을 秩宗으로 개칭. 여기서 納言과 秩宗은 모두 장군 호칭. ㅇ昆陽(곤양) – 潁川郡〔영천군, 치소는 陽翟縣(양책현), 今 河南省 許昌市 관할 禹州市〕의 縣名. 今 河南省 중앙에 위치한 漯河市(탑하시) 부근. ㅇ王匡 – 여기 나오는 두 사람은 同名異人이다. ㅇ武關 – 關中 땅의 남쪽 관문. 今 陝西省 남동부 商洛市 관할 丹鳳縣 소재. ㅇ翕然(흡연) – 일치하는 모양. 翕은 화합할 흡, 모일 흡. ㅇ牧守 – 州의 牧과 郡의 太守. 州牧은 州의 통치 책임자. 武帝 때 질록 6백석의 자사를 두어 13자사부 관내 군현의 행정을 감독케 하였다. 成帝 때는 자사를 폐하고 질록 2천석의 州牧을 두었다. 후한에서는 다시 자사라고 부르다가 靈帝 中平 5년(서기 188)부터는 다시 卿級의 州牧을 보내 軍과 政의 대권을 쥐고 州의 군현을 통치하였다.

## [國譯]

更始帝는 劉伯升(유백승)의 威名(위명)을 투기하여 결국 죽여 버리고, 光祿勳인 劉賜(유사)를 大司徒로 삼았다. 이전에 (전한의) 鐘武侯이었던 劉望(유망)은 起兵하며 汝南郡을 차지했었다. 그 무렵 王莽의 納言將軍인 嚴尤(엄우)와 秩宗將軍인 陳茂(진무)는 이미 (潁川郡) 昆陽縣에서 패배한 뒤 劉望에 의지하고 있었다.

(경시 원년) 8월에 劉望(유망)은 마침내 自立하여 천자가 되었는데 엄우를 大司馬, 陳茂(진무)를 승상으로 삼았다. 왕망은 太師인 王

匡(왕광), 國將인 哀章(애장)에게 洛陽을 수비케 하였다. 更始帝가 定國上公인 王匡(왕광)에게 낙양을 공격케 하였고 西屛大將軍 申屠建(신도건), 丞相司直인 李松(이송)을 시켜 武關(무관)을 공격하자, 三輔(삼보, 關中) 지역이 두려워 떨었다. 이때에 海內의 호걸들은 모두 일어나 향응하면서 지방관을 살해하고 장군을 자칭했으며 漢의 年號(更始)를 사용하며 조서를 내려 임명해주기를 기다렸는데 한 달여 동안에 온 나라에 두루 퍼졌다.

## 原文

長安中起兵攻未央宮. 九月, 東海人公賓就斬王莽於漸臺, 收璽綬, 傳首詣宛. 更始時在便坐黃堂, 取視之, 喜曰, "莽不如是, 當與霍光等." 寵姬韓夫人笑曰, "若不如是, 帝焉得之乎?" 更始悅, 乃懸莽首於宛城市. 是月, 拔洛陽, 生縛王匡,哀章, 至, 皆斬之.

十月, 使奮威大將軍劉信擊殺劉望於汝南, 並誅嚴尤,陳茂. 更始遂北都洛陽, 以劉賜爲丞相. 申屠建,李松自長安傳送乘輿服禦, 又遣中黃門從官奉迎遷都.

二年二月, 更始自洛陽而西. 初發, 李松奉引, 馬驚奔, 觸北宮鐵柱門, 三馬皆死.

| 註釋 | ○九月, 東海人公賓就 -《漢書 王莽傳 下》에는 九月이 아닌 十月 初三日에 죽은 것으로 기록했다. 東海는 郡名. 公賓就(공빈취)의 公賓은

복성. ○斬王莽於漸臺 - 漸臺(점대)는 未央宮 연못 蒼池 가운데 있는 누각. 《漢書 王莽傳 下》의 地皇 4년(203) 10월 3일, 왕망이 죽는 날의 기록은 다음과 같다. 「商(상) 사람 杜吳(두오)는 왕망을 죽이고 그 인수를 손에 쥐었다. 校尉인 동해군 사람 公賓就(공빈취)는 그전에 大行治禮(대행치례)를 역임했었는데, 두오를 보고 "그 인수 주인은 어디에 있는가?"라고 물었다. 두오가 "방안 서쪽 모퉁이 사이에 있다."고 대답하였는데, 공빈취는 왕망을 알아보고 그 목을 잘랐다. 군인들이 모여들어 왕망의 몸을 찢어가졌는데 팔 다리와 껍질과 뼈까지 셀 수 없이 찢겨졌는데 將卒이 서로 차지하려고 싸우다가 죽은 자가 수십 명이었다. 공빈취는 왕망의 머리를 갖다가 王憲(왕헌)에게 바쳤다. 왕헌은 漢 대장군이라고 자칭했고 성 안의 군사 수십만이 그에게 소속되었는데, 왕헌은 東宮(동궁)에 머물면서 왕망의 후궁을 아내로 삼았고 그 수레를 타고 다녔다.」 ○黃堂 - 正殿의 便殿. ○當與霍光等 - 霍光처럼 존중을 받았을 것이라는 뜻. ○帝焉得之乎 - 帝께서 천하를 어찌 차지할 수 있겠습니까? ○懸莽首 - 왕망의 수급을 내걸다. 懸은 매달 현. ○傳送乘輿服禦 - 황제의 수레와 의복과 여러 器物을 보내오다. ○二年二月 - 更始 2년은 서기 24년. ○三馬皆死 - 馬禍는 경시제가 失道하여 장차 망할 것이라는 징조.


[國譯]

長安에서도 백성이 거병하며 未央宮을 공격하였다. 9월, 東海郡 사람 公賓就(공빈취)는 (未央宮) 漸臺(점대)에서 왕망의 목을 잘랐는데 (왕망의) 璽綬(새수)를 회수하여 그 수급과 함께 (도읍) 宛城에 보내졌다. 更始帝는 그때 정전의 편전(黃堂)에 있으면서 왕망의 수급을 보고서 기뻐하며 말했다. "왕망이 이처럼 죽지 않았으면 霍光처럼 되었을 것이다."

(경시제의) 寵姬(총희)인 韓夫人도 웃으며 말했다. "만약 왕망이 이렇게 안 되었으면 폐하께서 천하를 어찌 차지할 수 있겠습니까?"

경시제는 기뻐하며 왕망의 수급을 宛城(완성)의 저잣거리에 매달았다. 이 달 洛陽을 점령하고 王匡(왕광)과 哀章(애장)을 생포하여 완성에 보내오자 모두 참수하였다.

10월 奮威大將軍 劉信(유신)을 보내 劉望을 汝南(여남)에서 공격 살해했으며 아울러 嚴尤(엄우)와 陳茂(진무)도 주살하였다. 更始帝는 드디어 북으로 진출하여 洛陽에 도읍하면서 劉賜(유사)를 승상으로 삼았다. 申屠建(신도건)과 李松(이송)이 長安에서 황제의 수레와 복장과 기물을 갖고 왔으며, 또 中黃門(宦官) 시종을 데려와 천도하도록 모시게 하였다.

更始 2년 2월 更始帝는 낙양을 떠나 서쪽으로 향했다. 李松이 황제의 수레를 인도하려 했는데, 말이 놀라 날뛰다가 北宮의 궁문 鐵柱(철주)에 부딪쳤는데 말 3마리가 모두 죽었다.


## ▎原文

初, 王莽敗, 唯未央宮被焚而已, 其餘宮館一無所毀. 宮女數千, 備列後庭, 自鐘鼓,帷帳,輿輦,器服,太倉,武庫,官府, 市里, 不改於舊. 更始旣至, 居長樂宮, 升前殿, 郎吏以次列庭中. 更始羞怍, 俯首刮席不敢視. 諸將後至者, 更始問虜掠得幾何, 左右侍官皆宮省久吏, 各驚相視.

| 註釋 |　○羞怍(수작) – 부끄러워 안색이 바뀌다. 怍은 부끄러워할 작.
○俯首刮席 – 고개를 숙이고 자리를 만지작거리다. 俯는 구부릴 부. 刮은
깎을 괄, 비비다.　○虜掠得幾何 – 虜掠은 노략질하다. 幾何는 얼마. 虜는
사로잡을 노(로), 포로. 掠 빼앗을 략(약). 幾는 얼마 기, 몇 기, 기미 기.

## [國譯]

　　그전에 왕망이 패망할 때, 未央宮만이 불에 탔을 뿐이지 나머지
궁궐 건물은 부서진 것 하나도 없었다. 수천 명의 궁녀도 後庭에 그
대로 있었고, 鐘鼓(종고)나 휘장, 수레와 연(輦), 그릇과 의복, 大倉,
武庫, 官府, 저자도 예전 그대로였다. 경시제는 장안에 도착한 뒤,
長樂宮에 거처하였는데, 前殿에 오르면 郎吏들이 뜰에 줄을 지어 서
있었다. 경시제는 수줍어하며 고개를 숙인 채 자리를 만지작거리면
서 바로 쳐다보지도 못했다. 뒤에 도착하는 장수들에게 경시제는 노
략질한 것이 얼마나 되느냐고 물었는데, 측근의 시종들은 모두 궁정
의 옛 관리들이라서 서로 놀라 어리둥절했다.

## 原文

　　李松與棘陽人趙萌說更始, 宜悉王諸功臣. 朱鮪爭之, 以
爲高祖約, 非劉氏不王. 更始乃先封宗室太常將軍劉祉爲定
陶王,劉賜爲宛王,劉慶爲燕王,劉歙爲元氏王,大將軍劉嘉爲
漢中王,劉信爲汝陰王. 後遂立王匡爲比陽王,王鳳爲宜城
王,朱鮪爲膠東王,衛尉大將軍張卬爲淮陽王,廷尉大將軍王

常爲鄧王,執金吾大將軍廖湛爲穰王,申屠建爲平氏王,尙書
胡殷爲隨王,柱天大將軍李通爲西平王,五威中郎將李軼爲
舞陰王,水衡大將軍成丹爲襄邑王,大司空陳牧爲陰平王,驃
騎大將軍宋佻爲潁陰王,尹尊爲郾王.

　唯朱鮪辭曰,"臣非劉宗, 不敢干典." 遂讓不受. 乃徙鮪
爲左大司馬, 劉賜爲前大司馬, 使與李軼,李通,王常等鎭撫
關東. 以李松爲丞相, 趙萌爲右大司馬, 共秉內任.

---

| 註釋 | ○李松與棘陽人趙萌 – 李松 後漢 건국공신 李通의 從弟. 李通
은 광무제의 여동생인 劉伯姬와 결혼했다. 棘陽(극양)은 南陽郡의 현명. 今
河南省 南陽市 관할 新野縣에 해당. 河南省 서남부, 湖北省 경계. ○宜悉
王諸功臣 – 王은 동사로 쓰였다. 왕으로 삼다. ○西平 – 汝南郡의 현명.
今 河南省 駐馬店市 관할 西平縣. ○陰平 – 廣漢國의 현명. ○不敢干典
– 옛 법제를 위반할 수 없다. 干은 범하다. 법이나 규칙을 위반하다. 질서
를 어지럽히다. 간여하다. 방패 간.

---

[國譯]

　李松(이송)과 棘陽(극양) 사람 趙萌(조맹)은 更始帝에게 모든 공신
을 다 왕으로 봉해야 한다고 건의하였다. 그러나 朱鮪(주유)는 高祖
의 약조대로 劉氏가 아니면 왕이 될 수 없다고 맞서 논쟁하였다. 이
에 경시제는 먼저 宗室로 太常將軍인 劉祉(유지)를 定陶王에, 劉賜
(유사)를 宛王(완왕), 劉慶(유경)을 燕王, 劉歆(유흠)을 元氏王(원씨왕),
대장군 劉嘉(유가)를 漢中王, 劉信을 汝陰王(여음왕)에 봉했다.

　이어 나중에 王匡(왕광)을 比陽王, 王鳳을 宜城王(의성왕), 朱鮪(주

유)를 膠東王(교동왕), 衛尉大將軍 張印(장앙)을 淮陽王, 廷尉大將軍 王常을 鄧王(등왕), 執金吾大將軍 廖湛(요담)을 穰王(양왕), 申屠建(신도건)을 平氏王(평씨왕), 尙書인 胡殷(호은)을 隨王(수왕), 柱天大將軍 李通을 西平王, 五威中郎將 李軼(이일)을 舞陰王, 水衡大將軍 成丹(성단)을 襄邑王, 大司空 陳牧(진목)을 陰平王, 驃騎大將軍 宋佻(송조)를 潁陰王, 尹尊(윤준)을 郾王(언왕)에 봉했다.

다만 朱鮪만이 "저는 劉氏 종친이 아니기에 옛 법제를 어길 수 없습니다."라며 사양하며 받지 않았다. 그래서 주유를 左大司馬에, 劉賜(유사)를 前大司馬에 임명하여 李軼(이일), 李通(이통), 王常(왕상) 등과 함께 關東지역을 鎭撫(진무)하게 했다. 그리고 李松을 丞相에 趙萌(조맹)을 右大司馬에 임명하여 함께 내정을 담당케 하였다.

更始納趙萌女爲夫人, 有寵, 遂委政於萌, 日夜與婦人飮宴後庭. 群臣欲言事, 輒醉不能見, 時不得已, 乃令侍中坐帷內與語. 諸將識非更始聲, 出皆怨曰, "成敗未可知, 遽自縱放若此!" 韓夫人尤嗜酒, 每侍飮, 見常侍奏事, 輒怒曰, "帝方對我飮, 正用此時持事來乎!" 起, 抵破書案. 趙萌專權, 威福自己. 郎吏有說萌放縱者, 更始怒, 拔劍擊之. 自是無復敢言. 萌私忿侍中, 引下斬之, 更始救請, 不從.

時李軼, 朱鮪擅命山東, 王匡, 張印橫暴三輔. 其所授官爵者, 皆群小賈豎, 或有膳夫庖人, 多著繡面衣, 錦袴, 襜褕, 諸

于, 罵詈道中. 長安爲之語曰, '竈下養, 中郎將. 爛羊胃, 騎
都尉. 爛羊頭, 關內侯.'

| 註釋 | ○成敗未可知, 遽自縱放若此! - (천하를 차지할) 승부를 아직
알 수 없는데 어찌 이처럼 방종할 수 있겠나?" 遽는 갑자기 거, 어찌 ~하
랴? ○正用此時持事來乎! - 꼭 이런 때 일을 가지고 오는가!" ○抵破書案
- 抵破는 격파. 抵는 擊也. 書案은 책상. ○賈豎 - 장사꾼. 賈는 장사 고.
일정한 장소가 있는 상인. 豎는 더벅머리 수. 천하다. ○膳夫庖人 - 膳夫
는 조리사. 庖人은 주방장. 膳은 반찬 선. 庖는 부엌 포. ○多著繡面衣,錦
褲,襜褕,諸于 - 著은 입을 착. 繡面衣는 바탕에 수를 놓은 옷. 錦褲(금고)는
비단 바지. 襜褕(첨유)는 짧은 상의. 諸于는 헐렁한 여자의 옷. ○罵詈道中
- 길에서 욕을 하다. 罵는 욕할 매. 詈는 꾸짖을 이(리). ○竈下養 - 부엌
에서 밥을 짓다. 養은 炊亨, 밥을 지어 올리다. ○爛羊胃 - 양의 위장을 익
히다. 爛은 불로 익히다. 불에 데다. 문드러지다.

[國譯]

경시제는 趙萌(조맹)의 딸을 夫人으로 삼아 총애하면서 정사를 조
맹에게 위임하고 밤낮으로 후정에서 여인과 술을 마셨다. 많은 신하
가 정사를 상주하려면 그때마다 취해서 상주하지 못했는데 어쩔 수
없는 경우에는 侍中을 시켜 휘장 뒤에 앉아 대답하게 하였다. 여러
장수들은 경시제의 목소리가 아닌 것을 알고, 모두가 원망하면서
"(천하를 차지할) 승부를 아직 알 수 없는데 어찌 이처럼 방종할 수
있겠나?"라고 말했다. 韓氏夫人은 특히 술을 좋아하여 늘 경시제와
함께 술을 마셨는데 환관이 정사를 상주하려면 그때마다 화를 내면
서 "황제가 나와 이제 막 술을 마시는데 꼭 이런 때 일을 가지고 오

는가!" 라고 말하면서 일어나 책상을 부수었다.

　조맹은 권력을 쥐고 자기 마음대로 위세를 부렸다. 조맹이 방종하다고 상주하는 낭관이 있으면 경시제는 화를 내며 칼을 뽑아 휘둘렀다. 이로부터 감히 다시 말하는 자가 없었다. 조맹은 侍中(시중)에게 원한이 있어 잡아다 참수하였는데 경시제가 살려주라고 말해도 따르지 않았다.

　이때 李軼(이일)과 朱鮪(주유)는 山東 지역에서 멋대로 호령하고, 王匡(왕광), 張卬(장앙)은 三輔 지역에서 횡포를 부렸다. 경시제가 관직이나 작위를 수여하는 자는 모두가 소인이나 장사꾼, 때로는 조리사나 주방장이었는데 이들은 수놓은 비단 웃옷, 비단 바지, 짧은 웃옷, 헐렁한 옷을 입고 다니며 길에서도 욕설을 해대었다. 장안 사람들은 이를 두고 말했다.

　'부엌에서 밥을 지으면 中郎將, 羊의 위장을 익히면 騎都尉라네. 羊頭를 삶아 올리면 關內侯가 된다네.'

### 原文

　軍師將軍豫章<u>李淑</u>上書諫曰,

　「方今賊寇始誅, 王化未行, 百官有司宜愼其任. 夫三公上應台宿, 九卿下括河海, 故天工人其代之. 陛下定業, 雖因<u>下江</u>,<u>平林</u>之勢, 斯蓋臨時濟用, 不可施之旣安. 宜釐改制度, 更延英俊, 因才授爵, 以匡王國. 今公卿大位莫非戎陳, 尙書顯官皆出庸伍, 資亭長,賊捕之用, 而當輔佐綱維之任.

唯名與器, 聖人所重. 今以所重加非其人, 望其毗益萬分,
興化致理, 譬猶緣木求魚, 升山採珠. 海內望此, 有以窺度
漢祚. 臣非有憎疾以求進也, 但爲陛下惜此舉厝. 敗材傷錦,
所宜至慮. 惟割旣往廖妄之失, 思隆周文濟濟之美.」

更始怒, 繫淑詔獄. 自是, 關中離心, 四方怨叛. 諸將出徵,
各自專置牧守, 州郡交錯, 不知所從.

十二月, 赤眉西入關.

| 註釋 |　○豫章李淑 – 豫章은 揚州 관할 군명, 治所는 南昌縣. 今 江西
省 북부 南昌市(江西省의 省都).　○三公上應台宿 – 三公은 하늘의 三台
(上台, 中台, 下台) 星宿(성수)와 같다.　○九卿下括河海 – 九卿은 三公 아래
서 河海를 총괄한다. 인간 세상의 실무를 이끈다.　○故天工人其代之 –
(三公 九卿은) 上天의 일을 인간 세상에서 대리하는 것이다.　○宜釐改制
度 – 宜는 응당. 釐改는 개혁하다. 바꾸다. 釐 다스릴 리(이). 고치다.　○莫
非戎陳 – 軍 출신이 아닌 자가 없다. 戎陳은 軍陣.　○庸伍 – 재능이나 식
견이 평범한 무리.　○當輔佐綱維之任 – 천자를 보좌하는 주요한 임무를
담당케 하다. 綱維(강유)는 굵은 밧줄. 나라의 법도. 三綱과 四維.　○唯名
與器 – 명분과 實用. 器는 제도 문물.　○望其毗益萬分 – 만분의 일이라도
국가에 도움이 되기를 기대하다. 毗益은 도움이 되다. 毗는 도울 비. 도움
이 되다.　○譬猶緣木求魚 – 비유하자면 緣木求魚(연목구어)와 같다.　○升
山採珠 – 산에 올라 진주를 얻으려 하는 것과 같다. 眞珠는 바다에서 나온
다.　○有以窺度漢祚 – 窺度는 엿보며 헤아리다. 漢祚는 漢의 수명.　○惜
此舉厝 – 이러한 조치가 애석하다. 舉厝(거조)는 조치. 厝는 둘 조(措也).
○敗材傷錦 – 재목을 못 쓰게 버리고 비단을 망쳐놓다.　○所宜至慮 – 응
당 특별히 주의하여야 한다.　○惟割旣往廖妄之失 – 다만 이미 저질러진

황당한 실수를 끊어버리다. 廖는 공허할 료, 속이 텅 비다. 성씨 요. ○思隆
周文濟濟之美 — 周 文王의 훌륭한 인재가 많아 융성했던 시절을 생각하다.

## [國譯]

軍帥將軍인 豫章郡 출신 李淑(이숙)이 상서하여 경시제에게 바른
말을 하였다.

「지금 적도를 겨우 진압하면서 왕도의 교화는 이루어지지 않았기
에 모든 담당 관리는 업무에 신중해야 합니다. 三公은 하늘의 三台
(삼태)의 星宿(성수)와 같으며, 九卿은 三公 아래서 인간 세상의 실무
를 이끄는데 (三公九卿은) 上天의 일을 인간 세상에서 대리하는 것
입니다. 폐하께서 천하를 얻으며 下江兵과 平林兵의 힘을 빌렸지만
이는 다만 때에 맞춰 활용한 것이지 그 세력으로 천하를 안정시킬
수는 없습니다. 응당 제도를 고쳐나가고 새롭게 인재를 맞이하며 재
능에 따라 작위를 수여하면서 나라의 기틀을 잡아나가야 합니다. 그
러나 지금 公卿의 높은 자리는 軍 출신이 아닌 자가 없으며 尙書나
주요 관직은 대개가 평범한 사람들이니, 亭長의 재능이라서 도적을
체포하는데 쓸만한 인재인데도 천자를 보좌하는 주요한 임무에 충
당하고 있습니다. 명분과 함께 실무는 聖人에게도 所重한 것입니
다. 지금 나라의 중임을 비적임자에게 전적으로 맡기고 있는데 (그
런 사람들에게) 만분의 일이라도 국가에 도움이 되기를 기대하거나
敎化를 일으켜 나라의 목적을 이루고자 하지만, 이는 緣木求魚(연목
구어)나 아니면 산에 올라 진주를 얻는 것에 비유할 수 있습니다. 온
천하가 폐하의 이런 조치를 바라보면서 漢나라를 엿보고 있습니다.
신은 이미 높이 등용된 사람들을 질시하는 것이 아니라, 다만 폐하

의 이러한 조치를 애석해할 뿐입니다. 재목을 못 쓰게 버리고 비단을 망쳐놓는다면 응당 특별히 주의하여야 합니다. 다만 이미 저질러진 황당한 실수를 끊어버리고, 옛날 周 文王의 훌륭한 인재가 많아 융성했던 시절을 생각해야 합니다.」

경시제는 화를 내면서 李淑을 詔獄(조옥)에 가두었다. 이로부터 關中의 민심이 경시제를 떠났고 사방에서 원성과 반역이 일어났다. 여러 장수는 출정하면서 제각각 州의 牧이나 郡 太守를 임명했는데 州와 郡의 명령이 서로 달라 (백성은) 어찌할 바를 몰랐다.

12월에, 赤眉의 무리가 서쪽으로 진출하여 關中에 진입했다.


## 原文

三年正月, 平陵人方望立前孺子劉嬰爲天子. 初, 望見更始政亂, 度其必敗, 謂安陵人弓林等曰, "前定安公嬰, 平帝之嗣, 雖王莽簒奪, 而嘗爲漢主. 今皆云劉氏眞人, 當更受命, 欲共定大功, 何如?" 林等然之, 乃於長安求得嬰, 將至臨涇立之. 聚黨數千人, 望爲丞相, 林爲大司馬. 更始遣李松與討難將軍蘇茂等擊破, 皆斬之. 又使蘇茂拒赤眉於弘農, 茂軍敗, 死者千餘人.


| 註釋 | ○(更始) 三年 – 서기 25년. 光武帝 建武 元年. ○孺子劉嬰 – 平帝가 붕어하고 아들이 없자 왕망은 宣帝의 玄孫 중에서 제일 어린 廣戚侯(광척후)의 2살짜리 아들 劉嬰(유영)을 데려왔는데, 그 이유가 골상이 가

장 좋기 때문이라고 말하였다. 이어 劉嬰을 孺子(유자)로 책립하고 왕망은
攝皇帝(섭황제)가 되어 改元하고 稱制(칭제)하였다. 왕망이 新을 건립한 다
음에는 유영을 定安公이라 호칭했다. ㅇ當更受命 − 응당 다시 천명을 받
는다. ㅇ將至臨涇立之 − 데리고(將) 臨涇縣(임경현)에 도착하여 유영을 옹
립하다. 臨涇은 安定郡의 치소, 今 甘肅省 동부 慶陽市 관할 鎭原縣. ㅇ弘
農 − 司隷 관할 군명. 治所는 弘農縣, 今 河南省 서쪽 三門峽市 관할 靈寶
市.


## [國譯]

(更始) 3년 정월, 平陵縣 사람 方望(방망)은 예전의 孺子(유자) 劉
嬰(유영)을 데려다가 천자로 옹립하였다. 그전에 방망은 更始 정권
의 정치가 문란한 것을 보고 틀림없이 패할 것이라 생각하면서 安陵
縣 사람 弓林(궁림) 등에게 말했다.

"前에 定安公 劉嬰(유영)은 平帝의 후사로 비록 왕망에게 찬탈은
당했지만, 일찍이 漢의 主君이었소. 지금 모두가 劉氏의 眞人이 틀
림없이 다시 천명을 받을 것이라고 말하니, 우리 함께 황제를 옹립
하는 큰 공을 세우는 것이 어떻겠는가?"

궁림 등은 그렇게 생각하고 長安에서 유영을 찾아내 데려다가
(安定郡) 臨涇縣(임경현)에서 황제로 옹립하였다. 무리 1천여 명을
모은 뒤에 방망은 승상이 되었고 궁림은 대사마가 되었다. 경시제는
李松(이송)과 討難將軍 蘇茂(소무) 등을 보내 격파하게 하였는데 그
들을 모두 죽였다. 경시제는 또 蘇茂에게 弘農郡에서 적미군을 막게
하였지만 소무의 군사가 패배하여 죽은 자가 1천여 명이었다.

## 原文

三月, 遣李松會朱鮪與赤眉戰於蓩鄉, 松等大敗, 棄軍走, 死者三萬餘人.

時王匡,張卬守河東, 爲鄧禹所破, 還奔長安. 卬與諸將議曰, "赤眉近在鄭,華陰間, 旦暮且至. 今獨有長安, 見滅不久, 不如勒兵掠城中以自富, 轉攻所在, 東歸南陽, 收宛王等兵. 事若不集, 復入湖池中爲盜耳."

申屠建,廖湛等皆以爲然, 共人說更始. 更始怒不應, 莫敢復言. 及赤眉立劉盆子, 更始使王匡,陳牧,成丹,趙萌屯新豐, 李松軍掫, 以拒之.

| 註釋 | ○蓩鄉(모향) – 弘農郡의 지명. 蓩는 醉魚草(취어초) 모. 毒草. ○鄧禹(등우, 서기 2-58년) – 南陽 新野人. 광무제와 가까웠고, 광무제가 蕭何(소하)처럼 믿을 수 있는 사람이라고 생각했다. 後漢 개국에 크게 기여하였으며 '雲臺二十八將'의 첫째. 등우의 아들이 鄧訓, 등훈의 딸이 和帝의 황후인 鄧綏(등수). 蜀漢의 鄧艾(등애)는 먼 후손. 16권, 〈鄧寇列傳〉에 입전. ○鄭,華陰間 – 京兆尹의 鄭縣과 弘農郡 華陰縣 사이. ○事若不集 – 일이 만약 뜻대로 되지 않으면. 集은 성취하다. ○赤眉立劉盆子 – 劉盆子는 漢의 宗室, 赤眉軍에 의해 천자로 옹립. 서기 25-27년 재위. 연호 建世. ○新豐 – 京兆尹의 縣名. 고조의 고향인 豐沛의 거리를 본떠 새로 조성한 마을. 今 陝西省 西安市 灞橋區(패교구) 舊劉家村 일대. ○李松軍掫 – 軍은 군사가 주둔하다. 掫는 掫城(추성), 鴻門亭이 있던 곳.

[國譯]

3월, (경시제는) 李松을 보내 朱鮪(주유)와 함께 (弘農郡의) 蘱鄕
(모향)이란 곳에서 赤眉軍과 싸우게 하였는데, 이송 등이 대패하면서
군사를 버리고 도주하여 3만여 명이 죽었다.

이 무렵 王匡(왕광)과 張印(장앙)은 河東을 지켰으나 (劉秀의) 鄧禹
(등우)에게 격파되자 도망쳐 장안으로 돌아왔다. 장앙과 여러 장수
는 서로 논의하면서 "적미가 가까운 鄭縣과 華陰縣 사이에 있으니
아침이나 저녁이면 곧 닥칠 것이다. 지금 오직 長安만 남았는데 머
지않아 망할 것이니, 우리가 먼저 군사를 몰아 성 안을 노략질하여
실속을 채운 다음에 방향을 돌려 적미와 싸우거나 동쪽 南陽郡으로
돌아가서 宛王(완왕) 등의 군사를 합치면 된다. 일이 만약 뜻대로 되
지 않으면 다시 호수 늪지에 들어가 도적질을 하면 된다."고 하였
다.

申屠建(신도건)과 廖湛(요담) 등이 모두 옳다고 생각하면서 여러
사람이 함께 경시제에게 말했다. 경시제가 화를 내며 응하지 않자
다시 말하는 자가 없었다.

적미가 劉盆子(유분자)를 옹립하자 경시제는 王匡(왕광), 陳牧(진
목), 成丹(성단), 趙萌(조맹)을 新豐縣(신풍현)에, 李松은 掫城(추성)에
주둔케 하여 적미군을 막게 하였다.


**原文**

張印,廖湛,胡殷,申屠建等與御史大夫隗囂合謀, 欲以立
秋日貙膢時共劫更始, 俱成前計. 侍中劉能卿知其謀, 以告

之. 更始託病不出, 召張卬等. 卬等皆入, 將悉誅之, 唯隗囂
不至. 更始狐疑, 使卬等四人且待於外廬. 卬與湛,殷疑有
變, 遂突出, 獨申屠建在, 更始斬之. 卬與湛,殷遂勒兵掠東
西市. 昏時, 燒門入, 戰於宮中, 更始大敗. 明旦, 將妻子車
騎百餘, 東奔趙萌於新豐.

| 註釋 | ○御史大夫隗囂 – 隗囂(隗囂, 외효, ?-33). 왕망 말기, 今 甘肅省
동부 일대에 웅거. 隗 험할 외. 성씨. 囂 떠드는 소리 효. 외효는 광무제의
명을 받아 西河지역의 그 지역 군사와 행정을 전담했다. 건무 6년에 반역
하였다가 9년에 병사했다. 13권, 〈隗囂公孫述列傳〉에 입전. ○立秋日貙
膢 – 立秋日에 동물에게 지내는 사냥 제사. 貙膢(추루)라는 제사. 왕자는
이날 사냥을 하고 종묘에 제사를 올렸다고 한다. 貙는 짐승 이름 추. 맹수
이름. 膢은 立秋에 지내는 제사 루.

[國譯]

　張卬(장앙), 廖湛(요담), 胡殷(호은), 申屠建(신도건) 등은 어사대부
隗囂(외효)와 같이 모의하여 立秋日에 지내는 貙膢(추루) 제사 때 함
께 경시제를 겁탈하여 모두가 생각했던 이전 계획을 실천하려 했다.
侍中인 劉能卿(유능경)이 그 모의를 알고 경시제에게 알렸다.

　경시제는 병을 핑계로 사냥을 나가지 않고 장앙 등을 소환하였
다. 장앙 등 여러 사람이 입궐하자 모두 죽이려 했으나 외효만이 오
지 않았다. 경시제가 이리저리 의심하면서 장앙 등 4명에게 일단 바
깥채에 기다리라고 말하였다. 장앙과 요담, 호은 등은 변란이 있을
까 의심하면서 마침내 뛰쳐나왔으나 신도건이 홀로 남아 있자 경시

제는 신도건을 죽여버렸다.

　장앙과 요담, 호은 등은 마침내 군사를 동원하여 東市와 西市를 노략질하였다. 이들은 해가 저물 무렵 궁궐 문에 불을 지르며 진입하여 궁중에서 싸웠는데 경시제가 대패하였다. 다음 날 아침 경시제는 처자와 車騎兵 1백여 명을 거느리고 동쪽 新豊縣에 있는 趙萌(조맹)의 군영으로 도주하였다.


■原文

　更始復疑王匡,陳牧,成丹與張卬等同謀, 乃並召入. 牧,丹先至, 卽斬之. 王匡懼, 將兵入長安, 與張卬等合. 李松還從更始, 與趙萌共攻匡,卬於城內. 連戰月餘, 匡等敗走, 更始徙居長信宮. 赤眉至高陵, 匡等迎降之, 遂共連兵而進. 更始守城, 使李松出戰, 敗, 死者二千餘人, 赤眉生得松. 時松弟汎爲城門校尉, 赤眉使使謂之曰, "開城門, 活汝兄." 汎卽開門. 九月, 赤眉入城. 更始單騎走, 從廚城門出, 諸婦女從後連呼曰, "陛下, 當下謝城!" 更始卽下拜, 復上馬去.

| 註釋 |　○高陵 – 현명. 左馮翊의 治所, 今 陝西省 西安市 高陵區. 漢高祖의 陵이 아님. 高祖의 능은 長陵. ○活汝兄 – 汝는 너 여. ○當下謝城 – 말에서 내려 성문에 절을 하십시오.


[國譯]

　경시제는 다시 王匡(왕광), 陳牧(진목), 成丹(성단) 등이 장앙 등과 함께 모의했을 것이라 의심하며 그들을 모두 소환케 했다. 진목과 성단이 먼저 도착하자 바로 죽여버렸다. 왕광은 두려워하며 군사를 거느리고 장안에 들어와 장앙 등과 합세하였다. 李松(이송)은 여전히 경시제를 수행하면서 趙萌과 함께 왕광, 장앙 등을 장안 성내에서 공격하였다. 싸움은 한 달이 넘도록 이어졌는데 왕광 등이 패주하였고 경시제는 다시 장안의 長信宮에 거처하였다.

적미의 군사가 高陵縣까지 들어오자 왕광은 적미를 맞이하여 투항한 뒤에 군사를 합쳐 함께 진격하였다. 경시제가 장안성을 수비하며 이송을 출전케 하였는데 이송이 패하며 전사자가 2천여 명이나 되었고 적미는 이송을 생포하였다. 그때 이송의 동생 李汎(이범)이 城門校尉였는데 적미군에서 사자를 보내 이범에게 말했다. "성문을 열고 네 형을 살려라!"

이범은 즉시 성문을 열었다.

9월, 赤眉軍이 장안에 입성했다. 경시제가 홀로 말을 타고 달려 廚城門(주성문)을 나서자 경시제를 따라가려던 여러 부녀자들이 뒤에서 연이어 소리쳤다.

"폐하! 말에서 내려 성문에 절을 해야 합니다!"

경시제는 바로 말에서 내려 절을 하고 다시 말에 올라 도주하였다.

▌原文

初, 侍中劉恭以赤眉立其弟盆子, 自繫詔獄, 聞更始敗, 乃出, 步從至高陵, 止傳舍. 右輔都尉嚴本恐失更始爲赤眉所

誅, 將兵在外, 號爲屯衛而實囚之. 赤眉下書曰, "聖公降者,
封長沙王. 過二十日, 勿受." 更始遣劉恭請降, 赤眉使其將
謝祿往受之.

　十月, 更始遂隨祿肉袒詣長樂宮, 上璽綬於盆子. 赤眉坐
更始, 置庭中, 將殺之. 劉恭, 謝祿爲請, 不能得, 遂引更始
出. 劉恭追呼曰, "臣誠力極, 請得先死." 拔劍欲自刎, 赤眉
帥樊崇等遽共救止之, 乃赦更始, 封爲畏威侯. 劉恭復爲固
請, 竟得封長沙王. 更始常依謝祿居, 劉恭亦擁護之.

| 註釋 | ○侍中 - 侍中은 황제의 최측근 近侍官. 顧問應對 담당. 무 정
원, 후한에서는 질록 比二千石의 實職. 그 우두머리가 侍中祭酒(시중제주,
비상설직, 전한에서는 侍中僕射). 어가 출행할 때 박식한 시중 1인이 參乘, 나
머지는 후미에 수행. 中常侍(千石, 宦者, 比이천석으로 증액), 黃門侍郞(六
百石, 환관이 아님), 小黃門(六百石, 宦者)을 거느림. ○肉袒 - 웃통을 벗
다. 웃통을 벗어 복종, 항복, 請罪의 뜻을 표시함. 袒은 웃통 벗을 단. ○自
刎 - 스스로 목을 베다. 刎은 목 벨 문. ○遽共救止之 - 遽는 갑자기 거.


**[國譯]**

　그전에 侍中인 劉恭(유공)은 적미 무리가 그 동생 劉盆子를 옹립
하자 스스로 詔獄(조옥)에 들어가 갇혀 있었는데 경시제가 패망했다
는 말을 듣고 옥에서 나와 걸어서 高陵縣까지 가서 傳舍(전사)에 머
물고 있었다. 右輔都尉인 嚴本(엄본)은 혹시 잘못되어 경시제가 적
미군에게 살해당할까 걱정이 되어 군사를 거느리고 밖에 주둔하고
있었는데, 명분이야 지킨다고 하였지만 사실은 가둬두고 있었다. 이

에 적미가 엄본에게 서신을 보내 말했다.

"聖公이 투항한다면 長沙王에 봉할 것이다. 그러나 20일이 지난다면 투항을 받아들이지 말라."

경시제는 劉恭(유공)을 보내 투항을 요청하였고 적미군에서는 그 장수 謝祿(사록)을 보내 가서 경시제를 데려오게 하였다.

10월, 경시제는 사록을 따라 웃통을 벗고 長樂宮에 가서 국새와 인수를 劉盆子에게 헌상하였다. 적미군은 경시제를 뜰에 꿇어 앉혀 두었다가 살해하려 했다. 유공과 사록은 경시제를 위해 간청하였지만 받아들여지지 않았고 결국 경시제를 끌고 나갔다.

그러자 유공은 뒤를 따라가며 큰소리로 외쳤다.

"臣은 성의를 다했으니 먼저 죽겠습니다."

유공이 칼을 뽑아 제 목을 찌르려 하자 적미의 장수인 樊崇(번숭) 등이 재빨리 달려들어 막아 살렸으며, 결국 경시제를 사면하고 畏威侯(외위후)에 봉했다. 유공이 다시 간청하여 결국 長沙王에 봉해졌다. 경시제는 늘 사록에게 의지했고, 유공 역시 경시제를 지켜주었다.

## 原文

三輔苦赤眉暴虐, 皆憐更始, 而張卬等以爲慮, 謂祿曰, "今諸營長多欲篡聖公者. 一旦失之, 合兵攻公, 自滅之道也." 於是祿使從兵與更始共牧馬於郊下, 因令縊殺之. 劉恭夜往收藏其屍. 光武聞而傷焉. 詔大司徒鄧禹葬之於霸陵.

有三子, 求,歆,鯉. 明年夏, 求兄弟與母東詣洛陽, 帝封求爲襄邑侯, 奉更始祀. 歆爲穀孰侯, 鯉爲壽光侯. 求後徙封成陽侯. 求卒, 子巡嗣, 復徙封澤侯. 巡卒, 子姚嗣.

| 註釋 | ○三輔 – 三輔는 前漢 長安과 그 주변의 행정관이면서 그의 관할 지역. 京兆尹(長安과 藍田縣 등 今 西安市 동남 지역), 右扶風(우부풍, 長安의 서쪽), 左馮翊(좌풍익, 장안성의 북쪽)을 지칭. 후한의 수도 낙양 지역의 행정책임자는 河南尹이었다. 三輔와 三河, 弘農郡은 司隷校尉部 관할이었다. 前漢 초 秦의 故地인 關中을 三秦이라 통칭하였다. 項羽는 漢王 劉邦의 關中 진출을 봉쇄하려고 雍王(옹왕)인 章邯(장한), 塞王(새왕)인 司馬欣(사마흔), 翟王(적왕)인 董翳(동예)을 봉했는데, 이를 三秦이라 하였다. 三秦은 지금 陝西省의 별칭으로도 쓰인다. ○縊殺 – 목을 졸라 죽이다. 縊은 목맬 의(액). ○霸陵(패릉) – 文帝의 능. 霸水 근처 산을 이용하여 능원을 조성했고 薄葬(박장)했다. 패릉은 당시 장안성 未央宮에서 동남으로 57km에 위치. 今 西安市 동쪽 白鹿原 부근. 宣帝의 능인 杜陵(두릉)과 함께 渭水 남쪽에 위치. 漢代의 다른 능은 위수 북쪽에 있다.

[國譯]

三輔(삼보)의 백성들은 赤眉軍의 暴虐(포학)에 고통받으며 모두가 경시제를 가엾게 생각하였는데 張卬(장앙) 등은 이를 두려워하여 謝祿(사록)에게 "지금 여러 군영의 우두머리들은 聖公(更始)을 죽이려는 자가 많이 있소. 어느 날 잘못되면 군사를 모아 당신을 공격할 것이고 이는 자멸의 길이요."라고 말했다.

이에 사록은 부하 병졸을 시켜 경시와 함께 교외에 나가 말을 돌보게 하면서 경시를 목매어 죽이라고 시켰다. 劉恭(유공)은 밤에 그 시신을 수습해 묻어주었다. (뒷날) 光武帝는 소식을 듣고 마음 아파했다. 大司徒 鄧禹(등우)를 시켜 霸陵(패릉)에 陪葬(배장)케 하였다.

(경시제에게) 三子인 求, 歆(흠), 鯉(리)가 있었다. 다음 해 여름, 劉求(유구) 형제는 모친과 함께 동쪽 낙양에 왔는데 광무제는 유구를 襄邑侯(양읍후)로 봉해 更始의 제사를 지내게 하였다. 劉歆(유흠)은 穀孰侯(곡숙후), 劉鯉(유리)는 壽光侯가 되었다. 유구는 成陽侯로 옮겨 봉해졌다. 유구가 죽자 아들 劉巡(유순)이 계승했고 다시 澤侯(택후)에 옮겨 봉해졌는데, 유순이 죽자 劉姚(유요)가 계승하였다.


■原文

論曰, 周武王觀兵孟津, 退而還師, 以爲紂未可伐, 斯時有未至者也. 漢起, 驅輕黠烏合之衆, 不當天下萬分之一, 而旌旆之所撝及, 書文之所通被, 莫不折戈頓顙, 爭受職命. 非唯漢人餘思, 固亦幾運之會也. 夫爲權首, 鮮或不及. 陳, 項且猶未興, 況庸庸者乎!


| 註釋 | ○周武王觀兵孟津 – 周 武王이 殷의 紂王(주왕)을 치려할 때 사전 약속이 없었는데도 孟津(洛陽 근처 黃河의 나루)에 모인 제후가 8백여 명이라고 했다. ○漢起 – 前漢 高祖의 흥기. ○驅輕黠烏合之衆 – 驅는 내몰다. 輕黠(경힐)은 날래고 교활하다. 輕은 輕銳(경예), 輕悍(경한). 黠은 약을 힐(힐은 俗音, 本音 할). 傑黠(걸힐), 黠獪(힐회). ○旌旆之所撝及 – 旌旆(정

전)은 깃발. 旌 깃발 정. 旆 깃발 전. 깃대가 구부정한 깃발. 撝及은 휘날리다. 撝는 휘두를 휘. 麾(대장기 휘)와 同. 찢을 휘. ㅇ書文之所通被 — 書文은 문서, 공문서. 通被(통피)는 문서가 전달되다. 공문서가 시행되다. ㅇ莫不折戈頓顙 — 折戈는 창이 부러지다. 頓顙(돈상)은 이마를 땅에 대다. 頓首(돈수). 頓은 꺾일 돈. 頓死의 뜻으로 해석. ㅇ夫爲權首 — 주모자가 된 자는. 權首(권수)는 주모자. 발기인. ㅇ鮮或不及 — 禍를 아니 당한 자가 드물다. '無爲權首, 將受其咎'란 말이 있다. ㅇ陳,項且猶未興, — 陳勝과 項羽. 陳勝(陳涉)은 秦의 폭정에 최초로 항거했다. 項羽는 천하를 처음으로 制覇한 覇者였다. 未興은 완전한 건국이 되지 못했다는 뜻. ㅇ況庸庸者乎 — 庸庸(용용)은 아주 평범한. 庸庸碌碌(용용녹록). 경시제 같은 사람.

## [國譯]

范曄(범엽)의 史論 : 周 武王은 孟津(맹진)에서 제후 군사를 열병하고서도 군사를 되돌리며, 紂王(주왕)을 정벌할 수 없다고 생각하였는데, 이는 아직 때가 되지 않았기 때문이었다. 漢이 건국될 때, 날쌔고 영악한 오합지중이 몰려다녔는데, 이들은 천하 백성의 만분의 일도 되지 않았으나 깃발이 휘날리는 곳에서 또 공문서가 전달되는 어디서든 창이 부러지고 머리가 떨어져 나가더라도 職銜(직함)을 받으려 다투지 않는 자가 없었다. 이는 漢人이 옛일을 몰라서가 아니라 정말로 때가 왔기 때문이었다. 그러나 처음 주모자는 화를 당하지 않은 자가 드물었다. 陳勝과 項羽(항우)조차도 제대로 흥기하지 못했는데 하물며 庸人(용인, 凡人)이야 말할 것도 없을 것이다!

## ❷ 劉盆子

劉盆子者, 太山式人, 城陽景王章之後也. 祖父憲, 元帝時封爲式侯, 父萌嗣. 王莽簒位, 國除, 因爲式人焉.

天鳳元年, 琅邪海曲有呂母者, 子爲縣吏, 犯小罪, 宰論殺之. 呂母怨宰, 密聚客, 規以報仇. 母家素豐, 資産數百萬, 乃益釀醇酒, 買刀劍衣服. 少年來酤者, 皆賒與之, 視其乏者, 輒假衣裳, 不問多少. 數年, 財用稍盡, 少年欲相與償之. 呂母垂泣曰, “所以厚諸君者, 非欲求利, 徒以縣宰不道, 枉殺吾子, 欲爲報怨耳. 諸君寧肯哀之乎!”

少年壯其意, 又素受恩, 皆許諾. 其中勇士自號猛虎, 遂相聚得數十百人, 因與呂母入海中, 招合亡命, 衆至數千. 呂母自稱將軍, 引兵還攻破海曲, 執縣宰. 諸吏叩頭爲宰請. 母曰, “吾子犯小罪, 不當死, 而爲宰所殺. 殺人當死, 又何請乎?” 遂斬之, 以其首祭子冢, 復還海中.

| 註釋 | ○劉盆子 - 漢의 宗室, 赤眉軍에 의해 천자로 옹립. 서기 25-27년 재위. 연호 建世. ○太山式人 - 太山은 泰山郡, 兗州 관할, 治所는 奉高縣. 今 山東省 중앙부 泰安市 岱嶽區. 式은 縣名. 後漢에서는 廢縣. 今 山東省 泰安市 남쪽에 해당. ○城陽景王章 - 劉章(前 200-176), 漢 高祖의 손자, 齊 悼惠王 劉肥의 아들. 呂后 死後에 呂氏 세력 제거에 큰 공. ○天鳳元年 - 왕망의 연호, 서기 14-19년. ○琅邪海曲有呂母者 - 琅邪는 郡

名. 治所는 開陽縣, 今 山東省 남부의 臨沂市. 海曲은 현명. 今 山東省 남부
해안의 日照市. 呂母는 呂氏 아줌마의 뜻.《漢書 王莽傳 下》에도 간략한
기록이 있다.　○皆賒與之 - 賒는 세낼 사. 외상.　○徒以縣宰不道 - 徒는
다만. 무리 도. 걷다. 징역, 종, 일꾼, 죄수, 맨손. 縣宰는 縣令이나 縣長.

## [國譯]

　劉盆子(유분자)란 사람은 太山郡(태산군) 式縣(식현) 사람으로, 城
陽 景王 劉章(유장)의 후손이다. 조부는 劉憲으로 元帝 때 式侯에 봉
해졌고 부친 劉萌(유맹)이 계승했다. 王莽(왕망)이 찬위하면서 나라
를 없앴기에 式縣 사람이 되었다.

　天鳳 원년(서기 14년), 琅邪郡(낭야군) 海曲縣에 呂母라 불리는 여
인이 있었고, 그 아들이 縣吏로 작은 죄를 지었는데 현령 판결로 처
형되었다. 呂母는 현령에 원한을 품고 몰래 자객을 모으며 틈을 보
아 원수를 갚으려 했다. 여모는 집안이 평소 부유하여 자산이 수백
만 전이었는데 좋은 술을 많이 담그고 칼이나 의복을 사들였다. 술
을 마시러 오는 젊은이에게는 모두 외상으로 술을 주었고, 가난한 자
를 볼 때마다 의복을 주었는데 다소를 따지지 않았다. 몇 년 사이로
재산이 바닥나려 하자 젊은이들이 서로 외상을 갚으려 하였다. 그러
자 여모가 눈물을 흘리며 "내가 여러분을 후히 대한 것은 이득을 얻
으려는 뜻이 아니었으니, 다만 현령이 잘못된 판결을 내려 내 아들
을 억울하게 죽였기에 원수를 갚으려는 뜻이었소." 라고 말했다.

　젊은이들은 그 뜻을 장하다 생각했고 또 평소의 은혜를 받았기에
모두 승낙하였다. 그중에서도 용감한 자들은 猛虎(맹호)를 자칭하며
서로 수십 내지 백여 명 무리를 모아 呂母와 함께 바다 섬으로 들어
갔고 도망자들을 불러 모으니 무리가 수천여 명이나 되었다. 呂母는

장군이라 자칭하며 무리를 이끌고 나와 海曲縣을 격파하고 현령을 사로잡았다. 여러 관리들이 고개 숙여 현령을 위해 간청하였다. 그러나 呂母가 말했다.

"내 아들이 작은 잘못을 했지만 죽을죄는 아니었는데 현령이 죽였다. 사람을 죽였으면 마땅히 죽어야 하거늘 왜 살려 달라 하는가?"

그리고는 현령을 죽여 그 수급으로 아들 무덤에 제사한 뒤에 다시 섬으로 돌아갔다.

## 原文

後數歲, 琅邪人樊崇起兵於莒, 衆百餘人, 轉入太山, 自號三老. 時靑,徐大饑, 寇賊蜂起, 衆盜以崇勇猛, 皆附之, 一歲間至萬餘人. 崇同郡人逢安, 東海人徐宣,謝祿,楊音, 各起兵, 合數萬人, 復引從崇. 共還攻莒, 不能下, 轉掠至姑幕, 因擊王莽探湯侯田況, 大破之, 殺萬餘人, 遂北入靑州, 所過虜掠. 還至太山, 留屯南城.

初, 崇等以困窮爲寇, 無攻城徇地之計. 衆旣浸盛, 乃相與爲約, 殺人者死, 傷人者償創. 以言辭爲約束, 無文書,旌旗,部曲,號令. 其中最尊者號三老, 次從事, 次卒史, 泛相稱曰巨人.

王莽遣平均公廉丹,太師王匡擊之. 崇等欲戰, 恐其衆與莽兵亂, 乃皆朱其眉以相識別, 由是號曰赤眉. 赤眉遂大破丹,匡軍, 殺萬餘人, 追至無鹽, 廉丹戰死, 王匡走. 崇又引其兵十餘萬, 復還圍莒, 數月. 或說崇曰, "莒, 父母之國, 奈何攻之?"乃解去.

　時呂母病死, 其衆分入赤眉,青犢,銅馬中. 赤眉遂寇東海,
與王莽沂平大尹戰, 敗, 死者數千人, 乃引去, 掠楚,沛,汝南,
潁川, 還入陳留, 攻拔魯城, 轉至濮陽.

| 註釋 |　○樊崇起兵於莒 – 樊崇(번숭)은 적미군 지도자의 한 사람. 字는
細君. 莒(거)는 春秋시대 나라 이름. 도성은 今 山東省 日照市 관할 莒縣.
'無忘在莒' 고사의 고향, '無忘在莒'는 '勿忘前事', '收復國土'의 뜻으로 쓰
인다.　○轉入太山 – 太山은 泰山.《後漢書》저자 范曄(범엽)은 자신의 부
친 이름 '范泰(범태)'를 피휘하여 泰山을 모두 '太山'으로 기록하였다. 사
람 이름에 들어간 '泰'도 모두 '太'로 표기했다. 이하 모든 기록에 同.　○逢
安 – 인명. 逢은 막을 방. 성씨.　○東海 – 徐州 관할 군명. 治所는 郯縣(담
현), 今 山東省 남부 臨沂市(임기시) 관할 郯城縣(담성현).　○姑幕 – 琅邪國
(낭야국)의 현명. 今 山東省 濰坊市 관할 諸城市.　○南城 – 泰山郡 南城縣,
今 山東省 남부 臨沂市 관할 平邑縣.　○傷人者償創 – 남을 다치게 한 자는
상처만큼 보상한다.　○赤眉 – 22년에 봉기하여 서기 27년에 광무제의 馮
異(풍이)에 패한 뒤 樊崇이 투항하며 사실상 활동이 끝난다.　○無鹽 – 현
명. 兗州刺史部 관할 東平國의 治所, 今 山東省 중앙부 泰安市 관할 東平
縣.　○靑犢,銅馬 – 모두 농민 봉기군의 이름.　○沂平大尹 – 沂平(기평)은
왕망이 東海郡을 바꾼 명칭. 大尹은 왕망이 太守를 개칭한 官名.　○陳留
– 兗州(연주) 관할 군명. 治所는 陳留縣, 今 河南省 동부의 開封市.　○濮陽
– 兗州 東郡의 현명. 今 河南省 동북단 濮陽市(복양시).

[國譯]
　그 몇 년 뒤, 琅邪(낭야) 사람 樊崇(번숭)이 莒縣에서 기병하고서

무리 1백여 명을 데리고 太山郡(태산군)에 들어가 스스로를 三老라 칭했다. 그 무렵 靑州와 徐州 일대에 큰 흉년이 들어 도적이 각지에서 蜂起(봉기)하였는데, 많은 도적들은 번숭이 용감하다며 모여들어 일 년에 1만여 명이나 되었다. 번숭과 같은 郡 출신인 逢安(방안), 東海郡 사람 徐宣(서선), 謝祿(사록), 楊音(양음)도 각자 거병하여 모두 수만 명이 그 무리와 함께 번숭을 따랐다.

이들 모두가 莒縣(거현)을 공략하였으나 차지하지 못하자 방향을 돌려 노략질하면서 姑幕縣(고막현)에 이르러 왕망의 探湯侯 田況(전황)을 공격하여 대파하면서 1만여 명을 죽인 뒤에, 마침내 북쪽으로 靑州刺史部 지역으로 진출하면서 가는 곳마다 노략질을 했다. 다시 돌아와 泰山郡 南城縣에 머물고 있었다.

그전에 번숭 등은 가난했기에 노략질을 하였지 성을 공격하거나 땅을 차지할 계획은 없었다. 그러나 무리가 커지면서 서로 약속하기를, 사람을 죽게 한 자는 죽이고, 남을 다치게 한 자는 상처를 보상한다고 약속하였다. 이는 말로 한 약속이었고, 그들은 문서나 旌旗(정기), 部曲(부곡, 부대 편제)이나 지휘명령도 없었다. 그 무리 중 가장 높은 자는 三老였으며, 다음은 從事, 그 다음은 卒史였으며, 상대를 부를 때는 모두가 巨人(거인)이라 하였다.

왕망의 平均公인 廉丹(염단)과 太師 王匡(왕광)이 이들을 공격하였다. 번숭 등은 싸우기 전에 자신의 무리와 왕망의 군사를 혼동할 것을 걱정하여 모두 그 눈썹을 붉게 칠하여 서로 식별하게 했는데, 이 때문에 赤眉(적미)라고 불렀다. 적미군은 마침내 염단과 왕광의 군사를 대파하고 1만여 명을 죽인 뒤 관군을 無鹽縣(무염현)까지 추격하였는데, 염단은 전사하였고 왕광은 패주하였다. 번숭은 그 무리

10여만 명을 이끌고 다시 돌아와 거현을 몇 달 동안 포위하였다.

　어떤 사람이 번숭에게 "莒(거)는 우리 부모들 나라였는데 왜 공격합니까?" 라고 말하자, 번숭은 포위를 풀었다.

　이 무렵에 呂母는 병사하였는데, 그 무리들은 赤眉, 靑犢(청독), 銅馬(동마)의 무리 속으로 분산되었다. 적미군은 東海郡을 노략질한 뒤에 왕망의 沂平(기평) 大尹과 싸웠지만 패전하여 수천 명이 죽자 각자 흩어져 楚國, 沛國, 汝南郡, 潁川郡(영천군)들을 노략질한 뒤에 陳留郡으로 되돌아갔다가, 다시 魯城을 공격 점령한 뒤에 방향을 돌려 東郡 濮陽縣(복양현)에 이르렀다.

<br>

■原文

　會更始都洛陽, 遣使降崇. 崇等聞漢室復興, 即留其兵, 自將渠帥二十餘人, 隨使者至洛陽降更始, 皆封爲列侯. 崇等旣未有國邑, 而留衆稍有離叛, 乃遂亡歸其營, 將兵入潁川, 分其衆爲二部, 崇與逢安爲一部, 徐宣, 謝祿, 楊音爲一部. 崇, 安攻拔長社, 南擊宛, 斬縣令. 而宣, 祿等亦拔陽翟, 引之梁, 擊殺河南太守.

　赤眉衆雖數戰勝, 而疲敝厭兵, 皆日夜愁泣, 思欲東歸. 崇等計議, 慮衆東向必散, 不如西攻長安. 更始二年冬, 崇, 安自武關, 宣等從陸渾關, 兩道俱入.

　三年正月, 俱至弘農, 與更始諸將連戰克勝, 衆遂大集. 乃分萬人爲一營, 凡三十營, 營置三老, 從事各一人. 進至華陰.

| 註釋 |  ○渠帥 – 무리의 우두머리, 渠首. 渠는 도랑 거, 우두머리 거.
○長社 – 潁川郡의 현명. 今 河南省 중부 許昌市 관할 長葛市.  ○陽翟(양
책) – 潁川郡(영천군)의 치소, 현명. 今 河南省 중부 許昌市 관할 禹州市. 翟
은 꿩 적. 고을이름 책.  ○疲敝厭兵(피폐염병) – 완전히 지치고 싸움에 질
리다.  ○更始二年 – 서기 24년.  ○武關 – 관중에 들어갈 수 있는 남쪽 관
문. 당시 京兆尹 商縣. 今 陝西省 남동부 商洛市 丹鳳縣 소재.  ○陸渾關 –
弘農郡 陸渾縣(육혼현)의 관문.  ○華陰 – 弘農郡 華陰縣. 西嶽인 華山의 북
쪽, 今 陝西省 동부, 渭河 하류, 渭南市 관할 華陰市.

[國譯]

마침 更始帝는 洛陽에 도읍하고 사자를 보내 번숭을 투항케 하였
다. 번숭 등은 漢室이 부흥했다는 말을 듣고 군사는 그대로 둔 채 중
간 우두머리 20여 명을 직접 거느리고 낙양에 가서 경시제에게 귀
부하였고 모두 열후가 되었다. 그러나 번숭 등은 아무런 國邑(근거
지)이 없어 남겨진 무리들이 각 근거지로 도망치자, 번숭은 군사를
거느리고 潁川郡(영천군)에 들어가 그 무리를 둘로 나누어 번숭과 逢
安(방안)이 1部를 거느리고, 다른 무리는 徐宣(서선), 謝祿(사록), 楊音
(양음) 등이 거느렸다. 번숭과 방안은 (영천군의) 長社縣을 공략한
뒤에 남쪽으로 나가 宛縣을 공략하고 현령을 죽였다. 서선과 사록
등도 (영천군의 치소) 陽翟縣(양책현)을 공략한 뒤 군사를 이끌고 梁
國으로 진출하여 河南太守를 공격 살해하였다.
　　赤眉 무리가 비록 여러 번 전투에서 이겼지만 이미 지쳤고 전투

에 질려 모든 병졸이 밤낮으로 걱정 속에 눈물을 흘리며 동쪽으로 돌아가고자 하였다. 번숭 등이 계책을 논의하였는데 동쪽으로 가면 틀림없이 흩어질 것이니 서쪽으로 장안을 공격하는 것이 좋겠다고 하였다.

更始 2년 겨울에, 번숭과 방안은 武關을 지나서, 그리고 서선 등은 (弘農郡의) 陸渾關(육혼관)을 지나 두 갈래로 함께 진격하였다.

3년 정월, 모든 적미들이 弘農郡에 모이면서 경시제의 여러 장수와 연전연승하면서 무리는 큰 집단이 되었다. 이에 1萬 명을 1營으로 나누어 모두 30개 군영을 설치하였는데 각 군영에는 三老와 從事 각 1명씩을 두었다. 적미는 진격하여 華陰縣에 들어갔다.


## 原文

軍中常有齊巫鼓舞祠城陽景王, 以求福助. 巫狂言景王大怒, 曰, "當爲縣官, 何故爲賊?" 有笑巫者輒病, 軍中驚動. 時方望弟陽怨更始殺其兄, 乃逆說崇等曰, "更始荒亂, 政令不行, 故使將軍得至於此. 今將軍擁百萬之衆, 西向帝城, 而無稱號, 名爲群賊, 不可以久. 不如立宗室, 挾義誅伐. 以此號令, 誰敢不服?"

崇等以爲然, 而巫言益盛, 前及鄭, 乃相與議曰, "今迫近長安, 而鬼神如此, 當求劉氏共尊立之."

六月, 遂立盆子爲帝, 自號建世元年.

| 註釋 | ○齊巫 – 전국시대 齊나라 영역인 지금 山東省 일대를 齊라 통
칭하였다. 齊는 본래 바닷가였기에 무당과 方士가 많았다. ○城陽景王 –
城陽 景王 劉章은 본래 勇力이 있었고 呂氏를 제거하여 사직을 안정시켰
기에 경왕을 모시는 祠廟가 여러 군국에 있었다. ○當爲縣官 – 縣官은 天
子. ○方望弟陽 – (更始) 3년 정월, 平陵縣 사람 方望(방망)은 前漢의 孺子
(유자) 劉嬰(유영)을 데려다가 天子로 옹립했었다.

**[國譯]**

(赤眉) 軍中에는 늘 齊의 巫女(무녀)가 북치고 춤추면서 城陽 景王
(劉章)을 제사하고 복과 안전을 빌어주었다. 무녀는 미친 듯이 景王
이 대노하여 "응당 천자가 되어야 하거늘 어찌 도적이 되었는가?" 라
고 했다고 말하였다. 무녀를 비웃던 자가 곧 병에 걸리자 군사들이
크게 놀라기도 하였다. 그때 方望(방망)의 동생인 方陽(방양)은 경시
제가 그의 형(方望)을 죽인 것에 원한을 갖고 번숭을 찾아가 말했다.

"경시제가 황음무도하고 政令이 먹혀들지 않아 사자를 보내 장군
을 이리로 모셔오게 하였습니다. 지금 장군은 백만 대군을 거느리고
서쪽 長安城으로 진격하고 있지만 아무런 칭호가 없는 그저 도적 무
리이기에 오래갈 수 없습니다. 지금은 종실을 옹립하여 대의를 주창
하며 정벌해야 합니다. 그렇게 호령한다면 누가 감히 불복하겠습니
까?"

번숭 등은 옳다고 생각하였고 무녀의 말은 더욱 많아졌는데 赤眉
軍이 鄭縣에 도착하여 함께 상의하기를 "이제 長安에 아주 가까워
졌고 귀신의 말 또한 그러하니 응당 劉氏를 찾아 함께 받들어 모셔
야 할 것이다."

6월에, 드디어 劉盆子(유분자)를 황제로 옹립하고 연호를 建世 원년으로 정했다.


## 原文

初, 赤眉過式, 掠盆子及二兄恭, 茂, 皆在軍中. 恭少習《尙書》, 略通大義. 及隨崇等降更始, 卽封爲式侯. 以明經數言事, 拜侍中, 從更始在長安. 盆子與茂留軍中, 屬右校卒史劉俠卿, 主芻牧牛, 號曰牛吏. 及崇等欲立帝, 求軍中景王後者, 得七十餘人, 唯盆子與茂及前西安侯劉孝最爲近屬. 崇等議曰, "聞古天子將兵稱上將軍." 乃書箚爲符曰'上將軍', 又以兩空箚置笥中, 遂於鄭北設壇場, 祠城陽景王. 諸三老, 從事皆大會陛下, 列盆子等三人居中立, 以年次探箚. 盆子最幼, 後探得符, 諸將乃皆稱臣拜. 盆子時年十五, 被髮徒跣, 敝衣赭汗, 見衆拜, 恐畏欲啼. 茂謂曰, "善藏符." 盆子卽嚙折棄之, 復還依俠卿. 俠卿爲制絳單衣, 半頭赤幘, 直綦履, 乘軒車大馬, 赤屛泥, 絳襜絡, 而猶從牧兒遨.

| 註釋 | ○主芻牧牛 - 芻는 꼴 추. 건초. ○書箚爲符 - 書箚는 書牒. 箚는 글자를 쓰는 대쪽. 札(패 찰)과 같음. 箚記는 메모 쪽. 箚는 찌를 차. ○兩空箚置笥中 - 空箚는 글자를 쓰지 않은 대쪽. 笥는 상자 사. ○被髮徒跣 - 被髮은 머리를 풀어헤치다. 披髮(피발). 일부러 산발한 것이 아니라 머리도 빗지 않았다는 뜻. 徒跣(도선)은 맨발. 신발도 없었다. ○敝衣赭汗 - 敝

衣는 해진 옷. 赭는 얼굴이 붉어지다. 붉은 흙 자. 汗은 땀을 흘리다. ○嚙
折棄之 - 깨물어 갈라서 버리다. '上將軍'이라 쓴 대쪽을 이빨로 꺾어서
버리다. 嚙는 깨물 교. 折는 꺾을 절. 棄는 버릴 기. ○半頭赤幘 - 모자 윗
부분이 뚫린 붉은 건. 幘 건 책. ○直縢履 - 직선 무늬가 있는 신발. 縢는
신발의 무늬(履文). ○赤屛泥 - 屛은 막을 병. 泥는 진흙 니. 붉은색의 障
泥(장니), 진흙이 수레로 튀는 것을 막는 붉은 천. ○絳襜絡 - 絳은 진홍색
강. 襜絡(첨락)은 수레 천정에서 사방을 두른 가림막과 같은 천. ○猶從牧
兒遨 - 牧兒는 소를 먹이는 아이들. 遨는 놀이를 하다. 놀 오.

## [國譯]

그전에 적미군이 式縣을 지나가면서 劉盆子(유분자)와 형인 劉恭
(유공)과 劉茂(유무)도 함께 잡아갔는데 모두 軍中에 있었다. 유공은
어려서 《尙書》를 배워 대략 그 뜻을 알고 있었는데 번숭을 따라 경
시제에게 항복할 때 그 자리에서 式侯에 봉해졌다. 유공은 《尙書》의
내용을 가지고 정사를 언급하여 侍中(시중)에 임명되어 경시제를 따
라 장안에 머물고 있었다.

유분자와 유무는 무리 속에 있으면서 右校卒史인 劉俠卿(유협경)
의 부하로 소 먹이 공급을 담당했기에 牛吏라고 불렀다. 번숭이 황
제를 옹립하려 할 때, 軍中에서 景王의 후손 70여 명을 찾아내었는
데 유분자와 유무, 그리고 西安侯인 劉孝(유효)가 가장 가까운 친속
이었다. 이에 번숭 등이 의논하면서 말했다. "우리가 알기로는, 옛
날 天子는 군사를 지휘할 때 上將軍이라고 불렸다."

그리고 대쪽을 신표로 하여 '上將軍'이라고 써서 글자를 쓰지 않
은 다른 두 개의 대쪽과 함께 상자 속에 넣고서 鄭縣의 북쪽에 제단

을 마련하고 城陽 景王에 제사를 지냈다. 모든 三老와 從事가 전부 계단 아래 모였고 유분자 등 3인이 줄 지어 가운데 섰다가 나이순으로 상자에서 대쪽을 하나씩 꺼냈다. 유분자는 나이가 가장 어려 맨 나중에 상장군이라 쓴 대쪽을 뽑았다.

이에 여러 장수들이 신하를 칭하면서 절을 올렸다. 유분자는 그때 15살이었는데 흐트러진 머리에 맨발로 헤진 옷을 입은 채 얼굴이 빨개져 땀을 흘리면서 여러 사람이 절을 하는 것을 보고 겁이 나서 울려고 하였다. 그러자 유무가 "그 대쪽을 잘 간직하라"고 말했다.

유분자는 그 대쪽을 이빨로 꺾어 버리고 다시 劉俠卿(유협경)에게 가서 의지했다. 유협경은 붉은 상의와 정수리 부분이 뚫린 붉은 건과 직선 무늬 신발을 만들어 주었고, 유분자는 큰 수레나 큰 말을 탔는데, 진흙이 튀는 것을 막는 붉은 障泥(장니)에 붉은 가림막을 두른 수레를 타고 다니면서도 여전히 소를 기르는 아이들과 함께 놀았다.


## 原文

崇雖起勇力而爲衆所宗, 然不知書數. 徐宣故縣獄吏, 能通《易經》. 遂共推宣爲丞相, 崇御史大夫, 逢安左大司馬, 謝祿右大司馬, 自楊音以下皆爲列卿.

軍及高陵, 與更始叛將張卬等連和, 遂攻東都門, 入長安城, 更始來降.

| 註釋 | ㅇ爲衆所宗 – 무리의 우두머리가 되다. 宗은 마루 종. 우두머리. ㅇ書數 – 글과 셈하기. ㅇ東都門 – 長安城 성문 이름.

[國譯]

번숭이 비록 勇力으로 출세하여 무리의 우두머리가 되었지만 글과 셈할 줄도 몰랐다. 徐宣(서선)은 예전에 縣의 獄吏(옥리)였으며 《易經》에 능통했다. 마침내 여럿이 함께 서선을 승상으로 추대하였고, 번숭은 어사대부, 방안은 左大司馬, 사록은 右大司馬가 되었고 楊音(양음) 이하 모두가 卿이 되었다.

赤眉軍은 高陵縣에 들어와 경시제의 叛將 張卬(장앙) 등과 강화하고서 東都門을 공격하고 장안성에 진입했으며 경시제는 적미군에게 투항하였다.

||原文

盆子居長東宮, 諸將日會論功, 爭言讙呼, 拔劍擊柱, 不能相一. 三輔郡縣營長遣使貢獻, 兵士輒剽奪之. 又數虜暴吏民, 百姓保壁, 由是皆復固守. 至臘日, 崇等乃設樂大會, 盆子坐正殿, 中黃門持兵在後, 公卿皆列坐殿上. 酒未行, 其中一人也刀筆書謁欲賀, 其餘不知書者請起之, 各各屯聚, 更相背向. 大司農楊音按劍罵曰, "諸卿皆老傭也! 今日設君臣之禮, 反更殽亂, 兒戲尙不如此, 皆可格殺!" 更相辭鬪, 而兵衆遂各逾宮斬關, 入掠酒肉, 互相殺傷. 衛尉諸葛稚聞

之, 勒兵入, 格殺百餘人, 乃定. <u>盆子</u>惶恐, 日夜啼泣, 獨與
中黃門共臥起, 唯得上觀閣而不聞外事.

| 註釋 | ○爭言讙呼 – 말다툼을 하며 소리 지르다. 讙은 시끄러울 환.
○輒剽奪之 – 輒은 문득 첩. 번번히, 대수롭지 않게. 剽奪(표탈)은 劫奪(겁
탈). 剽는 표독할 표. 劫迫(겁박)하다. 剽掠(표략). ○臘日 – 冬至 후 3번째
戌日. 臘은 섣달 납(랍). ○刀筆書謁欲賀 – 刀筆은 잘못 쓴 글자를 깎아내
는 칼과 붓. 도필을 가진 하급 관리. 자신의 이름을 써 올리며 하례하다.
○屯聚 – 모이다. 모여 서있다. 聚 모일 취. ○老傭 – 멍청이. 老는 늙은이
라고 옮기지 않는다. 중국인들은 관용적으로 老를 붙여 말한다. 老虎는 늙
은 호랑이가 아니라 호랑이고, 老鼠(노서)는 그냥 쥐이다. 傭은 품팔이 용.
○反更殽亂 – 오히려 더 시끄럽다. 殽亂은 뒤섞여 어지러움. 混亂. 殽는
섞일 효. ○皆可格殺 – 모두 다 죽일 놈들이다! 格殺은 서로 맞서 싸워서
죽이다. ○逾宮斬關 – 궁궐 담을 넘고 빗장을 부수다.

## [國譯]

劉盆子는 長東宮에 거처하였고 여러 장수들은 날마다 모여 論功
(논공)을 하면서 언쟁을 하며 소리를 지르고 칼을 뽑아 기둥을 치는
등 하나로 의견을 모을 수 없었다. 三輔 지역의 군현이나 군영의 부
대장이 사람을 보내 물건을 바치면 병사들이 보는 대로 빼앗아 갔
다. 또 자주 吏民을 폭행해서 백성들은 보루를 쌓고 각자 자기 집을
지켜야만 했다.

섣달 臘日(납일)에 번숭 등이 풍악을 준비하고 성대한 잔치를 준
비하였는데, 劉盆子가 正殿에 나와 좌정하고 中黃門(宦官)도 병기
를 잡고 뒤에 늘어섰으며 여러 공경들도 줄지어 자리에 앉았다. 술

이 시작되기 전에, 하급 도필리 한 사람만이 글을 써 올리며 하례를 하려 했을 뿐, 나머지 신하는 이름을 써 올리려고 일어나야 하는 줄도 모르고 각각 바라보거나 등을 돌린 채 모여 있었다. 大司農인 楊音(양음)이 칼을 잡고서 꾸짖었다.

"여러분들은 모두 멍청이다! 오늘 군신이 모여 하례를 하는 날인데 오히려 더 시끄러우니 아이들 장난도 이렇지 않거늘, 모두 다 죽일 놈들이다!"

이에 서로 언쟁을 벌렸고 병졸은 각각 궁궐 담을 넘어가고 빗장을 부수고 들어가 술이나 안주를 훔치면서 서로 죽이거나 다치게 하였다. 衛尉(위위)인 諸葛稚(제갈치)가 소식을 듣고 군사를 몰고 들어와 100여 명 죽인 뒤에야 겨우 진정되었다.

유분자는 두렵고 겁에 질려 밤낮으로 울며 지냈고 다만 환관과 같이 기거하면서 누대에 올라가 구경만 할 뿐 바깥일에는 관여하지도 않았다.

## 原文

時掖庭中宮女猶有數百千人, 自更始敗後, 幽閉殿內, 掘庭中蘆菔根, 捕池魚而食之, 死者因相埋於宮中. 有故祠甘泉樂人, 尙共擊鼓歌舞, 衣服鮮明, 見盆子叩頭言饑. 盆子使中黃門稟之米, 人數闘. 後盆子去, 皆餓死不出.

| 註釋 | ○蘆菔根 – 무 뿌리(蘿卜). 蘆는 갈대 로. ○故祠甘泉樂人 – 예전에 감천궁에서 제사할 때 풍악을 하던 여인.

## [國譯]

그때 후궁의 건물 안에는 궁녀들이 수백 내지 천 명 정도 남아 있었는데, 경시제가 패망한 뒤로도 여전히 궁궐에 갇혀 지내며 궁 안에서 풀뿌리를 캐거나 연못의 물고기를 잡아먹었고 죽은 사람은 그 안에 그냥 묻어주었다. 예전에 甘泉宮에서 제사할 때 풍악을 하던 여인이 있었는데, 그래도 여전히 북을 치거나 춤을 추며 옷을 곱게 입고 있었는데 유분자를 보고서는 고개를 숙여 굶고 있다는 말을 하였다. 유분자가 환관에게 쌀을 내주라고 말했고, 궁녀들은 자주 싸웠다. 뒤에 유분자가 떠난 뒤로 모두 굶어죽어 살아나온 사람이 없었다.

## 原文

劉恭見赤眉衆亂, 知其必敗, 自恐兄弟俱禍, 密敎盆子歸璽綬, 習爲辭讓之言.

建武二年正朔, 崇等大會, 劉恭先曰, "諸君共立恭弟爲帝, 德誠深厚. 立且一年, 餚亂日甚, 誠不足以相成. 恐死而無所益, 願得退爲庶人, 更求賢知, 唯諸君省察." 崇等謝曰, "此皆崇等罪也." 恭復固請. 或曰, "此寧式侯事邪!" 恭惶恐起去.

盆子乃下床解璽綬, 叩頭曰, "今設置縣官而爲賊如故. 吏人貢獻, 輒見剽劫, 流聞四方, 莫不怨恨, 不復信向. 此皆立非其人所致, 願乞骸骨, 避賢聖. 必欲殺盆子以塞責者, 無所離死. 誠冀諸君肯哀憐之耳!"因涕泣噓唏.

崇等及會者數百人, 莫不哀憐之, 乃皆避席頓首曰, "臣無狀, 負陛下. 請自今已後, 不敢復放縱." 因共抱持盆子, 帶以璽綬. 盆子號呼不得已. 既罷出, 各閉營自守, 三輔翕然, 稱天子聰明. 百姓爭還長安, 市里且滿.

| 註釋 | ○建武二年正朔 – 서기 26년. ○餚亂日甚 – 餚亂은 뒤섞여 혼란함. 餚(반찬 효)는 殽(섞일 효)와 同. ○此寧式侯事邪! – 이것이(皇帝 옹립) 어찌 式侯(劉恭)가 할 일인가? ○不復信向 – 다시는 (조정을) 믿으려 하지 않다. ○無所離死 – 죽음을 피할 길이 없다. 離는 피하다. ○涕泣噓唏 – 눈물을 흘리며 훌쩍거리다. 噓는 탄식할 허. 唏 훌쩍훌쩍 울 회. ○臣無狀, 負陛下 – 저희가 버릇이 없어 폐하를 실망시켰다. 無狀은 선행이 없다. 버릇이 없다. 공적이 없다. ○翕然 – 平靜.

### [國譯]

劉恭(유공, 劉盆子의 맏형)은 赤眉 무리의 난동을 보고 필히 망할 것이라 생각하고 형제가 모두 화를 당할 것이 두려워 유분자에게 국새와 인수를 반환하면서 할 사양의 말을 몰래 연습케 하였다.

建武 2년 정월 초하루, 번숭 등이 성대한 조회를 진행하자 유공이 먼저 말했다.

"여러분께서 저의 동생을 황제로 옹립한 은덕은 매우 크고 깊습니다. 즉위한 지 1년이 다 되었지만 혼란은 날마다 심해지니 사실 큰일을 성취토록 보좌할만한 자질이 없는 것입니다. 혹시나 죽어 없어진들 나라에 도움이 되지 않을 것이라서 서인으로 물러나고자 하오니 현명하고 지혜로운 분을 모시도록 여러분께서 살펴주기 바랍니다."

그러자 번숭 등이 사죄하며 말했다. "이는 모두 나의 잘못입니다."

유공이 다시 간청을 하였다. 어떤 사람이 말했다.

"이것이(皇帝 옹립) 어찌 式侯(식후, 劉恭)의 일인가!"

유공은 두려워 일어나 나갔다. 유분자는 자리에서 내려와 국새와 인수를 풀고 머리를 조아리며 말했다.

"지금 황제로 옹립되었어도 叛賊은 예전과 같습니다. 관리들이 진상하는 물건도 번번이 겁탈당하고, 이런 소문이 사방에 퍼지면서 원한으로 여기지 않는 사람이 없으며, 다시는 조정을 믿으려 하지 않습니다. 이 모두가 적임자가 아닌 사람을 세웠기 때문이니 자리에서 물러나 똑똑하고 훌륭한 사람을 위해 비켜주고자 합니다. 누군가가 저를 꼭 죽여서 제 과오를 따지겠다고 하여도 저는 죽음을 회피할 수 없을 것입니다. 정말로 여러분들께서 저를 불쌍히 여겨 주십시오."

그리고서는 눈물을 흘리며 흐느껴 울었다. 번숭 등 자리에 모인 수백 명 모두가 가엽게 여기지 않는 사람이 없었으며 바로 모두 한 걸음씩 뒤로 물러나 고개를 숙이며 말했다.

"저희가 버릇이 없어 폐하를 실망시켰습니다. 오늘 이후로 다시는 방종하지 않을 것입니다."

그리고서는 모두 유분자를 일으켜 세우고 국새와 인수를 걸어주었다. 그래도 유분자는 울기를 그치지 않았다. 모든 행사가 끝나자 각자 자기 본영으로 돌아가 영문을 닫고 지키자 三輔지역이 평정해졌고 천자가 총명하다고 칭송하였다. 백성들은 다투어 장안으로 돌아왔고 곧 저잣거리도 사람들이 가득했다.

## 原文

　後二十餘日, 赤眉貪財物, 復出大掠. 城中糧食盡, 遂收載珍寶, 因大縱火燒宮室, 引兵而西. 過祠南郊, 車甲兵馬最爲猛盛, 衆號百萬. 盆子乘王車, 駕三馬, 從數百騎. 乃自南山轉掠城邑, 與更始將軍嚴春戰於郿, 破春, 殺之, 遂入安定, 北地. 至陽城, 番須中, 逢大雪, 坑谷皆滿, 士多凍死, 乃復還, 發掘諸陵, 取其寶貨, 遂汙辱呂后屍, 凡賊所發, 有玉匣殮者率皆如生, 故赤眉得多行婬穢. 大司徒鄧禹時在長安, 遣兵擊之於郁夷, 反爲所敗, 禹乃出之雲陽.

　九月, 赤眉復入長安, 止桂宮.

| 註釋 | ○縱火 － 불 지르다. 縱은 놓다. 불을 지르다. ○駕三馬 － 말 3마리가 끄는 수레. ○南山 － 終南山, 驪山. 秦嶺山脈의 陝西省 부분. ○郿(미) － 右扶風의 郿縣, 今 陝西省 서남 寶鷄市 관할 郿縣. ○婬穢 － 음탕한 짓. 婬은 음탕할 음. 淫과 同. 穢는 더러울 예. ○大司徒鄧禹時在長安 － 光武帝의 대사도, 적미군이 장안성을 나가자 장안에 입성했다. ○郁夷 － 右扶風의 현명. 후한에서는 廢縣. 今 陝西省 寶鷄市 근처. ○雲陽 － 左馮翊의 현명. 今 陝西省 咸陽市 관할 淳化縣. ○桂宮 － 未央宮 북쪽에 있어 보통 北宮이라 했다.

20여 일 뒤 적미군은 재물을 탐내어 다시 출동하여 노략질을 크게 벌렸다. 장안 성중에 양식이 떨어지자 진기한 보화를 모두 거두어 싣고 큰 불을 질러 궁궐을 다 태우고 군사를 이끌고 서쪽으로 향했다. 南郊의 제사 터를 지날 때 수레와 병마가 가장 많았는데 백만 대군이라 불렀다. 유분자가 탄 王車는 말 3마리가 끌었으며 수백 명의 騎兵이 수행했다. 이어 終南山을 지나며 각지의 성읍을 노략질하였고 更始將軍 嚴春(엄춘)과 郿縣(미현)에서 전투를 벌려 엄춘의 군사를 격파살해한 뒤에 마침내 安定郡과 北地郡 지역에 들어갔다. 陽城과 番須(반수, 番音 盤)의 중간에서 큰 눈을 만나 골짜기에 눈이 가득했으며 많은 병사가 동사하자 장안으로 다시 돌아와 (漢의) 여러 황제 능을 도굴하여 그 보화를 차지하고 呂后의 시신을 능욕하였는데, 赤眉賊이 도굴한 능에 玉匣(옥갑)으로 殮(염)을 한 시신은 거의가 다 생존할 때와 같았기에 적미군은 음탕한 짓거리를 많이 했다.

(光武帝의) 大司徒인 鄧禹(등우)는 그때 長安에 있었는데 군사를 보내 (우부풍의) 郁夷縣(욱이현)에서 적미와 싸웠으나 오히려 패전하자 등우는 바로 (좌풍익) 雲陽縣(운양현)으로 이동하였다.

9월, 적미군은 다시 장안성에 입성하였고 유분자는 桂宮(계궁)에 머물렀다.

時, 漢中賊延岑出散關, 屯杜陵, 逄安將十餘萬人擊之. 鄧禹以逄安精兵在外, 唯盆子與羸弱居城中, 乃自往攻之.

會謝祿救至, 夜戰槀街中, 禹兵敗走. 延岑及更始將軍李寶
合兵數萬人, 與逄安戰於杜陵. 岑等大敗, 死者萬餘人, 寶
遂降安, 而延岑收散卒走.

寶乃密使人謂岑曰, "子努力還戰, 吾當於內反之, 表裏合
勢, 可大破也." 岑卽還挑戰, 安等空營擊之, 寶從後悉拔赤
眉旌幟, 更立己幡旗. 安等戰疲還營, 見旗幟皆白, 大驚亂
走, 自投川谷, 死者十餘萬, 逄安與數千人脫歸長安. 時三
輔大亂, 人相食, 城郭皆空, 白骨蔽野, 遺人往往聚爲營保,
各堅守不下.

赤眉虜掠無所得, 十二月, 乃引而東歸, 衆尙二十餘萬, 隨
道復散.

| 註釋 | ○漢中賊 － 漢中은 益州刺史部 관할의 郡名. 治所는 南鄭縣, 今
陝西省 서남부 漢中市. ○延岑(연잠, ?-36) － 岑은 봉우리 잠. 南陽人, 更始
2년에 漢中郡에서 거병, 건무 2년에 武安王을 자칭. 赤眉郡을 대파, 公孫
述에 투항, 大司馬 역임. 建武 12년 公孫述이 패망할 때 漢將 吳漢에 피살
되었다. ○散關 － 關中四關의 하나, 漢中 지역에서 關中으로 들어오는 陳
倉古道의 관문, 今 陝西省 寶雞市 서남 大散嶺에 위치. ○杜陵 － 西安市
동남, 漢 宣帝(劉詢)과 王皇后의 陵園. 京兆尹의 縣名. ○槀街 － 長安城의
거리 이름. 槀는 마를 고. ○子努力還戰 － 子는 2인칭의 호칭. 너, 당신,
남자에 대한 美稱. 還戰은 원상회복을 위한 싸움. ○幡旗 － 깃발. 幡은 깃
발 번. 나부끼다.

## [國譯]

그 무렵 漢中郡의 도적 무리인 延岑(연잠)은 散關(산관)을 나와 (장안 근교의) 杜陵縣(두릉현)에 주둔하고 있었는데, (赤眉의) 逢安(방안)이 10여만 군사를 거느리고 연잠을 공격하였다. (光武帝의) 鄧禹(등우)는 방안이 정병을 거느리고 출동하였고, 다만 유분자와 쇠약한 병졸만 성 안에 있을 것이라 생각하여 직접 출동하여 장안성을 공격하였다. 마침 (赤眉의) 謝祿(사록)의 구원병이 도착하여 밤에 (장안성의) 稾街(고가)에서 싸워 등우의 군사는 패주하였다.

延岑(연잠)과 경시제의 장군 李寶(이보)의 군사 수만 명은 杜陵(두릉)에서 逢安(방안)과 싸웠다. 연잠 등이 대패하여 죽은 자가 수만 명이었기에 이보는 방안에게 투항하였고, 연잠은 흩어진 군사를 모아 도망했다. 이에 李寶(이보)가 밀사를 연잠에게 보내 말했다.

"당신이 돌아와 싸우면 나는 안에서 반기를 들 것이니 안팎에서 합세한다면 (방안을) 대파할 수 있습니다."

이에 연잠은 즉시 되돌아서 도전하였고, 방안은 진지를 비워놓고 나가 공격하였는데 이보는 뒤에서 적미의 깃발을 모두 뽑아버리고 자신들의 깃발을 다시 세웠다. 방안 등이 전투에 지쳐 군영으로 돌아오려 했으나 깃발이 모두 흰색이라 크게 놀라 어지러이 골짜기나 하천으로 도주하였는데 죽은 자가 10여 만 명이었으며, 방안은 수천 명을 데리고 장안으로 도망쳐왔다.

이 무렵 三輔 지역이 큰 혼란에 빠지면서 사람이 사람을 먹었고 성 안이 텅 비었으며, 백골이 들에 널렸고 남겨진 사람들은 군데군데 모여 보루를 쌓고서 각자 지켰기에 더 이상 빼앗기지 않았다. 적미군은 노략질이 성과가 없자 12월이 되며 각각 무리를 거느리고

關東으로 되돌아갔지만, 그래도 그 무리 20여만 명은 길을 따라 다시 흩어졌다.

光武乃遣破姦將軍侯進等屯新安, 建威大將軍耿弇等屯宜陽, 分爲二道, 以要其還路. 敕諸將曰, "賊若東走, 可引宜陽兵會新安, 賊若南走, 可引新安兵會宜陽."

明年正月, 鄧禹自河北度, 擊赤眉於湖, 禹復敗走, 赤眉遂出關南向. 徵西大將軍馮異破之於崤底. 帝聞, 乃自將幸宜陽, 盛兵以邀其走路.

| 註釋 | ㅇ侯進等屯新安 - 侯進(후진)은 人名. 新安은 弘農郡의 현명. 今 河南省 서북부, 黃河 남안, 洛陽市 관할 新安縣. ㅇ耿弇等屯宜陽 - 耿弇(경엄, 서기 3-58년), 耿은 빛날 경, 弇은 덮을 엄. 우리나라 옥편에 '사람 이름 감'이라는 음훈이 있지만 택하지 않는다. '弇音 演'의 주석에 의거 '경엄'으로 표기한다. 光武帝의 功臣, 雲臺二十八將 중 4위. 19권, 〈耿弇列傳〉立傳. 宜陽(의양)은 弘農郡의 현명. 낙양에서 서남쪽, 今 河南省 洛陽市 관할 宜陽縣. ㅇ要其還路 - 그들이 돌아오는 길에서 기다리다. 要는 기다릴 요, 구할 요. 要擊. ㅇ明年正月 - 建安 3년. 서기 27년. ㅇ湖 - 弘農郡 湖縣, 今 河南省 三門峽市 관할 靈寶市 서북, 黃河 남안. ㅇ馮異破之於崤底 - 馮異(풍이)는 17권, 〈馮岑賈列傳〉에 입전. 崤底는 崤山(효산, 殽山), 長安과 洛陽 중간의 험산. 부근의 函谷關(함곡관)과 함께 崤函(효함)으로 통칭. 군사 전략상의 요지, 지세 험준, 關隘(관애) 견고. 易守難攻의 요새

지로 유명. ㅇ邀其走路 – 도주로에서 기다리다. 邀는 맞을 요.

## [國譯]

光武帝는, 곧 破姦將軍 侯進(후진) 등을 보내 (弘農郡) 新安縣에
주둔케 했고, 建威大將軍 耿弇(경엄) 등은 (弘農郡) 宜陽縣(의양현)에
주둔시켜 두 길로 나누어 (적미군이) 되돌아가는 길을 요격케 하였
다. 光武帝가 여러 장수에게 명령하였다.

"적미군이 만약 동쪽으로 도주한다면 宜陽縣 주둔군을 신안현으
로 모으고, 적이 만약 남쪽으로 도주한다면 신안의 군사를 의양으로
모으도록 하라."

다음 해(建武 3년) 정월, 鄧禹(등우) 황하를 북쪽에서 건너 적미군
을 湖縣(호현)에서 공격하였지만 등우는 또 패전하였고 적미 무리는
마침내 함곡관을 나서서 남쪽으로 향했다. 徵西大將軍 馮異(풍이)가
적미 무리를 효산 아래에서 격파했다. 광무제가 듣고서는 직접 장수
를 거느리고 宜陽縣에 행차하여 대군으로 적미의 도주로에서 기다
렸다.

## 原文

赤眉忽遇大軍, 驚震不知所爲, 乃遣劉恭乞降, 曰, "盆子
將百萬衆降, 陛下何以待之?" 帝曰, "待汝以不死耳." 樊崇
乃將盆子及丞相徐宣以下三十餘人肉袒降. 上所得傳國璽
綬, 更始七尺寶劍及玉璧各一. 積兵甲宜陽城西, 與熊耳山

齊. 帝令縣廚賜食, 衆積困餧, 十餘萬人皆得飽飫.

明旦, 大陳兵馬臨洛水, 令盆子君臣列而觀之. 謂盆子曰, "自知當死不?" 對曰, "罪當應死, 猶幸上憐赦之耳." 帝笑曰, "兒大黠, 宗室無蚩者." 又謂崇等曰, "得無悔降乎? 朕今遣卿歸營勒兵, 鳴鼓相攻, 決其勝負, 不欲强相服也."

徐宣等叩頭曰, "臣等出長安東都門, 君臣計議, 歸命聖德. 百姓可與樂成, 難與圖始, 故不告衆耳. 今日得降, 猶去虎口歸慈母, 誠歡誠喜, 無所恨也."

帝曰, "卿所謂鐵中錚錚, 庸中佼佼者也." 又曰, "諸卿大爲無道, 所過皆夷滅老弱, 溺社稷, 汙井竈. 然猶有三善, 攻破城邑, 周遍天下, 本故妻婦無所改易, 是一善也. 立君能用宗室, 是二善也. 餘賊立君, 迫急皆持其首降, 自以爲功, 諸卿獨完全以付朕, 是三善也."

乃令各與妻子居洛陽, 賜宅人一區, 田二頃.

| 註釋 | ○與熊耳山齊 - 熊耳山(웅이산)과 높이가 같았다. 熊耳山은 宜陽縣 서쪽, 洛水 北에 있는 산, 秦嶺산맥 동쪽 끝에 해당, 海拔 700~1,600m이고 주봉인 全寶山은 해발 2,054m이니 좀 과장된 기록. ○困餧 - 피곤과 굶주림. 餧는 먹일 위. 굶주리다. ○飽飫 - 飽 배부를 포. 飫 물릴 어. 배불리 실컷 먹다. ○兒大黠, 宗室無蚩者 - 어린 것이 영리하나니, 종실에는 멍청이가 없다. 黠 약을 힐, 영리하다. 蚩는 어리석을 치. 癡와 同. ○鐵中錚錚, 庸中佼佼 - 錚錚(쟁쟁)은 좋은 쇠가 울리는 소리. 재능이 뛰어나다는 뜻. 佼佼는 뛰어난 모양. 佼는 나을 교. 평범한 사람 중에서 조

금 나옴. ㅇ溺社稷, 汙井竈 – 사직단에 오줌을 누다. 汙井竈은 우물이나
부엌을 더럽혔다. 溺는 빠질 익. 오줌 뇨(요). 汙는 더럽힐 오(汙와 同). 竈
는 부엌 조. ㅇ賜宅人一區 – 집을 사람마다 1채씩 하사하다.


## [國譯]

赤眉 무리는 갑자기 大軍을 만나 크게 놀라 어찌할 줄을 몰랐다
가 곧 劉恭(유공)을 보내 항복을 빌며 말했다. "盆子가 무리 백만 명
을 거느리고 투항하면 폐하께서는 어떻게 대우해 주시겠습니까?"
광무제는 "너희를 용서하여 죽이지는 않겠다."

樊崇(번숭)은 유분자와 승상 徐宣(서선) 이하 30여 명을 거느리고
와서 웃통을 벗고 투항하였다. (유분자는) 그동안 갖고 있던 傳國의
國璽(국새)와 인수, 그리고 更始帝의 7尺 보검과 玉璧 각 하나씩을
바쳤다. (적미 무리의) 병기와 갑옷을 宜陽城 서쪽에 쌓았더니 熊耳
山(웅이산)만큼 높았다. 광무제 명령으로 현청의 주방에서 식사를 하
게 했는데 무리들은 그동안 피로와 굶주림에 지쳐 10여만 명이 모
두 배부르게 먹었다.

다음 날 아침, 兵馬를 洛水 가에 정렬시켜 놓고 유분자의 君臣 모
두에게 관람케 하였다. 광무제가 유분자에게 말했다. "응당 죽어야
하는 것을 알고 있는가?"

유분자가 대답했다. "죄를 지었으니 응당 죽어야 합니다만, 폐하
께서 불쌍히 여기시어 용서해 주시기를 빌 뿐입니다."

광무제가 웃으며 말했다.

"어리지만 영리하니, 宗室에 미련한 자는 없구나."

그리고 번숭 등에게 물었다.

"투항을 후회하지 않는가? 짐은 지금이라도 그대를 본래 부대로 보내 군사를 동원하여 북을 치며 공격케 하여 승부를 결정할 수 있나니 투항을 강요하지는 않겠다."

그러자 (승상인) 서선 등이 머리를 조아리며 말했다.

"저희가 장안성 東都門을 나온 뒤로 君臣이 폐하의 聖德에 귀의하기로 결정하였습니다. 백성이란 성취한 뒤에야 성공을 즐길 수 있으나 처음부터 뜻을 같이 논의할 수 없기에 무리들에게 알리지 않았습니다. 오늘 이렇게 투항한 것은 마치 虎口를 떠나 慈母에 의지한 것처럼 참으로 즐겁고 기뻐 아무런 한이 없습니다."

광무제가 "경은 좋은 소리가 나는 쇠이며, 보통 사람보다는 좀 뛰어난 자라고 말할 수 있다." 그리고 이어 말했다.

"여러분들은 무도한 짓을 많이 하였나니 지나가는 곳마다 노약자를 죽였으며, 사직단에 오줌을 누고, 우물이나 부엌을 더럽혔다. 그래도 3가지 잘한 점이 있으니 城邑을 격파하고 천하를 돌아다니면서도 본 고향에서 데리고 온 처자를 바꾸지 않은 것은 첫 번째 잘한 일이다. 主君을 옹립하면서 종실에서 고른 것이 두 번째 잘한 일이다. 다른 도적 무리들은 주군을 옹립한 뒤에 다급하면 주군의 머리를 잘라들고 자신의 공적으로 삼아 투항하나 그대들만큼은 온전히 짐에게 투항하였으니 이것이 세 번째 잘한 일이다."

그리고 妻子와 함께 洛陽에 살게 하면서 모두에게 집 한 채와 땅 2頃(경)을 하사하였다.

其夏, 樊崇,逢安謀反, 誅死. 楊音在長安時, 遇趙王良有恩, 賜爵關內侯, 與徐宣俱歸鄕里, 卒於家. 劉恭爲更始報殺謝祿, 自繫獄, 赦不誅.

帝憐盆子, 賞賜甚厚, 以爲趙王郎中. 後病失明, 賜滎陽均輸官地, 以爲列肆, 使食其稅終身.

| 註釋 |  ○趙王良 – 劉良(?-41)은 광무제의 숙부. 부모를 일찍 여읜 광무제를 양육했다. 광무 형제의 거병을 처음에는 반대했었다. 경시제의 國三老가 되었으나 경시제가 패망하자, 광무제가 즉위한 사실을 알고 광무제를 찾아와 趙王에 피봉되었다. 14권, 〈宗室四王三侯列傳〉에 입전.  ○滎陽均輸官 – 滎陽(형양)은 옛 漢 고조와 項羽의 격전지. 교통과 군사의 요지. 군량창고가 있던 곳. 今 河南省 鄭州市 관할 滎陽市. 均輸官은 무제 때 처음 설치한 大司農의 속관인 太倉令, 均輸令, 平準令, 都內令, 籍田令의 한 사람. 均輸令은 각지에 창고를 두고 여러 물자의 구입과 보관 운송을 담당케 했다. 후한에서는 均輸令을 폐지하였으나 少府 소속으로 균수관이 있었다.  ○列肆 – 줄지어 지은 점포. 肆는 점포. 늘어놓을 사.

[國譯]

그 해 여름, 번숭과 逢安(방안)은 모반을 꾀하여 처형되었다. 楊音(양음)은 長安에 있을 때 趙王 劉良(유량, 광무제 叔父)를 만나 은덕을 베풀었기에 關內侯의 작위를 하사받았고, 徐宣(서선)과 함께 鄕里로 돌아가 집에서 죽었다. 劉恭(유공)은 更始帝를 위해 謝祿(사록)을 죽여 원수를 갚고서 스스로 옥에 들어갔으나 사면을 받아 처형은 면하였다.

광무제는 劉盆子를 가엽게 여겨 여러 가지 하사품이 매우 많았으며 趙王의 郎中으로 임명하였다. 뒷날 병으로 失明하자 滎陽縣 均輸官의 땅을 하사받아 거기에 점포를 지어 월세를 받아 죽을 때까지 먹고 살았다.

### 原文

贊曰, 聖公靡聞, 假我風雲, 始順歸歷, 終然崩分. 赤眉阻亂, 盆子探符. 雖盜皇器, 乃食均輸.

| 註釋 | ○聖公靡聞 – 聖公은 劉玄(更始帝)의 字. 靡聞은 無聞, 알려지지 않았다. ○假我風雲 – 假는 借也. 돕다. 我는 光武帝. 風雲은 漢朝의 中興. ○崩分 – 붕괴, 분열되다. ○阻亂 – 혼란을 틈타 일어나다. 阻는 의거할 조, 믿을 조, 험할 조. ○探符 – 簡札(간찰)을 뽑다. '上將軍'이라는 글자가 쓰인 대쪽을 뽑았다. 제비뽑기로 황제가 된 사나이. ○皇器 – 帝位.

### [國譯]

贊曰,
劉聖公은 알려지지 않았지만 光武帝 中興을 도왔다.
처음 순리대로 제위에 올랐으나 끝내 붕괴되었다.
赤眉는 혼란을 틈탔고 劉盆子는 제비뽑기로 황제에 올랐다.
비록 帝位를 훔쳤지만 결국 均輸 터에서 먹고살았다.

# 12 王劉張李彭盧列傳
〔왕,유,장,이,팽,노열전〕

## ❶ 王昌

原文

王昌一名郎, 趙國邯鄲人也. 素爲卜相工, 明星歷, 常以
爲河北有天子氣. 時趙繆王子林好奇數, 任俠於趙,魏間, 多
通豪猾, 而郎與之親善. 初, 王莽簒位, 長安中或自稱成帝
子子輿者, 莽殺之.

郎緣是詐稱眞子輿, 云"母故成帝謳者, 嘗下殿卒僵, 須臾
有黃氣從上下, 半日乃解, 遂妊身就館. 趙后欲害之, 僑易
他人子, 以故得全. 子輿年十二, 識命者郎中李曼卿, 與俱
至蜀, 十七, 到丹陽, 二十, 還長安, 展轉中山, 來往燕,趙, 以
須天時."

林等愈動疑惑, 乃與趙國大豪李育,張參等通謀, 規共立
郎. 會人間傳赤眉將度河, 林等因此宣言赤眉當至, 立劉子
興以觀衆心, 百姓多信之.

| 註釋 | ○王昌一名郎 - 王郎(?-24)은 한때 光武에 맞섰으나 여러 번
패전한 뒤 밤에 도망하다가 길에서 죽어 참수되었다. ○趙國邯鄲 - 冀州
刺史部 관할, 治所는 邯鄲縣. 今 河北省 남단 邯鄲市(한단시). ○素爲卜相
工 - 素는 평소에. 卜相은 觀相. 工은 재주가 좋다. 어떤 일을 잘하다(善其
事曰 工). ○趙繆王子林 - 景帝 七代孫. 奇數는 기이한 운수, 數는 이치,
팔자, 운수. ○成帝子子興 - 왕망 始建國 2년(서기 10)의 일이었다. 그전
에도 황제의 죽은 아들을 사칭하는 경우가 가끔 있었으니 武帝의 衛太子
가 살아왔다는 소동이 벌어진 적도 있었다. ○謳者 - 歌妓, 謳는 노래할
구. 반주 없이 노래 부르다. ○卒僵 - 죽어 뻣뻣하게 굳다. 僵은 쓰러질
강. 시신이 굳다. ○須臾 - 잠깐, 寸刻, 須는 잠깐 수. 모름지기, 기다리다.
臾는 잠깐 유. ○趙后 - 成帝의 2번째 황후 趙飛燕(조비연). ○丹陽 - 揚
州자사부 관할 군명. 治所는 宛陵縣. 今 安徽省 동남부 宣城市. ○展轉中
山 - 展轉은 輾轉(전전)하다. 中山은 冀州자사부 관할 국명. 治所는 盧奴
縣, 今 河北省 직할 定州市. 保定市와 石家莊市 중간. ○規共立郎 - 規는
법규 규. 꾀하다, 도모하다.

[國譯]

王昌(왕창)의 또 다른 이름은 王郎(왕랑)인데, 趙國 邯鄲(한단) 사람
이다. 평소에 관상을 잘 보았고 천문에 밝았는데 늘 河北에 天子의
기운이 있다고 생각하였다.

그 무렵 趙 繆王(무왕, 목왕)의 아들 劉林(유림)은 기이한 술수를 좋

아하고 任俠(임협)의 기질로 趙와 魏(위) 일대에 알려져서 많은 협객과 알고 지냈는데 王郎(왕랑)은 그런 사람들과 친했다. 그전에 왕망이 찬탈했을 때, 장안성에 成帝의 아들 子輿(자여)를 사칭한 자가 있었는데 왕망이 죽여버렸다. 왕랑은 이런 일을 가지고 자신이 진짜 자여라며 거짓말을 하였다.

"나의 모친은 그전에 成帝의 歌妓였는데 어느 날 전각을 내려가다가 쓰러져 죽었는데, 잠시 후 황색 기운이 아래위로 오르내리면서 반나절 만에 다시 깨어났고 그렇게 하여 임신이 되어 해산하는 집에 들어갔었다. 황후 趙飛燕이 갓 태어난 아들을 죽이려 했기에 다른 아이와 바꿔치기를 해서 살아날 수 있었다. 자신은(子輿는) 12살에 사람 팔자를 잘 아는 郎中 李曼卿(이만경)과 함께 蜀(촉)에 들어갔다가 17세에 丹陽郡에도 있었으며, 20세에 장안으로 돌아왔다가 中山國을 전전하였고 燕과 趙 지역을 왕래하며 天時를 기다렸다."

劉林 등은 더욱 疑惑(의혹)을 가지면서도 趙國의 대부호인 李育(이육), 張參(장삼) 등과 通謀하여 함께 왕랑을 옹립할 계획을 갖고 있었다. 마침 사람들 사이에 赤眉의 장수가 황하를 건넜다는 소식이 전해지면서 劉林 등은 적미군이 곧 들어와서는 劉子輿(王郎)을 옹립할 것이라 소문을 내면서 민심을 떠보았는데 많은 백성들이 그 말을 그대로 믿었다.

---

**原文**

更始元年十二月, 林等遂率車騎數百, 晨入邯鄲城, 止於王宮, 立郎爲天子. 林爲丞相, 李育爲大司馬, 張參爲大將

軍. 分遣將帥, 徇下幽, 冀. 移檄州郡曰,

「制詔部刺史, 郡太守, 朕, 孝成皇帝子子輿者也. 昔遭趙氏之禍, 因以王莽簒殺, 賴知命者將護朕躬, 解形河濱, 削跡趙, 魏. 王莽竊位, 獲罪於天, 天命佑漢, 故使東郡太守翟義, 嚴鄉侯劉信, 擁兵徵討, 出入胡, 漢. 普天率土, 知朕隱在人間. 南嶽諸劉, 爲其先驅. 朕仰觀天文, 乃興於斯, 以今月壬辰卽位趙宮. 休氣熏蒸, 應時獲雨. 蓋聞爲國, 子之襲父, 古今不易. 劉聖公未知朕, 故且持帝號. 諸興義兵, 咸以助朕, 皆當裂土享祚子孫. 已詔聖公及翟太守, 亟與功臣詣行在所. 疑刺史,二千石皆聖公所置, 未睹朕之沈滯, 或不識去就, 强者負力, 弱者惶惑. 今元元創痍, 已過半矣, 朕甚悼焉, 故遣使者班下詔書.」

郎以百姓思漢, 旣多言翟義不死, 故詐稱之, 以從人望. 於是趙國以北, 遼東以西, 皆從風而靡.

| 註釋 | ○更始元年 – 서기 23년. 王莽 地皇 4년. ○徇下幽,冀 – 徇은 각지를 돌며 평정하다. 徇은 軍令을 내리다. 호령하다. 幽州자사부는 濁郡 등 11개 郡國을, 冀州刺史部는 趙國 등 9개 군국을 감찰했다. 그 지역은 지금의 河北省과 北京, 天津市. 遼寧省과 遼東城 지역에 해당한다. ○東郡 太守翟義 – 前漢 東郡의 치소는 濮陽縣(복양현, 今 河南省 濮陽市 서남). 翟義 (적의)는 승상 翟方進(적방진)의 아들. 적의는 孺子의 居攝(거섭) 원년(서기 6년)에 왕망에 반기를 들었다. 《漢書》84권, 〈翟方進傳〉에 附傳. ○嚴鄉侯 劉信(유신, ?-서기 7) – 東平 煬王 劉雲의 아들, 哀帝 建平 2년(前 5)에 嚴鄉

侯에 봉해졌다.  ㅇ解形河濱 - 解形은 脫身. 河濱은 黃河 연안.  ㅇ出入胡, 漢 - 胡는 흉노, 흉노의 거주 지역.  ㅇ普天率土 - 하늘 아래 모든 곳.  ㅇ南嶽諸劉 - 경시제 劉玄 등 劉氏 일족. 본래 春陵(용릉)이 최초 封地였고, 용릉은 南嶽인 衡山(형산)에서 가깝기에 이렇게 표현하였다.  ㅇ彊者負力 - 負力은 恃力. 군사력에 의지하다.  ㅇ皆從風而靡 - 風靡(풍미)는 바람에 초목이나 나무가 쓰러지듯 휩쓸리다.

**[國譯]**

更始 원년 12월, 劉林(유림) 등은 마침내 수백의 車騎兵을 거느리고 새벽에 邯鄲城(한단성)에 들어가 왕궁에 머물면서 王郎(왕랑)을 天子로 옹립하였다. 劉林은 승상이 되었고, 李育은 大司馬, 張參(장참)은 대장군이 되었다. 왕랑은 장수를 나눠 파견하여 幽州와 冀州(기주) 지역을 평정케 하였다. 왕랑은 각 州나 郡에 檄文(격문)을 보내 말했다.

「각 部의 刺史와 郡 太守에 대한 황제의 명령이다. 朕은 孝成皇帝의 아들인 子興(자여)란 사람이다. 옛날 趙皇后의 禍亂과 이어 왕망의 찬탈과 (平帝) 시해의 과정을 겪었는데, 짐의 몸을 지켜주는 천명을 아는 자의 도움으로 황하 연안으로 빠져나왔고, 趙와 魏 일대에 숨어 지냈었다. 왕망이 帝位를 찬탈하였지만 하늘에 죄를 지었고 천명은 漢을 지켜주었기에 옛 東郡太守 翟義(적의)와 嚴鄕侯 劉信(유신)으로 하여금 군사를 거느리고 왕망을 토벌케 하였고, 짐은 흉노 땅과 중국 땅을 왕래했었다. 하늘 아래 어디든 모두가 짐이 인간 세상에 살아있음을 알고 있었다. 南嶽(남악)에 가까운 春陵(용릉)의 劉氏 일족이 먼저 들고 일어났다. 짐이 천문을 보아 지금이 흥기할 때라서 이번 달 壬辰日(임진일)에 趙宮에서 즉위하였노라. 아름다운 기운이 크게 일었고 때맞춰 감우도 내렸도다. 나라를 열고 아들이 부친을 계승하는 것은 古今에 바뀌지 않는다. 劉聖公(劉玄)은 아직 짐을 알지 못했기에 일단 帝號를 갖고 있도다. 각지서 일어난 모든 의병은 짐을 도와야만 땅을 분봉 받아 자손까지 복을 누릴 것이다. 이미 유성공과 東郡의 翟太守(적태수, 翟義)는 빨리 다른 공신과 함께 짐의 幸在所에 오라고 명했다. 혹 聖公이 임용한 자사나 2천석(태수)들은 짐이 은거하는 동안 직접 보지 못했으며 짐의 거취를 알지 못하였기에 강자는 힘을 믿고 약자는 당황하거나 의혹을 갖고 있다. 지금 상처를 입은 백성이 이미 태반이기에 짐은 이를 심히 가엾게 여기면서, 이에 사자를 각지에 보내 조서를 반포하노라.」

왕랑은 백성들이 漢을 그리워하거나 翟義(적의)가 죽지 않았다고 믿는 줄은 알고서 이렇게 사칭하며 백성의 기대를 이용하려고 하였다. 이에 趙國 이북 遼東의 서쪽으로는 모두가 바람이 쏠리듯 왕랑을 따랐다.


## 原文

明年, 光武自薊得郎檄, 南走信都, 發兵徇旁縣, 遂攻柏人, 不下. 議者以爲守柏人不如定鉅鹿, 光武乃引兵東北圍鉅鹿. 郎太守王饒據城, 數十日連攻不克. 耿純說曰, "久守王饒, 士衆疲敝, 不如及大兵精銳, 進攻邯鄲. 若王郎已誅, 王饒不戰自服矣."

光武善其計, 乃留將軍鄧滿守鉅鹿, 而進軍邯鄲, 屯其郭
北門.

| 註釋 | ○明年 - 更始 2년, 서기 24년.  ○光武自薊～ - 光武는 劉秀,
제위에 오르기 전이다. 光武로 표기. 薊縣(계현)은 廣陽郡의 치소이며 幽州
刺史部 治所, 今 天津市 북부 薊州區(계주구, 薊縣).  ○南走信都 - 走는 서
둘러가다. 재촉하다(趣也). 信都는 郡國名, 현명. 군국의 치소가 있는 현명
을 보통의 경우 군국명으로 통용한다. 후한에서는 安平國의 治所 信都縣.
今 河北省 衡水市 관할 冀州市. 前漢 信都郡(國) - 信都郡(후한 23-72年) - 樂
成國(72-122年) - 安平國(122-)으로 명칭이 바뀌었다.  ○遂攻柏人 - 柏人
은 趙國의 현명. 今 河北省 邢台市 內丘縣. 柏은 측백나무 백. 柏은 近也,
迫也(假借).  ○鉅鹿 - 郡名. 치소는 今 河北省 邢台市(형태시) 관할 鉅鹿縣.
○耿純(경순) - 인명, 21권, 〈任李萬邳劉耿列傳〉에 입전.

**[國譯]**

다음 해, 光武(劉秀)는 薊縣(계현)에서 王郎의 격문을 보고 서둘러
남쪽 信都縣으로 가서 군사를 내어 여러 현을 평정하면서 柏人縣(백
인현)을 공략하였으나 함락시키지 못했다. 이에 백인현에서 싸우기
보다는 鉅鹿郡(거록군)을 평정하는 것이 더 나을 것이라는 건의가 있
어, 光武는 군사를 이끌고 동북으로 나아가 거록성을 포위하였다.
왕랑이 임명한 태수 王饒(왕요)가 성에서 항거하여 수십 일 연이어
공격했어도 이기지 못했다. 이에 耿純(경순)이 말했다.

"왕요와 오래 싸우면서 사졸들이 많이 지쳤으니 정예대군을 데리
고 趙國의 도읍인 邯鄲(한단)을 공격해야 합니다. 만약 왕랑을 죽이
게 된다면 왕요는 싸우지 못하고 스스로 굴복할 것입니다."

光武는 그 계략이 좋다며 將軍 鄧滿(등만)을 남겨 거록성을 막게 하면서 한단성으로 진격하여 성의 북문 밖에 주둔하였다.

郞數出戰不利, 乃使其諫議大夫杜威持節請降. 威雅稱郞
實成帝遺體. 光武曰, "設使成帝復生, 天下不可得, 況詐子
輿者乎!" 威請求萬戶侯. 光武曰, "顧得全身可矣." 威曰,
"邯鄲雖鄙, 並力固守, 尙曠日月, 終不君臣相率但全身而
已." 遂辭而去. 因急攻之, 二十餘日, 郞少傅李立爲反間,
開門內漢兵, 遂拔邯鄲. 郞夜亡走, 道死, 追斬之.

| 註釋 | ㅇ諫議大夫杜威 – 大夫는 황제의 顧問과 應對, 政事에 관한 의론을 담당하며 고정 직무는 없고 명에 의거 사자로 출장가거나 확인, 보고 등도 담당하였다. 대개 황제의 근신, 총신, 귀척으로 충임. 정원 없음. 많을 때는 수십 명이나 되었다. 太中大夫는 列卿의 하나인 光祿勳의 屬官, 후한에서는 질록 一千石이었다. 무제 太初 원년에 中大夫를 光祿大夫로 개명(질록 比2천석). 광록대부는 給事中, 侍中 등의 加官을 받아 권한이 강대했다. 後漢에서도 질록은 比二千石이나 점차 閒職化 되었다. 中散大夫는 질록 比二千石이었고 정원은 30명이었다. 諫大夫는 武帝 元狩 5년에 처음 설치(질록 比8백석)했는데, 후한에서는 諫議大夫로 명칭을 바꾸고 질록은 6백석으로 내렸고 정원이 없었다. ㅇ顧得全身可矣 – 제 몸이나 살 수 있으면 될 것이다. 식읍 1만 호 제후는 가당치도 않다는 뜻. ㅇ尙曠日月 – 여러 날을 허비하더라도. 曠은 비다. 허송하다. ㅇ開門內漢兵 – 內는 들

일 납(納과 同).

[國譯]

　　왕랑은 여러 번 맞서 싸웠지만 이기지 못하자 그 諫議大夫 부절
을 가진 杜威(두위)를 보내 항복을 청했다. 두위는 여전히 왕랑이 成
帝의 유체를 가진 사람이라고 말했다. 이에 光武가 말했다.

　　"設使(설사) 成帝가 다시 살아난다 하여도 천하를 차지하지 못하
거늘 성제의 아들 子輿를 사칭해서야 되겠는가!'

　　두위는 1만 호 제후를 요구하였다. 光武는 "제 몸이나 보전할 수
있다면 만족해야 한다."고 말했다. 이에 두위가 말했다.

　　"한단이 비록 시골이지만 온 힘을 다하여 지킨다면 한 달을 보낼
지언정 君臣이 스스로의 몸을 지킬 것입니다."

　　그리고서는 두위는 돌아갔다. 광무는 강력하게 20여 일을 공략했
고, 왕랑의 少傅(소부)인 李立은 反間이 되어 성문을 열고 漢郡을 들
어오게 하자 한단을 점령하였다. 왕랑은 밤에 도주하다가 길에서 죽
었는데 추격한 병졸이 그 목을 잘랐다.


❷ 劉永

| 原文

　　劉永者, 梁郡睢陽人, 梁孝王八世孫也. 傳國至父立. 元
始中, 立與平帝外家衛氏交通, 爲王莽所誅.

更始卽位, 永先詣洛陽, 紹封爲梁王, 都睢陽. 永聞更始
政亂, 遂據國起兵, 以弟防爲輔國大將軍, 防弟少公御史大
夫, 封魯王. 遂招諸豪傑沛人周建等, 並署爲將帥, 攻下濟
陰,山陰,沛,楚,淮陽,汝南, 凡得二十八城. 又遣使拜西防賊
帥山陽佼彊爲橫行將軍. 是時, 東海人董憲起兵據其郡, 而
張步亦定齊地. 永遣使拜憲翼漢大將軍,步輔漢大將軍, 與
共連兵,遂專據東方. 及更始敗, 永自稱天子.

| 註釋 | ○劉永(?-27년) - 後漢 성립 시기의 割據者. 황족. ○梁郡睢陽
人 - 후한에서는 梁國, 睢陽(수양)은 그 치소. 今 河南省 동부 商丘市 睢陽
區. 睢는 물 이름 수. 눈 부릅뜰 휴. ○梁孝王 - 劉武(前 184-144년). 文帝의
아들, 景帝의 同母弟. ○元始 - 전한 平帝의 연호. 서기 1-5년. ○紹封 -
끊어진 대를 이어 제후가 되다. 紹는 이을 소. ○周建 - 人名. 유영의 신
하. ○濟陰,山陰,沛,楚,淮陽,汝南 - 濟陰郡 치소는 定陶縣, 今 山東省 菏澤
市 定陶區. 나머지는 당시의 郡國名. ○西防賊帥山陽佼彊 - 西防은 전한
의 현명. 후한에서는 폐현, 今 山東省 서남부 菏澤市 관할 單縣. 山陽은 군
명. 治所는 昌邑縣, 今 山東省 菏澤市 관할의 巨野縣. 佼彊(교강)은 인명.

**[國譯]**

劉永(유영)이란 사람은 梁郡 睢陽縣(수양현) 사람으로 (前漢) 梁 孝
王(劉武)의 8世孫이다. 梁國은 부친 劉立(유립)까지 전승되었다. (平
帝) 元始 연간에, 劉立과 平帝 外家인 衛氏(위씨)가 서로 내왕하였는
데 왕망에게 주살되었다.

更始帝가 즉위하자, 유영은 다른 사람보다 먼저 洛陽에 가서 제

후로 봉을 받아 梁王이 되어 睢陽(수양)에 도읍하였다. 유영은 更始帝의 정치가 문란한 것을 알고 梁國을 근거로 기병하였는데 아우 防(방)을 輔國大將軍에, 防(방)의 아우 少公(소공)을 어사대부 겸 魯王에 봉했다. 이어서 여러 호걸들을 초치하였는데 沛人 周建(주건) 등을 장수로 임명하여 齊陰, 山陰, 沛, 楚, 淮陽, 汝南郡 등에 걸쳐 모두 28개 성을 차지하였다. 또 사자를 보내서 西防縣(서방현)의 도적 무리인 山陽郡 출신 佼彊(교강)을 橫行將軍에 임명하였다. 이 무렵 東海郡 사람 董憲(동헌)은 자기 군에서 기병하였고, 張步(장보)도 마찬가지로 옛 齊地를 차지하고 있었다. 이에 유영은 사자를 보내 동헌에게 翼漢大將軍을, 장보에게는 輔漢大將軍을 제수하고서는 군사를 모아 함께 진격하여 동쪽 지역을 완전히 차지하였다. 이어 更始帝가 패망하자 유영은 천자를 자칭하였다.

<br>

### 原文

建武二年夏, 光武遣虎牙大將軍蓋延等伐永. 初, 陳留人蘇茂爲更始討難將軍, 與朱鮪等守洛陽. 鮪旣降漢, 茂亦歸命, 光武因使茂與蓋延俱攻永. 軍中不相能, 茂遂反, 殺淮陽太守, 掠得數縣. 據廣樂而臣於永. 永以茂爲大司馬, 淮陽王. 蓋延遂圍睢陽, 數月, 拔之, 永將家屬走虞. 虞人反, 殺其母及妻子, 永與麾下數十人奔譙. 蘇茂, 佼彊, 周建合軍救永, 爲蓋延所敗, 茂奔還廣樂, 彊, 建從永走保湖陵.

三年春, 永遣使立張步爲齊王, 董憲爲海西王. 於是遣大司馬吳漢等圍蘇茂於廣樂, 周建率衆救茂, 茂,建戰敗, 棄城復還湖陵, 而睢陽人反城迎永. 吳漢與蓋延等合軍圍之, 城中食盡, 永與茂,建走酇. 諸將追急, 永將慶吾斬永首降, 封吾爲列侯. 蘇茂,周建奔垂惠, 共立永子紆爲梁王. 佼彊還保西防.

| 註釋 | ○建武二年 – 서기 26년. ○蓋延(개연) – 18권,〈吳蓋陳臧列傳〉에 입전. ○陳留人蘇茂 – 陳留는 군명. 治所는 陳留縣. 今 河南省 동부의 開封市. ○歸命 – 歸降. ○軍中不相能 – 군중에서 서로 다투다. 마음이 맞지 않다. ○廣樂 – 지명. 今 河南省 동부의 商丘市 관할 虞城縣. ○虞 – 梁國의 虞縣. 今 河南省 商丘市 관할 虞城縣. ○譙 – 沛國 譙縣(초현)은 今 安徽省 북부의 亳州市(박주시). ○湖陵 – 前漢의 山陽郡 湖陵縣을 後漢에서는 湖陸縣으로 개칭. 今 山東省 서남부 濟寧市 관할 魚台縣. 江蘇省과 접경. ○酇 – 南陽郡 酇縣, 今 湖北省 서북부 襄陽市 관할 老河口市. 漢水 中流 北岸, 河南省과 접경. ○垂惠 – 마을 이름. 今 安徽省 亳州市 관할 蒙城縣 지역.

[國譯]

建武 2년 여름, 光武帝는 虎牙大將軍 蓋延(개연) 등을 보내 劉永(유영)을 토벌케 하였다. 그전에 陳留郡 사람 蘇茂(소무)는 更始帝의 討難將軍으로 朱鮪(주유) 등과 함께 洛陽城을 수비했었다. 주유는 漢에 투항하였고 소무 역시 漢에 歸降했는데 광무제는 이 때문에 소무와 개연이 함께 유영을 공격케 했었다. 그러나 군중에서 마음이 맞지 않아 결국 소무가 배반하면서 淮陽太守를 죽이고 몇 개 현을 공략하여 차지했었다. 소무는 廣樂(광락)을 근거로 유영의 신하가 되었다. 유영은 소무를 大司馬 겸 淮陽王에 봉했었다. 개연이 마침내 유영의 睢陽城(수양성)을 포위하여 몇 달이 지나 성을 함락시키자, 유영은 가솔을 거느리고 虞縣(우현)으로 도주하였다. 우현 사람들이 반역하며 유영의 모친과 처자를 죽이자, 유영은 휘하 수십 기를 거느리고 沛國 譙縣(초현)으로 도주하였다. 蘇茂(소무), 佼彊(교강), 周建(주건) 등이 군사를 합쳐 유영을 구원하였지만 개연에게 패배하자 소무는 廣樂이란 곳으로 도주하였고, 교강과 주건은 유영을 따라 달아나 湖陵에 머물렀다.

건무 3년 봄, 유영은 사자를 보내 張步를 齊王에 봉했고, 董憲(동헌)을 海西王에 봉했다. 이에 광무제는 대사마 吳漢(오한) 등을 보내 蘇茂(소무)를 廣樂(광락)에서 포위했는데, 周建(주건)이 군사를 거느리고 소무를 구원했지만 소무와 주건은 패전하면서 광락을 버리고 湖陵(호릉)으로 돌아갔는데, 睢陽(수양) 사람들이 성문을 열고 유영을 받아들였다. 吳漢(오한)과 蓋延(개연) 등이 군사를 모아 성을 포위했고, 성 안에 식량이 떨어지자 유영과 소무, 주건 등은 酇縣(찬현)으로 도주하였다. 여러 장수들이 급박하게 추격하자 유영의 장수 慶吾(경오)가 유영의 목을 잘라 투항하였고 경오는 제후가 되었다. 소무와 주건은 垂惠(수혜)란 곳으로 달아나서 함께 유영의 아들 劉紆(유우)를 梁王으로 옹립하였다. 佼彊(교강)은 돌아와 西防縣을 지켰다.

四年秋, 遣捕虜將軍<u>馬武</u>,騎都尉<u>王霸</u>圍<u>紆</u>,<u>建</u>於<u>垂惠</u>, <u>蘇</u>

茂將五校兵救之, 紆,建亦出兵與武等戰, 不克, 而建兄子誦
反, 閉城門拒之. 建,茂,紆等皆走, 建於道死, 茂奔下邳與董
憲合, 紆奔佼彊.

五年, 遣驃騎大將軍杜茂攻佼彊於西防, 彊與劉紆奔董憲.

時, 平狄將軍龐萌反叛, 遂襲破蓋延, 引兵與董憲連和, 自
號東平王, 屯桃鄉之北.

| 註釋 | ○(建武) 四年 – 서기 28년. ○騎都尉 – 騎兵都尉, 比二千石.
無 定員. 羽林 騎兵을 관리. ○五校兵 – 五校는 농민 봉기군의 이름. 황제
宿衛軍의 부대 五校가 아님. ○下邳 – 下邳(하비)는 縣名. 今 江蘇省 北部
徐州市 관할 睢寧縣(수녕현) 古邳鎭. 淸朝에 대 지진이 있어 下邳의 都城 古
邳鎭이 지금의 邳州市로 옮겨왔다. ○董憲(동헌) – 후한 초 봉기 세력의 하
나. 東海郡 사람 董憲(동헌)은 東郡에서 기병하였고 劉永(유영)이 동헌을 海
西王에 봉했다.

[國譯]

　(建武) 4년 가을, 捕虜將軍 馬武(마무), 騎都尉 王霸(왕패)를 보내
劉紆(유우)와 周建(주건)을 垂惠(수혜)에서 포위하였다. 蘇茂(소무)가
(농민봉기군) 五校(오교)의 병력을 거느리고 유우를 구원하였고, 유
우와 주건도 소무와 함께 군사를 내어 마무 등과 싸웠으나 이기지
못했는데 주건 형의 아들 周誦(주송)이 배반하며 성문을 닫고 유우
와 주건 군사의 귀환을 막아버렸다. 그러자 주건, 소무, 유우 등은
모두 도주하였는데 주건은 도주하다가 죽었고, 소무는 下邳(하비)로
도망가 董憲(동헌)과 합쳤으며, 유우는 佼彊(교강)한테 도망갔다.

(건무) 5년, 驃騎大將軍 杜茂(두무)를 보내 西防縣의 佼彊(교강)을 공격하자 교강과 유우는 董憲(동헌)한테로 도망했다.

이 무렵, 平狄將軍 龐萌(방맹)이 光武帝에게 반역, 배반하면서 蓋延(개연)을 습격하여 격파한 뒤에 군사를 이끌고 董憲(동헌)과 강화하고, 東平王을 자칭하며 桃鄕(도향)의 북쪽에 주둔하였다.

## ❸ 龐萌

**原文**

龐萌, 山陽人. 初亡命在下江兵中. 更始立, 以爲冀州牧, 將兵屬尙書令謝躬, 共破王郎. 及躬敗, 萌乃歸降, 光武卽位, 以爲侍中. 萌爲人遜順, 甚見信愛. 帝常稱曰, "可以托六尺之孤, 寄百里之命者, 龐萌是也." 拜爲平狄將軍, 與蓋延共擊董憲.

**│註釋│** ○龐萌 – 龐은 클 방. 성씨. 萌은 싹 맹. ○山陽 – 郡名. 治所는 昌邑縣, 今 山東省 서남부 菏澤市 관할의 巨野縣. ○亡命在下江兵中 – 亡命은 도망하다. 下江兵은 왕망 말기 봉기한 농민 집단의 이름. 長江의 하류지역. ○六尺之孤 – 父王의 喪中에 있는 어린 군왕. 열다섯 살 전후의 고아. ○寄百里之命 – 사방 둘레가 百里인 고을(縣)을 다스릴 만하다. 百里才.

龐萌(방맹)은 山陽郡 사람이다. 처음에는 도망쳐 下江兵에 들어갔었다. 경시제가 즉위하자 冀州牧(기주목)이 되어서 군사를 거느리고 尙書令 謝躬(사궁) 소속으로 사궁과 함께 王郎을 격파하였다. 사궁이 죽자 방맹은 光武에게 귀부하였고, 광무제가 즉위하자 侍中이 되었다.

방맹은 사람됨이 겸손하여 크게 신임을 받았다. 광무제는 늘 "방맹은 어린 군왕을 부탁할만하고 일백 리 현을 맡길만하다."고 칭찬하였다. 방맹은 平狄將軍(평적장군)이 되어 蓋延(개연)과 함께 董憲(동헌)을 토벌하였다.

## 原文

時, 詔書獨下延而不及萌, 萌以爲延譖己, 自疑, 遂反. 帝聞之, 大怒, 乃自將討萌. 與諸將書曰, "吾常以龐萌社稷之臣, 將軍得無笑其言乎? 老賊當族. 其各厲兵馬, 會睢陽!" 憲聞帝自討龐萌, 乃與劉紆, 蘇茂, 佼彊去下邳, 還蘭陵, 使茂, 彊助萌, 合兵三萬, 急圍桃城.

| 註釋 | ○譖己(참기) - 자신을 참소하다. 譖은 참소할 참. 헐뜯다. ○老賊當族 - 老賊의 老에는 늙었다는 뜻이 없음. 族은 族滅, 滅族. ○其各厲兵馬 - 각자 병마를 정비하기 바란다. 其는 ~하기 바란다는 뜻의 發語辭로 조서에 자주 쓰였다. ○蘭陵(난릉) - 東海郡 蘭陵縣. 今 山東省 남부 臨沂市(임기시) 蘭陵縣. ○桃城 - 東平郡 任城縣(今 山東省 齊寧市 任城區에

해당)의 마을 이름.

그 무렵, 황제의 조서가 개연에게는 내려왔지만 방맹에게는 오지 않았는데, 방맹은 개연이 자신을 참소했을 것이라 의심하여 결국 배반하였다. 광무제는 소식을 듣고 대노하며 바로 직접 군사를 거느리고 토벌에 나섰다. 광무제는 여러 장수에게 서신을 보냈다.

"나는 늘 방맹을 社稷之臣이라 생각했었는데 장군들은 내 말에 웃지 않겠는가. 그 반적은 꼭 멸족시켜야 한다. 모두 병마를 정비하여 睢陽(수양)으로 집합하라!"

동헌은 황제가 직접 방맹을 토벌한다는 소식을 듣고 劉紆(유우), 蘇茂(소무), 佼彊(교강)과 함께 下邳(하비)를 떠나 蘭陵縣(난릉현)으로 가서 소무와 교강의 군사 3만 명을 모아 서둘러 桃城(도성)을 포위하였다.

帝時幸蒙, 聞之, 乃留輜重, 自將輕騎三千, 步卒數萬, 晨夜馳赴, 師次任城, 去桃鄕六十里. 旦日, 諸將請進, 賊亦勒兵挑戰, 帝不聽, 乃休士養銳, 以挫其鋒. 城中聞車駕至, 衆心益固. 時吳漢等在東郡, 馳使召之. 萌等乃悉兵攻城, 二十餘日, 衆疲困而不能下. 及吳漢與諸將到, 乃率衆軍進桃城, 而帝親自搏戰, 大破之. 萌,茂,彊夜棄輜重逃奔, 董憲乃與劉紆悉其兵數萬人屯昌慮, 自將銳卒拒新陽. 帝先遣吳漢擊破之, 憲走還昌慮. 漢進守之, 憲恐, 乃招誘五校餘賊步騎數千人屯建陽, 去昌慮三十里.

| 註釋 | ○蒙 – 梁國의 蒙縣, 今 河南省 남부 商丘市 동북. ○師次任城 – 師는 부대. 次는 2일 이상 주둔하다. 任城은 任城縣, 今 山東省 서남부의 濟寧市. ○搏戰 – 激鬪(격투)하다. 格鬪. ○昌慮 – 東海郡의 縣名. 今 山東省 남부 棗莊市(조장시) 관할 滕州市 동남. ○新陽 – 汝南郡의 新陽縣(國), 今 山東省 남부 棗莊市. ○建陽 – 현명. 後漢에서는 폐현.

[國譯]

광무제는 그때 蒙縣(몽현)에 행차하여 이런 상황을 듣고서 바로 輜重(치중)을 제외하고 직접 輕騎兵 3천과 보졸 수만을 거느리고 밤낮으로 달려 부대를 桃鄕(도향)에서 60리 떨어진 任城縣에 주둔케 하였다. 다음 날 여러 장수가 진격을 건의했고 적군도 병력을 정비하고 도전하였으나 광무제는 따르지 않고 군사를 쉬게 하면서 銳氣(예기)를 돋구며 적의 예봉을 피했다. 임성현 백성은 광무제가 온 줄 알고서 민심도 안정되었다. 그때 吳漢(오한) 등은 東郡에 있었는데 급히 사자를 보내 소환하였다. 방맹 등은 전 병력을 동원하여 20여 일이나 광무제를 공격했지만 군사만 크게 지쳤고 함락시키지도 못하였다. 吳漢과 여러 장수의 병력이 도착하자 광무제는 모든 병력을 동원하여 桃城(도성)에 진격하였으며 광무제가 친히 격전을 지휘하여 적을 대파하였다. 龐萌(방맹), 蘇茂(소무), 佼彊(교강) 등은 밤에 중장비를 버리고 도주하였으며, 董憲(동헌)은 劉紆(유우)와 군사 수만

명 전부를 거느리고 昌慮縣으로 이동시킨 뒤, 동헌 자신은 정예병을 거느리고 新陽(신양)에서 항거하였다.

광무제가 먼저 吳漢을 보내 적을 격파하자, 동헌은 창려현으로 패주하였다. 오한도 진격하여 적을 포위하자, 동헌은 두려워하며 五校(오교)의 잔당 병력 수천 명을 불러들여 昌慮縣에서 30리 떨어진 建陽縣에 주둔케 하였다.


原文

帝至蕃, 去憲所百餘里. 諸將請進, 帝不聽, 知五校乏食當退, 勅各堅壁以待其敝. 頃之, 五校糧盡, 果引去. 帝乃親臨, 四面攻憲, 三日, 復大破之, 衆皆奔散. 遣吳漢追擊之, 佼彊將其衆降, 蘇茂奔張步, 憲及龐萌走入繒山. 數日, 吏士聞憲尙在, 復往往相聚, 得數百騎, 迎憲入郯城. 吳漢等復攻拔郯, 憲與龐萌走保朐. 劉紆不知所歸, 軍士高扈斬其首降, 梁地悉平.

| 註釋 |  ㅇ蕃 – 魯國의 蕃縣, 今 山東省 棗莊市 관할 滕州市.  ㅇ堅壁(견벽) – 진지를 굳게 지키다.  ㅇ繒山 – 琅邪郡 繒縣(증현)의 山. 今 山東省 臨沂市 관할 蘭陵縣에 해당.  ㅇ郯城 – 東海郡의 치소인 郯縣. 今 山東省 남부 臨沂市(임기시) 관할 郯城縣(담성현).  ㅇ朐(구) – 東海郡의 현명. 今 江蘇省 북부 連雲港市 서남.

## [國譯]

광무제는 동헌이 있는 곳에서 백여 리 떨어진 蕃縣(번현)에 도착하였다. 여러 장수가 진격을 건의했지만 광무제는 따르지 않았는데 五校(오교)의 무리가 군량이 떨어지면 물러날 것이라 생각하고 각 군영에 굳게 지켜 적이 지치기를 기다리라 명령했다. 얼마 안 있어 오교의 무리는 식량이 떨어져 예상대로 퇴각하였다. 광무제는 친히 나서서 사방에서 동헌을 공격케 하였는데 3일째 또 다시 적을 대파하자 적도들은 달아났다. 오한을 보내 추격하게 하자 교강은 무리를 거느리고 투항하였고, 소무는 張步(장보)에게 달아났으며, 동헌과 방맹은 繒縣(증현)의 산속으로 도주하였다. 며칠이 지나자 옛 부하들은 동헌이 아직 살아있다는 말을 듣고 다시 모여 들어 수백 명 무리가 되자 동헌을 맞이하여 (東海郡) 郯城(담성)에 들어갔다. 오한 등이 다시 공격하여 담성을 차지하자, 동헌과 방맹은 (東海郡) 胸縣(구현)을 차지하고 지켰다. 劉紆(유우)는 갈 곳을 모르고 헤맸는데 그 병졸인 高扈(고호)가 그 머리를 잘라 투항하자 梁 지역이 모두 평정되었다.

## 原文

吳漢進圍胸. 明年, 城中穀盡, 憲,萌潛出, 襲取贛楡, 琅邪太守陳俊攻之, 憲,萌走澤中. 會吳漢下胸城, 進盡獲其妻子. 憲乃流涕謝其將士曰, "妻子皆已得矣. 嗟乎! 久苦諸卿." 乃將數十騎夜去, 欲從間道歸降, 而吳漢校尉韓湛追斬憲於方與, 方與人黔陵亦斬萌, 皆傳首洛陽. 封韓湛爲列侯, 黔陵關內侯.

| 註釋 | ○贛楡(공유) – 東海郡의 현명. 今 江蘇省 連雲港市 贛楡區. ○陳 俊 – 18권, 〈吳蓋陳臧列傳〉에 입전. ○方與 – 현명. 今 山東省 濟寧市 관 할 魚台縣 서쪽.

[國譯]

吳漢(오한)이 진격하여 胊縣(구현)을 포위했다. 그 다음 해, 성 안에 식량이 떨어지자 동헌과 방맹은 몰래 나와서 贛楡縣(공유현)을 기습해서 차지했으나 琅邪太守 陳俊(진준)이 공격하자 동헌과 방맹은 늪지대로 도주하였다. 그때 오한도 胊城(구성)을 함락시켜 동헌의 처자를 모두 사로잡았다. 이에 동헌은 눈물을 흘리며 부하 將士에게 말했다.

"妻子가 이미 다 사로잡혔다. 아! 너무나 오래 그대들을 힘들게 했도다."

그리고 수십 기병을 거느리고 밤에 도주하여 샛길로 투항하려 하였지만 吳漢의 校尉인 韓湛(한담)이 추격하여 方與縣(방여현)에서 동헌을 참수했고 방여 사람 黔陵(검릉)도 방맹을 참수하고서 그 수급을 낙양으로 보냈다. 이에 韓湛은 列侯에, 黔陵(검릉)은 關內侯에 봉해졌다.

**❹ 張步**

|原文|

　張步字文公, 琅邪不其人也. 漢兵之起, 步亦聚衆數千, 轉攻傍縣, 下數城, 自爲五威將軍, 遂據本郡.

　更始遣魏郡王閎爲琅邪太守, 步拒之, 不得進. 閎爲檄, 曉喩吏人降, 得贛楡等六縣, 收兵數千人, 與步戰, 不勝. 時梁王劉永自以更始所立, 貪步兵强, 承制拜步輔漢大將軍, 忠節侯, 督靑,徐二州, 使征不從命者. 步貪其爵號, 遂受之. 乃理兵於劇, 以弟弘爲衛將軍, 弘弟藍玄武大將軍, 藍弟壽高密太守. 遣將徇太山,東萊,城陽,膠東,北海,濟南,齊諸郡, 皆下之.


|註釋| ○張步(장보, ?-32) – 新朝에서 建武 8년 사이, 東部 연해의 軍閥(군벌). 劉永이 張步를 齊王에 봉했다. ○琅邪不其 – 琅邪(낭야)는 군명. 치소는 開陽縣. 今 山東省 남부의 臨沂市. 不其(불기)는 현명. 今 山東省 靑島市 관할 卽墨市. ○劇 – 北海郡 縣名. 今 山東省 중동부 維坊市 관할 壽光市. ○東萊 – 靑州 관할 郡名. 治所 黃縣. 今 山東省 烟台市 관할 龍口市.


[國譯]

　張步(장보)의 字는 文公으로, 琅邪郡(낭야군) 不其縣(불기현) 사람이다. 漢兵이 기병할 때 장보도 무리 수천 명을 모아 인근 현을 공략하여 여러 성을 함락시키고 스스로 五威將軍이 되어 마침내 낭야군에 웅거하였다.

경시제가 魏郡人 王閎(왕굉)을 낭야태수로 임명했는데 장보가 항거하자 부임할 수가 없었다. 이에 왕굉은 격문을 날려 관리와 백성의 투항을 권유하여 贛榆(공유) 등 6개 현을 차지하고 군사 수천 명을 모아 장보와 싸웠으나 이기지 못하였다.

이때 경시제가 봉한 梁王 劉永(유영)은 장보의 강한 군사를 탐내어 경시제의 制書를 얻어 장보를 輔漢大將軍 겸 忠節侯에 봉하고 靑州, 徐州를 감독케 하며 따르지 않는 자를 정벌하게 하였다. 장보는 그 爵號(작호)를 탐내어 받아들였다. 그리고 劇縣(극현)에서 군사를 조련하면서 동생 張弘을 衛將軍, 또 다른 동생 張藍(장람)을 玄武大將軍, 또 다른 동생 張壽(장수)를 高密太守가 되게 하였다. 장보는 장수를 보내 太山(泰山), 東萊, 城陽, 膠東(교동), 北海, 濟南, 齊郡 등 여러 군을 평정하였다.


原文

步拓地寖廣, 兵甲日盛. 王閎懼其衆散, 乃詣步相見, 欲誘以義方. 步大陳兵引閎, 怒曰, "步有何過, 君前見攻之甚乎!" 閎按劍曰, "太守奉朝命, 而文公擁兵相距, 閎攻賊耳, 何謂甚邪!" 步嘿然, 良久, 離席跪謝, 乃陳樂獻酒, 待以上賓之禮, 令閎關掌郡事.


| 註釋 | ○拓地寖廣 − 拓地는 拓境. 영역을 확장하다. 寖廣은 점점 넓어지다. 寖은 漸也. ○嘿然 − 默然. 嘿은 고요할 묵. 良久는 한참, 오랫동

안. ㅇ離席跪謝 - 離席은 앉은 자리에서 뒤로 물러나다. 跪謝는 무릎을 꿇고 사과하다. 跪는 꿇어앉을 궤. ㅇ關掌郡事 - 關掌은 管掌(관장). 關은 참여할 관. 通也.

## [國譯]

장보의 영역은 점점 넓어졌고 병사와 무기는 날로 강성해졌다. 王閎(왕굉)은 자신의 군사가 흩어질 것을 걱정하여 장보를 찾아가 만나서 대의로 설득했다. 장보는 대 병력을 모아 왕굉에게 보여주고 화를 내며 말했다.

"내가 무슨 잘못을 했다고 전에 나를 그리 심하게 공격하였나!"

그러자 왕굉이 칼을 잡고 말했다.

"太守는 조정의 명을 받았는데, 당신이(文公, 張步) 군사를 거느리고 막았으니, 나는 반적을 공격했을 뿐인데 왜 심하다고 하는가!"

장보는 말없이 한참 있다가 자리에서 물러나 무릎을 꿇고 사과했으며, 酒筵(주연)에 奏樂(주악)을 준비하여 上賓의 예로 접대하였고, 왕굉이 낭야군 업무를 관장케 하였다.

## 原文

建武三年, 光武遣光祿大夫伏隆持節使齊, 拜步爲東萊太守. 劉永聞隆至劇, 乃馳遣立步爲齊王, 步卽殺隆而受永命.

是時, 帝方北憂漁陽, 南事梁,楚, 故步得專集齊地, 據郡十二, 及劉永死, 步等欲立永子紆爲天子, 自爲定漢公, 置百官. 王閎諫曰, "梁王以奉本朝之故, 是以山東頗能歸之. 今尊立其子, 將疑衆心. 且齊人多詐, 宜且詳之." 步乃止.

五年, 步聞帝將攻之, 以其將費邑爲濟南王, 屯歷下. 冬, 建威大將軍耿弇破斬費邑, 進拔臨淄. 步以弇兵少遠客, 可一舉而取, 乃悉將其衆攻弇於臨淄. 步兵大敗, 還奔劇. 帝自幸劇. 步退保平壽, 蘇茂將萬餘人來救之. 茂讓步曰, "以南陽兵精, 延岑善戰, 而耿弇走之. 大王奈何就攻其營? 既呼茂, 不能待邪?" 步曰, "負負, 無可言者." 帝乃遣使告步, 茂, 能相斬降者, 封爲列侯. 步遂斬茂, 使使奉其首降. 步三弟各自繫所在獄, 皆赦之. 封步爲安丘侯, 後與家屬居洛陽. 王閎亦詣劇降.

八年夏, 步將妻子逃奔臨淮, 與弟弘, 藍欲招其故衆, 乘船入海, 琅邪太守陳俊追擊斬之.

| 註釋 | ○建武三年 – 서기 27년. ○漁陽 – 幽州 관할 郡名. 漁水之陽, 今 北京市 동북의 密雲區. ○齊人多詐 – 옛 戰國시대 齊 땅의 사람들은 거짓(詐, 속임수)이 많다. 믿을 수 없다는 뜻. 이는 武帝 때 우직한 直言으로 유명한 汲黯(급암)이 승상 公孫弘(공손홍)을 두고 한 말이다. ○宜且詳之 – 응당 심각하게 고려해야 한다. ○歷下 – 城邑 이름. 歷山 아래. 前漢 歷城縣. 今 山東省 중북부 濟南市 歷城區에 해당. ○臨淄(임치) – 옛 齊의 도읍. 今 山東省 중부의 淄博市(치박시). ○平壽 – 현명. 今 山東省 濰坊市 관할 昌樂縣. ○南陽兵精 – 南陽은 광무제를 지칭. ○負負, 無可言者 – 負는 愧也. 부끄럽다. 두 번 말한 것은 심히 부끄럽다. ○(建武) 八年 – 서기 32년. ○臨淮 – 전한의 沛郡 芒縣(망현), 光武帝가 臨淮縣으로 개명. 今 河南省 직할 永城市. 河南省 동쪽 끝, 安徽省과 접경.

**[國譯]**

建武 3년, (광무제는) 광록대부 伏隆(복륭)을 시켜 부절을 갖고 齊에 사자로 보내어 張步(장보)를 東萊太守를 제수하게 하였다. 劉永(유영)은 복륭이 劇縣(극현)까지 온 것을 알고 곧 서둘러 사자를 보내 장보를 齊王에 봉하자, 장보는 즉시 복륭을 죽이고 유영의 명을 받았다.

이 무렵 광무제에게 북쪽에서는 漁陽이 걱정되고, 남쪽으로는 梁과 楚 사이에 끼어 있어 장보가 齊 땅에 전념하여 12개 군에 웅거하게 인정하였는데, 나중에 유영이 죽자, 장보는 유영의 아들 劉紆(유우)를 天子로 옹립하고 자신은 定漢公이 되어 백관을 임명하려고 하였다.

이에 王閎(왕굉)이 바른 말을 해주었다.

"梁王(양왕, 劉永)이야 漢 本朝의 책봉을 받았기에 山東에서 그래도 귀부할 수 있었습니다. 지금 그 아들을 천자로 옹립한다면 민심이 어떨지 모릅니다. 그리고 齊 땅의 사람은 본래 거짓이 많으니 응당 심각하게 고려해야 합니다."

그러자 장보는 바로 그만두었다.

(建武) 5년, 장보는 광무제가 장차 공격해 올 것이라 생각하여 부하 장수 費邑(비읍)을 濟南王에 봉하여 歷下(역하, 歷城縣)에 주둔케 하였다. 겨울에 (광무제의) 建威大將軍 耿弇(경엄)이 비읍을 격파하고 참수하였으며 더 나아가 臨淄(임치)를 차지하였다.

장보는 경엄의 병력이 소수이고 먼 곳에서 이동해 왔기에 일거에 격파할 수 있다고 생각하여 모든 장수를 보아 임치에서 경엄을 공격하였다. 그러나 장보의 군사는 대패했고 장보는 劇縣(극현)으로 도망쳤다. 광무제가 친히 극현까지 행차하자 장보는 후퇴하여 平壽縣(평수현)을 머물렀고, 蘇茂(소무)가 1만여 병력으로 장보를 구원하였다. 그러면서 소무가 장보를 비판하였다.

"南陽(光武帝)의 군사는 정병인데다가 延岑(연잠)도 善戰한다지만 耿弇(경엄)이 연잠을 물리쳤습니다. 大王께서는 무엇 때문에 경엄의 본영을 공격했습니까? 대왕이 나를(蘇茂) 부른다 하여도 내가 모실 수 있겠습니까?"

그러자 장보가 말했다. "정말 부끄러워 할 말이 없소."

광무제는 사자를 보내 장보와 소무에게 각각 상대를 죽여 투항하는 자를 列侯에 봉하겠다고 말했다. 장보는 마침내 소무를 죽이고 사자에게 그 수급을 보내 투항하였다. 장보의 동생 3명도 자수하여 옥에 갇혔지만 모두 용서를 받았다. (광무제는) 장보를 安丘侯(안구후)에 봉했는데 뒤에 그 가속과 함께 낙양에 살게 하였다. 王閎(왕굉)도 역시 劇縣(극현)에 와서 투항하였다.

(건무) 8년 여름, 장보는 처자를 데리고 臨淮縣(임회현)으로 도망쳤다가 동생 張弘, 張藍(장람)과 함께 옛 무리를 모아 섬으로 들어가려고 했으나 琅邪太守(낭야태수) 陳俊(진준)이 추격하여 죽여버렸다.


**⑤ 王閎**

原文

王閎者, 王莽叔父平阿侯譚之子也, 哀帝時爲中常侍. 時幸臣董賢爲大司馬, 寵愛貴盛, 閎屢諫, 忤旨. 哀帝臨崩, 以

璽綬付賢曰, "無妄以與人." 時國無嗣主, 內外惶懼, 閎白
元后, 請奪之, 卽帶劍至宣德後闥, 擧手叱賢曰, "宮車晏駕,
國嗣未立, 公受恩深重, 當俯伏號泣, 何事久持璽綬以待禍
至邪!" 賢知閎必死, 不敢拒之, 乃跪授璽綬. 閎持上太后,
朝廷壯之. 及王莽簒位, 僭忌閎, 乃出爲東郡太守. 閎懼誅,
常繫藥手內. 莽敗, 漢兵起, 閎獨完全東郡三十餘萬戶, 歸
降更始.

| 註釋 | ○ 王閎(왕굉, ?-서기 30년) - 王莽의 사촌형제. ○ 幸臣董賢(동현,
前 23-前 1) - 哀帝의 寵臣. 23살에 軍政의 최고 책임자인 大司馬였으니 총
애의 정도와 출세가 상식 밖이었다. 애제의 동성애 파트너로 알려졌다. 애
제가 붕어한 그날 자살했다. 《漢書 佞幸傳》에 입전. ○ 忤旨 - 뜻을 거스르
다. 忤는 거스를 오. 거역하다. ○ 內外惶懼 - 惶은 겁낼 황. 懼는 두려워할
구. ○ 元后 - 元帝의 王皇后, 名 王政君, 成帝의 母后, 왕망의 고모. 《漢書
元后傳》에 단독 입전, 成帝 이후 왕씨 세력의 성장과정을 상에 기록했다.
결국 본의는 아니었지만 왕망 찬탈의 밑바탕을 마련해 준 셈이었다. ○ 宮
車晏駕 - 황제의 죽음.


**[國譯]**

王閎(왕굉)은 王莽(왕망)의 숙부 平阿侯 王譚(왕담)의 아들로, 哀帝
때 中常侍(중상시)였다. 애제 재위 중, 幸臣 董賢(동현)은 大司馬가 되
어 총애에 관직이 극성하였는데 왕굉은 여러 번 바른 말로 애제의
뜻을 거슬렀다. 애제는 붕어하기 직전에 국새와 인끈을 동현에게 맡
기며 말했다. "함부로 다른 사람에게 주지 말라."

그때 나라에 후사가 없었기에 조정 내외 모두가 겁먹고 두려워했는데, 왕굉은 元后(元帝의 황후)에게 국새를 회수해야 한다고 주청하고서 즉시 칼을 차고 宣德殿 뒷문에서 (동현을 보고) 손을 들어 동현을 질책하였다.

"황제께서 붕어하시고 후사가 정해지지도 않았는데, 公은 각별히 두터운 은애를 입었기에 응당 엎드려 통곡해야 하거늘 무엇 때문에 국새를 지니고 있으면서 죽음을 기다리는가!'

동현은 왕굉이 틀림없이 자신을 죽일 줄 알았기에 감히 저항하지 못하고 바로 무릎을 꿇고 국새를 내주었다. 왕굉은 국새를 갖다가 태후에 바쳤고 조정에서는 이를 장하게 여겼다.

왕망이 황제 자리를 찬탈한 뒤에 왕굉은 미움을 받고 참언 때문에 바로 東郡太守로 나갔다. 왕굉은 살해당할까 걱정하며 손에 언제나 독약을 지니고 다녔다. 왕망이 패망하고 (경시제) 漢의 군사가 거병하자, 왕굉만이 홀로 東郡 30여만 호를 들어 경시제에게 투항하였다.


## ❻ 李憲

**原文**

李憲者, 潁川許昌人也. 王莽時爲廬江屬令. 莽末, 江賊王州公等起衆十餘萬, 攻掠郡縣, 莽以憲爲偏將軍, 廬江連率, 擊破州公. 莽敗, 憲據郡自守. 更始元年, 自稱淮南王.

建武三年, 遂自立爲天子, 置公卿百官, 擁九城, 衆十餘萬.

四年秋, 光武幸壽春, 遣揚武將軍馬成等擊憲, 圍舒. 至六年正月, 拔之. 憲亡走, 其軍士帛意, 追斬憲而降, 憲妻子皆伏誅. 封帛意漁浦侯.

後憲餘黨淳于臨等猶聚衆數千人, 屯灊山, 攻殺安風令. 楊州牧歐陽歙遣兵不能克, 帝議欲討之. 盧江人陳衆爲從事, 白歙請得喩降臨, 於是乘單車, 駕白馬, 往說而降之. 灊山人共生爲立祠, 號'白馬陳從事'云.

| 註釋 | ○潁川許昌 - 潁川(영천)은 豫州刺史部 관할 郡名. 치소는 陽翟縣(양책현), 今 河南省 許昌市 관할 禹州市. 許昌은 許縣, 後漢 말기에 曹操(조조)가 獻帝 劉協을 데려다가 수도로 삼았던 許縣(허현), 曹丕(조비)는 '漢은 許에서 亡했으나, 魏는 許에서 昌盛한다(漢因許而亡, 魏因許而昌) 하여 許都를 許昌으로 개칭하여 지금까지 사용. 今 河南省 중앙부 許昌市. ○盧江屬令 - 盧江(여강)은 군명. 屬令은 왕망이 각 郡의 都尉를 屬令이라 개칭했다. 다음에 나오는 連率(연솔)도 왕망이 太守를 개칭한 칭호. ○江賊王州公 - 長江의 도적 무리, 王州公은 인명. ○壽春 - 九江郡의 縣名. 今 安徽省 六安市 관할 壽縣. ○舒 - 盧江郡(여강군)의 치소인 舒縣, 今 安徽省 合肥市 관할 盧江縣. ○灊山, 安風 - 모두 여강군 현명. 灊은 땅이름 첨. 물 이름 심. ○從事 - 從事는 문서나 감찰을 담당하는 속관. 각 부서에 從事中郎, 從事史, 功曹從事, 都官從事, 兵曹從事 등 여러 종사가 있었다.

李憲(이헌)은 潁川郡 許昌 사람이다. 王莽 때 廬江郡의 屬令(都尉)이었다. 왕망 말기에 長江의 도적 王州公(왕주공) 등이 봉기하여 그 무리가 10여만 명이 군현을 약탈하자 왕망은 이헌을 偏將軍 겸 廬江 連率(연솔, 太守)로 삼아 왕주공을 격파하게 했다. 왕망이 패망하자 이헌은 군을 다스렸다. 更始 원년에 淮南王을 자칭했다.

建武 3년, 마침내 自立하여 천자가 되어 公卿과 백관을 임명하였는데 9개 성에 무리는 10여만 명이었다.

4년 가을, 광무제가 壽春縣에 행차하여 揚武將軍 馬成(마성) 등을 보내 이헌을 공격케 하며 舒縣을 포위하였다. 건무 6년 정월에야 성이 함락되었다. 이헌은 도주하였는데 그의 부하 帛意(백의)가 추격하여 목을 잘라 투항하였고 이헌의 처자는 모두 주살되었다. 帛意는 漁浦侯(어포후)가 되었다.

뒷날 이헌의 잔당인 淳于臨(순우림) 등이 전처럼 무리 수천 명을 모아 灊山縣(첨산현)을 차지하고 安風 縣令을 공격 살해하였다. 楊州 牧인 歐陽歙(구양흡)이 군사를 보냈으나 이기지 못하자 광무제가 토벌 방법을 의논케 했다. 廬江 사람 陳衆(진중)은 從事였는데, 순우림을 설득해보겠다고 구양흡에게 말해 허락을 받고 백마가 끄는 조그만 수레를 타고 가서 설득하여 투항케 하였다. 첨산현 사람들은 살아있는 사람을 모시는 사당을 세우고, 이름은 '白馬陳從事' 라 하였다.

## ❼ 彭寵

原文

彭寵字伯通, 南陽宛人也. 父宏, 哀帝時爲漁陽太守, 偉容貌, 能飮飯, 有威於邊. 王莽居攝, 誅不附己者, 宏與何武, 鮑宣並遇害.

寵少爲郡吏, 地皇中, 爲大司空士, 從王邑東拒漢軍. 到洛陽, 聞同産弟在漢兵中, 懼誅, 卽與鄕人吳漢亡至漁陽, 抵父時吏. 更始立, 使謁者韓鴻持節徇北州, 承制得專拜二千石已下. 鴻至薊, 以寵,漢並鄕閭故人, 相見歡甚, 卽拜寵偏將軍, 行漁陽太守事, 漢安樂令.

| 註釋 | ○彭寵(팽총, ?-29년) – 新朝에서 후한 초기 武將, 지방 할거세력의 하나. ○何武,鮑宣 – 何武(하무, ?-서기 3년)는 前 8년 御史大夫(大司空) 역임. 나중에 왕망의 모함으로 자살. 《漢書 何武王嘉師丹傳》에 입전. 鮑宣(포선, ?-서기 3년) – 哀帝 시 諫大夫, 司隸校尉 역임. '民有七亡而無一得' 하고 '民有七死而無一生' 이라면서 사회 모순 완화를 역설했지만 왕망의 핍박을 받아 자살했다. 《漢書 王貢兩龔鮑傳》에 입전. ○大司空士 – 大司空 소속 元士, 왕망은 9卿을 三公에 분속시켰고 各 卿 아래 大夫 3인, 각 大夫의 보좌관으로 元士 3인을 두었다. ○王邑(왕읍) – 王商(왕상)의 아들, 왕망의 사촌 동생. 왕망의 심복. 大司空(대사공, 어사대부) 역임. ○抵父時吏 – 抵는 찾아가 의지하다. ○漁陽 – 幽州 관할 郡名. ○北州 – 幽州刺史部와 并州刺史部의 관할 지역. ○承制 – 황제의 뜻에 따라. 承制는 황제의 명령. ○安樂 – 漁陽郡의 현명. 今 北京市 順義區, 北京首都國際機場이 있

는 곳.

## [國譯]

彭寵(팽총)의 字는 伯通(백통)으로 南陽郡 宛縣(완현) 사람이다. 부친 彭宏(팽굉)은 哀帝 때 漁陽太守였는데 키가 크고 당당한 모습에 술을 잘 마셨기에 변방에서 威望이 높았다. 왕망이 居攝(거섭)으로 있을 때(平帝), 자신의 편에 서지 않는 사람들을 주살했는데 팽굉과 何武(하무), 鮑宣(포선)이 모두 핍박을 받아 자살하였다.

팽총은 젊어 郡吏가 되었는데, 왕망 地皇 연간(서기, 20~24년)에 大司空의 元士로 王邑을 따라 漢軍(更始帝 군사)와 싸웠다. 洛陽에 이르러 同母弟가 漢兵에 있다는 소식을 듣고 주살될까 두려워 같은 고향 사람 吳漢(오한)과 함께 도망하여 漁陽郡으로 와서 옛 부친의 관리를 찾아갔다. 즉위한 경시제는 謁者(알자) 韓鴻(한홍)에게 부절을 주어 북부 지역을 徇行(순행)하며 황제의 制書에 의거 2천석 이하 관리를 임명할 권한을 부여했다. 한홍이 (廣陽郡) 薊縣(계현)에 이르러 팽총과 吳漢이 모두 고향서 알던 사람이라 서로 만나 크게 기뻐하면서 팽총을 偏將軍 겸 漁陽太守 직무대리로 임용했고, 오한은 安樂縣令이 되었다.

## 原文

及光武鎭慰河北, 至薊, 以書招寵. 寵具牛,酒, 將上謁. 會王郞詐立, 傳檄燕,趙, 遣將徇漁陽,上谷, 急發其兵, 北州衆多疑惑, 欲從之. 吳漢說寵從光武, 語在〈漢傳〉. 會上谷太

守耿況亦使功曹寇恂詣寵, 結謀共歸光武. 寵乃發步騎三千
人, 以吳漢行長史, 及都尉嚴宣, 護軍蓋延, 狐奴令王梁, 與上
谷軍合而南, 及光武於廣阿. 光武承制封寵建忠侯, 賜號大
將軍. 遂圍邯鄲, 寵轉糧食, 前後不絶.

| 註釋 |  ○上谷 – 幽州자사부 관할 군명. 治所는 沮陽縣, 今 河北省 북
부 張家口市 관할 懷來縣.  ○語在〈漢傳〉 – 18권, 〈吳蓋陳臧列傳〉立傳.
○功曹寇恂 – 功曹(공조)는 군 태수나 현령의 보좌관, 군에는 功曹掾과 功
曹史를 두었다. 鄕吏 중 首席, 태수 부재 시 직무 대행. 寇恂(구순)은 16권,
〈鄧寇列傳〉立傳.  ○狐奴令王梁 – 狐奴(호노)는 漁陽郡의 현명. 今 北京市
順義區 동북. 王梁은 22권, 〈朱景王杜馬劉傅堅馬列傳〉立傳.  ○廣阿 – 前
漢의 현명. 後漢에서는 폐현. 今 河北省 남부의 邢台市 관할 隆堯縣에 해
당.

[國譯]

　光武는 河北 지역을 진무하려고 薊縣(계현)에 와서 서신으로 팽총
을 불렀다. 팽총은 소고기와 술을 준비하여 배알하려고 했다. 마침
王郞(王昌)이 成帝 아들을 사칭하며 자립하고서 燕과 趙에 격문을
보냈고 장수를 시켜 漁陽郡과 上谷郡을 경략하면서 그 군사를 서둘
러 파견하니 北州 일대의 대중이 의혹을 품거나 따르려고 하였다.
吳漢(오한)은 팽총에게 광무제를 따라야 한다고 설득하였는데, 이는
〈吳漢傳〉에 기록했다. 마침 上谷太守 耿況(경황)도 功曹인 寇恂(구
순)을 팽총에게 보내 함께 光武에게 귀부하기로 결정을 보았다. 팽
총은 바로 步騎兵 3천 명을 동원하고 吳漢을 임시 長史로, 그리고

都尉 嚴宣(엄선), 護軍 蓋延(개연), 狐奴(호노) 현령 王梁(왕량)과 함께
上谷郡의 군사를 합쳐 남쪽으로 내려가 廣阿縣(광아현)에서 광무를
만났다. 光武는 황제의 뜻에 따라 팽총을 建忠侯에 봉하고 大將軍
칭호를 하사하였다. 마침내 (趙의) 邯鄲(한단)을 포위했을 때 팽총은
군량을 수송하여 전후로 단절되지 않았다.


■原文

　及王郎死, 光武追銅馬, 北至薊. 寵上謁, 自負其功, 意望
甚高, 光武接之不能滿, 以此懷不平. 光武知之, 以問幽州
牧朱浮. 浮對曰, "前吳漢北發兵時, 大王遣寵以所服劍, 又
倚以爲北道主人. 寵謂至當迎閤握手, 交歡並坐. 今旣不然,
所以失望." 浮因曰, "王莽爲宰衡時, 甄豐旦夕入謀議, 時
人語曰, '夜半客, 甄長伯'. 及莽篡位後, 豐意不平, 卒以誅
死." 光武大笑, 以爲不至於此. 及卽位, 吳漢, 王梁, 寵之所
遣, 並爲三公, 而寵獨無所加, 愈怏怏不得志. 嘆曰, "我功
當爲王, 但爾者, 陛下忘我邪?"

| 註釋 |　○銅馬 – 왕망 말기, 河北 봉기 세력의 하나. 銅馬의 賊帥(적수)
는 東山荒禿(동산황독)과 上淮況(상회황) 등, 建武 2년에 孫登을 황제로 옹립
하였다.　○朱浮(주부) – 33권, 〈朱馮虞鄭周列傳〉 立傳.　○宰衡(재형) – 平
帝 元始 4년에 정한 왕망의 공식 호칭. 西周의 周公은 太宰(태재), 殷의 伊
尹(이윤)은 阿衡(아형)이라 불렸는데, 왕망은 두 칭호를 합쳐 宰衡이라 하였

으니 자신의 공적이 伊尹과 周公보다 훌륭하다는 뜻이다. 왕망의 칭호는 新都侯, 安漢公, 宰衡(재형)으로 왕망의 권력과 지위가 강화되면서 바뀌었다. ㅇ夜半客, 甄長伯 - 長伯은 甄豐의 字. 甄豐(견풍), 劉歆(유흠), 王舜(왕순) 등은 왕망의 심복이 되어 왕망을 고위직에 오를 수 있도록 선창하고 또 이끌었으며 安漢公, 宰衡 같은 호칭의 사용도 다 견풍과 협의한 것이었다. ㅇ愈怏怏不得志 - 怏怏(앙앙)은 마음이 흡족하지 않은 모양. 怏은 원망할 아.

## [國譯]

王郎이 죽을 무렵 光武帝는 銅馬賊(동마적)을 추격하며 북으로 薊縣(계현)에 이르렀다. 팽총이 광무제를 알현하면서 자신의 공적에 자부심을 갖고 기대가 상당히 컸지만 광무제를 만난 뒤로는 만족하지 못하면서 불평을 품었다. 광무제도 이를 알고 있어 幽州牧인 朱浮(주부)에게 물었다. 이에 주부가 말했다.

"앞서 吳漢의 군사가 북으로 출동할 때, 大王께서는 팽총에게 차고 있던 칼을 풀어주셨고 또 팽총을 북쪽의 주인처럼 의지하셨습니다. 팽총이 도착할 때 폐하께서 문을 나와 악수를 하고 나란히 앉아 환담을 나눌 줄로 생각했습니다. 이번에 그러하지 않았기에 실망한 것 같습니다."

그리고 주부가 이어서 말했다. "왕망이 宰衡(재형)으로 있을 때 甄豐(견풍)은 아침저녁으로 같이 의논하였는데 그때 사람들은 '한밤의 손님은 견풍이네!' 라고 말할 정도였습니다. 그러나 왕망이 찬위한 이후 견풍은 자신에 대한 대우에 만족하지 못했고 결국 처형되었습니다."

광무제는 크게 웃으면서 그렇지는 않을 것이라 생각하였다. 광무제가 즉위한 이후 吳漢과 王梁(왕량)은 팽총이 파견했던 사람으로 모두 三公이 되었지만, 팽총만은 더 승진하지 않았기에 불평불만을 품게 되었다. 팽총은 "나의 공적은 당연히 王이 되어야 하는데, 여기서 그치는 것은 폐하가 나를 잊은 것 아닌가?" 라고 탄식하였다.


## 原文

是時, 北州破散, 而漁陽差完, 有舊鹽鐵官, 寵轉以貿穀, 積珍寶, 益富强. 朱浮與寵不相能, 浮數譖構之. 建武二年春, 詔徵寵, 寵意浮賣己, 上疏願與浮俱徵. 又與吳漢,蓋延等書, 盛言浮枉狀, 固求同徵. 帝不許, 益以自疑. 而其妻素剛, 不堪抑屈, 固勸無受召. 寵又與常所親信吏計議, 皆懷怨於浮, 莫有勸行者. 帝遣寵從弟子后蘭卿喩之, 寵因留子后蘭卿, 遂發兵反, 拜署將帥, 自將二萬餘人攻朱浮於薊, 分兵徇廣陽,上谷,右北平. 又自與耿況俱有重功, 而恩賞並薄, 數遣使要誘況. 況不受, 輒斬其使.


| 註釋 | ○差完 – 거의 안정되다. ○鹽鐵官 – 소금과 철의 전매를 담당한 관리. ○賣己 – 자신을 속이다. 賣는 자신의 이익을 위해 남을 팔아먹다(배신하다).


## [國譯]

이때, 幽州와 幷州 지역은 크게 피폐했지만 漁陽郡은 거의 안정이 되었는데, (팽총은) 예전 鹽鐵官(염철관)을 시켜 염철과 곡식을 轉賣하였고 珍寶를 비축하면서 크게 부유해졌다. (팽총과) 朱浮(주부)는 서로 화합하지 못했는데 주부는 팽총을 여러 번 헐뜯었다.

建武 2년 봄, 광무제는 조서로 팽총을 불렀지만 팽총은 주부가 자신을 헐뜯었기 때문이라면서 상소하여 주부와 함께 불러달라고 요구하였다. 팽총은 吳漢과 蓋延(개연)에게도 서신을 보내 주부의 많은 잘못을 설명하며 같이 불려가야 한다고 말했다. 그러나 광무제가 허락하지 않자 팽총은 더 의심을 품었다.

그리고 팽총의 처는 평소에도 억세었는데 남에게 꿇리는 것을 견디지 못하고 소환에 응하지 말라고 강하게 권하였다. 팽총은 또 평상시 신임하는 관리와 계책을 논의했는데, 모두 朱浮(주부)에게 원한을 가지고 있어 출발을 권하는 자가 없었다. 광무제가 팽총의 사촌 아우인 子后蘭卿(자후란경)을 보내 타이르게 하였지만 팽총은 자후란경을 억류하면서 드디어 군사를 일으키며 반역했는데, 부장의 업무를 분장한 뒤 자신이 2만여 군사를 거느리고 薊縣(계현)의 주부를 공격하였고, 군사를 나누어 廣陽郡, 上谷郡, 右北平郡을 경략케 하였다. 또 자신이 耿況(경황)과 함께 큰 공을 세웠지만 은택과 보상은 마찬가지로 각박했다면서 사자를 수차례 보내 경황을 유인하였다. 이에 경황은 거절하면서 여러 번 팽총의 사자를 처형하였다.

秋, 帝使遊擊將軍鄧隆救薊. 隆軍潞南, 浮軍雍奴, 遣吏奏狀. 帝讀檄, 怒謂使吏曰, "營相去百里, 其勢豈可得相及? 比若還, 北軍必敗矣."

竉果盛兵臨河以拒隆, 又別發輕騎三千襲其後, 大破隆
軍. 浮遠, 遂不能救, 引而去. 明年春, 竉遂拔右北平, 上谷數
縣. 遣使以美女繪彩略遺匈奴, 要結和親. 單于使左南將軍
七八千騎, 往來爲遊兵以助竉. 又南結張步及富平獲索諸豪
傑, 皆與交質連衡. 遂攻拔薊城, 自立爲燕王.

| 註釋 | ○潞 – 縣名. 今 河北省 廊坊市 관할 三河市 서남. (北京市 天津
市 중간). ○雍奴 – 幽州 漁陽郡의 현명. 今 天津市 서북. ○比若還 – 네
가 돌아갈 때에는. 若은 汝(너 여). ○右北平 – 幽州 관할 군명. 治所는 土
垠縣(토은현). 今 河北省 동북 唐山市 豊潤區. ○富平獲索 – 富平은 平原郡
의 현명. 後漢에서는 慶次縣으로 개칭, 今 山東省 북부 濱州市 관할 惠民
縣. 北地郡의 치소 富平縣은 今 寧夏回族自治區 북부, 黃河 東岸의 吳忠
市. 獲索(획색)은 봉기했던 무리의 이름. 그 우두머리가 徐異卿이었다고 한
다. ○交質連衡 – 인질을 교환하며 하나가 된다. 連衡(연횡)은 동서로 결
합하다. ○薊城(계성) – 전국시대 燕의 도성, 廣陽郡의 치소, 幽州자사부의
치소, 今 天津市 북부 薊州區(계주구, 薊縣).

[國譯]

　(建武 2년) 가을, 광무제는 遊擊將軍 鄧隆(등륭)을 보내 薊縣(계현)
을 구원케 하였다. 등륭은 潞縣(노현) 남쪽에 주둔했고, 朱浮(주부)는
雍奴縣(옹노현)에 주둔하였는데 사자를 보내 배치 상황을 보고하였
다. 광무제는 격문을 읽고 화를 내며 사자로 온 관리에게 말했다.
　"병영이 서로 1백 리나 떨어져 있으니 어떻게 도움을 줄 수 있겠

는가? 네가 돌아갈 때에는 북군은 필히 패했을 것이다."

팽총은 군사를 늘려 황하에서 등륭의 군내 진격을 막으면서 다시
별도의 경기병 3천 명으로 후방을 습격하여 등륭의 군사를 대파하
였다. 朱浮는 멀리 있어 구원을 할 수도 없어 군사를 되돌렸다. 다음
해 봄, 팽총은 右北平郡과 上谷郡의 여러 현을 차지하였다. 팽총은
미녀와 비단을 흉노에 뇌물로 보내며 화친을 요구하였다. 흉노 單于
(선우)는 左南將軍에게 7, 8천의 군사를 주어서 각지를 왕래하며 유
격하여 팽총을 돕게 하였다. 또 남으로는 張步와 결합하며 富平과
獲索(획색) 등 봉기군과 인질을 교환하며 연합하였다. 팽총은 마침
내 薊城(계성)을 차지하고 자립하여 燕王이 되었다.


## 原文

其妻數惡夢, 又多見怪變, 卜筮及望氣者皆言兵當從中
起. 寵疑子后蘭卿質漢歸, 故不信之, 使將兵居外, 無親於
中. 五年春, 寵齋, 獨在便室. 蒼頭子密等三人因寵臥寐, 共
縛著床, 告外吏云, "大王齋禁, 皆使吏休." 僞稱寵命敎, 收
縛奴婢, 各置一處. 又以寵命呼其妻. 妻入, 大驚. 寵急呼
曰, "趣爲諸將軍辦裝." 於是兩奴將妻入取寶物, 留一奴守
寵. 寵謂守奴曰, "若小兒, 我素愛也, 今爲子密所迫劫耳.
解我縛, 當以女珠妻汝, 家中財物皆與若." 小奴意欲解之,
視戶外, 見子密聽其語, 遂不敢解. 於是收金玉衣物, 至寵
所裝之, 被馬六匹, 使妻縫兩縑囊. 昏夜後, 解寵手, 令作記

告城門將軍云, "今遣子密等至子后蘭卿所, 速開門出, 勿稽
留之." 書成, 卽斬寵及妻頭, 置囊中, 便持記馳出城, 因以
詣闕. 封爲不義侯. 明旦, 閤門不開, 官屬逾墻而入, 見寵屍,
驚怖. 其尙書韓立等共立寵子午爲王, 以子后蘭卿爲將軍.
國師韓利斬午首, 詣征虜將軍祭遵降. 夷其宗族.

| 註釋 | ○卜筮及望氣者 − 卜筮는 점쟁이. 筮는 점대 서. 점을 치다. 望
氣는 구름의 형상과 빛깔의 변화를 보고 人事에 결부시켜 길흉을 예언하
는 일. ○五年 − 건무 5년. 서기 29년. ○齋 − 齋戒하다. 不淨을 피하고
몸을 깨끗하게 하다. ○蒼頭 − 종, 노비. ○勿稽留之 − 멈칫거리지 말라.
稽는 머무를 계. ○祭遵(제준, ?−33) − 人名. 장군. 광무제를 따라 공을 세
움. 20권, 〈銚期王霸祭遵列傳〉에 입전.

[國譯]
　팽총의 아내는 자주 악몽을 꾸었고 또 여러 번 괴이한 일이 있자
점쟁이와 望氣者들은 병란이 내부에서 일어날 것이라고 말했다. 팽
총은 子后蘭卿은 인질이라서 漢으로 돌아갈 것이라고 의심하면서
신임하지 않아 군사를 거느리고 외부에 머물렀으며 내부에는 친족
이 없었다.
　(建武) 5년 봄, 팽총은 齋戒(재계)하며 별실에 혼자 있었다. 하인
인 子密(자밀) 등 세 사람은 팽총이 침상에서 잠들기를 기다렸다가
함께 침상에 묶은 뒤에 밖의 관리에게 말했다.
　"대왕께서 재계 중이라 모든 관리는 쉬라고 하셨습니다."
　그리고 거짓으로 팽총의 명령이라며 노비를 포박하여 따로따로

가둬두었다. 또 팽총의 말이라면서 팽총의 처를 불렀다. 팽총의 처는 들어와 크게 놀랐다.

팽총은 다급하게 말했다. "서둘러 여러 장수에게 보낼 행장을 준비하라."

이에 노비 두 사람이 팽총의 처를 데리고 들어가 값될 물건을 챙겼고 노비 하나가 팽총을 지키고 있었다. 팽총은 감시하는 노비에게 말했다.

"네가 어렸을 때부터 늘 너를 아껴주었는데, 지금 너는 子密(자밀)에게 협박당하고 있다. 묶인 나를 풀어주면 내 딸 珠(주)를 너에게 시집보내고 집안의 재물은 모두 너에게 주겠다."

젊은 노비가 풀어줄 생각을 했지만 밖을 보니 자밀이 팽총의 말을 들은 것 같아 풀어주지 못했다. 이에 金玉이나 의복을 팽총의 거처에서 챙겨 말 6필에 나눠 싣고 팽총의 처를 시켜 두 개의 비단 자루를 만들게 하였다. 밤이 어두워진 뒤에 팽총의 손을 풀어주고 城門의 장군에게 알리는 글을 쓰게 하였다. "지금 子密(자밀) 등을 子后蘭卿(자후난경)이 있는 곳에 보내니 빨리 성문을 열어 보내고 꾸물대지 말라." 문서가 완성되자, 곧 팽총과 처의 머리를 잘라 비단 자루 안에 넣고 바로 문서를 지닌 채 성문을 나가서 바로 궁궐로 갔다. 자밀은 不義侯가 되었다.

다음 날 아침, 쪽문이 열리지 않자 관속들이 담을 넘어 들어가 보니 팽총의 시신을 보고 놀라 떨었다. 팽총의 尙書인 韓立(한립) 등은 함께 팽총의 아들 彭午(팽오)를 왕으로 옹립했고 子后蘭卿(자후난경)은 장군이 되었다. 그러나 國師인 韓利(한리)가 팽오의 목을 잘라 征虜將軍 祭遵(제준)에게 가서 투항하였다. 그 종족은 멸족되었다.

# ❽ 盧芳

|原文|

　盧芳字君期, 安定三水人也, 居左谷中. 王莽時, 天下咸思漢德, 芳由是詐自稱武帝曾孫劉文伯. 曾祖母匈奴谷蠡渾邪王之姊爲武帝皇后, 生三子. 遭江充之亂, 太子誅, 皇后坐死, 中子次卿亡之長陵, 小子回卿逃於左谷. 霍將軍立次卿, 迎回卿. 回卿不出, 因居左谷, 生子孫卿, 孫卿生文伯. 常以是言誑惑安定間. 王莽末, 乃與三水屬國羌胡起兵. 更始至長安, 徵芳爲騎都尉, 使鎭撫安定以西.

|註釋| ○盧芳(노방) - 건무 13년 五原郡에서 흉노 땅으로 도주하였다가 다시 돌아오는 등 반복이 무상했다. 建武 17년(41)에 다시 흉노 땅으로 도주하여 그곳에서 병사했다. ○安定三水 - 安定郡 치소는 高平縣, 今 寧夏回族自治區 固原市. 三水는 현명. 뒷날 安定屬國都尉의 치소. 今 寧夏回族自治區 吳忠市 관할 同心縣 동쪽. ○谷蠡渾邪王 - 谷蠡는 '鹿离 lùlí'라는 音譯에 의거 '녹리'로 표기. 谷은 흉노 벼슬 이름 록. 나라 이름 욕. 골짜기 곡. 蠡은 좀먹을 려. 흉노 벼슬 이름 려. 渾邪王(혼야왕)은 單于 아래 관직명. ○遭江充之亂 - 江充(강충, ?-前 91)의 본명은 江齊(강제), 江充之亂은 무제 征和 2년(前 91)의 巫蠱의 禍. 강충은 武帝의 신임을 얻고 궁궐의 巫蠱(무고) 행위를 조사한다고 衛太子(위태자)를 모함하였다. 이에 위태자가 군사를 동원하여 강충을 죽였지만 결국 승상의 군사와 싸우게 되었고 이 때문에 위태자는 반역자로 쫓기다가 자살로 끝냈다. 무제는 강충의 삼족을 멸족했다. 《漢書》. 45권 〈蒯伍江息夫傳〉에 입전. ○霍將軍 - 前漢의 霍光(곽광)을 지칭. 이런 내용은 노방의 주장일 뿐, 사실과 일치하는 것은 아니다.

**[國譯]**

盧芳(노방)의 字는 君期(군기)이고 安定郡 三水縣 사람으로 (삼수현의) 左谷(좌곡)이란 곳에 살았다. 왕망 시절에 천하 사람들이 모두 漢의 은덕을 그리워하기에 노방은 자신이 漢 무제의 증손인 劉文伯(유문백)이라고 사칭하였다. 곧 曾祖母는 匈奴 谷蠡渾邪王(녹리혼야왕)의 여동생으로 武帝皇后의 황후가 되어 아들 셋을 출산하였다. 江充之亂(강충의 난, 巫蠱의 禍)를 당하여 太子가 죽고 황후도 연좌되어 죽었으며, 둘째 아들 次卿(차경)은 長陵(장릉)으로 도망쳐 숨었고, 막내아들 回卿(회경)은 (삼수현의) 左谷으로 도망쳤다. 霍將軍(霍光)은 次卿을 옹립하고 回卿(회경)도 영입하려 했다. 그러나 回卿은 左谷(좌곡)을 떠나지 않았기에 좌곡에 눌러 살게 되었고 아들 孫卿(손경)을 낳고, 孫卿은 文伯(盧芳)을 낳았다고 하였다. (노방은) 늘 이런 식의 황당한 말로 안정군의 백성을 현혹시켰다. 왕망 말기에 바로 三水屬國의 羌族(강족)과 함께 거병하였다. 更始帝는 장안에서 노방을 불렀고 노방은 騎都尉가 되어 安定郡 서쪽 지역을 鎭撫(진무)하였다.

**原文**

更始敗, 三水豪傑共計議, 以芳劉氏子孫, 宜承宗廟, 乃共立芳爲上將軍,西平王, 使使與西羌,匈奴結和親. 單于曰, "匈奴本與漢約爲兄弟. 後匈奴中衰, 呼韓邪單于歸漢, 漢爲發兵擁護, 世世稱臣. 今漢亦中絶, 劉氏來歸我, 亦當立之, 令尊事我."

乃使句林王將數千騎迎芳, 芳與兄禽,弟程俱入匈奴. 單于遂立芳爲漢帝. 以程爲中郎將, 將胡騎還入安定. 初, 五原人李興,隨昱, 朔方人田颯, 代郡人石鮪,閔堪, 各起兵自稱將軍. 建武四年, 單于遣無樓且渠王入五原塞, 與李興等和親, 告興欲令芳還漢地爲帝. 五年, 李興,閔堪引兵至單于庭迎芳, 與俱入塞, 都九原縣. 掠有五原,朔方,雲中,定襄,雁門五郡, 並置守令, 與胡通兵, 侵苦北邊.

| 註釋 | ○呼韓邪單于(호한야선우, 재위 前 58-31) – 이때 흉노는 선우가 남북으로 갈라진다. 호한야선우는 前 51년에 장안에 와서 선우로서는 최초로 중원의 황제(宣帝)를 알현한다. 선제도 장안 교외까지 나가 영접했고 그가 돌아갈 때는 기병 1만6천으로 고비 사막 남쪽까지 호송하였다. 元帝 마지막 해인 竟寧(前 33년)에 또 한 번 장안에 와서 和親하고 유명한 王昭君(왕소군)을 데리고 돌아간다. ○五原 – 幷州 관할 군명. 治所는 九原縣, 今 內蒙古 包頭市(黃河 북안). ○單于庭(선우정) – 흉노 선우의 직할지. 흉노는 유목이 본업이기에 국가의 수도가 없다.

## [國譯]

경시제가 패망한 뒤에 三水縣의 豪傑(호걸)들은 노방이 劉氏의 자손이니 종묘를 계승할 수 있다고 의논하고서 공동으로 노방을 상장군 겸 西平王에 옹립하였고 사자를 보내 西羌(서강)과 匈奴와도 和親하였다. 흉노 선우가 말했다.

"흉노는 본래는 漢과 형제의 맹약을 맺었다. 뒷날 흉노가 중간에 쇠약하여 呼韓邪單于(호한야선우)가 漢에 귀부하자 한은 군사를 내어 옹호해주었고 흉노는 대대로 稱臣하였다. 이제 한이 중간에 끊겼고 劉氏(盧芳)가 우리에게 귀부하니 우리가 옹립하여 (漢이) 우리를 받들게 해야 한다."

이에 句林王을 보내 수천 기병을 거느리고 노방을 영입케 하였는데 노방의 형 盧禽(노금), 동생 盧程(노정)과 함께 흉노 땅에 들어갔다. 선우는 노방을 漢 황제로 옹립했다. 노정은 中郎將이 되어 흉노 기병을 거느리고 安定郡에 들어왔다.

그전에 五原郡 사람 李興(이흥)과 隨昱(수욱), 朔方郡 사람 田颯(전삽), 代郡 사람 石鮪(석유)와 閔堪(민감) 등은 각자 거병하며 將軍을 칭했었다.

建武 4년, 선우는 無樓且渠王(무루차거왕)을 五原郡의 초소에 보내 李興 등과 화친하면서 이흥이 그 영역을 노방에게 반환하고 황제로 모실 것을 요구하였다.

건무 5년, 이흥과 閔堪(민감)은 군사를 이끌고 單于庭(선우정)에 들어가서 노방을 영입하여 함께 국경으로 들어와 (五原郡) 九原縣에 도읍하였다. (노방 등은) 五原, 朔方, 雲中, 定襄, 雁門(안문) 등 5개 군을 점령하고 태수와 현령을 임명하였으며, 흉노와 군사와 함께 북쪽 변경을 침략하며 괴롭혔다.


原文

六年, 芳將軍賈覽將胡騎擊殺代郡太守劉興. 芳後以事誅其五原太守李興兄弟, 而其朔方太守田颯,雲中太守橋扈恐懼, 叛芳, 舉郡降, 光武令領職如故. 後大司馬吳漢,驃騎大將軍杜茂數擊芳, 並不克.

十二年, 芳與賈覽共攻雲中, 久不下, 其將隨昱留守九原, 欲脅芳降. 芳知羽翼外附, 心膂內離, 遂棄輜重, 與十餘騎亡入匈奴, 其衆盡歸隨昱. 昱乃隨使者程恂詣闕. 拜昱爲五原太守, 封鐫胡侯, 昱弟憲武進侯.

| 註釋 | ○(建武) 六年 – 서기 30년. ○朔方 – 幷州 관할 郡名. 治所 臨戎縣(임융현), 今 內蒙古自治區 黃河 북안 巴彦淖爾市 서남부의 磴口縣(등구현). ○雲中 – 幷州 관할 군명. 治所는 雲中縣. 今 內蒙古 呼和浩特市(內蒙古自治區 首府) 관할 托克托縣(黃河 북안). ○杜茂 – 22권, 〈朱景王杜馬劉傳堅馬列傳〉 立傳.

**[國譯]**

(建武) 6년, 盧芳(노방)의 장군 賈覽(가람)은 흉노 기병을 거느리고 代郡太守 劉興(유흥)을 공격 살해했다. 노방은 그 뒤에 다른 일로 그의 五原太守 李興(이흥) 형제를 죽이자, 그의 朔方太守 田颯(전삽), 雲中太守 橋扈(교호)는 두려워 떨며 노방을 배반하고 郡을 들어 漢에 투항하였는데 광무제는 그전 직책을 그대로 수행케 하였다. 뒤에 大司馬 吳漢(오한)과 驃騎大將軍 杜茂(두무)가 여러 번 노방을 공격하였지만 둘 다 이기지 못했다.

(建武) 12년, 노방과 가람이 함께 雲中郡을 공격하였으나 오랫동안 함락시키지 못하자 (都邑인) 九原縣을 지키던 노방의 장수 隨昱(수욱)은 노방에게 투항을 협박하려 했다. 노방은 자신의 羽翼(우익)들이 외세에 연결되었고, 내부에서도 이반하자 두려워하다가 결국

輜重(치중)을 다 버리고 10여 기병만을 거느리고 흉노 땅으로 도망
치자 그 무리들은 전부 隨昱(수욱)을 따르게 되었다. 수욱은 (漢의)
사자 程恂(정순)을 따라 궁궐에 들어왔다. (광무제는) 수욱에게 五原
太守를 제수하고 鐫胡侯(준호후)에 봉했으며, 수욱의 동생 隨憲(수헌)
은 武進侯가 되었다.

十六年, 芳復入居高柳, 與閔堪兄林使使請降. 乃立芳爲
代王, 堪爲代相, 林爲代太傅, 賜繒二萬匹, 因使和集匈奴.
芳上疏謝曰,

「臣芳過托先帝遺體, 棄在邊陲. 社稷遭王莽廢絶, 以是子
孫之憂, 所宜共誅, 故遂西連羌戎, 北懷匈奴. 單于不忘舊
德, 權立救助, 是時兵革並起, 往往而在. 臣非敢有所貪覬,
期於奉承宗廟, 興立社稷, 是以久僭號位, 十有餘年, 罪宜萬
死. 陛下聖德高明, 躬率衆賢, 海內賓服, 惠及殊俗. 以肺附
之故, 赦臣芳罪, 加以仁恩, 封爲代王, 使備北藩. 無以報塞
重責, 冀必欲和輯匈奴, 不敢遺餘力, 負恩貸. 謹奉天子玉
璽, 思望闕庭.」

詔報芳朝明年正月. 其冬, 芳入朝, 南及昌平, 有詔止, 令
更朝明歲. 芳自道還, 憂恐, 乃復背叛, 遂反, 與閔堪,閔林相
攻連月. 匈奴遣數百騎迎芳及妻子出塞. 芳留匈奴中十餘
年, 病死.

| **註釋** | ○(建武) 十六年 - 서기 40년. ○高柳 - 현명. 代郡의 치소, 今 山西省 북쪽 끝 大同市 관할 陽高縣. ○和集 - 화목하게 지내다. 화친하다. ○棄在邊陲 - 변방에 버려지다. 변방에서 살다. 陲는 변방 수. 국경. ○貪覬 - 욕심을 갖고 바라다. 覬는 바랄 기. ○惠及殊俗 - 풍속이 다른 곳까지 은혜를 베풀다. 이민족도 보듬어주다. ○以肺附之故 - 친족이라 여기다. 살붙이라 생각하다. 肺는 포 자. 뼈가 붙어 있는 乾肉. ○昌平 - 廣陽郡의 현명. 北京市 서북의 昌平區.

## [國譯]

(建武) 16년, 노방은 다시 입국하여 (代郡) 高柳縣에 살면서, 閔堪 (민감)의 형 閔林(민림)을 보내 투항을 간청했다. (광무제는) 이에 노방을 代王에 봉했는데 민감을 代國의 相, 민림을 (代王의) 太傅에 임명하고 비단 2만 필을 하사하였으며, (노방을) 흉노에 사신으로 보내 흉노와 화친하였다. 이에 노방은 글을 올려 사죄하였다.

「臣 芳(방)은 지난 날 先帝의 후손으로 변방에 버려졌다고 假託(가탁)하였습니다. 漢의 사직이 왕망에 의해 끊겼으니, 이는 후손의 근심이며 당연히 모두가 왕망을 주살해야 했기에 서쪽으로 羌族(강족)과 결탁하였고 북으로 흉노와 잘 지냈습니다. 흉노 單于는 (漢의) 舊德을 잊지 않았기에 저를 자립하도록 도와주었는데 그때는 각지서 거병하면서 戰禍가 곳곳에서 있었습니다. 臣이 감히 욕심으로 바란 것이 아니고 종묘를 계승해야 하고 사직을 일으켜야 했기에 오랫동안 10여 년이나 제위를 참칭하였으니 이 죄는 응당 만 번을 죽어야 했습니다. 폐하께서는 고명하신 聖德으로 친히 많은 賢臣을 거느리시고 천하가 모두 신하로 복종하였으며 폐하의 은택은 풍속이 다른 지역까지 미쳤습니다. (폐하께서는) 저를 종친처럼 생각해 주시어 저의 죄를 용서하셨으며, 또 인자하신 은택을 더 베풀어 代王에 봉하여 북방의 울타리로 삼으셨습니다. 그 변방을 지킬 중책에 보답할 길이 없지만, 다만 흉노와 꼭 화해하려 하신다면 감히 온 힘을 아끼지 않을 것이며 은혜를 저버리지 않겠습니다. 삼가 천자의 옥새 받들어 대궐에서 뵈올 수 있기를 갈망하옵니다.」

조서로 노방에게 내년 정월에 입조하라고 통보하였다. 그 해 겨울 노방이 입조하려고 남쪽으로 향해 (廣陽郡) 昌平縣에 왔을 때 조서로 입조를 그만두고 다시 다음 해에 입조하라고 하였다.

노방은 온 길로 되돌아갔고 걱정과 두려움으로 다시 배반하였는데 起兵한 뒤에 閔堪(민감), 閔林(민림)과 몇 달을 싸웠다. 匈奴가 수백 명의 기병을 보내 노방과 그 처자를 영입하자 국경을 떠나갔다. 노방은 흉노 땅에 10여 년 머물다가 병사하였다.

■ 原文

初, 安定屬國胡與芳爲寇, 及芳敗, 胡人還鄉里, 積苦縣官徭役. 其中有駁馬少伯者, 素剛壯, 二十一年, 遂率種人反叛, 與匈奴連和, 屯聚靑山. 乃遣將兵長史陳訢, 率三千騎擊之, 少伯乃降. 徙於冀縣.

| 註釋 | ○安定屬國 – 변방의 먼 곳의 현 지역은 屬國을 설치하여 무관인 都尉가 통치했다. 涼州자사부 관할 安定郡(治所 臨涇縣. 今 甘肅省 慶

陽市 관할 鎭原縣)을 분할한 安定屬國의 치소는 三水縣인데, 今 寧夏回族
自治區 吳忠市 관할 同心縣 동쪽.  ○積苦縣官徭役 – 오랫동안 나라의 요
역 징발에 고생을 했다. 여기서 縣官은 나라를 의미.  ○駮馬少伯(박마소백)
– 蠻夷의 우두머리 이름. 駮은 짐승 이름 박. 말과 비슷하나 호랑이를 잡아
먹는다고 한다.  ○(建武) 二十一年 – 서기 45년.  ○屯聚青山 – 屯聚는 진
을 치고 모이다. 青山은 당시 北地郡의 山名. 今 甘肅省 동부 慶陽市 관할
還縣 소재.  ○冀縣(기현) – 漢陽郡의 治所, 今 甘肅省 天水市 관할 甘谷縣.

## [國譯]

　그전에 安定屬國의 흉노와 노방이 노략질을 했는데 노방이 패망
하자 흉노는 본 땅으로 돌아갔으며, 백성은 오랫동안 나라의 부역으
로 고생을 했었다. 백성 중 駮馬少伯(박마소백)이란 자가 있어 평소
에 힘이 장사였는데 建武 21년에 종족을 거느리고 반역하면서 흉노
와 연합하여 青山(청산)에 모여 진을 치고 있었다. 이에 (光武帝는)
군사를 長史 陳訢(진흔)에게 주어 파견하였는데 진흔이 3천 기병으
로 공격하자 박마소백은 투항하였다. 이들을 (漢陽郡) 冀縣(기현)으
로 이주시켰다.

## 原文

　論曰, 傳稱'盛德必百世祀', 孔子曰'寬則得衆'. 夫能得
衆心, 則百世不忘矣. 觀更始之際, 劉氏之遺恩餘烈, 英雄
豈能抗之哉! 然則知高祖,孝文之寬仁, 結於人心深矣. 周人
之思邵公, 愛其甘棠, 又況其子孫哉! 劉氏之再受命, 蓋以

此乎! 若數子者, 豈有國之遠圖哉! 因時擾攘, 苟恣縱而已耳, 然猶以附假宗室, 能掘强歲月之間. 觀其智略, 固無足以憚漢祖, 發其英靈者也.

| 註釋 | ○盛德必百世祀 – 큰 덕을 베풀었으면 百代에 걸쳐 제사를 받는다. ○寬則得衆 –「子張問仁於孔子. 孔子曰 ～ 恭寬信敏惠. 恭則不侮, 寬則得衆, 信則人任焉～.」《論語 陽貨》 ○邵公, 愛其甘棠 – 邵公奭(召公, 召公奭), 周 武王의 동생. 甘棠(감당) 나무 아래서 백성의 억울한 하소연을 듣고 해결하니 백성들이 그 나무를 베지 않고 아꼈다. '～ 蔽芾甘棠, 勿剪勿敗! 召伯所憩. ～'《詩經 召南 甘棠》, '甘棠遺愛'라는 成語가 있다.《史記 燕召公世家》참고. ○苟恣縱而已耳 – 겨우 (혼란한 시기에) 방종했을 뿐이다. ○能掘强歲月之間 – 몇 년 남짓 힘으로 행패를 부렸다는 뜻. ○固無足以憚漢祖 – 漢 高祖만큼 위엄을 갖추지 못했다.

[國譯]

范曄(범엽)의 史論 : 經典(春秋)에 '큰 덕을 베풀었으면 百代에 걸쳐 제사를 받는다'고 하였으며, 孔子는 '관용으로 衆心을 얻는다'고 하였다. 백성의 마음을 얻었다면 百世가 지나도 잊히지 않는다. 更始帝의 상황을 보면, 劉氏의 遺恩과 훌륭한 업적에 草莽(초망)의 영웅이 어찌 맞설 수 있겠는가! 이를 보면 高祖와 孝文帝의 관용과 인덕이 백성 마음에 깊이 맺혔음을 알 수 있다. 周나라 백성은 邵公(소공)을 그리며 그가 쉬었던 감당나무도 아꼈나니 하물며 그 후손을 아니 아꼈겠는가! 劉氏가 다시 천명을 받은 것도 이와 같았다!

위의 여러 사람들이 나라를 경영할 큰 뜻이 어디 있었겠는가! 그들은 어지러운 시대를 틈타 방종했을 뿐이니, 그러면서 종실이라고 거짓으로 꾸며대거나 잠깐 동안 힘으로 행세했을 뿐이었다. 그들의 지략을 따져본다면 漢 高祖의 상대도 못되었으며 靈明을 따라갈 수도 없었다.


## 原文

贊曰, 天地閉革, 野戰群龍. 昌,芳僭詐, 梁,齊連鋒. 寵負强地, 憲縈深江. 實惟非律, 代委神邦.


## 註釋

○閉革 – 改革. 天地革而四時成. ○昌,芳僭詐 – 王昌과 盧芳. 僭詐는 분수에 맞지도 않게 황족을 사칭하다. ○梁,齊連鋒 – 梁王 劉永, 齊王 張步. ○寵負强地 – 팽총은 漁陽郡 험지에 의존하다. ○憲縈深江 – 李憲(이헌, ?-30년)은 왕망 몰락 후 盧江郡에서 태수를 죽이고 봉기. 건무 6년에 부하에게 피살. 縈 얽힐 영. 둘러싸다. ○非律 – 律은 法度. ○代委神邦 – 代委는 버리다. 광무제에게 빼앗기다. 神邦은 믿었던 땅. 봉기했던 근거지.


## [國譯]

贊曰,
天地가 바뀌는 시대에 여러 호걸이 들판에서 싸웠나니
王昌, 盧芳은 皇孫을 참칭했고, 劉永, 張步도 봉기했다.
彭寵은 험지를 믿었고, 李憲은 盧江에서 봉기했었다.
正道가 아닌 행위였기에 근거마저 잃고 망했다.

# 13 隗囂公孫述列傳
〔외효,공손술열전〕

## ❶ 隗囂

原文

隗囂字季孟, 天水成紀人也. 少仕州郡. 王莽國師劉歆引
囂爲士. 歆死, 囂歸鄉里. 季父崔, 素豪俠, 能得衆. 聞更始
立而莽兵連敗, 於是乃與兄義及上邽人楊廣,冀人周宗謀起
兵應漢. 囂止之曰, "夫兵, 兇事也. 宗族何辜!" 崔不聽, 遂
聚衆數千人, 攻平襄, 殺莽鎮戎大尹. 崔,廣等以爲舉事宜立
主以一衆心, 咸謂囂素有名, 好經書, 遂共推爲上將軍. 囂
辭讓不得已, 曰, "諸父衆賢不量小子. 必能用囂言者, 乃敢
從命." 衆皆曰 "諾."

| 註釋 |  ○隗囂(외효, ?-33년) - 隗 험할 외, 나라 이름 외. 囂는 시끄러울 효.  ○天水成紀 - 天水는 군명. 후한에서는 漢陽郡으로 개칭. 成紀는 현명.  今 甘肅省 동남부 平涼市 관할 靜寧縣.  ○劉歆(유흠, 前 50?-서기 23년) - 字 子駿, 劉向의 아들. 漢朝 宗室, 왕망의 주요 참모로 왕망의 찬탈 과정에 협조, 왕망 정권에서 三公보다 상위직인 國師 역임. 나중에 왕망 제거에 어설프게 동조했다가 누설되자 자살. 經學者로 유명.《漢書 楚元王傳》에 父子 立傳.  ○上邽(상규) - 天水郡(漢陽郡)의 현명. 今 甘肅省 동남부 天水市의 秦州區 일대. 세계문화유산에 등재된 유명한 麥積山(맥적산) 石窟(석굴)이 있다.  ○冀 - 冀縣, 天水郡의 治所, 今 甘肅省 남부 天水市 관할 甘谷縣.  ○何辜 - 무슨 죄인가! 죄도 없이 죽어야 하나! 辜는 허물 고, 찢어발길 고.  ○平襄(평양) - 天水郡의 현명. 今 甘肅省 남부 定西市 관할 通渭縣.  ○鎭戎(진융)大尹 - 天水 太守. 왕망은 天水郡을 鎭戎郡으로 개칭. 太守를 大尹으로 개칭.

[國譯]

隗囂(외효)의 字는 季孟(계맹)으로 天水郡 成紀縣 사람이다. 젊어 州郡에 출사했다. 왕망의 國師인 劉歆(유흠)이 외효를 元士로 발탁했다. 유흠이 자살한 뒤, 외효는 향리로 돌아왔다. 외효의 작은아버지인 隗崔(외최)는 평소 豪俠(호협)의 기질이 있어 무리를 모을 수 있었다.

외최는 경시제가 즉위했고 왕망의 군사가 연패한다는 소식을 듣고 형인 隗義(외의)와 上邽縣(상규현) 사람 楊廣(양광), 冀縣(기현) 사람 周宗(주종)과 함께 기병하고 漢(更始帝)에 호응하기로 모의하였다. 그러나 외효는 이를 저지하며 말했다. "군사를 동원하는 것은 兇事입니다. 宗族이 무슨 죄가 있어 죽어야 합니까!" 그러나 외최는 따르지 않고 무리 수천 명을 모아 平襄縣을 공격하여 왕망의 鎭戎大尹 (天水太守)를 죽였다. 외최와 양광 등은 擧事에 필히 주관할 사람이 있어야 여러 마음을 하나로 모을 수 있다고 생각하였고, 사람들은 외효가 평소에 유명하고 經書를 좋아한다며 모두 함께 외효를 상장 군으로 추대하였다. 외효는 사양하다가 부득이해서 말했다.

"여러 숙부님과 賢士들께서는 저를 잘 모르십니다. 틀림없이 저 의 말을 받아 주겠다면 여러분 뜻을 따르겠습니다."

사람들은 모두 "옳소."라고 말했다.


## 原文

囂旣立, 遣使聘請平陵人方望, 以爲軍師. 望至, 說囂曰, "足下欲承天順民, 輔漢而起, 今立者乃在南陽, 王莽尙據長 安, 雖欲以漢爲名, 其實無所受命, 將何以見信於衆乎? 宜 急立高廟, 稱臣奉祠, 所謂'神道設敎', 求助人神者也. 且 禮有損益, 質文無常. 削地開兆, 茅茨土階, 以致其肅敬. 雖 未備物, 神明其舍諸."

囂從其言, 遂立廟邑東, 祀高祖,太宗,世宗. 囂等皆稱臣 執事, 史奉璧而告. 祝畢, 有司穿坎於庭, 牽馬操刀, 奉盤錯 鍉, 遂割牲而盟. 曰,

「凡我同盟三十一將, 十有六姓, 允承天道, 興輔劉宗. 如 懷姦慮, 明神殛之. 高祖,文皇,武皇, 俾墜厥命, 厥宗受兵, 族類滅亡.」

有司奉血錡進, 護軍擧手揖諸將軍曰, "錡不濡血, 歃不入口, 是欺神明也, 厥罰如盟."

旣而䘏血加書, 一如古禮.

| 註釋 | ○平陵人方望 - 平陵은 昭帝의 陵. 今 陝西省 咸陽市 부근. 능주변에 民戶를 이주시킨 뒤 현을 설치. 이를 陵縣이라 했다. 建武 元年(25년) 春 正月에 平陵縣 사람 方望(방망)이 옛 孺子 劉嬰(유자 유영, 平帝 繼位)을 天子로 옹립하자, 更始帝는 승상 李松(이송)을 보내 공격하여 죽여버렸다. ○軍師 - 장군의 스승, 군대의 고문, 중국사에서 軍師라면 누구나 諸葛亮을 연상하기에 軍師란 말이 자연스럽다. 우리나라에는 乙支文德이나 李舜臣 같은 장군은 있었지만 유명한 軍師는 없었다. 한글로 '군사' 라면 軍士, 軍事, 軍史만을 떠올린다. ○足下 - 대등한 사람에 대한 경칭. 貴下. ○神道設敎 - 風(☴)地(☷)觀, 땅 위에 부는 바람. 觀은 위에서 내려 본다는 뜻. 〈觀卦〉의 象辭(단사). 성인은 신비한 道로 (백성을) 교화한다. 백성은 따라오고 교화된다. ○禮有損益 - 禮에는 損益(가감)이 있다. 예의는 시대에 따라 달라진다는 뜻. ○質文無常 - 禮의 바탕(質, 質朴)과 형식(文, 文飾)은 일정하지 않다. 상황과 시대에 따라 달라진다. ○削地開兆 - 兆는 제단, 묏자리. ○茅茨土階 - 茅 띠 모. 잔디. 茨는 지붕을 덮다. 남가새(풀이름) 자. ○神明其舍諸 - 神明(神)이 받아들이지 않겠는가? → 틀림없이 받아들인다. 신통력과 신의 도움이 있다는 뜻. 諸는 語助辭. 之於의 합음(例, 君子求諸己). 之乎의 합음(例, 傳聞之事有諸?). ○太宗, 世宗 - 太宗은 文帝, 世宗은 武帝. 世祖는 光武帝이다. ○史奉璧而告 - 史는 祝史, 축문 담당자. ○有司穿坎於庭 - 坎은 구덩이 감. ○奉盤錯錡 - 錯는 置也. 얹다. 놓다. 錡 열쇠 시, (혈맹할 때 쓰는) 숟가락, 피 그릇 저. 血盟할 때 피를 받는 그릇. ○割牲而盟 - 희생되는 짐승(소)을 죽여 맹서하다. 牲 희생

생. (畜은 기를 축. 살아있는 가축). ○如懷姦慮 – 만약 간사한 생각을 품
는다면. ○明神殛之 – 殛은 죽일 극. ○俾墜厥命 – 俾 더할 비. ~하게 하
다. 墜 떨어질 추. 죽다. 厥 그 궐, 다할 궐. ○厥宗受兵 – 그 동족은 칼을
받을 것이다. 兵은 兵器. ○族類滅亡 – 일족 모두 멸망할 것이다. ○奉血
鍉進 – 희생의 피와 숟가락이 들어오다. ○鍉不濡血 – 濡 젖을 유. 적시
다. ○歃不入口 – 歃은 마실 삽. 끼워 넣다.(揷 同) ○欺神明也 – 神明을
속이다. ○厥罰如盟 – 그 징벌은 盟誓한 그대로다. ○薶血加書 – 薶는 메
울 매.

## [國譯]

외효는 자립하면서 사람을 보내 平陵縣 사람 方望(방망)을 초빙하
여 軍師로 삼았다. 방망이 도착해서 외효에게 말했다.

"足下께서는 하늘과 만민의 뜻에 따르면서 漢室을 보필하려고 기
병하였지만, 지금 옹립된 사람은 아직 南陽郡에 있고, 王莽(왕망)은
여전히 장안을 차지하고 있으며, (족하는) 지금 비록 漢室을 위한다
는 명분을 세웠지만 사실은 아무도 천명을 받은 것이 아니니, 장차
어떻게 대중의 신임을 얻으려 하시는가? 응당 서둘러 (漢) 고조의
묘당을 건립하고 稱臣하며 제사를 받든다면, 이는 '神道를 통한 敎
化'이며 先祖 신령의 도움을 얻는 것이오. 그리고 禮에는 損益(加
減)이 있으며 禮의 바탕(質, 質朴)과 형식(文, 文飾)은 일정한 것이
아니오. 땅을 평평히 하고 제단을 마련하며, 잔디로 덮은 지붕(초가
집)과 흙 계단을 마련하고 엄숙하게 받들어야 할 것이오. (이렇게
엄숙 공경하다면) 비록 예물이 완비되지 않았더라도 神明께서 받아
들이지 않겠는가?"

외효는 그 말에 따라 읍내 동쪽에 묘당을 짓고 高祖와 太宗(文帝), 世宗(武帝)의 제사를 지냈다. 외효 등 모두는 신하를 칭하면서 일을 처리하였고, 祝史가 둥근 옥을 받치고 축문을 읽었다. 축문이 끝나자 有司가 뜰에 구멍을 팠고 등에 칼을 얹은 말을 끌고 들어왔으며 수저를 얹은 쟁반을 높이 받들고 희생을 죽여 피로 맹서하였다. 맹서하기를,

「우리 모두 함께 맹서한 31명의 장수는 16개 姓氏이지만 함께 천명에 따라 劉氏 황족을 흥륭케 하고 보필할 것입니다. 만약 간사한 생각을 품는다면, 神明께서 죽일 것입니다. 高祖와 文皇(文帝), 武皇(武帝)께서 명줄을 끊어줄 것이니 그 일족은 칼을 받을 것이며 멸족될 것입니다.」

有司가 희생의 피와 숟가락을 갖고 들어오자, 護軍(호군)이 손을 들어 여러 장군에게 揖(읍)을 한 다음에 말했다.

"수저를 피에 담그지 않고 입에 삼키지 않는다면, 이는 神明을 속이는 것이니 그 벌은 맹서한 그대로입니다."

이어서 (희생의 남은) 피를 묻고 그 위에 맹서의 글을 얹어놓으니 모든 것이 옛 의례와 같았다.


▌原文

事畢, 移檄告郡國曰,

「漢復元年七月己酉朔. 己巳, 上將軍隗囂,白虎將軍隗崔,左將軍隗義,右將軍楊廣,明威將軍王遵,雲旗將軍周宗等,告州牧,部監,郡卒正,連率,大尹,尹,尉隊大夫,屬正,屬令. 故新都侯王莽, 慢侮天地, 悖道逆理. 鴆殺孝平皇帝, 簒奪其位. 矯托天命, 偽作符書, 欺惑衆庶, 震怒上帝. 反戾飾文, 以爲祥瑞. 戲弄神祇, 歌頌禍殃. 楚,越之竹, 不足以書其惡. 天下昭然, 所共聞見. 今略擧大端, 以喩使民.」

| 註釋 | ○漢復元年 – 隗囂(외효)가 상장군으로 자립한 뒤 내세운 연호. 서기 23년–34년까지 12년. ○七月己酉朔 – 己酉는 초하루(朔)의 日辰. 己巳는 21일. ○州牧,部監,郡卒正,連率,大尹,尹,尉隊大夫,屬正,屬令 – 모두 왕망이 〈周官 王制〉에 의거하여 새로 고친 관직명. 지방조직은 복잡해졌고 칭호는 더더욱 복잡하였으며, 지역을 쪼개고 소속이 자주 바뀌어 관리들도 어디가 어딘지를 몰랐다. ○新都侯 – 王莽의 최초 작위. ○偽作符書 – 왕망은 자신이 천명을 받았다는 근거로 符命 42편을 지어 漢을 대신해야 할 이유를 말했다. ○反戾飾文 – 反戾는 위배하다. 정도를 어기다. 飾文은 거짓 문장을 짓다. ○歌頌禍殃 – 공덕을 찬양하였지만 그것은 재앙이 되었다. ○楚,越之竹 – 楚, 越은 대나무가 많은 지역. 竹簡에 다 쓸 수도 없을 정도로 죄가 크다는 뜻.

**[國譯]**

혈맹의식을 마치고 격문을 각 군국에 보내 말했다.

「漢復(한복) 원년 7월 己酉日 초하루. 己巳日에 上將軍 隗囂(외효), 白虎將軍 隗崔(외최), 左將軍 隗義(외의), 右將軍 楊廣(양광), 明威將軍 王遵(왕준), 雲旗將軍 周宗(주종) 등은 각 州牧과 部監, 그리고 郡 卒正과 連率, 大尹과 尹, 尉隊大夫와 屬正과 屬令 등에게 알립니다. 옛

新都侯 王莽(왕망)은 天地 신명을 깔보고 모욕했으며, 도리에 어긋난 짓으로 孝平皇帝를 독살하고 제위를 찬탈하였습니다. 거짓으로 天命이라 꾸며대고 천명을 받은 증거를 위조했으며, 만민을 기만하고 현혹하여 上帝를 震怒(진노)케 하였습니다. 정도를 벗어난 거짓 글을 지어 상서로운 일이라 하였습니다. 神明을 희롱하고 자신의 공덕을 찬양하였지만 그것은 재앙이었습니다. 楚와 越 땅에 대나무가 많아도 그 죄를 죽간에 다 적을 수가 없습니다. 천하의 모두가 다 알고 있으며 모두가 분명히 듣고 보았습니다. 지금 그 대략을 열거하여 모든 사람에게 명백히 밝힙니다.」(이하 계속)

## 原文

「蓋天爲父, 地爲母, 禍福之應, 各以事降. 莽明知之, 而冥昧觸冒, 不顧大忌, 詭亂天術, 援引史傳. 昔秦始皇毀壞諡法, 以一二數欲至萬世, 而莽下三萬六千歲之歷, 言身當盡此度. 循亡秦之軌, 推無窮之數. 是其逆天之大罪也. 分裂郡國, 斷截地絡. 田爲王田, 賣買不得. 規錮山澤, 奪民本業. 造起九廟, 窮極土作. 發冢河東, 攻劫丘壟. 此其逆地之大罪也.

尊任殘賊, 信用姦佞, 誅戮忠正, 覆按口語, 赤車奔馳, 法冠晨夜, 冤繫無辜, 妄族衆庶. 行炮格之刑, 除順時之法, 灌以醇醯, 襲以五毒. 政令日變, 官名月易, 貨幣歲改, 吏民昏亂, 不知所從, 商旅窮窘, 號泣市道. 設爲六管, 增重賦斂,

刻剝百姓, 厚自奉養, 苞苴流行, 財入公輔, 上下貪賄, 莫相
檢考.

民坐挾銅炭, 沒入鍾官, 徒隸殷積, 數十萬人, 工匠饑死,
長安皆臭. 旣亂諸夏, 狂心益悖, 北攻强胡, 南擾勁越, 西侵
羌戎, 東摘濊貊. 使四境之外, 並入爲害, 緣邊之郡, 江海之
瀕, 滌地無類. 故攻戰之所敗, 苛法之所陷, 饑饉之所夭, 疾
疫之所及, 以萬萬計. 其死者則露屍不掩, 生者則奔亡流散,
幼孤婦女, 流離係虜. 此其逆人之大罪也.」(以下 繼續)

| 註釋 | ○冥昧觸冒 - 冥昧는 愚昧(우매). 觸冒(촉모)는 觸犯. 충돌하다.
웃어른의 감정을 돋우다. ○昔秦始皇毀壞諡法 - 진시황은 군주의 치적에
따라 시호를 정하는 것은, 곧 신하가 주군을 평가하는 일이라 하여 諡法을
폐지했다. ○而莽下三萬六千歲之歷 - 왕망은 태사령에게 3만6천 년의 曆
法을 계산케 하여 6년마다 改元하겠다고 포고했었다. ○斷截地絡 - 지맥
을 끊다. 斷截(단절)은 斷絕. 截은 끊을 절. 地絡(지락)은 땅의 經絡(경락), 곧
地脈. ○規錮山澤 - 規는 규제하다. 錮는 붙들어매다. 가로막다. 山林과
水澤에서의 수렵이나 채취를 금지시키다. ○造起九廟 - 왕망의 조상을
기리기 위해 皇帝太初祖廟 등 9개의 묘당을 신축했다. ○攻劫丘壟 - 墳墓
의 財寶를 탈취하다. 丘壟(구롱)은 무덤. 언덕. 壟은 언덕 롱(농). ○覆按口
語 - 覆按은 덮어씌우다. 口語는 일상의 말. 참소, 언론. ○法冠晨夜 - 法
冠은 侍御使의 冠帽. 시어사가 밤을 새다. ○行炮格之刑 - 炮는 火刑. 태
워 죽이다. 炮는 통째로 구울 포. 炮烙(포락)은 殷 紂王의 잔혹한 형벌. 格
은 格殺. 때려죽이다. ○除順時之法 - 계절에 따를 법 집행을 없애다. 본
래 봄, 여름에는 사형을 집행하지 않았는데 왕망은 봄과 여름에도 사형을

집행했다.  ○灌以醇醯 – 灌은 부어 넣다. 醇醯(순혜)는 아주 독한 식초〔醯
는 식초 혜, 醋酸(초산)〕. 왕망은 大司馬인 董忠(동충)의 모반사건이 발각되
자 동충 일족을 醇醯(순혜), 尺白刃(척백인). 叢棘(총극, 가시 몽둥이) 등으로 잔
인하게 처형한 뒤 한 구덩이에 묻어버렸다.  ○貨幣歲改 – 화폐제도는 해
마다 바뀌었다. 왕망은 구 귀족의 세력을 약화시키고 백성의 경제력을 동
원 착취하기 위하여 '托古改制(탁고개제)'의 명분으로 戰國時代의 刀錢이
나 布錢을 모방한 신 화폐를 주조 유통시켰다. 그러나 실질가치와 명목가
치가 크게 달랐고 유통과 활용이 불편하여 결국 실패했으며, 이는 왕망 멸
망의 한 원인이 되었다.  ○商旅窮窘 – 商旅는 상인, 여행자. 窮窘은 궁핍
하다.  ○號泣市道 – 저자나 길에서 통곡하다. 백성은 漢의 五銖錢(오수전)
에 익숙하고 王莽錢의 大小와 두 가지 병행 방법을 알기도 어려웠으며, 또
자주 바뀌어 불신하면서 여전히 몰래 오수전으로 거래를 하였다. 왕망이
오수전에 의한 거래를 중지시키고 처벌하자 농민이나 상인이 모두 할 일
이 없어지고 거래가 끊겼으며 백성은 거리에서 울고 다녔다.  ○設爲六管
– 왕망은 始建國 2년(서기 10년)에 六管令(육관령, 六筦令)을 반포하였다.
六管은 술(酤酒), 소금(賣鹽), 철(賣鐵)은 국가에서 전매하고, 鑄錢(주전)은
국가에 독점, 名山이나 水澤을 이용하는 자에게 과세하여 국고 수입을 증
대하는 법.  ○苞苴流行 – 苞苴(포저)는 뇌물, 예물. 苞는 쌀 포(包). 苴는 꾸
러미 저.  ○財入公輔 – 公輔는 三公과 三公을 輔佐(보좌)하는 관리.  ○民
坐挾銅炭 – 민간의 화폐주조를 막기 위하여 백성들은 숯이나 구리를 소유
할 수 없었다.  ○沒入鍾官 – 沒入은 노비로 몰입되다. 鍾官은 鑄錢官. 백
성이 몰래 주전하면 그 伍人도 연좌되어 관노비로 몰수되었다. 《漢書 王莽
傳 下》참고.  ○徒隸殷積 – 죄수와 노비가 계속 늘어나다. 殷은 많을 은.
○東摘濊貊 – 동쪽으로는 濊貊(예맥)과 싸우다. 摘은 들추어내다. 깃들이
다. 왕망은 高句驪(高句麗) 사람을 군사로 동원하여 흉노 원정에 참여케
했지만 고구려인들은 출동하지 않았고 변방 郡에서 강요하자 고구려 사람

들은 모두 국경을 넘어 도망쳤다가 법을 어기면서 도적이 되었다.《漢書
王莽傳 中》참고.  ㅇ滌地無類 – 땅을 씻어낸 듯 남은 사람이 없다.  ㅇ露
屍不掩 – 드러난 시신을 묻어주지 못하다. 掩은 가릴 엄.

## [國譯]

「하늘은 아버지이고 땅은 어머니와 같으며 화복을 받고 누리는
것은 모두 하는 일에 따른 것입니다. 왕망은 이를 잘 알았지만 어리
석게도 이를 어기었고 절대로 해서는 안 될 일을 생각도 하지 않고
天道를 어지럽히면서 역사 기록조차 멋대로 조작하였습니다.

옛날 秦始皇은 諡法(시법)을 없애면서 시황제 이후 2世 등 숫자로
萬世를 이어가게 하였는데, 왕망은 자신 이후 3만6천 년의 曆數를
계산하면서 그만한 연수가 이어져야 한다고 했습니다. 秦이 멸망한
전철을 밟아 무궁한 曆數를 추산하였으니, 이는 하늘의 뜻을 거스른
大罪이었습니다.

각 郡國을 분열하고 지맥을 끊었습니다. 경작지는 나라의 토지라
하여 매매를 할 수도 없었습니다. 명산이나 大川의 산물을 채취 못
하게 하여 백성의 생업을 앗아갔습니다. 자신의 조상을 위한 9廟를
짓느라고 토목공사를 크게 일으켰습니다. 河東의 분묘를 파헤쳤으
며 분묘의 재물을 훔쳤으니, 이는 地德을 훼손한 대죄였습니다.

왕망은 흉포한 사람을 重用하고 간사한 자를 신용하면서 忠良한
인재를 주살하고, 백성의 말을 트집 잡아 죄를 덮어씌우고 붉은 수
레가 각지를 돌았으며, 시어사는 밤을 새워가며 무고한 백성을 원통
하게 잡아갔으며 멋대로 서민을 멸족케 했습니다. 백성을 태워 죽이
거나 때려 죽였고 계절에 따른 형벌 집행도 없었으며, 독한 식초를

귀에 부어넣고 다섯 가지 악독한 형벌을 시행했습니다. 政令은 날마다 변했고 官名은 달마다 바뀌었으며, 화폐는 해마다 달라졌기에 백성은 혼란에 빠져 어찌할 줄을 몰랐고, 상인이나 여행자는 곤궁하여 저자나 길에서 통곡하였습니다. 六管令을 시행하면서 각종 부세를 무겁게 부과하면서 백성 재물을 탈취하여 자신만을 부유하게 했으며, 뇌물이 성행하였고 재물은 관리에게 흘러갔으며 상하 모두 부정을 일삼았지만 아무도 잘못을 적발하지 않았습니다.

백성이 숯과 구리(銅)를 갖고 있으면 법을 어겼다 하여 노비로 몰입되어 鑄錢官에게 보내졌으며 이렇게 생긴 공노비가 쌓이고 쌓여 수십만 명이었고 工人도 굶어 죽으니 장안에는 시체 썩는 냄새가 가득했습니다. 이렇듯 온 中華가 혼란하였지만 왕망의 광기는 더욱 심해져서 북으로 강한 흉노를 공격하고, 남쪽으로는 억센 越人과 싸웠으며, 서쪽으로는 羌戎(강융)의 땅을 침략하였고, 동쪽으로 濊貊(예맥)을 공략하였습니다. 그리하여 사방 국경 밖 외민족이 한꺼번에 침입해오자 변방의 군현이나 바닷가 땅에는 씻어낸 듯 사람의 자취가 없었습니다. 이러한 대외 원정의 패배와 가혹한 법에 걸려들고 기근으로 어려서 죽었으며 전염병에 죽은 자들은 萬의 만 배가 되었습니다. 그렇게 죽은 자의 널린 시체를 묻지도 못했고, 살아있는 자는 도망치고 흩어지니, 어린아이와 부녀자들도 서로 헤어지고 잡혀 갔습니다. 이는 인륜을 거역한 大罪이었습니다.」(이하 계속)

## 原文

「是故上帝哀矜, 降罰於莽, 妻子顚殞, 還自誅刈. 大臣反

據, 亡形已成. 大司馬董忠, 國師劉歆, 衛將軍王涉, 皆結謀
內潰, 司命孔仁, 納言嚴尤, 秩宗陳茂, 舉衆外降. 今山東之
兵二百餘萬, 已平齊, 楚, 下蜀, 漢, 定宛, 洛, 據敖倉, 守函谷,
威命四布, 宣風中岳. 興滅繼絶, 封定萬國, 遵高祖之舊制,
修孝文之遺德. 有不從命, 武軍平之. 馳命四夷, 復其爵號.
然後還師振旅, 槖弓臥鼓. 申命百姓, 各安其所, 庶無負子
之責.」

| 註釋 | ㅇ妻子顚殞 – 顚은 넘어지다(踣也). 거꾸러지다. 殞은 죽을 운.
왕망은 아들 宇(우)를 직접 죽였고 태자 臨(임)에게 사약을 내렸고, 아들 安
(안)은 병사했다. 왕망의 아내는 울고 울다가 실명했으며 이어 병사했다.
그리고 왕망은 地皇 3년(서기 22년, 망하기 전 해)에 史諶(사심)의 딸을 새
황후로 맞이하였다. ㅇ還自誅刈 – 자기 자신까지도 죽였다. 還(hái)은 부
사 용법, ~뿐만 아니라, ~까지도. 아직, 더더욱, 또. 誅는 벨 주. 一門을
모조리 죽임.(夷는 九族을 모두 죽임). 刈는 벨 예, 베어 죽이다. 낫. ㅇ大
臣反據 – 反據는 반항. ㅇ內潰 – 潰는 무너질 궤. ㅇ司命孔仁 – 司命은
왕망이 신설한 五威司命, 上公 이하 관리를 사찰하는 직책. 孔仁은 패전한
뒤 경시제에게 투항했다. ㅇ納言嚴尤 – 왕망은 大司農의 이름을 바꿔 義
和(희화)라고 했다가 뒤에 다시 納言(납언)으로 변경하였다. 嚴尤(엄우. ?–서
기 23)는 王莽 新朝의 將軍. 왕망이 30만 대군이 300일치 군량을 준비하여
흉노를 원정하려 할 때 음우는 작전과 군수물자 공급이라는 측면에서 반
대 상소를 올렸다. 本名 莊尤(장우). 후한 明帝 劉莊을 避諱(피휘)한 것. ㅇ秩
宗陳茂 – 왕망은 종묘제사를 담당하는 太常을 秩宗(질종)으로 개칭했다.
ㅇ宛,洛 – 宛은 宛縣, 南陽郡의 치소. 洛은 洛陽. ㅇ敖倉 – 鴻溝(홍구)와 黃
河의 합류지점인 滎陽城(형양성) 동북 敖山(오산)에 있는 군량 창고. 今 河南

省 鄭州市 관할 榮陽市 동북. 楚漢戰 당시는 물론 後漢에서도 중요한 군량
창고였다. ○宣風中岳 - 中岳(嵩山)에서 教化를 宣揚하다. 경시제가 낙양
에 들어왔다는 뜻. ○還師振旅 - 師는 周代 2,500명 군사 편제. 旅는 군사
려, 500명 단위부대. 무리, 늘어서다. 출전하기 전 군사점검을 理兵, 회군
하기 위한 군사 점검을 振旅(진려)라고 한다. 振은 정돈할 진. ○櫜弓臥鼓
- 활을 감추고 북을 쉬게 하다. 전투를 그치다. 櫜은 전대 탁. 주머니에 넣
다. 櫜弓은 활을 활집에 넣다. ○庶無負子之責 - 庶는 바라다. 바라건대.
가깝다. 負子之責은 아이를 강보에 싸서 업고 가는 책임, 그 책임은 물론
君王에게 있다. 그런 책임이 없도록 힘쓰겠다.

## [國譯]

「이 때문에 上帝께서는 백성을 불쌍히 여겨 왕망에게 징벌을 내
렸으니 왕망 처자가 죽었을 뿐만 아니라 왕망 자신도 죽어야만 했습
니다. 大臣들도 반기를 들었으니 멸망의 형상이 나타났습니다. 大
司馬 董忠(동충), 國師 劉歆(유흠), 衛將軍 王涉(왕섭)이 모두 왕망 제
거를 모의하여 내부가 궤멸되었으며, 司命인 孔仁(공인), 納言인 嚴
尤(엄우), 秩宗인 陳茂(진무) 등은 군사를 거느리고 외부세력에 투항
하였습니다.

지금 山東의 봉기 병력이 2백여 만으로 이미 齊(제)와 楚(초) 지역
을 안정시켰고, 蜀郡과 漢中 지역을 차지하였으며, (남양의) 宛城과
洛陽을 평정하고, 敖倉(오창)을 점거하였으며, 函谷關(함곡관)을 지키
면서 사방에 위엄을 떨쳤고, 中岳(嵩山)에서 교화를 널리 선양하였
습니다. 멸망했거나 단절된 제후국을 이어주고 모든 제후국을 다시
봉하여 高祖의 舊制를 준수하고, 孝文帝의 遺德을 닦아나갈 것입니
다. 이러한 소명을 따르지 않는 자라면 군사 정벌로 평정할 것입니

다. 四夷의 땅에 사자를 보내 그들의 옛 작호를 회복시켜줄 것입니다. 그런 연후에 군사를 돌려 복귀하여 병기를 감추고 북을 치지도 않을 것입니다. 백성에게 거듭 알려 자기 생업에 안주토록 하며, 백성이 피난 가는 그런 책임을 지지 않기를 희망합니다.」

**原文**

囂乃勒兵十萬, 擊殺雍州牧陳慶. 將攻安定. 安定大尹王向, 莽從弟平阿侯譚之子也, 威風獨能行其邦內, 屬縣皆無叛者. 囂乃移書於向, 喩以天命, 反復誨示, 終不從. 於是進兵虜之, 以徇百姓, 然後行戮, 安定悉降. 而長安中亦起兵誅王莽. 囂遂分遣諸將徇隴西,武都,金城,武威,張掖,酒泉, 敦煌, 皆下之.

| 註釋 | ○勒兵 – 군사 체제를 정비하고 兵器 등을 확인하다. 勒은 다스릴 륵. 정돈하다. ○雍州牧 – 牧은 刺史, 後漢에서는 다시 刺史라 칭했다. 雍州는 新朝의 지방 관제, 본래 옹주는 禹王 9州의 하나. 지금의 陝西省, 甘肅省 일대, 秦의 故地. 前, 後漢에서는 雍州(옹주)가 없었다. 다만 후한 말기(194년) 河西 四郡을 분리해 雍州를 신설했다. ○隴西,武都,金城,武威, 張掖,酒泉,敦煌 – 모두 涼州刺史 관할 郡名. 漢의 서북부 지역.

**[國譯]**

외효는 10만 병력을 동원하여 雍州牧 陳慶(진경)을 공격하여 살해했다. 이어 안정군에 들어가려 했다. 安定郡 大尹인 王向(왕향)은 왕망의 4촌 동생인 平阿侯 王譚(왕담)의 아들로 오직 그 위엄이 군에 그대로 통해 관할 현에서는 반란이 없었다. 외효는 왕향에게 서신을 보내 天命으로 깨우치고 또 반복해서 강조했으나 끝내 따르지 않았다. 이에 진격하여 포로로 잡고 무력시위를 한 뒤에 왕향을 죽이자 안정군은 모두 투항하였다. 그러는 동안에 長安에서도 기병하여 왕망을 죽였다. 외효는 여러 장수를 나눠 파견하여 隴西, 武都, 金城, 武威, 張掖, 酒泉, 敦煌郡을 경략케 하여 모두 평정하였다.


## 原文

更始二年, 遣使徵囂及崔, 義等. 囂將行, 方望以爲更始未可知, 固止之, 囂不聽. 望以書辭謝而去, 曰,

「足下將建伊, 呂之業, 弘不世之功, 而大事草創, 英雄未集. 以望異域之人, 疵瑕未露, 欲先崇郭隗, 想望樂毅, 故欽承大旨, 順風不讓. 將軍以至德尊賢, 廣其謀慮, 動有功, 發中權, 基業已定, 大勳方緝. 今俊乂並會, 羽翮並肩, 望無耆耈之德, 而猥托賓客之上, 誠自愧也. 雖懷介然之節, 欲絜去就之分, 誠終不背其本, 貳其志也. 何則? 范蠡收責句踐, 乘偏舟於五湖. 舅犯謝罪文公, 亦逡巡於河上. 夫以二子之賢, 勒銘兩國, 猶削跡歸愆, 請命乞身, 望之無勞, 蓋其宜也. 望聞烏氏有龍池之山, 微徑南通, 與漢相屬, 其傍時有奇人, 聊及閑暇, 廣求其眞. 願將軍勉之.」

囂等遂至長安, 更始以爲右將軍, 崔, 義皆卽舊號. 其冬,

崔,義謀欲叛歸, 囂懼並禍, 卽以事告之, 崔,義誅死. 更始感
囂忠, 以爲御史大夫.

| 註釋 | ○更始二年 – 서기 24년. ○伊,呂之業 – 商朝(殷) 湯王을 도운
伊尹(이윤)과 周 文, 武王의 呂尙(姜尙, 姜太公, 太公望)의 功業. 伊尹은 中
華 廚祖(주방장의 시조). 姜尙은 齊國의 始祖. ○弘不世之功 – 세상을 뒤
덮을 만한 큰 공로를 이루려 한다. 弘은 弘揚. 不世는 여태껏 세상에 없던.
蓋世之功. ○草創 – 初始. ○異域之人 – 異郡 출신. 方望은 平陵 출신이
라 隗囂와 郡이 달랐다. ○疵瑕未露 – 疵瑕(하자)는 흠. 欠缺(흠결). 瑕는
玉의 티 하. 疵 흠 자. 병. ○郭隗(곽외) – 燕 昭王(재위 前 311-279년)은 富
强을 이룩할 인재를 모으려 했다. 곽외는 소왕에게 자신을 먼저 등용하면
자신보다 뛰어난 사람들이 모여들 것이라고 말했다. 곽외 등용 이후 소왕
이 인재를 잘 대우한다는 소문을 듣고 樂毅(악의)는 趙國에서, 鄒衍(추연)은
齊國에서, 劇辛(극신)은 趙國에서 燕으로 왔고, 燕은 齊에 맞설만한 강국이
되었다. ○樂毅(악의) – 趙의 명장, 《史記 樂毅列傳》참고. 諸葛亮은 南陽
에서 농사를 지을 때 자신을 管仲과 樂毅에 비유했었다. ○大勳方緝 – 큰
공훈이 이제 성취되었다. 緝은 모일 집. 이을 즙. ○俊乂並會 – 俊乂(준예)
는 뛰어난 사람. 乂는 어진 이 예, 다스릴 예, 깎을 예. ○羽翮並肩 – 羽翮
(우핵)은 날개. 羽翼. 보좌진. 翮은 날개 핵, 깃촉 핵. ○耆耇之德 – 元老의
仁德, 耆耇(기구)는 늙은이. 耆는 늙은이 기. 耇는 늙을 구. ○猥托賓客之
上 – 외람되게도 나를 여러 빈객보다 상위로 대접해 주었다. ○介然之節
– 고결한 지조. 介然은 굳게 지켜 변하지 않는 모양. 介는 굳을 개, 클 개,
낄 개. ○絜去就之分 – 絜은 헤아릴 혈. 깨끗할 결. ○貳其志也 – 뜻을 두
가지로 하다. 두 마음을 품다. ○范蠡收責句踐 – 范蠡(범려)는 句踐(구천)
에게 책임을 느낀다면서. 범려는 구천을 도와 吳를 멸망시켜 복수를 한 뒤
에 신하로서 전날 구천이 치욕을 당하게 한 책임이 있다면서 구천 곁을 떠

나갔다. ○乘偏舟於五湖 - 배 한 척을 타고 오호에서 놀다. 五湖는 太湖
와 이에 연결되는 작은 호수 5개. 중국의 洞庭湖, 太湖, 巢湖, 洪澤湖, 鄱陽
湖(파양호)를 지칭하기도 하지만, 여기서는 太湖이다. ○舅犯謝罪文公, 亦
逡巡於河上 - 舅犯(구범)은 晋 文公의 외삼촌인 子犯(자범, 名, 狐偃 호언). 자
범은 晋 文公(名 重耳)과 함께 외국을 떠돌 때 잘못이 많았다면서 중이가
왕이 되기 전에 그 곁을 떠났다. 逡巡(준순)은 나아가지 못하다. 배회하다.
○猶削跡歸愆 - 오히려 업적을 자책하며 허물이 크다고 하다. 愆는 허물
건. ○請命乞身 - 사임하고 은거하려 하다. ○烏氏有龍池之山 - 烏氏(오
지)는 安定郡의 현명. 後漢에서는 烏支로 표기. 今 寧夏回族自治區 固原市
동남.


[國譯]

　更始 2년, 경시제는 사자를 보내 외효와 隗崔(외최), 隗義(외의) 등
을 불렀다. 외효가 출발하려 했는데 方望(방망)은 경시제의 전도를
아직은 알 수 없다며 강하게 만류하였지만 외효는 따르지 않았다.
이에 방망은 글을 보내 사직하고 떠나갔다. 방망이 말했다.

　「족하께서는 伊尹(이윤)과 呂尙(여상) 같은 업적을 이루거나 아직
이 세상에 없던 큰일을 이루려고 하지만, 아직은 큰일의 시작이며
영웅들이 모이지도 않았소. 방망은 다른 郡 출신이며 흠결이 아직은
드러나지 않았지만 위로는 옛 燕나라 郭隗(곽외)를 생각하면서 樂毅
(악의) 같은 인물을 초치하고 싶었기에 장군의 명을 받고서 시대 풍
조에 따라 (軍師를) 사양하지 않았소. 將軍은 높은 덕행으로 현자를
받들고 지혜를 발휘하였기에 행동으로 공을 세웠고, 中正의 권한을
행사하여 기초를 이미 다졌고 큰 공훈을 세우기 시작하였소. 지금
뛰어난 준재들이 모였고 보좌진이 날개처럼 갖추었지만 이 方望은

원로의 인덕도 없으면서 빈객의 윗자리에 있었으니 나 자신이 참으로 부끄러웠소. 비록 고결한 지조를 갖고서 거취의 경계를 분명히 헤아리려 했지만, 끝내 처음에 품었던 마음을 버리지 못하고 두 뜻을 가질 수 없었으니, 왜 그랬겠소? 范蠡(범려)는 책임감으로 句踐(구천)을 떠나 배 한 척으로 五湖(太湖)에 머물렀소. (晉 文公의) 외숙인 子犯(자범)은 文公에게 사죄하고 황하 주변에 살았소. 범려나 자범 같은 현인은 그 나라에서 공훈으로 이름을 남겼으면서도 자취를 지우고 죄가 있다면서 은퇴하려고 했었으니, 나 方望과 같이 아무런 공로도 없는 사람은 아마 당연할 것이요. 방망이 알기로는 烏氏縣(오지현)에 龍池山(용지산)이 있어 샛길로 남으로 통하여 漢中과도 연결이 되는데, 그 근처에 때로는 奇人이 산다고 하니 한가한 마음으로 널리 그런 기인을 찾아보고자 하오. 장군께서 큰일을 이루시길 바랄 뿐이요.」

隗囂(외효) 일행이 장안에 가자 경시제는 외효를 右將軍에 임명하였고, 隗崔(외최)와 隗義(외의)는 옛 관직을 사용케 하였다. 그해 겨울 외최와 외의가 경시제를 배반하고 돌아가려 모의하자, 외효는 같이 화를 당할까 두려워 사실대로 알렸고 외최와 외의는 처형되었다. 경시제는 외효의 충성에 감동하여 외효를 어사대부로 삼았다.


原文

明年夏, 赤眉入關, 三輔擾亂. 流聞光武卽位河北, 囂卽說更始歸政於光武叔父國三老良, 更始不聽. 諸將欲劫更始東歸, 囂亦與通謀. 事發覺, 更始使使者召囂, 囂稱疾不入,因會客王邁,周宗等勒兵自守. 更始使執金吾鄧曄將兵圍囂, 囂閉門拒守, 至昏時, 邃潰圍, 與數十騎夜斬平城門關, 亡歸天水. 復招聚其衆, 據故地, 自稱西州上將軍.

| 註釋 | ○赤眉入關 – 서기 25년, 建武 원년. ○光武叔父國三老良 – 劉良(유량)은 광무제의 숙부로 어린 광무 형제를 양육했다. 유량은 更始帝의 원로 고문격인 國三老였다. ○執金吾 – 兵器를 들고 非常에 대비한다는 뜻. 吾는 禦(막을 어)의 뜻. 질록 中二千石. 궁성 외곽 경계, 수재나 화재 등 돌발 사태 대비, 황제 행차 시 집금오 병력(緹騎 2백인)이 의장대 역할. 집금오의 副職은 丞 一人, 比千石. 집금오의 행차가 화려하고 멋있기에 光武帝는 일찍이 "벼슬을 한다면 執金吾를, 아내를 맞이한다면 陰麗華를 얻어야 한다(仕宦當作執金吾, 娶妻當得陰麗華)"라고 말했다. ○西州上將軍 – 西州는 涼州와 朔方郡 지역. 중원의 서쪽 지역이라는 뜻. 지금의 河西走廊에서 玉門關에 이르는 지역.

## [國譯]

다음 해(서기 25년) 여름, 赤眉軍이 關中에 들어오자 三輔 지역이 혼란하였다. 光武帝가 河北에서 즉위했다는 소식이 전해지자, 외효는 경시제에게 정권을 光武의 叔父인 國三老 劉良(유량)에게 넘겨야 한다고 건의하였으나 경시제는 따르지 않았다. 여러 장수들은 경시제를 겁박하여 동쪽으로 돌아가려 했는데 외효도 그 모의에 참여했다. 그러나 일이 누설되자 경시제는 사자를 시켜 외효를 소환하였지만 외효는 병을 핑계로 들어가지 않았는데, 마침 객인인 王邁(왕준)과 周宗(주종) 등은 병사를 동원하여 방어하고 있었다. 그러자 경시제가 執金吾인 鄧曄(등엽)을 보내 군사로 외효를 포위케 하자 외효는 출입을 봉쇄하고 저항하였다. 해질 녘에 외효는 마침내 포위를 뚫고 수십 명 기병과 함께 平城門 빗장을 부수고 天水郡(천수군)으로 도망쳤다. 외효는 다시 무리를 모아 고향에 웅거하면서 西州上將軍을 자칭했다.

原文

及更始敗, 三輔耆老士大夫皆奔歸囂.

囂素謙恭愛士, 傾身引接爲布衣交. 以前王莽平河大尹長安谷恭爲掌野大夫, 平陵范逡爲師友, 趙秉,蘇衡,鄭興爲祭酒, 申屠剛,杜林爲持書, 楊廣,王遵,周宗及平襄人行巡,阿陽人王捷,長陵人王元爲大將軍, 杜陵,金丹之屬爲賓客. 由此名震西州, 聞於山東.

| 註釋 | ○及更始敗 - 경시 3년 10월, 경시제는 長樂宮에서 국새와 인수를 적미군의 황제인 劉盆子에게 헌상하였고, 곧 피살되었다. ○布衣交 - 서민과의 격의 없는 교제. 布衣는 서민의 옷. ○平河 - 왕망은 淸河郡을 平河로 개칭했다. 淸河國은 冀州 관할, 治所는 甘陵縣. 今 山東省 직할 臨淸市(河北省과 접경) 동북. 前漢 淸河郡. ○掌野大夫 - 외효가 임명한 관직명. ○師友 - 관직명, 師友從事의 간칭. 刺史나 州牧의 여러 從事 중 師友從事가 있었는데 고정된 직무가 없는 명예직이었다. ○祭酒 - 後漢 박사의 우두머리로 博士祭酒가 있었고, 三公府나 州牧의 祭酒는 참모직이면서 명예직이었다. ○持書 - 御史中丞 속관인 持書侍御史의 간칭, 법률의 시비를 가림, 질록 6백석.

　更始帝가 패망하면서 三輔지역의 원로 사대부들은 모두 도망 나와 외효에게 귀부하였다. 외효는 평소에 겸양하고 공손하며 인재를 아꼈고 몸을 낮춰 다른 사람과 신분을 떠나 교제하였다. 이전에 王莽 시절의 平河郡(淸河郡) 大尹인 長安사람 谷恭(곡공)은 掌野大夫(장야대부)였고, 平陵 사람 范逡(범준)은 師友從事가 되었으며, 趙秉(조병), 蘇衡(소형), 鄭興(정흥)은 祭酒였고, 申屠剛(신도강), 杜林(두림)은 持書侍御史(지서시어사)였으며, 楊廣(양광), 王遵(왕준), 周宗(주종) 및 平襄(평양) 사람 行巡(행순), 阿陽縣(아양현) 사람 王捷(왕첩), 長陵縣 사람 王元(왕원)은 大將軍이 되었고, 杜陵(두릉)과 金丹(금단) 같은 사람은 외효의 賓客(빈객)이었다. 이 때문에 외효의 이름은 西州 일대에 진동하였고 멀리 山東에도 알려졌다.

原文

　建武二年, 大司徒鄧禹西擊赤眉, 屯雲陽, 禹裨將馮愔引兵叛禹, 西向天水, 囂逆擊, 破之於高平, 盡獲輜重. 於是禹承制遣使持節命囂爲西州大將軍, 得專制涼州,朔方事. 及赤眉去長安, 欲西上隴, 囂遣將軍楊廣迎擊, 破之, 又追敗之於烏氏,涇陽間.

| 註釋 | ○建武二年 – 서기 26년. ○雲陽 – 左馮翊의 현명. 今 陝西省 咸陽市 관할 淳化縣 서북. ○高平 – 安定郡의 治所, 縣名. 今 寧夏回族自治區 固原市의 原州區. ○涇陽 – 涼州 安定郡의 치소인 臨涇縣. 今 甘肅省

慶陽市 관할 鎭原縣.

**[國譯]**

建武 2년, 大司徒 鄧禹(등우)는 서쪽으로 赤眉 무리를 타격하려고 雲陽縣에 주둔하였는데, 등우의 裨將 馮愔(풍음)이 군사를 이끌고 등우를 배반하며 서쪽 天水郡을 향해 진격하자, 외효는 이들을 맞아 高平縣에서 격파하고 그 군수물자를 모두 차지하였다.

이에 등우는 황제의 명을 받아 부절을 가진 사자를 보내 외효를 西州大將軍에 임명하고, (외효가) 涼州와 朔方郡의 업무를 독자적으로 처리하게 하였다. 또 赤眉 무리가 長安을 떠나 서쪽 隴縣으로 향하자, 외효는 장군 楊廣(양광)을 보내 맞싸우게 하여 격파한 뒤에 패군을 烏氏縣(오지현)과 涇陽縣(경양현)까지 추격하였다.


**原文**

囂旣有功於漢, 又受鄧禹爵, 署其腹心, 議者多勸通使京師.

三年, 囂乃上書詣闕. 光武素聞其風聲, 報以殊禮, 言稱字, 用敵國之儀, 所以慰藉之良厚. 時, 陳倉人呂鮪擁衆數萬, 與公孫述通, 寇三輔. 囂復遣兵佐征西大將軍馮異擊之, 走鮪, 遣使上狀. 帝報以手書曰,

「慕樂德義, 思相結納. 昔文王三分, 猶服事殷. 但弩馬鉛刀, 不可强扶. 數蒙伯樂一顧之價, 而蒼蠅之飛, 不過數步,

卽托驥尾, 得以絶群. 隔於盜賊, 聲問不數. 將軍操執款款,
扶傾救危, 南距公孫之兵, 北禦羌胡之亂, 是以馮異西征, 得
以數千百人躑躅三輔. 微將軍之助, 則咸陽已爲他人禽矣.
今關東寇賊, 往往屯聚, 志務廣遠, 多所不暇, 未能觀兵成
都, 與子陽角力. 如令子陽到漢中, 三輔, 願因將軍兵馬, 鼓
旗相當. 儻肯如言, 蒙天之福, 卽智士計功割地之秋也. 管
仲曰, '生我者父母, 成我者鮑子'. 自今以後, 手書相聞, 勿
用傍人解構之言.」

　　自是恩禮愈篤.


| 註釋 |　○署其腹心 - 署는 부서를 안배하다. 腹心은 心腹.　○風聲 -
名聲.　○言稱字 - 호칭 시에 그의 字(季孟)를 불러주다. 각별히 친근한 뜻
을 표시.　○用敵國之儀 - 敵國은 대등한 나라.　○陳倉 - 右扶風의 陳倉
縣, 今 陝西省 서남부 寶雞市 陳倉區. 당시 關中과 漢中을 연결하는 요충
지.　○弩馬鈆刀 - 弩馬는 둔한 말과 무딘 칼. 鈆(연)은 鉛(납 연)의 俗字.
○伯樂一顧 - 伯樂(백락)의 原名은 孫陽(손양, 前 680-610?). 춘추시대 郜國
(고국, 今 山東省 菏澤市 成武縣) 사람으로, 말을 잘 감별하여 秦 穆公의 인정을
받아 伯樂將軍이 되었다. 훌륭한 인재를 잘 천거하는 사람을 伯樂이라고
한다. 唐의 韓愈(한유)는 〈馬說〉이라는 글에서 '世有伯樂, 然後有千里馬'
라는 유명한 말을 남겼다.　○蒼蠅之飛 - 蒼蠅(창승)은 파리. 소인.　○卽托
驥尾 - 驥는 천리마 기. 俊才.　○操執款款 - 操執은 잡다. 견지하다. 款款
(관관)은 충성스런 마음. 정성어린 모양.　○躑躅三輔 - 躑躅(척촉)은 머뭇
거리다. 머물다. 망설이며 나아가지 못하다(踟蹰).　○與子陽角力 - 子陽
은 公孫述의 字. 角力은 힘을 겨루다(爭力).　○管仲(관중, 前 725-645년) -

名 夷吾, 字 仲. 보통 管子 또는 管夷吾라 호칭. 춘추시대 法家의 대표적 인물. 齊國의 政治家, 상업 중시. 《國語 齊語》, 《史記 管晏列傳》, 《左傳》, 《論語》 참고.  ○ '生我者父母, 成我者鮑子.' - 鮑子는 鮑叔牙(포숙아). 管鮑之交.  ○ 解構 - 이간질하다.

## [國譯]

隗囂(외효)는 이미 漢을 위해 공을 세웠고, 또 등우가 전수한 漢의 작위를 받고 심복의 담당 업무 안배를 마치자 여러 참모는 외효가 洛陽에 직접 가는 것이 좋겠다고 건의하였다.

(建武) 3년(서기 27년), 외효가 조정에 상서하였다. 光武帝는 평소에 그의 名聲을 들어 알고 있었기에 특별히 예를 갖춰 답장을 하며 호칭할 때 그의 字(季孟)를 불러주었으며, 대등한 나라에 대한 예의로 답하였고 그 위로와 접대가 아주 융숭하였다. 그때 陳倉縣 사람 呂鮪(여유)가 수만의 군사를 보유하고 있으면서 公孫述(공손술)과 연결되어 三輔 지역을 노략질하였다. 외효는 다시 군사를 보내 征西大將軍 馮異(풍이)를 도와 함께 공격하자 呂鮪(여유)는 패주하였고, (외효는) 사자를 보내 상황을 보고하였다. 광무제는 친히 글을 써 답장했다.

「짐은 도덕과 신의를 갖춘 인물을 애모하며 같이 사귀기를 늘 생각했었다 옛날 文王은 천하를 삼분하여 그 둘을 갖고 있으면서도 여전히 殷(은)을 섬겼었다. 다만 둔한 말(駑馬)과 무딘 칼(鉛刀)로는 억지로 지탱할 수 없었다. 짐은 伯樂(백락)이 한번 돌아보며 말의 가격이 높아지듯 장군의 두터운 도움을 여러 번 받았도다. 파리가 날라 봤자 몇 걸음을 갈 수 있지만, 천리마 꼬리에 붙어 간다면 그 누구보다도 빨리 멀리 갈 수 있을 것이다. 지금 도적에게 중간이 막혀 있어 장군을 자주 위문하지 못하고 있다. 將軍은 충성심으로 여러 번 위기를 극복하고 도와주었나니 남쪽으로는 公孫述에 맞서고, 북으로는 羌族이나 흉노의 침입을 막아주었기 때문에 馮異(풍이)가 서쪽을 원정하며 그 수천 명의 군사가 三輔 지역에 머물 수 있었다. 장군의 도움이 없었다면, 咸陽 일대는 이미 타인의 차지가 되었을 것이다. 지금도 關東의 도적떼가, 가끔 여러 곳에 모여 있으면서 세력을 넓히려 하는데도 짐으로서는 여러 사정으로 成都(공손술 근거지)에 군사를 보내 공손술과 힘을 겨룰 수가 없도다. 만약 공손술이 漢中이나 三輔 지역에 진출하려 한다면 隗 장군 병마의 힘으로 공손술에 맞서주길 희망하노라. 만약 그렇게 맞서준다면 하늘이 내리는 복을 받을 것인즉, 지략 있는 장군은 그 공적을 따져 땅을 받는 제후가 될 날이 있을 것이다. 管仲은 '부모가 나를 낳았지만 나를 성취시킨 사람은 鮑叔牙(포숙아)이다.' 라고 하였다. 이후로는 직접 서신으로 왕래할 것이니 이후 다른 사람의 이간 말을 듣지 않기 바라노라.」

  이 이후로 외효에 대한 광무제의 은택과 예우는 매우 두터웠다.



## 原文

  其後公孫述數出兵漢中, 遣使以大司空扶安王印綬授囂. 囂自以與述敵國, 恥爲所臣, 乃斬其使, 出兵擊之, 連破述軍, 以故蜀兵不復北出.

  時, 關中將帥數上書, 言蜀可擊之狀, 帝以示囂, 因使討蜀, 以效其信. 囂乃遣長史上書, 盛言三輔單弱, 劉文伯在邊, 未宜謀蜀. 帝知囂欲持兩端, 不願天下統一, 於是稍黜其禮, 正君臣之儀.

| 註釋 | ○漢中 - 益州 관할 군명. 治所는 南鄭縣. 今 陝西省 서남부 漢中市. ○以效其信 - 그 신의를 내보이다. 충성심을 증명하다. ○劉文伯在邊 - 곁에 劉文伯(盧芳, 노방)의 세력이 있다. 盧芳은 자신이 武帝의 曾孫 劉文伯이라고 사칭했다. ○欲持兩端 - 양쪽을 관망하려 하다. 首鼠兩端(수서양단).

**[國譯]**

그 뒤에 公孫述은 漢中郡에 자주 출병시키면서 사자를 보내 외효에게 大司空 겸 扶安王의 인수를 수여하였다. 외효는 자신이 공손술과 대등한 나라이니 그 신하가 되는 것은 치욕이라 생각하여 사자를 참수하고 공손술 군사를 연파했기에 蜀軍(공손술의 군사)은 다시 북쪽으로 진출하지 못했다.

이 무렵, 關中에 나와 있는 장수들은 蜀(公孫述)을 격파할 상황이라고 여러 번 상서하였는데, 광무제는 이를 외효에게 알리면서 사자를 보내 蜀을 격파하여 신의를 보이라고 하였다. 이에 외효는 長史를 보내 上書하면서 三輔의 군사가 고립된 약체이고, 劉文伯(盧芳)이 근처에 있어 蜀 토벌은 옳지 않다고 강력하게 주장했다. 이에 광무제는 외효가 양쪽을 저울질하며 천하통일을 원치 않는다는 것을 알고서 이후로 점차 예우를 낮추면서 정상적인 君臣의 예법을 적용했다.

初, 囂與來歙, 馬援相善, 故帝數使歙, 援奉使往來, 勸令入朝, 許以重爵. 囂不欲東, 連遣使深持謙辭, 言無功德, 須四方平方, 退伏閭里.

五年, 復遣來歙說囂遣子入侍, 囂聞劉永, 彭寵皆已破滅, 乃遣長子恂隨歙詣闕. 以爲胡騎校尉, 封鐫羗侯. 而囂將王元, 王捷常以爲天下成敗未可知, 不願專心內事.

元遂說囂曰, "昔更始西都, 四方響應, 天下喁喁, 謂之太平. 一旦敗壞, 大王幾無所厝. 今南有子陽, 北有文伯, 江湖海岱, 王公十數, 而欲牽儒生之說, 棄千乘之基, 羈旅危國, 以求萬全, 此循覆車之軌, 計之不可者也. 今天水完富, 士馬最强, 北收西河, 上郡, 東收三輔之地, 案秦舊跡, 表裏河山. 元請以一丸泥爲大王東封函谷關, 此萬世一時也. 若計不及此, 且畜養士馬, 據隘自守, 曠日持久, 以待四方之變, 圖王不成, 其弊猶足以霸. 要之, 魚不可脫於淵, 神龍失勢, 卽還與蚯蚓同."

囂心然元計, 雖遣子入質, 猶負其險厄, 欲專方面, 於是遊士長者, 稍稍去之.

| 註釋 | ○來歙(내흡) − 人名. 15권, 〈李王鄧來列傳〉에 立傳. ○馬援(마원) − 24권, 〈馬援列傳〉에 立傳. ○退伏閭里 − 鄕里로 은퇴하다. ○(建武) 五年 − 서기 29년. ○胡騎校尉 − 질록 2천석, ○鐫羗侯 − 鐫은 새길 전. ○喁喁(옹옹) − 여러 사람이 사모하여 따르다. 喁은 입 벌름거릴 옹. 입

이 하늘로 향한 모양, 부화뇌동하다. 화답할 우. 우러러 따르다.  ㅇ江湖海
岱 – 長江, 五湖, 東海 연안, 泰山.  ㅇ王公十數 – 張步는 齊, 董憲은 東海郡
에 웅거하였고, 李憲, 劉紆(유우), 佼彊(교강), 周建, 秦豐 등이 각 州郡에 할
거하는 상황이었다.  ㅇ儒生之說 – 儒生은 馬援(마원)을 지칭.  ㅇ羈旅危國
– 위기에 처한 나라에 붙어사는 나그네. 羈旅(기려)는 羈旅(기려). 타향에
사는 나그네. 羈는 재갈 기, 나그네 기(羈), 타관살이할 기.  ㅇ循覆車之軌
– 엎어진 수레의 전철을 밟다.  ㅇ表裏河山 – 옛 秦은 外山內河의 땅이었
다.  ㅇ圖王不成, 其弊猶足以霸 – 王道를 펴는 王者가 못 된다면 霸者가 될
수도 있다.  ㅇ魚不可脫於淵 – 물고기는 물을 떠날 수 없다. 脫은 失也.  ㅇ蚯
蚓 – 지렁이. 蚯 지렁이 구. 蚓 지렁이 인.  ㅇ稍稍去之 – 점점 떠나가다. 杜
林이 먼저 외효를 떠나가자 다른 사람들도 점차 光武帝에게 귀부하였다.


## [國譯]

그전에 외효는 來歙(내흡), 馬援(마원)과 친했었기에 광무제는 내
흡과 마원을 여러 번 사신으로 왕래하게 하면서 외효의 입조를 권유
하고 높은 작위를 약속했었다. 외효는 입조를 원치 않았기에 사자를
보내 겸손한 언사로 자신은 공적이 없으며 사방이 평정되기를 기다
렸다가 향리로 은퇴하겠다는 뜻을 견지하였다.

(建武) 5년, 광무제는 다시 내흡을 사자로 보내 외효의 아들을 入
侍(입시)케 하라고 설득하였는데, 외효는 劉永(유영)과 彭寵(팽총)이
이미 파멸한 것을 알았기에, 長子 隗恂(외순)을 내흡을 따라 궁궐에
보냈다. 광무제는 외순을 胡騎校尉로 삼고 鐫羌侯(전강후)에 봉했
다. 외효의 장수인 王元(왕원)과 王捷(왕첩)은 늘 천하의 成敗를 아직
은 알 수 없기 때문에 (외효가) 漢의 정사에 오로지 전념할 필요가
없다고 생각하고 있었다. 王元이 마침내 외효를 설득하였다.

"옛날 경시제가 장안에 도읍하자 사방이 響應(향응)하였고 천하 사람이 우러러 귀순하였기에 태평했다고 볼 수 있습니다. 일단 실패한다면 大王(隗囂)은 어디 있을 데가 없습니다. 지금 남쪽에는 공손술이, 북쪽에는 劉文伯(盧芳)이 있고, 長江과 五湖, 바닷가나 泰山어디든 王公이란 자가 10여 명입니다. 그런데 지금 儒生(馬援)의 설득에 끌려 千乘之國의 터를 버리고 위태로운 나라에 가서 뜨내기 신하가 되어 萬全하기를 구하는 것은 전복된 수레의 전철을 밟는 것이니 이런 계책은 실행할 수 없습니다. 지금 우리 天水郡은 아주 부유하며 군사력도 최강이기에 北으로 西河郡과 上郡을 병합하고 동쪽으로 三輔의 땅을 접수한다면, 秦의 옛 형세대로 안으로 험한 華山이, 밖으로는 黃河의 방어선을 차지하게 됩니다. 제가 대왕을 위하여 동쪽으로 나가 한 줌의 진흙으로 函谷關을 봉쇄한다면, 이는 萬世의 기반을 하루에 얻는 것입니다. 만약 우리의 계략이 그렇게 되지 못하더라도 병마를 양성하고 좁은 요새지를 지켜 오랜 세월 버티면서 사방의 변화를 기다린다면 王道의 정치를 못 이루더라고 覇者는 충분히 가능합니다. 요약한다면, 물고기가 물을 떠나서는 살 수 없으며 神龍이라도 失勢한다면 도리어 지렁이와 마찬가지입니다."

외효는 왕원의 계책이 옳다고 여겼고, 비록 아들을 인질처럼 입조시켰지만 험난한 그곳의 지세를 바탕 삼아 패권을 잡으려 하자, 다른 곳에서 온 長者들은 차츰차츰 떠나갔다.


## 原文

六年, 關東悉平. 帝積苦兵間, 以囂子內侍, 公孫述遠據

邊陲, 乃謂諸將曰, "且當置此兩子於度外耳." 因數騰書隴,
蜀, 告示禍福. 囂賓客,掾史多文學生, 每所上事, 當世士大
夫皆諷誦之, 故帝有所辭答, 尤加意焉. 囂復遣使周遊詣闕,
先到馮異營, 遊爲仇家所殺. 帝遣衛尉銚期持珍寶繒帛賜
囂, 期至鄭被盜, 亡失財物. 帝常稱囂長者, 務欲招之, 聞而
嘆曰, "吾與隗囂事欲不諧, 使來見殺, 得賜道亡."

| 註釋 |  ○(建武) 六年 – 서기 30년.  ○度外耳 – 置之度外하다. 耳는
어조사. ~뿐 이. ○騰書隴,蜀 – 騰書는 傳書. 隴은 외효의 근거지. 蜀은 공
손술의 지배지.  ○銚期(요기) – 20권, 〈銚期王霸祭遵列傳〉立傳.  ○鄭 –
京兆尹의 鄭縣, 今 陝西省 동부 渭南市 華州區.

[國譯]

   (建武) 6년, 關東지역이 모두 평정되었다. 광무제는 그간 전투에
고생이 많았기에, 외효의 아들은 入侍하였고, 公孫述은 먼 변방이라
생각하여 여러 장수들에게 말했다. "일단 이 두 사람은 置之度外 해
야 한다."

   그러면서 자주 서신을 隴右와 蜀에 보내 앞으로의 禍福을 설명해
주었다. 외효의 빈객이나 掾史(연사) 중에는 학문하는 儒生이 많아
어떤 일을 상서할 때, 당시 사대부가 모두 그 글을 읽거나 외웠기 때
문에 광무제가 외효에게 답서를 보낼 때면 더욱 유의하여 작성케 하
였다.

   외효가 周遊(주유)를 사자로 낙양에 또 보내어 먼저 馮異(풍이)의
軍營에 도착하였는데, 주유는 그의 옛 원수에게 피살되었다. 광무제

는 衛尉(위위)인 銚期(요기)를 외효에게 보내는 여러 보물과 비단을 갖춰 사자로 보냈는데, 요기가 京兆 鄭縣에 도착하여 도적에게 털려 재물을 잃어버렸다. 광무제는 외효가 長者라고 늘 칭송하며 초치하려고 애를 썼기에 소식을 듣고 탄식하였다.

"나와 외효의 일이 잘 안되려고 使者가 죽거나 하사품이 길에서 없어졌다."

原文

會公孫述遣兵寇南郡, 乃詔囂當從天水伐蜀, 因此欲以潰其心腹. 囂復上言, "白水險阻, 棧閣絶敗." 又多設支閡. 帝知其終不爲用, 乃欲討之. 遂西幸長安, 遣建威大將軍耿弇等七將軍從隴道伐蜀, 先使來歙奉璽書喩旨. 囂疑懼, 即勒兵, 使王元據隴坻, 伐木塞道, 謀欲殺歙. 歙得亡歸.

| 註釋 | ○南郡 – 荊州 관할, 治所는 江陵縣, 今 湖北省 荊州市 江陵縣, ○潰其心腹 – 마음의 걱정거리를 궤멸시키다. ○白水險阻 – 白水는 益州 관할 廣漢郡의 현명. 今 四川省 廣元市. ○棧閣絶敗 – 잔도와 閣道(지붕이 있는 잔도)가 허물어졌다. ○多設支閡 – 여러 가지 불가한 이유를 늘 어놓다. 支는 가지 지. 여러 개. 閡는 문 잠글 애. 방해하다. 막히다. ○乃欲討之 – 乃는 어려울 파. 드디어. 마침내. 매우(頗 同). ○隴坻(농지) – 隴山. 坻는 비탈 지, 모래섬 지. 隴坻(농저), 隴坂(농판) 同. 隴山은 산맥 이름. 동서가 1,800里라는 隴山은 六盤山의 남단을 말함. 六盤山脈의 제2봉, 寧夏省 固原市 소재 해발 2,928m.

## [國譯]

마침 公孫述(공손술)이 군사를 내어 南郡을 노략질하자, 광무제는 조서로 외효에게 天水郡에서 출발하여 蜀郡을 토벌케 하여 마음속의 걱정거리를 없애고자 하였다. 이에 외효는 "白水縣은 매우 험난한데다가 棧道(잔도)와 閣道(각도)가 무너졌습니다."라고 거듭 상서하였다. 또 여러 불가하다는 핑계를 늘어놓았다.

광무제는 끝내 도움이 되지 않을 것이라 생각하여 마침내 외효를 토벌하기로 했다. 광무제는 서쪽으로 장안에 행차하여 建威大將軍 耿弇(경엄) 등 7명의 장수를 보내 隴道(농도)를 따라 蜀을 토벌하기로 하고서 먼저 來歙(내흡)을 사자로 외효에게 國書를 갖고 가서 황제의 뜻을 설명케 하였다. 외효는 의심하면서도 두려워서 즉시 군사를 정비하고 王元(왕원)을 시켜 隴山 아래에서 나무를 베어 길을 차단케 하면서 사자 내흡을 죽이려 했는데 내흡은 도망쳐 돌아왔다.

## 原文

諸將與囂戰, 大敗, 各引退. 囂因使王元,行巡侵三輔, 征西大將軍馮異,征虜將軍祭遵等擊破之. 囂乃上疏謝曰,

「吏人聞大兵卒至, 驚恐自救, 臣囂不能禁止. 兵有大利, 不敢廢臣子之節, 親自追還. 昔虞舜事父, 大杖則走, 小杖則受. 臣雖不敏, 敢忘斯義. 今臣之事, 在於本朝, 賜死則死, 加刑則刑. 如遂蒙恩, 更得洗心, 死骨不朽.」

有司以囂言慢, 請誅其子恂, 帝不忍, 復使來歙至汧, 賜囂

書曰,

「昔柴將軍與韓信書云, '陛下寬仁, 諸侯雖有亡叛而後
歸, 輒復位號, 不誅也.' 以囂文吏, 曉義理, 故復賜書. 深言
則似不遜, 略言則事不決. 今若束手, 復遣恂弟歸闕庭者,
則爵祿獲全, 有浩大之福矣. 吾年垂四十, 在兵中十歲, 厭
浮語虛辭. 卽不欲, 勿報.」

囂知帝審其詐, 遂遣使稱臣於公孫述.

| 註釋 | ○昔虞舜事父 ～ –《孔子家語》에 있는 말. 舜의 부친은 매우 완
고했지만 舜은 효자였다. ○以囂言慢 – 외효의 말이 오만하다. 慢은 오만
할 만. 게으르다. ○汧(견) – 右扶風의 汧縣. 후한에서는 汧千縣, 今 陝西
省 서쪽 끝 隴縣 남쪽, 寶鷄市 서북. ○昔柴將軍與韓信書云 – 柴將軍은 고
조의 장수 柴武(시무), 韓信은 韓王信, 고조를 배신, 반역하고 흉노로 도망
갔었다. ○厭浮語虛辭 – 浮華하고 알맹이가 없는 말에 질리다.


**[國譯]**

광무제의 여러 장수는 외효와 싸웠으나 대패하여 모두 퇴각하였
다. 이에 외효는 王元과 行巡(행순)을 시켜 三輔 지역을 침략했으나
征西大將軍 馮異(풍이), 征虜將軍 祭遵(제준) 등이 이들을 격파하였
다. 외효는 곧 상소하여 사과하였다.

「관리들은 대규모 군사가 온다는 것을 알고 놀라 두려워하며 살
려 하는데, 臣 囂(효)는 못하게 할 수가 없었습니다. 싸움에서 우리
가 크게 이겼지만 신하의 예절을 감히 버릴 수 없어 臣이 직접 따라
가서 회군케 했습니다. 옛날에 舜이 부친을 모실 때 (부친이) 큰 몽

둥이를 들면 도망갔지만 작은 몽둥이는 그냥 맞았다고 했습니다. 신이 비록 똑똑치는 못하지만 어찌 이런 뜻을 잊었겠습니까? 지금 신하인 저에 관한 일은 本朝의 처분일 뿐이니 사형을 내린다면 죽어야 하고 벌을 내리시면 벌을 받아야 합니다. 만약 폐하의 은택을 받게 된다면 다시 마음을 바로잡아서 죽더라도 폐하의 은덕을 잊지 않을 것입니다.」

이를 본 신하들은 외효의 언사가 오만하다면서 그 아들 恂(순)을 죽여야 한다고 주청하였지만 광무제는 차마 그리 못하고 다시 來歙(내흡)에게 서신을 지어 汧縣(견현)에 보냈다.

「예전 (高祖 때) 장군 柴武(시무)는 韓王 信에게 서신을 보내 '폐하께서 寬仁하시어 제후가 비록 반역하고 도망쳤더라도 돌아오면 바로 관위와 작호를 그대로 주면서 죽이지 않으셨다.' 고 말했다. 장군은 본래 文臣이기에 대의를 잘 알 것이라 다시 서신을 보내노라. 말이 많다면 불손한 것 같고 너무 간략한 말로는 결정을 내리기 어려울 것이다. 지금 네가 손을 쓸 수 없다고 말하지만 (長子) 恂(순)의 동생을 다시 조정에 보낸다면 너의 爵祿을 다 보전할 수 있어 큰 복을 누릴 수 있다. 짐도 이제 40에 가깝고 10년을 전쟁으로 보낸지라 부화한 헛말에 질렸노라. 내 뜻에 따르지 않겠다면 회신하지 말라.」

외효는 자신의 거짓말을 광무제가 알았다고 생각하여 결국 공손술에게 사자를 보내 稱臣(칭신)하였다.


**原文**

明年, 述以囂爲朔寧王, 遣兵往來, 爲之援勢. 秋, 囂將步

騎三萬侵安定, 至陰槃, 馮異率諸將拒之. 囂又令別將下隴,
攻祭遵於汧, 兵並無利, 乃引還.

帝因令來歙以書招王遵, 遵乃與家屬東詣京師, 拜爲太中
大夫, 封向義侯. 遵字子春, 霸陵人也. 父爲上郡太守. 遵少
豪俠, 有才辯, 雖與囂擧兵, 而常有歸漢意. 曾於天水私於
來歙曰, "吾所以戮力不避矢石者, 豈要爵位哉! 徒以人思舊
主, 先君蒙漢厚恩, 思效萬分耳."

又數勸囂遣子入侍, 前後辭諫切甚, 囂不從, 故去焉.

| 註釋 | ○明年 – 建武 7년. ○陰槃 – 安定郡의 현명. 후한에서는 陰盤
縣. 今 陝西省 咸陽市 관할 長武縣, 甘肅省 동부와 접경. ○馮異(풍이) – 17
권, 〈馮岑賈列傳〉에 立傳. ○王遵(왕준) – 광무제 때 樂浪太守 王遵과는
同名異人. ○上郡 – 幷州 관할, 治所는 膚施縣(부시현). 今 陝西省 북부 楡
林市(유림시). ○戮力不避矢石者 – 戮力(육력)은 온 힘을 다하여. 不避矢石
은 전쟁에서 죽음을 두려워하지 않다.


[國譯]

다음 해, 公孫述은 외효를 朔寧王(삭령왕)에 임명하고 군사를 보내
며 지원하였다. 가을에 외효는 步騎 3만을 거느리고 安定郡을 침략
하여 陰槃縣(음반현)까지 왔으나 馮異(풍이)가 여러 장수와 함께 막았
다. 외효는 또 다른 장수를 시켜 隴縣(농현)을 거쳐 汧縣(견현)에서
祭遵(제준)을 공격하였지만 양쪽이 모두 불리하자 군사를 거느리고
돌아갔다.

이에 광무제는 來歙(내흡)을 시켜 서신을 보내 王遵(왕준)을 초치

하게 하였는데, 왕준은 곧 가족을 데리고 동쪽 낙양에 와서 太中大夫를 제수 받고 向義侯(향의후)에 봉해졌다. 왕준의 字는 子春으로 霸陵縣(패능현) 사람이었다. 부친은 上郡太守를 지냈다. 왕준은 젊어 협객이었고 재주와 구변이 좋았는데, 비록 외효와 함께 거병하였으나 늘 漢에 귀의하려는 뜻이 있었다. 일찍이 天水郡에 있으면서 내흡을 찾아와 말했다.

"내가 온 힘을 다해 전투를 피하지 않는 것이 어찌 작위 때문이겠습니까! 사람이라면 옛 주군을 생각해야 하니, 선친께서 漢의 두터운 은택을 받았기에 그 만분의 일이라도 갚으려는 뜻입니다."

왕준은 외효에게 아들을 보내 입시시키라고 여러 번 아주 간절한 말로 권했으나 외효가 따르지 않자 외효를 떠나왔다.


### 原文

八年春, 來歙從山道襲得略陽城. 囂出不意, 懼更有大兵, 乃使王元拒隴坻, 行巡守番須口, 王孟塞雞頭道, 牛邯軍瓦亭, 囂自悉其大衆圍來歙. 公孫述亦遣其將李育, 田弇助囂攻略陽, 連月不下. 帝乃率諸將西征之, 數道上隴, 使王遵持節監大司馬吳漢留屯於長安.

| 註釋 | ○(建武) 八年 – 서기 32년. ○略陽 – 略陽道. 天水郡(漢陽郡)의 현명. 今 甘肅省 동부 平涼市 관할 莊浪縣 서남. ○番須口(반수구, 番音 盤) – 汧縣 부근 지명. ○雞頭道 – 平涼市 서쪽, 六盤山 줄기인 崆峒山(공동산)의 지명. ○瓦亭 – 安定郡 烏支縣의 지명.

## [國譯]

(建武) 8년 봄, 來歙(내흡)은 산길을 따라 略陽(약양)을 급습하여 차지하였다. 외효는 예상하지 못했는데 더 많은 군사가 공격할까 두려워 王元으로 하여금 隴坻(농지, 隴山)를, 行巡(행순)은 番須口(반수구)를, 王孟(왕맹)은 雞頭道(계두도)를 방어케 하면서 牛邯(우한)은 瓦亭(와정)에 주둔케 하였고, 외효는 직접 대군을 거느리고 내흡을 포위하였다. 공손술도 그의 장수 李育(이육), 田弇(전엄)을 보내 외효를 도와 약양을 공격케 하였으나 두 달이 지나도록 함락시키지 못했다.

광무제는 여러 장수를 거느리고 서쪽 원정에 나서서 여러 갈래로 隴縣을 공격케 하면서 王遵(왕준)에게 부절을 주어 長安에 남아 주둔한 大司馬 吳漢(오한)의 군사를 감독케 하였다.

## 原文

遵知囂必敗滅, 而與牛邯舊故, 知其有歸義意, 以書喩之曰,

「遵與隗王歃盟爲漢, 自經歷虎口, 踐履死地, 已十數矣. 於時周洛以西無所統壹, 故爲王策, 欲東收關中, 北取上郡, 進以奉天人之用, 退以懲外夷之亂. 數年之間, 冀聖漢復存, 當挈河隴奉舊都以歸本朝. 生民以來, 臣人之勢, 未有便於此時者也. 而王之將吏, 群居穴處之徒, 人人抵掌, 欲爲不善之計. 遵與孺卿日夜所爭, 害幾及身者, 豈一事哉! 前計抑絶, 後策不從, 所以吟嘯扼腕, 垂涕登車. 幸蒙封拜, 得延

論議, 每及西州之事, 未嘗敢忘孺卿之言. 今車駕大衆, 已在道路, 吳,耿驍將, 雲集四境, 而孺卿以奔離之卒, 距要厄, 當軍衝, 視其形勢何如哉? 夫智者覩危思變, 賢者泥而不滓, 是以功名終申, 策畫復得. 故夷吾束縛而相齊, 黥布杖劍以歸漢, 去愚就義, 功名並著. 今孺卿當成敗之際, 遇嚴兵之鋒, 可爲怖栗. 宜斷之心胸, 參之有識.」

邯得書, 沈吟十餘日, 乃謝士衆, 歸命洛陽, 拜爲太中大夫. 於是囂大將十三人, 屬縣十六, 衆十衆萬, 皆降.

| 註釋 | ○牛邯(우한) – 人名. 狄道(적도) 사람, 字 孺卿(儒卿). 외효의 장수였다가 광무제에 귀부, 護羌校尉 역임. ○歃盟 – 歃血(삽혈)하여 盟誓하다. 歃은 마실 삽. ○周洛 – 周의 洛陽, 周의 東都. ○群居穴處之徒 – 떼지어 살며 먼 안목도 없는 무리. 穴處는 식견이 짧음. ○人人抵掌 – 사람마다 손바닥을 치다. 쉽게 어울리다. ○孺卿 – 牛邯(우한)의 字. ○吟嘯扼腕 – 슬퍼 탄식하고 분노하다. 吟嘯(음소)는 時勢를 개탄하는 소리. 소리 높여 詩를 읊음. 扼腕(액완)은 화가 나서 팔을 걷어붙이다. 扼은 누를 액. ○覩危思變 – 覩는 볼 도. ○泥而不滓 – 泥는 진흙 니(이). 滓는 찌꺼기 재. 앙금. 더러운 것. ○夷吾束縛而相齊 – 夷吾는 管仲. 束縛은 죄수로 묶이다. 相齊는 齊나라의 재상. ○黥布杖劍以歸漢 – 黥布(경포, 英布)는 처음에 항우를 섬겨 九江王이 되었으나 고조에 귀부하여 淮南王이 되었다.《漢書 韓彭英盧吳傳》에 입전. ○怖栗 – 怖慄, 두려워 벌벌 떨다. ○斷之心胸 – 마음으로 결단하다. ○沈吟 – 深思熟廬하다. 깊이 생각하다.

**[國譯]**

　王遵(왕준)은 隗囂(외효)가 틀림없이 패망할 것을 알았으며, 예부터 친했던 牛邯(우한)이 漢에 귀의할 뜻이 갖고 있기에 서신을 보내 우한에게 권유하였다.

　「王遵 이 몸과 隗王(외왕, 隗囂)은 漢室을 돕는다고 피로 맹서하고서 虎口와 같은 위험을 겪고 生死를 출입하기 이미 십여 년이었습니다. 지금 낙양의 서쪽으로는 평정이 되지 않았기에 외왕을 위한 방책을 마련하고 동쪽으로 진출하여 關中을 차지하려 했으며, 북으로 上郡을 점령하고 앞으로는 천자와 백성에 도움이 되고, 뒤로는 이민족의 혼란을 징벌해야 한다고 생각했습니다. 최근 몇 년 동안에 聖人 漢의 부흥을 바라면서 황하와 隴右의 땅과 장안을 받들어 漢朝에 복귀시키려 하였습니다. 生民이래 신하의 세력이 지금처럼 강했던 때가 없었습니다. 외왕의 신하들은 떼 지은 短見의 무리로 사람들이 쉽게 어울리며 옳지 않은 일을 꾸미곤 했습니다. 나와 孺卿(유경, 牛邯)이 밤낮으로 이야기를 했던 바 재앙이 우리에게 미쳤던 일이 어찌 한두 번뿐이었나요! 앞서 계획이 폐기되고 나중 방책도 채택이 되지 않았기에 슬피 탄식하고 분노하다가 눈물을 흘리며 수레에 올라 떠나왔습니다. 다행히 은택을 입어 봉작과 관직을 받아 조정에서 정사 의논을 하다가 西州에 관한 의논을 할 때마다 유경의 말씀을 잊은 적이 없었습니다. 지금 황제께서 대군을 거느려 도로를 따라 진군하시고 吳漢과 耿弇(경엄) 등 용장이 善戰하며 (隴縣) 주변의 용사가 운집하였는데, 유경께서는 흩어진 사졸을 통솔하며 요새를 지키고 있지만, 나중에 양쪽 군사가 충돌할 경우에 그 형세가 어떨 것이라고 생각하시는지? 智者는 위기에 봉착하여 변화를 예상하고,

賢者는 진흙에 처했어도 자신을 더럽히지 않는다 하였으니, 이리 해야만 끝에 가서 공적과 명성을 성취하고 計謀나 방책이 채택되는 것입니다. 예전에 管仲은 죄수로 묶였어도 나중에는 齊의 재상이 되었으며, 黥布(경포, 英布)는 칼을 잡고 단신 漢에 귀부하였는데, 이처럼 어리석은 자를 버리고 대의를 따랐기에 功業과 명성을 모두 얻었습니다. 지금 孺卿께서는 성공과 패배의 갈림길에서 漢軍의 막강한 예봉을 만났기에 몹시 두려울 것입니다. 응당 마음의 결정에 이 글을 참고하여 판별하기 바랍니다.」

우한은 서신을 받고 10여 일을 숙고한 뒤에 병사를 버리고 낙양(광무제)에게 귀부하였고 太中大夫를 제수 받았다. 이후로 외효의 장수 13명, 16개의 소속 현, 10만 군사가 모두 투항하였다.


## 原文

王元入蜀求救, 囂將妻子奔西城, 從楊廣, 而田弇,李育保上邽. 詔告囂曰,

「若束手自詣, 父子相見, 保無他也. 高皇帝云,‘橫來, 大者王, 小者侯.’若遂欲爲黥布者, 亦自任也.」

囂終不降. 於是誅其子恂, 使吳漢與征南大將軍岑彭圍西城, 耿弇與虎牙大將軍蓋延圍上邽. 車駕東歸. 月餘, 楊廣死, 囂窮困. 其大將王捷別在戎丘, 登城呼漢軍曰,“爲隗王城守者, 皆必死無二心! 願諸軍亟罷, 請自殺以明之.”遂自刎頸死. 數月, 王元,行巡,周宗將蜀救兵五千餘人, 乘高卒

至, 鼓譟大呼曰, "百萬之衆方至!" 漢軍大驚, 未及成陳, 元
等決圍, 殊死戰, 遂得入城, 迎囂歸冀. 會吳漢等食盡退去,
於是安定, 北地, 天水, 隴西復反爲囂.

| 註釋 | ○王元 – 건무 9년에 외효가 병사한 뒤에 외효의 아들 隗純(외
순)을 왕으로 옹립했다. 나중에 공손술에 의지했다가 광무제에게 귀부했
으나 뒷날 옥사했다. ○西城 – 西縣의 城, 天水郡의 현명. 今 甘肅省 天水
市 남쪽. 漢中郡의 西城縣(今 陝西省 남부 安康市에 해당)과는 별개. ○橫
來, 大者王~ – 田橫(전횡, ?-前 202)은 田齊의 宗室. 秦漢 교체기에 齊國의
宰相을 역임하고 齊王으로 自立하였으나, 패전한 뒤에 海島(今 山東半島
앞 田橫島)로 숨었다. 漢高祖 劉邦의 압박에 田橫이 不屈하고 자살하니 그
의 門客 500여 명이 모두 主君을 위해 자결했다. 《漢書》 33권, 〈魏豹田儋
韓王信傳〉, 《史記·田儋列傳》 참고. ○車駕東歸 – 潁川(영천)에서 도적떼
가 일어나서 광무제는 낙양으로 돌아갔다. ○戎丘 – 西縣의 城邑 이름.
○願諸軍亟罷 – 亟는 빠를 극. ○殊死 – 죽기를 각오하다.


[國譯]

王元(왕원)은 蜀에 가서 (공손술에게) 구원을 요청했고, 외효는 처
자를 거느리고 西縣(서현)으로 도주하여 楊廣(양광)에 합류하였고,
田弇(전엄)과 李育(이육)은 上邽(상규) 현을 확보하고 있었다. (광무제
는) 조서로 외효에게 말했다.

「만약 병기를 놓고 스스로 항복한다면 부자가 만날 수 있고 다른
일은 없을 것이다. 高祖께서도 그전에 '전횡이 돌아온다면 높은 자
는 왕으로, 또 낮은 자라도 侯에 봉할 것이다.' 라고 말씀하셨다. 만

약 경포와 같은 자가 되고 싶다면 그 역시 네 마음대로 하라.」

외효는 끝내 투항하지 않았다. 이에 외효의 아들 恂(순)을 죽였고, 吳漢과 征南大將軍 岑彭(잠팽)을 시켜 西城을 포위케 하였고, 耿弇(경엄)과 虎牙大將軍인 蓋延(개연)은 上邽縣(상규현)을 포위하였다. 광무제는 낙양으로 환궁했다.

한 달 뒤에, 楊廣(양광)이 죽자 외효는 곤궁에 처했다. 외효의 대장 王捷(왕첩)은 따로 戎丘(융구)를 지키고 있었는데 성에 올라 漢軍에게 소리쳤다. "隗王(외왕)을 위해 성을 지키는 우리들은 모두 죽더라도 두 마음이 없다. 漢郡이 빨리 공격을 멈춰준다면 우리 스스로 자살하여 분명히 보여주겠다." 그리고서는 모두 목을 찔러 죽었다.

몇 달 뒤, 王元, 行巡(행순), 周宗(주종)은 蜀의 구원병 5천여 명을 거느리고 높은 곳에서 갑자기 나타나 북을 크게 치면서 외쳤다. "백만 대군이 방금 도착하였다!" 漢軍이 크게 놀라 진을 치기도 전에 왕원 등은 포위를 뚫고 죽기로 싸워 마침내 성에 들어갔다. 이 무렵 吳漢 등은 군량이 떨어져 물러갔는데 이에 安定, 北地, 天水, 隴西郡은 다시 외효의 차지가 되었다.


### 原文

九年春, 囂病且餓, 出城餐糗糒, 恚憤而死. 王元,周宗立囂少子純爲王. 明年, 來歙,耿弇,蓋延等攻破落門, 周宗,行巡,苟宇,趙恢等將純降. 宗,恢及諸隗分徙京師以東, 純與巡,宇徙弘農. 唯王元留爲蜀將. 及輔威將軍臧宮破延岑, 元舉衆詣宮降.

元字惠孟, 初拜上蔡令, 遷東平相, 坐墾田不實, 下獄死.

牛邯字孺卿, 狄道人. 有勇力才氣, 雄於邊垂. 及降, 大司徒司直杜林, 太中大夫馬援並薦之, 以爲護羌校尉, 與來歙平隴右.

十八年, 純與賓客數十騎亡入胡, 至武威, 捕得, 誅之.

| 註釋 | ○(建武) 九年 – 서기 33년. ○餐糗糒 – 餐은 먹을 찬. 糗는 볶은 쌀 구. 糒는 乾糧(건량) 비. ○恚憤而死 – 恚는 성낼 에. 憤은 성낼 분. 괴로워하다. ○落門 – 마을 이름. 今 甘肅省 天水市 武山縣 동쪽. ○上蔡 – 秦 李斯(이사)의 고향. 汝南郡(여남군)의 治所인 上蔡縣, 今 河南省 남부 駐馬店市 관할의 上蔡縣. ○東平相 – 東平國의 相. 군 太守 동급. ○狄道 – 道는 縣級 행정 단위. 한족과 이민족의 혼합 거주지. 狄道는 隴西郡의 治所, 今 甘肅省 남부 定西市 관할 臨洮縣. ○武威 – 涼州 관할 군명. 治所는 姑臧縣, 今 甘肅省 중부 武威市.

**[國譯]**

(建武) 9년 봄, 隗囂(외효)는 병들고 굶주렸는데 성 밖에서 볶은 쌀로 식사를 하다가 성질이 나서 죽었다. 王元과 周宗(주종)은 외효의 막내아들 隗純(외순)을 왕으로 옹립했다.

다음 해 來歙(내흡)과 耿弇(경엄), 蓋延(개연) 등이 落門(낙문)을 격파하자, 周宗, 行巡(행순), 苟宇(가우), 趙恢(조회) 등은 외순과 함께 투항하였다. 주종, 조회 및 외씨 일족은 낙양의 동쪽 각지로 이사시켰고, 외순과 행순, 가우 등은 弘農郡으로 이사시켰다. 다만 王元만은

남아 蜀의 장수가 되었다. 이어 輔威將軍 臧宮(장궁)이 延岑(연잠)을
격파하자, 王元은 무리를 이끌고 장궁에게 투항하였다.

王元(왕원)의 字는 惠孟(혜맹)인데, 처음에 上蔡(상채)현령이 되었
다가 東平國 相으로 승진하였으나 개간 실적을 사실대로 보고하지
않아 하옥되었다가 죽었다.

牛邯(우한)의 字는 孺卿(유경)인데, 狄道(적도) 사람이다. 勇力과 才
氣가 있어 변방의 영웅이었다. 漢에 투항하자 大司徒 司直인 杜林
(두림), 太中大夫 馬援(마원) 등이 함께 천거하여 護羌校尉가 되었고
來歙(내흡)과 함께 隴右(농우)를 평정하였다.

건무 18년(서기 42), 외순과 그의 빈객 등 수십 명이 도망쳐 흉노
땅으로 가다가 武威郡에서 체포되어 처형되었다.


**原文**

論曰, 隗囂援旗糺族, 假制明神, 迹夫創圖首事, 有以識其
風矣. 終於孤立一隅, 介於大國, 隴坻雖隘, 非有百二之勢,
區區兩郡, 以禦堂堂之鋒, 至使窮廟策, 竭徵徭, 身歿衆解,
然後定之. 則知其道有足懷者, 所以棲有四方之桀, 士至投
死絶亢而不悔者矣. 夫功全則譽顯, 業謝則釁生, 回成喪而
爲其議者, 或未聞焉. 若囂命會符運, 敵非天力, 雖坐論西
伯, 豈多嗤乎?

| 註釋 |  ○援旗糺族 – 援은 引也. 糺는 꼴 규. 실을 모아 더 굵은 줄을

만들다. 糺는 꼬다. 끌어 모으다. ㅇ假制明神 - 외효는 高祖 등 漢 황제의
묘당을 세우고 제사하며 부흥의 기치를 내세웠다. ㅇ迹夫創圖首事 - 迹
은 자취 적. 따라가다. ㅇ介於大國 - 介는 끼이다. 漢과 公孫述 사이에 끼
다. ㅇ非有百二之勢 - 2만의 군사가 100만의 군사를 상대할 만한 곳은 아
니었다. 田肯(전긍)이란 사람이 高祖에게 말했다. "關中은 지리적 이점이
많은 지역이니 산하가 험준하고 제후국과 1천 리 이상 떨어졌으며, 군사 1
백만이 공격해온다면 關中에서는 2만 명으로 막을 수 있습니다. 이처럼
유리한 지세는 제후에 대하여 군사를 동원할 때 마치 높은 지붕에서 물동
이 물을 쏟는 것과 같습니다."《漢書 高帝紀 下》참고. ㅇ區區兩郡 - 겨우
隴西와 天水 2개 군으로, ㅇ以禦堂堂之鋒 - 광무제의 親征을 뜻함. 光武
帝의 名正言順의 大軍을 막으려 하다. ㅇ投死絶亢 - 亢은 목 항. 咽喉(인
후). 스스로 몸을 던지고 목을 찌르다. 戎丘(융구)를 지키던 王捷(왕첩) 무리
의 자살. 외효를 추종한 자는 죽거나 자살하면서도 후회하는 자가 없었
다. ㅇ業謝則釁生 - 謝는 쇠퇴하다. 시들다. 釁은 틈 흔. 결점. 허물. ㅇ成
喪 - 成敗. 성패는 천명에 있지 人力이 아니라는 뜻. ㅇ西伯 - 周 文王. 西
伯은 姬昌의 작위. 文王은 죽은 뒤의 시호. 외효는 周 文王의 천명을 논할
자격이 없다는 뜻. ㅇ豈多嗤乎? - 嗤는 웃을 치. 냉소하다.


## [國譯]

　范曄(범엽)의 史論 : 隗囂(외효)는 깃발을 세우고 일족을 끌어 모으
면서 漢 황제를 제사하며 漢 부흥의 기치를 내세웠는데, 이는 일을
처음 시도하는 과정을 밟으며 시대 풍조를 알고 따른 것이었다. (외
효는) 끝내 서쪽 한 모퉁이에 고립되어 漢과 공손술 사이에 끼여 있
었으며, 隴坻(농지, 隴山)가 험한 지세였지만 2만의 군사가 100만의
군사를 상대할 만한 곳은 아니었고, 겨우 隴西와 天水 2개 군으로

(光武帝의) 名正言順의 大軍을 막으려 했는데, 마련한 방책이 다하고 징발과 요역도 바닥나고, 외효가 죽어 무리는 흩어진 뒤에야 평정이 되었다. 이를 본다면, 외효의 처신에 쓸만한 것이 있었을 것이니 사방의 인재들이 외효에게 모여들었으며 스스로 몸을 던지고 목을 찌르면서도 후회하는 자가 없었다. 공적이 뚜렷하면 영광이 빛나고, 업적이 미약하면 여러 허물이 나타나지만 돌이켜 보면 성패를 논하는 사람들은 이런 점을 생각하지 못했다. 만약 외효가 천명을 받을 수 있는 운명이었다면 그 상대는 이미 천명을 받은 광무제가 아니었을 것이다. 周 文王의 천명을 외효에 말한다면 어찌 사람의 웃음거리가 되지 않겠는가?

## ❷ 公孫述

### 原文

公孫述字子陽, 扶風茂陵人也. 哀帝時, 以父任爲郎, 後父仁爲河南都尉, 而述補淸水長. 仁以述年少, 遣門下掾隨之官, 月餘, 掾辭歸, 白仁曰, "述非待敎者也." 後太守以其能, 使兼攝五縣, 政事修理, 姦盜不發, 郡中謂有鬼神. 王莽天鳳中, 爲導江卒正, 居臨邛, 復有能名.

| 註釋 | ○公孫述(공손술, ?-36년) – 公孫은 복성. 益州(巴蜀) 일원을 차지하고 天子라 자칭, 國號 成家. 建武 12년, 장군 吳漢(오한)의 공격을 받아

멸망. ○扶風茂陵 - 右扶風 茂陵縣. 茂陵은 武帝의 능. 今 陝西省 咸陽市 관할 興平市 소재. ○父任爲郞 - 任은 保任. 부친의 관직 보증으로 낭관에 특채되다. ○後父仁爲河南都尉 - 仁은 이름. 公孫仁. 都尉는 질록 比二千石. ○清水長 - 天水郡 清水縣長(1만 호 이하 현의 행정관). 後漢에서는 폐현. ○遣門下掾隨之官 - 門下掾(문하연)은 州郡의 長과 특별히 가까운 掾吏. 掾은 도울 연. ○使兼攝五縣 - 5개 현을 겸임하다. ○謂有鬼神 - 明察하다. ○天鳳 - 왕망의 연호, 서기 14-19년. ○爲導江卒正 - 왕망은 蜀郡을 導江(도강)으로 개칭. 卒正은 太守의 개칭. ○臨邛(임공) - 蜀郡의 臨邛縣, 今 四川省 成都市 관할 邛崍市(공래시). 成都市 서남.

**[國譯]**

公孫述(공손술)의 字는 子陽(자양)으로 右扶風(우부풍)의 茂陵縣(무릉현) 사람이다. 哀帝 때 그의 부친의 보증으로 낭관이 되었고, 그 뒤에 부친 公孫仁(공손인)은 河南郡 도위가 되자, 공손술은 (天水郡) 清水縣 縣長으로 임명되었다. 공손인은 아들이 나이가 어리다 하여 자신의 門下掾(문하연)을 공손술의 수행원으로 보냈는데 한 달 뒤쯤 문하연이 사임하고 돌아와 공손인에게 말했다. "공손술은 누가 일러줄 필요가 없는 사람입니다."

그 뒤에 (천수군) 太守는 공손술이 유능하다 하여 5개 현을 관할케 하였는데, 정사가 잘 처리되었고 범죄나 도적질도 없어 천수군에서는 '신령이 돕는다' 고 말했다. 王莽(왕망) 天鳳(천봉) 연간에 導江卒正(蜀郡 太守)가 되어 臨邛縣(임공현)에 주재했는데 유능하다는 명성을 누렸다.

及更始立, 豪傑各起其縣以應漢, 南陽人宗成自稱'虎牙
將軍', 入略漢中. 又商人王岑亦起兵於雒縣, 自稱'定漢將
軍', 殺王莽庸部牧以應成, 衆合數萬人. 述聞之, 遣使迎成
等. 成等至成都, 虜掠暴橫. 述意惡之, 召縣中豪桀謂曰,
"天下同苦新室, 思劉氏久矣, 故聞漢將軍到, 馳迎道路. 今
百姓無辜而婦子繫獲, 室屋燒燔, 此寇賊, 非義兵也. 吾欲
保郡自守, 以待眞主. 諸卿欲並力者卽留, 不欲者便去."

豪桀皆叩頭曰, "願效死." 述於是使人詐稱漢使者自東方
來, 假述輔漢將軍, 蜀郡太守兼益州牧印綬. 乃選精兵千餘
人, 西擊成等. 比至成都, 衆數千人, 遂攻成, 大破之. 成將
垣副殺成, 以其衆降.

| 註釋 | ○入略漢中 – 漢中郡을 침략하여 들어가다. ○商人王岑亦起
兵於雒縣 – 商은 전한에서는 弘農郡, 후한에서는 京兆尹의 현명. 今 陝西
省 남부 商洛市 관할 丹鳳縣. 王岑(왕잠)은 인명. 岑은 봉우리 잠. 雒縣은
廣漢郡의 현명. 益州刺史部의 치소. 今 四川省 중부 德陽市 관할 廣漢市.
成都市 북쪽. ○庸部牧 – 왕망은 益州牧(益州刺史部)를 庸部라 개칭했다.
○成都 – 縣名. 蜀郡의 治所, 今 四川省 省都인 成都市. ○豪桀 – 豪傑. 桀
홰 걸(닭이 올라가는 가로 막대), 뛰어날 걸(傑과 通), 교활할 걸. ○益州
牧 – 益州郡과 다른 益州刺史이다. ○垣副(원부) – 인명. 垣(담 원)이 성씨.

[國譯]

更始帝(劉玄)가 자립하면서 호걸들은 각자 자기 현에서 봉기하여

경시제의 漢(玄漢)에 호응하였는데 南陽郡 사람 宗成(종성)은 虎牙將軍을 자칭하며 漢中郡을 침략하였고, 商縣 사람 王岑(왕잠) 역시 (廣漢郡) 雒縣(낙현)에서 定漢將軍을 자칭하며 王莽의 庸部牧(용부목, 益州刺史)을 죽이며 宗成(종성)에 호응하였는데 무리가 수만 명이었다. 공손술은 이를 전해 듣고서 사자를 보내 종성 등을 영입하였다. 宗成 등이 成都縣에 들어와서는 노략질에 횡포한 짓을 하였다. 공손술은 이들을 증오하며 현의 호걸을 불러 말했다.

"천하 사람들이 모두 新나라 때문에 고생하면서 오랫동안 劉氏를 생각하였기에 漢의 장군이 들어온다 하여 도로에 달려 나와 맞이하였다. 지금 아무 죄도 없는 백성의 부녀자를 잡아가고 집을 불태우니 이는 도적떼이지 義兵이 아니다. 나는 蜀郡을 지키면서 참된 主君을 기다리겠다. 여러분 중 나와 힘을 함께 할 자는 여기에 남고 원하지 않는 자는 그냥 돌아가라."

호걸들은 모두 고개를 조아리며 말했다. "죽더라도 같이 하겠습니다."

공손술은 이에 자기 사람을 보내 漢의 사자를 사칭하면서 동쪽에서 蜀郡으로 들어와서는 공손술에게 輔漢將軍, 蜀郡太守 兼 益州牧의 印綬를 내리게 하였다. 공손술은 곧 1천여 精兵을 뽑아 서쪽으로 나아가 종성을 격파하려고 하였다. 공손술이 成都에 이를 즈음에는 무리가 수천 명이 되었고 종성을 공격하여 대파하였다. 종성의 부장이던 垣副(원부)는 종성을 죽이고 그 무리와 함께 투항하였다.

二年秋, 更始遣柱功侯李寶,益州刺史張忠, 將兵萬餘人
徇蜀,漢. 述恃其地險衆附, 有自立志, 乃使其弟恢於緜竹擊
寶,忠, 大破走之. 由是威震益部. 功曹李熊說述曰, "方今四
海波蕩, 匹夫橫議. 將軍割據千里, 地什湯,武, 若奮威德以
投天隙, 霸王之業成矣. 宜改名號, 以鎭百姓."

述曰, "吾亦慮之, 公言起我意." 於是自立爲蜀王, 都成
都.

| 註釋 |  ○(更始) 二年 – 서기 24년.  ○緜竹(면죽, 綿竹) – 廣漢郡의 현
명. 今 四川省 중부 德陽市 관할 綿竹市. 天下名酒 '劍南春'과 '綿竹大麴'
의 産地, 2008년 汶川大地震 때 피해가 컸던 지역.  ○益部 – 益州刺史部.
○四海波蕩 – 천하가 들끓고 있다. 소란하여 평온하지 않다.  ○地什湯,武
– 殷 湯王과 周 武王 영역의 10배의 땅이다. 탕왕과 무왕의 직할지는 사방
백리를 넘지 않았다고 한다.

[國譯]

(更始) 2년 가을, 更始帝는 柱功侯 李寶(이보)와 益州刺史 張忠(장
충)을 보내 1만여 군사를 거느리고 蜀과 漢中 일대를 經略하게 하였
다. 공손술은 험한 지세와 호응하는 무리를 믿고서 자립할 생각이
있어 동생 公孫恢(공손회)를 緜竹縣(면죽현)에 보내 이보와 장충을 공
격, 대파하여 패주케 하였다. 이때부터 공손술의 위세가 益州刺史部
지역에 진동하였다.

功曹인 李熊(이웅)이 공손술에게 말했다.

"지금 천하는 들끓고 있으며 匹夫(필부)도 멋대로 정세를 논하고 있습니다. 장군이 할거하는 1천 리 땅은 湯王과 武王의 10배에 해당하니, 만약 위엄과 덕망을 떨쳐 天時를 노린다면 霸王(패왕)의 大業을 이룰 것입니다. 응당 名號를 바꿔 백성을 진압해야 합니다."

이에 공손술도 말했다.

"나 역시 같은 생각이었으니 그대가 내 뜻을 일깨웠도다."

이어 공손술은 蜀王으로 자립하면서 成都(성도)에 도읍하였다.

## 原文

蜀地肥饒, 兵力精強, 遠方士庶多往歸之, 邛,笮君長皆來貢獻. 李熊復說述曰,

"今山東饑饉, 人庶相食, 兵所屠滅, 城邑丘墟. 蜀地沃野千里, 土壤膏腴, 果實所生, 無穀而飽. 女工之業, 覆衣天下. 名材竹幹, 器構之饒, 不可勝用, 又有魚,鹽,銅,銀之利, 浮水轉漕之便. 北據漢中, 杜襃,斜之險, 東守巴郡, 拒扞關之口, 地方數千里, 戰士不下百萬. 見利則出兵而略地, 無利則堅守而力農. 東下漢水以窺秦地, 南順江流以震荊,楊. 所謂用天因地, 成功之資. 今君王之聲, 聞於天下, 而名號未定, 志士狐疑, 宜卽大位, 使遠人有所依歸."

述曰, "帝王有命, 吾何足以當之?"

熊曰, "天命無常, 百姓與能. 能者當之, 王何疑焉!"

述夢有人語之曰,"八厶子系, 十二爲期." 覺, 謂其妻曰,
"雖貴而祚短, 若何?" 妻對曰, "朝聞道, 夕死尙可, 況十二
乎!" 會有龍出其府殿中, 夜有光耀, 述以爲符瑞, 因刻其掌,
文曰 '公孫帝'. 建武元年四月, 遂自立爲天子, 號成家. 色
尙白. 建元曰龍興元年. 以李熊爲大司徒, 以其弟光爲大司
馬, 恢爲大司空. 改益州爲司隸校尉, 蜀郡爲成都尹.

| 註釋 | ○肥饒(비요) − 肥沃하고 豊饒(풍요)하다. 饒는 넉넉할 요. 배불
리 먹다. ○邛,筰君長 − 모두 西南夷의 종족명. 邛은 언덕 공, 四川省의 산
이름. 筰은 줍을 착. ○土壤膏腴 − 壤는 덩어리지지 않은 부드러운 흙. 膏
는 살찔 고. 腴는 아랫배 살찔 유. ○名材竹幹 − 좋은 목재와 대나무 화살.
幹은 箭. ○杜褒,斜之險 − 杜는 막다. 褒谷,斜谷의 험로, 褒水(포수, 남쪽 漢
水에 합류)와 斜水(사수, 북쪽 渭水에 합류)의 협곡을 褒斜谷(포사곡, '首尾 七百
里'라 했다. 250km)이라 하는데, 이곳을 통과하는 人工 棧道(잔도)로 南의 漢
中郡 褒城(포성)에서 시작하여 雞頭關, 馬道, 武休關, 武關驛과 斜谷(사곡)
을 거쳐 陝西省 眉縣(미현)에 이르는 길. 褒斜道 石門 및 摩崖石刻이 陝西
省 漢中市 漢台區에 남아 있다고 한다. ○巴郡(파군) − 治所는 江州縣. 今
重慶市 도심인 渝中區(투중구, 渝는 本音 유)에 해당. ○汗關之口 − 汗關(한
관)은 一名 楚關. 今 重慶市 東部 奉節縣 소재. 奉節縣에는 白帝城, 永安宮,
甘夫人墓 등이 있고 瞿塘峽(구당협) 등 長江 三峽水庫(Sān xiaá 댐)가 있다.
○狐疑(호의) − 의심이 많다. 의심이 많아 결정하지 못하다. ○八厶子系 −
公孫의 破字, 厶는 마늘 모. 部首名. 사사 사(私의 古字). ○十二爲期 − 12
년이 期限이다. ○朝聞道 −「子曰,"朝聞道, 夕死可矣."」《論語 里仁》○因
刻其掌 − 손바닥에 글자를 文身하다. ○號成家 − 國號 成家. 成都에서 이
룩한 王家라는 뜻. ○龍興元年 − 서기 25년(∼36년). 공손술의 연호.

**[國譯]**

　蜀地는 비옥하고 산물은 풍요하며, 兵力은 정예하고 강성하여 먼 곳에서도 士人과 백성들이 많이 이주해 왔으며, 邛(공)이나 筰(착)의 (異民族) 君長들도 모두 와서 토산물을 바쳤다. 李熊(이웅)이 다시 공손술을 설득하며 말했다.

　"지금 崤山(효산) 동쪽 지역에서는 흉년이 들어 사람이 사람을 먹고, 군사는 백성을 살육하여 城邑이 폐허가 되었습니다. 蜀地는 1천 리 沃野(옥야)이니, 토양은 기름지고 과일이 많이 나서 곡식이 아니라도 배가 부릅니다. 여공이 짜는 옷감은 천하가 다 입습니다. 좋은 목재와 대나무 화살, 풍부한 온갖 용구들은 이루 다 소비하지 못하며 거기다가 물고기와 소금, 구리와 은의 산출이 많으며 강물을 따라 조운도 편리합니다. 북으로는 漢中郡이 지켜주며, 험한 褒斜道 (포사도)가 막아주며, 동쪽으로 巴郡(파군)을 수비하여 汗關(한관, 楚 關)의 입구를 막을 수 있으며, 땅이 사방 수천 리에 戰士가 百萬이 넘습니다. 본래 見利하면 出兵하여 略地하고, 無利하다면 堅守하며 농사에 힘을 쓰면 됩니다. 동쪽으로 漢水를 따라가 秦地를 엿볼 수 있고, 남쪽으로 長江을 따라 흘러가면 荊州와 楊州 일대를 위협할 수 있습니다. 이는 소위 天時와 地利로 우리가 성공할 수 있는 밑바탕이 됩니다. 지금 君王의 명성은 천하에 다 알려졌지만 아직 名號가 정해지지 않아 志士들이 孤疑(호의)하며 결정을 못하니 응당 大位에 즉위하면 먼 곳의 인재들도 찾아올 것입니다."

　이에 공손술이 말했다.

　"帝王은 천명을 받아야 하거늘, 내가 어이 감당할 수 있겠는가?"

　그러자 이웅이 대답하였다. "天命은 無常한 것이고 백성은 능력

있는 자를 따릅니다. 능한 자가 제위에 오르는 것이거늘 대왕은 무얼 걱정하십니까!'

공손술의 꿈에 어떤 사람이 말하였다. "八ム(公) 子系(孫)은 12년이 기한이다."

꿈에서 깬 공손술이 그의 妻에게 말했다.

"비록 고귀하나 명이 짧다는데 어떻게 하지?" 아내가 말했다. "아침에 도를 깨우치면 저녁에 죽어도 좋다 했거늘 12년이면 어떻습니까?"

그 무렵 龍이 집안 殿閣에 나타났으며 밤에는 밝은 빛이 비추었는데, 공손술을 이를 祥瑞(상서)의 표징으로 생각하여 손바닥에 '公孫帝'라는 글자를 썼다(文身했다는 뜻).

建武 원년 4월에, 공손술은 천자로 자립하고 국호를 成家(성가)라 하였다. 色은 백색을 높였다. 건원하여 龍興(용흥) 원년이라 하였다. 李熊(이웅)은 大司徒, 공손술의 동생 公孫光(공손광)은 大司馬, 公孫恢(공손회)는 大司空이 되었다. 益州를 司隸校尉로, 蜀郡을 成都尹으로 개칭하였다.

## 原文

越嶲任貴亦殺王莽大尹而據郡降. 述遂使將軍侯丹開白水關, 北守南鄭, 將軍任滿從閬中下江州, 東據扞關. 於是盡有益州之地.

自更始敗後, 光武方事山東, 未遑西伐. 關中豪傑呂鮪等往往擁衆以萬數, 莫知所屬, 多往歸述, 皆拜爲將軍. 遂大作營壘, 陳車騎, 肄習戰射, 會聚兵甲數十萬人, 積糧漢中, 築宮南鄭. 又造十層赤樓帛蘭船. 多刻天下牧守印章, 備置公卿百官. 使將軍李育,程烏將數萬衆出陳倉, 與呂鮪徇三輔.

三年, 征西將軍馮異擊鮪,育於陳倉, 大敗之, 鮪,育奔漢中.

| 註釋 | ○越嶲任貴 – 越嶲(월수)는 군명. 治所 邛都縣. 今 四川省 남부 西昌市. 任貴는 人名. ○開白水關 – 開는 출발하다. 나가다. 점령하다(打開). 白水關은 天水郡(漢陽郡) 西縣의 관문. ○北守南鄭 – 南鄭은 漢中郡의 치소. 옛 漢王의 도읍지. 今 陝西省 남서부 漢中市. ○閬中下江州 – 閬中(낭중)은 益州 관할 巴郡의 현명. 今 四川省 동북부 南充市 관할 閬中市. 江州는 巴郡의 治所, 縣名. 今 重慶市 도심인 渝中區(투중구)에 해당. ○東據扞關 – 扞關(한관)은 一名 楚關, 舊塘關, 江關. 今 重慶市 동부 奉節縣 소재. ○方事山東, 未遑西伐=方事는 일을 당하다. 方은 마주하다, 향하다. 바야흐로. 遑은 허둥거릴 황. 겨를, 한가한 시간. ○呂鮪 – 인명. 陳倉縣 사람, 鮪는 다랑어 유. ○陳車騎 – 陳은 陣. ○肄習戰射 – 肄는 익힐 이. ○十層赤樓帛蘭船 – 10층 붉은 누각에 난간을 비단으로 감싼 배. 蘭은 欄, 차단하다. 兵器걸이. 창을 세워두는 시렁. ○陳倉 – 右扶風 縣名. 今 陝西省 서부 寶鷄市 동쪽, 渭水 북안.

[國譯]

越嶲郡(월수군)의 任貴(임귀)도 王莽의 大尹을 죽이고 군을 들어 투항하였다. 공손술은 將軍 侯丹(후단)을 시켜 白水關(백수관)을 점령하고, 북으로 나아가 南鄭(남정)을 지키게 하고, 將軍 任滿(임만)은

閬中縣(낭중현)에서 江州(강주)로 내려가 동쪽 扞關(난관)를 방어하게 하였다. 이에 益州 관할 지역을 모두 차지하였다.

更始帝가 패망 이후에, 光武帝는 한창 關東 지역 때문에 서쪽을 정벌할 겨를이 없었다. 關中 지역의 호걸인 呂鮪(여유) 등은 도처에서 수만의 무리를 거느렸지만 소속할 데를 알지 못했는데 대부분이 공손술에게 歸降(귀항)하였고 그들은 모두 장군이 되었다.

공손술은 군영을 크게 짓거나 전차와 기병을 배치하고 실전사격 연습을 하며, 십수 만의 군사와 병기를 모았고 漢中郡에 군량을 비축하였으며 南鄭縣에 궁궐도 지었다. 또 10층의 붉은 누각에 난간을 비단으로 감싼 큰 배도 만들었다. 온 나라의 州牧과 태수의 관인을 여러 개 새겨 두었고 공경과 백관도 임명하였다. 장군 李育(이육)과 程烏(정오)로 하여금 수만 군사를 거느리고 陳倉(진창)에 출병하여 呂鮪(여유)와 함께 三輔 지역을 순시하게 하였다.

(建武) 3년(서기 27), 征西將軍 馮異(풍이)가 呂鮪(여유)와 李育(이육)을 陳倉에서 공격하여 크게 이기자 여유와 이육은 漢中으로 도주하였다.


## 原文

五年, 延岑, 田戎爲漢兵所敗, 皆亡入蜀.

岑字叔牙, 南陽人. 始起據漢中, 又擁兵關西, 所在破散, 走至南陽, 略有數縣. 戎, 汝南人. 初起兵夷陵, 轉寇郡縣, 衆數萬人. 岑, 戎並與秦豐合, 豐俱以女妻之. 及豐敗, 故二人皆降於述. 述以岑爲大司馬, 封汝寧王, 戎翼江王.

| 註釋 | ○南陽 – 군명. ○關西 – 함곡관 서쪽. 關東에 상대적인 개념. ○夷陵 – 南郡(치소는 郢縣영현, 今 湖北省 荊州市 관할 江陵縣 서북)의 縣名. 今 湖北省 서부 宜昌市 夷陵區. ○秦豊 – 秦豊(진풍)은 楚의 黎丘鄕人. 黎丘가 楚地라서 楚 黎王(여왕)을 자칭. 건무 5년에 광무제의 장군에게 생포되었다. ○以女妻之 – 딸을 그들의 아내로 주다. 妻는 시집보낼 처. 동사로 쓰였다.

[國譯]

(建武) 5년, 延岑(연잠)과 田戎(전융)은 漢軍에 패한 뒤에 모두 蜀郡으로 도망갔다.

연잠의 字는 叔牙(숙아)인데, 南陽郡 사람이다. 처음 봉기하여 漢中郡을 차지했고, 또 關西에서 군사를 거느렸으나 있던 곳에서 군사가 패배하여 흩어지자 남양군으로 들어와 몇 개 현을 차지하였다. 전융은 汝南郡(여남군) 사람이었다. 처음에 夷陵縣(이릉현)에서 거병한 뒤, 돌아다니며 군현을 노략질하였는데 그 무리가 수만 명이었다. 연잠과 전융은 秦豊(진풍)의 군사와 합쳤는데, 진풍은 두 사람에게 딸을 시집보냈다. 진풍이 패망하자 두 사람은 모두 공손술에게 투항하였다. 공손술은 연잠을 大司馬에 임명하며 汝寧王(여녕왕)에 봉했고, 전융은 翼江王(익강왕)에 봉했다.

六年, 述遣戎與將軍任滿出江關, 下臨沮, 夷陵間, 招其故衆, 因欲取荊州諸郡, 竟不能克.

是時, 述廢銅錢, 置鐵官錢, 百姓貨幣不行. 蜀中童謠言曰, ‘黃牛白腹, 五銖當復.’ 好事者竊言王莽稱黃, 述自號白, 五銖錢, 漢貨也, 言天下並還劉氏.

述亦好爲符命鬼神瑞應之事, 妄引讖記. 以爲孔子作《春秋》, 爲赤制而斷十二公, 明漢至平帝十二代, 歷數盡也, 一姓不得再受命. 又引〈錄運法〉曰, ‘廢昌帝, 立公孫’. 〈括地象〉曰, “帝軒轅受命, 公孫氏握.” 〈援神契〉曰, ‘西太守, 乙卯金’. 謂西方太守而乙絶卯金也. 五德之運, 黃承赤而白繼黃, 金據西方爲白德, 而代王氏, 得其正序. 又自言手文有奇, 及得龍興之瑞. 數移書中國, 冀以感動衆心.

帝患之, 乃與述書曰, 「圖讖言‘公孫’, 卽宣帝也. 代漢者當塗高, 君豈高之身邪? 乃復以掌文爲瑞, 王莽何足效乎! 君非吾賊臣亂子, 倉卒時人皆欲爲君事耳, 何足數也. 君日月已逝, 妻子弱小, 當早爲定計, 可以無憂. 天下神器, 不可力爭, 宜留三思.」

署曰公孫皇帝. 述不答.

| 註釋 | ○(建武) 六年 – 서기 30년. ○江關 – 위에서는 扞關(한관)으로 나왔다. 一名 舊塘關, 今 重慶市 동부 奉節縣 소재. ○荊州諸郡 – 형주자

사부 치소는 武陵郡 漢壽縣. 今 湖南省 북부 常德市. 관할 군은 南陽郡, 南郡, 江夏郡, 零陵郡, 桂陽郡, 武陵郡, 長沙郡 등이다.  ○鐵官錢 ─ 鐵官을 두고 錢幣를 주조케 했다.  ○黃牛白腹 ─ 누런 소의 하얀 배(腹), 왕망의 전폐와 공손술이 발행한 전폐.  ○五銖當復 ─ 武帝 元狩 5년(前 118년)에 五銖錢(오수전, 명칭과 실제 무게가 일치, 1개의 무게 3.25g)을 발행 통용하였다. 오수전은 이후 後漢, 魏, 晉을 거쳐 隋代(수대)까지 주조 통용되다가 唐 高祖 武德 4년(621)에 공식적으로 폐지되었다. 前漢 도량형으로 1兩은 15.5g, 1兩은 24銖. 1銖는 0.65g이었다. 오수전에는 '五銖' 二字가 양각되었다. 전한 上林苑 水衡都尉가 오수전을 독점 발행했다.  ○漢至平帝十二代 ─ 呂后를 代數에 포함해야 12代이다.  ○西太守, 乙卯金 ─ 乙은 軋(삐걱거릴 알). 꺾다(乙絶, 軋絶). 卯金은 劉의 破字(卯金刂).  ○圖讖(도참) ─ 미래의 길흉화복을 예언하는 術書, 또는 圖錄.  ○當塗高 ─ 도참서 속의 말. 當塗(당도, 當道)는 姓. 高는 이름. 이 當塗高가 魏를 뜻한다는 말이 後漢 말기에도 유행했었다. 當塗는 九江郡의 현명.  ○王莽何足效乎! ─ 왕망은 자신의 부족한 정통성의 근거를 마련하려고 鐵契, 石龜, 文圭, 玄印 등을 조작하였다. 왕망의 이런 행위를 본받을 필요가 있느냐?  ○倉卒 ─ 미처 어찌할 겨를이 없음. 갑자기.  ○何足數也 ─ 어찌 다 책망하겠는가. 數는 罪目을 하나하나 책망하다.  ○神器 ─ 帝位.

## [國譯]

(建武) 6년, 공손술은 田戎(전융)과 장군 任滿(임만)을 시켜 江關(강관, 扞關)을 지나 臨沮(임저)와 夷陵(이릉) 사이에서 옛 무리를 불러 모아 荊州의 여러 군을 차지하려 했으나 끝내 차지하지 못했다.

이때 공손술은 동전을 폐지하고 鐵官을 두고 주전케 하였지만 백성들 사이에서 통용되지 않았다. 蜀 땅에서 아이들 노래가 '누런 소

(黃牛) 하얀 뱃속에(白腹) 五銖錢(오수전)이 또 채워지네.' 라고 하였다. 이를 두고 말하기 좋아하는 자들은 왕망은 黃이고, 공손술은 白이며, 五銖錢은 漢의 돈이니 천하가 다시 劉氏에게 돌아갈 것이라고 하였다.

공손술 역시 符命이나 귀신, 그리고 상서의 징조를 즐겨하며 제멋대로 도참기록을 인용 해석하였다. 공손술은 孔子가 《春秋》를 지었는데 漢의 국운을 암시하며 12公으로 끊었는데, 이는 漢이 平帝까지 12代에 끝난 것을 확실히 보여주었고, (漢은) 歷數가 끝났으며 하나의 성씨가 다시 천명을 받지 못한다고 말했다. 또 〈錄運法(녹운법)〉이라는 글을 인용하여, '昌帝가 폐위되니 公孫씨가 자립한다.' 고 말했으며, 또 〈括地象(괄지상)〉을 인용하여 '黃帝 軒轅(헌원)이 천명을 받으면 公孫氏가 장악한다.' 고 말했다. 또 〈援神契(원신계)〉에 '西太守 乙卯金'이라 한 말은 西方의 太守(公孫述)이 卯金(劉)를 꺾어버리는 것이라 하였다. 五德의 운행으로도 黃은 赤을 잇고, 白은 黃을 잇는데, 金은 西方에 있기에 白德이며, 이는 곧 王氏(王莽)를 대신하는 것으로 순서로도 옳다고 하였다. 또 자신의 손바닥에 기이한 글자(公孫帝)가 있으며 龍이 출현하는 祥瑞가 나타났다고 하였다. 공손술은 이런 글을 나라 안에 자주 내보내면서 백성들이 감동하기를 기대하였다.

광무제도 이를 걱정하여 공손술에게 서신을 보내 말했다.

「圖讖(도참)에서 '公孫'이라 한 것은 (前漢의) 宣帝이시다. 漢을 계승할 자를 當塗高(당도고)라 하였는데 君이 어찌 高(고)의 몸이란 말인가? 또 손바닥의 글자를 祥瑞라고 거듭 말하는데 왕망이 취했던 그런 일을 굳이 본떠야 하겠는가! 君은 나의 賊臣이나 亂子도 아니니 群雄이 봉기하는 이런 때에 군주가 되려는 자들을 어찌 다 책망하겠나? 君도 이제 어지간히 나이를 먹었지만 妻子는 아직 어리니, 응당 빨리 방책을 정해야만 뒷걱정이 없을 것이다. 天下의 神器(帝位)는 힘으로 쟁탈하는 것이 아니니, 이를 깊이 생각하기 바라노라.」

광무제는 서신에서 公孫皇帝라 불렀다. 그러나 공손술은 응답하지 않았다.

明年, 隗囂稱臣於述. 述騎都尉平陵人荊邯見東方將平, 兵且西向, 說述曰,

"兵者, 帝王之大器, 古今所不能廢也. 昔秦失其守, 豪桀並起, 漢祖無前人之跡, 立錐之地, 起於行陣之中, 躬自奮擊, 兵破身困者數矣. 然軍敗復合, 創愈復戰. 何則? 前死而成功, 逾於卻就於滅亡也. 隗囂遭遇運會, 割有雍州, 兵强士附, 威加山東. 遇更始政亂, 復失天下, 衆庶引領, 四方瓦解. 囂不及此時推危乘勝, 以爭天命, 而退欲爲西伯之事, 尊師章句, 賓友處士, 偃武息戈, 卑辭事漢, 喟然自以文王復出也. 令漢帝釋關隴之憂, 專精東伐, 四分天下而有其三. 使西州豪傑咸居心於山東, 發間使, 招攜貳, 則五分而有其四, 若擧兵天水, 必至沮潰, 天水旣定, 則九分而有其八. 陛下以梁州之地, 內奉萬乘, 外給三軍, 百姓愁困, 不堪上命,

將有王氏自潰之變. 臣之愚計, 以爲宜及天下之望未絶, 豪
傑尙可招誘, 急以此時發國內精兵, 令田戎據江陵, 臨江南
之會, 倚巫山之固, 築壘堅守, 傳檄吳,楚, 長沙以南必隨風
而靡. 令延岑出漢中, 定三輔, 天水,隴西拱手自服. 如此, 海
內震搖, 冀有大利."

| 註釋 | ○兵者, 帝王之大器 – 兵은 군사, 전쟁. 聖人의 興起, 亂人 정
벌, 흥성과 패망의 단서가 모두 兵에 귀결한다고 하였다. ○漢祖無前人之
跡 – 高祖는 布衣에서 起身하였다. ○創愈復戰 – 상처가 나으면 다시 싸
우다. 漢王은 항우의 화살을 가슴에 맞고 장안에 가서 휴식한 뒤, 다시 맞
서 싸웠다. ○前死而成功 – 앞서 죽기를 각오로 싸웠기 때문에 성공하다.
○割有雍州 – 농서, 천수군 지역을 雍州라 했다. ○衆庶引領 – 引領은 목
을 늘이다. 고대하다. ○偃武息戈(언무식과) – 전쟁을 그만두다. 偃은 쓰러
질 언. 그만두다. ○喟然 – 탄식하는 모양. 여기서는 스스로 감탄하다. 喟
는 한숨 위. ○漢帝釋關隴之憂 – 외효는 적극적으로 동쪽에 진출하려는
의도가 없었고, 공손술의 근거지가 蜀이었기에, 광무제는 외효와 공손술
을 일단 置之度外했었다. ○招攜貳 – 두 마음을 가진 사람을 불러들이다.
攜는 끌 휴. 초치하다. 王遵, 杜林, 牛邯(우한) 등은 나중에 光武帝에게 귀의
하였다. ○梁州之地 –《尙書》〈禹貢〉에서는 중국을 冀州, 兗州, 靑州, 徐
州, 揚州, 荊州, 豫州, 梁州, 雍州의 九州로 구분하였다. 후한 13자사부 중,
幽州와 幷州를 없애어 그 군국을 冀州에 소속시키고, 司隸校尉와 涼州를
없애고 그 군국을 雍州(옹주)에, 交州를 없애고 형주와 익주에 나눠 소속시
켰다. 〈우공〉의 梁州가 없는 대신 後漢에서는 益州를 설치했다. 〈우공〉의
梁州는 華山의 남쪽으로 雍州의 남쪽, 荊州의 서쪽, 즉 중국의 서남부 지역
이다. ○王氏自潰之變 – 왕망의 몰락. ○倚巫山之固 – 倚는 의지할 의.

기대다. 巫山은 四川省 巴山 산맥의 이름난 봉우리. 巫縣은 南郡의 현명.
今 重慶市 東部 巫山縣. ○隨風而靡 − 風靡(풍미), 바람에 초목이 쏠리다.
저절로 쏠려 따라오다.


[國譯]

　　다음 해(建武 7년), 隗囂(외효)는 공손술에게 稱臣(칭신)하였다. 공
손술의 騎都尉인 平陵人 荊邯(형한)은 동방이 곧 평정되면 漢兵이
바로 서쪽으로 향할 것이라 예상하면서 공손술을 설득하였다.

　　"兵事는 帝王의 大器이기에 古今에 누구도 그만두지 못했습니
다. 옛날에 秦이 천하를 상실하자 군웅이 한꺼번에 일어났으니, 漢
高祖는 布衣에서 起身하여 송곳하나 세울 땅도 없었지만, 行軍 중에
우뚝 일어서며 몸소 힘써 싸웠으니, 군사가 패망하고 곤궁에 처했던
때가 여러 번 있었습니다. 그러나 군사가 패하면 다시 보충하고 상
처가 나으면 다시 싸웠습니다. 왜 그러했겠습니까? 앞서 죽기로 싸
웠기에 성공할 수 있었고, 물리치는 단계를 넘어 멸망시킬 수 있었
습니다. 외효에게도 기회가 있어 雍州(옹주)를 분할하여 소유하며
군사는 강했고 인재도 따르면서 山東 지역까지 위세가 널리 알려졌
습니다. 경시제의 정사가 혼란하여 다시 천하를 잃자, 많은 백성들
은 목을 빼며 賢君을 기다렸으나 사방의 정권은 와해되었습니다. 외
효는 이런 시절에 위기를 넘어 승세를 타고 천명을 다투지 아니하고
물러나 西伯처럼 무력을 쓰지 않았으니 유생을 받들고 경서를 읽었
으며 山林處士를 벗으로 삼고, 전쟁을 그만두면서 겸손한 말로 漢室
을 섬기며 감탄하듯 스스로 다시 출현한 文王이라 생각하였습니다.
지금 漢帝(光武帝)는 함곡관 서쪽이나 隴西의 걱정을 제쳐두고 전

적으로 동쪽 정벌에 나섰으니 천하의 4분지 3을 차지하였습니다. (광무제가) 만약 西州의 호걸로 하여금 마음을 山東에 두게 하면서 이간시키는 사자를 보내며 두 마음을 가진 자들을 초빙한다면 천하의 5분의 4를 차지할 것이며, 이어 만약 군사를 내어 天水郡을 공격케 한다면 틀림없이 천수군은 무너질 것이며, 그렇게 되면 9분의 8을 차지하게 됩니다. 폐하께서는 지금 (禹貢 9州 중) 梁州(양주)를 소유하였으니 안으로는 萬의 군사를 얻어 밖으로는 三軍에 공급할 수 있으나, 백성이 곤궁하여 上命을 견디지 못한다면 왕망의 몰락 과정을 다시 밟게 될 것입니다. 臣의 어리석은 생각이지만 천하 백성의 열망이 식기 전, 호걸을 초치할 수 있는 이때에 국내의 精兵을 동원하여야 하니, 田戎(전융)을 시켜 江陵을 차지하고 강남세력을 맞서 상대하되 巫山(무산)의 험고한 지형에 의지하여 보루를 짓고 굳게 지키면서 격문을 吳와 楚에 보낸다면 長沙(장사) 이남은 틀림없이 바람에 쏠리듯 따라올 것입니다. 또 延岑(연잠)으로 하여금 漢中 지역에 출동하고 三輔 지역을 평정한다면, 天水郡과 隴西郡 지역은 손을 모아 스스로 복종할 것입니다. 이와 같이 된다면, 海內가 크게 진동하며 엄청나게 큰 이득을 기대할 수 있을 것입니다."

## 原文

述以問群臣. 博士吳柱曰, "昔武王伐殷, 先觀兵孟津, 八百諸侯不期同辭, 然猶還師以待天命. 未聞無左右之助, 而欲出師千里之外, 以廣封疆者也." 邯曰, "今東帝無尺土之

柄, 驅烏合之衆, 跨馬陷敵, 所向輒平. 不亟乘時與之分功,
而坐談武王之說, 是效隗囂欲爲西伯也."

述然邯言, 欲悉發北軍屯士及山東客兵, 使延岑,田戎分
出兩道, 與漢中諸將合兵並勢. 蜀人及其弟光以爲不宜空國
千里之外, 決成敗於一擧, 固爭之, 述乃止. 延岑,田戎亦數
請兵立功, 終疑不聽.

| 註釋 | ○孟津 – 황하의 나루터 이름. 周 武王이 殷 紂王(주왕)을 토벌
할 때 8백 제후가 모였던 곳. 今 河南省 洛陽市 북쪽의 孟津縣. ○東帝 –
光武帝. ○跨馬陷敵 – 말에 올라 적을 함몰하다. 跨는 타넘을 과. 걸터앉
다. ○與之分功 – 광무제와 爭功하다. ○坐談武王之說 – 武王이 천명을
기다리겠다는 말만 한다면. ○山東客兵 – 山東지역 외지 출신의 군사.

**[國譯]**

공손술이 이를 여러 신하에게 물었다. 이에 博士 吳柱(오주)가 말
했다.

"예전에 周 武王이 殷〔은, 紂王(주왕)〕을 정벌하기 전에 孟津(맹진)
에서 觀兵할 때, 8백 제후가 기약도 없이 모여 성토하였지만 군사를
돌리고 천명을 기다렸습니다. 그러나 좌우의 도움 없었다는 말을 들
어보지 못했으며 천 리 밖에 군사를 보낸다면 자신의 영역을 넓히려
는 것입니다."

이에 荊邯(형한)이 말했다.

"지금 東帝(光武帝)는 한 자 땅을 봉할 힘도 없이 烏合之衆(오합지
중)을 거느리고 전장을 누비고 적을 이기며 가는 곳마다 평정하였습

니다. 지금 이런 기회를 이용하여 광무제와 서둘러 공을 다투지 않고, 앉아서 武王이 군사를 돌렸다는 말만 한다면, 이는 외효가 西伯을 본받으려 한 것과 마찬가지입니다."

공손술은 형한의 말을 옳다 여겨 北軍의 屯田 군사와 山東 출신 병사까지 모두 다 동원하여 延岑(연잠)과 田戎(전융)을 시켜 양쪽으로 출병케 하며 漢中의 여러 장수도 군사를 동원하여 합세토록 하였다. 그러나 蜀人과 공손술의 동생 公孫光이 나라를 비우고 천 리 밖에서 단판으로 성패를 결정하는 것은 옳지 않다고 강하게 간쟁하자, 공손술은 원정을 중지하였다. 延岑(연잠)과 田戎(전융)은 출병하여 공을 세우려고 간청하였지만, 공손술은 의심하며 끝내 수락하지 않았다.


### 原文

述性苛細, 察於小事. 敢誅殺而不見大體, 好改易郡縣官名. 然少爲郎, 習漢家制度, 出入法駕, 鸞旗旄騎, 陳置陛戟, 然後輦出房闥. 又立其兩子爲王, 食犍爲,廣漢各數縣. 群臣多諫, 以爲成敗未可知, 戎士暴露, 而遽王皇子, 示無大志, 傷戰士心. 述不聽. 唯公孫氏得任事, 由此大臣皆怨.

| 註釋 | ㅇ苛細 - 까다롭고 마음 씀씀이가 자잘하다. 苛는 매울 가. ㅇ法駕 - 천자가 타는 수레. 평상시에는 侍中이 驂乘하고 奉車郎이 수레를 운전한다. 그리고 수레 36량이 수행한다. ㅇ鸞旗旄騎 - 鸞旗는 수레에 세우는 鸞(난새 난)을 그린 깃발. 旄(깃대 장식 모)를 들고 말에 탄 기병. ㅇ陛戟

(폐극) – 계단에 창을 든 병졸을 세우다. 陛는 섬돌 폐. ○房闥 – 宮闕. 闥은 궁궐 문 달. ○犍爲,廣漢 – 犍爲郡 治所는 武陽縣, 今 四川省 중앙부 眉山市 彭山區. 廣漢郡의 治所는 雒縣(낙현), 今 四川省 成都市 북쪽 廣漢市. ○戎士暴露 – 戎士(융사)는 兵士. 暴露(폭로)는 노천에서 비바람을 맞다. 野戰으로 고생하다.

## [國譯]

공손술의 성격은 까다롭고 자잘하며 작은 일에 엄격하였다. 함부로 살육하며 정사의 대체를 보지 못하고 군현이나 관직명 바꾸기를 좋아하였다. 어린 나이에 낭관이 되었기에 漢의 제도에 익숙하였으며 法駕로 출입하면서 鸞(난새 난)을 그린 깃발과 旄(깃대 장식 모)를 세운 기병과 계단에 창을 든 병졸을 세운 다음에야 연을 타고 궁궐을 나섰다. 또 두 아들을 왕으로 봉하여 犍爲郡(건위군)과 廣漢郡의 여러 현을 식읍으로 하였다. 많은 신하들이 여러 번 간쟁을 하였는데, 成敗을 알 수 없는 상황이고 군사는 야외에서 고생하는데 갑자기 皇子를 왕에 봉하는 것은 큰 뜻이 없음을 내보인 것이며 戰士의 의욕을 꺾는다고 하였다. 그러나 공손술은 따르지 않았다. 오직 공손씨 일족만 권력을 쥐고 있었기에 대신들은 모두 불만이었다.

## 原文

八年, 帝使諸將攻隗囂, 述遣李育將萬餘人救囂. 囂敗, 並沒其軍, 蜀地聞之恐動. 述懼, 欲安衆心.

成都郭外有秦時舊倉, 述改名白帝倉, 自王莽以來常空.

述卽詐使人言白帝倉出穀如山陵, 百姓空市里往觀之. 述乃
大會群臣, 問曰, "白帝倉竟出穀乎?" 皆對言"無." 述曰,
"訛言不可信, 道隗王破者復如此矣." 俄而囂將王元降, 述
以爲將軍.

明年, 使元與領軍環安拒河池, 又遣田戎及大司徒任滿,
南郡太守程汎將兵下江關, 破威虜將軍馮駿等, 拔巫及夷
陵,夷道, 因據荊門.

| 註釋 | ○(建武)八年 – 서기 32년. ○白帝倉 – 공손술은 白色을 높였
기에 白帝倉이라 이름 지었다. ○訛言 – 와언, 헛소문. 訛은 그릇될 와.
○河池 – 武都郡(治所는 下辨縣, 今 甘肅省 남부 隴南市 成縣)의 현명. 今
甘肅省 최남단 隴南市 관할 徽縣(휘현). ○夷陵 – 南郡의 현명. 今 湖北省
서부 宜昌市 夷陵區. ○夷道 – 南郡의 현명. 道는 縣과 동급, 한인과 이민
족이 혼거하는 행정단위. ○荊門 – 山名. 長江 남안의 荊門山과 강북의
虎牙山은 옛 楚의 西塞에 해당. 今 湖北省 서부 宜昌市에 해당.

[國譯]

(建武) 8년, 光武帝는 여러 장수를 시켜 隗囂(외효)를 공격하자, 공
손술은 장군 李育(이육)에게 1만 군사를 주어 외효를 구원케 하였다.
외효는 패전했고 군사가 모두 戰歿(전몰)하자, 蜀에 소문이 전해지며
백성은 두려워 떨었다. 공손술은 겁을 먹은 백성 마음을 안정시키려
하였다.

成都의 성곽 밖에는 秦代의 옛 창고가 있었고, 공손술은 이를 白
帝倉이라고 이름을 바꿨는데 왕망 이래 늘 비어있었다. 공손술은 곧

사람을 시켜 백제창에 산처럼 쌓여 있는 곡식을 내준다고 거짓말을 퍼트리자 백성들은 마을과 시장을 비우고 백제창으로 나갔다.

공손술은 이에 모든 신하를 다 모아 놓고 "백제창에서 곡식을 다 내주었는가?"라고 물었다. 그러자 모두 그런 일이 없다고 말했다. 이에 공손술이 말했다.

"訛言(와언)은 믿을 수 없나니, 隗王(외왕)이 격파 당했다는 말도 이와 같다."

얼마 뒤에 외효의 장수 王元(왕원)이 투항해 귀부하자, 공손술은 장군으로 삼았다.

다음 해 공손술은 왕원과 領軍 環安(환안)을 시켜 (武都郡) 河池縣 (하지현)을 지키게 하였고, 또 田戎(전융)과 대사도 任滿(임만), 南郡太 守 程汎(정범)을 시켜 군사를 거느리고 江關(강관, 扞關)을 공략하게 하여 (漢) 威虜將軍 馮駿(풍준) 등을 격파하고, 이어 巫縣(무현)과 夷 陵縣(이릉현), 夷道(이도)를 공격하여 마침내 荊門山(형문산)을 점거하 였다.

#### 原文

十一年, 征南大將軍岑彭攻之, 滿等大敗, 述將王政斬滿 首降於彭. 田戎走保江州. 城邑皆開門降. 彭遂長驅至武陽. 帝及與述書, 陳言禍福, 以明丹靑之信. 述省書嘆息, 以示 所親太常常少,光祿勳張隆. 隆,少皆勸降. 述曰, "廢興命也. 豈有降天子哉!"左右莫敢復言.

中郎將<u>來歙</u>急攻<u>王元</u>,<u>環安</u>, <u>安</u>使刺客殺<u>歙</u>, <u>述</u>復令刺殺
<u>岑彭</u>.

| 註釋 | ○(建武) 十一年 – 서기 35년. ○岑彭(잠팽) – 17권, 〈馮岑賈列
傳〉立傳. ○江州 – 巴郡의 治所. 縣名. 今 重慶市 渝中區(투중구)에 해당.
○武陽 – 犍爲郡의 치소, 縣名. 今 四川省 중부 眉山市 彭山區에 해당. ○丹
青之信 – 王者의 서신. '王者之言 炳若丹青.' 丹青에는 역사책(丹書와 青
史)이란 뜻도 있다. ○太常常少 – 太常인 常少(人名).

[國譯]

(建武) 11년, 征南大將軍 岑彭(잠팽)의 공격으로 任滿(임만) 등이
대패하자 공손술 장수 王政(왕정)은 임만의 목을 베어 잠팽에게 투
항하였다. 田戎(전융)은 패주하여 江州縣을 지켰다. (전융과 임만이
지키던) 성읍은 모두 성문을 열고 투항하였다. 잠팽은 마침내 군사
를 거느리고 (犍爲郡) 武陽縣에 들어갔다.

광무제는 이에 공손술에게 서신을 보내 인간의 화복을 설명하며
군왕의 서신은 단청처럼 분명하다고 말했다. 공손술은 서신을 읽고
나서 탄식하며 신임하는 太常인 常少(상소)와 光祿勳인 張隆(장륭)에
게 보여주었다. 장륭과 상소는 모두 투항을 권유하였다. 이에 원술
은 "흥륭과 패망은 천명이거늘 투항한 천자가 어디에 있겠나!" 라고
말했다. 측근에 감히 말하는 사람이 없었다.

中郎將 來歙(내흡)은 서둘러 왕원과 環安(환안)을 공격하였는데 환
안이 보낸 자객이 내흡을 살해했고 공손술도 자객을 보내 잠팽을 刺
殺(적살)하였다.

十二年, 述弟恢及子壻史興並爲大司馬吳漢,輔威將軍臧
宮所破, 戰死. 自是將帥恐懼, 日夜離叛, 述雖誅滅其家, 猶
不能禁. 帝必欲降之, 乃下詔喩述曰,

「往年詔書比下, 開示恩信, 勿以來歙,岑彭受害自疑. 今
以時自詣, 則家族完全, 若迷惑不喩, 委肉虎口, 痛哉奈何!
將帥疲倦, 吏士思歸, 不樂久相屯守. 詔書手記, 不可數得,
朕不食言.」

述終無降意.

| 註釋 |　○(建武) 十二年 – 서기 36년.　○比下 – 자주 조서를 내렸다.
比는 자주(頻也).　○委肉虎口 – 고기를 호랑이 입에 넣어주는 것이다.　○將
帥疲倦 – 疲倦(피권)은 피로하여 싫증이 나다. 倦은 게으를 권.　○不可數得
– 여러 번 받을 수 없을 것이다.

[國譯]

(建武) 12년, 공손술의 동생 公孫恢와 그의 사위인 史興(사흥)이
모두 大司馬 吳漢(오한)과 輔威將軍 臧宮(장궁)에게 격파당해 전사하
였다. 이 때문에 장수들은 두려워하며 밤낮으로 반역하려 했는데 공
손술이 배반자의 가족을 죽여도 오히려 금할 수 없었다. 광무제는
기어이 공손술의 투항을 받고자 다시 조서를 내려 공손술을 깨우치
려 했다.

「작년에도 조서를 연이어 내려 은애와 신의를 보였지만 來歙(내
흡)과 岑彭(잠팽)이 해악을 당했 것으로 의심하지 말지어다. 지금 때

맞춰 스스로 온다면 가족은 온전하겠지만, 만약 미혹을 떨치지 못한
다면 고깃덩이를 호랑이 입에 넣어주는 것이니 가슴이 아픈들 어찌
하겠나! 장수들은 지쳐 염증이 났고 관리나 병졸은 돌아가고 싶어
장기 주둔을 싫어할 것이다. 조서는 내 손으로 쓰기에 자주 받기 어
려우나 짐은 식언하지 않노라.」

　공손술은 끝내 투항할 뜻이 없었다.


### 原文

　九月, 吳漢又破斬其大司徒謝豐,執金吾袁吉, 漢兵遂守
成都. 述謂延岑曰, "事當奈何!" 岑曰, "男兒當死中求生,
可坐窮乎! 財物易聚耳, 不宜有愛." 述乃悉散金帛, 募敢死
士五千餘人, 以配岑於市橋, 僞建旗幟, 鳴鼓挑戰, 而潛遣奇
兵出吳漢軍後, 襲擊破漢. 漢墮水, 緣馬尾得出.

| 註釋 | ○可坐窮乎! – 앉아서 죽을 수 있겠습니까? ○不宜有愛 – 아낄
만한 것이 아닙니다. ○潛遣奇兵 – 潛은 몰래. 奇兵은 奇襲(기습)할 군사.

### [國譯]

　9월에, 吳漢은 또 그들 大司徒 謝豐(사풍)과 執金吾 袁吉(원길)의
군사를 격파 참수하고 漢兵은 마침내 (都城인) 成都를 점령하였다.
공손술이 延岑(연잠)에게 물었다. "이를 어찌하겠나!" 연잠은 "사내
라면 죽더라도 살 길을 찾아야 하나니 앉아서 죽을 수는 없습니다!
재물이란 쉽게 모을 수 있으니 아낄 것이 아닙니다." 라고 말했다.

공손술은 금전과 비단을 모두 뿌려 죽기로 싸울 자 5천여 명을 모아 저잣거리 교량에서 연잠에게 배당해 주었는데, 연잠은 거짓 깃발을 내걸고서 북 치고 도전하면서 기습병을 몰래 吳漢(오한) 부대의 배후로 보내 漢軍을 기습, 격파하였다. 오한은 물에 빠져 말의 꼬리를 잡고 물에서 탈출하였다.

**原文**

十一月, 臧宮軍至咸門. 述視占書, 云 ‘虜死城下’, 大喜, 謂漢等當之. 乃自將數萬人攻漢, 使延岑拒宮. 大戰, 岑三合三勝. 自旦及日中, 軍士不得食, 並疲, 漢因令壯士突之, 述兵大亂, 被刺洞胸, 墮馬. 左右輿入城. 述以兵屬延岑, 其夜死. 明旦, 岑降吳漢. 乃夷述妻子, 盡滅公孫氏, 並族延岑. 遂放兵大掠, 焚述宮室. 帝聞之怒, 以譴漢. 又讓漢副將劉尙曰, "城降三日, 吏人從服, 孩兒老母, 口以萬數, 一旦放兵縱火, 聞之可爲酸鼻! 尙宗室子孫, 嘗更吏職, 何忍行此? 仰視天, 俯視地, 觀放麑啜羹, 二者孰仁? 良失斬將吊人之義也!"

| 註釋 |  ㅇ咸門 – 成都 城의 北面 2개의 성문 중 서쪽에 있는 성문.  ㅇ酸鼻(산비) – 콧등이 시큰하다. 몹시 슬퍼하며 애통해하다.  ㅇ放麑啜羹 – 孟孫이란 사람이 사냥을 하다가 사슴 새끼(麑 새끼사슴 예)를 잡아 秦西巴(진서파)란 사람을 시켜 끌고 가게 하였는데, 어미 사슴이 따라오며 슬피 울어대

자 진서파는 새끼 사슴을 풀어주었다. 樂羊(악양)은 魏將으로 中山國을 공격하였다. 악양의 아들은 그때 中山國에서 잡혀있었는데 중산국에서는 아들을 삶아 죽이고 그 국물(羹 국 갱)을 악양에게 보냈다. 악양은 국물을 마시고(啜 마실 철) 중산국을 공격 점령하였다. ㅇ 二者執仁 ― 孰은 누구 숙. 누가 ~한가? 의문사. ㅇ 良失~ ― 良은 참으로. 甚히, 정도가 지나치다.

## [國譯]

11월, (漢) 臧宮(장궁)의 군사는 咸門(함문)에 이르렀다. 공손술은 점서를 보다가 '적이 성문 아래서 죽는다.'는 글을 보고 기뻐하면서 吳漢이 그럴 것이라고 생각했다. 공손술은 직접 수만 군사를 거느리고 오한을 공격하면서 延岑(연잠)에게 궁을 지키게 하였다. 큰 싸움에서 연잠은 3번 싸워 3번을 이겼다. 새벽부터 한낮이 되도록 군사는 밥을 먹지 못했고 모두 지쳤기에 漢의 오한은 군사를 돌격시켰다. 공손술의 군사는 큰 혼란에 빠졌고, 공손술은 가슴에 창을 맞고 말에서 떨어졌다. 좌우 측근이 공손술을 부축해 성 안으로 들어갔다. 공손술을 군사지휘를 연잠에게 맡기고 그날 밤에 죽었다.

다음 날 아침, 연잠은 오한에게 항복했다. 이에 오한은 공손술의 처자를 죽이고 공손씨를 멸족시켰고 연잠 일족도 멸족시켰다. 이어 군사를 풀어 약탈을 자행했고 공손술의 궁궐을 불태웠다.

광무제는 소식을 듣고 화를 내며 오한을 꾸짖었다. 또 오한의 부장인 劉尙(유상)을 책망하였다.

"성이 투항하고 3일이면 관리나 백성이 다 복종할 것이며 어린아이와 노모들이 수만 명인데 하루에 군사를 풀어 불을 질렀으니, 이런 소식을 들은 자는 모두 코끝이 시릴 것이다. 유상 자네는 종실의 자제로 일찍이 관리였거늘, 어찌 이런 일을 저질렀단 말인가? 하늘을 우러러 보고 땅을 굽어볼 것이니 새끼 사슴을 놓아주는 것과 자식을 삶아 죽인 국물을 마신 자, 그 두 사람 중 누가 더 어질겠는가? 장수는 죽이더라도 백성을 위로해야 하는 大義를 정말로 잃어버렸도다!'

## 原文

初, 常少,張隆勸述降, 不從, 並以憂死. 帝下詔追贈少爲太常, 隆爲光祿勳, 以禮改葬之. 其忠節志義之士, 並蒙旌顯. 程烏,李育以有才幹, 皆擢用之. 於是西土咸悅, 莫不歸心焉.

| 註釋 |  ○並蒙旌顯 - 蒙은 입을 몽. 혜택을 받다. 旌顯은 선행을 널리 드러내 보이다. 旌은 나타내다. 표창하다. 천자의 깃발 정. 顯은 나타낼 현.  ○才幹 - 재주와 솜씨. 幹은 기량.

## [國譯]

그전에, 常少(상소)와 張隆(장륭)은 공손술에게 투항을 권유했으나 공손술이 받아들이지 않자 두 사람 모두 근심하다 죽었다. 광무제는 조서로 상소에게는 (前職인) 太常을, 장륭에게는 光祿勳을 추증하고 예를 갖춰 改葬케 하였다. 공손술의 신하라도 忠節과 志義의 인사는 모두 표창하여 널리 알렸다. 程烏(정오)와 李育(이육) 등은 재간이 있어 모두 발탁 등용되었다. 이에 서쪽 蜀 땅의 백성 모두가 기뻐하며 귀의하려는 마음을 아니 가진 자가 없었다.

論曰, 昔趙佗自王番禺, 公孫亦竊帝蜀漢, 推其無他功能,
而至於後亡者, 將以地邊處遠, 非王化之所先乎? 述雖爲漢
吏, 無所馮資, 徒以文俗自憙, 遂能集其志計. 道未足而意
有餘, 不能因隙立功, 以會時變, 方乃坐飾邊幅, 以高深自
安, 昔吳起所以慚魏侯也. 及其謝臣屬, 審廢興之命, 與夫
泥首銜玉者異日談也.

| 註釋 |　○趙佗自王番禺 - 趙佗〔조타, 본명 尉佗(위타)〕는 본래 秦 2세 때
南海郡 都尉였는데 秦末漢初에 桂林郡 등 3郡을 평정하고, 前 203년에 칭
제했다가(南越武王) 文帝 때 臣屬하여 前 111년까지 존속. 番禺(반우)는 현
명이며 조타의 도읍, 南海郡의 치소. 今 廣東省 廣州市 番禺區.《漢書 西南
夷兩粤朝鮮傳》에 입전.　○非王化之所先乎 - 帝王 敎化의 선후가 아니겠
는가?　○吳起所以慚魏侯 - (戰國時代) 魏 武侯가 西河를 따라 내려가면
서 험한 산천이 魏의 보배라고 하자, 吳起(오기)는 국운은 '在德이지 不在
險이라'고 말했다.　○泥首銜玉者異日談也 - 三國 吳王 孫皓(손호)는 얼굴
에 진흙을 바르고 밧줄을 걸고 晉將 王濬(왕준)에게 투항했다(서기 280년).
銜玉(함옥)은 옥을 입에 물다. 죽은 사람이라는 뜻. 시신의 입에 玉을 물려
매장했다. 異日談은 뒷날의 이야기.

[國譯]

范曄(범엽)의 史論 : 옛날 趙佗(조타)는 番禺縣(반우현)에서 왕이 되
었고, 公孫述(공손술)도 蜀漢 땅에서 帝位를 참칭하였는데, 그들이
특별한 능력도 없으면서 늦게 망한 것은 차지한 땅이 변방 먼 곳이

라서 제왕의 교화가 늦게 이루어진 곳이라고 추론할 수 있다. 공손술이 비록 漢의 관리였지만 특별히 자질이 뛰어난 것도 아니고 다만 세속 예법에 익숙하여 스스로 즐겨 따르다가 뜻을 이루었을 뿐이다. (이들은) 원대한 뜻이나 혼란한 시대에 공을 세운 것도 아니고, 시류에 따라 변하다가 차지한 곳이 구석진 곳이라서 높고 깊은 城池에 안주했을 뿐이니, 옛날 吳起(오기)에게 부끄러웠던 魏(위) 武侯와 같았다. 죽거나 아니면 신하로 복속할 때 興隆과 廢亡의 天理는 분명한 것이니, 얼굴에 진흙을 바르거나 옥을 입에 물고 투항하는 것은 뒷날의 이야기이다.


## 原文

贊曰, 公孫習吏, 隗王得士. 漢命已還, 二隅方跱. 天數有違, 江山難恃.

| 註釋 | ㅇ習吏 – 관리의 습속이 몸에 배다. ㅇ二隅方跱 – 외효가 차지했던 天水郡 일원과 공손술의 蜀郡, 隅는 모퉁이 우. 跱는 머뭇거릴 치. ㅇ天數有違 – 天數는 天理.

## [國譯]

贊曰,
公孫述은 숙련된 관리였고 隗囂는 인심을 얻었다.
다시 천명을 받은 漢에 두 변방은 감히 대치했다.
天理를 벗어났다면 험고한 산천도 믿을 수 없다.

# 14 宗室四王三侯列傳
〔종실4왕,3후열전〕

## ❶ 齊武王 劉縯

**原文**

齊武王縯字伯升, 光武之長兄也. 性剛毅, 慷慨有大節.
自王莽簒漢, 常憤憤, 懷復社稷之慮, 不事家人居業, 傾身破
産, 交結天下雄俊.

莽末, 盜賊群起, 南方尤甚. 伯升召諸豪傑計議曰, "王莽
暴虐, 百姓分崩. 今枯旱連年, 兵革並起. 此亦天亡之時, 復
高祖之業, 定萬世之秋也."

衆皆然之. 於是分遣親客, 使鄧晨起新野, 光武與李通,李
軼起於宛. 伯升自發舂陵子弟, 合七八千人, 部署賓客, 自
稱柱天都部. 使宗室劉嘉往誘新市,平林兵王匡, 陳牧等, 合

軍而進, 屠長聚及唐子鄉, 殺湖陽尉, 進拔棘陽, 因欲攻宛. 至小長安, 與王莽前隊大夫甄阜,屬正梁丘賜戰. 時天密霧, 漢軍大敗, 姊元弟仲皆遇害, 宗從死者數十人. 伯升復收會兵衆, 還保棘陽.

| 註釋 | ○齊武王縯字伯升 - 劉縯(유연), 光武帝의 長兄. 경시제를 옹립하고 경시제의 大司徒였지만 경시제의 시샘과 미움을 받아 광무제가 즉위하기 전, 서기 23년에 처형되었다. 건무 15년(39년)에 齊 武公으로 추존되었다가 다시 武王이라 추존했다. ○傾身破産 - 傾身은 전심전력하다. 破産은 재산을 기울이다. ○定萬世之秋也 - 秋는 때 추. 시기. ○新野 - 南陽郡의 縣名. 今 河南省 南陽市 관할 新野縣. ○李通(이통, ?-42, 字 次元) - 後漢 개국 공신. 본래 商人 출신. 뒷날 劉秀의 여동생(劉伯姬, 寧平長公主)과 결혼. 從弟 李軼(이일), 李松 등이 함께 劉秀를 보필. 15권, 〈李王鄧來列傳〉에 입전. ○李軼 - 軼은 앞지를 일. 갈마들 질. ○宛 - 宛縣(완현), 荊州刺史部의 南陽郡의 治所, 今 河南省 서남부 南陽市 宛城區. ○春陵(용릉) - 前漢 春陵(용릉)은 縣名. 元帝 初元 4년(前 45년)에 설치. 今 湖北省 襄陽市(양양시) 관할 棗陽市(조양시), 광무제는 春陵을 章陵縣으로 개명, 南陽郡 소속. 광무제의 선조 劉買(유매,?-前 121)는 전한 武帝 때 元朔 5년(前 124년)에 春陵侯(용릉후)에 봉해졌는데 이때는 春陵鄉(용릉향), 今 湖南省 永州市 寧遠縣 북쪽. ○柱天都部 - '하늘을 떠받칠 총지휘부' 의 뜻. ○新市,平林兵 - 新市는 江夏郡(치소는 西陵縣, 今 湖北省 武漢市 관할 新洲縣)의 지명. 今 湖北省 荊門市 관할 京山縣에 해당. 中山國의 新市縣은 河北省에 해당. 여기 新市와 무관. 平林은 마을 이름. 今 湖北省 隨州市 관할 隨縣(수현)에 해당. 왕망의 地皇 3년(서기 22)에 여기서 농민 봉기. 마을 이름을 무리 이름으로 정했다. ○長聚及唐子鄉 - 湖陽縣의 마을 이름. 聚

(취)는 마을. 鄕보다 규모가 작은 자연 취락(小於鄕曰 聚). ㅇ湖陽尉 – 湖
陽은 南陽郡의 현명. 今 河南省 南陽市 관할 唐河縣에 해당. 尉는 縣尉.
ㅇ棘陽(극양) – 南陽郡의 縣名. 今 河南省 南陽市 관할 新野縣에 해당. 河
南省 서남부, 湖北省 경계. ㅇ小長安 – 淯陽邑(육양읍, 育陽 同)의 마을 이
름. ㅇ前隊大夫甄阜,屬正梁丘賜戰 – 王莽은 수도 방어를 위해 주요 6개
郡에 六隊를 설치하고 군마다 大夫 1인을 임명했는데 太守와 동일한 임무
였다. 대부 아래에는 屬正 1인을 두었는데 郡의 都尉와 임무가 동일. 당시
南陽郡은 前隊라 했고 河內郡은 後隊라 하였다. 甄阜(견부)는 인명.

## [國譯]

齊 武王 縯(연)의 字는 伯升(백승)으로 光武의 큰형이다. 유연은
性情이 강직하고 정의감에 뜻하는 바가 컸다. 왕망이 漢의 제위를
찬탈한 이후 늘 울분 속에 사직을 다시 회복하려는 뜻을 품고서 가
족의 생업에는 마음 쓰지 않고 몸과 마음을 기울여 재산을 축내면서
도 천하의 영웅과 사귀었다.

왕망 말기에 도적이 떼로 일어났는데 南方이 더 심했다. 劉伯升
(유백승)은 여러 호걸을 불러 논의하며 말했다.

"왕망의 폭정으로 백성은 흩어지고 못 살게 되었습니다. 올해도
연이어 흉년에 사방에서 전쟁이 있었는데, 지금이야말로 하늘이 왕
망을 망하게 하는 것이니 高祖의 基業을 복구하여 만세를 이어갈 때
입니다."

많은 사람이 동조하였다. 이에 믿을만한 사람을 각지에 보내었는
데 鄧晨(등신)은 新野縣(신야현)에서, 光武와 李通(이통), 李軼(이일)은
宛縣(완현)에서 기병케 하였다. 백승 자신은 春陵(용릉)의 젊은이 7,
8천 명을 모아 각 賓客의 업무를 정하고 柱天都部(주천도부)라 자칭

하였다. 그리고 宗室인 劉嘉(유가)를 시켜 新市와 平林兵의 王匡(왕
광), 陳牧(진목) 등에게 보내 설득하여 함께 군사를 모아 진격하여 長
聚(장취)와 唐子鄕(당자향)을 치고 湖陽(호양) 현위를 죽인 뒤에 더 진
격하여 棘陽(극양)을 점령하고, 이어 (남양군의) 宛縣(완현)을 공격할
계획이었다. 小長安(소장안)이란 곳에 와서는 왕망의 前隊大夫인 甄
阜(견부), 屬正인 梁丘賜(양구사)와 싸웠다. 그때 진한 안개 때문에 漢
軍(유백승의 군사)이 대패했는데, 이때 누이인 劉元(유원)과 동생인
劉仲(유중)이 모두 피살되었고, 종족 중 죽은 사람이 수십 명이었다.
유백승은 군사를 다시 모아 棘陽(극양)으로 돌아왔다.


## 原文

  阜,賜乘勝, 留輜重於藍鄕, 引精兵十萬南渡黃淳水, 臨沘
水, 阻兩川間爲營, 絶後橋, 示無還心. 新市,平林見漢兵數
敗, 阜,賜軍大至, 各欲解去, 伯升甚患之. 會下江兵五千餘
人至宜秋, 乃往爲說合從之勢, 下江從之. 語在〈王常傳〉.
伯升於是大饗軍士, 設盟約. 休卒三日, 分爲六部, 潛師夜
起, 襲取藍鄕, 盡獲其輜重. 明旦, 漢軍自西南攻甄阜, 下江
兵自東南攻梁丘賜. 至食時, 賜陳潰, 阜軍望見散走, 漢兵
急追之, 卻迫黃淳水, 斬首溺死者二萬餘人, 遂斬阜,賜.


| 註釋 |  ○藍鄕 – 南陽郡 比陽縣(沘陽縣, 今 河南省 남부 駐馬店市 관할
沘陽縣)의 마을 이름.  ○黃淳水 – 今 河南省 南陽市 동남의 河川.  ○宜秋

– 마을 이름. 今 河南省 南陽市 唐河縣에 해당. ○〈王常傳〉 – 후한 개국
공신. 15권, 〈李王鄧來列傳〉立傳.    ○賜陳潰 – 梁丘賜(양구사)의 본진이
궤멸하다. 陳은 陣. 潰는 무너질 궤.

## [國譯]

甄阜(견부)와 梁丘賜(양구사)는 승세를 타자, 주요 장비를 (比陽縣)
藍鄕(남향)에 놔두고 精兵 10만 명을 거느리고 남으로 黃淳水(황순
수)를 건너 臨沘水(임비수)에 와서 두 하천 사이에 머물러 군영을 만
들었으며, 후퇴하지 않겠다며 후방의 다리를 끊어버렸다.

新市와 平林兵은 유백승의 군사가 여러 번 패한 것을 보았고 또
견부와 양구사의 대군이 들어오자 각각 흩어지려 했는데, 유백승은
이를 크게 걱정하였다. 마침 5천여 下江兵이 宜秋(의추) 마을에 들어
오자 바로 그들을 만나 합동 작전을 벌이자고 설득하였다. 이는 〈王
常傳〉에 실려 있다.

유백승은 이에 군사들을 배불리 먹인 뒤 맹약을 맺었다. 유백승
은 군사를 3일 동안 쉬게 한 뒤에 6부로 나눠 부대는 야간에 몰래 움
직여 藍鄕(남향)을 공격하여 차지하고 그들 輜重(치중) 물자를 차지
하였다. 다음 날 아침 유백승의 군사는 서남쪽에서 견부의 군사를
공격했고, 下江兵은 동남쪽에서 양구사의 군사를 공격하였다. 아침
을 먹어야할 쯤에 양구사의 본진이 붕괴되자 견부의 군사들은 이를
보고 흩어져 도망쳤고, 유백승의 군사는 서둘러 추격하면서 그들을
黃淳水(황순수)로 몰아붙여 참수하거나 익사한 자가 2만여 명이나
되었으며, 결국 견부와 양구사를 참수하였다.

　王莽納言將軍嚴尤,秩宗將軍陳茂聞阜,賜軍敗, 引欲據
宛. 伯升乃陳兵誓衆, 焚積聚, 破釜甑, 鼓行而前, 與尤,茂遇
育陽下, 戰, 大破之, 斬首三千餘級. 尤,茂棄軍走, 伯升遂進
圍宛, 自號柱天大將軍.

　王莽素聞其名, 大震懼, 購伯升邑五萬戶, 黃金十萬斤, 位
上公. 使長安中官署及天下鄕亭皆畫伯升像於墊, 旦起射之.

**|註釋|** ○納言將軍嚴尤 – 왕망은 大司農을 納言으로 개칭. 嚴尤(엄우,
?–서기 23)는 新朝의 장군. 本名 莊尤(장우). 후한 明帝 劉莊을 避諱(피휘)하
여 엄우로 표기. ○秩宗將軍陳茂 – 秩宗(질종)은 郊廟之事를 관장. 왕망은
太常(종묘제사 담당)을 秩宗으로 개칭. 여기 納言과 秩宗은 모두 장군 호
칭. ○破釜甑 – 必死의 의지를 내보임. 釜甑(부증)은 군대 취사도구, 솥과
시루. ○育陽 – 淯陽(육양)과 同. 南陽郡의 읍명, 漢江의 지류인 淯水(육수,
唐白河)의 북쪽. 今 河南省 南陽市 관할 新野縣. ○墊 – 문 좌우의 방. 글방
숙. 塾(과녁 준)이라는 주석에 따른다. ○旦起射之 – 아침에 일어나면 (얼
굴 그림에) 화살을 쏘다. 화살 쏘는 표적으로 삼았다.


**[國譯]**

　왕망의 納言將軍인 嚴尤(엄우)와 秩宗將軍인 陳茂(진무)는 견부와
양구사의 군사가 패배했다는 소식을 듣고 군사를 이끌고 宛縣(완현)
을 점령하려고 했다. 유백승은 군사를 모아 맹서를 하고 그동안 모
은 재물을 불태우고 취사도구를 부순 뒤에 북을 치며 행군하여 엄
우, 진무의 군사와 育陽(육양, 淯陽) 부근에서 싸워 대파하고 3천여

명을 죽였다. 엄우와 진무는 군사를 버리고 도주했고, 유백승은 더 진격하여 완현을 포위하고서 (유백승은) 柱天大將軍이라 자칭했다.

　왕망은 평소에 유백승의 명성을 알고 있었기에 크게 두려웠는데 유백승의 목에 식읍 5만 호와 황금 10만 근과 上公의 관직을 내걸었다. 또 장안의 여러 관서와 온 나라 鄕亭(향정) 모든 곳에 유백승의 얼굴을 그려 붙이고 그것을 표적으로 매일 화살을 쏘게 하였다.


**原文**

　自阜,賜死後, 百姓日有降者, 衆至十餘萬. 諸將會議立劉氏以從人望, 豪傑咸歸於伯升, 而新市,平林將帥樂放縱, 憚伯升威明而貪聖公懦弱, 先共定策立之, 然後使騎召伯升, 示其議.

　伯升曰, "諸將軍幸欲尊立宗室, 其德甚厚, 然愚鄙之見, 竊有未同. 今赤眉起靑,徐, 衆數十萬, 聞南陽立宗室, 恐赤眉復有所立, 如此, 必將內爭. 今王莽未滅, 而宗室相攻, 是疑天下而自損權, 非所以破莽也. 且首兵唱號, 鮮有能遂, 陳勝,項籍, 卽其事也. 舂陵去宛三百里耳, 未足爲功. 遽自尊立, 爲天下準的, 使後人得承吾敝, 非計之善者也. 今且稱王以號令. 若赤眉所立者賢, 相率而往從之, 若無所立, 破莽降赤眉, 然後擧尊號, 亦未晩也. 願各詳思之."

　諸將多曰 "善." 將軍張卬拔劍擊地曰, "疑事無功. 今日之議, 不得有二." 衆皆從之.

| 註釋 |   ○貪聖公儒弱 - 貪은 貪好의 뜻. 聖公은 更始帝 劉玄(유현)의 字. 유현은 즉위할 때, 여러 장수들을 똑바로 바라보지도 못할 정도로 수줍음이 많고 儒弱(나약)하였다.   ○青,徐 - 青州와 徐州刺史部의 관할은 지금의 山東省과 長江 이북 江蘇省 지역이었다.   ○陳勝,項籍 - 班固의《漢書》70傳은 〈陳勝項籍傳〉으로 시작한다.   ○爲天下準的 - 準은 법도, 모범.   ○非計之善者也 - 최선의 計策이 아니다.   ○不得有二 - 다른 주장이 있을 수 없다.

## [國譯]

(왕망의 장군) 견부와 양구사가 패전하여 죽은 뒤로 날마다 투항하는 자가 늘어 무리가 10여만 명이나 되었다. 여러 장수들은 회의에서 劉氏를 옹립하여 백성의 여망에 따르기로 했는데, 호걸들은 모두 유백승에게 歸附(귀부)했지만, 新市와 平林의 장수들은 放縱(방종)을 좋아했기에 유백승의 위엄과 明察을 꺼리면서 나약한 劉聖公(劉玄)을 좋아하여 유성공을 옹립하기로 먼저 결정을 본 다음에 기병을 보내 유백승을 불러 그런 결정을 말해주었다.

이에 유백승이 말했다.

"여러 장군께서 宗室을 받들어 옹립하기로 하였으니 참으로 고맙습니다만, 나의 좁은 소견으로 다른 생각이 좀 있습니다. 지금 赤眉(적미)가 青州와 徐州 일대에서 일어나 무리가 수십만 명인데, 南陽에서 종실을 옹립했다는 소식을 듣고 만약에 적미도 종친을 내세울수 있는데 그렇게 되면 필히 세력 쟁탈이 일어날 수 있습니다. 지금왕망이 망하지 않은 상태에서 종실끼리 서로 공격한다면 온 천하 사람들은 스스로 힘을 꺾는 것이라 의심할 것이니, 이는 왕망을 격파할 방책이 아닙니다. 게다가 처음 거병하고 황제 칭호를 쓴 사람이 끝까지 간 경우가 많지 않으니 陳勝(진승)과 項籍(항적, 項羽)이 바로 그런 경우입니다. 春陵(용릉)은 완현에서 3백 리 밖에 안 된다지만 우리가 성공했다고 보기도 어렵습니다. 갑자기 우리가 황제를 옹립한 것이 모범이 될 수도 있지만 後人이 우리의 잘못을 따라올 수도 있으니, 이는 최선의 방책이 아닐 수도 있습니다. 지금은 일단 王을 칭하며 호령해야 합니다. 만약 적미가 우리보다 더 현명한 분을 옹립한다면 모두를 인솔하여 가서 따르면 되고, 만약 옹립하지 않는다면 왕망과 적미 모두를 격파한 뒤에 황제 칭호를 올려도 늦지 않을 것입니다. 여러분 모두 잘 생각하기 바랍니다."

많은 장수들이 "옳소"라고 말했다. 將軍인 張卬(장앙)은 칼을 뽑아 땅을 내리치면서 말했다.

"의심한다면 되는 일이 없습니다. 오늘의 이 의논에 이의가 있을 수 없습니다."

이에 모두가 장앙의 의견을 따랐다.

## 原文

聖公旣卽位, 拜伯升爲大司徒, 封漢信侯. 由是豪傑失望, 多不服. 平林後部攻新野, 不能下. 新野宰登城言曰, "得司徒劉公一信, 願先下." 及伯升軍至, 卽開城門降.

五月, 伯升拔宛. 六月, 光武破王尋,王邑. 自是兄弟威名益甚.

○聖公旣卽位 – 서기 23년. ○由是豪傑失望 – 경시제(聖公)와 유백승은 同高祖 八寸兄弟이다. ○新野宰 – 왕망은 縣令, 縣長의 호칭을 宰(재)로 개칭했다. ○王尋, 王邑 – 王尋(왕심)과 王邑(王商의 아들, 王莽의 從父兄弟)은 모두 왕망의 신하. 潁川郡 昆陽縣에서 격파하였다.

## [國譯]

劉聖公(劉玄)은 즉위하고서 유백승을 大司徒로 삼고 漢信侯에 봉했다. 이 때문에 호걸들은 실망하며 불복하는 자가 많았다. 平林後部가 新野縣을 공격하였으나 이길 수 없었다. 新野 현령이 성에 올라 말했다. "司徒 劉公의 서신을 받을 수 있다면 우선 투항하겠다."

유백승의 군사가 도착하자 신야현령은 바로 성문을 열고 투항하였다.

5월, 유백승은 宛縣을 점령하였다. 6월, 光武는 王尋(왕심)과 王邑(왕읍)을 격파하였다. 이로써 형제의 위세와 명성은 더욱 높아졌다.

## 原文

更始君臣不自安, 遂共謀誅伯升, 乃大會諸將, 以成其計. 更始取伯升寶劍視之, 繡衣御史申屠建隨獻玉玦, 更始竟不能發. 及罷會, 伯升舅樊宏謂伯升曰, "昔鴻門之會, 范增舉玦以示項羽. 今建此意, 得無不善乎?" 伯升笑而不應. 初, 李軼諂事更始貴將, 光武深疑之, 常以戒伯升曰, "此人不可復信." 又不受.

| 註釋 | ○繡衣御史申屠建 - 繡衣御史는 直指繡衣使者. 황제 특명 전권 使者. 부절을 상징하는 杖을 들고 綉衣(수의)를 입었다. 군국의 군사를 동원할 수 있는 권한이 부여되었고 지방관을 처단할 수 있는 특권까지 부여되었다. 申屠建(신도건)은 나중에 왕망의 수급을 갖고 남양군의 치소인 宛縣에 왔다. ○玉玦 - 玦 패옥 결. 決行하라는 암시. ○樊宏(번굉. ?-51) - 유백승의 외삼촌, 광무제 즉위 이후 特進 역임, 壽長侯, 건무 27년 病死. ○昔鴻門之會 - 漢 元年(前 206)의 일. ○范增擧玦~ - 亞父范增, 亞父 부친 다음. 존중의 표시. 亞는 次. 范增(범증)은 項羽의 유일한 謀臣.

**[國譯]**

更始帝의 君臣은 마음이 편치 않아 마침내 유백승을 주살하기로 공모한 뒤에, 곧 여러 장수를 다 소집하여 계획을 수행키로 하였다. 경시제가 유백승의 보검을 받아 살펴보자, 繡衣御史인 申屠建(신도건)이 뒤따라 올라와서 玉玦(옥결)을 바쳤으나(결행하라는 암시), 경시제는 끝내 결행하지 않았다. 조회를 파한 뒤 유백승의 외삼촌인 樊宏(번굉)이 백승에게 말했다.

"옛날 鴻門(홍문)의 만남에서 范增(범증)이 옥결을 들어 항우에게 암시하였다. 이번에 신도건이 그런 뜻이었는데 그 나쁜 뜻을 몰랐는가?"

백승은 웃으면서 응답하지 않았다. 그전에 李軼(이일)이 경시제에 아부하여 장수로 승진하였는데 光武는 李軼(이일)을 의심하며 늘 형 백승에게 말했다. "이 사람을 다시는 믿지 마십시오."

그러나 백승은 받아들이지 않았다.

伯升部將宗人劉稷, 數陷陳潰圍, 勇冠三軍. 時將兵擊魯陽, 聞更始立, 怒曰, "本起兵圖大事者, 伯升兄弟也, 今更始何爲者邪?" 更始君臣聞而心忌之, 以稷爲抗威將軍, 稷不肯拜. 更始乃與諸將陳兵數千人, 先收稷, 將誅之, 伯升固爭. 李軼, 朱鮪因勸更始並執伯升, 即日害之.

| 註釋 | ㅇ勇冠三軍 – 冠는 으뜸, 제일. ㅇ魯陽 – 南陽郡의 현명. 今 河南省 중부 平頂山市 관할 魯山縣.

【國譯】

유백승의 部將인 宗室 劉稷(유직)은 여러 번 적진을 격파하거나 포위를 뚫어 그 용기가 三軍의 으뜸이었다. 유직은 그때 군사를 거느리고 魯陽縣을 공격하다가 경시제가 즉위했다는 소식을 듣고 화를 내며 말했다.

"본래 기병하며 大事를 도모했던 것은 伯升(백승) 형제인데 지금 경시란 사람은 뭘 했는가?" 경시제와 그 신하들은 이를 듣고 마음속으로 꺼려하며 유직을 抗威將軍에 임용하였으나 유직은 관직을 받지 않았다. 이에 경시제는 여러 장수를 동원하며 수천 군사를 모아 놓고 먼저 유직을 체포한 뒤 처형하려 했는데 백승이 굳이 집행을 말렸다. 李軼(이일)과 朱鮪(주유) 등은 이에 경시제에게 백승을 함께 체포할 것을 권유하자, 경시제는 그날 바로 백승을 잡아 처형하였다.

有二子. 建武二年, 立長子章爲太原王, 興爲魯王. 十一
年, 徙章爲齊王. 十五年, 追諡伯升爲齊武王.

章少孤, 光武感伯升功業不就, 撫育恩愛甚篤, 以其少貴,
欲令親吏事, 故使試守平陰令, 遷梁郡太守. 立二十一年薨,
諡曰哀王. 子煬王石嗣. 建武二十七年, 石始就國. 三十年,
封石弟張爲下博侯. 永平十四年, 封石二子爲鄉侯. 石立二
十四年薨, 子晃嗣.

| 註釋 | ○建武二年 – 서기 26년. ○平陰令 – 平陰은 河南尹의 縣名.
○梁郡太守 – 뒤에 梁國. 治所는 睢陽縣(수양현), 今 河南省 동부 商丘市 睢
陽區. ○子煬王石 – 煬은 惡諡이다. 隋 煬帝가 대표적인 예이다. ○下博
侯 – 下博은 安平郡의 현명. ○永平十四年 – 明帝, 서기 71년. 封石二子
爲 ○鄉侯 – 皇子는 郡 단위에 王으로 봉했다. 長子가 王을 계승하고 다른
형제는 縣侯에 봉한다. 향후의 다음 代는 鄉을 食邑으로 받는 鄉侯로 낮아
진다.

[國譯]

劉伯升에게 두 아들이 있었다. 建武 2년, 長子 劉章(유장)을 太原
王에 봉했고, 劉興은 魯王이 되었다. 건무 11년(서기 35), 劉章을 옮
겨 齊王에 봉했다. 15년, 백승에게 齊 武王을 追諡(추시)했다.

劉章(유장)은 어려 부친을 잃었고, 光武帝는 형 백승이 功業을 이
루지 못한 점을 아쉬워하며 유장을 양육하며 그 恩愛가 매우 돈독했
는데, 그가 어려 높은 지위에 올랐기에 관리를, 업무를 경험할 수 있

도록 유장을 平陰令 대행으로 임용하였다가 梁郡太守로 승진시켰다. 유장은 책립 21년에 죽었는데, 시호는 哀王이다. (劉章의) 아들 煬王(양왕) 劉石(유석)이 계승하였다. 建武 27년(서기 51)에 유석은 처음으로 봉국에 취임하였다. 건무 30년 劉石의 동생 劉張(유장)은 下博侯(하박후)가 되었다. (明帝) 永平 14년(서기 71) 劉石의 두 아들은 鄕侯가 되었다. 劉石은 책립 24년에 죽고 아들 劉晃(유황)이 계승했다.


原文

　下博侯張以善論議, 十六年, 與奉車都尉竇固等並出擊匈奴, 後進者多害其能, 數被譖訴. 建初中卒, 肅宗下詔褒揚之, 復封張子它人奉其祀.

　晃及弟利侯剛與母太姬宗更相誣告. 章和元年, 有司奏請免晃,剛爵, 爲庶人, 徙丹陽. 帝不忍, 下詔曰,

　「朕聞人君正屛, 有所不聽. 宗尊爲小君, 宮衛周備, 出有輜軒之飾, 入有牖戶之固, 殆不至如譖者之言. 晃,剛悖乎至行, 濁乎大倫, 〈甫刑〉三千, 莫大不孝. 朕不忍置之于理, 其貶晃爵爲蕪湖侯, 削剛戶三千. 於戱! 小子不勖大道, 控于法理, 以墮宗緖. 其遣謁者收晃及太姬璽綬.」

　晃立十七年而降爵. 晃卒, 子無忌嗣.

|註釋| ○善論議 – 변론에 뛰어나다. ○奉車都尉 竇固(두고) – 奉車都

尉는 武帝 때 처음 설치. 無 定員. 황제의 거마를 관리. 光祿勳 소속. 질록은 比二千石. 竇 구멍 두. 성씨. 23권, 〈竇融列傳〉에 입전. ㅇ章和元年 – 章帝의 연호, 서기 87년. ㅇ丹陽 – 揚州刺史部 관할 군명. 治所는 宛陵縣, 今 安徽省 동남부 宣城市. ㅇ正屛 – (면류관처럼) 정면을 가리다. ㅇ小君 – 제후의 신하가 제후의 처를 지칭하는 말. ㅇ輼軒之節 – 가림막이 있는 수레. 輼는 짐수레 치. 軒 가벼운 수레 병. ㅇ〈甫刑〉三千 –《書經 周書 呂刑》을《禮記》에서 이용하여 〈甫刑〉이라 하였다. ㅇ置之于理 – 大理(법관)에게 넘기다. 법에 의거 처리하다. ㅇ蕪湖侯 – 揚州刺史部 丹陽郡의 현명. 今 安徽省 동남부, 長江 남안의 蕪湖市. ㅇ不勗大道 – 勗는 힘쓸 욱. ㅇ以墮宗緒 – 조종의 대업을 훼손하다. 墮 떨어진 타. 떨어트리다. 緒는 事業, 功業.


## [國譯]

下博侯 劉張(유장)은 議論에 뛰어났는데, (明帝 永平) 16년(서기 73)에 奉車都尉 竇固(두고) 등과 함께 匈奴 원정에 참여하였는데, 행동이 뒤처진 자들이 그의 능력을 시샘하여 여러 번 참소를 받았었다. (章帝) 建初(건초) 연간에 죽었는데, 肅宗(章帝)는 조서를 내려 그의 공적을 선양케 하였고 유장의 아들 劉它人(유타인)을 봉하여 그 제사를 받들게 하였다.

(齊王) 劉晃(유황)과 그 동생 利侯 劉剛(유강)은 그 모친 太姬宗(태희종)과 거듭해 서로 誣告(무고)하였다. (章帝) 章和 원년(서기 87), 有司가 유황과 유강의 작위를 삭탈하여 서인으로 하여 丹陽郡에 이주시키겠다고 주청하였다. 장제가 차마 그리할 수가 없어 조서를 내렸다.

「朕이 알기로는, 人君이 정면을 가리는 것은 (나쁜 말을) 듣지 않으려는 뜻이다. 太姬宗(태희종)을 높여 小君(소군)으로 부르게 하고, 궁궐 수위를 엄히 하고 외출에 가림 수레를 타게 하고, 궁에 들어서는 窓戸(창호)를 엄히 단속하면 아마 참언하는 자의 말을 듣지 못할 것이다. 유황과 유강은 행실을 잘못하여 인륜을 어지럽혔나니, 〈甫刑〉 3千에 불효보다 더 큰 죄는 없다고 하였다. 짐이 차마 이들을 법대로 처리할 수 없으니 유황의 작위를 蕪湖侯(무호후)로 강등하고, 유강의 식읍 3천 호를 삭감토록 하라. 아! 젊은 사람이 大道에 힘쓰지 않아 법으로 행실을 제약해야 하니 조종의 대업을 타락시킨 것이다. 謁者(알자)를 보내 유황과 太姬宗의 璽綬(새수)를 회수하라.」

유황은 책립 17년에 작위가 강등되었다. 劉晃이 죽자, 아들 劉無忌(유무기)가 계승하였다.

## 原文

帝以伯升首創大業, 而後嗣罪廢, 心常愍之. 時北海亦絶無後. 及崩, 遺詔令復二國. 永元二年, 乃復封無忌爲齊王, 是爲惠王. 立五十二年薨, 子頃王喜嗣. 立五年薨, 子承嗣. 建安十一年, 國除.

| 註釋 |  ○心常愍之 – 愍은 근심할 민. 불쌍히 여기다.  ○(和帝) 永元二年 – 서기 90년.  ○(獻帝) 建安十一年 – 서기 206년.

## [國譯]

章帝는 劉伯升(劉縯)이 큰일을 맨 먼저 시작했으면서도 후사가

죄를 지어 나라가 없어진 것을 마음에 늘 걱정하였다. 그 무렵 北海
王 역시 후손이 단절되었다. 장제는 붕어하면서 遺詔(유조)로 두 나
라를 수복케 하였다. (和帝) 永元 2년, 이에 劉無忌(유무기)를 다시
齊王에 책봉하니, 이가 齊 惠王이다. 책립 52년에 죽자, 아들 頃王
喜(희)가 계승하였다. 책립 5년에 죽자, 아들 劉承(유선)이 후사가 되
었다. (獻帝) 建安 11년에 나라가 없어졌다.

論曰, 大丈夫之鼓動拔起, 其志致蓋遠矣. 若夫齊武王之
破家厚士, 豈遊俠下客之爲哉! 其慮將存乎配天之絶業, 而
痛明堂之不祀也. 及其發擧大謀, 在倉卒擾攘之中, 使信先
成於敵人, 赦岑彭以顯義, 若此足以見其度矣. 志高慮遠,
禍發所忽. 嗚呼! 古人以蜂蠆爲戒, 蓋畏此也. 《詩》云, '敬
之敬之, 命不易哉!'

|註釋| ○鼓動拔起 - 강렬하게 奮起(분기)하다. ○豈遊俠下客之爲哉
- 下客은 主君만을 위하는 협객. 전국시대 趙 平原君의 식객 毛遂(모수)나
齊의 馮煖(풍훤. 煖은 온난할 훤, 따뜻할 난) 같은 사람. ○配天之絶業 - 天帝
에 조상을 配享할 단절된 帝業. ○明堂之不祀 - 명당에서 제사를 지내지
못하다. 명당에서 선조를 제사할 수 있는 황실 복원에 뜻을 두었다는 뜻.
○使信先成於敵人 - 敵人에게 먼저 信義가 알려졌다. 新野縣令이 伯升의
서신을 받을 수 있다면 먼저 투항하겠다고 말했으며 백승이 오자 성문을
열고 투항했던 일. ○倉卒擾攘之中 - 경황이 없는 동안. 倉卒은 갑자기.

擾攘(요양)은 시끄럽고 어지러움. 擾亂(요란). ○ 赦岑彭以顯義 – 宛縣을 지키던 岑彭(잠팽)이 군량이 다하여 투항하자, 백승은 잠팽을 사면하였다. 잠팽은 광무제의 廷尉를 역임했다. 17권, 〈馮岑賈列傳〉立傳. ○ 蜂蠆爲戒 – 蜂은 벌 봉. 蠆는 전갈 채. 작지만 치명적인 해충. ○《詩》云 –《詩經 周頌 敬之》.

## [國譯]

范曄(범엽)의 史論 : 대장부가 분연히 일어날 때 그 뜻은 원대한 목적을 이루고자 한다. 齊 武王(劉伯升, 劉縯)이 가산을 없애면서 志士와 깊이 교제한 것이 어찌 下客 같은 유협 때문이었겠는가! 그 뜻은 天帝에 배향하는 선조의 제사를 다시 잇고 明堂에서 제사하지 못하는 痛恨때문이었다. 급기야 큰 뜻을 품고 거병하였고 경황없이 혼란한 상황에서도 신의는 오히려 적장에게 먼저 알려졌으며, 岑彭(잠팽)을 사면하여 대의를 드높였으니, 이로써 그의 風度를 충분히 드러내었다. 그러나 그 뜻이 아주 원대할지라도 재앙은 작은 실수에서 일어난다. 슬프도다! 옛사람이 벌이나 전갈을 조심했던 것도 이런 뜻이었으리라.《詩》에서도 말했다. '공경하고 공경할 지어라. 천명을 바꾸기는 어렵다!'


## ❷ 北海靖王 劉興

### 原文

北海靖王興, 建武二年封爲魯王, 嗣光武兄仲.

初, 南頓君娶同郡樊重女, 字嫻都. 嫻都性婉順, 自爲童女, 不正容服不出於房, 宗族敬焉. 生三男三女, 長男伯升, 次仲, 次光武, 長女黃, 次元, 次伯姬. 皇妣以初起兵時病卒, 宗人樊巨公收斂焉. 建武二年, 封黃爲湖陽長公主, 伯姬爲寧平長公主. 元與仲俱歿於小長安, 追爵元爲新野長公主, 十五年, 追諡仲爲魯哀王.

| 註釋 | ㅇ北海靖王興 – 北海郡을 北海國으로 개칭. 治所는 劇縣(극현), 今 山東省 중부 濰坊市(유방시) 昌樂縣. 劉興(?-64)은 광무제의 조카. ㅇ南頓君 – 南頓君은 광무제의 생부, 南頓(남돈) 현령인 劉欽(유흠). 南頓(남돈)은 汝南郡의 縣名. 今 河南省 중동부 周口市 관할 項城市 서쪽. 光武帝(劉秀)가 9세에 부친을 잃자 叔父인 劉良이 양육하였다. ㅇ字嫻都 – 嫻은 우아할 한, 조용할 한. ㅇ童女 – 어린 여자아이. ㅇ皇妣 – 황제의 작고한 모친. 妣는 죽은 어미 비. ㅇ湖陽長公主 – 본래 황후 소생의 공주 중 연장자를 長公主라 하였으나 황제의 자매 모두를 長公主라 통칭하며 맏이인 경우 大長公主라 칭했다.

**[國譯]**

北海國 靖王(정왕) 興(흥)은 建武 2년에 魯王에 봉해졌는데 光武帝의 兄인 仲(중)의 후사이다. 그전에 南頓君(남돈군, 劉欽)은 같은 郡(南陽郡) 樊重(번중)의 딸, 字는 嫻都(한도)와 결혼하였다. 嫻都(한도)는 성정이 온순하고 여자아이 때부터 바른 용모나 의복을 갖추지 않고서는 방에서 나오지 않았기에 일가 사람들이 존경하였다. 한도는 三男 三女를 낳았는데, 長男은 伯升(백승)이고, 그 다음은 仲(중), 그

다음은 光武(秀)였고, 長女는 黃(황), 아래는 元(원), 그 아래는 伯姬(백희)였다. 皇妣(황비)는 (伯升이) 처음 기병할 무렵에 병으로 죽었는데 일족인 樊巨公(번거공)이 장례를 치렀다.

建武 2년에, 광무제는 黃(황)을 湖陽長公主, 伯姬(백희)를 寧平長公主에 봉했다. 누나인 元(원)과 작은형 仲(중)은 함께 小長安(소장안)이란 곳에서 죽었는데 元(원)을 新野長公主로 작위를 추서했고, 건무 15년에 仲(중)을 魯哀王에 추존하였다.

## 原文

興其歲試守緱氏令. 爲人有明略, 善聽訟, 甚得名稱. 遷弘農太守, 亦有善政. 視事四年, 上疏乞骸骨, 徵還京師, 奉朝請. 二十七年, 始就國. 明年, 以魯國益東海, 故徙興爲北海王. 三十年, 封興子復爲臨邑侯. 中元二年, 又封興二子爲縣侯. 顯宗器重興, 每有異政, 輒乘驛問焉. 立三十九年薨, 子敬王睦嗣.

| 註釋 | ○試守緱氏令 – 漢制에, 某職에 試用하는 것이 守이다. 代行의 뜻. 守中郎將, 守尙書令, 守執禁吾, 守光祿大夫 등이 그런 예이다. 緱氏(구씨)는 河南尹의 현명. 今 河南省 洛陽市 관할 偃師市(언사시)의 緱氏鎭(구씨진). 緱는 칼자루 감을 구. 성씨. ○弘農太守 – 홍농군은 前漢 때부터 사예교위부 관할이었다. 치소는 弘農縣, 今 河南省 서쪽 三門峽市 관할 靈寶市. ○乞骸骨 – 은퇴를 청원하다. ○奉朝請 – 제후가 봄에 입조하여 황제를 알현하는 것을 朝, 가을에는 請이라 한다. 三公이나 外戚, 皇室(劉氏)이

나 제후로 朝나 請에 참여할 수 있는 사람을 奉朝請이라 한다. 그 서열은 三公의 다음이고 特進과 제후의 윗자리이다. 官職이 아니라서 정원도 없다. ○以魯國益東海 - 魯國을 東海郡에 합치다. ○臨邑侯 - 臨邑은 東郡의 현명. ○中元二年 - 建武中元 2년. 서기 57년. 광무제 붕어. ○縣侯 - 후한의 列侯는 공로에 따라 縣侯, 都鄕侯, 鄕侯, 都亭侯, 亭侯의 順이다. 王 다음으로는 최고의 작위가 縣侯이다.

## [國譯]

劉興(유흥)은 그 해에 緱氏令 대행에 임용되었다. 유흥은 사람이 고명한 지략이 있고 소송을 잘 해결하여 명성이 높았다. 弘農太守로 승진해서도 선정을 베풀었다. 4년간 弘農太守를 역임한 뒤 상소하여 은퇴를 주청하자 京師로 불러 돌아와 奉朝請이 되었다. 建武 27년에 처음으로 봉국에 부임하였다. 다음 해 魯國을 東海郡에 합치게 되어 유흥은 北海王으로 옮겼다. 建武 30년 유흥의 아들 復(복)이 臨邑侯(임읍후)가 되었다. (光武帝) (建武) 中元 2년에 또 유흥의 두 아들이 縣侯가 되었다. 顯宗(명제)는 유흥의 기량을 중시하여 특별한 정사가 있을 때마다 바로 驛傳으로 문서를 보내 의견을 물었다. 책립된 지 39년에 죽자, 아들 敬王 睦(목)이 세습하였다.

## 原文

睦少好學, 博通書傳, 光武愛之, 數被廷納. 顯宗之在東宮, 尤見幸待, 入侍諷誦, 出則執轡. 中興初, 禁網尙闊, 而睦性謙恭好士, 千里交結, 自名儒宿德, 莫不造門, 由是聲價益廣. 永平中, 法憲頗峻, 睦乃謝絶賓客, 放心音樂. 然性好讀書, 常爲愛玩. 歲終, 遣中大夫奉璧朝賀, 召而謂之曰, "朝廷設廷問寡人, 大夫將何辭以對?" 使者曰, "大王忠孝慈仁, 敬賢樂士. 臣雖螻蟻, 敢不以實?" 睦曰, "吁, 子危我哉! 此乃孤幼時進趣之行也. 大夫其對以孤襲爵以來, 志意衰惰, 聲色是娛, 犬馬是好." 使者受命而行. 其能屈申若此.

| 註釋 | ○劉睦(유목, ?-74) – 글을 잘 짓고 서예에 능했다. ○出則執轡 – 고삐를 잡다. 車駕를 몰다. ○宿德 – 오랜 기간 덕망을 쌓은 사람. ○中大夫 – 녹봉 比六百石. ○螻蟻(누의) – 땅강아지와 개미. 미천한 자. 미력한 자. ○屈申若此 – 屈伸은 굽히거나 펴다. 상황에 따라 처신하다.

[國譯]

劉睦(유목)은 젊어서 好學했고 많은 책을 읽고 두루 밝아 光武帝가 총애하여 조정에 자주 불려 들어갔다. 顯宗(명제)가 태자로 있을 때 유목은 특별한 총애와 우대를 받았는데 입궁해서는 시문을 같이 읽고 외웠으며, 외출할 때는 수레를 같이 탔다. 후한 초기에는 법망이 소홀하였는데 劉睦의 성격이 겸양하고 문사를 좋아하여 천리 밖까지 널리 교제하니 名儒나 덕망 있는 사람으로 찾아오지 않는 이가 없었기에 명성은 더욱 높아졌다. (明帝) 永平 연간에 국법이 더욱 준엄해지자 유목은 빈객과의 접촉을 사절하며 음악에 전심하였다. 그러나 그의 천성은 독서를 좋아했고 늘 즐겨 놀았다.

연말이 되면 (유목은) 中大夫를 보내 璧玉을 바치고 朝賀하였는데 중대부를 불러 물었다.

"天子께서 나에 대해 물으면 大夫는 무어라 대답할 것인가?"

이에 대부가 말했다.

"대왕께서는 忠孝하고 인자하시며 현인을 공경하고 문사를 즐겨 만나십니다. 신이 비록 미천한 몸이지만 어찌 사실대로 대답하지 못하겠습니까?" 그러자 유목이 말했다.

"어허! 대부는 나를 위험에 빠뜨리겠다. 그런 말은 내가 젊어 한참 진취적일 때의 행실이다. 대부는 내가 작위를 받은 뒤로 큰 뜻도 없이 쇠약하여 미녀와 놀이에 빠졌고 사냥이나 좋아한다고 말해야 한다."

사자는 그런 명을 받고 출발하였다. 그의 奔放(분방)한 屈伸(굴신)이 이와 같았다.


### 原文

初, 靖王薨, 悉推財産與諸弟, 雖王車服珍寶非列侯制, 皆以爲分, 然後隨以金帛贖之. 睦能屬文, 作〈春秋旨義終始論〉, 及賦頌數十篇. 又善史書, 當世以爲楷則. 及寢病, 帝驛馬令作草書尺牘十首. 立十年薨, 子哀王基嗣.

| 註釋 | ○屬文(속문) — 글을 짓다. 屬은 이을 촉. 역을 속, 무리 속. ○寢病 — 병석에 눕다. ○尺牘十首 — 尺牘은 1尺이 되는 書板. 牘은 편지 독.

### [國譯]

그전에 北海 靖王이 죽자, 모든 재산을 여러 형제에게 분배하였는데 비록 왕의 수레나 의복, 진기한 寶玉, 또는 列侯가 사용할 수 없는 물건일지라도 모두 나눠주고 황금이나 비단으로 바꿔쓰게 하였다. 유목은 글을 잘 지었는데 〈春秋旨義終始論〉과 수십 편의 賦나 頌(송)을 지었다. 또 여러 史書에도 밝았으니 그의 학문은 당세 사람들의 본보기가 되었다. 병석에 눕자 황제는 驛馬를 보내 초서로 尺牘(척독) 10수를 쓰게 하였다. 재위 10년에 죽자, 아들 哀王 基(기)가 뒤를 이었다.

原文

永平十八年, 封基二弟爲縣侯, 二弟爲鄕侯. 建初二年, 又封基弟毅爲平望侯. 基立十四年薨, 無子, 肅宗憐之, 不除其國.

永元二年, 和帝封睦庶子斟鄕侯威爲北海王, 奉睦後. 立七年, 威以非睦子, 又坐誹謗, 檻車徵詣廷尉, 道自殺.

| 註釋 | ○(明帝) 永平十八年 – 서기 75년, 明帝 재위 마지막 해. ○(章帝) 建初二年 – 서기 77년. ○(和帝) 永元二年 – 서기 90년.

[國譯]

(明帝) 永平 18년, 劉基의 두 아우가 縣侯가 되었고, 다른 두 아우는 鄕侯가 되었다. (章帝) 建初 2년, 劉基의 다른 동생 劉毅(유의)는 平望侯가 되었다. 유기는 재위 14년에 죽었는데 아들이 없었지만 肅宗(章帝)은 안타깝게 여겨 나라를 없애지는 않았다.

(和帝) 永元 2년, 和帝는 劉睦의 서자 斟鄕侯(침향후) 劉威(유위)를
北海王에 봉하여 유목의 제사를 받들게 하였다. 재위 7년에 劉威(유
위)는 유목의 아들이 아니며, 또 誹謗(비방) 죄에 걸려 檻車(함거)에 실
려 廷尉(정위)에게 불려가다가 도중에 자살하였다.


### 原文

永初元年, 鄧太后復封睦孫壽光侯普爲北海王, 是爲頃
王. 延光二年, 復封睦少子爲亭侯. 普立十七年薨, 子恭王
翼嗣, 立十四年薨, 子康王嗣, 無後, 建安十一年, 國除.

初, 臨邑侯復好學, 能文章. 永平中, 每有講學事, 輒令復
典掌焉. 與班固, 賈逵共述漢史, 傅毅等皆宗事之. 復子駒騄
及從兄平望侯毅, 並有才學. 永寧中, 鄧太后召毅及駒騄入
東觀, 與謁者僕射劉珍著中興以下名臣列士傳. 駒騄又自造
賦, 頌, 書, 論凡四篇.

| 註釋 | ○(安帝) 永初元年 – 서기 107년. ○鄧太后 – 和帝의 和熹鄧皇
后, 和帝의 2번째 황후 鄧綬(등수), 황후로 재위 102-106년, 121년 붕어.
安帝 때 섭정. 光武帝 太傅인 鄧禹(등우)의 孫女, 등우는 南陽郡의 豪族으로
광무제를 따라 거병하였으며 後漢 초의 大功臣이었다. ○(安帝) 延光二年
– 서기 123년. ○與班固, 賈逵共述漢史 – 班固는 40권 (下), 〈班彪列傳〉에
입전. 班固(32-92년, 字 孟堅). 班固의 《漢書》는 12紀(13권), 8表, 10志(17
권), 70傳(79권)으로, 총 130권이다. 賈逵(가규)는 36권, 〈鄭范陳賈張列傳〉
立傳. 《後漢書》律曆志(中)에 賈逵의 〈論曆〉이 실려 있다. ○傅毅(부의) –

80권, 〈文苑列傳 上〉立傳. 그의 〈迪志詩(적지시)〉가 유명하다. ○ 駒驍 -
인명. 謁者僕射 劉珍 등과 함께 《五經》을 교정. 駒 말 이름 도, 驍 말 이름
도. ○(安帝)永寧 - 서기 120년. ○謁者僕射 劉珍(유진, ?-126?) - 一名 劉
寶, 字 秋孫. 安帝 永初年間(107-113)에 東觀校書로 근무. 〈建武以來名臣
傳〉와 《東觀漢記》22편을 편찬, 侍中, 越騎校尉 역임, 延光 4년(125)에 짬
뽕을 역임했다. 그의 《釋名》30편은 文字學의 중요 저술. 본서 1부의 '《후
한서》의 成書 과정'의 주석 참고. 80권, 〈文苑列傳〉(上)에 입전. 謁者(알
자)는 光祿勳의 속관. 외빈 접대 담당, 謁者僕射(알자복야)의 지시 받아 업무
수행. 고관의 비서 역할 겸 지방 출장도 담당. 僕射(복야)는 본래 秦의 관제
로(僕, 主也), 弓射 관련 업무 담당자였다. 복야는 주 담당자, 곧 우두머리
란 뜻으로 각 분야별로 복야가 있었다. 侍中僕射, 尙書僕射, 謁者僕射 등이
그 예이다. 射 벼슬 이름 야.

## [國譯]

　(安帝) 永初 원년, (和帝의) 鄧太后는 또 劉睦 손자인 壽光侯 劉普
(유보)를 北海王에 책봉하였는데, 이가 頃王(경왕)이다. (安帝) 延光 2
년, 다시 劉睦의 막내아들을 亭侯에 봉했다. 劉普는 재위 17년에 죽
었는데 아들 恭王 劉翼(유익)이 후사가 되어 14년을 재위하고 죽었
고, 그 아들 康王(강왕)이 뒤를 이었으나 후손이 없어 建安 11년에 나
라를 없앴다.

　그전에, 臨邑侯 劉復(유복)은 호학하였고 문장에 능했다. (明帝)
永平 연간에 매번 講學할 때마다 늘 유복이 진행을 맡았다. 유복은
班固(반고), 賈逵(가규) 등과 함께 漢史를 저술하였는데 傅毅(부의) 등
이 모두 스승으로 섬겼다. 유복의 아들 劉駒驍(유도도) 및 사촌 형인
平望侯 劉毅(유의)도 모두 학문에 재주가 있었다.

(安帝) 永寧 연간에 鄧太后는 劉毅(유의)와 劉騊駼(유도도)를 불러 東觀에서 謁者僕射(알자복야)인 劉珍(유진)과 함께 中興 이후의 名臣 과 列士의 전기를 편찬케 하였다. 유도도는 또 직접 賦, 頌, 書, 論 등 4편을 저술하였다.


## ❸ 趙孝王 劉良

|原文|

趙孝王良字次伯, 光武之叔父也. 平帝時擧孝廉, 爲蕭令. 光武兄弟少孤, 良撫循甚篤. 及光武起兵, 以事告, 良大怒, 曰, "汝與伯升志操不同, 今家欲危亡, 而反共謀如是!" 旣而 不得已, 從軍至小長安, 漢兵大敗, 良妻及二子皆被害. 更 始立, 以良爲國三老, 從入關. 更始敗. 良聞光武卽位, 乃亡 奔洛陽. 建武二年, 封良爲廣陽王. 五年, 徙爲趙王, 始就 國. 十三年, 降爲趙公. 頻歲來朝. 十七年, 薨於京師. 凡六 十六年. 子節王栩嗣. 建武三十年, 封栩二子爲鄕侯. 建初 二年, 復封栩十子爲亭侯.


|註釋| ○平帝時擧孝廉 – 孝廉(효렴)은 茂才(무재, 前漢에서는 秀才, 後漢 에서는 光武帝를 諱하여 茂才로 개칭)와 함께 選擧(선거, 인재 등용) 과목의 하나. 孝廉(효렴)은 孝子와 廉吏, 본래 二科이나 하나처럼 통칭. 전한 武帝 이후 入仕의 正道로 인식되었다. 후한에서는 인구 20만을 기준으로 효렴 1인을

천거했다.  ㅇ蕭令 - 蕭(소)는 沛郡(치소는 相縣, 今 安徽省 북부 淮北市)의 縣名으로 今 安徽省 북부 宿州市 관할 蕭縣.  ㅇ撫循甚篤 - 撫循(무순)은 어루만져 복종하게 하다. 양육하며 생활을 돌봐주다.  ㅇ國三老 - 경시제의 원로 고문격. 赤眉의 무리도 각 軍營의 지도자로 三老를 두었다. 본래 三老는 鄉官으로 50세 이상 백성 중 덕행으로 백성 教化의 적임자를 골라 鄉마다 三老 1인을 두었다. 이어 각 현, 군과 國에도 三老를 두었다. 삼로는 녹봉은 없고 요역을 면제받았다. 현령, 현승, 현위와 分庭抗禮하였으며, 황제에게 직접 상서할 수도 있었다.

## [國譯]

趙 孝王 劉良(유량)의 字는 次伯(차백)으로 光武帝의 숙부이다. (前漢) 平帝 때 孝廉(효렴)으로 천거되어 蕭縣(소현) 현령이 되었다. 光武 형제가 어려 부친을 여위자, 유량은 조카를 아주 돈독하게 살펴 양육하였다. 光武가 기병하며 이를 숙부에게 아뢰자 유량이 대노하며 말했다.

"너와 伯升(劉縯, 長兄)은 지조가 같지도 않은데, 지금 집안이 위기에 망하려 하는데 겨우 둘이 이런 모의나 했느냐!"

그런 뒤에 부득이하게 유백승의 군사를 따라 小長安(소장안)이란 곳에 이르러 유백승의 군사가 대패하자 유량의 처와 두 아들이 모두 죽었다. 경시제가 즉위하자, 유량은 國三老가 되어 경시제를 따라 入關했다. 경시제가 패망하자, 유량은 光武帝가 즉위했다는 소식을 듣고 도망쳐 낙양으로 왔다. 建武 2년, 유량은 廣陽王이 되었다. 5년에 옮겨 趙王이 되어 처음으로 나라에 취임하였다. 건무 13년 趙公으로 강등되었다. 해마다 입조하였다. 17년에 낙양에서 죽었다. 나이는 66세였다. 아들 節王인 劉栩(유허)가 계승했다. 建武 30년, 유허의 두 아들이 鄕侯가 되었다. (숙종) 건초 2년(서기 77)에 또 유허의 아들 10명이 亭侯가 되었다.

**▌原文**

栩立四十年薨, 子頃王商嗣. 永元三年, 封商三弟爲亭侯. 元年, 封商四子爲亭侯. 商立二十三年薨, 子靖王宏嗣. 立十二年薨, 子惠王乾嗣.

元初五年, 封乾二弟爲亭侯. 是歲, 趙相奏乾居父喪私娉小妻, 又白衣出司馬門, 坐削中丘縣. 時郞中南陽程堅素有志行, 拜爲乾傅. 堅輔以禮義, 乾改悔前過, 堅列上, 復所削縣. 本初元年, 封乾一子爲亭侯. 乾立四十八年薨, 子懷王豫嗣. 豫薨, 子獻王赦嗣. 赦薨, 子珪嗣, 建安十八年徙封博陵王. 立九年, 魏初以爲崇德侯.

**│註釋│** ○(和帝) 永元三年 – 서기 91년. ○(安帝) 元初五年 – 118년. ○私娉小妻 – 몰래 첩을 들이다. 小妻는 妾. ○司馬門 – 왕궁의 출입문, 衛兵이 지키는 문. ○中丘縣 – 趙國의 현명. ○堅列上, 復所削縣. ○(質帝) 本初元年 – 서기 146년. ○(獻帝) 建安十八年 – 서기 213년. ○博陵王 – 中山國을 분할하여 博陵郡을 설치했었다. 치소는 博陵縣, 今 河北省 保定市 蠡縣(여현). 본래 博陵은 桓帝의 생부 蠡吾侯(여오후) 翼(익, 추존 孝崇皇)의 묘.

[國譯]

劉栩(유허)는 재위 40년에 죽었고, 아들 頃王 劉商이 계승했다. (和帝) 永元 3년, 劉商의 아들 3명이 亭侯가 되었다. (和帝 元興) 원년, 劉商의 아들 4명이 亭侯가 되었다. 劉商은 재위 23년에 죽자, 아들 靖王 劉宏(유굉)이 계승하여 재위 12년에 죽자, 아들 惠王 劉乾(유건)이 계승했다.

(安帝) 元初 5년, 劉乾의 동생 2명이 亭侯가 되었다. 이 해에, 趙國 相이 劉乾이 부친 상중에 몰래 첩을 들였고 또 흰옷(상복)을 입은 채 司馬門을 나갔다고 상주하자 이와 연관하여 中丘縣이 삭감되었다. 그때 郎中인 南陽 사람 程堅(정견)은 평소 志行이 훌륭하여 劉乾의 사부가 되었다. 정견은 禮義로 유건을 보필했고 유건이 지난 잘못을 뉘우치자 정견은 이어 상서하여 삭감당한 현은 회복되었다. (質帝) 本初 원년에 유건의 아들이 亭侯가 되었다. 유건이 재위 48년에 죽자, 아들 懷王 劉豫(유예)가 계승하였다. 유예가 죽자, 아들 獻王 劉赦(유사)가 계승하였다. 유사가 죽자, 아들 劉珪(유규)가 계승하였는데 (헌제) 建安 18년에 옮겨 博陵王에 봉했다. 재위 9년에 魏(위, 曹魏) 초기에 (유규는) 崇德侯(숭덕후)가 되었다.


❹ 城陽恭王 劉祉

原文

城陽恭王祉字巨伯, 光武族兄, 春陵康侯敞之子也.

敞曾祖父節侯買, 以長沙定王子封於零道之舂陵鄉, 爲舂陵侯. 買卒, 子戴侯熊渠嗣. 熊渠卒, 子孝侯仁嗣. 仁以舂陵地勢下濕, 山林毒氣, 上書求減邑內徙. 元帝初元四年, 徙封南陽之白水鄉, 猶以舂陵爲國名, 遂與從弟鉅鹿都尉回及宗族往家焉. 仁卒, 子敞嗣.

敞謙儉好義, 盡推父時金寶財産與昆弟, 荊州刺史上其義行, 拜廬江都尉. 歲餘, 會族兄安衆侯劉崇起兵, 王莽畏惡劉氏, 徵敞至長安, 免歸國.

| 註釋 | ○城陽恭王祉 - 전한 文帝 때 城陽郡을 城陽國을 개편, 치소는 莒縣(거현). 광무제 건무 13년(37년) 폐함. 뒷날 徐州자사부 관할 琅邪國(낭야국)으로 바뀜. 琅邪國 治所는 開陽縣. 今 山東省 남부의 臨沂市(임기시). ○節侯買 - 劉買(유매, ?-前 121)는 전한 武帝 때 元朔 5년(前 124년)에 舂陵侯(용릉후)에 봉해졌다. 광무제의 高祖父. ○零道之舂陵鄉 - 道는 縣級 행정단위. 舂陵鄉(용릉향)은 今 湖南省 永州市 寧遠縣 북쪽. ○戴侯熊渠嗣 - 劉熊居(유웅거, 舂陵戴侯, 前 120-65). 광무제의 증조부인 劉外(유외)는 유웅거의 아우. ○子孝侯仁嗣 - 유웅거의 아들 劉仁, 前 65년 계위, 광무제의 큰할아버지. ○求減邑內徙 - 그때 호구가 476호였다는 주석이 있다. ○元帝初元四年 - 서기 45년. ○南陽之白水鄉 - 今 湖北省 襄陽市 관할 棗陽市(조양시). ○鉅鹿都尉回 - 광무제의 조부, 鉅鹿(거록)은 郡名. 치소는 今 河北省 邢台市(형태시) 관할 鉅鹿縣. 郡尉를 景帝때 都尉로 개칭, 태수를 도와 郡의 군사 담당. 질록은 比 2千石. ○荊州刺史上其義行 - 당시 남양군은 형주자사부 관할이었다. ○廬江都尉 - 廬江郡 도위.

城陽 恭王 劉祉(유지)의 字는 巨伯(거백)으로 光武의 族兄인데, 春陵康侯 劉敞(유창)의 아들이다. 劉敞의 曾祖父 節侯 劉買(유매)는 長沙定王(劉發)의 아들로 零道(영도)의 春陵鄕(용릉향)에 봉해져 春陵侯가 되었다. 유매가 죽자, 아들 戴侯(대후) 劉熊渠(유웅거)가 계승했다. 유웅거가 죽자 아들 孝侯 劉仁(유인)이 계승했다. 유인은 春陵鄕의 지세가 저습하고 산림에 毒氣(독기)가 있다 하여 호구수를 줄이더라도 내지로 옮겨달라고 주청하였다. 元帝 初元 4년에 南陽郡의 白水鄕(백수향)으로 옮겼는데 여전히 春陵을 國名으로 했고, 從弟인 鉅鹿都尉 劉回(유회) 및 일족들이 이사하였다. 劉仁이 죽자 劉敞(유창) 계승하였다.

유창은 겸손하고 검소하였으며 의리를 지켜 부친 때 모은 金寶나 재산을 형제들에게 모두 나누어주었는데, 당시 荊州刺史는 유창의 義行을 상서하였고, 유창은 廬江郡(여강군) 도위가 되었다. 그 1년 뒤에 族兄인 安衆侯 劉崇(유숭)이 기병하자, 왕망은 劉氏를 증오하여 유창을 장안으로 소환하였다가 사면하여 귀국시켰다.

先是平帝時, 敞與崇俱朝京師, 助祭明堂. 崇見莽將危漢室, 私謂敞曰, "安漢公擅國權, 群臣莫不回從, 社稷傾覆至矣. 太后春秋高, 天子幼弱, 高皇帝所以分封子弟, 蓋爲此也." 敞心然之. 及崇事敗, 敞懼, 欲結援樹黨, 乃爲祉娶高

陵侯翟宣女爲妻. 會宣弟義起兵欲攻莽, 南陽捕殺宣女, 祉
坐繫獄. 敞因上書謝罪, 願率子弟宗族爲士卒先. 莽新居攝,
欲慰安宗室, 故不被刑誅. 及莽簒立, 劉氏爲侯者皆降稱子,
食孤卿祿, 後皆奪爵. 及敞卒, 祉遂特見廢, 又不得官爲吏.

| 註釋 | ○助祭明堂 – 平帝 때 왕망은 제후왕 28인, 列侯 120인, 종실
자제 900여 명을 불러 명당 제사에 참여케 했다. ○安漢公 – 왕망의 작위,
三公보다 상위. ○高陵侯 翟宣(적선) – 승상 翟方進의 아들. 적방진의 작
위를 계승. 적방진의 작은아들 翟義(적의)는 南陽都尉를 역임, 東郡太守로
있으면서 劉信을 天子로 추대하며 王莽 타도를 내걸고 최초 거병. 왕망이
전심전력하여 토벌케 했다. 적의는 패전 후 자살. ○莽新居攝 – 평제 다
음 孺子 嬰(영)을 천자로 앉히고 왕망은 居攝(거섭)에 올랐다. 황제 대행.
○皆降稱子 – 五爵 중 子爵. ○食孤卿祿 – 왕망은 託古改制로 少師, 少傅,
少保를 三公의 보좌관직으로 정했다. 孤卿은 이들의 별칭. 孤는 삼공보다
는 낮고 卿보다는 높다는 뜻.

[國譯]

이보다 앞서 平帝 때, 유창과 유숭은 장안에서 함께 明堂 제사에
참여했다. 유숭은 왕망이 장차 漢室을 없애리라 눈치 채고 유창에게
은밀히 말했다.

"安漢公(王莽)이 국권을 멋대로 행사하지만 여러 신하가 모두 뜻
을 굽혀 감히 따르지 않는 자가 없으니 사직이 곧 엎어질 것이다. 太
后(元帝 王皇后)는 나이가 많고 天子는 유약하니, 옛날 高皇帝께서
자제를 分封하신 뜻이 아마 이런 일 때문일 것이다."

유창도 마음으로 그렇게 생각했다. 유숭의 거사가 실패하자 유창은 겁을 먹고 세력을 결합하려고 하였는데, 아들 祉(지)가 高陵侯 翟宣(적선)의 딸과 결혼했었다. 이때 적선의 동생 翟義(적의)가 군사를 일으켜 왕망을 타도하려 했는데 南陽郡에서는 적선의 딸을 잡아 처형하였고, (남편) 유지도 연좌되어 옥에 갇혔다. 유창은 왕망에게 상서하여 사죄하면서 종족 자제를 이끌고 사졸이 되어 전쟁에 나가겠다고 하였다. 왕망은 새로이 居攝(거섭)에 오르면서 宗室 사람들을 안정시키려 했기에 유창을 처형하지는 않았다. 왕망이 찬위하여 제위에 오르면서 열후인 劉氏들은 모두 강등되어 子爵(자작)이라 했고 孤卿(고경)의 녹봉을 받았는데 뒤에는 작위를 다 박탈당했다. 유창이 죽고, 유지는 작위를 빼앗겼을 뿐만 아니라 관직을 얻을 수도 없었다.

## 原文

祉以故侯嫡子, 行淳厚, 宗室皆敬之. 及光武起兵, 祉兄弟相率從軍, 前隊大夫甄阜盡收其家屬繫宛獄. 及漢兵敗小長安, 祉挺身還保棘陽, 甄阜盡殺其母弟妻子. 更始立, 以祉爲太常將軍, 紹封舂陵侯. 從西入關, 封爲定陶王. 別將擊破劉嬰於臨涇.

及更始降於赤眉, 祉乃間行亡奔洛陽. 是時宗室唯祉先至, 光武見之歡甚. 建武二年, 封爲城陽王, 賜乘輿,御物,車馬,衣服. 追諡敞爲康侯. 十一年,祉疾病,上城陽王璽綬, 願以列侯奉先人祭祀. 帝自臨其疾. 祉薨, 年四十三, 諡曰恭

<u>王</u>, 竟不之國, 葬於<u>洛陽北芒</u>.

| 註釋 | ○前隊大夫甄阜 - 南陽 太守. 甄阜(견부)는 인명. 甄은 질그릇 견. ○劉嬰於臨涇 - 平帝가 붕어하자, 왕망은 廣戚侯 劉顯(宣帝의 玄孫) 의 2살 된 아들 嬰(영)을 孺子라 하여 재위(서기 6-8년)하게 하였다. 왕망 말기에 平陵 사람 方望(방망)이 유영을 天子로 내세웠다. 臨涇縣은 安定郡 의 치소, 今 甘肅省 慶陽市 관할 鎭原縣. ○洛陽北芒 - 北芒(북망)은 北邙 山(해발 300여 m 내외). 邙山, 今 河南省 洛陽市 북쪽, 黃河의 南岸, 鄭州 市까지 100여 km 이어진 산. 後漢 및 魏, 晋의 王侯公卿의 무덤이 많아 묘 지의 대명사로 널리 통용.

## [國譯]

劉祉(유지)는 옛 열후의 嫡子(적자)로 행실이 순수 돈후하여 종실 사람 모두가 존경하였다. 光武가 기병할 때 유지 형제는 서로 함께 종군하였는데 前隊大夫(南陽太守) 甄阜(견부)는 유지의 가족을 모두 잡아 宛縣의 옥에 가두었다. 백승의 군사가 小長安에서 패배하자 유 지는 몸을 빼내 돌아와 棘陽(극양)을 수비하였는데, 견부는 유비의 모친, 아우와 처자를 모두 살해하였다. 경시제가 즉위하자 유지는 太常將軍이 되어 옛 春陵侯에 봉해졌다. 유지는 경시제를 따라 서쪽 關中에 들어가 定陶王이 되었다. 유지는 別將을 보내 劉嬰(유영)을 臨涇(임경)에서 격파했다.

경시제가 적미군에게 투항하자 유지는 샛길로 도망쳐 낙양으로 왔다. 이때 宗室로서 유지가 제일 먼저 도착하였는데 광무제는 유지 를 만나 크게 기뻐했다.

건무 2년, 광무제는 유지를 城陽王에 봉했고 수레와 각종 용구,

거마와 의복을 하사하였다. 또 劉敞(유창)에게 康侯(강후)를 추시하
였다. 건무 11년 유지는 병석에 누워 城陽王의 璽綬(새수)를 바치고
列侯의 신분으로 先人의 제사를 받들겠다고 하였다. 광무제가 친히
병문안을 하였다. 유지가 죽을 때 나이는 43세였고, 시호는 恭王인
데 끝내 봉국에는 가지 못했으며 낙양 北芒山(북망산)에 묻혔다.

　十三年, 封祉嫡子平爲蔡陽侯, 以奉祉祀, 平弟堅爲高鄕侯.
　初, 建武二年, 以皇祖,皇考墓爲昌陵, 置陵令守視, 後改
爲章陵, 因以舂陵爲章陵縣. 十八年, 立孝侯,康侯廟, 比園
陵, 置嗇夫. 詔零陵郡奉祠節侯,戴侯廟, 以四時及臘歲五祠
焉. 置嗇夫,佐吏各一人.
　平後坐與諸王交通, 國除. 永平五年, 顯宗更封平爲竟陵
侯. 平卒, 子眞嗣. 眞卒, 子禹嗣. 禹卒, 子嘉嗣.

| 註釋 |  ○(建武) 十三年 – 서기 37년.  ○嗇夫(색부) – 본래 鄕職. 공평
한 부역이 되도록 조정 역할 담당. 園陵의 색부는 제사와 관련한 업무도
담당.  ○臘歲五祠 – 臘祀(납사)는 연말 12월의 제사.  ○(明帝) 永平五年 –
서기 62년.

[國譯]
　(建武) 13년, 劉祉의 嫡子인 劉平(유평)을 蔡陽侯(채양후)에 봉하여

劉祉(유지)의 제사를 받들게 하였고, 유평의 아우 劉堅(유견)은 高鄉
侯가 되었다.

　그전에, 건무 2년, 皇祖와 皇考의 묘를 昌陵(창릉)이라 하고 陵令
(능령)을 두어 관리하게 했었는데 뒤에 章陵(장릉)으로 고치고, 舂陵
(용릉)을 章陵縣(장릉현)이라고 하였다. (건무) 18년, 孝侯(효후)와 康
侯(강후)의 묘당을 짓고, 원릉 곁에 嗇夫(색부)를 근무케 하였다. 조서
로 零陵郡(영릉군)에서는 節侯와 戴侯(대후)의 묘당에서 4계절과 연
말 5차례 제사를 지내게 하였다. 거기에도 색부와 佐吏(좌리) 1인씩
을 두었다.

　劉平은 뒤에 다른 여러 제후 왕과 교제하여 나라가 없어졌다. (明
帝) 永平 5년에, 顯宗(明帝)는 다시 劉平을 竟陵侯(경릉후)에 봉했다.
유평이 죽자, 아들 劉眞(유진)이 계승하였다. 유진이 죽자, 아들 劉禹
(유우)가 계승하였다. 유우가 죽자, 아들 劉嘉(유가)가 계승하였다.


❺ 泗水王 劉歙

原文

　泗水王歙字經孫, 光武族父也. 歙子終, 與光武少相親愛.
漢兵起, 始及唐子, 終誘殺湖陽尉. 更始立, 歙從入關, 封爲
元氏王, 終爲侍中. 更始敗, 歙, 終東奔洛陽. 建武二年, 立歙
爲泗水王, 終爲淄川王. 十年, 歙薨, 封小子煇爲堂谿侯, 奉
歙後. 終居喪思慕, 哭泣二十八日, 亦薨. 封長子柱爲邔侯,

以奉終祀, 又封終子鳳曲陽侯.

|註釋| ○泗水王歙 – 泗水는 山東省 중부와 江蘇省 북부를 지나는 淮水의 지류. 대운하의 일부. 전한의 郡名. 치소는 相縣. 侯國名. 치소는 凌縣(능현), 今 江蘇省 宿遷市 관할 泗陽縣. 建武 13년 폐국, 廣陵郡에 흡수되었다. 歙은 거둘 흡, 줄일 흡. ○族父 – 아버지의 再從兄弟. 나의 再堂叔. ○唐子 – 唐子鄕, 湖陽縣의 마을 이름. ○湖陽尉 – 湖陽은 南陽郡의 현명. 今 河南省 南陽市 관할 唐河縣에 해당. 尉는 縣尉. ○元氏王 – 元氏는 常山郡의 縣名. 元氏縣은 故 恒山國(항산국, 常山國)의 國都, 今 河北省 남부 石家莊市 관할 元氏縣. ○淄川王 – 淄川(치천, 甾川)은 侯國名. 治所는 劇城, 今 山東省 동부 濰坊市(유방시) 관할 壽光市.

## [國譯]

泗水王(사수왕) 劉歙(유흡)의 字는 經孫(경손)으로 광무제의 재당숙이다. 유흡의 아들 劉終(유종)은 광무와 어려서부터 서로 친애했다. 漢兵의 일어나 처음으로 唐子鄕에 진격했을 때 유종은 湖陽縣 현위를 유인 살해했다. 경시제가 즉위하자, 유흡은 경시제를 따라 관중에 들어가 元氏王에 봉해졌고, 유종은 시중이 되었다. 경시제가 패망하자, 유흡, 유종 부자는 동쪽 낙양으로 도망 나왔다. 建武 2년, 유흡은 泗水王에 유종은 淄川王(치천왕)에 봉해졌다. 건무 10년, 유흡이 죽자 막내아들 劉燀(유천, 燀은 불 땔 천)을 堂谿侯(당계후)에 봉하여 유흡의 후사를 돌보게 하였다. 유종은 居喪하면서 부친 생각에 28일을 통곡한 뒤에 죽었다. 유종의 장자인 劉柱(유주)를 邔侯(기후, 邔 땅이름 기)로 봉해 유종의 제사를 받들게 했고, 또 劉終의 아들 劉鳳을 曲陽侯(곡양후)에 봉했다.

## 原文

歆從父弟茂, 年十八, 漢兵之起, 茂自號劉失職, 亦聚衆京,密間, 稱厭新將軍. 攻下潁川,汝南, 衆十餘萬人. 光武旣至河內, 茂率衆降, 封爲中山王. 十三年, 宗室爲王者皆降爲侯, 更封茂爲穰侯. 茂弟匡, 亦與漢兵俱起. 建武二年, 封宜春侯. 爲人謙遜, 永平中爲宗正. 子浮嗣, 封朝陽侯.

浮弟尙, 永元中爲征西將軍. 浮傳國至孫護, 無子, 封絶. 延光中, 護從兄瓌與安帝乳母王聖女伯榮私通, 遂取伯榮爲妻, 得紹護封爲朝陽侯, 位侍中. 及王聖敗, 貶爵爲亭侯.

| 註釋 |  ○劉失職 – '失職'이 아닌 '先職'이라는 주석이 있다.  ○稱厭新將軍 – 厭은 싫을 염. 누를 엽. 왕망의 新을 제압한다는 뜻.  ○京,密間 – 河南尹의 京縣, 今 河南省 鄭州市 관할 滎陽市(형양시), 河南尹의 密縣, 今 河南省 鄭州市 관할 新密市.  ○(和帝) 永元 – 서기 89-104년.  ○安帝乳母王聖 – 王聖은 성명, 野王君에 피봉. 大將軍 耿寶(경보), 中常侍인 樊豐(번풍) 등과 阿黨(아당)을 결성했고, 安帝 황태자 保(보)를 모함. 뒷날 雁門郡으로 강제 이주되었다.

## [國譯]

劉歆(유흠)의 從父弟(6촌)인 劉茂(유무)는 나이 18세에 漢兵이 기병하자 失職(先職)이라 自號하고 京縣과 密縣 일대에서 무리를 모았고 厭新將軍(엽신장군)이라고 자칭하였다. 潁川(영천)과 汝南郡을 공격하여 함락시켰고 군사 10여만 명을 모았다. 光武帝가 河內에 들어오자, 유무는 무리를 이끌고 투항하여 中山王에 봉해졌다. (建

武) 13년, 宗室로 왕이 된 자는 모두 강등시켜 열후가 되었는데 유무
는 다시 봉을 받아 穰侯(양후)가 되었다. 유무의 아우 劉匡(유광)도
漢兵과 함께 거병하였다. 建武 2년에 宜春侯가 되었는데 사람이 겸
손하여 (明帝) 永平 연간에 宗正이 되었다. 아들 劉浮(유부)가 계승
하였는데 朝陽侯에 봉해졌다.

　유부의 아우 劉尙(유상)은 (和帝) 永元 연간에 征西將軍이 되었다.
유부의 손자 劉護(유호)까지 제후국이 이어졌으나 아들이 없자 단절
되었다. 유호의 사촌 형인 劉瓌(유괴, 瓌 구슬 이름 괴)는 安帝 乳母인
王聖(왕성)의 딸 伯榮(백영)과 私通했다가 백영을 아내로 맞이하여
劉護(유호)의 작위를 계승하여 朝陽侯(조양후)가 되고 侍中에 올랐
다. 그러다가 王聖이 몰락하면서 亭侯로 강등되었다.


## ❻ 安城孝侯 劉賜

### 原文

　安城孝侯賜字子琴, 光武族兄也. 祖父利, 蒼梧太守. 賜
少孤. 兄顯報怨殺人, 吏捕顯殺之. 賜與顯子信賣田宅, 同
抛財産, 結客報吏, 皆亡命逃伏, 遭赦歸. 會伯升起兵, 乃隨
從攻擊諸縣.

　更始旣立, 以賜爲光祿勳, 封廣漢侯. 及伯升被害, 代爲
大司徒, 將兵討汝南. 未及平, 更始又以信爲奮威大將軍,
代賜擊汝南, 賜與更始俱到洛陽. 更始欲令親近大將徇河

北, 未知所使, 賜言諸家子獨有文叔可用, 大司馬朱鮪等以
爲不可, 更始狐疑, 賜深勸之, 乃拜光武行大司馬, 持節過
河.

　是日以賜爲丞相, 令先入關, 修宗廟宮室. 還迎更始都長
安, 封賜爲宛王, 拜前大司馬, 使持節鎭撫關東. 二年春, 賜
就國於宛, 典將六部兵. 後赤眉破更始, 賜所領六部亦稍散
畔, 乃去宛保育陽.

| 註釋 | ○安城孝侯賜 - 前漢의 安成. 安城은 후국명. 치소는 今 河南
省 중서부 平頂山市 서북의 汝州市. ○蒼梧(창오) - 交州의 군명. 治所는
廣信縣. 今 廣西省 동부 梧州市. 廣東省과의 접경. ○同抛財産 - 抛는 버
릴 포. ○亦稍散畔 - 점차 흩어지고 배반하다. 畔은 叛. ○育陽 - 淯陽(육
양) 同. 南陽郡의 읍명, 漢江의 지류인 淯水(육수, 唐白河)의 북쪽. 今 河南省
南陽市 관할 新野縣.

[國譯]

　安城 孝侯 劉賜(유사)의 字는 子琴(자금)으로 光武帝의 族兄(三從
兄)이다. 조부 劉利(유리)는 蒼梧郡(창오군) 태수였다. 유사는 어려
부친을 여의었다. 형 劉顯(유현)은 원수를 갚는다고 살인을 했는데
관리가 유현을 잡아 처형했다. 유사와 유현의 아들 劉信(유신)은 田
宅을 팔고 함께 다른 재산을 포기하면서 자객을 모아 관리를 죽이고
함께 도망쳐 숨어 지내다가 사면을 받아 귀향하였다. 그 무렵에 劉
伯升(光武 長兄)이 기병하자 바로 유백승을 따라 여러 현을 공격했
다.

경시제는 즉위하자 유사를 光祿勳에 임명하고 廣漢侯에 봉했다. 유백승이 경시제에게 죽음을 당한 뒤, 대신 大司徒가 되어 군사를 거느리고 汝南郡을 토벌하였다. 다 평정하지도 못했는데 경시제는 다시 유신을 奮威大將軍으로 삼아 유사를 대신하여 여남군을 토벌케 하고서 유사와 更始帝는 함께 洛陽으로 갔다. 경시제는 가까운 친척 대장을 보내 河北을 경략하려 했는데 누구를 보낼지 결정하지 못하자 유사는 일족 중에 오직 文叔(문숙, 광무제의 字)에게 맡길 만하다고 건의했으나 大司馬 朱鮪(주유) 등은 불가하다고 말하여, 경시제는 狐疑(호의)하며 결정을 못했는데 유사가 간곡하게 권유하자 光武를 大司馬 대행으로 임명하여 부절을 가지고 황화를 건너가게 하였다.

바로 그날에 유사를 丞相으로 삼아 먼저 關中에 들어가 종묘와 궁실을 수리하게 시켰다. 유사는 돌아와 경시제를 영입하여 장안에 도읍케 했고, 경시제는 유사를 宛王(완왕)에 봉했고 前大司馬에 임명하여 부절을 가지고 關東지역을 진무하게 하였다.

건무 2년 봄, 유사는 宛縣의 봉국에 취임하여 六部兵(劉伯升이 조직한 군대)을 통솔하였다. 그 뒤에 赤眉가 경시제를 죽이자, 유사가 거느린 六部兵 또한 조금씩 도망가거나 반역하자 유사는 宛縣을 떠나 育陽邑(淯陽邑)에 머물고 있었다.

## 原文

聞光武卽位, 乃西之武關, 迎更始妻子將詣洛陽. 帝嘉賜忠, 建武二年, 封爲愼侯. 十三年, 更增戶邑, 定封爲安成侯,奉朝請. 以賜有恩信, 故親厚之, 數蒙宴私, 時幸其第, 恩賜特異. 賜輒賑與故舊, 有無遺積. 帝爲營冢堂, 起祠廟, 置吏卒, 如春陵孝侯. 二十八年卒, 子閔嗣.

三十年, 帝復封閔弟嵩爲白牛侯. 坐楚事, 辭語相連, 國除. 閔卒, 子商嗣, 徙封爲白牛侯. 商卒, 子昌嗣.

初, 信爲更始討平汝南, 因封爲汝陰王. 信遂將兵平定江南, 據豫章. 光武卽位, 桂陽太守張隆擊破之, 信乃詣洛陽降, 以爲汝陰侯. 永平十三年, 亦坐楚事國除.

| 註釋 | ○光武卽位 – 서기 25년. ○武關 – 關中에 들어갈 수 있는 남쪽 관문. 당시 京兆尹 商縣. 今 陝西省 商洛市 丹鳳縣 소재. 동 函谷關, 남 武關, 서 散關, 북 蕭關(소관)으로 둘러싸인 땅을 關中이라 했다. ○愼侯 – 愼縣(신현)은 汝南郡의 현명. ○白牛侯 – 白牛는 鄕名. 今 河南省 南陽市 남부의 鄧州市(省 直轄 縣級市). ○安成侯 – 後漢에서는 安城侯. ○坐楚事 – 坐는 連坐되다. 楚事는 明帝 永平 13년(서기 70) 11월, 楚王 劉英(유영)의 모반 사건. 楚王을 폐위, 나라를 없애고 涇縣(경현)에 옮겼는데 이와 연관하여 죽거나 이주한 자가 수천 명이었다. ○江南 – 長江의 남쪽, 일반적으로 今 湖北省의 장강 남쪽, 湖南省과 江西省 일대를 지칭. 今 江蘇省의 長江 남부와 上海市, 浙江省 지역은 江東이라 통칭. ○豫章 – 揚州刺史部의 군명. 治所는 南昌縣, 今 江西省 북부 南昌市(江西省의 省都). ○桂陽 – 荊州刺史部의 군명. 治所는 郴縣(침현), 今 湖南省 남부 郴州市(침주시).

[國譯]

(劉賜는) 光武帝 즉위 소식을 듣고 곧 서쪽 武關(무관)으로 가서

경시제의 妻子를 데리고 洛陽으로 갔다. 광무제는 유사의 충성심을 가상히 여겨 建武 2년에 愼侯(신후)에 봉했다. 건무 13년 식읍을 더 늘려주었고 정식으로 安成侯에 봉하여 奉朝請으로 임명하였다. 유사가 은덕을 베풀고 신의를 지켰기에 광무제는 특별히 친애하여 유사를 위한 잔치를 베풀어 주었고 가끔은 유사의 집에 행차하는 등 사은이 특별하였다. 유사는 그럴 때마다 하사받은 재물을 옛 친지나 친척에 베풀어 비축한 재물이 없었다. 광무제는 그를 위해 사전에 묘를 만들었으며 사당을 짓고 吏卒을 배치하여 春陵 孝侯와 비슷하게 해주었다. 건무 28년에 죽어 아들 劉閔(유민)이 계승했다.

(건무) 30년, 광무제는 다시 유민의 동생 劉嵩(유숭)을 白牛侯에 봉했다. (유숭은) 楚王 劉英의 모반사건에 연좌되었는데 진술 내용이 서로 관련이 있어 나라를 없앴다. 유민이 죽자, 아들 劉商(유상)이 계승했는데 옮겨 白牛侯(백우후)에 봉했다. 유상이 죽고 아들 劉昌(유창)이 계승했다.

그전에 劉信(유신)이 경시제의 명을 받아 汝南郡을 평정하자 경시제는 유신을 汝陰王(여음왕)에 봉했다. 유신은 군사를 동원하여 江南 일대를 평정하고 豫章郡에 웅거했었다. 광무제 즉위 이후에 桂陽太守 張隆(장륭)이 유신을 격파하자, 유신은 곧 낙양에 가서 광무제에게 투항하고 汝陰侯가 되었다. (明帝) 永平 13년에 楚王 사건에 연좌되어 나라가 없어졌다.

# ❼ 成武孝侯 劉順

## 原文

　成武孝侯順字平仲, 光武族兄也. 父慶, 春陵侯敞同産弟. 順與光武同里閈, 少相厚.

　更始卽位, 以慶爲燕王, 順爲虎牙將軍. 會更始降赤眉, 慶爲亂兵所殺, 順乃間行詣光武, 拜爲南陽太守. 建武二年, 封成武侯, 邑戶最大, 租入倍宗室諸家. 八年, 使擊破六安賊, 因拜爲六安太守. 數年, 帝欲徵之, 吏人上書請留. 十一年卒, 帝使使者迎喪, 親自臨吊. 子遵嗣, 坐與諸王交通, 降爲端氏侯. 遵卒, 子弇嗣. 弇卒, 無嗣, 國除. 永平十年, 顯宗幸章陵, 追念舊恩, 封順弟子, 三人爲鄕侯.

　初, 順叔父弘娶於樊氏, 皇妣之從妹也. 生二子, 敏,國. 與母隨更始在長安. 建武二年, 詣洛陽, 光武封敏爲甘里侯, 國爲弋陽侯. 敏通經有行, 永平初, 官至越騎校尉.

　弘弟梁, 以俠氣聞, 更始元年, 起兵豫章, 欲徇江東, 自號 ‘就漢大將軍’, 暴病卒.

---

| 註釋 | ○成武孝侯 – 成武는 山陽郡의 현명. 今 山東省 서남부 菏澤市 成武縣. ○同産弟 – 同母弟. ○里閈(이한) – 里門. 고대의 마을은 담장이 있어 里門으로만 출입했다. ○六安賊 – 전한의 六安國은 후한에서는 廬江郡이 되었다. 廬江郡 六安縣은 今 安徽省 중서부의 六安市, 서쪽은 湖北省 黃岡市, 河南省 信陽市와 접경. ○端氏侯 – 端氏는 河東郡의 현명. 今

山西省 남부 晉城市 관할 沁水縣. ○皇姊之從妹也 - 광무제 모친의 사촌 여동생. ○弋陽侯 - 汝南郡 소속, 弋陽縣(익양현), 今 河南省 동남부 信陽市 관할 潢川縣(물웅덩이 황). ○暴病 - 근육경련 질병, 심장마비 유사한 병으로 추정할 수 있다.


[國譯]

　成武 孝侯 劉順(유순)의 字는 平仲(평중)으로, 광무제의 族兄(三從兄)이다. 유순의 부친 劉慶(유경)은 春陵侯(용릉후) 劉敵(유창)의 同母弟이다. 유순과 광무는 같은 마을 안에 살아 어려서부터 서로 친했다.

　경시제는 즉위하자, 유경을 燕王에 봉했고, 유순을 虎牙將軍에 임명했다. 경시제가 赤眉軍에 투항할 때, 유경은 亂兵에게 피살되었는데, 유순은 바로 샛길로 光武帝를 찾아와 南陽 태수가 되었다. 建武 2년, 成武侯에 봉해졌는데 식읍이 가장 컸으며 조세 수입도 다른 종실의 2배나 되었다.

　(建武) 8년에, 六安郡의 도적 무리를 평정하였기에 六安 太守가 되었다. 몇 년 뒤 광무제가 중앙 관직으로 불렀으나 六安郡 관리와 백성이 상서하여 유임을 간청하였다. 11년에 죽었는데, 광무제는 사자를 보내 상여를 운구하게 하였고 황제가 친히 조문하였다. 아들 劉遵(유준)이 계승했는데 제후 왕과 연결된 죄로 端氏侯(단씨후)로 강등되었다. 유준이 죽자, 아들 劉弇(유엄)이 계승했다. 유엄이 죽자, 후사가 없어 나라가 없어졌다. (明帝) 永平 10년, 顯宗(明帝)이 章陵(장릉)에 행차하였는데 옛 은택을 생각하여 유순 동생의 아들 3인을 鄕侯에 봉했다.

그전에, 유순의 숙부인 劉弘(유홍)은 광무제 先妣의 사촌 여동생인 樊氏(번씨)를 아내로 맞이했었다. 두 아들 劉敏(유민)과 劉國(유국)을 낳았는데 이들이 모친을 따라 장안에 살았었다. 건무 2년에 낙양으로 오자 광무제는 劉敏(유민)을 甘里侯(감리후)에, 劉國을 弋陽侯(익양후)에 봉했다. 유민은 경학에 밝고 행실이 모범적이어서 永平 초기에 관직이 越騎校尉(월기교위)에 이르렀다.

유홍의 동생 劉梁(유량)은 협객 기질로 알려졌는데 更始 원년에 豫章郡(예장군)에서 거병하여 江東 일대를 경략하면서 '就漢大將軍'이라 자칭했는데, 갑자기 병으로 죽었다.

## ❽ 順陽懷侯 劉嘉

**原文**

順陽懷侯嘉字孝孫, 光武族兄也. 父憲, 春陵侯敞同産弟. 嘉少孤, 性仁厚, 南頓君養視如子, 後與伯升俱學長安, 習《尙書》,《春秋》.

及義兵起, 嘉隨更始征伐. 漢軍之敗小長安也. 嘉妻子遇害. 更始卽位, 以爲偏將軍. 及攻破宛, 封興德侯, 遷大將軍. 擊延岑於冠軍, 降之. 更始旣都長安, 以嘉爲漢中王, 扶威大將軍, 持節就國, 都於南鄭, 衆數十萬. 建武二年, 延岑復反, 攻漢中, 圍南鄭, 嘉兵敗走. 岑遂定漢中, 進兵武都, 爲更始柱功侯李寶所破. 岑走天水, 公孫述遣將侯丹取南鄭. 嘉收散卒, 得數萬人, 以寶爲相, 從武都南擊侯丹, 不利, 還軍河池, 下辨. 復與延岑連戰, 岑引北入散關, 至陳倉, 嘉追擊破之. 更始鄧王廖湛將赤眉十八萬攻嘉, 嘉與戰於谷口, 大破之. 嘉手殺湛, 遂到雲陽就穀.

| 註釋 | ○順陽懷侯 – 順陽은 南陽郡의 侯國名. 今 河南省 南陽市 관할 淅川縣(석천현). ○南頓君 – 南頓君은 光武帝 부친 劉欽(유흠). 南頓縣 현령을 지냈다. 南頓(남돈)은 汝南郡의 縣名. 今 河南省 周口市 관할 項城市 서쪽. ○延岑於冠軍 – 延岑(연잠, ?-36)은 南陽人, 更始 2년에 漢中에서 거병, 건무 2년에 武安王을 자칭. 赤眉郡을 대파, 公孫述에 투항, 大司馬 역임. 建武 12년 公孫述이 패망할 때 漢將 吳漢에 피살. 冠軍은 南陽郡 冠軍縣, 今 河南省 南陽市 남쪽 鄧州市. ○都於南鄭 – 益州 관할 漢中郡의 治所, 今 陝西省 서남부 漢中市. ○進兵武都 – 武都는 군명. 前漢 武道郡의 치소는 武都縣, 今 甘肅省 隴南市 관할 西和縣 서남. 後漢에서 무도군 치소는 下辨縣. 今 甘肅省 남부 隴南市 成縣. ○以寶爲相 – 경시제는 劉嘉를 漢中王에 봉했다. 경시제가 적미군에게 피살되자, 경시제의 장군이며 柱功侯인 李寶(이보)는 劉嘉를 도와 한중을 지켰다. 유가는 이보를 제후국 漢中王의 相으로 삼았다. ○河池, 下辨 – 모두 武都郡의 현명. ○鄧王 廖湛(요담) – 平林兵의 우두머리, 뒷날 赤眉에 가담. ○谷口 – 前漢의 縣名, 後漢에서는 폐현. 左馮翊의 취락명. 今 陝西省 咸陽市 禮泉縣. ○雲陽 – 左馮翊 雲陽縣. 今 陝西省 咸陽市 관할 淳化縣 서북. 就穀의 穀은 곡식 곡. 살다. 就穀은 살아나다.

[國譯]

　順陽 懷侯(회후) 劉嘉(유가)의 字는 孝孫(효손)으로 광무제의 族兄

(三從兄)이다. 부친 劉憲(유헌)은 舂陵侯(용릉후) 劉敞(유창)의 同産弟(同母弟)이다. 유가는 어려서 부친을 여의였으나 천성이 인자 온후하여 南頓君(남돈군) 劉欽(유흠, 伯升, 光武의 부친)이 자식처럼 양육하였는데 뒷날 유백승과 함께 長安에 가서 《尚書》와 《春秋》를 배웠다.

義兵이 일어나자 劉嘉(유가)는 경시제를 따라 정벌에 나섰다. 漢軍은 小長安에서 대패했고, 유가는 妻子를 잃었다. 경시제가 즉위하자 유가는 偏將軍(편장군)이 되었다. 유가는 宛縣을 격파한 뒤에 興德侯(홍덕후)가 되었고 대장군으로 승진하였다. 유가는 (赤眉의) 延岑(연잠)을 (南陽郡) 冠軍縣(관군현)에서 격파하여 항복케 하였다. 경시제가 長安에 도읍한 뒤에 유가는 漢中王에 扶威大將軍으로 부절을 가지고 封國에 취임하여 南鄭(남정)에 도읍하니 그 군사가 수십만이었다.

建武 2년에, 연잠이 다시 반기를 들고 漢中郡을 공격하며 南鄭(남정)을 포위하자, 유가의 군사는 패주하였다. 연잠은 마침내 漢中郡을 평정한 뒤에 군사를 武都郡(무도군)으로 진격했는데 경시제의 柱功侯 李寶(주공후 이보)에게 격파되었다. 연잠은 天水郡으로 도주했는데, 公孫述(공손술)은 장수 侯丹(후단)을 보내 南鄭(남정)을 점령하였다.

유가는 흩어진 병졸을 수만 명을 모아 거느렸고, 유가는 李寶(이보)를 漢中의 相으로 삼아 武都郡(무도군)에서 남쪽으로 侯丹(후단)을 공격케 하였으나 이기지 못하자 (武道郡의) 河池縣과 下辨縣에 군사를 주둔케 했다. (유가는) 다시 연잠과 계속 싸웠고 연잠은 군사를 이끌고 북쪽으로 나아가 散關(산관)을 지나 陳倉(진창)에 도착하자 유가는 이들을 추격하여 격파하였다. 적미군의 鄧王(등왕) 廖湛

(요담)이 赤眉의 군사 18만 명을 거느리고 유가를 공격하자 유가는 요담과 谷口縣(곡구현)에서 싸워 대파하였다. 유가는 직접 요담을 죽였고, 결국 雲陽縣에 도착하여 살아났다.

**原文**

李寶等聞鄧禹西征, 擁兵自守, 勸嘉且觀成敗. 光武聞之, 告禹曰 "孝孫素謹善, 少且親愛, 當是長安輕薄兒誤之耳." 禹卽宣帝旨, 嘉乃因來歙詣禹於雲陽. 三年, 到洛陽, 從征伐, 拜爲千乘太守. 六年, 病, 上書乞骸骨, 徵詣京師. 十三年, 封爲順陽侯. 秋, 復封嘉子廧爲黃李侯. 十五年, 嘉卒. 子參嗣, 有罪, 削爲南鄉侯. 永平中, 參爲城門校尉. 參卒, 子循嗣. 循卒, 子章嗣.

**註釋** ○鄧禹(등우, 2-58) – 南陽 新野人, 광무제와 가까웠고, 광무제가 蕭何(소하)처럼 믿을 수 있는 사람이라고 생각했다. 後漢 개국에 크게 기여하였으며 '雲臺二十八將'의 첫째. 등우의 아들이 鄧訓, 등훈의 딸이 和帝의 황후인 鄧綏(등수). 蜀漢의 鄧艾(등애)는 먼 후손. 16권, 〈鄧寇列傳〉에 입전. ○雲陽 – 左馮翊의 縣名. 今 陝西省 咸陽市 관할 淳化縣. ○從征伐 – 광무제의 정벌에 동참했다는 뜻. ○千乘太守 – 千乘國은 前漢의 千承郡, 後漢의 천승국은 뒤에 樂安國으로 개칭. 치소는 千乘縣, 今 山東省 淄博市(치박시) 관할 高靑縣. ○嘉子廧爲黃李侯 – 廧는 담 장. 墻과 同. 黃李는 위치 미상.

李寶(이보) 등은 鄧禹(등우)의 서방 원정을 알고서는, 군사를 거느려 지키면서 劉嘉에게 일단 성패를 두고 보라고 권유하였다. 이런 사실을 광무제가 알고서는 등우에게 말했다.

"孝孫(효손, 劉嘉의 字)는 평소 근신하고 선량했으며 어려서부터 나하고 친했는데 장안의 경박한 무리들이 효손을 나쁘게 만들었을 뿐이다."

등우는 즉시 광무제의 이런 뜻을 널리 알렸고, 유가는 來歙(내흡)을 통하여 雲陽縣에 와서 등우를 만났다.

건무 3년, 유우는 낙양에 도착했고 광무제를 따라 정벌에 참여했으며 千乘郡(천승군) 태수를 제수 받았다. 6년 병이 들자 사직하고자 상서하였고 부름을 받아 낙양에 왔다. 13년, 順陽侯(순양후)가 되었다. 가을에, 유가의 아들 劉廧(유장)이 黃李侯(황리후)가 되었다. 15년, 유가가 죽자, 아들 劉參(유참)이 계승했는데 죄를 지어 南鄉侯로 강등되었다. (明帝) 永平 연간에, 유참은 城門校尉가 되었다. 유참이 죽자 아들 劉循(유순)이 계승했다. 유순이 죽고 아들 劉章(유장)이 계승했다.

## 原文

贊曰, 齊武沈雄, 義戈乘風. 倉卒匪圖, 亡我天工. 城陽早協, 趙孝晩同. 泗水三侯, 或恩或功.

| 註釋 | ○沈雄 - 굳세고 웅지를 품다. 義戈(의과)는 대의에서 거병하

다.  ○ 훈卒 – 갑자기. 준비할 겨를도 없이. 天工은 하늘이 내린 직분.  ○ 城
陽早協 – 城陽王 劉祉. 早協는 일찍부터 광무를 돕다. 趙孝는 趙 孝王 劉
良. 晚同나중에 찬동하다.  ○ 泗水三侯 – 泗水王 劉歙(유흡).  或恩或功은
황제의 은택과 본인의 공적이다.

## [國譯]

　贊曰,

　雄志의 齊 武王(劉縯)은 풍운을 타고 의병을 일으켰다.

　큰 뜻을 펴지 못하고 갑자기 죽어 하늘의 직분을 잃었다.

　城陽王 劉祉는 처음부터 광무를 도왔고 孝王도 찬동했다.

　泗水王 3명의 제후 자리는 황제의 은전과 본인의 공로였다.

## 저자 약력

陶硯 진기환 陳起煥

　서울 대동세무고등학교 교장을 역임하였고 개인 문집으로《陶硯集》출간.

　주요 저서로는 중국 고전소설《儒林外史》국내 최초 번역,《史記講讀》,《史記 人物評》,《中國의 土俗神과 그 神話》,《中國의 신선이야기》,《上洞八仙傳》,《三國志 故事成語 辭典》,《三國志 故事名言 三百選》,《三國志의 지혜》,《三國志 人物評論》,《精選 三國演義 原文 註解》,《中國人의 俗談》,《水滸傳 評說》,《金瓶梅 評說》,《논술로 읽는 論語》,《十八 史略 中(下)·下(上)·下(下)》,《唐詩三百首 上·中·下》共譯,《唐詩逸話》,《唐詩絶句》,《王維》,《漢書》全 10권,《後漢書 (一)권》외

E-mail : jin47dd@hanmail.net

原文 譯註

# 後漢書 (二)
### 후　한　서

초판 인쇄　2018년 3월 13일
초판 발행　2018년 3월 23일

역　　주 | 진기환
발행자 | 김동구
디자인 | 이명숙·양철민
발행처 | 명문당(1923. 10. 1 창립)
주　　소 | 서울시 종로구 윤보선길 61(안국동)
　　　　　우체국 010579-01-000682
전　　화 | 02)733-3039, 734-4798(영), 733-4748(편)
팩　　스 | 02)734-9209
Homepage | www.myungmundang.net
E-mail | mmdbook1@hanmail.net
등　　록 | 1977. 11. 19. 제1~148호

ISBN 979-11-88020-45-4 (04910)
ISBN 979-11-88020-43-0 (세트)
30,000원